21 世纪法学丛书

国际私法论
Private International Law
（第二版）

张潇剑 著

图书在版编目（CIP）数据

国际私法论/张潇剑著.—2版.—北京：北京大学出版社，2008.7

（21世纪法学丛书）

ISBN 978-7-301-06817-5

Ⅰ.国… Ⅱ.张… Ⅲ.国际私法-高等教育-教材 Ⅳ.D997

中国版本图书馆CIP数据核字（2008）第087357号

书　　　名：	国际私法论（第二版）
著作责任者：	张潇剑　著
责 任 编 辑：	冯益娜
标 准 书 号：	ISBN 978-7-301-06817-5/D·0816
出 版 发 行：	北京大学出版社
地　　　址：	北京市海淀区成府路205号　100871
网　　　址：	http://www.pup.cn
电　　　话：	邮购部 62752015　发行部 62750672　编辑部 62752027
	出版部 62754962
电 子 邮 箱：	zpup@pup.pku.edu.cn
印　刷　者：	北京虎彩文化传播有限公司
经　销　者：	新华书店
	850毫米×1168毫米　32开本　21印张　530千字
	2004年2月第1版
	2008年7月第2版　2019年5月第6次印刷
定　　　价：	32.00元

未经许可，不得以任何方式复制或抄袭本书之部分或全部内容。

版权所有，侵权必究

举报电话：010-62752024　电子信箱：fd@pup.pku.edu.cn

第二版说明

《国际私法论》自出版以来,社会反响良好,深获广大读者的普遍认同。

国际私法是个相对稳定的部门法,其基本内容是由各国国际私法立法、判例以及相关国际条约、国际惯例甚至包括学者学说共同构成的,因而短时期内不会有明显的变化。仅以中国国际私法为例,我国的冲突规范及法律适用条款集中规定在《中华人民共和国民法通则》第八章中,而该部《民法通则》自1987年1月1日生效以来,其第八章至今未作任何修订。这种情况从一个侧面表明,中国的国际私法也相当稳定。

尽管如此,社会毕竟是向前发展的。在改革开放不断扩大且日益成熟的今天,随着中国加入世界贸易组织,我国的涉外民商事及国际经贸往来越来越频繁,而作为调整这类法律关系的主要部门法,国际私法的地位、作用和对它的需求也在持续提升。有鉴于此,在《国际私法论》第二版出版之际,作者对其作了系统地修改和完善,补充了若干新内容,诸如2007年7月1日生效的《跟单信用证统一惯例》(UCP600)、中国国际经济贸易仲裁委员会新的《仲裁规则》(2005年版)以及2007年6月1日起施行的《中华人民共和国企业破产法》等等,书后的附录亦作了相应调整和充实。相信经过此次修订,本书会更加科学、合理,其逻辑性、实用性及新颖性进一步突出,必将成为广大读者学习、理解、掌握并运用国际私法的得力助手和工具。

张潇剑
2008年6月于北京大学

目 录

第一编 总 论

第一章 国际私法绪论 …………………………………… （1）
  第一节 国际私法概述 ……………………………… （1）
  第二节 国际私法的渊源 …………………………… （30）
  第三节 国际私法的性质 …………………………… （41）
  第四节 国际私法的基本原则 ……………………… （53）

第二章 国际私法的历史沿革 ………………………… （58）
  第一节 萌芽阶段的国际私法（13世纪以前）……… （58）
  第二节 国际私法的理论沿革 ……………………… （60）
  第三节 国际私法的立法沿革 ……………………… （107）
  第四节 中国国际私法的历史沿革 ………………… （119）

第三章 冲突规范 ……………………………………… （130）
  第一节 冲突规范概述 ……………………………… （130）
  第二节 冲突规范的结构和类型 …………………… （132）
  第三节 系属公式 …………………………………… （140）
  第四节 准据法 ……………………………………… （148）

第四章 冲突规范的有关制度 ………………………… （158）
  第一节 识别 ………………………………………… （158）
  第二节 反致 ………………………………………… （168）
  第三节 公共秩序保留 ……………………………… （179）
  第四节 法律规避 …………………………………… （200）
  第五节 外国法内容的证明 ………………………… （210）

第二编 分 论

- 第五章 国际私法的主体 …………………………………… (222)
  - 第一节 自然人 ………………………………………… (222)
  - 第二节 法人 …………………………………………… (256)
  - 第三节 国家 …………………………………………… (275)
  - 第四节 国际组织 ……………………………………… (283)
  - 第五节 外国人的民事法律地位 ……………………… (285)
- 第六章 涉外物权的法律适用 …………………………… (297)
  - 第一节 涉外物权的法律冲突和法律适用 …………… (297)
  - 第二节 物之所在地法原则 …………………………… (301)
  - 第三节 国家财产豁免原则 …………………………… (307)
  - 第四节 国有化与补偿的法律适用 …………………… (310)
- 第七章 涉外知识产权的法律适用 ……………………… (318)
  - 第一节 涉外知识产权概述 …………………………… (318)
  - 第二节 涉外知识产权的法律适用 …………………… (320)
  - 第三节 保护知识产权的国际条约 …………………… (323)
  - 第四节 世界知识产权组织 …………………………… (332)
  - 第五节 我国法律对涉外知识产权的保护 …………… (335)
- 第八章 涉外债权的法律适用 …………………………… (338)
  - 第一节 涉外之债概述 ………………………………… (338)
  - 第二节 涉外合同之债的法律适用 …………………… (340)
  - 第三节 涉外侵权行为之债的法律适用 ……………… (351)
  - 第四节 涉外不当得利之债和涉外无因
    管理之债的法律适用 ………………………… (361)
- 第九章 涉外婚姻家庭的法律适用 ……………………… (366)
  - 第一节 涉外结婚的法律适用 ………………………… (366)
  - 第二节 涉外离婚的法律适用 ………………………… (375)

第三节　涉外夫妻关系的法律适用……………………(384)
　　第四节　涉外父母子女关系的法律适用…………………(388)
　　第五节　涉外扶养和监护的法律适用……………………(399)
第十章　涉外继承权的法律适用……………………………(406)
　　第一节　涉外继承权概述…………………………………(406)
　　第二节　涉外法定继承的法律适用………………………(407)
　　第三节　涉外遗嘱继承的法律适用………………………(417)
　　第四节　涉外无人继承财产的法律适用…………………(426)

第三编　专　论

第十一章　区际法律冲突……………………………………(434)
　　第一节　区际法律冲突概述………………………………(435)
　　第二节　区际私法概述……………………………………(443)
　　第三节　中国的区际法律冲突……………………………(446)

第四编　程序论

第十二章　国际民事诉讼……………………………………(455)
　　第一节　国际民事诉讼法概述……………………………(455)
　　第二节　外国人的民事诉讼地位…………………………(462)
　　第三节　国际民事司法管辖权……………………………(474)
　　第四节　国际司法协助……………………………………(491)
第十三章　国际商事仲裁……………………………………(521)
　　第一节　国际商事仲裁概述………………………………(521)
　　第二节　国际上主要的常设国际商事仲裁机构…………(535)
　　第三节　国际商事仲裁协议………………………………(546)
　　第四节　国际商事仲裁程序………………………………(557)
　　第五节　国际商事仲裁裁决的承认与执行………………(565)

附录　我国关于国际私法的现行主要立法、司法解释
　　　和规则……………………………………………（573）
　中华人民共和国民法通则（节录）…………………（573）
　最高人民法院关于贯彻执行《中华人民共和国民法通则》
　　若干问题的意见（试行）（节录）………………（575）
　中华人民共和国继承法（节录）……………………（577）
　中华人民共和国海商法（节录）……………………（578）
　中华人民共和国票据法（节录）……………………（580）
　中华人民共和国民用航空法（节录）………………（582）
　中华人民共和国合同法（节录）……………………（583）
　中华人民共和国民事诉讼法（节录）………………（585）
　最高人民法院关于适用《中华人民共和国民事诉讼法》
　　若干问题的意见（节录）…………………………（594）
　中华人民共和国仲裁法………………………………（599）
　最高人民法院关于适用《中华人民共和国仲裁法》
　　若干问题的解释……………………………………（609）
　中国国际经济贸易仲裁委员会仲裁规则……………（613）
　中国国际经济贸易仲裁委员会金融争议仲裁规则…（632）
　中国海事仲裁委员会仲裁规则………………………（641）
主要参考文献……………………………………………（658）
后　记……………………………………………………（663）

第一编 总 论

第一章 国际私法绪论

第一节 国际私法概述

一、国际私法的调整对象

任何一个法的部门都调整着某种特定的法律关系,这种法律关系就是该部门法的调整对象,它是划分法的部门的出发点和依据。

国际私法的调整对象是在国际交往过程中产生的民事法律关系,即各种性质的财产关系以及人身关系。从这个意义上讲,国际私法调整的民事法律关系的性质和各国民法调整的民事法律关系的性质基本上是相同的。但是,国际私法所调整的民事法律关系与各国民法所调整的民事法律关系相比,又有它自己的特征,这些特征是区分国际私法调整对象与各国民法调整对象的主要标志。

国际私法调整的民事法律关系主要有以下三个特征:

1. 国际私法所调整的民事法律关系是在国际交往过程中形成的。因此,这种民事法律关系的产生和发展,是与国家自身的政治经济状况、对外经济联系的情况及其对外政策紧密相连的。

国际交往是国际私法关系得以产生的前提条件,可以这样认为，没有国际交往就没有国际私法关系。13世纪至15世纪，国际私法上的一些规范和制度首先在意大利被确定下来，是与当时意大利的经济发展及其对外贸易的增加分不开的。进入19世纪，国际私法上的规范与制度得以迅速发展，也与当时资本主义经济在世界范围内快速增长、国际经济交往迅速扩大密切相关。

2. 国际私法调整的是具有涉外因素的民事法律关系（civil legal relations with foreign elements）。所谓民事法律关系，是指由民法调整所形成的权利和义务关系。在西方国家，民法又通称为私法，民事法律关系也叫做私法关系，一般是指发生在自然人及/或法人之间的有关财产关系和人身关系，诸如人的能力、亲属关系、婚姻家庭关系、继承关系、物权、债权等法律关系都属于民事法律关系。但是，民法调整的一般是民事法律关系中不含有涉外因素的那部分关系，凡是这些关系中含有涉外因素的，都首先由国际私法予以调整。民法与国际私法的原则区别就在这里。

所谓民事法律关系的涉外因素，是指在这种关系的诸因素中，至少有一个因素与外国有联系，这可以从民事法律关系的主体、客体以及内容三个方面来考察。

（1）主体涉外。指作为法律关系主体的当事人，是具有不同国籍的自然人、法人，在个别情况下，还包括以特殊民事法律关系主体面目出现的外国国家以及国际组织。具体来讲，主体涉外又有以下三种情况：

第一，主体的一方是外国人，另一方是内国人。这种情况最为常见。例如，中国机械进出口公司与日本一家公司签订一项购买采煤机械设备的合同；美国明尼苏达矿业制造公司为在上海设立独资企业，与上海绝缘材料厂签订厂房租赁合同；科威特进口商在广交会上，与中国食品进出口公司签订购买中国食品的合同；等等。

第二，主体各方是同一国籍的外国人。例如，两个坦桑尼亚男女留学生在中国申请登记结婚；俄国一侨民在中国病故，留有遗产，其生活在俄国的继承人要求取得继承权；等等。

第三，主体各方是不同国籍的外国人。例如，索马里籍"南洋号"油轮装载原油16,488吨，于1976年2月16日在我国广东省海丰县东南海面与荷兰籍"士打高雅号"货轮相撞后沉没，致使我国东南沿海六个县的海面受到重大油污损害。这个碰撞案件中的主体双方都是外国人，并且是具有不同国家国籍的外国人。再如，一名瑞士人与一名法国人在中国合伙经营企业；在中国的一位日本留学生与一位美国留学生申请结婚；等等。

总之，在上述涉外民事法律关系的主体中，就自然人而言，必须是双方或一方具有外国国籍，或者是其常设住所在国外；就法人而言，或者该法人是在外国登记的（国籍论），或其主事务所设于国外（主事务所论），或是为国外资本所控制的（控制论）；就国家而言，它是一个特殊的国际私法主体，这与国家在国际公法上的主体地位是不同的，这种区别就在于：首先，在以国家名义出现的涉外民事法律关系中，国家是一个特殊的机构，国家组织与国家组织之间，或国家组织与其他国际私法主体之间的关系是民事法律关系；其次，国家作为国际私法的主体，它与国际私法的其他主体（主要是自然人和法人）的关系是平等的，不存在一方支配另一方的问题。

（2）客体涉外。指作为法律关系的客体，是位于外国的物或需要在外国实施或完成的行为。例如，中国公民某甲继承其父遗留在新加坡的遗产；中国一家公司购得位于某外国的一块土地；浙江某建筑公司承建沙特阿拉伯一个体育馆基建工程的行为；中国远洋运输公司的船舶承运在外国港口装载货物的行为；等等。总而言之，不管法律关系的主体是本国人还是外国人，亦不论其法律行为发生于国内还是国外，只要该法律关系的客体位于国外，就构成了涉外民事法律关系。

(3) 内容涉外。指产生、变更或消灭民事权利义务关系的法律事实发生在外国,从而导致民事法律关系主体的权利和义务带有涉外因素。例如,婚姻或收养的成立、引起损害赔偿责任的侵权行为、合同的缔结或履行、设立遗嘱、出版著作、注册商标、获得专利等等这些法律事实是在外国发生的。

以上民事法律关系的主体涉外、客体涉外和内容涉外这三种基本情况,主要是就民事法律关系中只有一个因素与外国发生联系而言的。然而在现实生活中,某个民事法律关系可能不仅仅是一个因素与外国有联系,多数情况是两个甚至三个因素都与外国发生联系。例如,中国轻工业品进出口公司与英国派克公司在伦敦签订了一项购买派克公司轻工产品的合同。分析这一民事法律关系,它的主体(英国派克公司)、客体(派克公司生产的轻工产品)和法律事实(在伦敦订立购销合同)都具有涉外成分。就任何一个民事法律关系而言,只要它的主体、客体和权利义务据以产生的法律事实诸因素中有一个因素涉及到外国,就构成了一个涉外民事法律关系,首先需要国际私法来加以调整。否则,就属于国内民法所调整的国内民事法律关系了。

需要指出的是,国际私法上所讲的涉外因素,有时候也将一个国家中的不同法域(territorial legal unit)包括在内。例如,英格兰的法律冲突法(亦即国际私法)就在很大程度上,把苏格兰和北爱尔兰当作同法国和德国一样的外国来看待。[①]

还有一点需要注意的是,具有涉外因素的法律关系是多方面的。例如,国家间关于边界、领土或大陆架划分的争执,这种法律关系是具有涉外因素的;再如,外国人在中国有犯罪行为,或者中国人在外国犯有触犯中国刑律的行为,这也是具有涉外因素

[①] 〔英〕莫里斯著,李东来等译:《法律冲突法》,中国对外翻译出版公司1990年版,第1页。

的法律关系。但这两种情况并不属于国际私法所调整的对象，因为前者属于国际公法问题，后者则属于刑法问题。

3．国际私法调整的是广义的涉外民事法律关系。所谓广义的涉外民事法律关系，主要是相对于各国民法调整的民事法律关系的范围而言的。一般来讲，大多数国家国内民法所调整的一定范围内的财产关系和人身关系的范围，要比涉外民事法律关系的范围窄一些。例如，有些国家采取"民商分立"的立法方式，将商法作为一个单独的法的部门，不包括在民法范围之内，因而把海商法关系、票据法关系、公司法关系等视为商法关系，划归商法调整；还有些国家立法上习惯于将婚姻家庭关系、劳动关系从民事法律关系中分立出来，由专门的法律部门加以调整；当然，也有些国家采取"民商合一"的立法方式，将商法、婚姻法、劳动法等包括在民法范围之内，这种情况下，其民商法所调整的法律关系的范围也就相对要宽一些。

根据国家主权原则，各国有权决定自己的立法方式，不同的国家允许有不同的民法存在，无需也不能强求统一。但作为调整超越一国界限的涉外民事法律关系的国际私法，其调整的范围却不能仅仅局限于各自独立的各国民法所调整的范围，否则，将无法使跨国法律纠纷得以妥善解决。

当前国际社会的客观现实，要求国际私法所调整的涉外民事法律关系要相当广泛，它既包括涉外物权关系、涉外知识产权关系、涉外债权关系、涉外婚姻家庭关系、涉外继承权关系，也应包括涉外海商关系、涉外票据关系、涉外公司关系、涉外经济贸易与技术合作关系以及为解决因上述各种关系所引起的争议而应予适用的诉讼程序和仲裁程序方面的关系，等等。此外，要使一种民事法律关系得以有效成立，必须是外国的当事人（即该民事法律关系的主体）被内国的法律承认为具有权利能力和行为能力，因此，关于外国人的民事法律地位问题，也是国际私法所要调整的对象之一。

由于篇幅所限，本书将不涉及上述国际私法调整对象中的涉外海商关系、涉外票据关系、涉外公司关系以及涉外经济贸易与技术合作关系等方面的内容。

二、国际私法的调整方法

国际私法调整涉外民事法律关系，是为了解决涉外民事法律关系中的法律冲突或法律适用问题。国际私法运用两种调整方法来达到这个目的：一是间接调整方法，二是直接调整方法。

所谓间接调整方法，是在有关的国内法或国际条约中只指出适用哪个国家的法律来确定某种涉外民事法律关系中当事人的权利与义务，而不直接规定当事人的权利与义务，只有将其与被援引的那个国家的实体法结合起来，才能最终确定当事人之间的权利和义务。例如，1987年1月1日起施行的《中华人民共和国民法通则》第144条规定："不动产的所有权，适用不动产所在地法律。"这一条款本身既没有规定对不动产所有权的占有、使用和处分的权利，也没有规定变更、转移、消灭不动产所有权的条件以及对不动产所有权的保护方法，而只是规定了不动产所有权应由该不动产所在地那个国家或地区的法律来支配，这就是间接调整方法，这种规定某一涉外民事法律关系应当适用何种法律的规范被称之为"冲突规范"。

冲突规范是国际私法所特有的法律规范，间接调整方法也是国际私法所特有的调整方法。从国际私法的发展史来看，早期解决涉外民事法律关系的法律冲突所采用的就是这种方法。在某种意义上讲，间接调整方法现已成为国际私法区别于国内民法、国际经济法等部门法的一个重要标志。因为国际私法的调整方法基本上是间接调整，有的学者根据国际私法的这种特点，甚至主张将国际私法称为"间接法"。①

所谓直接调整方法是相对于间接调整方法而言的,指国际私法的有关法律规范直接规定某一涉外民事法律关系当事人之间的权利与义务的一种方法,因此,这种规范又称为"实体规范"。例如,1929年的《统一国际航空运输某些规则的公约》(简称《华沙公约》)第19条规定:"承运人对旅客、行李或货物在航空运输过程中因延误而造成的损失应负责任。"这就是一种直接调整方法。此方法是19世纪末、20世纪初产生的另一种解决法律冲突的途径,它主要是在国际贸易和与之相关的领域中得到广泛的应用,起着消除国际经济贸易关系中的法律障碍和避免法律冲突的作用。直接调整涉外民事法律关系的实体规范可以见之于国际条约、国际惯例,也可以见之于国内立法。

上述间接调整方法和直接调整方法对于一个具体的涉外民事法律关系而言,只能适用其中之一,而不能同时适用,所以这两者是相互排斥的关系;但是就国际私法的总体来讲,它们又是相辅相成、缺一不可的。有的学者把这两种方法形象地比喻为治与防的关系,是有其一定道理的。

三、国际私法的调整范围

国际私法的调整范围有两种含义,一是指它的对象范围,即国际私法所调整的社会关系的范围仅仅局限于涉外民事法律关系。在本节的第一个问题"国际私法的调整对象"中,我们介绍了国际私法调整的涉外民事法律关系所具有的三个特征,这三个特征既说明了国际私法调整的民事法律关系产生的历史背景和空间范围,也说明了国际私法所调整的民事法律关系的性质是具有

---

① 转引自韩德培主编高等学校法学教材:《国际私法》(修订本),武汉大学出版社1991年版,第5页。

涉外因素的民事法律关系，而且是广义的民事法律关系。

但是我们不能由此得出结论，国际私法是调整涉外民事法律关系的唯一的法的部门，或者说，与涉外民事法律关系有关的一切法律问题都由国际私法来调整。因为在当前调整与涉外民事法律关系有关的法律部门中，除国际私法以外，还有其他一些部门法，如国际贸易法、国际投资法、海商法等等。那么，如何来区分国际私法的调整对象与诸如国际贸易法、国际投资法、海商法等部门法的调整对象呢？这就是国际私法范围的另一种含义，即在国际交往过程中产生的涉外民事法律关系里，有哪些问题应当由国际私法来调整？这是本题所要着重探讨的内容。

关于这个问题，理论界存在着不同的看法。一些学者认为，国际私法只是解决涉外民事法律关系中的法律冲突问题，因此，国际私法的内容也仅仅限于冲突规范。但是根据当前国际私法的有关理论和实践，笔者认为，涉外民事法律关系中或与涉外民事法律关系有关的下列三个方面的问题是应当由国际私法来调整的：

1. 外国人的民事法律地位问题，即外国人在居留国能够参加哪些民事活动、可以享有哪些民事权利、承担什么样的民事义务以及居留国对该外国人应给予何种民事待遇等等。外国人只有在居留国享有一定的民事权利、承担一定的民事义务，才能在居留国参加民事活动，也正因如此，才能产生国际私法所要调整的涉外民事法律关系。基于这一点，世界上很多国家的国际私法学者（包括我国的一些国际私法学者），都主张将外国人的民事法律地位问题作为国际私法所要调整的范围之一。

2. 法律适用问题（或称法律冲突问题、法律选择问题），即用什么法律来调整涉外民事法律关系中当事人的权利与义务问题。前已述及，国际私法调整的是具有涉外因素的民事法律关系。所谓涉外因素从法律角度来讲，是指某一个法律关系同时涉及到不同国家的法律，不同国家的法律对这个法律关系的整体或某个侧面可以同时进行调整。但是，不同国家的法律对同一个问题往往有不同的规定，这样一来，在国际交往过程中所产生的涉外民事法律关系究竟应当适用哪个国家的法律、或者应由哪个国际条约或国际惯例来进行调整呢？这就是法律冲突问题或法律适用问题，有的国际私法著述称之为法律选择问题。

3. 诉讼和仲裁方面的问题，即涉外民事法律关系中所确定的当事人权利与义务在履行过程中如果发生争议，当事人协商不能解决时，就需要通过诉讼或者仲裁来解决。由于涉外民事法律关系涉及到不同国家的法律，而每一个国家的法律对本国人参加的或在本国境内发生的争议案件，在管辖权问题上都有规定，这就不可避免地在涉外民事案件的管辖权问题上也要引起冲突。某一涉外民事案件究竟应由何国法院或哪一个仲裁机构来管辖和受理？一个国家的法院作出的判决或某一个仲裁机构作出的裁决，在其他国家能否得到承认与执行？这是国际私法所要涉及的第三个方面的问题。

上述三方面问题都是国际私法调整涉外民事法律关系时应当予以解决的。任何具有涉外因素的民事法律关系，不论是物权、债权、婚姻、遗产继承方面的，还是国际贸易或利用外资方面的，只要具有涉外因素，就都存在着这三类问题。从国际私法角度而言，这三类问题中法律适用问题是最主要的，可以说是国际私法的核心。

法律适用问题之所以在国际私法上占有如此重要的地位，是因为当今世界由近二百个国家组成，各国的法律规定是很不相同的，有的还有本质上的区别。因此，同一个涉外民事法律关系，适用不同国家的法律，或以不同的国际条约、国际惯例来调整，所得出的结果往往是不同的。例如，两个19周岁的英国男女侨民在我国婚姻登记机关申请结婚登记。该婚姻如依我国《婚姻法》的规定则不能成立,因为我国《婚姻法》规定的婚龄是男22周岁、女20周岁,据此,该两位英国侨民还不到法定结婚年龄。但如果按照英国婚姻法律的规定,该婚姻就可以成立,因为英国法规定的婚龄是男女均为18周岁。正是基于这种原因,法律冲突或法律适用问题是世界上所有国家的国际私法学都主张应予研究的。

四、国际私法的内容

(一) 概述

所谓国际私法的内容,是指作为一个部门法的国际私法应由哪几类法律规范所组成。

国际私法作为封建制度向资本主义制度过渡时期法律发展的产物,直到18世纪还只是被当作习惯法来使用。这是历史上国际私法以法理学说为表现形式的早期阶段,是传统国际私法(亦称法律冲突法)的最初形态。

自18世纪中叶起,传统国际私法才逐渐进入国内立法领域,以某些国家的国内法形态存在。然而,仅仅通过各自国家的冲突法来指引应予适用的法律,往往不能取得判决结果的一致(uniformity of result),而判决结果的一致本应是国际商业交易安全所需要的。因而在19世纪以后,国际私法开始进入国际立法领域,出现了通过国际条约制定的缔约国间的统一冲突法,从而在国际私法的内容上,将统一冲突法规范包括了进去。

与此同时,人们也注意到,经过这种统一冲突规范指引的仍然是各国的国内实体法,它们并不一定完全符合解决国际民事案件的需要。于是,又出现了通过国际条约来统一实体私法的要求和趋势,这就使得国际私法又增加了一项新的内容。

由此可见,国际私法的内容是不断发展变化的。那么,国际私法究竟应当包括哪几类规范呢?对于这个问题,国内外理论界不论是过去还是现在，一直存在着各种各样的主张。

在德国、瑞士、北欧各国及日本的学者看来，"所谓国际私法，从其固有的意义上讲，是为含有国际因素的案件指定准据法的那种规范的总和"①，亦即将国际私法的内容仅仅局限于冲突规范，我国有部分学者也持这种观点。

法国虽然是大陆法系国家，但其学者却与德国、瑞士、日本等国学者的主张不同，认为国际私法的内容除了解决法律冲突的规范以外，还包括有关国籍和外国人的民事法律地位以及国际民事诉讼程序等规范。近年来，也有些法国国际私法学者主张国际私法应当包括统一实体法。法国各大学法律系的国际私法课程和法国学者的国际私法著作，一般都包括上述几个方面的内容。支持法国学者这一观点的主要有比利时、荷兰、卢森堡、西班牙、葡萄牙以及一些中美洲国家的学者。

英美法系国家一向将司法管辖权、法律的选择和适用、外国法院判决的承认与执行作为国际私法的主要内容，而且司法管辖权问题在这些国家中占有突出的地位。

原苏联和东欧国家的学者比较一致的观点，是认为国际私法至少应当包括冲突规范、外国人的民事法律地位规范、调整涉外民商关系的统一实体规范和国际民事诉讼与仲裁程序规范。

1980年以来，我国出版了多种国际私法教科书，其中多数是赞同上述原苏联、东欧国家学者的观点的。这种主张最显著的特征，是将直接规定当事人权利义务关系的统一实体法列为国际私法的规范之一。实际上，这也是我国国际私法学界关于国际私法范围的两种观点——"大国际私法"与"小国际私法"之间争论的焦点。认为统一实体法应包括在国际私法之内的，称为"大

---

① 转引自全国法院干部业余法律大学国际私法教研组编写：《国际私法讲义》，人民法院出版社1988年版，第3页。

国际私法"，认为统一实体法不应包括在国际私法之内的，称为"小国际私法"。

除了以上几种有代表性的观点和主张之外，目前亦有学者认为，国际私法的内容还应包括国内立法中专门调整涉外民事法律关系的实体规范（或称专用国内实体法规范）。

综上所述，考虑到国际私法的任务在于从外国人的民事法律地位、法律适用以及涉外民事诉讼和国际商事仲裁这三个方面来调整涉外民事法律关系，因此可以认为，为了实现这一目的，国际私法的内容应当包括三类规范：即冲突规范、实体规范和程序规范，以便从不同角度、以不同的方式来调整涉外民事法律关系。

冲突规范和实体规范之间本来就是一种相互依存、互为补充的关系。尽管实体规范特别是国际统一实体规范在国际贸易以及与之相关的领域中起着非常重要的作用，但就国际私法的整体而言，冲突规范现在仍然是国际私法的核心，甚至可以这样讲，没有冲突规范，便没有国际私法的存在；程序规范是调整涉外民事法律关系所不可缺少的，因为国际民事诉讼和国际商事仲裁领域内的程序规范，与适用冲突规范和实体规范以解决法律冲突密切相关，因而将它纳入到国际私法的内容中，应当说是必要的。

（二）国际私法的三类规范

1. 冲突规范（conflict rules）

冲突规范亦称"法律适用规范"、"法律选择规范"、"抵触性规范"、"国际私法规则"等等，它的作用在于指明某种涉外民事法律关系应当适用何种法律来调整。例如，我国《民法通则》第148条规定："扶养适用与被扶养人有最密切联系的国家的法律。"这是一条冲突规范。在这个法律条文里，并未涉及涉外扶养关系的确认以及当事人双方的具体权利与义务问题，而只是通过该条款中所采用的连结点（即"与被扶养人有最密切联系的国家"），来指明涉外扶养关系应依何种法律来处理。与被扶养人联系最密切的国家如果是中国，那么该涉外扶养关系就应适用中国法上的有关具体规定，如果是某个外国，则应适用该外国法上的有关具体规定。

由此可见，冲突规范是一种具有特殊作用的法律规范，它虽然并不直接确定当事人的权利与义务，但如果没有它的指引，在很多情况下就不可能从效力相互抵触的两个或两个以上国家的法律规定中作出选择，找出某一涉外民事法律关系的准据法，从而无法实现对涉外民事法律关系的调整。所以，有些国际私法学者将冲突规范称为"间接规范"，亦即通过冲突规范确定准据法，再由准据法确定双方当事人的具体权利和义务，这也是冲突规范对涉外民事法律关系进行调整的基本特征。

冲突规范是国际私法所特有的规范，是国际私法的核心和最重要的组成部分，并且很早就在国际私法中大量地存在着。国际私法的学说就是从研究冲突规范开始的，国际私法上的许多理论和制度都与冲突规范有关，时至今日，不少西方国家的国际私法学者还将冲突规范的总称——冲突法视为国际私法的同义语。可以肯定，只要有国家存在，有不同的法律体系存在，而各国法律对同一问题的具体规定又有差异，在当今国际经济交往和人员往来日益密切的情况下，总要借助冲突规范来调整某些涉外民事法律关系，处理某些涉外民事案件，以便利国际经济合作与各国人民之间的相互交往。

然而需要指出的是，尽管冲突规范在国际私法上早已大量存在，在调整涉外民事法律关系过程中也一直起着主要作用，但它只是国际私法规范的组成之一，其在国际私法上的作用与地位已随着国际私法的不断向前发展，而在某些领域逐渐有所减弱。这不仅是因为此种规范本身具有局限性，即它不能用来最终确定当事人的具体权利与义务，而且也由于在国际上和国家间出现了直接规定当事人权利与义务的统一实体规范，数量亦在逐渐增多，特别是在国际贸易及与之相关的一些领域内尤其如此。这种规范的出现、存在和发展，从根本上消除了在某些问题上产生法律冲突的可能性，从而削弱了冲突规范在这些法律关系领域中的作用。

2. 实体规范（substantive rules）

实体规范是指直接确定涉外民事法律关系双方当事人具体权利与义务的法律规范。与冲突规范相比，实体规范能够直接解决法律冲突，具有规定明确、内容固定、拘束力强、应用方便等特点，可以更准确、更迅速地调整涉外民事法律关系。而冲突规范则具有相对的不稳定性和针对性不强以及缺乏可预见性等缺陷。实体规范与冲突规范之间尽管存在着较大的差异，但它们的任务却是相同的，即都是为了调整涉外民事法律关系，确定当事人之间的权利与义务，只不过这项任务的完成，需要两者的相互结合。

国际私法上的实体规范有两大类，一类是国内法上用来直接调整涉外民事法律关系的实体规范，另一类是国际条约或国际惯例中用来直接调整涉外民事法律关系的实体规范，现分述如下：

（1）国内法上用来直接调整涉外民事法律关系的实体规范内容比较广泛，它既包括外国自然人和法人在内国的民事法律地位，也包括内国自然人和法人作为涉外民事法律关系主体时所应承担的权利与义务的有关规定。

在我国，这类规范一部分集中规定在单行的涉外民事、经济法律或法规之中，诸如《中华人民共和国中外合资经营企业法》、《中华人民共和国中外合作经营企业法》、《中华人民共和国外资企业法》、《中华人民共和国对外合作开采海洋资源条例》、《中国公民同外国人办理婚姻登记的几项规定》等等；另一部分则体现在其他单行立法的某些具体条文中，例如，根据《中华人民共和国专利法》第10条、第18条、第19条、第29条等项条款的规定，外国自然人和法人在我国境内享有专利受让权、专利申请权以及申请专利的优先权，但必须符合我国专利法上规定的条件。此外，我国《专利法》第20条及第64条对我国单位或个人将其在国内完成的发明向外国申请专利的问题，第10条对我国单位或个人向外国人转让专利申请权或专利权的问题，第30条对我国申请人要求优先权的问题等等，也都作了具体规定。上述条文的基本特点，一方面是直接地、双向地调整作为涉外民事法律关系领域之一的涉外专利权关系，另一方面还带有法律适用的一般性质。这两方面的特点相结合，使得以上条款有别于《专利法》中的绝大部分其他条文，从而属于国际私法所包括的实体规范的第一类，即国内法上调整涉外民事法律关系的实体规范。

对于这类国内实体法规范是否包含在国际私法内容之内的问题，学术界有不同的看法。一些国家的学者认为它不是国际私法上的规范，另一些学者则主张它属于国际私法规范的一部分。笔者倾向于赞同后一种观点，认为至少在国际私法学中应当研究这类国内实体法规范，因为它们是专门规定涉外民事活动的法律、法规，与冲突规范和统一实体规范等国际私法规范有着密不可分的联系。如果我们不从整体上把握这类规范的内容及其与国内法上其他实体法规范、与国际私法上其他种类规范的相互关系，就不可能对调整涉外民事法律关系的法律有比较全面、系统的了解，这将妨碍国际私法学的进步和发展。

(2) 国际条约或国际惯例中用来直接调整涉外民事法律关系的实体规范，亦称统一私法规范（rules of uniform private law）、统一实体法规范（rules of uniform substantive law）或统一实体规范（uniform substantive rules）。这类规范最初出现在无体财产的国际保护领域。自19世纪下半叶起，经过长期酝酿和准备，在一些欧洲国家发起下于1883年签订了《保护工业产权巴黎公约》，于1886年签订了《保护文学艺术作品伯尔尼公约》，于

1891年签订了《商标国际注册马德里协定》。进入20世纪，国际社会还于1952年签订了《世界版权公约》，于1970年签订了《专利合作条约》，于1973年签订了《商标注册条约》。这些国际条约虽然不是全球性统一的专利法、商标法、版权法，但其所规定的一般原则和最低标准，却是调整涉外无体财产权利义务关系的统一实体规范，它们为现代国际知识产权制度的确立奠定了基础，对后来各国相关立法的形成与发展产生了很大影响。

尽管持"冲突法"观点的学者认为上述条约不属于国际私法的内容，但他们也不得不承认这类条约涉及到建立"有国际性质的私法规则"，这些规则"已成为许多国家共同的私法规则"[①]。这种通过国际条约来统一各国实体规范的做法，几乎与冲突法的统一运动齐头并进，但其影响范围和实际效果都大大超过了后者，而在进入20世纪特别是第二次世界大战以后，则取得了更为广泛的成果。例如，1964年的《国际货物买卖统一法公约》（简称《海牙第一公约》）和《国际货物买卖合同成立统一法公约》（简称《海牙第二公约》）以及1980年在这两个《海牙公约》基础上于维也纳通过的《联合国国际货物买卖合同公约》，它们涉及到国际贸易领域的方方面面，诸如国际货物买卖、运输、结算与支付、投资保证、经济开发、技术引进、知识产权的保护等等，公约在这些问题上的规定体现了世界各国通行的习惯做法。

在统一实体法的制定和编纂方面起着重要作用的国际机构有：设在罗马的国际统一私法协会（International Institute for the Unification of Private Law），主要在商法领域从事统一实体法的活动，它原来是国际联盟的附属机构，于1926年成立，1940年重新组建后已经成为一个独立的政府间国际组织。另外，联合国

---

① 转引自全国法院干部业余法律大学国际私法教研组编写：《国际私法讲义》，人民法院出版社1988年版，第10页。

国际贸易法委员会（United Nations Commission on International Trade Law，简称 UNCITRAL，1966 年成立）在制定和编纂统一实体规范方面也发挥着积极的作用。第二次世界大战后的一些重要的统一实体法公约，主要是在这两个国际机构的推动下签订的，这些公约中所包含的统一实体规范对缔约国当然具有拘束力，即使对非缔约国也有重要的影响。

统一实体规范从其适用的空间范围来看有广义和狭义之分，广义的统一实体规范是指对世界上所有国家或大多数国家都适用的实体规范；狭义的统一实体规范是指两个国家之间通过条约确定的、或者某个地区某个特定集团的国家之间通过条约确定的实体规范。

统一实体规范按其法律效力来划分，又可以分为强制性的统一实体规范、非强制性的统一实体规范和建议性的统一实体规范。

强制性的统一实体规范是指当事人必须遵守、不得更改的规范。例如，《联合国国际货物买卖合同公约》第 41 条规定："卖方所交付的货物，必须是第三方不能提出任何权利或要求的货物"，这就是一条强制性的规范。在国际贸易中，卖方如果将有第三方主张权利或要求的货物出售给买方，由此而造成合同不能履行或买方的损失，卖方应当承担法律责任。

非强制性的统一实体规范是指当事人在订立合同时因某种特殊情况可以偏离或者变通的规范。例如，关于对外贸易合同的形式，《联合国国际货物买卖合同公约》第 11 条规定："买卖合同无须以书面订立或书面证明，在形式方面也不受任何其他条件的限制。买卖合同可以用包括人证在内的任何方法证明。"

建议性的统一实体规范在采用前是不具有强制性的，由双方当事人自行决定是否采用，采用后对双方当事人才有法律拘束力。例如，在 20 世纪 50 年代末、60 年代初由联合国欧洲经济委员会下属的专家小组准备的《对外贸易销售合同共同条件》

中，一些条款就是建议性的，这些共同交货条件适用于一些主要的对外贸易商品。

统一实体规范与冲突规范产生的前提是一致的，都是因为在国际交往过程中各国法律对同一问题有不同规定、引起法律冲突而产生的。例如，在国际贸易中，不同国家的当事人经常通过一方要约、另一方承诺的途径来订立合同，承诺就意味着合同订立，确定了双方当事人的权利和义务。但承诺何时生效，英国法的规定与德国法的规定就有不同。英国是采取"投邮主义"，即承诺人发出承诺时，承诺就生效，发出承诺的日期就是合同订立的日期，发出承诺的地点就是合同订立的地点；德国则采取"收邮主义"，即要约人收到承诺时，承诺才生效，收到承诺的日期是合同订立的日期，收到承诺的地点是合同订立的地点。为了解决因英国法和德国法对这个问题的不同规定（其他国家也有类似英国或德国的规定）而引起的法律冲突，《联合国国际货物买卖合同公约》第18条第2款规定："接受发价于表示同意的通知送达发价人时生效。"这项规定表明，统一实体规范制定或编纂的目的之一，也是为了解决法律冲突。

在具体实践中，当运用冲突规范和统一实体规范调整涉外民事法律关系时，要首先采用统一实体规范，亦即首先采用国际条约或国际惯例中的直接规定；如果没有这种直接规定，再根据冲突规范的有关规则所确定的相关国家或地区的法律来调整。关于冲突规范和统一实体规范在具体运用过程中的相互关系，《联合国国际货物买卖合同公约》第7条第2款规定："凡本公约未明确解决的属于本公约范围的问题，应按照本公约所依据的一般原则来解决，在没有一般原则的情况下，则应按照国际私法规则规定适用的法律来解决。"

统一实体规范的出现是国际私法这一部门法在其发展进程中的一个新突破，是国际经济交往的必然结果。19世纪末以来，国际经济交往的范围扩大了,涉及的问题也日益增多,这就要求国家之间通过国际条约来规定一些共同遵守的行为准则,以有助于减少法律障碍,促进国际经济关系的发展。特别需要指出的是,有些涉外民事法律关系如国际航空运输,由于其国际性强,航空器要由一国飞经一国或数国而到达另一个国家,同时还要涉及地面国的领空主权和安全,所以,国际航空运输方面的法律问题从一开始就主要是由国际条约中所规定的统一实体规范来调整的。

统一实体规范除了规定在国际条约中以外,还包含在一些国际经济贸易惯例里,如国际货物买卖方面的价格条件——离岸价格(FOB)、到岸价格(CIF)以及成本加运费(CFR)等等。

3. 程序规范(procedural rules)

这类规范是一国法院或一个仲裁机构审理涉外民事案件时所专用的程序规范。它包括管辖权、法院或仲裁机构与涉外民事案件当事人之间的关系、审理过程中的调查取证、司法协助、外国法院判决或仲裁机构裁决在有关境内的承认与执行等方面的内容。

一国法院在审理涉外民事案件时需要适用两套程序规范。一套是审理民事案件的一般程序规范,它既适用于不含涉外因素的纯国内民事案件,也适用于涉外民事案件。当它适用于涉外民事案件时,便属于国际私法上的程序规范;另一套是专门适用于审理涉外民事案件的程序规范,如我国于1991年4月9日公布施行的《中华人民共和国民事诉讼法》第四编"涉外民事诉讼程序的特别规定"就属于这类规范,它通常被称为"国际民事诉讼程序规范",这类规范也是国际私法上的程序规范。

涉外民事案件除由法院审理外,与国际经济贸易有关的涉外案件在当事人之间有仲裁协议的,都由仲裁机构管辖和审理。因此,大多数国家还就涉外民事案件的仲裁程序作出专门规定,如1995年9月1日起施行的《中华人民共和国仲裁法》第七章"涉外仲裁的特别规定",以及2005年5月1日起施行的《中国国际经济贸易仲裁委员会仲裁规则》和2004年10月1日起施行的《中国海事仲裁委员会仲裁规则》就属于这类规范。这种国内仲裁法上对涉外仲裁的特别规定以及有关的仲裁程序规则与上述国际民事诉讼程序规范一样，都是专门用于审理涉外民事案件的，因此它们同属于国际私法规范。

从世界各国的情况来看，有的国家将国际私法上的程序规范规定在民法典中。例如，1804年的《法国民法典》就涉外合同债务案件的管辖权问题在第14条中规定："不居住在法国的外国人，曾在法国与法国人订立契约者，由此契约所产生的债务履行问题，得由法国法院受理；其曾在外国订约对法国人负有债务时，亦得被移送法国法院审理。"其第15条还规定："法国人在外国订约所负的债务，即使对方为外国人时，得由法国法院受理。"

但多数国家是在其民事诉讼法、仲裁法以及仲裁程序规则中对程序规范作出规定的。除此之外，还有不少国家在单行的国际私法法典或法律适用法中对此予以规定。例如，原捷克斯洛伐克于1964年实施的《国际私法及国际民事诉讼法》就包含了这方面的内容；再如，1982年原南斯拉夫的《法律冲突法》中第三章的标题为"管辖权和程序"，第四章的标题为"外国判决的承认和执行"，共计56条，对程序问题规定得相当详尽；在以判例法为国际私法主要依据的英国，也颁布了个别有关程序规范的法令，如1971年的《承认关于夫妻离婚和分居的法院判决法》、1972年的《扶养费判决执行法》等等；此外，尼日利亚于1960年颁布了关于外国法院判决的法令，印度于1961年颁布了关于外国仲裁裁决的法令，等等。

国际私法上的程序规范既体现在国内立法里，也存在于国际条约中，国际条约中的这类规范称为"统一程序规范"。通过国际条约制定统一的国际民事诉讼程序规范和仲裁程序规范，也是为了使得各国对涉外民事法律关系的法律调整趋于统一，尽量减少因各国诉讼程序规范的差异而产生的复杂问题，从而便于法院和国际经济贸易仲裁机构进行审理，加强对涉外民事法律关系当事人合法权益的法律保护。但是应当注意的是，统一程序规范只涉及法院或仲裁机构对涉外民事案件管辖权的一般原则、有关当事人交付诉讼或仲裁的费用、一国法院履行外国法院委托时的相互关系以及承认与执行外国法院判决和境外仲裁机构裁决的条件等问题，而不包括缔约国的专属管辖权问题，也不涉及法院审理案件的具体程序诸如起诉的方式、开庭审理的准备和进行、法院裁定或判决的作出、上诉的程序等项内容。

在国际上，通常以双边的司法协助条约和有关民事诉讼及仲裁程序问题的多边国际公约来制定统一程序规范。这类多边公约既有区域性的，也有全球性的。从19世纪起，海牙国际私法会议、美洲国家组织、欧洲共同体（即现今的欧洲联盟）以及联合国的有关专门机构等先后制订了近四十个这类性质的多边国际公约。总的来讲，这些公约具有两个特点：一是适用范围大多较窄，参加国较少；二是在关于承认与执行外国法院判决和境外仲裁机构裁决的问题上附加了许多允许拒绝承认与执行的条件。从目前来看，只有1968年9月27日欧共体成员国缔结的《关于民商事案件管辖权及判决执行的公约》的适用范围相对比较广泛。在统一仲裁程序规范方面，1958年6月10日在联合国主持下签订的《承认及执行外国仲裁裁决公约》（简称《纽约公约》），是当前世界上有关承认与执行仲裁裁决的一个最主要的国际公约，截至2001年6月，该公约已有成员国126个。[①] 除了国际公约以外，近些年来一些非政府间国际组织所提供的有关司法协助、仲裁规则和调解规则的文件，对国际私法程序规范的统一化进程也

---

① 赵秀文著：《国际商事仲裁及其适用法律研究》，北京大学出版社2002年版，第10页。

起到了促进作用。

国际民事诉讼程序规范和涉外仲裁程序规范从性质上讲属于程序法,它们既不指引准据法,也不确定涉外民事法律关系当事人之间实体法上的权利与义务。所以严格来讲,它们并不是国际私法范围内的规范。但是,这些程序规范(诸如管辖权规范、外国人民事诉讼地位规范、外国法院判决和境外仲裁机构裁决的承认与执行规范等等)与国际私法有着密切的联系,特别是其中关于管辖权方面的规定更是解决法律适用问题的前提,因为只有先确定由谁来适用法律,然后才能谈到适用什么法律。因此,这些程序规范实际上关系到对涉外民事法律关系当事人的权利与义务提供司法保护的问题,没有这类规范,当事人的权利与义务就不能很好地实现。所以,考虑到这类程序规范与国际私法的密切关系以及为提高研究和解决有关问题的效率起见,还是应当将它们包括在国际私法范围之内,列为国际私法规范的一个组成部分,并在国际私法学中加以研究。

五、国际私法的名称

国际私法作为调整各种具有涉外因素的民事法律关系的法律部门,虽然已经有了七百多年的历史,但是直到现在,不同学者、不同国家和地区对国际私法的称谓却有所不同。

一般来说,大陆法系各国比较多地称之为"国际私法"(private international law),英美法系国家则多称其为"冲突法"(conflict of laws)。从立法角度来讲,德国最早将之称为"民法施行法",而旧中国和现在我国台湾地区的立法则称之为"涉外民事法律适用法"。由于国际私法在相当长的历史时期内是以学说的形态存在和发展的,因而有的学者亦称这段时期的国际私法为"学说法"。从以上各种名称来看,大多是从国际私法只包括解决法律适用问题的冲突规范这一观点出发而提出的。

在本书中笔者仍然采用"国际私法"这个名称，之所以如此，不但是因为该名称已经约定俗成，与其他各种提法相比更容易被普遍接受，而且从这一名称的本身来看，至少可以表明它是调整具有"国际"因素（其中应理解为包括"涉外"因素）的民商法关系的一个法律部门。至于在这个名称下我国大多数学者认为应当赋予国际私法这一法律部门的具体内容，则已远远超出了传统国际私法的范围。

六、国际私法的定义

根据国际私法所调整的社会关系的性质以及它所要解决的主要问题，同时考虑到我国学者对国际私法调整范围的较为普遍的看法，可以为国际私法作出如下定义：国际私法是以涉外民事法律关系为调整对象，以解决法律冲突为中心任务，以冲突规范为最基本规范，同时包括避免或消除法律冲突的实体规范和国际民事诉讼与仲裁程序规范在内的一个独立的法律部门。

这个定义具有如下几个特点：首先，强调了国际私法调整对象的特殊性（即含有涉外因素的民事法律关系），而调整对象的不同，正是区分不同法律部门的基础；其次，突出了国际私法的本质特征，即它的中心任务是要解决因各国民商法的规定不同而在涉外民事法律关系中所产生的法律冲突；第三，反映了国际私法最基本规范和制度的特殊性，肯定了冲突规范及其与之相联系的各种制度是构成国际私法的主要内容，同时进一步明确指出，为了解决法律冲突问题，国际私法还应包括其他两类规范，即实体规范和程序规范。

七、国际私法在我国的作用及运用

（一）国际私法在我国的作用

随着人类历史的发展与社会的不断进步，各国人民之间的相互往来和各国经济的相互交流不断加强。第二次世界大战以后，这种情况又有了空前的发展。目前在我国，各行各业都在围绕着经济建设这个中心加快实行改革开放，因而我国与外国的经济、技术和文化的合作与交流必将日益增加，我国公民、法人与外国公民或法人之间各种财产关系和人身关系问题也将随之增多。例如，根据我国经济建设的需要，必然会引进一些境外资本和先进技术，从而会产生一系列的法律问题；国际交往的一个重要领域是开展对外贸易，这方面过程复杂、涉及面广，法律纠纷时有发生；对外开放以后，外国人到中国来经商、旅游或从事其他活动的人数大量增加，从而产生一些一般性的涉外民事法律关系；另外，我国在海外的华侨人数众多，因此在国外发生并与我国有关的涉外民事法律关系亦会随之增加，通过调整好这些关系，保护在国外的我国公民的合法权益，也成为一个重要问题。

总之，运用国际私法处理好上述种种涉外民事法律关系，从法律方面保障并促进它们稳定和健康地持续发展，将会有利于我国的改革开放与经济建设。具体来讲，国际私法在我国的积极作用主要表现在以下几个方面：

1. 它是发展我国对外民事交往和国际经济技术合作的行为准则。实践表明，有了涉外民事、经济法律和规章，其中包括国际私法规范，就可以使得涉外民事法律行为和对外经济活动有法可依、有章可循；如果产生争端，依照有关法律规定去处理，当事人的合法权益便能得到应有的保障。

2. 它是保障我国主权和经济利益、维护我国公民与法人正当权益的法律武器。在涉外民事法律关系和对外经济活动中，各种情况错综复杂，往往涉及有关国家或当事人的重大权益。国际私法上的一系列制度和规范既规定了国家的主权权利，同时也调整着自然人及/或法人相互之间的权利与义务关系，因此，我们应当正确运用这些制度和规范，以维护国家和我国公民、法人的根本利益。

3. 它同样是维护外国公民和法人在我国的合法权益、发展我国与各国人民友好往来的法律保障。我国法律规定，在中国境内的外国公民和法人，都必须遵守中国的法律，他们的合法权利和利益受中国法律的保护。而国际私法在保护外国公民和法人的合法民事权利与利益方面，具有重要的作用。外国人的合法权利与利益若能得到切实保障，就能够促进国家之间正常的民事、经济往来和各国人民的友好交往。

(二) 在我国如何运用国际私法

以上笔者对国际私法在我国的一些主要作用作了初步探讨，那么，在我国对外经济交往和涉外民事案件的审理过程中，又应当如何运用国际私法并需要注意哪些问题呢？

1. 国际私法是调整国际交往过程中所产生的涉外民事法律关系的一个法律部门，但这并不是说它是调整涉外民事法律关系的唯一的法律部门。前已提及，除国际私法之外，还有其他一些部门法诸如国际贸易法、海商法等等，也在从不同侧面、不同角度对涉外民事法律关系进行着调整。因此，我们在处理涉外民事案件的时候，要将国际私法与有关的部门法结合起来予以运用，而不应当互相代替或互相排斥。

现在就以"神皇号"轮碰撞案为例来具体说明：

1973年5月6日，我国某轮船与希腊"神皇号"轮船在马六甲海峡相撞，对方损失480万英镑，我方损失50万英镑。希腊轮在新加坡法院对我某轮提起诉讼。根据海商法上过失碰撞的损害赔偿制度，如果碰撞双方互有过失，则双方应按各自过失程度的比例，相互承担赔偿责任。如果无法确定双方过失的轻重比例，或者双方过失程度均等，则碰撞双方对碰撞事故损害总额各负一半的赔偿责任。本案双方当事人在协商过程中，希腊轮提出希望按50%的比例平均分摊责任。如果这样，希腊轮损失480

万英镑,我方应赔偿其损失240万英镑;我某轮损失50万英镑,希腊轮应赔偿我方损失25万英镑,两相折抵,我方还应赔偿希腊轮215万英镑。

后经查证,这次船舶碰撞事故的责任,对方大于我方。因此,如果希腊轮按70%的比例承担责任,我某轮按30%的比例承担责任,即由对方赔偿我方35万英镑,我方赔偿对方144万英镑,两相折抵,我某轮还要赔偿希腊轮109万英镑。最后,中方提出应适用新加坡法律来处理本案,因为碰撞事故发生在新加坡领海,案件又在新加坡法院起诉,所以可以适用新加坡法律。结果,新加坡法院适用了新加坡法律中有关船东责任限制条款的规定,判决中方向希腊"神皇号"轮赔偿32万英镑结案。这是在处理涉外海事案件中,将国际私法与海商法结合运用的一个突出例子。

2. 国际私法从其产生至现在,一直是以解决涉外民事法律关系中的法律冲突与法律适用问题为其主要目的的。因此,我们在处理具体案件时,不仅要了解有关本案的冲突规范,而且还要了解依该冲突规范所援引的、将予适用的那个国家的实体法规范,只有将这两者结合起来,才能最终处理案件。

例如,英国侨民莫里斯1881年在上海出生,1951年病故于上海,终年70岁。他独自一人在上海,妻子、子女均在英国。莫氏去世时,在上海留有一笔遗产(包括现钞、外汇、汽车、房屋等)。对于本案,我国上海法院采用了"动产继承依被继承人国籍所属国法"、"不动产继承依物之所在地法"这样的冲突规范来处理。因此,在这个继承案件中,动产继承应当适用英国法。那么,有关的英国法对此是如何规定的?这就需要予以明确才能最终处理该继承案件。

3. 国际私法调整的法律关系是与不同国家有关的,因此往往一个法律关系发生争议时,与之有关的国家都主张自己国家的法院享有管辖权,这个问题是国际私法所要解决的重要问题之一。我国的司法机关在处理涉外民事案件的管辖权问题时,应当依据我国缔结或者参加的国际条约和我国国内立法上关于涉外民事案件管辖权的有关规定,来确定我国的司法管辖权。

4. 在运用国际私法规范的过程中,要注意遵守国际法的基本原则和我国对外政策的基本准则,如国家主权原则、平等互利原则、互惠原则等等。这些原则在国际私法上的具体体现是:互相尊重对方的经济制度和法律制度,相互保护对方自然人、法人的正当权益,在互利的基础上发展民事、经济和贸易关系,坚决反对一国利用经济手段,借着"合法"的外衣对别国进行经济掠夺和控制。

八、国际私法学

(一) 国际私法与国际私法学

我们通常所说的国际私法有两种不同的含义,一是国际私法,二是国际私法学,这是两个既有密切联系而又相互区别的概念。

它们的区别之处在于:

1. 国际私法是法律,是构成一个部门法的全部规范的总称;国际私法学是科学,是社会科学中法学的一个分支和名称。

2. 国际私法的调整对象是涉外民事法律关系;国际私法学的研究对象则是国际私法本身的各种理论、制度、原则、术语和规范以及不属于国际私法本身但与其相关的某些问题。

3. 国际私法对有关国家或当事人有强制的法律拘束力;国际私法学则没有这种拘束力。

它们的联系之处在于:

1. 国际私法与国际私法学都产生于一定的社会经济条件,都是特定经济基础的反映。

2. 国际私法学的研究必须以国际私法的立法、司法为基础；反过来，国际私法学的研究成果可以为国际私法的立法和司法服务，并促进国际私法的发展。

3. 在国际私法的历史发展进程中，学说和法理起着很大的作用，在一段时期内甚至作为法律被适用，因此，有学者称国际私法为"学说法"。至今，英美法系一些国家仍然认为学说和法理也是国际私法的渊源。我国学者虽然不承认它们是国际私法的一个渊源，但仍然主张对其做深入研究，以更好地维护我国国家、公民和法人的合法权益。

由此可见，国际私法与国际私法学是两个在质的方面不相同的概念。但由于它们之间存在着密切的联系，因而在某些情况下，使用"国际私法"这一术语时，要注意加以区分。

（二）国际私法学的研究方法

没有独立的主权，就没有国际私法。由于广大发展中国家在历史上长期处于殖民地半殖民地状态，因而国际私法学的研究与发展一般均落后于欧美等发达国家，传统的国际私法理论也主要分为英美法系和大陆法系两大家。表现在研究方法上，大陆学派比较注重于从法理学的一些基本原理出发，通过演绎法，试图推导出各种可供普遍适用的冲突法规则。其代表人物有德国的萨维尼（Karl von Savigny）和法国的比耶（Antoine Pillet）。英美学派则以研究、分析判例材料为主，尤其注重对本国成案的研究，通过归纳法，来寻求法律适用的各种共同原则。其代表人物有美国的斯托雷（Joseph Story）和英国的戴西（Dicey）。两大法系国家这种研究方法上的差异至今仍未完全消失。其实，这两类不同的研究方法各有千秋，若能兼采两者之长，则可收到相辅相成的效果。因为法学既然是一门实用科学，就应重视对各国尤其是对本国司法实践亦即判例材料的研究和分析；同时，法学作为一门理论科学，又离不开一定的世界观和法理学的指导。

在国际私法学的研究方法上，历史的方法是一种十分重要的方法。这一方法能使我们正确地了解国际私法产生和发展的历史条件，揭示出不同国家国际私法理论与制度产生的社会背景和历史作用，使我们能够透过似乎是纯粹抽象的理论以及不同的立法方式看到其所具有的时代特征。历史的研究方法要求我们必须将国际私法作为建立在一定经济基础之上的上层建筑来对待，它的各种学说和制度，必须到当时特定的社会物质生活条件中去探源。作为一种纵向的研究，国际私法的历史研究方法还有助于我们通过了解国际私法的过去和现在而预见它的未来。

比较研究的方法，在国际私法学中也具有重要意义。进入20世纪以后，欧洲大陆国家出现了以拉贝尔（Ernst Rabel）为代表的国际私法上的比较法学派，他们通过对各国国际私法进行比较研究，来寻求统一各国国际私法的途径。比较研究的方法之所以对国际私法学具有重要意义，是因为国际私法所调整的涉外民事法律关系涉及许多平行而又互不相同的法律制度，只有通过对有关国家的民商法进行比较研究，才能找出它们之间的差异和发生法律冲突之所在；也只有比较研究有关各国的国际私法，才能判定采用什么样的国际私法制度方能达到判决结果一致的理想；而就立法工作而言，亦只有通过比较研究各国国际私法立法，方能博采众长，为我所用。

(三) 国际私法学的体系

国际私法学的体系是根据国际私法学者对国际私法规范的研究而定的，因此，不同国家，甚至不同的学者都可以有自己的国际私法学体系。

目前，大陆法系的一些国家基本是采用传统的民法体系，即除了在总论部分探讨国际私法的基本理论和制度外，在分论部分大体上是按照法律行为和代理、物权、知识产权、债权、婚姻家庭以及继承的顺序来安排的。但是由于各国学说对国际私法范围的理解不同，有的学者在这些内容之外，还讨论国籍和住所问题、外国人的民事法律地位问题以及国际民事诉讼与仲裁程序问题等等。

英美法系各国则因认为国际私法只是解决涉外民事案件的管辖权、法律选择以及外国法院判决的承认与执行这三个方面的问题，因而在学说上除也单独讨论国际私法总论方面的问题之外，在分论中则往往是按照法院的管辖权、各种不同私法关系的法律选择，以及外国法院判决的承认与执行这种体系来安排的。

笔者借鉴了大陆法系与英美法系国家国际私法学的体系安排，并结合我国具体国情和我国国际私法学的现状，将本书分为总论、分论、专论及程序论四个部分来进行研究与探讨，以期形成一个全书各个部分既相对独立，又密切联系的较为完善的体系。

第二节 国际私法的渊源

法律渊源一词有两种含义，一是实质意义上的渊源，指法律所体现的国家意志；二是形式意义上的渊源，指法律规范存在或表现的形式，具体来讲，就是赋予法律规范以法律效力的法律文件的形式。本节所要探讨的国际私法渊源是就第二种含义而言的，即通过研究国际私法规范存在或表现的形式，来探讨国际私法规范的来源。

我们知道，任何一种行为规范要取得法律效力，就必须通过特定的法律形式表现出来，国际私法当然也不例外。由于国际私法的调整对象是超出一国领域的含有涉外因素的民事法律关系，因而国际私法的渊源具有两重性和多样性。两重性表现为国际性和国内性，多样性则表现为国内立法、国内判例、国际条约和国际惯例。其中，国内立法和国内判例被称为国际私法的国内渊源，国际条约和国际惯例被称为国际私法的国际渊源。除了这四项以外，学者学说能否作为国际私法的渊源，在国际私法学界还存在着争议。

一、国内立法

国内立法是国际私法的主要渊源之一，国际私法上的规范最初都是通过国内立法的形式表现出来的。为了进行国际间的民事和经济往来，每一个主权国家都有必要通过自己的国内立法来规定外国人在本国承担什么样的民事权利和义务；在处理涉外民事法律关系时，什么情况下适用本国法、什么情况下适用外国法以及应当适用哪一个外国法；在审理涉外民事案件时，法院或仲裁机构应适用哪些特殊程序；等等。这些法律规定就构成了国际私法的国内渊源。

从内容上来看，作为国际私法主要渊源之一的国内立法可以分为冲突法、实体法和程序法三个部分。

(一) 关于冲突法的国内立法

目前世界各国关于冲突法的国内立法形式主要有以下几种：

1. 在民法典的不同篇章中规定基本的冲突规范。1804 年的《法国民法典》是这种立法方式的代表。在国际私法的国内立法形式和内容上，受《法国民法典》影响的国家被称为法国法系，主要包括意大利、比利时、葡萄牙、西班牙、瑞典、墨西哥、巴西、智利、阿根廷、埃及、叙利亚、伊拉克等欧洲、拉丁美洲和中东地区的一些国家。

2. 用专门法典的形式制定系统的冲突规范。最具代表性的是 1896 年德国颁布的《民法施行法》（1900 年 1 月 1 日起生效）。在国际私法的国内立法形式和内容上，与德国《民法施行法》相近的国家被称为德国法系，主要包括荷兰、奥地利、瑞士、日本、泰国等国家。此外，东欧国家亦大多采用专门法典或法规的形式，系统地规定有关的冲突规范。

3. 在民法典或其他法典中列入专章，较为系统地规定冲突规范。原苏联的《民事立法纲要》、保加利亚的《婚姻、家庭和监护法典》、蒙古国的《民法典》等等，都采用这种形式。我国目前对国际私法规范的规定也是采用这种形式，在《民法通则》第八章中就专门规定了"涉外民事关系的法律适用"，共计9条13款。

4. 在各类单行的专门法规中，就某个方面的涉外民事法律关系规定法律适用条款。英、美两国的立法就是这种形式的代表。英国和美国是以判例作为国际私法主要渊源的国家，它们对国际私法规范不作系统的规定，只就某些方面的问题在单行的专门法规中予以订明。例如，1882年英国的《票据法》、1892年英国的《外国婚姻法》、1963年英国的《遗嘱法令》、1973年英国的《关于承认离婚和分居的法令》、1984年英国的《商船法》以及1962年美国的《统一商法典》（Uniform Commercial Code，简称 U.C.C.）等等，其中都规定有法律适用条款。我国1985年的《继承法》也为涉外继承方面的法律关系确定了解决法律冲突的原则。

如今，冲突法在国内立法方面的上述四种表现形式同时并存，使得世界各国的冲突法立法呈现出显著的多样性。就立法技术和实际运用的方便而言，应当说冲突法的国内立法以前面第二种形式最为可取。根据近些年的立法进展情况来看，以专门法典或单行法规的形式制定系统的冲突法规范，将是今后世界各国冲突法立法的主要趋势和方法。

我国目前主要是采取上述第三种立法方式，必要时也在有关的单行专门法规中规定相应领域的冲突规范。因此可以说，我国《民法通则》第八章以及《继承法》等单行法规中的法律适用条款,都是我国冲突法的重要国内立法渊源。

(二) 关于实体法的国内立法

国际私法的国内实体法可以分为两类,一类是关于外国人民事法律地位的规定,另一类是所谓的专用国内实体法规范。目前多数国家关于外国人民事法律地位的规定散见于它们的宪法、民法、商法、外国投资法、专利法、商标法等项法律之中。但也有些国家以单行法规的形式制定了专门的外国人地位法,如1969年12月17日罗马尼亚颁布的《外国人在罗马尼亚权利地位法》即是。至于国内实体法的另一类即专用国内实体法规范,它们的数量很多,在调整涉外民事法律关系方面也起着重要的作用,例如我国的《外资企业法》、《海关法》、《专利法》、《商标法》等等,都属于这类专用国内实体法规范。

(三) 关于程序法的国内立法

各国国际民事诉讼程序的国内立法形式也是多种多样的。有的规定在国际私法中,如匈牙利;有的规定在国内民事诉讼法中,如我国、日本;也有的规定在国内民法中,如法国;还有的是制定专门的国际民事诉讼法,如原捷克斯洛伐克。有关对外经济贸易仲裁的法规,各国一般多通过专门的仲裁立法加以规定;至于常设仲裁机构的具体仲裁程序规则,则由该机构或其所属机构做出规定。

二、国内判例

所谓判例 (judicial precedent),是指法院的某些判决可以成为以后审判同类案件的具有法律拘束力的依据。

一国法院的判例是否可以成为该国国际私法的渊源?这在国际私法实践中是有分歧的。大陆法系国家一般不承认判例可以成为法律的渊源;而英美法系各国却是以判例法 (case law) 为主的国家,在这些国家里除个别单行法规中有一些成文的冲突规范外，大部分冲突规范的表现形式是法院的判例，因而英美法系国家多将判例作为法律的主要渊源。虽然制定法在这些国家也有一定的发展前景，但判例对于它们处理国际私法问题仍然起着重要作用。在英、美等国的国际私法著述中，说明某项国际私法原则或规范时，也往往是引用有关的判例，而不是引用立法条文。例如在英国，结婚能力问题是由当事人住所地法来决定的。这一原则的确立不是依据哪项具体立法，而是来源于1877年英国法院关于索托梅尔诉德巴罗斯案（Sottomayor vs. DeBarros）的判决。根据法院认定的事实，当事人双方住所在葡萄牙而在英国结婚，按照当时葡萄牙的法律，当事人没有教皇的许可不得结婚。英国上诉法院据此认为本案当事人不具备结婚能力，该婚姻无效。

由于在英美法系国家中判例庞杂而零乱，有些又经常相互抵触，因而系统的汇集、分类和整理工作一般多由国际私法学者或学术机构来完成，这样不仅便于学习和研究国际私法，而且也可供实际部门运用时参照。所以我们在探讨英美法系国家国际私法的渊源时，研究其权威学者的著作是一条捷径。

在英国，1896年戴西编著出版了《法律冲突论》，该书归纳、整理了英国判例中所适用的冲突规范，并逐条加以解释。戴西的著作从1949年起由莫里斯（J. H. C. Morris）等人相继予以修订，目前英国处理国际私法问题时，常对该书予以引用。

在美国，1834年美国学者斯托雷编著出版的《冲突法评论》一书也是这方面的名著。此外，非官方机构美国法学会（American Law Institute）承担了美国国际私法的归纳和整理工作。它先后主持编纂了两部《冲突法重述》，即1934年由哈佛大学法学院教授比尔（Joseph H. Beale）任报告员、主编出版的《第一次冲突法重述》（Restatement of the United States, Conflict of Laws, First, 1934），以及1971年由哥伦比亚大学法学院教授里斯（Willis L. M. Reese）任报告员、主编出版的《第二次冲突法重述》（Restatement of the United States, Conflict of Laws, Second, 1971）。这两部重述不是冲突法的法典，它们不具有法律效力，其目的乃是通过对大量判例的整理和研究以及对各种理论的分析和综合，归纳出一些具有普遍意义的原则或规则，以此来指导美国法院审理涉外民事案件。尽管这种重述不当然具有法律效力，但是它们对美国司法实践的发展却具有重大指导意义，其中所编纂的判例法原则，也成为美国法院审理国际私法案件的依据。

除了英美法系各国将判例作为国际私法的渊源外，司法判例在大陆法系国家也占有不可忽视的地位。例如，法国是以制定法为主的大陆法系国家，早在19世纪初就形成了民法（其中包含有许多国际私法条文）的法典化，但判例仍然是该国国际私法的一个重要渊源。法国著名国际私法学家巴迪福（Henri Batiffol）就认为，法国的国际私法是以《法国民法典》第3条为基础，同时采用法院判例而建立起来的。[①]（《法国民法典》第3条规定："凡居住在法国领土上的居民应遵守治安法律。不动产，即使属外国人所有，仍适用法国法律。有关个人身份及享受权利的能力的法律，适用于全体法国人，即使其居住于国外时亦同。"[②]）其他大陆法系国家，如德国、日本等国的现代国际私法也很重视司法判例的作用。

有学者指出，在国际私法这个领域，不管成文法如何发展，也不论如何强调编纂成文法的意义，都不能免除法院或法官造法（judge-making law）的作用，都不能免除法院或法官的自由裁量权（judicial discretion）。之所以如此，就是由于没有哪一个法律部门像国际私法这样容易受到政治事件和经济活动的影响，没有

[①] 余先予主编：《冲突法》，法律出版社1989年版，第18页。
[②] 马育民译：《法国民法典》，北京大学出版社1982年版，第1—2页。

哪一个法律部门像国际私法这样涉及极其广泛而又复杂的生活领域。因此，立法者是不可能预见并规定一切可能发生的情况的。

我国是成文法国家，判决只适用于本案，对当事人有效，不起确立法律规范的作用，不构成判例法。所以，我国一般不承认判例可以作为法的渊源。

尽管如此，在国际私法上，我们却应充分认识到判例的作用。因为首先，在国际私法领域，情况错综复杂，仅靠成文法是不足以应付司法实践的需要的，必要时应当允许法院通过判例来弥补成文法的缺漏。因此，赋予司法机关以一定的机动权力，在成文法不完备、不明确的情况下，可以参考先前的判例来确定合理的解决方法，应当是必要的应变措施之一。这样，才能更加灵活地处理有关问题，维护国家利益与当事人的合法权益。其次，在案件涉及英美法系国家或地区的法律时，更需要直接援用它们的判例作为判决的依据，特别是如今我国已经恢复行使对香港和澳门的主权，因而在解决区际法律冲突问题时，我们更不能不考虑香港法律承认判例作用的实践。第三，国际私法的原则和制度，也需要通过判例来加以发展和完善。

基于上述种种考虑，我们还是应当加强对国内外国际私法判例的研究工作，以做到知己知彼。

三、国际条约

国际条约是指国家之间缔结的确定、变更或终止相互权利与义务关系的书面协议。两国之间缔结的协议称双边条约，两个以上国家缔结的协议称多边条约。无论是双边的还是多边的国际条约，都可以作为国际私法的渊源。

国际条约之所以能够成为国际私法的渊源，是因为国际私法所调整的民事法律关系中含有涉外因素，这个涉外因素使得该民事法律关系在不同程度上与有关外国的政治、经济、文化、法律和对外政策相联系。主权国家为了发展相互间的民事交往，避免法律冲突，有时就以政府的名义通过谈判取得一致意见，签订双边或多边国际条约，在条约中规定国际私法规范，用来直接调整它们之间所发生的民事法律关系。于是，国际条约便成为一项国际私法的渊源，并且对于缔约国的当事人具有法律拘束力。

国际条约作为国际私法的渊源，具有以下特点：

首先，作为国际私法渊源的国际条约，能够包括各种国际私法规范。本书在前面介绍的构成国际私法内容的三类规范，都分散或集中地体现在各种不同的国际条约中。例如，《关于婚姻缔结的公约》（1902年）中规定有冲突规范，《商标注册条约》（1973年）中规定有实体规范，《关于民商事案件管辖权及判决执行的公约》（1968年）中规定有程序规范，等等。

其次，作为国际私法渊源的国际条约，从法律效力上讲，只对缔约国有效，对非缔约国是没有拘束力的。但现实中，某些国际条约在调整涉外民事法律关系时的影响所及，已远远超出了条约缔约国的范围。有的国家虽然未参加某一项国际条约，可在事实上是按照这一国际条约的规定来行事的；有的国际条约中的具体规定，还直接影响了某些国家的国内有关立法。

第三，作为国际私法渊源的国际条约，其所规定的国际私法规范一般说来，与条约缔约国国内法上的国际私法规范是一致的。根据"条约必须遵守"（拉丁：Pacta sunt servanda.）这一公认的国际法准则，如果国内法与国际条约的规定发生抵触，应以条约规定为准，除非该缔约国缔结或参加条约时对条约的某些条款提出了保留，而且条约本身亦允许提出保留。因为国内法所规定的是调整该国一切涉外民事法律关系的一般原则，具有普遍性，但缺乏针对性；而国际条约则是针对缔约国之间特定的法律关系而订立的，因此，应当将条约的规定视为国内法规定的一种例外而优先予以适用。在这个问题上，有些国家的国内立法作出了明文规定。例如，我国《民法通则》第 142 条第 2 款规定："中华人民共和国缔结或者参加的国际条约同中华人民共和国的民事法律有不同规定的，适用国际条约的规定，但中华人民共和国声明保留的条款除外。"有的时候，当一国国内法上缺乏调整某种涉外民事法律关系的相应规定时，有关国际条约中的规定也很有可能被采用。

国际条约要成为国际私法的渊源应当首先具备一个前提，即它的订立必须符合国际法的基本原则，必须是主权国家之间平等、互利、相互协商的结果，而不平等条约是不能作为国际私法渊源的。

国际条约作为国际私法的渊源，是从 19 世纪中后期开始出现的，国际社会先是致力于通过缔结国际条约来进行统一冲突法的国际立法工作，随后又大力着手制订统一实体法，以谋求各国民商法的统一。经过一个多世纪的努力，这一工作已经取得了重大成果，从而使得国际条约成为国际私法规范赖以存在的基本形式之一。

四、国际惯例

所谓国际惯例，依据 1945 年的《国际法院规约》第 38 条的规定，是指"作为通例（general practice）之证明而经接受为法律者"。由此可见，构成一项国际惯例必须具备两个条件：一是经过长期、普遍的实践而形成为通例，即所谓的"物质因素"；二是必须经国家或当事人接受为法律，即所谓的"心理因素"。

在国际私法范围内，有两种不同的国际惯例。一种是不需要当事人选择都必须遵守的惯例，可以称之为强制性惯例。例如，经过长期国际实践形成的"国家主权豁免"原则就属于这类惯例；另一种是只有经过当事人的选择才对他们有拘束力的惯例。例如，在国际贸易实践中存在着"离岸价格"（FOB）、"到岸价格"(CIF)以及"成本加运费"(CFR)等常见的贸易条件,这些不同的"贸易条件"规定了不同的交货方法,而按照不同的交货方法,买卖双方的权利和义务以及风险转移的时间也是不同的。实际操作时使用哪项贸易条件,由当事人事先协商决定,双方的权利和义务以及风险的转移等事项即依照他们选定的贸易条件来确定。因此,可以将这类贸易惯例称之为任意性惯例。

在国际私法上存在比较多的是任意性实体法惯例,其中调整国际贸易条件的有《1932年华沙—牛津规则》(Warsaw-Oxford Rules 1932)、《2000年国际贸易术语解释通则》(International Rules for the Interpretation of Trade Terms 2000,另一提法为:"国际商业术语"——International Commercial Terms,简称 IN-COTERMS 2000,自2000年1月1日起生效),调整共同海损理算的有《1974年约克—安特卫普规则》(York-Antwerp Rules 1974),调整国际贸易支付的有《1979年托收统一规则》(Uniform Rules for Collection 1979)以及2007年7月1日生效的《跟单信用证统一惯例》(The Uniform Customs and Practice for Documentary Credits,简称 UCP600),等等。这类惯例大多为我国实践所接受。

国际惯例通常是在没有相应的国内立法和国际条约规定的情况下才予以适用的。我国《民法通则》第142条第3款规定:"中华人民共和国法律和中华人民共和国缔结或者参加的国际条约没有规定的,可以适用国际惯例。"

五、学说在国际私法渊源上的地位

所谓学说,是指通过著述表现出来的法学家的个人主张。在国际公法的渊源方面,《国际法院规约》第38条将"各国权威最高之公法学家学说"与"司法判例"列于同等地位,共同"作为确定法律原则之补助资料"。可见学说并不是国际公法的一个渊源,其地位仅仅是确定法律原则的"补助资料"。

那么,学说或有关的原理能否构成国际私法的渊源?这个问题在国际私法学界是有争议的,各国实践也不尽相同。英、美国家的一些学者主张将学说纳入到国际私法的渊源之列,他们认为,学术"权威者的意见包含着人类最崇高的正义"[①],应当起着"立法的作用"。[②] 但也有许多国家的学者对这种观点持否定态度,认为学说只是一种主张或理论,它不具有法的效力。

笔者认为,法的拘束力是与国家权力紧密联系在一起的,没有国家的认可和国家权力的保证,就谈不上法律的效力。学说是可以辩论的、争鸣的,而法律则应当是一体遵行的。对于同一个问题,往往存在着不同的学说和主张,因而很难将其作为判案的依据。如果一个学说的确能反映某个国家的实际,有它一定的合理性,则有可能被其立法者用来指导法律的制定,或可能被其立法者采纳而直接上升为法律。这样一来,学说也就变成了法律,经过国际或国内权威机构认可的这种法律,其外在表现形式才可以被认为是国际私法的渊源。因此,从理论上讲,学说只不过是学者之见,它本身并不能作为国际私法的渊源来看待。

但是实践中,特别是在国际私法形成之初,权威学者之学说的确曾起到过国际私法渊源的作用,推动了国际私法规范的形成和发展。因为权威国际私法学家的理论与主张可供立法者参考,会对法律的制定产生影响;他们在其著作里分类汇集的司法判例,在某些国家(如英、美等国)也直接被法院作为判例法加以引用。时至今日,英、美等国的国际私法判例仍然由一些著名的学者在整理和归纳。由于国际私法相对来讲还是一个比较年轻的

---

① 转引自丁伟主编:《冲突法论》,法律出版社1996年版,第10页。
② 转引自余先予主编:《国际私法教程》,中国财政经济出版社1998年版,第20页。

法律部门，很多制度和规则尚处于形成、发展阶段，加上法院的自由裁量权在这一领域也是比较大的，因而司法机关有时需要借助学说上的理论去作为解决实际问题的指导和依据。这种情况在以判例法为主的英美法系各国是更为突出的。在这些国家中，学者引述法院的司法实践来论证或推翻某一理论，或者法院的司法实践援用学者学说来论证或推翻某一成文法或判例法所确立的冲突规范，都是很常见的现象。

还有一些国家，在其国内立法中明文规定原理是国际私法的渊源。例如，1939年3月10日制定的《泰国国际私法》第3条规定："本法及其他泰国法未规定的法律冲突，依国际私法的一般原理。"

在我国，不认为学者学说能够构成国际私法的渊源，但可以将其作为国际私法领域中立法及司法工作的参考。尽管如此，既然英美法系国家经常引用学者的学说或著述来作为判案的依据，我们就应当高度重视并加强对外国国际私法学者学说和著述的研究工作，以便在处理有关国际私法问题时，能够比较全面地掌握各种判例的精确含义，更好地维护我国和外国当事人的合法权益。

以上笔者对国际私法的渊源作了简要介绍和分析。归纳起来，国际条约（国际立法）、国际惯例、国内立法是各国公认的国际私法渊源；国内判例在相当多的国家内也被认为是国际私法的渊源；权威法学家的有关学说或理论，在某些国家同样被视为是国际私法的渊源。即使是不将判例、学说列为国际私法渊源的国家，也从不否认这两者在解决国际私法有关问题时的参考意义。

第三节 国际私法的性质

关于国际私法的性质，自19世纪中叶以来就一直是个长期争论的问题。从世界范围来看，争论的问题主要有三个，即国际私法是国际法还是国内法，国际私法是程序法还是实体法，国际私法是公法还是私法。接下来本书就对这些问题分别予以探讨。

一、国际私法是国际法还是国内法

在这个问题上主要有三种观点，依照各自的不同主张，可以划分为国际法学派（又称世界主义学派或称普遍主义）、国内法学派（又称民族主义学派、国家主义学派或称特殊主义）、二元论学派（又称综合论者）。

(一) 国际法学派

国际私法的国际法学派主要代表人物有：德国的萨维尼、巴尔 (Ludwig von Bar)、弗兰根斯坦 (Frankenstein)，法国的魏斯 (Weiss)、比耶，意大利的孟西尼 (P. S. Mancini)，荷兰的杰特 (Jitta)，原苏联的克雷洛夫、戈隆斯基、斯特罗果维奇、拉德任斯基、柯热夫尼科夫，日本的迹部定次郎等人。我国也有一些学者持这种观点。

国际法学派认为，国际私法是国际法性质的法律部门，或者说是国际法的一个分支。其主要论据如下：

1. 国际私法产生于国际社会。萨维尼认为，国际私法之所以产生，是由于存在着国际社会，适用外国法的根本原因也在于涉外民事法律关系是在国际社会中产生的。

2. 国际私法所调整的关系就其性质来说，已经超出一国范围而具有国际性，因而与国际公法所调整的关系在本质上并无区别。魏斯在他所著的《国际私法手册》一书中认为，国际私法与国际公法的最终目的都在于调整国家之间的关系。原苏联学者克雷洛夫认为："在国际交往中，在每一个具体的公司、每一个个人背后……都有它自己的国家，而在这民事法律关系中发生的任何争议，甚至有关离婚的家庭纠纷，最终都可能转变为国家之间的冲突。"①

3. 从法律渊源的角度来看，国际条约和国际惯例已经成为国际私法的重要渊源，并有趋势表明，国际条约作为国际私法的渊源将占有越来越多的比重。

4. 国际私法的作用同国际公法一样，也在于划分国家之间主权的效力范围。巴尔认为，国际私法是划分主权扩及范围的法的部门。比耶的观点是，国际私法的任务在于协调相互"冲突的主权权能"，因此，国际私法虽然调整的是个人关系，但从根本上看，是解决各个国家之间的主权关系的，国际私法是一个从调整各个主权国家关系的国际公法规则中获取调整个人关系的规则的法律部门。

5. 国际私法本身所包含的原则、制度有不少是与国际公法一致的，诸如条约必须遵守原则、主权原则、平等原则、互利原则、互惠原则等等。

根据以上所列举的论据以及其他一些理由，国际法学派认为，国际法应当分为国际公法和国际私法两个平行的、同等的部门，如同在一个树干上长出的两个分支，因而国际私法应属于国际法。

(二) 国内法学派

国际私法的国内法学派主要代表人物有：德国的康恩 (Franz Kahn)、纽梅耶 (Neumeyer)、沃尔夫 (Wolff)、梅希奥 (Melchior)、利瓦德 (Lewald)、努斯鲍姆 (Nussbaum)、拉贝尔，法国的巴丹 (E. Bartin)、尼波埃 (J. P. Niboyet)、巴迪福、梅利 (J. Maury)，英国的戴西、契希尔 (Cheshire)、诺斯 (North)、莫里斯，美国的比尔、库克 (Walter Wheeler Cook)、

---

① 转引自隆茨等著，吴云琪等译：《国际私法》，法律出版社 1986 年版，第 9 页。

劳伦森（Lorenzen），加拿大的弗尔康波兰奇（Falconbridge），意大利的安济洛蒂（Anzilotti），西班牙的兰拉斯（Llanas），原苏联的隆茨、彼列捷尔斯基等人。我国也有部分学者持这种观点。

国内法学派认为，每个国家都可以制定本国的国际私法，各国国际私法只是本国国内法的一个分支，他们否认有一种凌驾于一切国家之上的"超国家的国际私法"存在。因而在该学派看来，国际私法是国内法性质的法律部门。其主要论据如下：

1. 国际私法的主体和调整对象与国际法不同。国际法调整的主要是以国家为主体的主权者之间的关系；而国际私法调整的则是非主权者之间的关系，它的主体在大多数情况下是自然人和法人。

2. 国际私法的主要渊源是国内法，国际法的主要渊源则是国际条约和国际习惯，是适用于各国间关系的规范体系，它的效力范围是世界性的；相比之下，国际私法的绝大多数规范却见之于国内法，它的效力仅仅及于一个国家之内，因此，国内法学派认为，不能说国际私法是国际法。

3. 涉外民事法律关系的争议一般由一国的法院或仲裁机构去解决，并不求助于其他国家；而国际公法上的争议，则需要依靠国家之间的谈判、协商、斡旋、调停、国际会议以及国际司法等手段去解决。因此，从解决争议的方法上来看，也不能认为国际私法是国际法。

4. 国际私法规范的制定和适用，取决于一国的意志。国内法学派认为，国际私法是一个国家确定"内外私法适用范围"的法的部门，是否适用外国法完全出于一国立法者自身的考虑；但国际法却不是这样，它是各国公认的规范，而不是由一国的立法部门制定的，并且国际法对世界各国都具有法律拘束力，各国都有遵守它的义务，如有违反，便会产生国际责任问题。

基于以上种种理由及其他论据，国内法学派认为，国际私法应当属于国内法，而不是国际法的一个部门。

(三) 二元论学派

国际私法的二元论学派主要代表人物有：德国的齐特尔曼 (E. Zitelmann) 和原捷克斯洛伐克的贝斯特里斯基 (R. Bystricky) 等人。

二元论学派认为，国际私法兼有国内法和国际法的双重性质。其主要论据如下：

1. 国际私法所调整的关系以及国际私法本身，都既有国内因素又有国际因素。

2. 国际私法的渊源既有国内立法，又有国际条约与国际惯例。

3. 国际私法既适用国际公法的原则和规范，也适用国内民法的原则和规范。

4. 国际私法既涉及国内利益，又涉及一国在国际关系中的利益。

基于上述理由，二元论学派认为，不能简单地说国际私法是国际法还是国内法，就国际私法的整体而言，它既具有国际法性质又具有国内法性质。因此，齐特尔曼主张，应当将国际私法区分为"国际的"国际私法与"国内的"国际私法，国际私法是这两部分的综合。

(四) 分析与结论

关于国际私法的性质，上述三个学派的主张及其论据都有一定的合理因素，但也存在着某种偏差。为了进一步说明这个问题，还需要对国际私法与其他邻近的部门法之间的联系与区别进行考察。

1. 国际私法与国际公法

它们之间的联系是：(1) 它们归根结底都是为国家的对外政策服务的；(2) 它们的存在与发展都取决于国际社会政治、经济条件的发展和变化;(3)它们所调整的关系虽然不同,但都是在国际交往过程中产生的,因而都应遵循国际关系的基本准则,例如国家主权原则、平等互利原则等等,这些原则既是国际公法的基本原则,亦是国际私法的基本原则;(4)它们还具有一些共同的制度与规范,例如关于条约的制度、国籍和外国人待遇的制度等等,尽管国际私法和国际公法在运用这些制度时各自有所侧重,但它们都是国家间进行各项合作与实现和平共处的必要条件;(5)它们有着某些共同的法律渊源,即国际条约与国际惯例。

它们之间的区别是:(1)调整对象不同。国际私法调整的是含有涉外因素的民事法律关系,而国际公法所调整的则主要是主权国家之间的关系(另外还包括国际组织、被压迫民族在独立过程中形成的政治实体相互间的关系)。(2)主体不同。国际私法的基本主体是个人(包括自然人和法人),国际公法的基本主体是国家。(3)渊源不尽相同。国际私法的渊源中有国内立法,而国内立法却不是国际公法的渊源。(4)除上述各项外,国际私法与国际公法的区别还体现在强制的机关与手段不同、规范的形成或制订过程不同、法律的适用范围与效力不同,等等。

2. 国际私法与国内民法

它们之间的联系是:(1)它们都调整民法性质的社会关系。一国民法是纯粹的国内法,它以该国国内的民事法律关系为调整对象;国际私法所调整的社会关系归根结底也是民事法律关系,只不过它是民事法律关系中特殊的类别——含有涉外因素的民事法律关系,这就需要运用民法中的一般概念和很多具体制度,因而有学者认为,国际私法是国内民法的适用法。从实践上看,每一个国家民法的基本原则和制度都对其国际私法有着直接的影响,国际私法上的许多制度诸如识别、公共秩序保留、法律规避等等,也是为了保证国内民法基本原则的不被违反。(2)从渊源上看，大量的国际私法规范包含在国内法中，国内法成为国际私法的重要渊源之一。(3) 一国法院审理纯属国内民事案件的一般程序规则也适用于审理涉外民事案件，争议的审理机关与强制手段基本上是一致的。(4) 主体相同。国际私法和国内民法的基本主体都是自然人和法人。

它们之间的区别是：(1) 国内民法所调整的是一国内部的民事法律关系，国际私法调整的则是涉外民事法律关系，而对含有涉外因素的民事法律关系的调整，总会涉及到对涉外民事案件的管辖权、法律适用以及外国法院判决和境外仲裁机构裁决的承认与执行等问题，同时还要考虑到两个或两个以上国家的主权和法律制度、对外政策的基本原则、国家间关系的准则等等。因此，在运用国际私法时，除了坚持民法上的一些基本原则外，还特别需要强调国家主权原则、平等互利原则、互惠原则，这是由国际私法调整对象的性质所决定的。(2) 从渊源上看，国际私法的渊源除国内立法和判例之外，还包括国际条约与国际惯例，亦即国际私法的渊源具有两重性和多样性。而国内民法仅以国内立法及/或判例作为渊源，其渊源只具有单一性。(3) 国内民法采用直接调整方法，其规范是实体规范。国际私法虽然不完全排除直接调整方法，但在目前许多国家的实践中，主要是采用间接调整方法，其基本规范是冲突规范。(4) 一国法院在受理和审判国内民事案件时，仅适用民事诉讼法上的一般程序规则。但法院在受理和审判涉外民事案件的时候，除了适用民事诉讼法上的一般程序规则外，还要适用专为受理和审判涉外民事案件而制定的特殊程序规则。

3. 国际私法与国际经济法

国际私法与国际经济法的关系，也因对这两个部门法各自所调整的社会关系的性质、内容和规范形式的理解不同，存在着不同的看法。

例如在我国，有的学者认为，国际私法纯粹是由指引法律选择的冲突规范所构成的。而国际经济法却是泛指调整国际经济交往过程中所发生的一切关系的法律，因而其范围包括：关于外国人在国际经济关系中的法律地位或待遇的国内立法和国际立法；关于国际商业交易的私法方面的法律规范和制度（诸如调整各种国际货物买卖的合同法、海商法、保险法、公司法等等）；关于国际商业交易的公法方面的法律规范和制度（诸如各种涉外税法、外汇管制法、进出口管制法等等）；关于外国人投资的国内立法和国际立法；关于调整国际贸易制度、国际货币金融制度、国际机构投资制度的国际法和国际经济组织法（诸如各项与世界贸易组织、国际货币基金组织、世界银行、区域性国际开发银行等机构有关的法律以及国际商业协定等等）；关于区域经济一体化的法律；关于解决双重征税的国际税法；等等。

依照这种观点，国际私法上那些调整发生在国际经济、贸易、海事和运输领域内的民事法律关系的许多私法制度，以及国际民事诉讼和国际商事仲裁的法律制度，当然也就包括在国际经济法的范围内了。这样，国际经济法至少在以下两个方面，即在调整产生于国际经济贸易领域中的各种私法关系，以及在国际民事诉讼和国际商事仲裁方面，与国际私法在内容上发生了重叠。

从实际情况来看，国际经济法与国际私法的划分可以参照国内经济法与国内民法的划分模式，即国际经济法应主要由实现国家或国际组织对发生在国际经济贸易领域中的各种法律关系进行管理和干预的公法性质的规范所构成，而国际私法则主要是由调整平等主体之间的各种民法关系或私法关系以及规定国际民事诉讼和国际商事仲裁的一般制度的法律规范所构成。因此，这两个法律部门尽管会有某些重叠，但各自都还有大量的独立内容和制度。例如，在国际私法上要讨论各种投资合同和各种贸易合同，但对投资和国际贸易关系的管理法规和制度，却是国际私法所不涉及的。反过来讲，在国际经济法上，虽然也要论及上述两种合同，但所讨论的合同之债的一般冲突法理论与制度，却又是国际经济法所不涉及的。

国际私法与国际经济法虽然存在着很大的区别，但也应当看到，国际私法既然同样是随着国际经济技术合作和国际贸易关系的演变而发展起来的，它所调整的当然亦是发生在国际经济联系中的各种民事关系，因此，要求将国际私法与国际经济法截然划分开来的观点是不妥当的。此外，在这两个部门法中，有一些基本原则还是一致的，它们所涉及的一些法律关系和法律制度也是共同的。

4. 国际私法与国际贸易法

随着社会生产的迅速发展，国际交往日益频繁，涉外民事法律关系的范围也在不断扩大，性质亦更加复杂。如果说，过去涉外民事法律关系主要是由国际私法这一个部门法予以调整的话，那么在现代国际生活中，这种关系已需要而且也可能由几个功能各异、相互补充的部门法来综合调整。国际贸易法就是这样一个法律部门，它也部分调整着涉外民事法律关系。

严格说来，国际贸易法属于国际经济法的一个组成部分，因而在上一题"国际私法与国际经济法"的讨论中，对国际贸易法已有所述及。但考虑到自第二次世界大战以来，国际贸易法已经发展成为一个相对独立的法律部门，而国际经济法的某些其他分支诸如国际投资法、国际金融法等仍处于形成、完善阶段，所以现在笔者只将国际贸易法单独选出与国际私法作一比较，对这两个部门法之间的关系进行简要的探讨。

国际私法与国际贸易法的共同之处，就在于它们都对涉外民事法律关系加以调整。但两者相比，却有着十分明显的区别。国际私法是专门调整涉外民事法律关系的，或者说，国际私法是完全以涉外民事法律关系为调整对象的。而国际贸易法则不同，它既调整超越一国的私人（包括自然人和法人）之间的贸易关系，也调整基本主体为国家的双边或多边国际贸易关系，只有前者才属于涉外民事法律关系的范畴，是这种关系的重要组成部分。即使就国际贸易法与国际私法调整对象重合的部分，即涉外私人贸易关系而言，这两个部门法在调整方法上也有所不同。国际贸易法完全是通过直接规定当事人的权利与义务来调整的，而国际私法则主要采用间接调整方法来解决涉外民事法律关系的法律冲突和法律适用问题。

经过对上述几组部门法相互关系的分析，我们可以看到，国际私法既不同于国际公法，也不同于国内民法、国际经济法或国际贸易法。虽然国际私法与这些部门法都有着非常密切的联系，但却不属于其中的任何一种，它是一个相对独立、自成体系的法律部门。

那么，国际私法究竟是属于国内法还是国际法呢？笔者认为，就目前情况来看，国际私法主要还是国内法，但是随着国际民事交往的进一步发展和国际私法统一化运动的不断推进，国际私法将逐渐增加国际法的成分或因素。

之所以认为在当前国际私法主要还是国内法，其原因就在于它不是以各主权国家之间的政治、经济、外交、军事等关系为调整对象的，它所调整的只是发生在不同国家公民及/或法人之间的民事法律关系。当然，国家有时也可以作为主体参加到这种法律关系中来，但这时它只是作为涉外民事法律关系的主体，取得一般的民事法律地位；这种情况下，国家所承担的责任，也只是一种民事责任，而不是国际公法上的国家责任（尽管国家在涉外民事法律关系中有时可能也要承担国家责任，但这是因为它不履行其所应当承担的民事义务而造成的）；并且在国家作为涉外民事法律关系主体的场合，它在起诉和被诉时，就要接受他国国内法院的司法管辖（这当然是通过它放弃豁免权来实现的）。而在国际公法关系中，它是只接受国际法院的司法管辖的，并且这种司法管辖亦不具有强制性。

当然，国际私法所调整的社会关系既然也是一种超出一国管辖范围的关系，具有多国的，甚至国际的因素，因而就不可能完全脱离开国际法的一般原则，诸如国际法所确认的主权原则、平等互利原则、国家及其财产豁免原则、条约必须遵守原则等等，对这些原则国际私法也同样是适用的。此外，在法律渊源上，国际私法也有一部分是与国际法相一致的，如今已有越来越多的世界性或区域性的统一冲突法公约、统一实体法公约和统一程序法公约成为有关国家国际私法的重要渊源。

但是，即便是根据这些情况，也还很难得出当今国际私法已完全（或主要）不是国内法而成为国际法的结论。因为在目前存在的各种统一冲突法和统一程序法的国际公约中，有不少已规定了公共秩序保留条款，允许缔约国在它们认为若遵行公约中规定的法律适用规范和程序规范，其结果将会与自己国家的公共秩序发生抵触时，可排除公约有关条款的适用，这就不能不限制了这些规范作为国际社会共同行为准则的法律意义。更何况国际统一实体法公约中的规定有些只具有任意法的性质，缔约国当事人既有选择适用其他法律的自由，也有在适用公约规定的时候，依照公约的许可对公约条款作出限制或减损的自由。

区分一个法律部门是属于国际法还是国内法，完全局限于传统的国际法与国内法截然对立的观点是不正确的。这是因为社会生活发展到今天，无论是公法关系还是私法关系，都已在许多方面突破了国家疆界的限制；况且，随着科学技术的进步与国际经济联系的不断加强，社会生产和商品交换越来越国际化，国际私法所调整的尽管仍然是非主权者之间的民事法律关系，也必然要成为整个国际关系中越来越重要的组成部分；而主要依靠各个国家的国内法来进行调整所造成的国际交往中的法律障碍，亦会通过两种方式加以克服：一是各国在制定自己的国际私法规则时，将日益注意国际上的协调；二是各国将更多地致力于统一国际私法的国际努力。所以，国际私法向国际化方向发展的可能性是很大的，它应当而且终将成为推进和保障国际民事交往的一项重要法律手段。但是，从目前情况来看，由于国际私法在性质上与调整主权国家之间相互关系的国际公法有着本质的区别，因而在运用国际私法这一部门法时，对任何一个国家来讲，还都是主要适用国内法规范。

二、国际私法是程序法还是实体法

国际私法究竟是程序法还是实体法？在西方国家中，学者们对这个问题也是有争论的。一些学者倾向于认为国际私法是程序法。其理由是：国际私法并不直接调整涉外民事法律关系当事人的权利与义务，而仅仅是解决这种民事法律关系的管辖权和法律适用问题；但另一部分学者则认为国际私法是实体法。在他们看来，当一国法院受理了某一个涉外民事案件，在确定了管辖权和应予适用的准据法之后，最终还得依照该准据法的规定去进一步确定这一涉外民事法律关系当事人的具体权利与义务。

笔者认为，国际私法是由冲突规范、实体规范和程序规范组成的，它是这三种法律规范的综合体。只强调其中一个方面而否定另一个或另两个方面，或将它们截然对立起来，是不妥当的，也是不符合实际的。

三、国际私法是公法还是私法

罗马法学家乌尔比安（Ulpianus，约170—228年）最早把法律划分为公法和私法。他认为公法就是有关罗马国家组织的法律，私法就是有关个人利益的法律。后来西方法学也一直沿用这种分类方法，认为凡是调整私人之间关系的法律就属于私法，诸如民法、商法、婚姻家庭法等等；而调整个人同国家之间关系的法律，或者调整涉及公共利益、国家活动等社会关系的法律，诸如宪法、刑法、行政法、税法、诉讼法等等，则属于公法的范畴。

按照西方国家法学的这一分类标准，有的学者将国际私法归入私法范畴；有的则主张国际私法是公法，持这种观点的学者认为，国际私法是程序法，而程序法必定属于公法；还有学者如德国的康恩却认为，国际私法既不属于公法，也不属于私法，而是自成一类的法律。[①]

笔者认为，从实际情况来看，国际私法与国内民法有着密切的联系。它们都调整着具有民法性质的社会关系，而且国际私法是国内民法的适用法，亦如前述，每一个国家民法的基本原则和制度都对国际私法有着直接的影响，国际私法上的许多制度（其中尤其如公共秩序保留制度）也是为了保证国内民法基本原则的实现而确立的。因此，国际私法虽然是一个独立的法律部门，但它主要还是属于私法的范畴。

第四节 国际私法的基本原则

一、概述

西方国家的法学家们很少有专门探讨国际私法基本原则的，因为他们认为，适用外国法的理论或指导法律选择的原则，已经起到了国际私法基本原则的作用。在西方国家的传统国际私法学中，不同的适用外国法理论，同时也是国际私法的基本原则或指

[①] 李双元、金彭年著：《中国国际私法》，海洋出版社1991年版，第42—43页。

导思想。但在现代国际私法上，由于国际私法本身的范围已大大超出了传统冲突法的范围，而同时涉及的还有实体规范的适用问题、国际民事诉讼与国际商事仲裁程序问题等等，它所要解决的已不仅仅是一个适用外国法或进行法律选择的问题了，因而国际私法需要有自己的基本原则作指导。

原苏联、东欧国家的国际私法学者曾就国际私法的基本原则问题作过广泛的探讨。例如，原苏联学者隆茨就曾将原苏联国际私法的基本原则归纳为"严守各国平等和独立的原则"、"国家及其财产豁免原则"和"互惠原则"等三项。另外这些国家还有一些学者认为，"管辖权的合理划分"、"适用法律的同一（即按法律所属国适用自己的法律一样去适用某一外国法）"、"外国人民事权利平等"也是其本国国际私法的基本原则。[①]

笔者认为，作为国际私法的基本原则，应当是贯穿于国际私法各项制度中和解决各种国际私法上重大问题的、具有普遍意义、构成国际私法基础，并且具有强行法性质的法律原则，而不是那些仅仅在国际私法某一领域中起指导作用的规范。因此，国际私法的基本原则主要应包括国家主权原则和平等互利原则。

二、国家主权原则

主权是国家最重要的属性，是国家固有的在国内的最高权和在国际上的独立权，这种权利是不可分割、不可让与的。国家有权按照自己的意志，独立自主地处理其对内对外事务而不受其他国家的干涉。国家主权原则原本是调整国际公法关系的最基本的原则，但由于国际私法所调整的也是一种涉及不同国家立法、司法管辖权的关系，因而国家主权原则亦成为国际私法上的一项基

---

① 李双元主编：全国高等教育自学考试教材《国际私法》，北京大学出版社1991年版，第24页。

本原则。

国际私法的历史表明，涉外民事法律关系只有在有关各国主权完全平等的时代，才会发生法律冲突问题，才有进行法律选择的必要。这是因为，国际私法的制订和实施有一个先决条件，就是国家要有独立的立法权和司法管辖权，而只有主权独立的国家才能做到这一点。

在旧中国，自1842年鸦片战争以后，英国率先迫使清政府签订了丧权辱国的《中英南京条约》，并在1843年的《中英五口通商章程》第13条中规定了英国在我国享有领事裁判权。从此，其他资本主义国家纷纷效仿，也在我国攫取了领事裁判权。当时，不论刑事、民事案件，凡涉及有关外国的公民，一律归各该外国驻华领事裁判，并且只适用该外国的法律。因此，在那个耻辱的年代，我国的主权被严重践踏，对涉外民事案件没有独立的审判权，哪里还谈得上法律适用方面的冲突与选择？

新中国成立后，取消了帝国主义在我国的一切特权，中国人民可以根据自己的意志决定本国的社会经济制度，独立自主地处理内外事务，这都是运用国家主权原则的结果。没有国家主权，就没有这一切，更没有国际私法可言。所以，国家主权原则对于国际私法具有特殊重要的意义，它是国际私法赖以存在和发展的前提条件。

此外，就国际私法自身的内容而言，它的许多原则与制度的产生和确立，也都直接受国家主权原则的制约。例如，物之所在地法用来解决物权关系问题，行为地法用来解决行为方式问题，属人法用来解决人的身份和能力方面的问题，法院地法用来解决程序问题，以及公共秩序保留在必要时被用来排除已指定的外国法的适用，等等，这些都来源于国家主权原则，或者与国家主权原则存在着密切的联系。

具体来讲，国家主权原则在国际私法上的体现主要有以下几个方面：

1. 国家有权制定自己的国际私法规范，独立自主地处理涉外民事法律关系。

2. 各国不论其社会制度如何，应当相互尊重彼此的主权。在一国没有通过明示或默示方式加以放弃的情况下，国家及其财产在外国享有豁免权，如果这种豁免权受到侵犯，有关国家有权采取报复措施。

3. 外国公民和法人在一国境内必须遵守所在国的法律和法规，他们的一切活动包括经济活动都不得有损于所在国的主权与独立，不得干涉所在国的内政；应当尊重所在国的领土完整和该国对其自然资源的永久主权，外国人只有经过特许，才能在法定期限内享有参与对所在国自然资源开采的权利；应当遵守所在国有关进出口贸易、海关、税收、外汇等方面的法律和制度；应当尊重当地国家的司法独立和裁判权；外国人在所在国不得享有任何形式的非法特权。

4. 一国有权依法决定是否受理向其本国法院起诉的涉外民事案件；任何一国都无权要求他国放弃其本国的国际私法原则和规则；一国在适用外国法的时候，不得损害本国的主权，不得与国内的公共秩序相抵触；在一国的司法管辖权受到侵犯的情况下，它可以拒绝承认和执行有关外国作出的判决。

5. 在民事法律地位方面，根据国际习惯法或国际条约，固然应当赋予外国人以国民待遇，但国家主权原则同样也允许各国根据自己的具体情况，在某些领域对境内的外国人的民事权利作出适当限制；内国公民的民事权利如在外国受到歧视性限制时，内国有权对该外国公民采取对等的限制措施。

综上所述，可以认为，国家主权原则是国际私法的首要基本原则。但是笔者强调这一点，并不意味着国家在处理涉外民事法律关系时可以为所欲为。在当今世界，主权国家为了进行国际交往与合作，发展彼此间的平等互利关系，其主权的行使，显然还应受到国际条约或国际惯例的限制和约束。

三、平等互利原则

国际私法上平等互利原则的含义，是指当事各方在法律上相互平等和经济上彼此有利。这一原则对于发展国际间经济贸易关系和处理涉外民事法律关系，都具有非常重要的意义。

这一原则在国际私法上的具体体现是：

1. 国家在相互赋予对方自然人、法人以民事权利、相互适用对方法律、司法协助、相互承认与执行法院判决及仲裁裁决等方面，都有权要求对等或互惠。

2. 在国际民事法律关系中，双方当事人之间应贯彻平等协商、等价有偿的原则，做到真正相互有利。

3. 国家对一切外国自然人、法人在经济上和享有民事权利方面，应实行不歧视待遇，不能对特定国家的公民或法人在法律上施加特殊的限制。

作为国际私法的基本原则，国家主权与平等互利是相辅相成、相互联系的，它们共同贯穿于国际私法的各项制度之中。

第二章　国际私法的历史沿革

国际私法的产生和发展有一个历史过程。在七百多年的漫长历史时期中，国际私法的理论学说与法律制度相互渗透、相互促进、相互转化，体现了国际私法发展的规律性。在这一章中，笔者拟以国际私法的理论和立法发展为线索，对国际私法的历史沿革作一简要回顾。

第一节　萌芽阶段的国际私法
（13世纪以前）

一、罗马法时代

从远古至13世纪，在欧洲大陆一些国家中，已经有了很多的对外交往。不过古代外国侨民仅仅具有奴隶身份，而不能成为法律关系的主体。例如在古希腊时代，各城邦国家的法律并不保护外国人的婚姻和财产，甚至海盗抢劫外国人的财产，也不被认为是违法行为。古罗马建国初期同古希腊一样，也是轻视外国人的。罗马法只承认罗马市民是权利主体，外国人被视同敌人，因为古罗马建国之初，疆域之外都被认为是敌国，而敌国人民的权利是不受法律保护的。只是后来由于它征服了大片领土，以及发展对外商业贸易的需要，才逐渐给予非罗马市民以一定的法律地位，开始用"万民法"（拉丁：jus gentium）来调整罗马市民与非罗马市民之间以及非罗马市民之间的民事关系。不过，万民法并不是法律适用规则，所以，在当时并没有冲突法产生。

二、种族法时代

公元476年，西罗马帝国灭亡后，欧洲大陆各民族迁徙频繁，形成了各民族杂居的局面。这时候便产生了种族法，即拉丁民族遵守罗马法，日耳曼民族遵守日耳曼法，法兰克民族遵守法兰克法，等等。换言之，法律只支配本民族，不以领土来划分法域，一个民族易地迁居，仍然保留原有的法律和习惯。这种情况自西罗马帝国灭亡后大约延续了近四百年，后世学者常将这一时期称之为"种族法时代"（the period of racial laws）或"属人法时代"（the period of personal laws）。又因为每一个民族的人无论居住何地，永远受其本民族固有法律和习惯的支配，因此还有学者称这一时期为"极端属人法时代"。

种族法这种极端的属人法，与后来国际私法上的属人法不同，它不是发生法律冲突时选择法律的属人法，而是各种族的人在为法律行为时要各受各的法律管辖与制约。虽然这个时期国际私法还没有产生，但种族法中的某些规范，如"继承依被继承人的血统法"、"契约关系当事人的能力依各该当事人的种族法"等等，在形式上与后世的冲突规范相类似，对国际私法的产生也不是没有任何影响的。

三、属地法时代

自公元10世纪以后，欧洲社会剧烈动荡，阿尔卑斯山以北的广大地区由于群雄割据，逐渐进入了君主统治的封建社会。在这个时期里，领土的观念逐渐加强，上自王公贵族下至平民百姓，一律以土地占有的多少来决定其法律地位的高低。凡在某一领地内居住的人，不论其属于什么民族，一概不得适用本族的法律，而必须受当地法律与习惯的支配。由于这个时期法律与领土的关系非常密切，而且法律的适用范围也是以领土界限作为划分标准的,所以这个时期被称为"领土法时代",或称"极端的属地法时代"。这种极端的属地法严格限制了外国人的法律地位,一个人从此领地移居到彼领地,就有可能丧失财产甚至自由,也无法完成诸如缔结婚姻、设立遗嘱或其他民事法律行为。在这种闭关自守的封建制度下,是没有国际私法产生的余地的。

在阿尔卑斯山以南地区,属人法也逐渐为属地法所取代,究其原因,倒不是因为封建制度,而是由于意大利半岛各城邦国的日益兴起。各城邦国都有自己的法则并且也只在各自的领域内有效。但是,城邦国的法则与当时适用的罗马法在内容上有所不同,而且各城邦国的法则之间也互有出入。为了各城邦国之间互通有无和人员往来的便利,人们逐渐认识到对法则的极端属地性有必要加以限制。于是,13世纪的意大利半岛便成为国际私法的发祥地。

第二节 国际私法的理论沿革

一、13至18世纪的国际私法学说

13世纪以后,"法则区别说"(theory of statutes)理论的创立,标志着一个新兴的部门法——国际私法已经逐步形成。这一学说主张以"法则"(statutes)作为研究问题的出发点,将法则区分为不同的种类而分别决定其适用范围。该学说为国际私法的形成与发展奠定了基础。从时间顺序来看,这种理论的发展大致经历了三个阶段:即它于13世纪发祥于意大利半岛,在16世纪传入法国,17世纪又流行于荷兰。总之,从13世纪到18世纪,国际私法理论都是建立在"法则区别说"的基础之上的,所以,这一时期被称为国际私法上的"法则区别说时代"。

(一) 意大利的"法则区别说"

早在中古时代，意大利便以罗马法作为普通法。公元 11 世纪时，意大利的政治、经济情况发生了变化，其北部和中部地中海沿岸的热那亚、威尼斯、佛罗伦萨等地区逐步摆脱了封建君主的控制，成为能够推行独立内外政策、享有自治权的城市共和国，即城邦（city state）。由于交通便利，这些地区的工商业也蓬勃发展起来，形成了新的市民阶层，并与外部建立了贸易联系，逐步成为东西方贸易的中心。对外交往的扩大，使得涉外民商案件亦随之增多。

当时在各个城邦中有两种法律同时有效：一是作为普通法的罗马法，它适用于所有的城邦；二是诸城邦各自制定的特别法即"法则"，这种法则仅仅在各城邦境内有效。由于罗马法与法则之间在内容上有差异，各城邦法则的规定也互不相同，因而常常产生法律冲突问题。

一般来讲，如果这种冲突发生在罗马法与城邦的法则之间，根据罗马法上的一项固有原则——"特别法优于普通法"，则应适用各该城邦自己的法则。但假如冲突是发生在不同城邦的法则之间，又该如何解决法律适用问题呢？对此，在罗马法中就找不到答案了。如果根据原来封建法的极端属地主义来解决这个问题，就会出现甲城邦的居民在甲城邦境内签订的契约、取得的判决、获得的权利，一旦涉及乙城邦，便有完全失去效力的可能这种情况，这显然不利于各城邦之间日益频繁的商业贸易往来；此外，从实际情况来看，各城邦均用自己的法律去处理涉外民事案件，对自身也不一定都有利。

那么，对于发生在不同城邦国之间的涉外民事案件，究竟应当适用什么法律去处理？换言之，该如何解决不同城邦法则之间的矛盾冲突呢？这在当时是个新问题，引起了法学家们的高度重视。

当时的法学家们试图用罗马法来解决这种法则之间的冲突，因而在公元 12 世纪兴起了一个研究罗马法的热潮。这些人研究罗马法的方法是对罗马法进行注释，其中主要是对《查士丁尼民法大全》（拉丁：Corpus inris civilis）进行注释（即将他们的注解写在《查士丁尼民法大全》的页边空白处和行距之间），因此形成了早期的注释法学派。这个学派的主要代表人物有两个，一个是法学家伊纳留斯（Irnerius，1055—1130 年），他是注释法学派的创始人；另一个是阿克尔修斯（Accursius，1182—1260 年），他在公元 1250 年前后，将该派法学家的注释选辑、汇编成卷，取名为《通用注释》（拉丁：Glossa Ordinaria），此书被认为是早期注释法学派的集大成者。

早期注释法学派尽管对复兴罗马法做出了一定的贡献，但由于他们的出发点不正确，将法看做是超时间和超国家的永恒的事物，天真地以为仅仅通过注释后，几个世纪以前制定的罗马法便能用来解决新的经济形势下出现的新问题，因而不可能对当时城邦国家间法则的冲突问题提出符合客观需要的解决办法。所以，早期注释法学派很快便为后期注释法学派（Post-glossators，或 Post-glossarists）所取代。

从 14 世纪起，注释法学派进入了一个新的发展阶段。在这段时期，该派学者不只是研究罗马法本身，而且还将它和现实生活结合起来，开始探讨外国法适用的理论，并逐步形成了一些类似于后来冲突规范的规则，因此，他们被称为后期注释法学派。这一学派的主要代表人物亦有两个，一个是巴塔路斯（Bartolus，1314—1357 年），他曾任波伦那（Bologna）大学、比萨（Pisa）大学和佩鲁查（Perngia）大学法学教授；另一个是巴尔都斯（Bardus，1327—1400 年），他是巴塔路斯的学生。他们全面研究了法律冲突问题，认为对某些具有涉外因素的民事案件所适用的法律可以是本国法，也可以是外国法。他们将法则分为若干类别,然后为每类法则确定一个解决冲突的原则,因而他们的学说被称为"法则区别说"。

巴塔路斯将当时所有的法则分为"物的法则"(拉丁:statuta realia)和"人的法则"(拉丁:statuta personalia),并且具体规定了解决各类法则冲突的原则:

1. 关于人的问题,例如人的权利能力和行为能力问题,适用属人法,即人的住所地法。

2. 关于物权问题,适用属地法,即物之所在地法。

3. 关于人的行为问题,适用行为地法,即"场所支配行为"(拉丁:locus regit actum),例如,契约问题适用契约缔结地法,侵权问题适用侵权行为地法,等等。

巴塔路斯的学说可以说是后期注释法学派成就的总成,并且以他杰出的理论思想而开国际私法的先河。在他以前的12至13世纪,意大利和法国的一些法学家们虽然也已相继提出过一些早期的法则区别理论或冲突规范一类的规则,但后世人公认"法则区别说"的真正创立者应首推巴塔路斯。之所以如此,很重要的一点就是他最先抓住了法律的域内效力与域外效力这个法律冲突的根本问题,并且将法律冲突的解决分为两个主要的、相互联系的方面来进行讨论,即:第一,城邦的法则能否适用于域内的一切人(包括非居民)?第二,城邦的法则能否适用于到了本城邦以外的自己的居民?对于这两个问题的探讨,一直是国际私法学研究的中心内容。尽管巴塔路斯解决这两个问题的方法仍然是完全借助于他的先行者们将法则区分为物法和人法的学说,但他认为,凡是物法,必须并且只能是在制定者管辖的领域内适用,即物法无域外效力;凡是人法,只要不是那种"令人厌恶的法则"(odious statutes,拉丁:statuta odiosa),亦即对人不利的禁止性规定,则是可以随人之所至而适用于域外的;关于人的行为的法则,也具有域外效力,只要某一行为符合行为地法的规定,各国就均应承认它的合法性。

然而在现实生活中，很少有这种纯粹是关于物或纯粹是关于人的法则，这时他便只得求助于法则词语结构的不同来实现这种区分了。例如，巴塔路斯认为，如果要处理一个英国死者遗留在意大利境内的土地的无遗嘱继承，英国习惯法上的"长子继承制"能否适用于采用罗马法"诸子平分制"的意大利领域内的土地，就要看英国习惯法上有关规定的词语结构如何了。如果英国法的规定为"长子继承死者的财产"，由于这项规则的主词是"长子"，所以这一规定属于人法，而人法是有域外效力的，它可以适用于意大利，从而死者的长子就可以依照英国法上的这项规定，独自一人取得位于意大利境内的土地；如果英国法的规定为"死者的财产归其长子继承"，由于这项规则的主词是"财产"，所以这一规定属于物法，它无域外效力，只能严格地适用于死者在英国的财产，因而其在意大利的土地就应由死者的诸子平分。

巴塔路斯这种以法则中词语顺序的先后来判断某一法则是物法还是人法，从而决定法则适用的做法是很牵强的。他对法则条文本身加以分类，而不是从各种法律关系的性质进行分类来确定解决法律冲突的原则，实在是本末倒置。事实上，笼统地讲人法、物法之类，其意义与范围都是游移不定的，因为许多法律关系既包含有人的因素，又包含有物的因素，很难按人法、物法的框框去套用。

尽管巴塔路斯的方法有很大的局限性，但这并不影响他作为国际私法开拓者所取得的重要成就。以他为代表的意大利法则区别说，是在适应城邦之间经济交往的需要、总结了当时大量习惯做法的基础上提出来的，对国际私法的形成起着开创性的作用，其意义是十分重大的。正因如此，后世人将巴塔路斯誉称为国际私法的"奠基人"、"鼻祖"。

在巴塔路斯时代，注释法学派的治学方法有很大影响。当时的欧洲，政治思想上受封建主义和教会经义的双重束缚，学术研究方面经院哲学的理论与方法占有统治地位。而巴塔路斯的理论及方法尽管没能完全摆脱注释法学派的影响，但他已经将新兴资产阶级文艺复兴运动中所倡导的人文主义引入了国际私法领域，主要表现在他反对过去封建主义那种在法律适用问题上的极端属地主义，继而提出了一条属人主义路线。而属地主义路线与属人主义路线之间的矛盾斗争（亦即物法与人法之争），实际上一直持续到现在，尽管在形式与内容方面都发生了重大变化；但从另一个意义上讲，国际私法也正是在这种矛盾运动过程中产生和发展起来的。此外，巴塔路斯提出的许多重要的冲突规范，对后来国际私法的形成与发展具有重大意义，有些至今仍为实践所采用。

（二）法国的"法则区别说"

从16世纪开始，"法则区别说"进入了第二个发展阶段，其中心从意大利移到了法国。

当时，法国的工商业有很大发展，但国内各省还处于封建割据状态，在法律适用方面仍然采用极端的属地主义，法律极不统一，严重地阻碍了经济贸易的发展和人员之间的往来，所以，法国的新兴资产阶级迫切要求统一法律以建立一个统一的市场。在这种情况下，意大利后期注释法学派的一些学说对法国学者产生了很大影响，法国的"法则区别说"便应运而生了。其重要代表人物是杜摩兰和达让特莱。

杜摩兰（Charles Dumoulin，1500—1566年），是巴黎的律师、教授，他继承和发扬了意大利的"法则区别说"，在其所著的《巴黎习惯法评述》（法：Commentaire sur la Coutume de Paris）一书中，首次提出了契约法律适用方面的当事人"意思自治"（法：autonomie de la volonté，英：autonomy of will）原则，这是对国际私法发展的一个重要贡献。

根据这个"意思自治"原则，杜摩兰认为，法院在审理涉外契约案件时，如果发生法律冲突，应当适用当事人双方协商选择的那个法律；若当事人在契约中没有明确地表示适用何国法律，法院则应推断其默示的意思，即根据整个案情的各种迹象来判断双方当事人意思之所在，以确定应当适用的法律。"意思自治"原则引申自"契约自由"理论。在杜摩兰看来，契约既然是一种合意之债，缔约双方当事人主观上应当能够自由选择他们认为合适的法律，并表示共同服从该法律。

杜摩兰这种对于契约关系的准据法采取当事人自主原则的主张，代表了新兴资产阶级的利益和要求，有利于加强王权，削弱地方上的封建势力，促进经济贸易的发展。按照这一原则，双方当事人的协议优于各地区的法律，亦即给予法律关系的双方当事人以自由选择法律的权利，使其便于摆脱有关地区法律的束缚，冲破属地原则。这样一来，法国先进的商业中心诸如巴黎地区的习惯法，就可以适用于当时在经济上、法律上较为落后的省份（如布列塔尼、诺曼底等地），从而有利于实现法国全境的法律统一。显然，这种情形促进了当时法国资本主义的发展。正因如此，杜摩兰的学说于18至19世纪自由资本主义时代在欧美各国得以广泛传播，后来逐渐成为选择契约关系准据法的一项普遍接受的原则。

此外，杜摩兰还继承了巴塔路斯的"法则区别说"，也将法律区分为"物法"与"人法"，但他极力主张扩大"人法"的适用范围，缩小"物法"的适用范围，力图限制、削弱当时基于封建习惯的属地主义原则。

与杜摩兰处于同一时代的另一位法国"法则区别说"的重要代表人物是达让特莱（D'Argentré，1519—1590年），他是法国著名的历史学家、法学家，也是法国布列塔尼省的贵族，著有《布列塔尼习惯法释义》（法：Commentaire sur la Coutume de

Bretagne）和《布列塔尼的历史》（法：Histoire de Bretagne）两本书。当时，布列塔尼省刚刚纳入法国的版图，经济落后，对外贸易不发达，趋向于闭关自守。达让特莱出于封建主将领域内的一切人、物和行为都置于当地习惯法控制之下的愿望，提出了与杜摩兰的"意思自治"学说相对立的主张，在政治上推崇具有封建割据性的地方自治，在法律上采取极端的属地主义，以维护封建制度。

达让特莱的主要观点如下：

1．一切习惯法原则上都是属地的，仅在立法者的境内有效。由于主权是属地的，主权只及于它的境内，所以法律也只及于它的境内，在其境外则无效。由此引申出一项法律格言，即"一切习惯都是物的"（法：Toutes les coutumes sont réelles.）。根据这个原则，达让特莱提出，物权问题依物之所在地法，如不动产的继承依该不动产所在地法。

2．在适用属地原则的情况下也有例外。关于纯属人的身份和能力的法律，如规定成年年龄的法则，规定亲权的法则，以及关于所谓"动产随人"（Movables follow the person. 拉丁：Mobilia sequuntur personam.）的法则，等等，其效力可以随人之所至而及于域外，即在这些方面可以例外地适用属人法。

3．为了限制"人法"的范围，达让特莱还提出了"混合法"（拉丁：statuta mixta）的概念，即同一法则兼及于人和物两个方面，如规定出卖不动产能力的法则，就既及于不动产的物，又及于当事人的权利能力或行为能力，是两者的混合。在达让特莱看来，尽管这种"混合法"既涉及物又涉及人，但它更接近于"物法"，因而只能在法则制定者的领域内有效，适用属地法。例如，关于未成年人没有处置不动产的法律行为能力的规定，依照"法则区别说"的理论，本来应属于"人法"，但达让特莱认为应归属于"混合法"，并且必须在制定者的领域内实施。因为从表面上看它似乎是关于人的习惯法，但实际上仍与财产有关，故应属于"混合法"，而"混合法"是只具有属地性质的。此外，他还主张，在一项习惯是属于"物法"还是属于"人法"发生疑问时，应当将它看做是"物法"。

达让特莱在法律适用上提出了"法则三分说"理论，即将法则划分为"物的法则"、"人的法则"与"混合法则"三种。前两种重申了早期属人法与属地法的基本原则，第三种（"混合法则"）则是达让特莱的独创。① 实际上，达让特莱的观点是，除了关于人的身份和能力方面的法则归于属人法以外，一切法则皆归属地法，而属地法是无域外效力的。因而在法律适用问题上，几乎又回到了过去的极端属地主义立场上去了。显然，他的学说维护了主张闭关自守的封建割据势力的利益，对法国资本主义的发展起着阻碍作用，同时也不利于国际私法的进步。达让特莱的学说对当时的法国影响不大，但为17世纪的荷兰学者所借鉴，助成了荷兰的"法则区别说"。

（三）荷兰的"法则区别说"

到了17世纪，"法则区别说"进入第三个发展阶段，其中心又由法国移到荷兰，产生了荷兰学派。

17世纪初，荷兰资产阶级革命获得成功，建立了人类历史上第一个资产阶级共和国。当时荷兰的工商业、航海业以及海外殖民地扩张都有新发展，但是它仍然处于封建专制国家的包围之中。在这种情况下，荷兰既要捍卫自己的政治独立，同时又要大力发展海外贸易，因而希望根据荷兰法律所取得的权利在其他封建国家也能得到承认。为此，就迫切需要一种不同于意大利、法

---

① 丁伟主编：《冲突法论》，法律出版社1996年版，第18页。但我国也有学者认为，"混合法则"早在巴塔路斯的"法则区别说"中就已经提出，参见韩德培主编：《国际私法新论》，武汉大学出版社1997年版，第54页。

国"法则区别说"的新的适用外国法理论。加之在当时,法国学者博丹(Bodin,1540—1596年)发表了《论共和》(法：De Republigue,1577年),以及被誉为"国际公法之父"的荷兰法学家格老秀斯(Grotius,1583—1645年)发表了《战争与和平法》(拉丁：De Jure Belli ac Pacis,1625年),它奠定了国际公法的基础,提出了"国家主权"这个现代国际公法上的基本概念。在这种历史条件下,建立在国家主权观念之上的荷兰"法则区别说"——"国际礼让说"(doctrine of comity of nations,拉丁：comitas gentium)就应运而生了。

荷兰"法则区别说"的主要代表人物之一是胡伯(Ulicus Huber,1636—1694年),他曾任大学教授和荷兰北部弗里斯兰省高级法院的法官,著有《论罗马法与现行法》一书,在该书的第二编即"论不同国家的不同法律冲突"中,胡伯提出了解决法律冲突的三个原则：

1. 一国法律只在该国领域内有效,并拘束其全体臣民,在境外则无效；

2. 凡居住在其境内的人,不论是常住的还是临时的,都可以视为该主权者的臣民；

3. 根据国际礼让,一国法律如在其本国业已生效,即可以在他国保持效力,只要这样做不至于损害他国的主权及其臣民的利益。

以上三点主张,是国际私法上有名的"胡伯三原则"。其中,前两项讲的是属地原则,是达让特莱学说的翻版,第三项则指明了适用外国法的根据和条件,由此创立了著名的"国际礼让说"。这一学说首次表明了国际私法的国内法性质,即解决法律冲突可以适用外国法,但内国是出于礼让和自身的考虑才承认外国法的域外效力的,因为绝对不适用外国法,国际交往就不可能发展。然而这里有个"但书",要求适用外国法不能损害本国主权及其臣民的利益。荷兰学派的观点实际上包含了现代国际私法上的一项基本原则：是否承认外国法的域外效力，是否适用外国法，这完全取决于各国主权的考虑。任何一国的法律，都不像意大利"法则区别说"的学者们所持的那种自然法观点，即因为法则本身具有的性质，就理所当然地具有域外适用的普遍效力。因此，荷兰学派认为，外国法只有在得到内国承认时，才能在内国发生效力。但另一方面，荷兰学派并不认为国家可以不顾及国际礼让而一概拒绝赋予外国法以域内效力。这就将适用外国法问题置于国家关系和国家利益的基础上来加以考察了。

胡伯继承和发展了达让特莱的学说，主张法律在原则上都是属地的。但是极端的属地法往往会使得在甲国合法成立的契约，一旦转至乙国便失去了效力，国家间便无法进行经济交往和正常往来，各国为了避免这种情况发生而适用外国法，胡伯认为这只是出于国际礼让，仅仅是个例外。

胡伯的主张与达让特莱的学说虽然在形式上相似，但却有着实质性的区别。胡伯的学说代表了新兴资产阶级的利益，有利于维护荷兰共和国的独立、主权和促进经济的发展，有其一定的进步意义。而达让特莱的学说则主张闭关自守，代表的是封建领主的利益，不利于资本主义经济的发展。此外，达让特莱一方面极力主张法律属地主义，另一方面又主张纯粹的"人的法则"具有域外效力，这在逻辑上是混乱的，胡伯则试图以"国际礼让说"来解决这一矛盾。该学说后来曾经在资本主义国家的国际私法学中产生了广泛影响。17世纪的荷兰"法则区别说"先后传入英国和美国，构成了英、美国际私法的基石。美国学者斯托雷接受了荷兰学派的礼让说，英国学者戴西则接受了荷兰学派的主权观念，并由此引申出了保护既得权的思想。

综上所述，"法则区别说"经历了三个发展阶段，统治国际私法理论界长达五百多年，对18世纪末至19世纪初欧洲国家国际私法的立法起了很大推动作用。这一学说直到 19 世纪中叶才逐渐走向衰落。

二、19 世纪的国际私法学说

19 世纪是国际私法理论大发展的阶段。在这一时期，国际私法学逐步摆脱了"法则区别说"的桎梏，西欧和北美出现了国际私法学界"学派林立、名家蜂起"的空前繁荣局面，产生了一批很有成就的国际私法学家，诸如美国的斯托雷、英国的戴西、德国的萨维尼、意大利的孟西尼等等，他们的学说对于国际私法理论的发展与完善起了很大的促进作用。

（一）斯托雷的"属地学说"

斯托雷（1779—1845 年），系美国哈佛大学教授，美国联邦最高法院法官，也是英美属地学派的创始人，他对英、美国际私法学的建立做出了重大贡献。

美国是个联邦制国家，每个州都因有自己的立法权而成为相对独立的法域，因此，各州之间以及美国与外国之间，法律冲突不免时常发生。此外，自 19 世纪以来，欧洲各国前往美洲新大陆定居的移民也越来越多，欧美不同国籍居民间的民事纠纷随之增加。在这种时代背景下，斯托雷继承了荷兰学派的"国际礼让说"，于 1834 年发表了《冲突法评论》（Commentaries on the Conflict of Laws）一书，引起了很大的反响。斯托雷在这本书中阐明了他的国际私法观点，同时也提出了解决法律冲突的三大原则：

1．各国在其领土内享有绝对的主权和司法管辖权，凡在其境内的一切人、物、缔结的契约和所从事的行为，均受该国法律的约束。

2．根据主权原则，任何国家的法律不得约束在其领土以外的一切人（不论是出生于该国的人或外国人）和物，即法律无域外效力。

3. 外国法律在内国能否得到适用，应根据内国法律的规定。如果内国法律对此没有规定，则内国法院可在不危及本国主权和利益的限度内适用外国法，这主要是出于方便国与国之间相互往来的考虑，即所谓的"国际礼让"。一国根据"国际礼让"去适用外国法，这不是一种法律上的义务，而只是一种道义方面的责任。①

斯托雷的学说尽管与胡伯三原则有雷同之处，但也并非是胡伯学说的简单翻版。

首先，斯托雷虽然也明确地将"国际礼让"表述为一种内国法上的规定，完全把国际私法看做是国内法，在理论上属于国家主义学派，但这方面斯托雷比其前人（如胡伯）进步的地方在于他认为，为了促进和发展国家间的贸易往来，只要外国法与内国的主权、政策和利益不相抵触，就可以推定这个外国法已被法院地国所默示接受。他进一步具体地指出，只要内国法上没有特别禁止适用外国法的规定，依据"国际礼让"原则，法院便可以适用外国法。这是斯托雷在法律适用理论上的开明之处，也是比胡伯三原则中的第三项内容更加明确、更加具体的地方。在斯托雷看来，一国法院适用外国法并不是当然的，也不仅仅如胡伯所主张的那种抽象的观点，即"只要这样做不至于损害内国的主权及其臣民的利益"，而必须是该内国法上无禁止性规定才可以，这就为内国法院适用外国法提供了明确的依据。

其次，斯托雷将其学说建立在大量分析美国州际法律冲突的丰富判例基础之上，这种判例分析方法对欧洲学者产生了很大影响。如萨维尼对斯托雷的著作就给了很高的评价；法国学者福利克斯也承认他从斯托雷的著作中获益甚多；同属英美法系的英

---

① 邓正来著：《美国现代国际私法流派》，法律出版社1987年版，第18页。

国法学家戴西在完成既得权说时更是仿效了斯托雷的方法，即通过对大量判例的分析，归纳出各种可供普遍适用的冲突法原则。

第三，斯托雷的功绩还在于，他抛弃了法国"法则区别说"将法律分为物法、人法和混合法这种三分法的传统方式，而是根据不同法律关系的性质去分析法律适用问题，并且通过将法律关系分为人的能力、结婚、离婚、监护、法定继承、遗嘱、动产、不动产、合同、管辖权、证据以及外国法院的判决等事项来建立自己的学说体系。这与先前的"法则区别说"相比，无疑是个重大进步。

斯托雷的"属地学说"统治英、美国家国际私法理论界长达一个世纪之久，其《冲突法评论》一书被认为是国际私法学界相当有影响的著作，至今仍被视为英、美国家国际私法的经典著作之一。

(二) 萨维尼的"法律关系本座说"

萨维尼（1779—1861年），是19世纪德国著名的私法学家，柏林大学教授，德国历史法学派的泰斗，1842年任普鲁士立法大臣。萨维尼的主要著作是发表于1849年的《现代罗马法体系》（德：System des Heutigen Römischen Rechts）一书，该书共八卷，在最后一卷中，萨维尼专门论述了国际私法并创立了著名的"法律关系本座说"（德：Sitz des Rechtsverhältnisses）。

萨维尼从普遍主义—国际主义的立场出发，认为国际私法的科学基础"在于各国之间的相互依赖"。由于存在着主权国家间相互依赖的客观情况，所以才有相互交往的国家所组成的国际社会的存在，这就要求国家之间相互适用法律，形成一个"法律共同体"。为此，各国立法者在制定法律时必须考虑到这个共同体的利益，将各国的法律规定协调起来，使得一种法律关系在各国都能得到同样的处理，同一性质的案件，不论由何国法院审理，都能得到相同的结果。

那么，如何才能达到这个目的呢？萨维尼认为，每种法律关系按照其性质，都与一定的"法域"相联系。这个"法域"就是这种法律关系的"本座"（德：Sitz，法：siège，英：seat）。如果各国法院对某种法律关系都适用其"本座"的法律去解决，法律就可以协调一致。对于一个具体的法律关系而言，应当首先确定它的性质，然后按照法律关系的性质寻得其"本座"，这个"本座"所在地的法律就是该法律关系的准据法。萨维尼主张平等地看待内外国法律，并且认为存在着世界各国所普遍通用的各种冲突规范。在他看来，内外国法律既然是平等的，而每一法律关系按其本身的性质又必定有其"本座"，则只要找出该法律关系的"本座"在哪个国家，就可以直接适用这个国家的法律，大可不必计较这个法律是内国法还是外国法。

萨维尼按照这个理论，将涉外民事法律关系分为"人"、"物"、"债"、"行为"、"程序"等几大类，并且指出了相应的"本座"法：

1. 关于人。住所是人的归属之处，所以人的身份和能力应以住所为"本座"，故适用住所地法。

2. 关于物。物是可以感知的，并且必然占据一定的空间，因此，物的所在地应为物权关系的"本座"，一概适用物之所在地法，而不分动产与不动产。

3. 关于债。因契约发生的债，应依当事人的意思确定其"本座"，亦即依当事人的意思决定其所适用的法律。债系无体物，并且不占据空间，它通常需要借助某种可见的外观来表现其形态，故应借助此种形态而确定其"本座"。这样的外观形态有两个：一个是债的发生地，一个是债的履行地，但履行地更适合于表现债权的外观形态，因为履行地是实现债权的场所。所以，如果当事人没有明示的意思表示，就应当以契约履行地为其"本座"，即应适用契约履行地法。同样道理，侵权行为之债应适用损害结果发生地法,而不宜适用侵权行为实施地法。

4.关于行为。不论是财产行为还是身份行为,也不问其标的在什么地方,均应以行为地为"本座",适用"场所支配行为"原则,即以行为地法作为行为的"本座"法。

5.关于程序。程序问题的"本座"是在法院地,故应适用法院地法。

但是萨维尼也指出,上述"法律关系本座说"在具体运用时有以下两个例外:

第一,如果依照法律关系的"本座"指向适用的某一外国法违背了内国具有绝对强制性的法律规定,例如内国法律禁止重婚,而所要适用的外国法律却允许重婚,则在任何情况下都不得适用该外国法。

第二,对于内国不承认的外国制度,诸如奴隶制度以及与之相关的外国法律,内国也不得予以适用。

这两点一言以蔽之,就是国际私法上的公共秩序保留,在这两种情况下,法院应当适用法院地法即内国法。

萨维尼的学说降低了主权独立原则的重要性,他站在把相互交往的各民族视为国际法律共同体的立场上探求有关法律关系的"本座",将本国法与外国法置于同等地位,"本座"在哪里,就适用哪国法,这一学说实际上反映了后起的德国资产阶级要求重新分割世界的强烈愿望。另外,萨维尼学说本身也存在着缺陷。例如,契约法律关系以契约履行地为"本座",倘若一个契约有两个履行地,就会有两个"本座"。如果两个履行地的法律规定不同将不可避免地发生法律冲突,这种情况下应当适用哪个履行地的法律?萨维尼的学说没能回答这个问题。

但是,萨维尼的学说更新了传统的国际私法理论及研究方法。与"法则区别说"不同的是,他不是从法则的分类去推论,而是从现实生活出发,从法律关系的性质出发来考虑法律适用问题。这一点对此后的国际私法立法也有较大影响，主要表现为许多国家的国际私法法规中都规定了"最密切联系"原则，即对某些法律关系应适用与其有最密切联系的那个国家的法律。所以说，萨维尼的理论开辟了一条解决法律冲突、进行法律选择的新路子。

概括来讲，萨维尼在国际私法上的重大贡献主要表现在三个方面：

首先，在"法则区别说"统治国际私法理论界长达五百年之久以后，萨维尼对国际私法的方法论进行了根本性的变革。

其次，在荷兰"国际礼让"学派之后，萨维尼学说又在新的基础上回复到国际私法的普遍主义。

第三，萨维尼理论极大地促进了欧洲国家国际私法成文化的发展。

萨维尼的学说奠定了近代国际私法的基础，直到现代，仍然影响着许多国家国际私法的理论和立法，而他本人也被誉为"近代国际私法之父"。

(三) 孟西尼的"国籍法说"

孟西尼（1817—1888年），是意大利著名的政治家和学者，也是属人法学派的创始人。孟西尼生活的时代，意大利尚处于不统一状态，孟西尼是一个民族主义者，将意大利同一民族相互分离的状况看成是违反自然规律的。他拥护国籍主义，主张以当事人的本国法作为属人法，以此来反对封建的属地法原则，认为同一民族的法律必须一致，以建设统一的国家。

1851年1月，孟西尼在杜诺（Turno，另一汉译为"都灵"）大学发表了题为《国籍是国际法的基础》（Nationality as the Foundation of the Law of Nations）的专题演讲，提出了"国籍法说"。其理论要点如下：

1. 国籍、当事人以及国家主权这三个因素构成了法律选择的基础，其中尤以国籍起决定性作用。不论何种法律关系，它所应当适用的法律原则上都应以国籍作为连结因素，以当事人的国籍法作为准据法；一国的国民即使身处国外，原则上也只是与自己的本国法相联系。这样一来，孟西尼就把国籍因素提高到了国际私法指导原则的高度，以取代自荷兰学派以来强调的属地主义和萨维尼主张的以住所地法作为属人法的观点。

2. 依照意思自治原则，凡合同当事人因意思表示而指定有应适用于其相互关系的法律时，作为一种例外，可以适用当事人指定的法律作为准据法。这表明，孟西尼是赞同意思自治原则的，尽管他认为这是一种例外。

3. 国家有义务尊重外国法律，但依照公共秩序保留原则，若适用外国法将违反内国法或内国的公共秩序、或有碍内国主权的行使，则可以拒绝适用该外国法，而改为适用内国法。

后世人将孟西尼的学说概括为三个原则，即国籍原则（亦称民族主义原则、本国法原则）、意思自治原则（亦称自由原则）、公共秩序保留原则（亦称属地原则、主权原则）。

意大利本来是国际私法的发祥地，但后来由于欧洲其他国家特别是法国和荷兰国际私法的发展以及其他一些原因，意大利的"法则区别说"逐渐衰落了。直到孟西尼时代，国际私法学才又在意大利复兴起来。以"国籍主义"为核心的孟西尼理论，对19世纪的国际私法有相当大的影响，它为当时已在欧洲出现的当事人国籍国法的系属原则提供了理论依据，并且孟西尼的主张在以后许多国家的国际私法立法中都有直接体现。例如，1865年的《意大利民法典》、1889年的《西班牙民法典》、1896年的《德国民法施行法》以及1898年的《日本法例》等均采用了孟西尼的"国籍主义"；此外，许多国际公约也采用了这个理论；而且，孟西尼的学说还使得公共秩序概念从一般的法律原则上升为国际私法的重要原则。

(四) 戴西的"既得权说"

由于种种原因，英国国际私法发展得比较迟晚，法律冲突问题在欧洲大陆已经讨论了几百年，但对英国却并没有产生多大影响。这主要是因为在长时期里，英国法院对外国法采取了排斥的态度和制度，直到18世纪，英国这种排斥外国法的态度才有所转变。

对英国国际私法作出重大贡献、并以自己的学说标志着国际私法新的里程碑的是英国著名国际私法学家戴西。他是一个跨世纪的人物，由于其理论在19世纪末叶即已确立，所以笔者将他和上述几位法学家一起，置于19世纪这个时期加以介绍。

戴西（1835—1922年），是英国牛津大学的法学教授，他在1896年出版的《法律冲突论》（该书全称为：A Digest on the Law of England with Reference to the Conflict of Laws）一书中，提出了"既得权说"（Doctrine of Vested Rights）。在该书中，他虽然以法律的严格属地性为出发点，主张法律的效力仅及于其本国境内，但又认为，为了保障合法法律关系的稳定性，对于依外国法而有效设定的权利，也应当坚决加以维护；他还认为，每个文明国家的冲突法都是建立在这样一个基础之上的，即根据一国法律正当取得的权利，也必须为其他任何国家予以承认和保护。这就是"既得权说"的中心内容，由此戴西引申出如下一些基本点：

1. 在处理涉外民事争议时，首先应当确定英国法院是否具有管辖权。只有在具有管辖权的前提下，才能进一步谈得上法律适用问题，并且，英国法院只对能够作出有效判决的事和自愿服从其管辖的人才行使管辖权。

2. 凡是依据他国法律有效取得的任何权利，一般都应当为英国法院所承认和执行，而非有效取得的权利，英国法院则不予承认和执行。

3. 如果承认与执行这种依据外国法律合法取得的权利，同英国法律的规定、英国的公共政策、道德原则以及国家主权相抵触，则可以例外地不予承认和执行。

4. 为了确定某种既得权利的性质，只应依据产生此种权利的该外国法律为准。

5. 根据意思自治原则，当事人协议选择的法律，具有决定他们之间法律关系的效力。

总而言之，这种既得权理论的核心是，法官只负有适用内国法的任务，他既不能直接承认或适用外国法，亦不能直接执行外国的判决，在这种情况下，法官所能做的仅仅是保护诉讼当事人根据外国法或外国判决所已经取得的权利。因此，域外效力不是给予外国法，而只是给予该外国法所创设的权利。

戴西的理论继承了荷兰学者胡伯等人的主权观念和属地主义原则，但抛弃了胡伯的"国际礼让"观点。戴西的"既得权说"是为了调和适用外国法与国家主权原则之间的矛盾而设想出来的，但结果却使他陷入了更大的矛盾之中。因为他一方面坚持法院不能适用外国法这一前提，不承认外国法的域外效力，另一方面却又企图使根据外国法律所取得的既得权利受到保护，这就很难自圆其说。因为权利是从法律中产生出来的，保护某一权利，无非就是承认赋予该项权利的那个外国法的域外效力。

尽管"既得权说"有许多自相矛盾之处，但在国际私法的发展史上还是起过积极作用的。戴西的《法律冲突论》一书自问世以来，一直被英国国际私法学界奉为经典，并为英、美法院的判例所采用。但由于这一学说自身的弱点较多，因而在第二次世界大战以后英、美国家的国际私法著述中，已出现摆脱"既得权说"这一传统观念的倾向。就连戴西所著的《法律冲突论》在1949年出至第六版时，编者也对他原来提出的"既得权说"进行了修改，而在1967年该书的第八版中更将这一学说全部删去。

美国法学会在20世纪30年代编纂《第一次冲突法重述》时,还以"既得权说"为理论基础,到1971年出版《第二次冲突法重述》时,也完全放弃了"既得权说"。

三、20世纪的国际私法学说

自进入20世纪以来,特别是第二次世界大战以后,因科学技术的突飞猛进,国际经济贸易交往有了很大的发展,国际私法也出现了新的变化,使得当代国际私法学呈现出百家争鸣、学说林立的繁荣景象。

(一) 英国、美国

英国、美国国际私法理论的发展要比欧洲大陆国家为晚,但在20世纪经过不断的革新和改造,也取得了许多成果,有的成果还被欧洲大陆国家所吸取。

在英国,"既得权说"于第二次世界大战以后其影响逐渐削弱。英国当代著名国际私法学家莫里斯续编的戴西名著《法律冲突论》、英国另两位著名国际私法学家契希尔和法学家诺斯于20世纪70年代初合著的《国际私法》,在当今的英国具有相当的权威性,英国法院多从这些著作中引经据典,作为处理国际私法问题的依据。

在美国,其当代国际私法理论是在对哈佛大学法学院教授比尔主持编纂的《美国第一次冲突法重述》进行批判的基础上形成的。该书的理论根据是比尔从戴西那里移植过来的"既得权说"。《重述》的报告人比尔从一种概念主义的原则出发来看待冲突规范,他在研究中致力于寻找国际私法的一般原则和规范。他认为,在《重述》中所有体现了"既得权"理论的冲突规范都是完美无缺的,应为法院毫无例外地予以适用,从而导致冲突规范的适用越来越僵化,使它成为法官手中的一种机械工具,可以对各种具体案件照搬照套。

但是，这种理论和方法与美国判例法的传统是相矛盾的，因为判例法的传统是要求法官对案件逐个地进行分析，再具体决定法律的适用。因此，这个《重述》一经出现，就遭到美国不少学者的尖锐批评。尽管一些学者对美国这股抨击传统国际私法理论和方法的浪潮褒贬不一，有的誉之为冲突法上令人鼓舞的一场革命，有的则视之为国际私法中令人担忧的一次危机，但它在客观上却促成了美国当代冲突法理论百家争鸣、学说林立的繁荣局面的出现。现将美国这一时期国际私法的主要学说简介如下：

1. 库克的"本地法说"

库克（1878—1943年），是美国著名学者、法学教授。他以其本人过去发表过的文章为基础，于1942年整理出版了《冲突法的逻辑与法律基础》（The Logical and Legal Bases of the Conflict of Laws）一书，提出了"本地法说"（local law theory）。该学说具有浓厚的属地主义色彩，并且对戴西的"既得权说"采取了彻底否定的态度。库克认为，法院在审理涉外民事案件时，并不适用外国的法律，而是将有关的外国法规范合并到本地法中，法院永远只适用本国的法律；同时，法院承认和实施的也不是依外国法产生的权利，而是依本国法所创设的权利，亦即一项内国的权利，一项本地的权利（local right）。

库克的理论在推翻传统的"既得权说"方面，确实起到了很大作用。晚近美国有关冲突法的一些新学说，有不少是在他的影响下形成的。但由于他更加强调法律的属地性，仍然将国家主权原则与在一定条件下适用外国法这两者截然对立起来，因而在处理涉外民事案件时究竟应当如何考虑和选择所要适用的法律这个问题上，他还是没能提供建设性的解决方案。

2. 卡弗斯的"公正论"和"优先选择原则说"

早在库克提出"本地法说"之前，美国的另一位法学教授卡弗斯（David Cavers, 1902—？年）就于1933年在《哈佛法律评论》上发表了一篇题为"法律选择过程批判"（A Critique of the Choice-of-Law Process）的论文，在这篇论文中，他将批判的矛头指向传统的冲突规范和当时编纂工作已近尾声的《美国第一次冲突法重述》。他指责传统的冲突规范只作"管辖权选择"，而不问所选法律的具体内容是否符合案件的实际情况及是否能使案件获得公正合理的解决，因而是很难选择到更好的法律的。他主张改变这种只作"管辖权选择"的传统制度，而代之以"规则选择"或"结果选择"的方法。卡弗斯认为，法律适用的结果应当遵循两条标准：一是要对当事人公正，二是应符合一定的社会目的。为了达到这些标准，他建议法院在决定是适用自己的法律还是适用外国的法律之前，首先要认真审查诉讼案件与当事人之间的法律关系，周密分析案件的全部事实；其次要仔细比较适用不同法律而可能导致的结果；最后要衡量这种结果对当事人是否公正以及是否符合社会的公共政策。

1965年，卡弗斯教授发表了《法律选择过程》（The Choice-of-Law Process）一书，其中心内容并不是批判美国传统国际私法学说及其主张的方法，而是依据他几十年的研究和分析成果提出了解决法律冲突的"优先选择原则"。在卡弗斯看来，这些原则不仅调整了法律间的冲突，而且适用的结果对当事人更为公正。因此，他的主张及有关理论也就被统称为"优先选择原则说"（principles of preference theory）。卡弗斯所倡导的优先选择原则共七项，其中前五项是关于侵权案件法律选择问题的，后两项则是关于合同领域中的法律选择问题。[①] 这些原则的提出，使得卡弗斯所主张的"公正论"更加臻于完善，在美国的国际私法学界产生了长期的重大影响。但也有学者对卡弗斯的理论持批评

---

① 具体内容详见邓正来著：《美国现代国际私法流派》，法律出版社1987年版，第80—84页。

态度，认为他所确立的原则仅限于侵权与合同领域，数量既少又过于抽象模糊，因而导致这些原则的适用范围扩大，并且他的"优先选择原则说"具有明显的属地主义倾向和法院地法倾向。[①]

3. 柯里的"政府利益分析说"

柯里（Brainerd Currie，1912—1965年），系美国著名学者、法学教授，也是美国冲突法新学说的代表人物之一。他于1963年整理出版了《冲突法论文集》（Selected Essays on the Conflict of Laws）一书。在这本书中，他严厉批判了传统的冲突法制度，主张"最好是抛弃掉冲突规则"，因为他认为，解决法律冲突的最好方法，就是对"政府利益"进行分析。他直截了当地将不同国家（州）的法律冲突说成是不同国家（州）的利益冲突，由此提出了"政府利益分析说"（governmental interests analysis theory）。

柯里认为，每一个国家（州）的实体法都体现着一定的目的或政策，国家（州）在实现自己法律的目的或政策过程中自然会得到某种利益。"政府利益分析说"正是要分析这种隐藏在法律背后的政策，再根据这种政策去分析其利益。他极力反对通过冲突规范来选择法律，而是主张应以政府利益作为适用法律的唯一标准，认为法院在审理涉外民事案件时，应判断法律冲突后面真正的利益冲突。

柯里将法律冲突分为"虚假冲突"（false conflict）和"真实冲突"（true conflict）两大类。前者是指某个案件所涉及的两个国家（州）的法律尽管在具体规定上发生了冲突，但这两者所体现的政府利益则并没有发生冲突；后者是指某个案件所涉及的两个国家（州）的法律不仅在具体规定上存在着冲突，而且两者所

---

① 邓正来著：《美国现代国际私法流派》，法律出版社1987年版，第93、96页。

体现的政府利益也存在着冲突。在柯里看来，只有在"真实冲突"的情况下，才会发生法律冲突问题。因此他主张，在审理涉外民事案件时，如果只有一个国家（州）有合法利益，而另一个国家（州）没有利益，就应适用有利益的那个国家（州）的法律；如果两个国家（州）都有合法利益，而其中一国（州）为法院地国家（州）时，则无论如何应当适用法院地法，即使另一国家（州）的利益大于法院地国家（州）的利益也是如此；如果两个国家（州）有合法利益，而法院地国家（州）为无合法利益的第三国（州）时，则既可以适用法院地法，也可以适用法院依自由裁量认为应当适用的法律。

显而易见，柯里是赞成尽可能适用法院地法的，而且依照这种理论，法院在大多数情况下，也总会认为自己国家（州）对在案件中适用自己的法律是有"合法利益"的，从而也就更加会导致法院地法的广泛适用，这就等于否定冲突法有存在的必要了。难怪柯里认为不但传统的冲突规范可以抛弃，甚至连冲突法上的一些制度诸如识别、反致以及公共秩序保留等等都可以一概取消，不再需要了。

柯里的"政府利益分析说"对传统的英、美冲突法理论形成了强烈的冲击，它揭示了法律冲突的本质（亦即国家利益或政府利益），所以在美国各州法院以及美国法学界均产生了很大反响，得到了普遍的承认。但是该学说对传统的冲突法持虚无主义态度，使得具有几百年历史的冲突法理论、制度及规范发生了全面动摇，因而表现得过于极端。

有些学者对这一学说也提出疑义，认为在国际私法领域强调绝对的政府利益是一种"法律为官僚而制定"的观点，而且对于隐藏在每一项法律背后的"政府利益"进行分析，也将大大加重法官的负担，并使得法律规范缺乏确定性（certainty）和可预见性（predictability）；此外，在解决法律选择问题时，法官所关心的应当是案件当事人的私人利益，而不应是所谓的"政府利益"，因为政府对于有关私人性质的案件是不具有利益的。

尽管如此，柯里的"政府利益分析说"仍然不失为近几十年来美国冲突法各种新学说中影响较大的一种。

4．艾伦茨威格的"法院地法说"

艾伦茨威格（Albert Ehrenzweig，1906—1974年），是加利福尼亚州大学法学教授，也是美国当时国际私法学界新浪潮派中的一员，其主要著作有1962年出版的《冲突法论》（A Treatise on the Conflict of Laws）、1967年出版的《国际私法——总论部分》（Private International Law：General Part）以及1973年出版的《国际私法——专论部分》（Private International Law：Special Part）等等。他也试图对传统国际私法进行全面改造，并提出了法院地法说（the doctrine of lex fori）。

艾伦茨威格以实证主义方法为基础，认为以往的国际私法规范是概念主义的产物，主张法律冲突的解决是法院地实体法的解释问题，即可以通过对法院地实体法规范的解释结果来决定所应适用的法律。为了防止"挑选法院"（forum shopping）现象的发生，亦即为了避免原告任意选择在法律适用上对其最为有利的法院去进行起诉，他又提出了"方便法院"（forum convenience）和"适当法院"（proper forum）的理论，主张必须为每类法律关系确定一个最适当的法院，这种"适当法院"的确定，应考虑到该法院对某一具体涉外民事案件的审理是否方便。在艾伦茨威格看来，依照他所提出的这种国际的或州际的适当法院的司法管辖原则，就可以防止人们所担心的法院地法的错误适用。因为他认为，法律选择和管辖权的确立，是一个问题的两个方面，只要正确地解决了管辖权的冲突问题，也就正确地解决了法律选择问题；而要正确地解决管辖权冲突问题，就必须改革传统的管辖权制度，以消除对案件不具有利益的法院对暂时居住或非居住在该法院所在地的人提出的不公正的权利主张，从而使法院在通常的案件中能合理地适用法院地法。① 总之，艾伦茨威格认为，国际私法赖以建立和发展的基础是优先适用法院地法，适用外国法仅仅是一种例外，这是其"法院地法说"的一个核心内容。

艾伦茨威格的上述观点，遭到了许多国际私法学者的批评。他们认为，解决管辖权冲突的原则与解决法律选择的原则是不同的，尽管这两者之间存在着联系，但绝不能用同一标准来衡量。在管辖权方面，因为涉外民事法律纠纷由于其涉外因素所指向的国家一般会在两个以上，所以对同一案件就可能会出现几个国家的法院都具有管辖权的情况。而在法律选择方面，为了对当事人的权利与义务进行公正的裁决，通常应当只有一个国家的法律是最适当的和可以适用的法律。另有一些学者认为，艾伦茨威格的"法院地法说"还必然导致案件当事人任意选择法院的倾向，使问题在实质上得不到公正的解决。这是因为对法院地法的过分强调，将会导致案件当事人任意选择法院进而任意选择法律的现象出现，这不仅会使案件本身得不到公正的解决，而且最终还会丧失法律的正义目标以及法官的作用。

尽管艾伦茨威格的"法院地法说"还很不完善，甚至还存在着这样或那样的缺点和谬误，但是他的学说在20世纪国际私法理论与实践的发展进程中，仍然占有突出的重要地位，具有很大影响。

5. 富德与"最密切联系说"

"最密切联系说"（the doctrine of the most significant relationship）是英、美冲突法学说的新发展，主要产生于美国的有关司法判例。其基本内容是：在确定某一涉外民事法律关系的准据法时，应从质和量这两个角度对与该法律关系有关的各种主客观因

---

① 邓正来著：《美国现代国际私法流派》，法律出版社1987年版，第164页。

素进行权衡,以寻找法律关系的"重力中心地",该中心地所属的法律即为有关法律关系所应适用的准据法。

该学说主要用于解决涉外合同之债和涉外侵权行为之债的法律适用问题。最早运用该学说确定涉外合同之债及涉外侵权行为之债准据法的,均为美国纽约州最高法院首席法官富德(Fuld)。1954年纽约州最高法院在审理"奥登诉奥登案"时,富德法官阐述了"最密切联系"理论,并运用这一理论确定了与合同有最密切联系的国家的法律为准据法,以此取代了传统的冲突法理论与实践中单纯根据合同"缔结地"或"履行地"这种单一标志来确定准据法的方法。这一判例在后来被视为否定美国传统国际私法学说有关合同方面法律适用理论的最有名的案例。

案例介绍:奥登诉奥登案(Auten vs. Auten,美国纽约州最高法院判决,1954年)

本案双方当事人于1917年在英国结婚,而后,夫妇双方及两个孩子在英国共同生活直到1931年。同年,奥登先生离开妻儿前往美国;次年,他在墨西哥法院获得离婚判决,随后便与另一位女子结了婚。1933年9月,本案原告(奥登夫人)得知这一情况后便来到纽约市与本案被告(奥登先生)商谈如何处理他们之间的关系。奥登夫妇经过协商,双方达成一项分居协议,其主要内容有:(1)奥登先生每月付给奥登夫人50英镑以维持她与两个孩子的生活,而奥登夫人则必须回到英国去;(2)奥登夫妇将继续分居下去,任何一方不得就分居问题向对方提起任何诉讼;(3)奥登夫人也不得在任何国家或地区以奥登先生离婚及再婚为由,向任何当局对他提起诉讼。

分居协议缔结后,奥登夫人回到英国,但奥登先生却没有按照分居协议的规定付款给她,导致她同两个孩子的生活发生困难。1934年,原告向英国法院提起诉讼,要求法院判决分居。英国法院裁决被告向原告支付生活费,该项裁决也送达给被告。

被告在支付一段时间的生活费后，又停止了支付。1947年，奥登夫人来到美国纽约州法院对奥登先生提起诉讼，要求被告根据当年的分居协议，支付从1935年1月1日起至1947年9月1日止的全部生活费，共计26,564美元。被告尽管承认他与原告曾经缔结过分居协议，但他争辩道：原告在英国法院提起的分居诉讼本身，已使他们1933年的分居协议失去了效力，所以，原告已丧失了按照该协议取得扶养费的权利。

受理本案的纽约地方法院认为，本案的争议应当适用纽约州法。而根据纽约州法，原告在英国法院提起分居诉讼并且已经获得临时性生活费用的判决，构成了解除分居协议和否认该协议效力的事实，从而使得奥登夫人的要求不能成立。因此，法庭肯定了被告的申辩，并驳回了原告的诉讼请求。原告不服，提起上诉。受理上诉的法院维持原判，原告再次向纽约州最高法院上诉。

受理本上诉案的富德法官认为，以上两审法院判决中法律选择的依据，是来自于《美国第一次冲突法重述》中的有关规定，即关于合同的成立、解释以及效力等问题依合同缔结地法，关于合同的实际履行问题依实际履行地法这样一些带有结论性的原则。但富德法官却指出，不能将法律选择的原则视为路标，而应当联系其他情况全面予以考虑，以求得案件的合理解决。富德法官主张在本案中采用"重力中心地"（center of gravity）或称"关系聚集地"（grouping of contacts）的法律选择方法，根据这种方法，法院并不是将合同缔结地或者合同履行地作为决定性依据来考虑的，而是要考察哪一个国家与案件有着最密切的联系，从而适用其法律。

富德法官又指出，适用这种新方法相对于适用僵死的传统法律选择规则来说，尽管行为的法律后果缺乏确定性和可预见性，但这种方法可以使与案件有重大利益关系的国家的法律得以适用，能够考虑当事人的意图以及达到最佳的法律适用效果。

据此，富德法官认为，在本案中双方当事人均为英国公民，他们在英国结婚，在英国生育孩子，并作为一个家庭在英国共同生活了14年。可见，英国在处理本案和适用其法律方面具有最重大的利益。而纽约与本案的唯一联系仅在于它是分居协议的缔结地，而这是一个纯属偶然的因素。富德法官由此得出结论：英国与本案有着真正重要的联系，所以应当适用英国法。推翻原判。

"奥登诉奥登案"是第一个在审理涉外合同案件的司法实践中否定美国传统国际私法理论的判例，该判例中所采用的"重力中心地"或"关系聚集地"等概念，为"最密切联系说"的形成奠定了实践性基础。

在1963年美国纽约州最高法院审理的"贝科克诉杰克逊"一案中，富德法官再次运用了"最密切联系说"来选择与涉外侵权行为有最密切联系的法律作为侵权行为之债的准据法，放弃了美国判例法上机械地照搬"侵权行为地法"的传统做法。

案例介绍：贝科克诉杰克逊案（Babcock vs. Jackson，美国纽约州最高法院判决，1963年）

原告贝科克小姐是被告杰克逊先生的朋友和免费乘客，汽车为杰克逊所有，他们都住在纽约州的罗彻斯特（Rochester）市。1960年9月16日（星期五），贝科克小姐搭乘杰克逊驾驶的汽车前往加拿大度周末。汽车来到加拿大的安大略（Ontario）省境内时，撞在高速公路边的一堵墙上，贝科克小姐因此而受重伤。回到纽约州后，贝科克就对杰克逊提起了诉讼，指控他驾车时有疏忽行为。杰克逊在诉讼开始时已因这次交通事故而死亡，由其指定的遗嘱继承人杰克逊夫人作为被告出庭。

依照侵权行为发生地的加拿大安大略省《高速公路交通法》的有关规定，除了以营利为目的的商业性营运乘客以外，汽车所有人或驾驶人对于车内乘坐的人所受到的伤害、死亡以及由此而引起的损失概不负责。而纽约州的法律则规定，在这种情况下，汽车的所有人或驾驶人要承担一定的责任。

本案中的问题非常明确：是应当适用侵权行为地法即安大略省的法律，还是应当适用同本案有其他联系的纽约州的法律？这个问题的确定关系到贝科克小姐最终能否获得赔偿。根据传统的国际私法规范，侵权争议应依侵权行为地法解决。初审法院正是基于这一规范，适用了安大略省的法律继而否定了原告的诉讼请求。原告不服，提起上诉。上诉法院维持原判，原告再次上诉到纽约州最高法院。

受理本上诉案的富德法官认为，"侵权行为中的权利义务关系依侵权行为地法"这一规范，是以"既得权"为理论依据的。这一理论忽视了侵权行为地以外的国家或州对解决同一案件所具有的利益，也没有考虑到各种潜在的政策因素，因此，这一规范正遭到日益尖锐的批评。接着，富德法官引证了1954年他判决的"奥登诉奥登案"。他认为在"奥登案"中，法院采用了"重力中心地"或"关系聚集地"理论，而不是采用传统国际私法上的合同"缔结地"或"履行地"作为法律选择的依据，从而才使案件的法律选择取得了公平、正义的效果。

对于本案，富德法官认为也必须应用新的学说进行分析，即比较纽约州和安大略省与本案的"关系"和"利益"。该案所涉及的原告、被告（即受害人和侵权行为人）都是纽约州的居民，被告驾驶的汽车在纽约州取得执照，肇事汽车在纽约州保险，车库也在纽约州（保险率的高低往往取决于车辆的车库所在地），当事人双方旅行的出发点和终点均在纽约州。安大略省与本案的唯一联系就是事故发生在那里，但这一因素纯属偶然，所以，安大略省与本案的联系十分微弱。

然后，富德法官又从法律政策的角度，对纽约州和安大略省在本案中的利益进行了分析。他指出,安大略省《高速公路交通法》的立法目的,在于防止乘客与驾驶人员相勾结,向保险公司提出欺诈性的权利要求。很明显,这种法律仅仅是为了保护安大略省保险公司的利益,而不是为了保护纽约州保险公司的利益和受害人的利益。在本案中,乘客与驾驶员不可能串通欺诈保险公司,因为如果他们串通欺诈,就不会在安大略省制造事故,而是要选择在一个能够给予原告以赔偿的法域制造事故。所以,适用事故发生地安大略省的法律以否定原告的诉讼请求,并不能为安大略省增进利益。

但纽约州的法律却是要保护乘客,要求侵权人对由于自己的疏忽而引起的伤害负一定的赔偿责任。所以,纽约州法院既没有理由、也没有权力可以因为事故偶然发生在外国或外州,就背弃纽约州的政策而取消本州立法上给予乘客的这种保护。富德法官认为,本案的关键不在于杰克逊先生是否违反了安大略省《高速公路交通法》或安大略省所规定的其他行为准则,而在于作为杰克逊先生免费乘客的贝科克小姐最终能否获得赔偿。因此,作为双方当事人居住地、双方客主关系成立地的纽约州法律,与本案的联系和利益要比安大略省法律与本案的联系和利益更为直接和更为密切,因而应当优先予以适用。推翻原判。

如果将富德法官审理的"贝科克诉杰克逊案"与他在1954年审理的"奥登诉奥登案"作一比较,就可以清楚地看到,"贝科克案"要比"奥登案"更为重要、更具有意义。

"奥登案"涉及的是涉外合同领域的法律选择问题,在这方面,属地主义与既得权理论从未占据过支配地位,该领域中最重要的原则是法国学者杜摩兰早在16世纪就已经提出的"当事人意思自治",该项原则一直沿用至今,支配着涉外合同领域的法律选择。"奥登案"所抛弃的并不是"当事人意思自治"原则,而是"合同缔结地"这一替补性原则。富德法官在"奥登案"中的观点是"最密切联系"方法的最初发展。这个方法将法院从美国传统冲突规范即"合同问题依缔结地法"的束缚中解放了出来，主张适用与案件有最密切联系的法律。然而，尽管富德法官在"奥登案"中的观点明确反对《美国第一次冲突法重述》中的规定，却未能就如何确定"最密切联系地"提供一个令人满意的解决方法或原则，使得法院在选择准据法时缺乏依据。

"贝科克案"所涉及的则是涉外侵权领域的法律选择问题。长期以来，在涉外侵权问题的法律选择方面，传统国际私法上的"侵权行为实施地法"或"损害结果发生地法"原则一直占据着统治地位，而美国的判例法也始终坚持这些机械性原则。但是，"贝科克案"则彻底否定了这些传统国际私法上的侵权规范，明确提出了以"最密切联系"原则来取而代之；而且，"奥登案"中尚未落实的问题，现在已为"贝科克案"中的具体实践予以解决。该案判决表明，侵权行为的准据法应当是在解决某个特定问题时具有最重大利益的那个国家或州的法律。根据富德法官对"贝科克案"的审理可以认为，所谓"重力中心地"或"关系聚集地"并不意味着仅仅去计算联系因素的多少，决定"最密切联系"的因素不但是量的考虑，而且还应当是质的权衡。这种质的权衡，就是对政策和利益进行分析。由此可见，富德法官在"贝科克案"中的观点发展了其在"奥登案"中所采用的"最密切联系"方法，并为法律选择规范在将来的进一步丰富和完善奠定了坚实的基础。"贝科克案"的这一突破，具有不可估量的意义。

富德法官对以上两个上诉案件的判决，标志着美国传统冲突法理论在根本上发生了动摇。"最密切联系说"的主要倡导人里斯教授将富德法官审理这两个案件时所主张的观点，称之为冲突法发展进程中的一个里程碑，并在《美国第二次冲突法重述》中正式采纳了这一新理论。目前，"最密切联系说"已在世界范围内广泛流行，它反映了各国国际私法理论和立法的新趋势。

6. 利弗拉尔的"法律选择五点考虑"

在美国现代国际私法学界中,许多学者都试图发现一些影响法律选择的基本因素,以改变美国传统国际私法理论所主张的机械的、呆板的法律选择方法。卡弗斯、艾伦茨威格等人在这方面都作出了一定的努力。美国阿肯色大学和纽约大学国际私法教授利弗拉尔(Robert A. Leflar)亦是其中杰出的一员,他经过长期的分析和研究,总结出了影响法院选择法律的基本因素,并将它们归纳为五个方面,称为"影响法律选择的五点考虑"(five-choice-influencing considerations)或称为"影响法律选择的五个因素"(five-choice-influencing factors)。有学者认为,利弗拉尔教授将通常影响法院选择法律的所有或几乎所有因素结合为一体,都归于这五点考虑之中了。另有一些学者指出,利弗拉尔所提出的影响法院选择法律的五点考虑,虽然简洁明了,但从另一个角度来看,也未免有些太笼统了。[①]

利弗拉尔曾先后发表了许多专论来诠释他的"影响法院选择法律的五点考虑",其中最重要的有:1959年发表的专著《冲突法》(Conflict of Laws),1966年在第41卷《纽约大学法律评论》杂志上发表的题为《冲突法中影响法律选择的考虑》(Choice-Influencing Considerations in Conflicts Law)的论文,以及同年在第54卷《加利福尼亚法律评论》杂志上撰写的题为《冲突法:再论影响法律选择的考虑》(Conflicts Law: More on Choice-Influencing Considerations)的论文。

利弗拉尔的"法律选择五点考虑"的具体内容[②]如下:

(1)判决结果的可预见性(predictability of results)。利弗拉尔认为,无论是内国法院还是外国法院审理涉外案件,判决结果

---

① 邓正来著:《美国现代国际私法流派》,法律出版社1987年版,第168页。
② 同上注书,第169—173页。

的一致性和可预见性一直是国际私法理论所追求的一个主要目标。

判决结果的可预见性这一目标的实现，可以使得合意性交易的当事人根据某些法律规定来缔结他们的合同，而这些法律规定能使他们获得其各自所期望的结果。因为只有这样，当事人之间的交易效力才会为法律所承认，他们的公正期望才能受到法律保护。另外，法律通过维护当事人之间交易的法律效力，又能促使大多数国家实现其广泛的社会政策，换言之，承认当事人之间正当法律关系的效力，保护当事人的公正期望，就是首先应当追求的社会政策。

至于判决结果的一致性，则能够防止当事人任意选择对自己有利的法院去起诉。因为如果判决结果无论在何地法院都能一致，那么在哪一个地方的法院起诉对当事人也就无所谓了。

(2) 维护州际秩序和国际秩序（maintenance of interstate and international order）。利弗拉尔认为，世界各国或一国内的各州对于以任何方式跨越其边界的涉外法律关系，都有兴趣使这些法律关系的法律管理便利化。他指出，要实现人员和货物交往的顺利和便利，就必须要有一个能使相互冲突的主张和相互冲突的主权要求降到最低限度的方法。这个方法就是：一个与某一涉外案件没有什么联系的法院，不应当要求对其自身法律的适用优先于一个与该涉外案件具有密切联系的法律。他还认为，任何法律选择制度都不应当建立在有意要管辖本法域之外的法律关系的基础之上。在利弗拉尔看来，冲突法的首要功能一直是维护州际和国际交往的合理秩序，鼓励这种符合法院地及其人民利益的交往的顺利发展。

(3) 司法任务简单化（simplification of the judicial task）。利弗拉尔认为，只要能以一种较为简单的方法来实现公正的目的，法院就显然不愿采用一种较为复杂的方法。他举例说道，一个法院在审理某个事实发生在他州的案件时，如果去适用那个州的程序法来解决程序性问题，那肯定是行不通的，而且这样做毫无益处，所以，各国法院都适用法院地的程序法，因为此种方式既简单又方便。故而利弗拉尔主张，法院在解决法律冲突时，应当贯彻简单（simplicity）、方便（convenience）的原则，以达到判决结果一致的目的。

在利弗拉尔看来，尽管传统冲突法意义上的那些选择实体法的纯粹机械性规范法院在适用它们时也很方便，但在具体运用时，影响法院选择法律的一些其他因素将会比司法任务简单化这一因素更加重要。因为传统冲突法规范自身所存在的弊端，要远远大于其适用的方便性这一可取之处，因而在具体运用时，仅仅考虑司法任务简单化这一因素是不够的。

利弗拉尔还进一步指出，司法任务简单化是就司法任务本身的复杂和简单而言的，因此，这个因素在整个五点考虑中不具有头等重要意义，它只是在几种选择因素同时并存的情况下，才起决定性作用。

（4）法院地政府利益优先（advancement of the forum's governmental interests）。如果法院地根据自己的社会政策和法律政策，强烈地感到自己与某个案件中的事实具有真正的联系，那么该法院就有理由依照这种联系来适用法院地法。利弗拉尔指出，这种"真正的联系"是指合乎法律要求的联系，而不是指由于某些事实发生在法院地而产生的那种偶然联系，也不是指法院地由于存在着一些能适用于该案件的法律规范而产生的那种所谓联系。

利弗拉尔认为，一个州的法院在审理某个案件时，应当从案件发生时的观点去考察，从能促进法院地制定和执行法律的任务得以实现的各种分析中去探查其政府的全部利益。只有这样，法院才能发现法院地在该案件中适用自己的法律是否具有真正的利益。如果一个法院能够表明它在对某个案件适用法院地法时是具有政府利益的,那么政府利益这一因素就成为五点考虑中一个重要的方面。

(5) 适用较好的法律规范(application of the better rule of law)。利弗拉尔指出,适用较好的法律规范这一因素,是"影响法院选择法律的五点考虑"中最容易引起争议的一个因素,但同时它也是最为重要的一个因素。他认为,法律选择并不是说在两个不同的法律规范中随意选择一个,而是要在它们之间选择一个较好的法律规范并加以适用。

当然,利弗拉尔也承认,从一个法官的自然意识来看,显然他自己州的法律规范比其他州的法律规范要"较好"一些。这种自然意识从某种程度上来讲,可以解释为什么一法院地法优越于其他州的法律这种情况。但是,利弗拉尔也相信,大多数法官都会很好地意识到这样一个问题,即在某些时候法院地法并不是较好的法律,任何一个明智的法官都愿意适用一种能使本地社会经济利益得到好处的法律规范,而不会问这个法律规范是法院地的还是其他法域的。另外,追求具体案件中的正义(有些学者将这一点称之为法律选择的目的)和保护当事人公正的期望,也要靠适用较好的法律规范来实现。再者,确定何者为较好的法律规范,并不是主观的,而是客观的。

适用较好的法律规范这一因素,可以说是利弗拉尔学说的关键部分,因此有些学者将他提出的理论称为"较好的法律规范说"(doctrine of the better rule of law)或"较好法律的方法"(better law approach)。

以上是利弗拉尔提出的"法律选择五点考虑"的主要内容。在前三点考虑中,利弗拉尔强调的是实现社会政策,后两点则是解决具体案件的关键因素。为了更好地了解利弗拉尔的学说,现在我们就来看看美国法院在司法实践中是如何运用他的理论和方法的。

案例介绍：亨克诉皇家保障公司案（Hunker vs. Royal Indemnity Co., 美国威斯康星州法院判决，1973年）

原告亨克是美国俄亥俄（Ohio）州的居民，被告皇家保障公司是俄亥俄州的一家保险公司，与本案有关的另一俄亥俄州居民布朗（Brown）在该公司投保了责任险。

亨克和布朗同是俄亥俄州另一家公司的雇员，他们两人因公司事务驱车前往威斯康星（Wisconsin）州，汽车由布朗驾驶，在威斯康星州境内与该州一居民驾驶的汽车相撞，致使亨克受伤。亨克根据俄亥俄州的工人赔偿法，从其雇主那里获得了一笔赔偿费，而后，亨克又在威斯康星州法院对布朗的责任保险人——皇家保障公司提起诉讼。

俄亥俄州的法律规定，不准因为与雇佣事务有关的原因而对一同被雇用的同事提起诉讼；威斯康星州法律则允许因为与雇佣事务有关的原因而对一同被雇用的同事提起诉讼。因此，适用哪一个州的法律将对案件产生决定性的影响。

在本案中，威斯康星州是法院地、事故发生地，撞车的另一方当事人也是该州的居民；而俄亥俄州则是原、被告的所在地以及原告与布朗这次公务的出发地和返回地。因此，这两个州都与案件存在着某种实质性的联系。

受理此案的赫弗南法官对俄亥俄州和威斯康星州在本案中的利益进行了分析：第一，威斯康星州法律中所隐含的目的，是要保护在其境内公路上驾驶车辆的司机和乘客的安全；第二，俄亥俄州法律中所隐含的目的，是要保证其企业生产的稳定。由此可见，这两个州在本案中都具有利益，因而法院必须比较两个州的法律中哪一个更具有先进性和重要性，是较好的法律。

赫弗南法官指出，俄亥俄州法律规定不准对一同被雇用的同事提起诉讼是有一个前提的，这就是损害已经得到了补偿。而本案原告亨克在向威斯康星州法院提起诉讼之前，已从其雇主那里获得了一笔赔偿费。但是，威斯康星州法律却允许原告对一同被雇用的同事提起诉讼，而且补偿费用不受限制，这就使得人们怀疑，威斯康星州在使一个俄亥俄州居民获取超过其本州法律规定的补偿费用时，是否具有明确或重大的政府利益。

赫弗南法官认为，俄亥俄州的上述法律规定代表着一种新的发展趋势，美国其他一些州诸如加利福尼亚（California）州、肯塔基（Kentucky）州、密执安（Michigan）州以及西弗吉尼亚（West Virginia）州等都已颁布了这方面的成文法。因此，威斯康星州法院无法证明本州法律规范在该案中比俄亥俄州法律规范要好。另外，适用俄亥俄州法律也不会损害威斯康星州的政府利益及其公民的利益，因为威斯康星州法律要求对受害当事人给予补偿的规定，通过适用俄亥俄州法律至少可以得到部分实现。而且，本案原告以及布朗都不是威斯康星州的居民，被告皇家保障公司也不是威斯康星州的法人。

经过以上分析，赫弗南法官得出结论：俄亥俄州法律禁止对一同受雇用的人提起诉讼，而要求雇主承担其雇用人员实施侵权行为所产生的责任，这种规定较之那种允许受害人对一同受雇者提起诉讼的规定更具理性，也更具有重要性，因此，俄亥俄州的法律规范是较好的法律规范，应当予以适用。最后，法院依照俄亥俄州法律处理了本案。

从这一司法实践对利弗拉尔理论的运用情况来看，在侵权案件中，法官一般只将注意力集中在利弗拉尔的最后两个影响法律选择的因素上，正如利弗拉尔本人所承认的那样，最后两项是关键的因素。而在这两项关键因素中，"适用较好法律规范"的观点是利弗拉尔学说中的精华部分，但也是最有争议的部分。

利弗拉尔主张适用较好的法律规范，而且认为这种法律规范并不是主观臆断的。然而，实际上却很难为其确立一个客观的衡量标准。一般来讲，法官总是法院地政府利益的维护者，他有义务去实施其本地的法律，因此他只能从法院地的立场出发来解决冲突法案件中的法律选择问题，换言之，较好法律规范的衡量标准是由法官自己确立的。就连利弗拉尔自己也承认，法官一般总是倾向于认为法院地的法律是世界上较好的法律，理所当然地应当予以适用。这样一来，就会导致法院在司法实践中更加广泛地适用法院地法。

尽管依照利弗拉尔的理论，当法院发现另一个州或国家的法律是"较好"的法律时，该法院也会适用那个州或国家的法律，但这样做只是由于这个法律在具体案件中迎合了法院地政府的利益。因此，无论从哪个方面来看，所谓"较好法律规范"的标准，其实就是法院地的利益。由于无法为"较好法律规范"确立统一的衡量标准，法律的好坏全凭法官意志来决定，因而法律冲突现象、判决结果不一致现象仍然无法解决。这种情况使得许多学者对利弗拉尔的学说持有批评和怀疑的态度。

但也有不少学者对利弗拉尔理论所做的贡献给予了很高的评价。例如，一位名为汉农蒂奥的教授认为，利弗拉尔的方法迄今为止已经获得了重大胜利，并且在为数众多的侵权案件中得到了运用。他将利弗拉尔理论在司法实践中成功运用的原因作了几点归纳：第一，影响法院选择法律的五个因素在适用时极为方便；第二，这五个因素代表了一种对冲突法目标所作的"重述"；第三，这五个因素为法院提供了一种机会，使得它们在作出判决时具有一个明显合理的基础。[①]

利弗拉尔提出的"影响法律选择五点考虑"理论，不仅对司法实践产生了一定影响，而且对其他学说的形成与发展也起着某

---

① 转引自邓正来著：《美国现代国际私法流派》，法律出版社1987年版，第185—186页。

种推动作用。例如，艾伦茨维格就将"较好法律规范"的观点引入到他的"法院地法说"体系之中，并且承认，一个较好的外国法律规范可以取代法院地法的适用。里斯在他主持编纂的《美国第二次冲突法重述》中，亦采用了不少利弗拉尔的观点，并将其具体规定在该《重述》第6条的各项法律选择原则之内。

利弗拉尔的学说尽管比较笼统，但它还是代表了美国当代国际私法理论发展的一种趋势，体现了美国当代国际私法实践的高度灵活性和法官起决定作用等主要特点。

7. 里斯与《美国第二次冲突法重述》

尽管在批判《美国第一次冲突法重述》过程中涌现出众多的学者，提出了众多的理论，但在美国当代国际私法学界最有影响的，还要数哥伦比亚大学法学教授里斯。他在改造传统冲突法体系的基础上，极力提倡"最密切联系说"，并主持编纂了以"最密切联系说"为理论基础的《美国第二次冲突法重述》，从而使得《美国第一次冲突法重述》被否定后，美国国际私法学界吵吵嚷嚷的局面趋向于相对稳定。

历经17年艰苦努力才于1971年大功告成的《美国第二次冲突法重述》，是美国当代国际私法理论演变的一面镜子。它总结了自《美国第一次冲突法重述》问世以后四十年来美国国际私法理论与实践的发展情况，融合了美国当代国际私法种种学说所主张的不同的法律选择方法，因而在美国国际私法发展史上具有非常重要的意义，并对世界各国国际私法的立法和学说也产生了不同程度的影响。与《美国第一次冲突法重述》相比，《美国第二次冲突法重述》在很多方面都作出了重大改进。例如，首先是变更了《重述》的理论基础，以"最密切联系说"取代了"既得权说"；其次是抛弃了硬性规则，而以多少可供选择的系属联系代替了不变的单一连结公式。

《美国第二次冲突法重述》的第6条是核心条款，它确定了

"最密切联系说"所要求的具体内容，并指出了法律适用的一般原则。这项条款的内容是：

(1) 法院除受联邦宪法的约束外，应当遵循本州关于法律选择的立法规定。

(2) 在无此种规定时，与适用于选择法律的规则有关的因素包括：①州际及国际体制的需要；②法院地的相关政策；③其他利害关系州的相关政策以及在决定特定问题时这些州的有关利益；④对当事人正当期望的保护；⑤特定领域法律所依据的政策；⑥判决结果的确定性、可预见性和一致性；⑦将予适用的法律易于确定和适用。

《美国第二次冲突法重述》第6条中所规定的这七个因素或称七项原则在排列顺序上并无先后、主次之分，里斯等编纂者们建议法院综合考虑这些因素，然后再确定出"最密切联系地"。因为"最密切联系"这一概念的特点在于，它突破了美国传统国际私法规范的呆板性，从而具有一定的弹性内容，只有在对具体案件进行具体分析时，才能反映出"最密切联系"这一概念的具体内容。

此外，《美国第二次冲突法重述》在解决诸如侵权或合同领域中的法律冲突问题时，并不是像美国传统国际私法那样只规定一个联系因素作为寻找准据法的依据，而是根据特定领域本身的要求规定了若干联系因素，法院在这些因素中可以灵活地加以选择，从而为最密切联系地的确定提供了切实可行的依据。这些联系因素是：

(1) 关于侵权：①损害发生地；②加害行为发生地；③当事人的住所、居所、国籍、公司成立地和营业地；④当事人双方关系聚集地。对以上联系因素应按其对特定问题的重要程度加以衡量（《重述》第145条第2款）。

(2) 关于合同：①当事人的意思表示；②如果不存在当事人

的意思表示时，则应考虑：A. 合同缔结地；B. 合同谈判地；C. 合同履行地；D. 合同标的物所在地；E. 当事人的住所、居所、国籍、公司成立地以及营业地。对以上联系因素亦应按其对特定问题的重要程度加以衡量（《重述》第187条第1款及第188条第2款）。

里斯主张，上述各项联系因素是法院依据《美国第二次冲突法重述》第6条中规定的各项原则，在确定侵权或合同问题准据法时所应当予以考虑的。

由里斯教授主持编纂的《美国第二次冲突法重述》自问世以来，既有学者对其持批评态度，亦有学者对其持肯定和赞扬的态度。

反对的观点认为，《美国第二次冲突法重述》存在着三大问题：第一，根据其第6条中的基本原则和其他种种联系因素来确定具体案件中何地为最密切联系地的做法，对于法官来说，这项负担实在是太沉重了。第二，该《重述》根据里斯教授的说法，"是从一种没有利益要保护的中立法院的角度来写的，它只是寻求适用最恰当的法律"。然而，几乎没有案件可能会在一个完全中立的法院提起。那么如果法院不是中立的话，根据符合该《重述》第6条基本原则中"实现本地政府利益"的政策，法院往往会倾向于适用法院地法。第三，律师的任务并不只是发生在诉讼提起之后，其大量的工作往往产生于诉讼提起之前。因此，这就需要有一种确定性和可预见性，但该《重述》却根本没能提供这方面的规定。[①]

与此同时，也有不少学者积极肯定《美国第二次冲突法重述》所取得的成就。例如，卡弗斯就明确指出："第6条为指导

---

① 邓正来著：《美国现代国际私法流派》，法律出版社1987年版，第218—219页。

法院得出法律选择决定而列举了种种因素，这一技术是具有感染力的。"① 英国著名国际私法学家莫里斯也认为，"里斯教授……制定的重述远比比尔教授制定的重述要好。"②

此外，《美国第二次冲突法重述》还得到了司法实践的普遍承认。一位名为兰多的学者于 1981 年 1 月考察了大约五十个美国的司法判例，其中大多数是在 1978 年、1979 年和 1980 年间作出的判决。通过考察，兰多指出，绝大多数的法院都在适用《美国第二次冲突法重述》中的规定和方法。③

不仅如此，《美国第二次冲突法重述》中的规定和方法还渗透到其他一些国家的国际私法立法实践里，并对某些国际私法条约的制定也产生了深远影响。例如，我国《民法通则》第八章就采纳了"最密切联系"原则作为法律选择的依据之一，其第 145 条第 2 款规定："涉外合同的当事人没有选择的，适用与合同有最密切联系的国家的法律。"第 148 条还规定："扶养适用与被扶养人有最密切联系的国家的法律。"再如，1971 年 5 月 4 日订于海牙的《公路交通事故法律适用公约》，在其规定中并没有将事故发生地作为唯一的联系因素，而是把这个因素同车辆登记国联系因素等同起来一起考虑。该公约第 3 条规定，公路交通事故的责任问题适用事故发生地的实体法规范；但是由于考虑到事故发生地这一联系因素常常带有偶然性质，所以该公约又在其第 4 条中规定了例外条款，即如果事故发生地国实体法规范与车辆登记地国实体法规范不同时，适用车辆登记地国法律中的规定。此外，1973 年 10 月 2 日订于海牙的《产品责任法律适用公约》中，也规定了类似于《美国第二次冲突法重述》里所规定的那种

---

① 邓正来著：《美国现代国际私法流派》，法律出版社 1987 年版，第 220 页。
② 同上注书，第 221 页。
③ 同上注书，第 220—221 页。

灵活的选择性规范。实际上，该公约的报告人正是《美国第二次冲突法重述》的报告人里斯。

综上所述，20世纪的英、美国际私法学主要有以下两个特点：一个是特别强调管辖权问题，着重研究外国人在内国、或内国人在外国所涉及的法律关系，以明确在何种情况下内国法院享有管辖权；另一个是对传统国际私法理论和制度进行批判，要求革新，产生了众多否定传统国际私法的新理论和新判例，确立了"最密切联系"原则，对英、美以及世界其他国家国际私法的立法和司法实践均产生了不同程度的影响。

(二) 欧洲大陆国家

在国际私法学方面，20世纪的欧洲大陆国家亦有不少颇有成就的学者及著作。

1. 比耶（1857—1926年），是20世纪初法国普遍主义的代表人物，巴黎大学国际私法教授。他的学说是20世纪初形成的，主要著作有《国际私法原理》（法：Principes de Droit International Privé，1903年）、《实用国际私法专论》（法：Traité Pratique de Droit International Privé，2 vols，1923、1924年）。

比耶对国际私法的基础理论贡献很大。其主张的出发点和所提出的解决国际私法问题的方法，都是反对将国际私法划分为各个国家的国际私法的，他强调，如果"国际私法在国际范围内得不到统一，就等于法律不存在"[①]。在他看来，国际私法和国际公法一样，都是解决主权冲突的，所有国际私法上的冲突规范都反映了主权的冲突，而国际私法正是一个从调整各个主权国家关系的国际公法规则中获取调整个人关系的规则的法律部门。

2. 齐特尔曼（1852—1923年），是个跨世纪的人物，也是德

[①] 转引自李双元、金彭年著：《中国国际私法》，海洋出版社1991年版，第79页。

国有代表性的私法学家,他的国际私法学说体现在其1912年完成的《国际私法》这部著作中。齐特尔曼国际私法学说的最显著之处,是他主张应当区分国际的国际私法和国内的国际私法,极力主张建立"国际的国际私法",以弥补现行各国"国内国际私法"的不足。

3. 巴迪福(1905—?年),是20世纪以来法国国际私法学者中最出色、最有影响的一位,他曾任巴黎大学国际私法教授,也是有声望的国际法学会和海牙国际法学院的会员,其具有权威性的著作是1949年的《国际私法基础》(法:Traité Élémentaire de Droit International Privé),该书内容相当丰富,是一部反映当今法国国际私法水平的有代表性的著作。

巴迪福是20世纪30年代以后法国特殊主义的代表人物,他从国家主义立场出发,认为冲突法的使命在于尊重各国实体法体系的独立性,并在国际上充当不同法律制度的协调者。在方法论上,他不仅重视法理学的探讨,而且也注重司法判例的研究,以系统考察法律为基础,并采用经验的、实证的和对比的方法。

4. 拉贝尔(1874—1955年),是美籍德国著名学者,曾任巴塞尔等大学教授,长期从事比较法的系统研究,在晚年他完成了四卷本的著作《冲突法:比较研究》(The Conflict of Laws: A Comparative Study, 4 vols, 1945—1958年),该书是比较法学派迄今为止最重要的代表作。

拉贝尔创立了二战后代表欧洲冲突法学发展新趋势的"比较法说"。该学说主张用比较研究的方法研究内容各异的各国冲突法,寻求各国冲突法上的共同点,并从中抽象出一些能为国际社会所普遍接受的新的冲突规则,以使各国的冲突法逐步趋于一致。拉贝尔认为,经过这种比较研究之后,可以通过海牙国际私法会议等形式缔结有关条约,使各国的冲突法原则一体化。

以拉贝尔为代表的"比较法说"在欧洲大陆颇有影响,并在很大程度上推动了二战后欧洲冲突法的一体化运动。由于该学说代表了欧洲国家冲突法学发展的新趋势,有着广阔的发展前景,因而倡导这一学说的"比较法学派"亦被称为"未来学派"或"未来的普遍主义学派"。

(三) 日本

在国际私法学方面,日本也有不少颇有成就的学者,出版了一批国际私法著作。

山田三良(1899—1965年),是二战前日本著名的国际私法学家,在欧洲留学期间曾得到德国的巴尔、法国的魏斯和英国的戴西等国际私法名家的指导,他的主要著作是《国际私法》(上卷于1932年、下卷于1934年出版)。山田三良的国际私法学说表现出以国家主权为中心的倾向,采取了灵活而不偏颇的立场。

二战后日本国际私法学最有权威的学者当推江川英文(1898—1966年)。1930年他接替山田三良在东京帝国大学开设国际私法讲座,并在1930年以后的日本国际私法学界发挥了领导作用。江川英文发表了许多对日本国际私法研究有指导意义和起先驱作用的著作和论文,其中1950年出版的《国际私法》是他的代表作。

(四) 原苏联和东欧国家

俄国十月革命后,原苏联建立了以马列主义理论为指导的社会主义国际私法学,主张国际私法学为国家的对外政策服务,因而被称为"对外政策学派"。该学派以原苏联学者隆茨为代表人物,原东欧国家的国际私法学者也属于这一学派。隆茨等人认为,国际私法应以和平共处以及国际合作政策为基础,苏联的国际私法正是为发展对外贸易、文化交往以及科学技术领域内的国际合作而创造有利条件。

原苏联国际私法学的研究开始于20世纪20年代。1925年出版的彼列捷尔斯基的《苏联国际私法概论》,标志着马克思主义国际私法学的出现；1949年隆茨的《国际私法》教本的出版，标志着马克思主义国际私法学的形成。这一时期还有博古斯拉夫的《国际私法》，隆茨、马蕾舍娃和萨季科夫三人合著的新的《国际私法》教科书等等。

原东欧国家也出版了相当数量的国际私法著作，涌现出一批著名学者，如保加利亚的库季科夫、斯塔列夫，匈牙利的列采伊、萨瑟，波兰的索西尼亚，原捷克斯洛伐克的卡兰斯基等，他们的著作都有一定的声誉。

原苏联和东欧国家的国际私法学还有一个突出的特点，就是大多数学者都主张应将统一实体法纳入国际私法的范畴。例如，卡兰斯基就认为，在当今的社会生产与商品交换日益国际化的新形势下，国际私法不再仅仅是一种冲突法，它将逐渐成为一种实体的、国际的国际私法。

(五) 发展中国家

近些年来，发展中国家的国际私法学也得到了迅速发展。例如，1976年印度的拉马·若出版了《印度的法律冲突》，菲律宾的留道格写了一本关于菲律宾国内区际法律冲突的专著，巴西的瓦拉多出版了《国际私法》一书，智利的卡多尼、秘鲁的帕萨拉、玻利维亚的多果等也都先后发表了国际私法教科书或专著。这些情况表明，争得了主权和独立的发展中国家也在拿起国际私法这个武器来维护自身的权益。

第三节 国际私法的立法沿革

一、国际私法的国内立法沿革

(一) 14世纪以前的国际私法

公元14世纪以前，由于社会生产力水平低下，科学技术落后，交通运输业极其原始，国家之间的经济贸易与人员往来为数甚少，只有一些带有偶发性质的、零星的对外贸易与人员交往。从总体上来讲，当时尚不存在着国际私法所赖以产生的广泛而大量的涉外民事法律关系，因而在14世纪以前，亦不存在系统、完整的国际私法规范。但是，在个别国家的一些国内立法中，国际私法的萌芽已隐约可见。例如，早在公元7世纪中叶，中国唐朝的《永徽律》中就有了明确的国际私法条文。然而，就整个世界范围而言，现代意义上的国际私法立法乃始于14世纪。

(二) 14至18世纪国际私法的雏形阶段

从14世纪开始，由于人类社会生产力水平和科学技术水平有所提高，在经济相对发达的一些欧洲国家，涉外民事往来及人员的交往逐渐增多，涉外民事法律关系的数量和种类也有了一定的发展。在这种背景下，欧洲大陆出现了解决法律冲突的"法则区别说"。然而，由于当时生产力水平还没有重大突破，涉外民事法律关系的数量仍然较少，其范围也仅限于有关外国自然人的身份和能力、婚姻家庭、财产继承等领域，这就决定了在当时的历史条件下，国际私法通常只具有理论意义，而不具备法律所特有的强制性。

"法则区别说"的影响时间跨度很大，在欧洲经历了大约五百多年，该学说孕育了18世纪欧洲成文的国际私法规范。1756年颁布的《巴伐利亚法典》是世界范围内最早在国内立法中规定冲突规范的法典。该法典在国际私法方面接受了"法则区别说"的一些普遍性原则，但在物权领域，它第一次抛弃了"法则区别说"中长期采用的"动产随人"的原则，而规定不分动产和不动产、有形财产及无形财产，一律适用物之所在地法。

这一时期另一个受"法则区别说"影响较大的法典是1794年颁布的《普鲁士法典》，该法典除了接受"法则区别说"的一些重要原则外，还第一次提出了住所积极冲突的解决原则，即适用那个认为行为或合同为有效的住所地法,并且最早提出在普鲁士缔结并涉及位于普鲁士的财产的契约关系中,当事人的行为能力除了应依他的属人法判定外,还可以适用缔约地法。显然,以上两个法典中所规定的冲突法原则,反映了国际商业交往进一步发展的需要。

(三) 19世纪国际私法的发展阶段

18世纪中叶至19世纪中叶,主要资本主义国家都相继完成了第一次工业革命,国与国之间的经济贸易关系与人员往来日益频繁,涉外民事法律关系开始向纵深方向发展,传统的"法则区别说"已无法解决日益增多的不同国家之间的法律冲突,这种情况下,各国出现了制订成文国际私法的浪潮。在这一历史时期,具有影响的国际私法方面的国内立法主要有:《法国民法典》(1804年)、《奥地利民法典》(1811年)、《荷兰法例》(1829年)、《意大利民法典》(1865年)、《葡萄牙民法典》(1868年)、《西班牙民法典》(1889年)、《德国民法施行法》(1896年)和《日本法例》(1898年)等等。

在上述有关国际私法的国内立法中,当属1804年的《法国民法典》意义最为重大。该法典由拿破仑亲自主持制定,是拿破仑这位传奇式的政治家、军事家一生最引以为自豪的成果。他曾经指出,只有《拿破仑法典》(即1804年的《法国民法典》)才是真正不朽的,后来他带着这部法典征战整个欧洲大陆。

《法国民法典》采用了分散在法典的有关编章中附带地规定相应冲突规范的立法模式,其第3、11、47、48、170、999、1000、2128等项条文,都是解决产生于涉外民事法律关系中的法律冲突的冲突规范。例如,该法典第3条规定:"凡居住在法国领土上的居民应遵守治安法律。不动产,即使属外国人所有,仍适用法国法律。有关个人身份及享受权利的能力的法律,适用于全体法国人,即使其居住于国外时亦同。"这些规定对法律进行了分类,使得各类法律都有各自的适用范围,同"法则区别说"的学者们提出的解决法律冲突的方法简直不谋而合。但以往"法则区别说"所作的研究,只是侧重于一国内部各城邦国之间或各地区之间的法律冲突,而自《法国民法典》颁布以后,法国各地的法律取得了统一,因此,它所面临的法律冲突从过去的区际法律冲突,变为真正的国内与国外的法律冲突。可见,在国际私法的发展史上,《法国民法典》具有十分重要的历史地位。该法典对后来不少国家制定民法典也具有普遍的指导意义,在它的影响下,欧洲大陆才出现了国际私法立法的空前繁荣局面。

(四) 20世纪国际私法的变革阶段

进入20世纪以来,在新技术革命浪潮的冲击下,涉外民事法律关系无论在范围上还是在数量上,都发生了重大变化,这就必然要求以此作为调整对象的国际私法进行变革。从各国的立法与实践来看,这一时期国际私法的变革主要体现在以下几个方面:

1. 立法数量急剧增多。由于涉外民事法律关系在广度和深度上都有了大幅度的发展,加强和完善国际私法的立法已为越来越多的国家所重视,加上第二次世界大战以后获得独立的一大批发展中国家登上了国际私法的立法舞台,国际私法的立法数量激增,其数量之多,已远远超过在这一时期之前几百年来国际私法的立法总和。

2. 立法内容逐渐扩大。为了与范围不断扩大的涉外民事法律关系的发展相适应,国际私法的立法内容也有了相应的扩大。以1896年的《德国民法施行法》为例,其内容仅仅涉及人的行为能力、禁治产宣告、死亡宣告、法律行为的方式、婚姻的缔结、夫妇财产制、离婚、亲子间法律关系、继承等十几种涉外民事法律关系,而对诸如涉外债权等方面的问题则未能作出规定。至后来在1986年9月1日起生效的《联邦德国国际私法》中,又增加了姓名、对合同当事人的保护、扶养、债法等方面的大量内容。其中债法部分在《德国民法施行法》中毫无涉及，但在《联邦德国国际私法》里却设有11个条文共31款，规定得相当详细。另外，1987年制定的《瑞士联邦国际私法》还对产品责任、不当竞争等问题，从法律适用方面作出了规定。

3．立法形式趋于法典化。由于历史条件的限制，在很长一段时期内，绝大多数国家国际私法的立法都依附在其本国的民商法典或民事诉讼法典中。从19世纪末20世纪初以来，这种状况很大程度上得到了改变，越来越多的国家采用了国际私法法典化的立法方式，它们通过制定单行的国际私法法规，使之从民商法典或民事诉讼法典中分离出来，例如，《德国民法施行法》、《日本法例》、《泰国国际私法》、原《捷克斯洛伐克国际私法及国际民事诉讼法》、《波兰国际私法》（1966年施行）、原《德意志民主共和国关于国际民事、家庭和劳动法律关系以及国际经济合同适用法律的条例》（1976年施行）、《奥地利国际私法》（1979年施行）、《匈牙利国际私法》（1979年施行）、《土耳其国际私法和国际诉讼程序法》（1982年施行）、原《南斯拉夫法律冲突法》（1983年施行）以及《瑞士联邦国际私法》（1989年施行）等等，这些法典化的国际私法与传统的国际私法立法相比，内容更加详尽，结构也不断趋于完善。

二、国际私法的国际立法沿革

国际私法的国际立法与国内立法相比，起步较晚，大约始于19世纪中叶。在此之前，国际私法只具有国内立法渊源，纯属国内法的性质。由于各国的国际私法具有鲜明的地区特点，对同一问题的规定不尽一致，往往发生国际私法方面的法律冲突；另外，冲突规范本身又具有缺乏明确性、针对性和稳定性等弱点，使得一些当事人常常利用这些弱点相互排斥适用对方的法律，导致"挑选法院"的现象频繁发生。如果通过缔结国际条约的方式统一各国的国际私法，就有可能在一定程度上使涉外民事法律关系的当事人无论在哪个国家提起诉讼，都能得到相同的判决结果，从而可以避免"挑选法院"现象的产生，以维护涉外民事法律关系的稳定。因此，自19世纪后期起，便开始由一些国际组织来从事统一国际私法的编纂工作。一百多年来，全球性、区域性的国际私法统一运动在不断向前发展，并取得了显著的成绩。

(一) 全球性的国际私法统一运动

1. 海牙国际私法会议

海牙国际私法会议（Hague Conference on Private International-al Law）是国际上以统一各国国际私法为主要宗旨的政府间国际组织。1893年，荷兰政府采纳了该国法学家、国际法学会会员阿瑟（Asser，1838—1913年）的建议，发起召开了第一届海牙国际私法会议，参加国有荷兰、奥地利、匈牙利、德国、俄国、法国、瑞士、比利时、意大利、西班牙、葡萄牙、丹麦、卢森堡和罗马尼亚等。会议主要讨论了关于婚姻、继承、遗嘱以及民事诉讼程序等四项议案。

海牙国际私法会议的发展进程主要经历了两个阶段：从1893年第一届会议的正式召开到1951年第七届会议召开前为止，是第一阶段。这个阶段它以国际会议的形式存在，没有常设的组织机构，会议每隔四年召开一届例会，讨论国际私法规则的统一问题。在这个阶段，会议所通过的七个公约仅限于身份和能力、婚姻、诉讼法等方面的内容。由于两次世界大战的影响，至1951年第七届会议召开前，海牙国际私法会议只召开了六届例会。

从1951年第七届例会召开至现在，是海牙国际私法会议的第二阶段。荷兰政府在1893年发起召开第一届海牙国际私法会议时，该会议的主要目的在于制定出若干关于国际私法问题的欧洲统一法典，即仅从事统一欧洲各国国际私法的工作。到了

1951年以后，该会议才致力于国际范围内国际私法的统一。在1951年的第七届会议上，决定将海牙国际私法会议升格为政府间的国际组织，并建立常设机构，这标志着该会议进入了一个新的转折点。这次会议制定了《海牙国际私法会议章程》（于1955年生效），将逐步统一国际私法规范作为会议的目标，确定了大会、荷兰国家委员会、常设事务局和特别委员会四个组织机构。从此，海牙国际私法会议正式成为永久性的政府间国际组织，仍然是每四年举行一次例会。

我国政府于1986年向海牙国际私法会议提交了加入该组织的申请，并于1987年7月3日向荷兰政府交存了对该组织章程的接受书，从而成为这一组织的正式成员国。截至2002年6月18日，海牙国际私法会议共有成员国61个。[①] 目前，海牙国际私法会议已经通过了近四十个国际私法公约[②]，其中大多数已在一些国家间生效。会议所制定的公约统称为海牙国际私法公约。原则上，只有海牙国际私法会议的成员国方可经过签字、批准和其他规定手续而成为公约的缔约国，但非成员国也可以按照所规定的条件参加个别公约。由于参加起草公约的大多为各国著名的国际私法专家，因此，海牙国际私法会议通过的公约享有较高的声誉，受到各国政府和学术界的普遍重视。

2. 国际联盟和联合国与国际私法统一运动

海牙国际私法会议是从区域性的会议（当时其成员主要限于欧洲大陆）逐步演变为全球性的国际组织的，而国际联盟和联合国则从一开始就是规模最大的政府间国际组织，在它们主持下制定的公约具有更高的权威性。这两个重要的国际组织也曾主持制

---

① 李双元、金彭年、张茂、欧福永著：《中国国际私法通论》（第二版），法律出版社2003年版，第78页。

② 丁伟主编：《冲突法论》，法律出版社1996年版，第33页。

定了为数不多的、具有国际私法内容的国际公约。

当年在国际联盟主持下通过的这方面的公约主要有：1923年的《仲裁条款议定书》、1927年的《关于执行外国仲裁裁决公约》、1930年的《关于国籍法冲突若干问题的公约》和《解决汇票期票法律冲突公约》、1931年的《解决支票法律冲突公约》等等。

在联合国主持下通过的这方面的公约主要有：1950年的《关于宣告失踪者的公约》、1951年的《关于难民地位的公约》、1957年的《已婚妇女国籍公约》、1958年的《承认及执行外国仲裁裁决公约》、1961年的《减少无国籍状态公约》、1965年的《解决国家与他国国民间投资争议的公约》等等。

(二) 区域性的国际私法统一运动

1. 美洲国家

国际私法学说的传播和国际私法的国内立法实践发端于欧洲，但在国家间发起国际私法统一运动的，则首推美洲一些国家。从19世纪后期开始，美洲国家举行了若干次旨在统一各国国际私法的国际会议，相继通过了一系列国际私法公约。

(1) 利马会议

为寻求南美各国国际私法的一体化，1878年秘鲁政府在其首都利马倡议召开了由秘鲁、阿根廷、玻利维亚、哥斯达黎加、智利、厄瓜多尔、委内瑞拉7个国家参加的利马会议。会议讨论了国际民法、国际商法、刑法及民事诉讼法领域中冲突规范的统一问题，并制定了一个由8章60条构成的《国际私法统一规则条约》，规定了有关人的身份和能力、财产、婚姻、继承、法律行为等法律适用规范以及涉外民事案件的管辖权、外国法院判决的承认与执行、公证和认证等事项。由于该条约签署后的第二年爆发了智利对秘鲁、玻利维亚的战争，加上条约受《法国民法典》的影响较大，以本国法为属人法，不易得到外来移民较多的一些美洲国家的赞同，因此除秘鲁外，该条约未能获得其他参加国的批准，致使条约未能生效。尽管如此，这项条约的意义是不容忽视的，因为它是人类历史上最早的一项统一国际私法的综合性条约，并且它的内容对十年后拉美国家起草蒙得维的亚条约具有重要影响。

(2) 蒙得维的亚会议

鉴于利马会议签署的公约未能生效，根据乌拉圭法学家拉米雷斯的建议，乌拉圭和阿根廷两国又共同倡议召开会议以讨论统一拉美各国国际私法问题。会议于1888年8月25日至1889年2月18日在乌拉圭首都蒙得维的亚举行，是为第一次蒙得维的亚会议，参加国有秘鲁、阿根廷、玻利维亚、智利、巴西、巴拉圭和乌拉圭7个国家。此次会议通过了9项公约，即《国际民法条约》、《国际商法条约》、《国际刑法条约》、《国际民事诉讼程序公约》、《文学艺术作品所有权公约》、《商标所有权公约》、《发明专利公约》、《执行自由职业公约》及《附加议定书》。其中的《国际民法条约》是系统性的统一国际私法条约，共13篇55条，对人的能力、住所、失踪宣告、婚姻、亲权、亲子关系、监护与财产管理、财产、法律文件、夫妻财产契约、继承以及时效等问题均作出详尽的规定。该条约特别强调以住所地法为属人法，并得到以住所地法为属人法内容的多数南美国家，如阿根廷、玻利维亚、巴拉圭、秘鲁、乌拉圭和哥伦比亚等国的拥护，因而这些国家便成为该条约的缔约国，但主张以本国法为属人法内容的巴西、智利则未在条约上签字。

1939年，即第一次蒙得维的亚会议50年后，乌拉圭和阿根廷政府再度邀请巴西、巴拿马、巴拉圭等拉美各国于这一年的8月至1940年3月间，在蒙得维的亚举行第二次会议。会议在对旧公约内容进行修改的基础上签订了新的《陆上国际商法公约》、《国际通商航行法公约》和《国际民事诉讼法公约》。由于意见分歧，只有阿根廷、巴拉圭和乌拉圭三个国家批准了这些经过修改的公约。

(3) 泛美会议

第一次蒙得维的亚会议以后，美国于1889年召集所有拉丁美洲国家在华盛顿举行了第一届美洲国家会议即泛美会议，会议提出将全美洲范围内的国际私法统一问题作为其重要任务。因泛美会议的召开，使得南美诸国的国际私法统一化运动不得不暂时停顿下来。但是，北美国家的国际私法与南美国家的国际私法在基本原则上互有歧异，因此泛美会议虽然举行了几次，却在国际私法的统一问题上进展不大。

直至1924年12月，在秘鲁首都利马召开了泛美会议临时大会，会议推举古巴的布斯塔曼特、阿根廷的拉斯庇乌尔、巴西的奥克塔比奥和危地马拉的托马斯组成起草委员会，开始着手起草国际私法法典。法典的草案于1928年1月在古巴首都哈瓦那举行的第六届泛美会议上获得通过，与会的21个国家中，有18个国家投了赞成票，该法典以古巴法学家布斯塔曼特的名字命名，称为《布斯塔曼特法典》(Bustamante Code)。其全文共437条，分为4卷，即国际民法、国际商法、国际刑法和国际程序法。这部法典的制定，是美洲国家数十年来国际私法统一运动的重要成果，在国际私法的国际立法史上，亦是一件很值得纪念的事情。目前，正式签署和批准该法典的有15个国家，即巴西、委内瑞拉、智利、秘鲁、海地、玻利维亚、洪都拉斯、多米尼加、古巴、哥斯达黎加、尼加拉瓜、巴拿马、萨尔瓦多、厄瓜多尔、危地马拉；签署而未批准的有5个国家，即阿根廷、哥伦比亚、巴拉圭、乌拉圭和美国。[①]

[①] 张仲伯主编：《国际私法》，中国政法大学出版社1995年版，第53页；丁伟主编：《冲突法论》，法律出版社1996年版，第36页。

(4) 美洲国家组织

20世纪70年代以来,为统一美洲国家间的国际私法,美洲国家组织先后于1975年、1979年和1984年召开了三届国际私法专门会议。其中,第一届会议在巴拿马举行,制定了6个国际私法公约,即《关于代理人国外行使代理权法律制度的公约》、《关于汇票、期票和发票法律冲突的公约》、《关于支票法律冲突的公约》、《关于国外调取证据的公约》、《关于嘱托书的公约》和《美洲国家国际商事仲裁公约》。第二届会议在蒙得维的亚举行,通过了8个公约,即《关于支票法律冲突的公约》、《关于贸易公司法律冲突的公约》、《关于外国判决和仲裁裁决域外效力的公约》、《关于执行保全措施的公约》、《关于外国法证明和查询的公约》、《关于国际私法上自然人住所的公约》、《关于国际私法通则的公约》和《关于调整嘱托书的公约》。第三届会议在玻利维亚举行,通过了三个公约和一个附加议定书,即《关于收养未成年人法律冲突的公约》、《关于法人人身资格和能力的公约》、《关于在国际范围内实现外国判决域外效力的管辖权公约》以及《关于国外取证的附加议定书》。这些公约没有采用《布斯塔曼特法典》那种全面的一揽子编纂方法,而是就各种不同问题,分别制定内容单一的公约。美洲国家间的这些公约,为美洲国家国际私法的统一化提供了一整套规则,并推动了全球性国际私法统一运动的进程。

从以上各项活动可以看出,美洲国家对国际私法的统一问题是很重视的,成绩也很突出。目前它们仍然在作进一步的努力,以期获得更多的成果。

2. 斯堪的纳维亚国家

斯堪的纳维亚国家的国际私法统一运动也由来已久。早在1861年,丹麦与瑞典就订立了相互承认和执行法院判决的条约。进入20世纪以来,斯堪的纳维亚各国在共同的文化要素基础上继续进行立法方面的合作,使得多种法律实现了统一化。自

1931年到1935年间，丹麦、挪威、冰岛、瑞典和芬兰5个北欧国家先后缔结了5个具有国际私法内容的条约，即1931年的《关于婚姻、收养及监护的公约》、《关于收取收养扶养费的公约》，1932年的《关于外国判决的承认和执行的公约》，1933年的《关于破产的公约》和1934年的《关于继承及遗产管理的公约》。这些公约自生效以来，在解释方面从未出现过问题，因而被认为是国际私法统一事业方面最成功的事例。

3. 欧洲共同体国家

欧洲共同体自1958年成立以来，就非常重视成员国之间国际私法的统一。1957年3月于罗马签订的《欧洲经济共同体条约》（即《罗马条约》）在其第三章中，提出了"使各国立法趋于一致"的目标。为了实现这一目标，在国际私法领域，欧共体国家相继签订了一系列有关公约，如1968年的《关于相互承认公司及法人公约》、《关于民商事案件管辖权及判决执行的公约》，1980年的《国际合同义务法律适用公约》以及1980年公布的《关于破产、结业、调解、和解、清偿、及同类程序的公约草案》，等等。此外，1982年欧洲共同体6个创始成员国与丹麦、英国之间还签订了有关民事管辖权和判决的公约，该公约现已生效。

综上所述，美洲国家间、斯堪的纳维亚国家间以及欧洲共同体（现称欧洲联盟）国家间所制定的国际私法条约，均属区域性条约，仅适用于该局部地区；而海牙国际私法会议、国际联盟以及联合国制定的国际私法条约，则属于全球性条约，在整个世界范围内发挥着重要作用。

（三）当今国际私法统一运动的特点与趋势

回顾国际私法统一运动的历史，我们可以看到，通过国际条约制定统一的国际私法，在当今已表现出如下几个特点和趋势：

1. 国际私法统一运动正在由区域性向全球性发展。由于当代各国民事交往已大大突破了原有的地域或集团界限，因而不但有越来越多的不同法系、不同社会制度的国家纷纷参加海牙国际私法会议,讨论制定世界性的国际私法公约,而且联合国有关机构统一国际私法的活动也正日益加强。

2. 从立法内容上看,第二次世界大战以后,统一国际私法的工作重点已从传统的婚姻家庭法、继承法等领域,逐步扩大到国际经济贸易关系和侵权行为责任这些新的领域,并有进一步向更广泛的领域展开的趋势。

3. 在某些国际私法条约中,出现了一个新倾向,即大陆法系国家与英美法系国家之间,在属人法内容的理解方面本国法与住所地法尖锐对立的矛盾得到了一定程度的调和。例如,1955年6月15日在海牙国际私法会议上签订的《关于解决本国法与住所地法冲突的公约》,就是这方面的一个突出例子。

4. 在统一国际私法的各项国际条约中,已越来越多地规定有公共秩序保留条款。即一方面有关各国通过条约,制定了某些领域的统一国际私法规则,但另一方面,又允许缔约国在认为适用该条约中的统一规则将与自己的公共秩序相抵触时,利用条约中规定的公共秩序保留条款来排除这类抵触性规则的适用。尽管这样会使得条约的拘束力受到一定程度的限制,但同时也有利于吸引更多的国家参加到这些统一的国际私法条约中来。

第四节 中国国际私法的历史沿革

中国国际私法立法和学说的发展,走过了一条漫长而曲折的道路。总结我们自己的历史经验,能够更好地指导今天的实践。

一、中国国际私法立法史

(一)唐律中的冲突规范雏形

中国国际私法的立法最早可以追溯到公元7世纪的唐王朝。

唐朝（公元618—907年）是我国封建社会的鼎盛时期，国力强大，经济文化繁荣，对外交往密切频繁，前来中国做生意及学习的外国人络绎不绝，从而产生了各种具有涉外因素的民事法律关系。于是，唐朝法律中就有了处理涉外案件的相关规定。

公元651年，唐王朝颁布了《永徽律》，其中的"名例章"（即唐律的总则部分）"化外人相犯条"里对调整各种具有涉外因素的法律关系，作出了原则性的立法规定，即"诸化外人，同类自相犯者，各依本俗法；异类相犯者，以法律论。"这就是说，具有同一国籍的外国人在中国境内发生相互侵犯的案件，适用当事人的本国法；不同国籍的外国人之间在中国发生相互侵犯的案件，按照唐朝的法律处理。

由于我国古代的法律（包括唐律）是诸法合一、民刑不分，因而唐律中的上述规定对涉外的刑事案件和民事案件都是适用的。这种规定，实际上是冲突规范的雏形，同一时期的世界其他各国法律中，至今尚未发现类似的成文法规定。在欧洲，直至1756年的《巴伐利亚法典》才第一次有了成文的冲突规范，而中国却早在此一千多年之前就已知道对涉外民事法律关系分门别类地进行处理，这是很不简单的，它不但说明中国是国际私法成文立法最早的国家，同时也表明，我国古代法律文化的发展是走在世界各国前列的。

然而，令人遗憾的是，尽管我国国际私法的立法起步较早，但由于唐朝以后的历代封建王朝长期实行闭关自守政策，窒息了对外经济、文化交往的发展，致使唐朝时形成的中国古代国际私法萌芽未能得到进一步的发展，因此，我国国际私法的立法与理论自唐后便一直落伍于世界先进国家。至宋、元、明各朝，在国际私法领域一般都沿用旧制，没有多少新发展。直到清末，仍然不见有专门的国际私法立法出现。

(二) 民国时期的国际私法立法

自1911年孙中山先生领导辛亥革命至1949年10月1日中华人民共和国成立前的一段历史时期,史称民国。北洋军阀统治时期,迫于人民的反帝斗争压力和爱国人士的呼吁,北洋军政府于1918年颁布了中国历史上第一个国际私法立法——《法律适用条例》,结束了中国国际私法立法长期停滞不前的局面。

该《条例》受《德国民法施行法》和《日本法例》的影响很深,有明显的大陆法系特征,共计7章27条,分别对人的能力、婚姻、家庭、继承、财产、法律行为的方式等方面的法律适用问题作出了规定。与同时期资本主义国家的国际私法单行法规相比,它是条文最多、内容最详尽的立法之一。但由于旧中国是半封建半殖民地社会,当时帝国主义列强通过不平等条约在我国攫取了包括领事裁判权在内的种种特权,各领事法院或外国人特设法院都适用其本国法律,因此,在失去独立、主权与法律统一性的旧中国,这一《条例》在很大程度上只能是形同虚设。

国民党政权建都南京后,于1927年3月12日颁令暂准援用1918年的《法律适用条例》,直至1953年台湾当局颁布了新的国际私法法规。

(三) 新中国的国际私法立法

中华人民共和国成立后,人民政府废除了包括《法律适用条例》在内的国民党政府的"六法全书",开始着手建立新的法律体系。但由于当时特殊的历史环境,一些西方国家对我国实行经济封锁,加上我们自己长期采取闭关锁国的政策以及受"法律虚无主义"的影响,所以那时尽管也有涉外民事法律关系产生,可是国际私法的立法却未能提上议事日程。在20世纪50年代,我国仅在与有关国家签订的双边条约中规定了若干冲突规范,如1959年的《中苏领事条约》第20条规定:"缔约任何一方公民死亡之后遗留在另一方领土上的财产,包括动产和不动产,均按财产所在地国家的法律处理。"此外，中央人民政府当时颁布的一些行政性文件中也有一些零星的冲突规范，如1951年10月16日内务部《关于处理外侨相互间及外侨与中国人间婚姻问题的批复》中规定：外侨相互间及外侨与中国人之间在中国结婚的，适用中国法。

20世纪70年代末期，由于我国实行了对外开放政策，涉外民事法律关系迅速增加，使得以往依靠一些内部批复或指示来解决涉外民事法律纠纷的做法难以适应新形势的需要，因而急需国际私法立法的出台。1985年，我国相继颁布、实施了《涉外经济合同法》和《继承法》，这两部法律对我国涉外经济合同和涉外继承的法律适用原则分别作出了明确的规定，标志着新中国立法史上冲突规范的正式确立。

此外，我国《民法通则》还专门设立了一章（第八章）来规定"涉外民事关系的法律适用"，共计9条13款（第142条至第150条），对人的民事行为能力、不动产、合同、侵权行为、结婚和离婚、扶养、遗产继承等涉外民事关系的法律适用原则作了比较系统的规定，有效地缓解了我国涉外民事案件无冲突法可依的矛盾。《民法通则》的颁布、实施，标志着新中国的国际私法立法进入了一个新阶段。

为了弥补《民法通则》在涉外民事关系法律适用方面的规定过于原则和简单这一不足，我国最高人民法院还于1988年对有关法律适用问题作出了18项司法解释。[①] 此外，我国于1992年颁布的《海商法》、1995年颁布的《票据法》和《民用航空法》、1999年颁布的《合同法》等项法律中，均有关于冲突规范的规

---

① 详见最高人民法院《关于贯彻执行〈中华人民共和国民法通则〉若干问题的意见（试行）》第178条至第195条，载于刘希明主编：《律师实用便览》，中国人民大学出版社1990年版，第155—157页。

定。在国际民事诉讼程序方面，我国的国际民事诉讼和商事仲裁制度也已基本确立，其中最主要的立法是《中华人民共和国民事诉讼法》（其第四编对涉外民事诉讼程序作出了特别规定）和《中华人民共和国仲裁法》（其第七章对涉外仲裁作出了特别规定）。这些法律的颁布和实施，表明我国调整涉外民事法律关系的法律制度近些年来有了长足的发展。笔者相信，随着改革开放的不断深入，我国国际私法的立法将逐步趋于完善。

(四) 我国台湾的国际私法立法

台湾当局于1953年6月6日公布并于同日施行了《涉外民事法律适用法》。该法共31条，涉及的内容相当广泛，其显著的特征是在属人法上仍沿袭前述北洋政府时期的《法律适用条例》，继续贯彻本国法主义。

这部《涉外民事法律适用法》的主要内容如下：

1. 人的行为能力。人的行为能力，依其本国法（第1条）；外国法人的本国法是它的住所地法（第2条）。

2. 禁治产和死亡宣告。在台湾有住所或居所的外国人，依其本国法和台湾法律都有禁治产原因时，得宣告禁治产；禁治产宣告的效力，依台湾法律（第3条）；在台湾有住所或居所的外国人失踪时，就其在台湾的财产或应依台湾法律而定的法律关系，得依台湾法律为死亡宣告（第4条）。

3. 法律行为的方式。法律行为的方式，依该行为的准据法或行为地法（第5条）。

4. 合同之债。合同之债的成立要件及其效力，依当事人的意思决定其适用的法律（第6条）；转让债权对第三人产生的效力，依原债权的准据法（第7条）。

5. 法定之债。侵权行为之债，依侵权行为地法（第9条）；无因管理和不当得利之债，或由其他法律事实所生之债，依事实发生地法（第8条）。

6. 物权。物权，依物之所在地法；船舶之物权，依船籍国法；航空器之物权，依登记国法（第10条）。

7. 结婚和离婚。婚姻成立的要件，依各该当事人本国法（第11条）；婚姻的效力，依夫之本国法（第12条）；离婚，依起诉时夫之本国法及台湾法律均认为有离婚原因的，才能作离婚宣告（第14条）；离婚的效力，依夫之本国法（第15条）。

8. 夫妻财产关系。夫妻财产制，依结婚时夫之所属国法（第13条）。

9. 亲子关系。子女之身份，依出生时其母之夫的本国法（第16条）；非婚生子女认领之成立要件，依各该认领人及被认领人认领时之本国法；认领之效力，依认领人之本国法（第17条）；父母及子女间的法律关系，依父之本国法（第19条）；收养的成立与终止，依各该收养者及被收养者之本国法；收养的效力，依收养者之本国法（第18条）。

10. 监护与扶养。监护，依受监护人之本国法（第20条）；扶养义务，依扶养义务人之本国法（第21条）。

11. 继承。继承，依被继承人死亡时之本国法（第22条）；遗嘱的成立要件及效力，依遗嘱成立时遗嘱人之本国法（第24条）。

12. 该法第29条还规定了转致、反致和间接反致；第25条是关于公共秩序保留的条款；第26条规定了多国籍人本国法的确定；第30条规定："涉外民事，本法未规定者，适用其他法律之规定，其他法律无规定者，依法理。"

二、中国国际私法学说史

如前所述，我国虽然早在唐朝时期就已经有了冲突规范的雏形，但随后却停滞不前，国际私法的立法与学说均落伍于世界先进国家。在我国，国际私法学和国际私法的立法一样，真正的发展是在新中国，尤其是在20世纪80年代以后发展得更快。

(一) 民国前后的国际私法学

从古代直至清朝末年，我国没有真正的国际私法著作。公元7世纪中叶，唐朝《永徽律》颁布后的第二年，长孙无忌等人奉诏撰写《唐律疏义》，对《永徽律》逐条进行注释，其中对"名例章"的"化外人相犯条"所作的解释，可以被认为是中国国际私法理论研究的最早形态。该解释的具体内容是："化外人谓蕃夷之国别立君长者，各有风俗，制法不同，其有同类相犯者，须问本国之制，依其俗法断之；异类相犯者，如高丽之与百济相犯之类，皆以国家法律论定刑名。"《唐律疏义》中所采用的注释方法，要先于公元13世纪意大利早期注释法学派六百多年。尽管如此，《唐律疏义》中的上述解释，远非对国际私法的系统理论研究。

唐朝以后，封建的闭关锁国政策抑制了国际私法的发展，使得国际私法的理论研究与立法一样沉寂了一千多年，直至清朝末年才开始复苏。根据现有史料，从20世纪初开始，我国陆续出版了一批国际私法著作。如1905年（光绪31年）出版了第一套法学丛书《法政粹编》，其中第十一种为《国际私法》；同年出版的《法政丛书》中也有一本郭斌编写的《国际私法》；1907年（光绪33年）出版的《法政讲义》中，有一本付疆编写的《国际公私法》；1911年（宣统3年）出版的《京师法学堂笔记》中，有一本熊元楷主编的《国际私法》。1918年北洋军阀政府颁布了《法律适用条例》以后，国际私法方面的著作逐渐增多，例如陈顾远、周敦礼、阮毅成、唐纪翔、翟楚、于能模、程树德、郭宏观、梅仲协、徐砥平、卢峻等人都相继出版过一系列国际私法著作。

民国前后出版的国际私法著作，是在中国逐步沦为半殖民地半封建社会，清朝政府对内镇压人民、对外投降帝国主义和崇洋媚外，并激起中国人民反帝反封建怒潮的背景下编写的，因而许多作者在书中都主张取消"领事裁判权"。但总的来说，这些著作受英、美、德、日等国国际私法理论的影响很深，立论上有着明显的半殖民地半封建社会的痕迹，而且较多的是对西方学说的运用和解释。尽管如此，这些著作对于在中国普及国际私法知识却起了重要的启蒙作用，并对当代中国国际私法的理论研究具有一定的参考价值，因而在我国国际私法学说史上，也占有一定地位。

(二) 新中国的国际私法学

中华人民共和国成立后，废除了不平等条约，中国开始作为一个主权完整的国家，与其他国家在平等互利的基础上建立联系并进行友好交往，这就为确立和发展具有中国特色的国际私法理论提供了前提。

从20世纪50年代开始，我国在一些高等院校曾经开设过国际私法课程，但那时主要是以原苏联学者隆茨撰写的《国际私法》为教材，而且在理论体系上只接受原苏联的观点，照搬原苏联的模式，完全排斥西方国家的学术观点，因而使得我国国际私法的理论研究受到了很大的限制。60年代以后，因受极"左"思潮与法律虚无主义的影响，国际私法的教学和科研工作濒临绝境。

进入20世纪80年代，特别是在实行改革开放的今天，我国国际私法的教学与科研工作日益受到国家的重视和支持。随着对外开放中产生的种种国际私法问题迫切需要予以研究和解决，中国国际私法学因而重新获得了发展的契机。

在理论研究领域，1987年10月在武汉大学召开的全国国际私法教学研讨会和国际经济法教学研讨会上，正式成立了全国性的学术机构——中国国际私法研究会，现改称"中国国际私法学会"。此后，该学会围绕着我国国际私法学的建立以及如何解决对外开放中所面临的一些重要国际私法问题先后召开了多次年会和专题讨论会，这些年会和研讨会大大促进了我国国际私法界的学术交流和理论工作者与实务部门的相互沟通，提高了我国国际私法学的研究水平，进一步推动了国际私法在我国实际部门中的应用。

特别值得一提的是，该学会自 1993 年 12 月起主持起草了《中华人民共和国国际私法示范法》（共 5 章 166 条），其文本已于 2000 年 8 月由法律出版社正式出版。虽然这部《示范法》仅具有学术研究的性质而非国家立法，但其意义是重大的。它采用了法典的模式，符合当今世界各国国际私法立法的发展潮流，而且其内容比较全面，规定比较科学合理，并在立法的指导思想上具有一定的超前意识。①

在学术思想方面，当前我国的国际私法学既突破了旧中国主要因袭法、德国际私法学的束缚，也突破了 20 世纪 50 年代初完全照搬原苏联国际私法学的框架，十分强调必须从我国对外开放和加速现代化建设的实际出发，对大陆法系国家、英美法系国家以及原苏联和东欧国家的国际私法学采取吸取其精华为我所用的态度。这对发展和繁荣我国国际私法理论是非常有益的。

在国际私法学的研究方法上，我国许多学者既反对纯粹从抽象学理分析出发的方法，也不赞成单纯讨论实际案例的实用主义方式，而是主张兼采大陆学派和英美学派方法之所长，从当前国际社会的现实出发，综合运用历史的方法和比较的方法，以形成我国独特的国际私法学研究方法。

近些年来，我国国际私法学界陆续发表了许多颇有价值的研究成果，在理论上提出了不少重要观点，为丰富和完善我国国际私法理论研究，促进我国国际私法立法及司法实践的进一步发展，做出了积极的贡献。

---

① 韩德培：《前言》，载于《中华人民共和国国际私法示范法》，法律出版社 2000 年版，第 4—5 页。

（三）我国台湾地区的国际私法学

在国际私法学领域，我国台湾地区也涌现出一批卓有成就的学者，如台湾"司法院"大法官、台湾大学法律系教授马汉宝，政治大学教授刘铁铮，台湾大学法律系教授曾陈明汝等等。据不完全统计，自1953年台湾当局颁布《涉外民事法律适用法》以来，出版的国际私法著作约二十种，发表的国际私法论文上百篇[①]，其中有些很有学术价值。

纵观台湾的国际私法学研究，主要有以下特点：

1. 在国际私法范围问题上，大多持小国际私法观点，将国际私法只看作是冲突法。1953年台湾的《涉外民事法律适用法草案说明》中明确认为，"所谓国际私法，即决定于何种情形下，适用何国法律，及如何适用之具体法则"。[②] 学者们也多持类似观点，如曾陈明汝就认为，"国际私法乃系就各种具有涉外因素之私法关系，指定应由何国法院管辖及应适用何国法律之法则。"[③]

2. 在国际私法性质问题上，认为应属国内法。如马汉宝就认为，"如就国际私法之现状而论，国际私法无疑是国内法而非国际法。按今日世界各国各有其本身的国际私法，乃属明显之事实。"[④]

3. 承袭民国时期的国际私法学体系而又有所突破。民国时期的国际私法学一般都认为，国际私法的基本内容应当包括三个方面，即国籍与住所、外国人的民事法律地位、法律冲突（但民国时期出版的国际私法著作在这一问题上的探讨都十分薄弱）。

---

① 李双元、金彭年著：《中国国际私法》，海洋出版社1991年版，第96—97页。
② 同上注书，第97页。
③ 同上。
④ 同上注书，第98页。

台湾学者的著作在此基础上，论述的问题又有所扩展。例如，梅仲协就将他的《国际私法新论》一书的体系作出如下安排：先分绪论和本论两大部分，在本论下，又分设国籍及住所、外国人之地位、法律抵触、国际民法四篇。陆东亚的《国际私法》一书的体系安排也与此相类似。何适的《国际私法》则分绪论、国籍及住所、外国人之地位、法律之冲突、属人法、属物法、法律行为与事实、裁判管辖之冲突等八篇。刘甲一将他的《国际私法》一书的体系分为绪论、抵触法、抵触法理论发展史之研讨、抵触法之适用、涉外民事法律关系与其准据法、涉外商事关系准据法上之几个问题、准则规范、管辖规范等八篇，更具新意。

第三章 冲突规范

冲突规范是国际私法基本的、主要的规范,冲突规范的运用是调整涉外民事法律关系的主要方法之一,国际私法上许多理论与制度的形成大都与冲突规范有关。在我国,尽管对国际私法的内容主张不同,但一般都认为冲突规范是国际私法的"本体"部分或"核心"部分,没有冲突规范,也就失去了国际私法的本质特征。

第一节 冲突规范概述

一、冲突规范的概念

冲突规范(conflict rules)是指由国内法或国际条约规定的、指明不同性质的涉外民事法律关系应当适用哪一国法律或何种法律以确定当事人之间权利与义务的规范的总称。例如,人的权利能力、行为能力适用当事人属人法,不动产所有权适用不动产所在地法,婚姻方式适用婚姻缔结地法,合同关系适用当事人所选择的法律,等等。我国《民法通则》第八章"涉外民事关系的法律适用",自第 142 条至第 150 条均属这类规范,亦称法律适用规范(rules of application of law)或法律选择规范(choice of law rules),有的国际公约还称之为国际私法规则(rules of private international law)。例如,《联合国国际货物买卖合同公约》第 7 条第 2 款就规定:"凡本公约未明确解决的属于本公约范围的问题,应按照本公约所依据的一般原则来解决,在没有一般原则的情况下，则应按照国际私法规则规定适用的法律来解决。"这里的"国际私法规则"就是专指冲突规范而言的。

二、冲突规范的特点

冲突规范作为一种特殊的法律规范，具有以下特点：

1. 冲突规范并不直接规定涉外民事法律关系当事人的权利与义务，而只是起着一种援引某国实体法的作用，必须将特定的冲突规范和它所援引的那个国家的实体法（即准据法）结合起来，才能最终确定当事人的权利与义务。例如，我国《民法通则》第146条第1款规定："侵权行为的损害赔偿，适用侵权行为地法律。"这是一条冲突规范，其本身并不能衡量出当事人的某一行为是否构成侵权、如果构成侵权应当如何赔偿等等，这些问题应由侵权行为地的实体规范来决定。根据冲突规范的这个特点，有些学者形象地将其比喻为"路标"或"指示器"，意即通过它来找到某一涉外民事法律关系所应适用的实体规范。

2. 由于冲突规范在调整涉外民事法律关系时，只起着援引某一实体法的作用，与实体规范相比较，它不能直接构成当事人作为或不作为的准则，当事人也很难以它为根据来预见法律关系的后果，因而冲突规范缺乏实体规范那样的预见性和明确性。

3. 尽管冲突规范并不直接确定当事人的权利和义务，但它终究在本质上与以诉讼关系为调整对象的程序规范不同。

4. 从法律规范的结构来看，实体规范的结构大致由假定、处理（指令或命令）和制裁三个部分组成。假定部分表明该行为规则适用的对象或范围；处理部分指出该行为规则的要求，即允许怎么做、不允许怎么做；制裁部分规定违反该行为规则的后果。而冲突规范的结构则由范围、系属和关联词这三个部分组成，其中只有假定部分是明了的，至于处理与制裁部分则尚有待于依各该冲突规范援引相关的准据法之后才能知晓。

三、冲突规范的性质

综合以上冲突规范所具有的特点，我们可以得出结论：冲突规范既不是实体规范，也不是程序规范，它是一种特殊的、对涉外民事法律关系起间接调整作用的法律适用规范。这就是冲突规范的性质。

第二节 冲突规范的结构和类型

一、冲突规范的结构

如前所述，冲突规范本身有着特殊的结构，它是由范围、系属和关联词三个部分组成的。

（一）范围（category, limitation）

范围又称连结对象（object of connection），它是指冲突规范所要调整的民事法律关系或所要解决的法律问题。例如，在"不动产所有权适用不动产所在地法律"这一冲突规范中，"不动产所有权"就是该冲突规范所要调整的法律关系的范围。

鉴于冲突规范所调整的是广义的涉外民事法律关系，所以冲突规范的范围种类繁多，最常见的有合同关系、侵权行为关系、所有权关系、婚姻家庭关系、继承关系，等等。在典型的冲突规范中，范围一般位于冲突规范的前半部分。

（二）系属（attribution）

系属是指冲突规范所调整的某一涉外民事法律关系具体应予适用的某一特定的法律。上例"不动产所有权适用不动产所在地法律"这条冲突规范中的"不动产所在地法律"就是系属，它决定了该冲突规范范围的命运。在典型的冲突规范中，系属一般位于该冲突规范的后半部分。

冲突规范的系属可以进一步划分为以下两个部分：

1. 连结点（point of contact, connecting point），亦称连结因素（connecting factor）或连结根据（connecting ground），是指冲突规范借以确定涉外民事法律关系应当适用的法律的根据。连结点起着一种桥梁作用，通过它将冲突规范的范围与调整该范围的某一特定国家的实体法联系起来。仍以上例为例，在"不动产所有权适用不动产所在地法律"这条冲突规范中，"不动产所在地"即为连结点。连结点是冲突规范的核心，它直接决定了范围部分应当适用何国实体法，离开了这一媒介，就无从选择法律。

连结点可以划分为客观连结点和主观连结点。客观连结点主要有国籍、住所、居所、物之所在地、行为地、法院地等等，这类连结点是一种客观存在的标志；主观连结点即当事人之间的合意，这一连结点主要用来作为确定适用于合同关系的准据法的根据。

连结点还可以划分为静态连结点（constant point of contact）和动态连结点（variable point of contact）。静态连结点是指固定不变的连结点，主要包括不动产所在地以及涉及过去的事件或行为的连结点，诸如婚姻举行地、合同缔结地、法人登记地、侵权行为实施地等等。由于静态连结点是固定不变的，因而便于据此来确定涉外民事法律关系所应适用的法律；动态连结点则是指可变的连结点，主要包括国籍、住所、居所、所在地、法人的管理中心地等等。动态连结点的存在，一方面加强了冲突规范的灵活性，另一方面也为当事人规避法律提供了可能。

由于一些连结点属动态连结点，因而有关的人、行为或事件可能与几个不同时间的连结点相联系，于是就产生了到底依照什么时候的"连结点"作为根据来确定准据法的问题。举例来讲，《波兰国际私法》第14条规定："婚姻的成立要件，依各当事人的本国法。"这里假设一对美国青年在波兰申请结婚,而且双方在申请结婚前曾一度为法国人,在申请过程中双方又归化为瑞士人,那么,依照波兰这条冲突规范,究竟是适用当事人申请结婚时的美国法,还是适用当事人以前的国籍所属国法即法国法,抑或是适用当事人后来又加入其国籍的瑞士法呢?这就是连结点的时间限定问题。波兰的这条冲突规范对此未加规定,在运用时难免会遇到一些麻烦。一般来讲,各国立法上或国际条约中的冲突规范如有必要,都会对连结点的时间限定加以规定,如我国《民法通则》第149条对遗产中动产的法定继承,就规定"适用被继承人死亡时的住所地法律"。在冲突规范中,如果立法者对连结点加以时间限定,则表明立法者不允许当事人因连结点的改变而要求改变已经设定的权利与义务。然而,在有的冲突规范中,连结点本来存在着时间限定问题,但立法者却对之未加以明确规定,如上述《波兰国际私法》第14条即是,这就要求在适用它们时对连结点的时间限定加以推定。

根据冲突规范对法律进行选择,实际上是对连结点的确定,因为确定了连结点,也就确定了所应适用的法律。第二次世界大战后,一些学者的理论和一些国家的实践主张对连结点加以"软化"或使之"弹性化",这主要表现在为了选择准据法而对一种民事法律关系设定多种连结点,或者将已经软化的连结点,如"最密切联系地"等运用于多种民事法律关系,或者将这两者结合起来,从而导致不是由立法者选择连结点以确定准据法,而是由法官来取而代之。

2. 准据法(applicable law,拉丁:lex causae),主要是指冲突规范所援引的、据以确定某一涉外民事法律关系当事人具体权利与义务的、某一特定国家的实体法或某一特定国际条约的实体性规定。还以"不动产所有权适用不动产所在地法律"这条冲突规范为例,假如不动产所在地在中国,则我国有关不动产方面的实体法即为准据法。

（三）关联词

关联词从语法结构上将范围与系属联系起来，因而关联词是冲突规范中很重要的一个组成部分，如果没有它，范围和系属只不过是两个毫无联系的概念，只有当关联词将这两者联系起来时，冲突规范才成其为冲突规范。再以"不动产所有权适用不动产所在地法律"这条冲突规范为例，其中"不动产所有权"是范围，"不动产所在地法律"是系属，而"适用"则是关联词，将这三个部分有机结合起来才构成一条完整的冲突规范，三者缺一不可。又如，在英文中，典型的冲突规范是这样的："Succession to immovables is governed by the law of situs"（不动产继承依不动产所在地法律），其中，"succession to immovables"是范围，"the law of situs"是系属，"is governed by"是关联词。

从以上中、英文两个例子中可以看到，关联词是位于冲突规范的中间部分的。

二、冲突规范的类型

对于各种各样众多的冲突规范，根据其系属不同，可以将它们分为以下四种基本类型：即单边冲突规范、双边冲突规范、重叠性冲突规范和选择性冲突规范。所谓系属不同，实际上就是连结点的不同，表现在系属对内国法或外国法的不同"援引"上。

（一）单边冲突规范（unilateral conflict rules）

单边冲突规范是在它的系属中直接指明某种涉外民事法律关系只适用某个特定国家法律的规范。这类规范只有一个连结点，并且它所联系的法律一般都有一个明确的标志，不必推定就能直截了当地适用某一特定国家的实体法。单边冲突规范又具体表现为三种形式：

1. 直接指明适用内国法。例如，《法国民法典》第3条第2

款规定:"不动产,即使属外国人所有,仍适用法国法律。"这条冲突规范直接指明了要适用法国法,法国法对法国来讲就是内国法;又如,1999年10月1日起施行的我国《合同法》第126条第2款规定:"在中华人民共和国境内履行的中外合资经营企业合同、中外合作经营企业合同、中外合作勘探开发自然资源合同,适用中华人民共和国法律。"这条冲突规范直接指明了要适用中国法,中国法对我国来说就是内国法。

2. 直接指明适用外国法。例如,我国《民法通则》第143条规定:"中华人民共和国公民定居国外的,他的民事行为能力可以适用定居国法律。"定居国法律对我国而言就是外国法。

3. 直接指明适用某一特定国家的法律。例如,《苏联与比利时—卢森堡经济同盟临时贸易专约》第13条规定:"关于苏联驻比利时商务代表处订立或担保的贸易合同的一切争执,如在该合同中没有关于司法管辖或仲裁的专门条款,应受比利时法院的司法管辖,并依比利时法令解决。"对原苏联而言,该法令为外国法;对比利时而言,该法令为内国法,但它们指的都是同一个法律,是某一个特定国家的法律。

单边冲突规范有以下两个特点:第一,它的连结点在指向适用内国法时就不可能再指向适用外国法,或者在指向适用外国法时就不可能再指向适用内国法。这与我们下面将要介绍的双边冲突规范是不同的。第二,单边冲突规范对准据法的指定大多是附有条件的,如上述冲突规范中提到的"不动产,即使属外国人所有"、"在中华人民共和国境内履行的"三类合同、中国公民"定居国外的"、"苏联驻比利时商务代表处订立或担保的贸易合同的一切争执"等等,都是附条件的指定。单边冲突规范所附的条件多为当事人的国籍、住所、标的所在地等。

由于单边冲突规范在适用时无需去对隐含有双边意义的抽象连结点进行确定,所以应用起来比较简单方便。但它同时也存在着一个明显的缺陷，即因其往往只对某种涉外民事法律关系的一个方面或一种情况予以规定，因而会给法院在适用法律方面留下空缺。例如，1896年的《德国民法施行法》第24条第1款规定："德国人之继承，即使在外国有住所，仍依德国法"，但它却没有规定德国法院审理一件在德国有住所的外国人的继承案件时，应当适用什么法律。有鉴于此，1986年的《联邦德国国际私法》第25条第1款为继承问题规定了一条双边冲突规范，即"继承适用死者死亡时之国籍国法律"。这种双边冲突规范的设立，可以弥补上述单边冲突规范造成的缺陷。

(二) 双边冲突规范 (bilateral conflict rules)

这类规范的系属中并不直接规定适用内国法还是外国法，而只是提供一个客观标志，即提供一个有待推定的连结点，然后根据这个标志，再结合涉外民事法律关系的具体情况，来确定应当适用哪个国家的法律。例如，我国《民法通则》第147条规定："中华人民共和国公民和外国人结婚适用婚姻缔结地法律"，这就是一条双边冲突规范，其中"婚姻缔结地法律"是一个可以推定的系属。据此，如果当事人婚姻缔结地在中国，就适用中国法律，如果当事人婚姻缔结地在外国，就适用外国法律。由此可见，双边冲突规范所指定的准据法既可能是内国法，也可能是外国法，在法律适用上，它体现了对内外国法律的平等对待。

双边冲突规范是国际私法上数量最多并且最为常用的一种冲突规范，因其内容完备、使用方便而成为各国冲突规范的主要形式。但由于这类规范过于抽象、灵活，如果其指向的某一外国法不符合内国的政策和需要，法院为避免被动往往采用反致、转致或公共秩序保留等项制度，以抵消外国法的效力。

(三) 重叠性冲突规范 (double rules for regulating the conflict of laws)

重叠性冲突规范的系属部分指出两个或两个以上的连结点，

并要求这两个连结点所连结的法律同时作为该法律关系的准据法。例如，1902年在海牙订立的《离婚及分居法律冲突与管辖冲突公约》第2条规定："离婚的请求非依夫妻的本国法及起诉地法均具有离婚的理由的，不得提出。"这条冲突规范表明，离婚问题必须同时适用夫妇之本国法和法院地法，两者缺一不可。只有当两者均认为有离婚原因时，才准许当事人离婚。

在许多情况下，重叠性冲突规范所规定的两个应当重叠适用的准据法中，有一个是法院地法，上面的例子也说明了这一点。之所以如此，是因为立法者试图维护法院地的公共秩序不至于被破坏。重叠性冲突规范只有在立法者认为某种法律行为或法律关系的成立或解除需要从严掌握时，才会加以采用。因为这种规范适用的难度较大，所以在实践中很少使用。

（四）选择性冲突规范（choice rules for regulating the conflict of laws）

选择性冲突规范的系属部分指出两个或两个以上的法律，法院可以选择其中之一，作为调整有关涉外民事法律关系的准据法。根据选择方式的不同，选择性冲突规范又可以分为以下两类：

1. 无条件的选择性冲突规范。它是指其系属有两个或两个以上、但法院可以任意或无条件地选择其中之一来调整有关涉外民事法律关系的冲突规范，在选择适用时，无先后、主次之分。例如，《奥地利国际私法》第16条第2款规定："在国外举行的婚姻，其方式依许婚各方的属人法；但已符合婚姻举行地法关于方式的规定者亦属有效。"这条冲突规范表明，在奥地利法看来，当事人于奥地利境外举行的婚姻，无论是根据其属人法还是根据其婚姻举行地法采用的方式均为有效。换言之，当事人的属人法和婚姻举行地法在确认婚姻举行方式的效力上是等值的，没有什么条件限制，谁也不优越于谁。

2. 有条件的选择性冲突规范。它是指其系属有两个或两个以上，但只允许依照某种顺序或有条件地选择其中之一来调整有关涉外民事法律关系的冲突规范，法院在选择适用时，有先后、主次之分。例如，《日本法例》第20条规定："父母子女之间的法律关系，依父之本国法；如无父时，依母之本国法。"这条冲突规范虽然规定了两个不同的系属，即父之本国法和母之本国法，但却要求首先适用父之本国法，只有在无父时，才适用母之本国法。这种冲突规范虽然允许根据多个系属进行法律选择，但不允许任意选择，而是有条件限制的，即在不能适用前一系属所指向的法律时，才能适用后一系属所指向的法律。

无条件的选择性冲突规范和有条件的选择性冲突规范的共同特点在于：它们的系属所指均包含了两个或两个以上国家的法律，法院可以选择其中之一来适用；它们的不同之处在于：前者可以任意选择，后者则是有限制地选择。

选择性冲突规范从法律上保证了法院在处理案件时，既有相对的稳定性，同时又有一定的灵活性，因而为许多国家在立法中所采用。这类规范多用于立法者认为某种法律行为或法律关系应当尽可能使其有效成立或解除的情形。

近年来，一些国家的国际私法立法在采用选择性冲突规范时，还允许以"利益分析"来作为确定选择的依据。例如，1984年的《秘鲁民法典》第2083条规定："婚姻中子女地位的确认，依婚姻举行地法或子女出生时婚姻住所地法，视其中何者最有利于子女的准正。"1982年的原《南斯拉夫法律冲突法》第28条第1款也规定："除对个别情况另有规定者外，民事侵权责任，依行为实施地法或结果发生地法，其适用视何种法律对受害人最为有利。"

在上述冲突规范的四种类型中，双边冲突规范是最基本的类型，其他类型的冲突规范都是它的发展或变形。这是因为，整个国际私法是在肯定于一定条件下某种民事法律关系也可以适用外国法的前提下产生和发展起来的，而双边冲突规范正是肯定这一前提的最完善的形式。

对于一个国家来讲，在立法上采用何种类型的冲突规范，主要取决于其内外政策和根本利益的需要，法律的形式必须服从于法律的内容。如果某一涉外民事法律关系适用外国法对内国利益并无多大妨碍时，就可以从宽掌握，可考虑采用双边冲突规范或选择性冲突规范；反之，则应从严掌握，可考虑采用单边冲突规范或重叠性冲突规范。我国《民法通则》第八章根据每一类法律关系的不同情况，分别采用了上述四种类型的冲突规范，体现了原则性和灵活性的高度统一。

第三节 系属公式

通过一个连结点将某一类法律关系和应予适用的实体法连结在一起的双边型冲突规范，在实践中逐步固定下来，就形成了系属公式。在国际私法理论与实践上，往往把一些解决法律冲突的原则公式化，以解决同类性质的涉外民事法律冲突问题。这种公式化、固定化的系属就叫做冲突规范的"系属公式"或称"准据法的表述公式"。由于单边冲突规范对应适用什么法律已经作出了明确的指定，因而并不需要凭借某种公式来加以表述。但双边冲突规范中却没有这种明确的指定，并且由于双边冲突规范是数量最多、使用最广泛，同时又是最为典型的冲突规范，因此，冲突规范的系属公式实际上就是双边冲突规范的系属公式。根据系属中不同的连结点，常见的系属公式主要有以下一些：

一、属人法（拉丁：lex personalis）

属人法是指自然人的国籍所属国法或其住所所在地法，主要用来确定婚姻家庭关系、继承关系,以及人的权利能力和行为能力等方面的法律适用问题。目前在世界范围内,对于属人法有两种不同的理解:一种理解为当事人的本国法,另一种理解为当事人的住所地法。

1. 当事人本国法(拉丁:lex patriae)。是指自然人国籍所属国的法律。目前,大陆法系国家一般都将属人法理解为当事人的本国法,即当事人的国籍国法。这些国家主要有:法国、德国、意大利、比利时、西班牙、葡萄牙、土耳其、伊朗、日本等。原苏联、东欧以及部分拉美国家如巴西、智利等,也以当事人本国法作为属人法的内容。

2. 当事人住所地法(拉丁:lex domicilii)。是指自然人住所所在地国家的法律。目前,英美法系国家一般都采用当事人住所地法作为属人法的内容。这些国家主要有:英国、美国、加拿大、澳大利亚、挪威、丹麦、冰岛、阿根廷、秘鲁等。

对于属人法的上述两种不同理解,是有其历史根源的。本来,自巴塔路斯的"法则区别说"形成以后直至1804年《法国民法典》颁布之前,欧洲大陆国家都是将住所地法作为自然人的属人法来适用的,"法则区别说"中的人法即指人的住所地法。但是,自1804年起,《法国民法典》改用本国法(即国籍国法)作为自然人的属人法,后来更得到意大利法学家孟西尼的大力提倡,这个本国法原则便为欧洲许多国家所采用;而以英、美为代表的英美法系各国则仍然坚持以住所地法作为自然人的属人法,从而形成了属人法方面的两大派别。

表面上看,是因为对属人法理解的差异而导致各国在实践中采取了不同的做法。实际上,这种理解方面的差异是由各国自身的社会传统、历史条件以及国家利益所决定的。在早些时候,欧洲许多国家内部政治、法律均未统一,只有以住所地法作为属人法才是实际可行的。但后来,欧洲国家内部相继实现了政治、法律的统一，其中一些国家还出现了向国外大量移民的情况，这不仅使得适用本国法成为可能，而且对继续支配移居海外的本国公民也很有必要。而英美法系一些国家，包括加拿大、澳大利亚以及南美若干国家，或者迄今为止其内部法律仍不统一（例如在美国，各州有各州自己的法律，当事人住在哪个州就适用哪个州的法律），或者为大量向内移民的国家（因而主张外来移民和商人应受移居国法律的支配），所以，英美法系国家便一直以住所地法作为自然人的属人法。

为了解决对属人法理解上的分歧，近几十年来，很多国家在实践中逐步采用了"惯常居所"（habitual residence）这个连结点，以部分地取代住所或国籍。也有些大陆法系国家在其本国立法中，兼采本国法与住所地法两种形式。例如，《土耳其国际私法和国际诉讼程序法》尽管仍然坚持"国籍是确定准据法的基本标志"，但同时又在其第4条中规定，对于无国籍人，则适用住所地法或居所地法。其他如《奥地利国际私法》第9条、《联邦德国国际私法》第5条也作了类似的规定。在国际立法方面，1955年订于海牙的《关于解决本国法与住所地法冲突的公约》是大陆法系国家与英美法系国家试图调和本国法与住所地法相互对立的一个例子。

我国这方面的实践一直是以当事人的本国法作为属人法的，因为我国法律认为，只有一个人的国籍才是该人与其本国有最稳定联系的法律标志。我国只在例外的场合如对无国籍人才以"住所地法"作为其属人法。不过，我国目前有扩大住所地法适用范围的倾向。例如，在《民法通则》第八章中，已有两处规定了住所地法：一处是第146条："侵权行为的损害赔偿……当事人双方……在同一国家有住所的，也可以适用当事人……住所地法律。"另一处是第149条："遗产的法定继承，动产适用被继承人死亡时住所地法律"。

二、法人属人法（personal law of legal person）

法人属人法是指法人的本国法，亦即法人的国籍国法。它主要用来解决法人的权利能力、行为能力、法人的性质、法人的内部关系以及法人的财产清理等一系列问题。

对于如何确定法人的国籍，即哪里是法人的所属国，各国法律规定是不尽相同的。从国际实践来看，有些国家是将法人的主要事务所所在地定为国籍的所属地。例如，《奥地利国际私法》第10条规定："法人，或其他任何能承受权利或负担义务的社团或财团，其属人法应是该法律实体设有主事务所的国家的法律。"《泰国国际私法》第7条规定："法人国籍冲突时，以总店或主要营业所所在地国的国籍为法人国籍。"《波兰国际私法》第9条第2款规定："法人的能力，依法人主事务所所在地法。"而有些国家则以法人的成立地（登记地）为法人的国籍国，如英、美等国就采取这一原则。

三、物之所在地法（拉丁：lex rei sitae，lex situs）

物之所在地法，是指作为法律关系客体的物的所在地国家的法律。这一系属公式经常被用来解决涉外物权方面的法律适用问题。那么，这里所说的物是否区分为动产与不动产？对此，各国的理解是不一致的。

14世纪以后，在解决物权问题的法律冲突时，形成了一项做法，即认为不动产问题应依物之所在地法解决；而动产问题，则应依属人法解决，即所谓的"动产随人"原则。这个"动产随人"原则一直沿用至今，主要适用于英、美等国。

但随着动产经济价值的不断增大，到了近代，逐渐出现了不分动产与不动产而一律适用物之所在地法这一系属公式的趋势。采用这个原则的主要是大陆法系的一些国家。例如，《日本法例》

第10条规定:"关于动产及不动产的物权及其他应登记之权利,依权利标的物的所在地法。"《匈牙利国际私法》第21条第1款规定:"除本法令有其他规定外,所有权、其他物权、抵押权和占有依物之所在地法。"

不过,目前仍然有一些国家的立法对动产和不动产分别采取不同的法律适用原则,即对动产适用动产所有人的属人法,不动产适用不动产所在地法。例如,我国《民法通则》第144条规定:"不动产的所有权,适用不动产所在地法律。"第149条又进一步规定:"遗产的法定继承,动产适用被继承人死亡时住所地法律,不动产适用不动产所在地法律。"

此外,还有某些例外的情形,比如对运送中的物,就不适用物之所在地法,而是多适用运送目的地的法律。

四、行为地法(拉丁:lex loci actus)

行为地法是指完成某种涉外民事法律关系的行为时所在地国家的法律。这个系属公式来源于14世纪意大利学者巴塔路斯主张的"场所支配行为"这一古老的法律原则,即法律行为方式受行为地国家的法律支配。行为地法通常用来解决行为方式的有效性问题。由于构成法律关系的行为各不相同,因此行为地法也是多种多样的,主要有:

1. 合同缔结地法(拉丁:lex loci contractus)。它是指合同缔结地所在国的法律,通常用来解决合同形式要件、合同内容的合法性以及合同是否成立等方面的法律冲突问题。在各国的立法和判例中,对合同缔结地又有"承诺发出地"和"承诺接受地"两种理解。

2. 合同履行地法(拉丁:lex loci solutionis)。它是指合同履行地所在国的法律。与合同缔结地法一样,有时它也可以用来解决合同内容的法律冲突问题,但更多的是用于解决合同履行方面的各种具体问题。

3. 侵权行为地法（拉丁：lex loci delicti）。这一系属公式用于解决侵权行为之债的法律适用问题。但在国际实践中，对侵权行为地又有"加害行为实施地"和"损害结果发生地"两种理解。

4. 婚姻缔结地法（拉丁：lex loci celebrationis）。它是指婚姻登记地或结婚仪式举行地国家的法律，通常用来解决婚姻形式要件方面的法律冲突，但也有国家将它用于解决婚姻实质要件的法律冲突。

5. 立遗嘱地法。它是指立遗嘱人立遗嘱时所在地国家的法律，通常用来解决遗嘱方式或遗嘱内容的合法性、有效性等方面的问题。

6. 出票地法。它是指票据人出立票据地国家的法律，通常用来解决票据方式方面的问题。

7. 背书地法。它是指票据持票人背书票据地国家的法律，通常用来解决有关票据背书方面的问题。

五、法院地法（拉丁：lex fori）

法院地法是指受理涉外民事案件的法院所在地国家的法律。从国际私法的有关实践来看，适用法院地法的情形主要有以下几种：

1. 对有些问题在冲突规范所援引的某一国内立法或国际条约中没有可据以适用的实体法规定时，各国通常是适用法院地法来解决；

2. 关于涉外民事案件的诉讼程序，各国一般都采用法院地国家的诉讼程序法；

3. 对于某些实体问题，如在涉外离婚或涉外侵权等事项上，一些国家的法律规定应依法院地法；

4. 识别问题，往往适用法院地法；

5. 当冲突规范所援引的外国法违反法院地国家的公共秩序时，一般都不予适用，而转为适用法院地法。

六、旗国法（law of the flag）

旗国法是指旗帜所属国家的法律。这一系属公式通常用来解决飞行器或船舶在运输过程中所发生的涉外民事纠纷的法律冲突问题，即飞行器或船舶在哪个国家注册登记或悬挂哪个国家的旗帜，就适用哪国的法律。

七、当事人合意选择的法律（拉丁：lex voluntatis）

当事人合意选择的法律是指双方当事人自行选择的那个国家的法律。本来，选用什么法律是法院的权利，但在采用这一系属原则时，表明法律亦承认当事人有选择法律的自主权。这一系属公式通常是在确定涉外合同关系的准据法时采用，即允许双方当事人在缔结合同时自行约定适用某国的法律，所以亦称"意思自治"原则。例如，在对外贸易合同中常常有这样的规定："因本合同所产生的一切纠纷，双方同意应依某某国家的法律加以解决。"

"意思自治"原则是16世纪法国学者杜摩兰首创的，因为他的学说符合资本主义国家的"自由贸易"和"自由竞争"的要求，从而为以后的许多资本主义国家所采纳。目前，"意思自治"已经成为世界各国所普遍承认和采用的一个冲突法原则。例如，《匈牙利国际私法》第24条规定："对合同适用双方当事人在订立合同时或在此以后选择的法律。"《奥地利国际私法》第35条第1款规定："契约依当事人明示或默示选择的法律。"我国《民法通则》第145条第1款亦规定："涉外合同的当事人可以选择处理合同争议所适用的法律，法律另有规定的除外。"

不过，对于"意思自治"的范围和表述方式，即对合同当事人双方的选择是否应有所限制，以及意思自治应以明示方式还是以默示方式来表述，对此各国的学说和实践是有分歧的。

八、最密切联系的法律（the law with which the action or the party has its closest connection）

最密切联系的法律是近几十年来新出现的一个系属公式，它的含义是：对于具体的涉外民事法律关系，应适用与其联系最为密切的那个国家的法律。这个系属公式最初是从美国法院解决涉外合同纠纷和涉外侵权行为的损害赔偿案件的司法实践中逐步形成的，但它现在早已超出了这个范围，在其他性质的涉外民事法律关系方面诸如婚姻家庭关系等领域也被很多国家所广为采用；在当事人有几个住所或营业所时，往往也用该系属原则来解决冲突问题。《奥地利国际私法》甚至将它作为法律选择的一般指导性原则确立下来，该法第1条第1款规定："与外国有连结的事实，在私法上，应依与该事实有最强联系的法律裁判。"

在国际经济贸易领域，尽管意思自治原则对于确定合同的准据法来讲仍然是第一位的，但它并不是单独存在的。从目前各国的国内立法和有关国际条约来看，大多兼采意思自治原则和最密切联系原则。这两者相互作用的结果，一方面使得当事人的意思得到尊重，另一方面又能充分保留司法机关或仲裁机构在法律适用问题上的自由裁量权。我国《合同法》也借鉴了国外立法的相关经验，在其第126条第1款中规定："涉外合同的当事人可以选择处理合同争议所适用的法律。"同时它又采用了最密切联系原则，规定在涉外合同的当事人没有选择时，"适用与合同有最密切联系的国家的法律"。

以上为国际私法中常见或常用的一些系属公式或称冲突法原则。在实践中，各国都按照本国利益的需要，通过立法或判例，相应采用其中的某一个或某几个来予以适用。除了这些主要的系属公式之外，还有其他一些系属公式，诸如货币所属国法、付款地法、卖主本国法、权利的原始赋予国法等等，亦常被用来解决相关的法律冲突问题。

第四节 准 据 法

一、准据法的概念

准据法是国际私法上特有的法律术语之一，指被冲突规范所援引的、用来确定涉外民事法律关系当事人具体权利与义务的某一国家的实体法或某一国际公约、国际惯例中的实体性规定。

通过国际私法来解决法律冲突或法律适用问题，其实质就是对准据法进行确定，这个问题解决了，国际私法的任务也就完成了。因此，准据法的确定是国际私法的最终目的，国际私法上的各项原则、规范和制度，都是为了实现这一目的而存在的。

准据法应当具有以下法律特点：

1. 准据法必须经过冲突规范的援引，它是由冲突规范系属中的连结点所指出的法律。这种由冲突规范所援引的法律可以是某一特定国家的实体法，也可以是国际条约或国际惯例中的实体性规定，即统一实体法。例如，我国《民法通则》第 142 条规定：在涉外民事关系的法律适用方面，我国缔结或者参加的国际条约同我国的民事法律有不同规定的，适用国际条约的规定，但我国声明保留的条款除外；我国法律和我国缔结或者参加的国际条约没有规定的，可以适用国际惯例。所以说，不经冲突规范指定，直接用来确定当事人权利与义务的统一实体法或专门用来调整涉外民事法律关系的国内实体法，都不能被称作是准据法。

2. 准据法必须能够直接确定当事人的具体权利与义务，它必须是现行有效的。

3. 准据法可以是内国法，也可以是外国法，还可以是国际条约或国际惯例，但主要是实体法。它不包括冲突规范所援引的外国的冲突法，因为在这种情况下就会产生反致或转致问题，从而不能很快地确定涉外民事法律关系当事人的权利与义务；当然，准据法也不包括外国的程序法。

从以上特点中我们可以看到，准据法与冲突规范是相互依存的，两者的联系非常密切：冲突规范本身不能直接调整涉外民事法律关系，它必须通过实体规范才能进行调整，离开了准据法，冲突规范就毫无用处；反过来讲，准据法亦必须通过冲突规范的援引才能发挥其调整涉外民事法律关系的作用，离开了冲突规范，准据法同样无从表现。因此，冲突规范与准据法是两个既有密切联系而又相对独立的概念。

二、准据法确定过程中的若干特殊问题

在正常情况下，根据冲突规范系属中连结点的指引，就可以顺利地确定准据法。但遇有下列特殊情形时，准据法的确定过程则要复杂得多。

（一）**区际法律冲突**（interregional conflict of laws）

区际法律冲突是指一个国家内部的不同地区都有自己独立的立法及司法，形成了不同的法域，法域之间的民商法律规定各不相同而引起的法律适用冲突。例如在美国，各州都享有相对独立的立法权和司法管辖权，法律规定很不统一，若别国冲突规范指向适用美国法，就会为如何确定该冲突规范的准据法带来一定的困难。

这里需要指出的是，并非任何一个冲突规范指向适用某一多法域国家的法律时，都会发生区际法律冲突。只有在以国籍为连结点的冲突规范指向多法域国家的法律时，才会出现区际法律冲突的情况。而当冲突规范以行为地、物之所在地、住所或居所地等等作为连结点的时候，应当直接以该连结点所指向的法域的法律作为准据法，因而并不存在区际法律冲突问题。

那么，如果以国籍为连结点的冲突规范所指向的准据法，其所属国为法律不统一的多法域国家（或称复合法域国家）时，究竟应当以哪一个法域的法律作为准据法呢？根据各国的立法和司法实践，主要有以下解决方法：

1. 如果该多法域国家自己在这方面有解决其区际法律冲突规定的，就依照该国的此种规定来确定准据法。这种调整一国内部各法域之间法律冲突的规定称为"区际私法"（private interregional law）或"准国际私法"（quasi-private international law）。例如，《波兰国际私法》第5条规定："如被适用的法律所属的国家领土上有几种法律体系同时有效时，由该国法律决定适用何种体系。"这种由被指定准据法的国家的冲突规范去进一步指引的方式，比较简便易行，有学者称之为"间接指定"方法。

2. 如果该多法域国家自己在这方面没有解决其区际法律冲突规定的，就以当事人住所或居所等地的法律为其国籍所属国法，有学者称之为"直接指定"方法。例如，《日本法例》第27条第3款规定：在适用当事人本国法的场合下，如"当事人国内各地法律不同时，依其所属地方的法律"；又如我国台湾地区的《涉外民事法律适用法》第28条规定："依本法适用当事人本国法时，如其国内各地方法律不同者，依其国内住所地法，国内住所不明者，依其首都所在地法。"

当然，上述两种方法的运用并不是绝对的，有些国内立法或国际公约中就同时采纳了这两种方式。例如，《奥地利国际私法》第5条第3款规定："如外国法由几部分法域组成，则适用该外国法规则所指定的那一法域的法律。如无此种规则，则适用与之有最强联系的那一法域的法律。"1961年订于海牙的《遗嘱处分方式法律适用公约》第1条第2款也规定：如立遗嘱人国内各地法律不同时，依该国法律规定决定应适用哪一地区的法律；如该国无此种规则，则以与立遗嘱人有最密切联系的法律为其本国法。我国的司法解释在这方面亦有相同的规定。1988年的最高人民法院《关于贯彻执行〈中华人民共和国民法通则〉若干问题的意见（试行）》第192条规定："依法应当适用的外国法律，如果该外国不同地区实施不同的法律的，依据该国法律关于调整国内法律冲突的规定，确定应适用的法律。该国法律未作规定的，直接适用与该民事关系有最密切联系的地区的法律。"

随着香港、澳门的回归以及"一国两制"方针的付诸实施，我国也已成为一个多法域国家。各法域一起组成了统一的中华人民共和国，有共同的宪法、共同的国籍、共同的中央政府；同时，每个法域又具有高度的自治权、立法权和终审权。这样，各个法域的民商事法律便会有很多不同的规定，在不同法域的自然人、法人的相互交往过程中，以及在以国籍为连结点的外国冲突规范指向适用中国法律时，往往会产生区际法律冲突问题。我国目前还没有调整国内区际法律冲突的法律规定，但对于这个问题的研究，已经引起我国国际私法学界的高度重视。

（二）时际法律冲突（intertemporal conflict of laws）

时际法律冲突是指在一个国家内，因新法和旧法对同一问题有不同规定而引起的冲突。时际法律冲突有广义和狭义之分，狭义的时际法律冲突是指被冲突规范所援引的某国实体法修订了；而广义的时际法律冲突还包括冲突规范或连结点的改变。本书在这里所要介绍的是广义的时际法律冲突，大致有以下三种情况：

1. 内国（即法院地国）的冲突规范发生了变化。具体又有三种情形：（1）冲突规范中所采用的连结点的内容发生了变化。例如，原来采用的连结点是当事人的国籍，现在改为当事人的住所；原来采用的连结点是行为地，现在的连结点则是法院地；等等。(2) 冲突规范中确定连结点的时间因素发生了变化。例如,原来规定的是立遗嘱人立遗嘱时的住所地法,现在改为立遗嘱人死亡时的住所地法;原来规定的是结婚时夫的住所地法,现在改为婚姻存续期间的最后住所地法;等等。(3) 冲突规范中连结点的内容和确定连结点的时间因素都发生了变化。例如,原来规定的是立遗嘱人立遗嘱时的本国法,现在改为立遗嘱人死亡时的住所地法,等等。

对于这种法院地国冲突规范在涉外民事法律关系产生后有了新的变更的情况,究竟应当适用什么时候的冲突规范去指定准据法呢?解决的方法是:如果新颁布的冲突规范具有溯及力(retroactivity),则应在新法中予以说明,明确规定新的冲突规范有溯及力。例如,《匈牙利国际私法》第75条第2款规定:"本法令的规定也适用于在本法令生效前发生而未作出判决的有关法律关系的争议。"在这种情况下,对于有关的涉外民事法律关系可以适用变更后的冲突规范。如果法院地国在立法中没有赋予新的冲突规范以溯及的效力,就只能适用某一涉外民事法律关系产生时的冲突规范。

2. 内国冲突规范中连结点的内容没有变化,但连结点所指向的目标却改变了。这是指当事人的国籍、住所地或动产所在地这些连结点所指向的目标发生了变更,因而产生了是适用当事人原来的国籍国法、住所地法、动产所在地法,还是适用新的国籍国法、住所地法、动产所在地法的问题。例如,"婚姻的一般效力适用夫妻共同住所地法"这条冲突规范一直没有变化,但过去的夫妻共同住所是设在甲国,而现在却改设在乙国,依照同一条冲突规范,其连结点本来是指向甲国法的,但现在却指向乙国法了。

对于这类问题,在立法和司法实践中并未形成一致的解决办法,一般多根据不同涉外民事法律关系的性质,分别采用不可变原则和可变原则。所谓不可变原则，是指在确定准据法时，不论连结点指向的目标是否改变，并不导致变更准据法，即仍然适用原来的准据法；所谓可变原则，是指某些涉外民事法律关系可以适用当事人的新的国籍国法或新的住所地法作为准据法。从日本、英国等国的立法及司法实践来看，它们对于哪些法律关系的准据法可以随着连结点指向目标的改变而变更、哪些法律关系的准据法不能随着连结点指向目标的改变而变更是有明确规定的。

总之，在连结点目标发生改变的情况下，是否采用变更后的连结点目标所指引的准据法，应综合各方面的情况，从问题的公正合理解决出发来考虑确定的方法。总的原则是：一方面，不应使涉外民事法律关系的稳定性受到损害，不能允许当事人借改变连结点指向的目标而达到规避法律的目的；另一方面，也不能为涉外民事法律关系的继续发展造成不利的或不合理的影响，不能给有关当事人带来不便。

3. 冲突规范本身没有变化，但它所指引的准据法却发生了变更。在这种情况下，也需要确定是适用某一法律关系成立时该国的旧法，还是适用该国已改变的新法。具体有以下几种情形：

(1) 经立法程序修改，产生了新法与旧法之间的不同规定。这种情况下，准据法要按照所援引的某国法的新法中是如何规定的来确定。新法是否有溯及力以及溯及的范围、条件和效果，大多在新法中是明确规定了的。一般来讲，法律不溯及既往，因此，应当适用法律关系成立时的旧法；但如果新法明确规定有溯及力，或者当事人明确表示愿意适用新法的，也可以适用新法。

(2) 根据当事人意思自治原则协议选择适用的准据法发生变更时，是否应当适用新的准据法？这个问题在国际私法学界久有争论。一种观点认为，应当适用涉外合同关系成立时的旧法。因为当事人之所以决定选择某一准据法，是依据该准据法当时的情况来考虑的，因此，一旦将其订入合同，它的适用也就成为合同中的一项具体条件,不应随着该准据法的改变而改变,否则,就意味着改变合同双方当事人的权利义务关系,等于是成立了一个新的合同。另一种观点则认为,应当以新法代替旧法,适用新法。因为当事人既然选定了某国法律作为准据法,就意味着将他们之间的法律关系交给这个国家的整个法律制度去支配。换言之,在当事人的心目中,他们的合同关系与该国的法律制度有着全面的联系,因此,当这个国家与合同有关的某项法律为后来的一种新的强制性规定所取代时,当事人就应当服从新法。在这方面有一个例子。1911年,有一位德国人曾从荷兰一家银行借了一笔马克贷款,相互约定贷款合同受德国法支配。战争爆发后,德国取消了金本位制,借款到期时,马克的实际价值已接近于零。审理此项还贷纠纷的德国上诉法院认为,债权人(荷兰银行)不能要求按照1911年的实际价值偿还贷款,因为当事双方既然同意合同适用德国法,那就意味着该合同要一直受德国法变迁的支配,债权人不能只取当时的德国法而不管它以后可能的发展与变化。[①] 一些西方法学家在论及这一问题时,也主张如将一个合同置于某一国法律的支配之下,就必须受该国法律发展变化的影响。例如,德国著名国际私法学家沃尔夫就认为:"使契约适用一个特定的法律,并不是说适用契约成立时的法律规定,而是适用一个活的和变动的法律体系。"[②]

(3)在领土主权发生转移或因革命、政变导致政权更迭的情况下,应当适用新法还是适用旧法?冲突规范所援引的准据法,在其所属国领土主权发生转移或因革命、政变导致政权更迭时,都有可能被修订。对此,西方国家的学说与判例认为,这些情况

---

① 〔德〕沃尔夫著,李浩培、汤宗舜译:《国际私法》,法律出版社1988年版,第605页。

② 同上。

下产生的新法对依该国旧法已经成立的合同无拘束力。为了保护本国投资者的利益，确保有关投资合同始终保持最初的效力，西方国家或者反对将合同置于东道国法律的拘束之下，或者要求在有关的合同中规定一项所谓的"稳定条款"（stabilization clause），将该合同所适用的东道国法律"冻结"（freeze up）在签约时的状态，力图使该合同不受缔结之后东道国政策及法律变化的影响。

代表发展中国家利益的学者们则提出了与之相对立的"时际说"，认为一项权利虽然可能根据现存法律得以创设因而被认为是正当的，但该项权利将来是否仍能正当存在，取决于作为该项权利依据的现存法律所赖以产生的那些客观事实情况有无重大变化。如果这些客观事实情况发生了根本改变，则该项权利正当存在的法律依据亦应随之改变。所以，"时际说"这种理论反对无条件地适用"保护既得权"原则。

(三) 先决问题的准据法

先决问题（preliminary question），亦称附带问题（incidental problem），它是主要问题（principal question）的对称。先决问题最早是由德国法学家梅希奥和温格勒尔（Wengler）在1932年至1934年间提出来的。所谓先决问题，是指法院在审理某一涉外民事案件（即主要问题）时，要以首先解决另一个有关问题为先决条件。这里的"另一个有关问题"就是先决问题或附带问题，它的确定直接关系到"主要问题"的解决。例如，某人以被继承人养子的身份向法院提出了继承其养父遗产的请求，法院往往需要首先确定该请求人与被继承人之间是否曾有效地成立了收养关系，或者该收养关系是否已经被有效地解除。在这一案件中，收养问题即为"先决问题"，继承问题则为"主要问题"。

由此可见，先决问题在涉外民事案件中具有很重要的地位，因而需要单独考虑它的准据法。在一些国际私法学者看来，要构成一个需要单独考虑其准据法的先决问题，应当具备以下条件：

1. 依照法院地国冲突规范所援引的主要问题的准据法，必须是外国法；

2. 先决问题对主要问题来说，具有相对独立性，可以作为单独一项争议向法院提出，并且有它自己的冲突规范可供援用；

3. 依主要问题准据法所属国的冲突规范确定的先决问题的准据法，与依法院地国冲突规范所确定的先决问题的准据法，两者的内容不同，并且会导致完全相反的判决结果。

有学者认为，只有在同时符合上述三个条件的情况下，确定先决问题的准据法才有意义。

那么，应当如何确定先决问题的准据法呢？各国学者对此存在着以下不同看法：

1. 主张依解决主要问题的准据法所属国的冲突规范来确定先决问题的准据法。梅希奥、温格勒尔和沃尔夫等人持这种观点。有学者认为，采取这种方式有助于主要问题和先决问题的判决结果在实质上协调一致，以避免可能出现的将主要问题和先决问题人为地予以分割的情况。但它忽视了先决问题的相对独立性，从而使得有关先决问题的判决缺乏合理性、针对性。

2. 主张依法院地国的冲突规范来确定先决问题的准据法。拉佩（Raape）和努斯鲍姆等人持这种观点。该观点认为，主要问题与先决问题是两个独立的问题，应当按照先决问题的性质，另由法院地的冲突规范来指定其准据法。有学者认为，这种方法虽然顾及了先决问题的相对独立性，但人为地割裂了它与主要问题的有机联系，并可能导致结论完全相反的判决。

3. 鉴于以上两种方法各有利弊，有些学者主张应视案件的具体情况来确定先决问题的准据法，亦即要看先决问题究竟与法院地法还是与主要问题的准据法联系更为密切，也就是要看先决问题的重心偏向于哪个方面。简而言之，是根据最密切联系原则来确定先决问题的准据法。

总之，关于先决问题准据法的确定，目前国际社会尚无统一的认识和实践，世界各国大多根据自己的不同理解和对自身利益保护的不同需要，采取不同的做法。我国立法对于如何确定先决问题的准据法没有做出规定。

第四章 冲突规范的有关制度

根据内国冲突规范的指引，在一定条件下、一定范围内，有时可能要适用外国法。但在实践中，由于有的国家不愿意适用外国法或者适用外国法将会给内国利益带来重大损害，甚至损害到内国的主权，因此，为了能使案件的处理公平合理，尽可能地维护当事人的合法权益，同时又不至于使得内国的利益或主权受到严重损害，在实践中就逐步形成了一系列与适用冲突规范有关的国际私法制度，对冲突规范的适用加以限制。这些制度有识别、反致与转致和间接反致、公共秩序保留、法律规避以及外国法内容的证明等等，它们共同构成了国际私法的基本制度或称主要制度。

第一节 识 别

一、识别的概念

国际私法上冲突规范的类型多种多样，内容也各异，但任何一个冲突规范的范围和系属都表现为特定的法律事实和法律概念，由于不同国家的法律观念不同，用不同国家的法律观念去解释同一种法律事实或同一个法律概念，往往会得出不同的结论，这样，就产生了识别问题。

所谓识别（identification），传统国际私法上又称作限定（qualification）、归类（classification）或定性（characterization），是指依照一定的法律观念，对有关事实的性质作出定性或分类，将其归入特定的法律范畴,从而确定应予适用的冲突规范及其所援引的准据法的一种法律认识过程。通俗地讲,就是在适用冲突规范之前,首先要明确即将处理的问题是属于什么法律范畴的,比如说,是属于合同问题,还是属于侵权问题;是属于结婚能力问题,还是属于结婚形式问题;是属于动产问题,还是属于不动产问题;是属于实体问题,还是属于程序问题;等等。只有先明确了这个前提,才能进一步根据有关冲突规范的连结点,去选择应予适用的某国实体法。

识别这一问题是19世纪末期由德国学者康恩和法国学者巴丹首先提出来的。他们认为,即使两个国家的冲突规范相同,但只要两国法律赋予同一法律概念以不同的含义,也会对同一事实的法律性质作出不同的分类,从而导致适用不同的冲突规范。康恩在其1892年所著的《法律冲突论》一书中,将这一情况称为"隐存的法律冲突"(latent conflict,德:latente Gesetzeskollisionen),巴丹则在其1897年发表的论文中称之为"识别冲突"。从此以后,识别问题便在各国国际私法学者中引起了广泛的注意和讨论。

在司法实践中,第一次运用识别制度处理涉外民事纠纷的,是1889年法国最高法院审理的安东夫人诉贝斯托罗案。

案例介绍:安东夫人诉贝斯托罗案(Anten vs. Bastolo,法国最高法院判决,1889年)

安东夫妇都是马耳他人,他们的婚姻在马耳他缔结,1870年以前他们居住在马耳他,后来移居到当时的法属阿尔及利亚,安东在那里购买了土地。1889年安东去世,其妻(安东夫人)根据马耳他法律到阿尔及利亚法院对死者的遗产管理人贝斯托罗提起诉讼,要求除了享有夫妻共同财产的一半以外,还要对死者地产的1/4享有用益权。本诉讼提起时,原告的住所在法属阿尔及利亚。

安东夫妇结婚时的马耳他法律规定:(1)未亡配偶以配偶身

份（配偶权）取得已亡配偶的遗产；（2）未亡配偶可以取得已亡配偶1/4地产的用益权。而法国的法律则规定：（1）未亡配偶以继承人身份（继承权）取得已亡配偶的遗产；（2）未亡配偶不得取得已亡配偶地产的用益权。显然，适用马耳他法律还是适用法国法律，将会导致两种不同的判决结果。因而本案的关键问题是如何对安东夫人要求的法律事实进行识别，以确定它究竟是夫妻财产关系，还是继承关系。这一识别直接涉及到采用何国法律为准据法，并将对当事人的权益产生直接影响。

当时法国法律中与本案有关的冲突规范是：配偶权利依结婚时当事人的住所地法；不动产继承依物之所在地法。所以，本案如果识别为夫妻财产关系（即配偶权），根据法国的冲突规范，则应适用马耳他法，因为安东夫妇结婚时的住所地是马耳他，这样，安东夫人就可以取得其亡夫不动产（土地）收益的1/4；但是，如果将本案识别为不动产继承关系（即继承权），根据法国的冲突规范，则应适用法国法，因为作为不动产的土地位于法属阿尔及利亚，这样，安东夫人就不能取得其亡夫不动产（土地）的收益。

最后，阿尔及利亚法院和法国最高法院将本案纠纷识别为夫妻财产关系，结果使得马耳他的法律得以适用，安东夫人的诉讼请求得到了满足，她取得了其亡夫不动产（土地）收益的1/4。

目前，识别已经成为国际私法上一项基本问题。英国现代著名国际私法学家契希尔和诺斯在其合著的《国际私法》一书中认为，对英国法院来讲，第一个任务固然是确定其对案件有无管辖权，而一旦确定了管辖权之后，就必须对案件的法律性质进行识别，离开了这一过程，就根本谈不上选择合适的准据法。

二、识别问题产生的原因

识别的重要性已在上面的案例中明确体现出来，即不同的识别将会导致不同的判决结果。那么，识别问题是如何产生的呢？主要有以下两点原因：

1. 不同国家对同一法律关系的性质理解不同。任何一个冲突规范的范围都表现为一种特定的法律关系，由于不同国家的法律及法律观念不同，对同一法律关系性质的理解也就存在着差异，这将导致适用不同的冲突规范。

例如，因列车相撞引起旅客人身伤亡、财产损失所导致的损害赔偿，可以定性为是基于违约而产生的损害赔偿，理由是旅客购买了火车票、搭乘铁路部门的列车后，就与铁路部门建立了一种广义上的运输合同关系，车票即为这一合同的凭证。铁路部门作为合同的一方，有责任将旅客安全运送到目的地。对于因铁路部门管理不善、规章制度执行不严、劳动纪律松懈、工作人员过失等原因所造成的人身伤亡、财产损失，无疑可以视为铁路部门违反合同规定。但另一方面，这类损害赔偿也可以定性为是基于侵权而产生的损害赔偿，理由是造成撞车事故的直接原因是肇事司机的侵权行为。从法律上讲，违约行为和侵权行为都构成债的关系，但这两者的性质不同，前者属于合意之债，后者则属于非合意之债，两种不同性质的法律关系应由不同的冲突规范来调整。

再如，有的国家规定，子女在一定年龄之下，其婚姻须经父母同意。对于这个问题属于什么性质，各国的理解是不一致的。有些国家认为这是属于能力问题，有些国家则认为是形式问题。如果认为是结婚能力问题，就可能适用属人法这个处理原则；如果认为是结婚的形式问题，则一般是适用行为地法这个处理原则的。这里我们假设：有一位16岁的法国未成年少女（法国法规定18岁为成年，婚龄：男18岁，女15岁）未经其父母同意，在英国与一位英国男子结婚。如果将这一事实定性为结婚能力问题，则应适用该未成年少女的本国法即法国法。而若按法国法该少女就不能结婚,因为《法国民法典》第148条规定:"未成年人非经其父母同意,不得结婚。"如果将这一事实定性为婚姻手续、婚姻形式问题,则应适用该婚姻缔结地法即英国法。而若依英国法,则该婚姻为有效,因为英国法上没有"未成年人结婚须经其父母同意"这一限制。所以,该婚姻是否有效,关键在于对"16岁未成年的法国少女未经其父母同意在英国结婚"这一事实构成作何理解,如何认定和归类。

又如,关于时效的性质问题,有的国家将其理解为实体法问题,有的国家将其理解为程序法问题。如是前者,法院地可以适用外国法;如是后者,一般的实践是,法院地不适用外国的程序法而应适用法院地的程序法。

上述例子表明,由于不同范围的冲突规范其系属各不相同,如果对同一法律关系的性质理解不一致,就不但会导致适用不同的冲突规范,而且最终还将会适用不同的准据法。

2.不同国家对同一法律术语的解释不同。在冲突规范中,不论是范围部分还是系属部分,都是由一些名词、术语来表示的,如动产、不动产、权利能力、行为能力、住所、契约成立地、侵权行为地等等。如前所述,因为不同国家的法律及法律观念不一致,对这些名词所作的解释也各不相同,所以在这方面也经常发生识别问题。

例如,契约之债的准据法在当事人未做选择时常常是契约缔结地法,但对于异地订立的契约来说,何处为契约缔结地?大陆法系国家理解为"承诺接受地",英美法系国家则理解为"承诺发出地";再如,有关侵权行为的损害赔偿,主要采用"侵权行为依侵权行为地法"这一冲突规范,但不同国家对"侵权行为地"这个连结点的解释也存在着差异,有的国家解释为"加害行为实施地",有的国家却解释为"损害结果发生地";又如,对于蜂房,有的国家视其为动产(如法国),有的国家则视其为不动产（如荷兰）。这里我们假设：一位法国公民住在荷兰，死后在荷兰留下一笔财产，其中包括蜂房。其子女在法国法院提起诉讼，要求继承这笔财产。从法国法（即被继承人本国法）和荷兰法（遗产所在地法）的规定来看，都采用动产继承依被继承人本国法、不动产继承依物之所在地法原则。在这方面，法、荷两国采用的冲突规范都是一致的，两者并没有发生冲突。但在蜂房的继承问题上，由于两国对蜂房所赋予的法律概念不同却产生了冲突。法国法院若依法国法进行识别，蜂房是动产，动产继承依被继承人本国法，即应依法国法来处理；若依荷兰法进行识别，蜂房是不动产，不动产继承依物之所在地法，即应依荷兰法来处理。由此可见，对冲突规范中连结点所包括的法律术语、法律名词的解释不同，也势必导致适用不同的准据法。

由于以上两点原因，识别制度常常被法院地国用来作为排除外国法适用的一种手段。

三、识别的依据

识别问题的关键，就在于确定应依何国法律来进行识别。对此，国际私法学界有不同的主张：

（一）法院地法说

该学说认为，识别应依法院地法进行。康恩和巴丹倡导了这一学说。这种主张认为，审理案件的法院总是按照自己国家的法律观念来判断法律关系的性质的。他们的理由是：

1．冲突规范是按照法院地国家的法律观念和法律语言制订的，同一事实构成和同一概念在冲突规范中只有该国法律所赋予的一个含义，而且用法院地法来识别，还可以保持该国冲突规范与该国其他法律对同一事实情况解释的同一性；

2．依法院地法进行识别，由于法官熟悉自己国家的法律概念，诉讼当事人也事先知道有关问题会依据什么法律进行解释，所以进行识别时，就简单明确，无需查明有关外国法的内容，因而是唯一实际可行的办法；

3. 依法院地法进行识别，符合国家主权原则的要求，可以防止损害法院地国家的立法和司法主权。

如今国际上通行的做法，一般是依法院地法进行识别。但在西方国家的学者中有一种观点，认为"应当而且只能依法院地法进行识别"，意在确定一个统一的标准，并且是唯一的标准。这种主张未免太过于绝对化，例如对物的法律关系的识别，总是依照物之所在地法、而不是依法院地法进行识别。

另外，还有学者对法院地法说是持批评态度的。认为若片面强调依法院地法进行识别，会过分扩大法院地国的权力，减少外国法适用的机会，而且往往将与法律事实有最密切联系的那个国家的法律与该法律事实人为地割裂开来，从而使按其性质本应适用的外国法最终却得不到适用；同时，在法院地法中没有类似于外国法上特有概念的情况下，将会引起识别的困难，这种情况下，就只能依照该外国法来确定这一法律概念的含义了。

(二) 准据法说

主张这一学说的有法国学者德帕涅（Despagnet）和德国学者沃尔夫。他们认为，用来解决争议问题的准据法，同时也是对争议问题的性质进行识别的依据；对一种法律关系性质的识别，如果不依该法律关系的准据法进行，就可能违背该法律的精神。他们还进一步提出了依照准据法进行识别的理由：(1) 适用冲突规范的目的在于指定准据法，依照准据法进行识别既可以避免因对冲突规范识别不准确而歪曲适用法律，又可以防止改变应予适用的准据法；(2) 以事实构成为出发点来解决识别问题，应当依照准据法，因为准据法是和事实构成有密切联系的法律。

但这种主张受到了批驳。反对的意见认为，识别问题是在冲突规范适用的过程中产生的，解决这一问题的顺序应当是：通过识别来确定法律关系的性质,确定应予适用的冲突规范,再通过冲突规范找到应予适用的准据法,从而完成识别任务。在冲突规范尚未确定之前,又如何得知准据法为何国法呢?所以,准据法说在理论上是自相矛盾、本末倒置的;而且,在司法实践中往往会遇到两个甚至两个以上国家的法律均有可能作为准据法的情况,这时究竟应依其中哪一个国家的法律来进行识别?准据法说亦不能解决这个问题。

(三) 分析法与比较法说 (Theory of Analytical Jurisprudence and Comparative Law)

这一学说的主要代表人物为德国学者拉贝尔和英国学者贝克特 (Beckett)。其主要观点是:识别的标准不能局限于一国的法律,而应通过比较的方法,分析那些与需要识别的法律事实有关的各国法律,寻找出一种各国都能接受的共同原则、共同概念,并以此作为识别的标准。这种主张的理由是:国际私法上的冲突规范是那些在若干个法律制度中选择何国法律的规范,它可能与特定国家的实体法有联系,也可能与其他国家的实体法有联系,因而其分类、定性和解释在认识上具有国际普遍性。所以,应当在比较法和分析法的基础上来解决识别的依据问题。

反对的意见认为,能做到这一点当然好,但事实上,要依照比较法和分析法的方式得出普遍适用的共同原则是不现实的,未免过于理想化。例如,关于婚姻方式,有的国家认为是婚姻能力问题而归入实体法,有些国家则认为是婚姻形式问题而归入程序法,因而很难得出一个统一的概念。

持反对意见的具体理由是:(1) 从实践上看,目前对各国法律中的一些概念进行分析与比较研究的并不多见,即使各国法律中存在着若干具有普遍性的共同概念,但为数毕竟有限;(2) 从理论上讲,要真正消除各国法律中认识上的分歧,只有彻底改变各国法律本身才能办到,而这自然是不可能的;(3) 就实际操作而言，这种方法一方面会大大增加法官的负担，另一方面，法官的主观意志对识别的结果也将产生一定的影响。有鉴于此，这一学说实际上很少被采用。

以上介绍了三种在识别问题上的不同主张，除此之外，还有其他一些具体意见，例如，依技术转让中受让国的法律进行识别；依个别研究、个别识别的方法进行识别；用签订条约的方法解决识别问题；一般可依法院地法识别，在特殊情况下，也可兼顾其他有关国家的法律进行识别；等等。

四、我国有关识别的理论和实践

识别是在援用冲突规范确定准据法的过程中所无法回避的一个现实问题。对此，我国国际私法教科书和著述中都有专门论述。关于识别的标准，我国学者一般都没有对上述几种学说中的某一个持明确赞同的态度，但比较倾向于以法院地法说为主，兼采其他原则。

在立法实践方面，我国的《民法通则》并未明确规定识别的依据，但该法第146条第2款可以理解为与识别有关。这一款的规定是："中华人民共和国法律不认为在中华人民共和国领域外发生的行为是侵权行为的，不作为侵权行为处理。"这里面就包含了对"侵权行为"的识别问题。

以上各种学说里，法院地法说尽管有其缺陷，但它又确实是比较可行的一种方式，并为多数国家的涉外法律适用实践所采纳。笔者认为，在我国的司法实践中，人民法院审理涉外民事案件时，所涉及的法律事实的定性、法律术语的含义和内容等问题，应当依照我国的法律来确定和解释。

五、二级识别问题

所谓二级识别是西方国家一些学者在研究识别的过程中提出

的一种理论。英国著名学者契希尔在1938年首先提出了二级识别这一概念。它的含义是：对某一法律事实的识别，是用以确定适用何种冲突规范的识别，称为一级识别或初级识别（primary characterization）；通过一级识别确定了应予适用的冲突规范和准据法之后，再依法院地法对一级识别已经确定的冲突规范所援引的某外国实体法及其所调整的事实构成进行识别，称为二级识别（secondary characterization）。通俗地讲，二级识别就是在找出了冲突规范所援引的准据法之后，再依法院地法对该准据法进行又一次识别。对于二级识别理论，国际私法学界很多学者是持批评态度的。例如，戴西和莫里斯就认为，区分一级识别和二级识别是不现实的、人为的，并会导致专断的后果。

关于二级识别，笔者的观点是：

1. 二级识别是毫无必要的。因为当所谓的一级识别完成后，与冲突规范有关的概念其含义已经明确，该冲突规范所援引的准据法也就确定了，这意味着法律冲突（包括识别冲突）得到了解决，识别的任务业已完成，不需要再进行其他识别。

2. 从法律上讲，识别只限于对冲突规范本身进行解释，所谓的二级识别是非法的。按照国家主权原则，一国的实体法是内国法，它是独立于冲突规范以外的法律规范，只能依照制定该法律规范的国家的法律观念对其进行解释。如果用另一个国家的法律作为标准去解释它的含义，衡量它的正确性，这显然有悖于该国的国家主权和司法独立权。

二级识别在英、美等西方国家法院的判例中曾经得到采用。俄国十月革命后，原苏联实行国有化政策，将一些白俄的财产收归国有。那些逃亡在英、美等国的白俄纷纷在当地法院提起诉讼，要求保护他们的财产所有权。英、美国家的法院对有关的法律关系进行识别后，明确了相应的冲突规范，确认原苏联的国有化法令为解决这类财产纠纷的准据法。但英、美国家的法院并没有直接适用原苏联的国有化法令,而是以法院地法为标准,对原苏联的国有化法令进行了二级识别,认定该法令具有"刑法性质",进而拒绝适用这个法令,因为根据国际惯例,刑法是不具有域外效力的。实际上,这种二级识别的真正目的,就是为了否定原苏联国有化法令的域外效力。

由此可见,所谓二级识别严重地侵犯了别国主权、干涉了别国内政,成为排斥根据本国冲突规范的指定而本应适用的外国法的一种法律手段;同时,它还削弱了国际私法在国际交往过程中所应具有的作用。目前,二级识别已为绝大多数国家的实践所否定。

第二节 反 致

本书所要介绍的反致是广义的,它包括反致(狭义的)、转致和间接反致等项制度在内。

一、反致的概念

(一) 反致 (remission,法:renvoi)

反致的原意是"返回"、"送回",在国际私法上是指甲国法院在处理某个涉外民事案件时,根据内国(法院地国,亦即甲国)的冲突规范,应当适用乙国法;但乙国法上的冲突规范却规定,这个案件应当适用甲国法。于是甲国法院依照内国的实体法处理了该案件,这个适用法律的过程即为反致,亦称直接反致或一级反致(法:renvoi au premier degré)。

反致示意图:

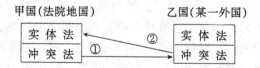

举例来讲,我们假设一个美国路易斯安那州人,其住所在日本,在日本死亡,遗有动产在纽约,继承人向日本法院提起了关于该项动产继承的诉讼。《日本法例》第25条规定:"继承依被继承人本国法",即应依美国路易斯安那州的法律;但按照美国路易斯安那州冲突法的规定,动产继承应依被继承人的实际住所地法,即依日本法。最后,日本法院据此适用了自己的实体法审理了该项动产继承案件,这个确定准据法的过程即为反致。

(二) 转致 (transmission)

转致是指甲国法院在处理某个涉外民事案件时,根据内国(法院地国)的冲突规范,应当适用乙国法;但乙国法上的冲突规范却规定,这个案件应当适用丙国(第二外国)法。于是甲国法院依照丙国实体法处理了该案件,这个适用法律的过程即为转致,亦称二级反致(法: renvoi au second degré)。

转致示意图:

举例来讲,我们假设一个美国路易斯安那州人,住所在法国,死于日本,遗有动产在美国,继承人向日本法院提起了关于该项动产继承的诉讼。依照《日本法例》第25条,"继承依被继承人本国法",即应依美国路易斯安那州的法律;但按照美国路易斯安那州冲突法的规定,动产继承应依被继承人的实际住所地法,即应依法国法。最后,日本法院据此适用了法国的实体法审理了该项动产继承案件,这个确定准据法的过程即为转致。

转致是反致的派生物。在转致的情况下,还可能出现再转致,即丙国冲突规范指向丁国冲突规范,丁国冲突规范又指向适用戊国法，最后受诉法院按戊国实体法处理了案件。

（三）间接反致（indirect remission, indirect renvoi）

间接反致亦称大反致，它与直接反致相对应，是指甲国法院在处理某个涉外民事案件时，根据内国（法院地国）的冲突规范，应当适用乙国法；但乙国法上的冲突规范规定，这个案件应当适用丙国（第二外国）法；而丙国法上的冲突规范却指向适用甲国法。最后，甲国法院依照自己的实体法作为准据法处理了该案件，这个适用法律的过程即为间接反致。

间接反致示意图：

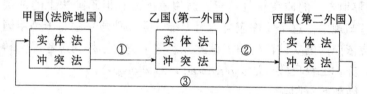

举例来讲，我们假设一个阿根廷人死于英国，并在英国有住所，在日本留有不动产，继承人向日本法院提起了继承该项不动产的请求。按照《日本法例》第25条的规定，"继承依被继承人本国法"，即依阿根廷法；但阿根廷法律规定，继承应依被继承人最后住所地法，也就是依英国法；然而按照英国的判例法，不动产继承依不动产所在地法，即应依日本法。最后，日本法院适用自己的实体法处理了该项不动产继承案件，这个确定准据法的过程即为间接反致。可见，间接反致比反致、转致更为复杂。

以上是反致、转致和间接反致的含义。其中，反致和间接反致最终都导致了内国实体法的适用，而转致最后选定适用的准据法乃是某一外国的实体法。这三方面的内容在国际私法上统称反致制度。

需要指出的是，在反致、转致和间接反致制度适用的情况下，审理某个具体涉外民事案件的法院始终没有变化，亦即法院的管辖权并未改变，只是法院在根据本国冲突规范的指引确定准据法时，经历了一个曲折的过程而已。因此，不应将这个确定准据法的曲折过程误认为是法院对该涉外民事案件的管辖权发生了变化。

二、反致产生的原因

反致（包括反致、转致和间接反致）之所以产生，是基于以下两个相互关联的原因：

1. 法院地国将其冲突规范所援引的外国法理解为是一个既包括实体法、又包括冲突法的整体。如果把该外国法仅仅理解为实体法，而不包括冲突法，那就失去了弹性，既无法反致回来，又无法转致出去，因为法院地国根据该外国的实体法即可直接作出判决，法律适用到此终止，因而也就不会有反致制度。

2. 有关国家冲突法的规定不一致，彼此之间也有冲突。冲突法的不一致，主要是指对冲突规范系属中的连结点规定不同。例如，关于涉外继承问题，有的国家的冲突规范规定以死者的国籍作为连结点，这将导致以死者的国籍国法作为准据法；而有的国家则以死者生前的住所地为连结点，这将导致以死者生前的住所地法为准据法。如果这两个国家的冲突规范相互指定，就会产生反致现象。假若仅仅是法院地国认为外国法也包括其冲突法，但有关国家同类冲突规范的连结点却都相同，亦即有关国家的冲突法都是一致的，相互之间并没有冲突，因而也就不会有反致制度。正是由于连结点的不同，才导致了法律适用上的彼此指定。

由此可见，反致制度的产生，必须同时具备以上两个方面的原因，缺少其中的任何一个，都不会有反致制度。

三、反致的作用

反致的结果,是法院地国适用了本国的实体法或者第三国的实体法,使法院地国冲突规范最初所指向的某一外国实体法得不到适用。这一制度显然限制了法院地国冲突规范的效力,其实质是限制了该冲突规范所援引的外国法的适用,从而扩大了法院地国本国法的适用范围,或者适用了对法院地国有利的、至少是无害的另一个外国法。

四、关于反致的理论和实践

对于反致制度,国际私法学界有不同的见解。在实践上,各国也有不同的做法。

(一) 理论观点

各国学者对反致的见解可分为两派,一派赞成,一派反对。

赞成反致的理由主要有:

1. 采用反致是尊重别国主权的表现。因为在某一具体的涉外民事法律关系中,如果被法院地国冲突规范指定国家的冲突规范又指回法院地国或指向别的国家,则表明该国法律拒绝用自己的实体法来调整这一涉外民事法律关系。在这种情况下,法院地国就没有必要对该外国的实体法表现出比它的立法者更大的热忱,而应尊重该外国立法者的选择,去适用法院地国或第三国的实体法。否则,便是违背了该外国立法者的意愿,侵犯了该外国的主权。

2. 采用反致也是尊重外国法律的完整性。因为外国法律同样是由冲突法和实体法构成的,既然法院地国的冲突规范指定适用外国法,那就应当认为,这个外国法不仅包括其实体法,还要包括其冲突法,不应理解为只是外国实体法;同时,这也是国际礼让的一种表示。

3.采用反致可以扩大本国法的适用范围。很明显,在采用反致和间接反致制度的情况下,最终适用的是法院地国的实体法,而没有适用法院地国冲突规范最初所指向的那个外国的实体法,这就避免了因适用外国法而可能给法院地国带来的不利影响,从而有利于维护法院地国的利益。

4.采用反致可以使得判决结果趋向于一致。因为不管案件在任何一个有关国家的法院提起,均可以期望适用同一国家的实体法,从而有助于减少由于各国冲突规范系属中连结点的差异而导致的判决结果不一致,增强用冲突法调整涉外民事法律关系的稳定性和可预见性。

反对反致的理由主要有:

1.采用反致违背了法院地国的主权。因为这样一来,一方面使法院地国本国冲突规范的作用受到了限制,使外国的冲突规范得以贯彻实施,因而抬高了别国法律,贬低了本国法律,使得本国法院跟着外国法跑了;另一方面,既然法院地国的冲突规范指向适用外国法,那就表明法院地国拒绝用自己的实体法去调整某一涉外民事法律关系,这时就应依法院地国冲突规范的指定去适用外国法。但采用反致后,却因该外国冲突规范的再一次指定而改用内国法或第三国的法律,这显然是不符合法院地国主权要求的。

2.如果各国都接受反致,不一定会使得判决的结果趋向于一致。相反,还会出现各国冲突法相互指定、无休无止的恶性循环,因为甲国冲突规范指向乙国冲突规范,乙国冲突规范则指向甲国冲突规范,甲国冲突规范再指向乙国冲突规范……,如此往复,永无止境,就像两个人来回踢皮球一样,什么问题也解决不了,使得准据法永远也得不到确定。要想使得判决结果达成一致,只有在特定的条件下才能做到:即只有一国接受反致,而对方国家拒绝接受反致。例如,只有在甲国冲突规范指向乙国冲突规范，而乙国冲突规范仅指向甲国实体法（即乙国拒绝接受反致，该国法律为避免无限循环而规定：只能由乙国的冲突规范一次指定准据法）的情况下，才会出现不论在两国中的哪一个国家的法院提起诉讼，都将适用同一国家（甲国）的实体法，从而使得判决结果趋向于一致，这样，永无休止的恶性循环才能无从产生。但也有学者认为，这种在国内立法上明文规定只能一次性指定，即当外国冲突规范反致到法院地国法律时，仅指向法院地的实体法而不包括其冲突法，这在法律适用上是专横的，是不公平的。

3. 采用反致违反了冲突规范适用外国法的本意。换言之，依法院地国冲突规范的指定，某一涉外民事法律关系应当适用某外国法，这就表明该民事法律关系与该外国法的联系更紧密些，因此，就应当适用该外国的实体法，而不是其冲突法。因为冲突法有其自身的独立性，它的目的仅仅在于确定应予适用的准据法。如果适用的是该外国的冲突法，那就等于用一个冲突规范指定了另外一个冲突规范，这与冲突规范的目的是不相符的。因此，利用反致来拒绝适用某一外国的实体法，也是违反了内国立法者的本意。

4. 适用反致时，法院很难查明有关外国的冲突规范。因为不仅英美法系国家的冲突规范渊源于法院判例，而且大陆法系国家的冲突规范也有赖于法院判例的补充。

以上是赞成和反对反致的两种观点及其理由，它们都具有一定的合理性，但这些观点又不是完全绝对的。例如，在赞成反致的观点中，就有学者认为某些情况下反致并不能适用。这些情况是：根据意思自治原则由当事人选择外国法时，或根据法律行为方式依行为地法原则适用外国法时，均不应适用反致制度。因为一般来讲，当事人选择的法律就是指某一国家的实体法，而不是指其冲突法；在法律行为方式依行为地法原则中的"行为地法"，也是指行为地的实体法,而不是指其冲突法。法国国际私法学家巴迪福即持有这种观点。

(二) 司法实践

1. 关于反致

在法律上承认反致现象始于17世纪中叶荷兰、瑞士等国的司法判例,但对各国国际私法产生重大影响、并使反致作为国际私法上一项重要制度被确立下来的,则是19世纪中后期法国最高法院对福尔果案的判决。

案例介绍:福尔果案(Forgo's case,法国最高法院判决,1878年)

福尔果是1801年出生于巴伐利亚(Bavaria)的非婚生子,具有巴伐利亚籍。他5岁时随其母亲一直生活在法国,在法国有事实上的住所。按照当时的法国法,外国人在法国取得住所必须办理法律手续,获得所谓的"住所准许",但福尔果从未取得过这种"住所准许",亦即他没有取得法国法意义上的住所。1869年,福尔果在法国未留遗嘱而去世,留有动产在法国。福尔果的母亲、妻子这时都已死亡,又没有子女,因而其在巴伐利亚的旁系血亲向法国法院提出申请,要求继承福尔果在法国的这笔动产。

根据法国冲突规范的规定,"动产继承依被继承人的原始住所地法",即依巴伐利亚的法律;但巴伐利亚的冲突规范则规定,"无遗嘱动产的继承,依事实上的住所地法",即依法国法。由于两国的冲突规范不同,所指向的准据法也各异,因而适用不同的准据法对当事人的利益有着直接的影响。

若依法国冲突规范所指向的巴伐利亚的实体法,死者在巴伐利亚的旁系血亲对该项财产享有继承权;如依巴伐利亚冲突规范所指向的法国实体法,非婚生子女的亲属除亲兄弟姐妹以外无法定继承权。显然,该案的关键在于,法国法院依照其冲突规范适用巴伐利亚法时,是否再依巴伐利亚的冲突规范转而适用法国的实体法。结果，法国最高法院接受了巴伐利亚冲突法的反致，即适用了法国实体法，将福尔果遗留的动产确定为无人继承财产，收归法国国库所有。

福尔果案以后，反致制度才真正在理论上得到了广泛的研究，并在实践中被普遍采用。

2．关于转致

1887年英国法院审理的特鲁福特案是有关转致的典型案例。

案例介绍：特鲁福特案（Truffort's case，英国法院判决，1887年）

特鲁福特是一位在法国设有住所的瑞士公民，1878年死于法国。生前他曾立下遗嘱，将包括他在英国动产在内的全部财产交给其教子继承。但瑞士法律规定：被继承人的亲生子女可以继承9/10的遗产。因此，特鲁福特的独子为继承其父的遗产在瑞士苏黎世法院提起诉讼。法院根据瑞士实体法中的有关规定，判决他应取得全部遗产的9/10。由于英国和瑞士之间没有司法协助协定，当特鲁福特之子为了获得其父遗留在英国的那部分动产而请求英国法院执行瑞士法院的判决时，英国法院对瑞士法院的判决重新进行了审理。

英国法院审理此案，涉及到了英国、法国、瑞士三个国家的法律。按照英国的冲突规范，动产继承依被继承人死亡时的住所地法即法国法；而法国冲突规范则规定，动产继承依被继承人的本国法即瑞士法。最后，英国法院接受了法国冲突规范对瑞士法的转致，适用了瑞士的实体法来审理案件，从而满足了特鲁福特之子的诉讼请求。

（三）立法实践

最先在立法上接受反致的是《德国民法施行法》，此后，许多国家都在其本国的国际私法立法中采纳了这一制度。但是，由于各国有关反致的理论观点存在着严重的分歧，因而这方面的立法实践也极不统一。从总体上看，各国有关反致的立法实践主要有以下几种情况：

1. 反致、转致均采用。例如，《波兰国际私法》第4条规定："(1) 本法规定适用的外国法反致波兰法时，则适用波兰法。(2) 本法规定适用的外国法转致其他的外国法时，则适用该其他的外国法。"再如，《奥地利国际私法》第5条规定："(1) 对外国法律的指定，也包括它的冲突法在内。(2) 如外国法反致时，应适用奥地利内国法（不包括冲突法）；如外国法转致时，则对转致亦应予以尊重。"

2. 只采用反致，而不采用转致。例如，《日本法例》第29条规定："应依当事人本国法时，如依其国家之法律应依日本法，则依日本法。"再如，《泰国国际私法》第4条规定："在应适用外国法时，如依该外国法应适用泰国法，则适用泰国国内法，而不适用泰国冲突法规则。"

3. 在有限的法律关系中采用反致。例如，英国的判例将反致的适用范围限定于遗嘱的形式要件和实质要件、法定继承等方面，而在合同关系领域则拒绝采用反致；美国的一些州也只在动产继承和离婚等问题上接受反致。

4. 拒绝采用反致或转致。有些国家在其立法中明确规定拒绝采用任何形式的反致。例如，1978年的《意大利民法典》①第30条规定："在根据前述各项条文应适用外国法时，仅适用该外国法本身的规定，而不考虑它向另一国法律所作的反致。"再如，1946年的《希腊民法典》第32条规定："在应予适用的外国法中，不包括该外国的国际私法规则在内。"在立法和司法实践中拒绝采用反致或转致制度的国家还有摩洛哥、埃及、伊朗、伊拉

---

① 本书此后引用的《意大利民法典》除特别注明年代者外，均系指1978年的《意大利民法典》。

克、叙利亚和巴西等。

从国际公约方面来看，对反致也采取了不同的立场。

有些重要的国际公约接受了反致制度。例如，1902年订于海牙的《婚姻法律冲突公约》第1条规定："缔结婚姻的权利依当事人各该本国法的规定，但依其本国法规定应适用其他法律者，不在此限。"再如，《解决汇票期票法律冲突公约》和《解决支票法律冲突公约》在各自的第2条中均分别规定：凡因汇票、期票或支票而受约束的人，其能力应依其本国法，如其本国法规定适用另一国法律的，则应适用该另一国的法律。此外，《关于解决本国法与住所地法冲突的公约》在第1条规定中，也接受了当事人本国法对当事人住所地法的反致。

但同时，也有一些国际公约对反致是持否定态度的。例如，《国际合同义务法律适用公约》第15条就规定："凡适用依本公约确定的任何国家的法律，意即适用该国现行的法律规则而非适用其国际私法规则。"

五、我国对反致的态度

我国目前在立法上对于反致问题尚无明确规定。在《民法通则》生效以前，因为我国当时还没有比较系统的冲突法，所以当外国的冲突规范指向我国法律时，只能是适用我国的实体法。在《民法通则》生效以后，当外国的冲突规范指向我国法律时，如果该外国法接受反致的话，也可能会发生我国冲突规范又指回该外国法的情况。

值得注意的是，我国最高人民法院于1987年作出的《关于适用〈中华人民共和国涉外经济合同法〉若干问题的解答》第2条第5款规定："当事人协议选择的或者人民法院依照最密切联系原则确定的处理合同争议所适用的法律，是指现行的实体法，而不包括冲突规范和程序法。"从这个文件的精神来看，我国在这方面的司法解释是排斥反致制度的。不过，该司法解释已于2000年6月16日由最高人民法院审判委员会第1119次会议通过决定予以废止，并自2000年7月25日起不再适用。

在1949年以前的中国，北洋政府颁布的《法律适用条例》曾仿效日本、法国和德国的有关规定采用了反致。

而我国台湾地区的《涉外民事法律适用法》更是规定兼采反致、转致和间接反致。台湾学者称之为世界国际私法立法的创举，其慷慨大方位于世界前列。该法第29条规定：依本法适用当事人本国法时，如依其本国法就该法律关系须依其他法律而定者，应适用该其他法律，依该其他法律更应适用其他法律者亦同。但依该其他法律应适用台湾法律者，适用台湾法律。

第三节 公共秩序保留

一国法院依照本国冲突规范的指引应当适用外国法时，是否在任何情况下对该外国法都无条件地给予适用呢？答案是否定的。因为在某些情况下，内国法院是可以拒绝适用本应适用的外国法的。本节所要介绍的公共秩序保留就属于这种情况。

一、概述

(一) 公共秩序保留的概念

国际私法上的公共秩序保留，是指一国法院在审理涉外民事案件的过程中，依照其本国冲突规范的指引本应适用外国法时，如果认为该外国法的内容或其适用的结果将违反内国的公共秩序，内国法院就可以据此为理由拒绝适用该外国法。这种对外国法适用的限制，德国国际私法学者称之为"保留条款"（德：Vorbehaltsklausel），大多数学者则称之为"公共秩序保留"（reservation of public order）。

举例来讲，我们假设甲国有一位白人和一位黑人男女公民要在乙国登记结婚，根据乙国有关冲突规范的规定，结婚的实质要件适用当事人本国法，因此，该婚姻关系是否能够有效成立应依甲国法来决定。但甲国的实体法规定：禁止白人和黑人之间通婚。乙国婚姻登记机关在审查当事人的申请时，如果适用甲国的此种禁止性规定，将违反乙国法律确立的不分种族、民族一律平等的原则。在此情况下，乙国婚姻登记机关就可以运用公共秩序保留制度来拒绝适用甲国法，而改为适用乙国自己的实体法。

以上介绍的公共秩序保留的概念是狭义的，它仅指内国法院或其他特定机构运用这一制度来排除外国法的适用。需要指出的是，在实践中对公共秩序保留应作广义的理解，即它并不仅仅局限于排除外国立法上某一具体条文的适用，还应包括内国法院对来自外国法院的判决和境外仲裁机构的裁决，以及在外国制成的法律文件诸如公证文件等的拒绝承认和执行。因为这种判决、裁决或法律文件同样是依照外国法律作出的，拒绝承认和执行它们，实质上也就等于拒绝承认（或适用）有关外国的实体法。

（二）公共秩序保留的起源

在国际私法上，公共秩序保留这一概念最早在14世纪意大利的"法则区别说"中就已有萌芽存在。按照巴塔路斯的主张，在各城邦之间，一个城邦对另一个城邦的所谓"令人厌恶的法则"——例如歧视女子的继承法则等等，即可不予承认。17世纪时，主张"国际礼让说"的荷兰学者胡伯认为，一国出于礼让虽然承认外国法在内国也具有效力，但有一个条件，即不得有损于内国主权者及其臣民的利益。19世纪的德国法学家萨维尼主张，一国的强制性法律具有排除外国法适用的效力。美国学者斯托雷在接受"国际礼让说"的同时，也提出了公共秩序保留问题。他认为，尽管出于国际礼让而可以适用外国法，但当这种外国法的适用会给自己国家和公民的权利带来损害、使主权和平等原则受到威胁时，就可以运用公共秩序保留，由它来承担起消除国际礼让所产生的副作用的任务。意大利法学家孟西尼更是将公共秩序保留上升为国际私法的一项基本原则。而英国学者戴西则将公共秩序保留与保护"既得权"联系在一起。

从立法实践来看，最先以立法形式规定公共秩序保留制度的，要首推《法国民法典》。该法典第6条规定：个人"不得以特别约定违反有关公共秩序和善良风俗的法律"（诸如不得以私人协议排除因故意而引起的责任等等）。这一规定本来是在国内案件中适用于契约的，但在后来的审判实践中，公共秩序保留这一制度也适用于涉外案件，即所援用的外国法如果违反法国的公共秩序，则不予适用。

自此以后，很多国家都在国内立法或国际条约中，将公共秩序规定为适用外国法时的一种保留或限制，但具体措词则不尽相同。目前，公共秩序保留已经成为世界各国普遍承认的国际私法原则和制度了。

（三）公共秩序的内容

关于公共秩序，大陆法系国家习惯用 public order 或 ordre public（法文）来表述，而英美法系国家则通用 public policy（公共政策）一词。至于究竟什么是公共秩序，在学者主张、司法判例以及立法实践中均有不同的提法。

有人把公共秩序解释为公共利益。例如，法国的魏斯认为，如果本国经济的、道德的、宗教的公共利益因适用外国法而受到损失，则该外国法即不应适用。有人将其解释为本国的立法目的。例如，德国的萨维尼认为，公共秩序一词，只能由本国的法官依据本国的道德、本国法的精神和目的加以解释。有人把它解释为本国的政治、法律制度与道德观念。例如，英国的契希尔认为，英国的公共政策就是英国司法的基本规范、英国的道德观念、联合王国对外正常关系和利益以及英国的个性解放与行动自由的观念。有人将其解释为国家利益和主权原则,美国的斯托雷是这种主张的早期代表。

此外,还有人把公共秩序解释为善良风俗、外国法适用的限制、外国法的拒绝适用、适用外国法的例外、基本政策、制度基础等等;也有人从法律的分类来说明公共秩序,如法国有的学者将刑法、行政法、不动产法、货币流通法、道德规范等列为公共秩序的范畴。

而有的学者则不主张对公共秩序加以具体规定。例如,英国学者格雷夫逊(Graveson)就认为,"公共政策是一个不确定的概念,它表示对国家和社会整体来说明显地具有根本意义的那些事情。"

与此相反,美国纽约州上诉法院于1936年审理"默尔茨诉默尔茨"(Mertz vs. Mertz)一案时,对公共政策的含义作了专门的限定。审理该案的莱曼(Lehman)法官认为,公共政策一词常常在一种含糊不清或不正确的意义上使用,因此,法院有必要限定这一术语的法律意义。他指出:美国各州的公共政策就是该州宪法、成文法或司法判例中的法律规则。

在各国的国际私法立法中,对公共秩序的表述亦不尽相同,这表明世界各国的立法机构对这一制度的理解也存在着较大的差异。例如,《德国民法施行法》将公共秩序称之为"善良风俗或德国法之目的";《日本法例》称为"公共秩序和善良风俗";《秘鲁民法典》第2049条称为"国际公共政策或善良风俗";《土耳其国际私法和国际诉讼程序法》第5条以及《匈牙利国际私法》第7条则直接用"公共秩序"这一概念;《波兰国际私法》第6条称为"法律秩序的根本原则";《奥地利国际私法》第6条称为"法律的基本原则";等等。

从以上介绍的情况来看,尽管各国的学者主张、司法判例以及立法规定赋予公共秩序的内容不尽一致,但总的来说,内国法院都是在外国法的适用同本国的政治、经济和法律制度发生重大抵触，危害本国的主权、国家利益、基本政策以及法律的基本观念和基本原则，违反文明社会的公共利益、道德观念、传统风俗习惯和基本人权等情形下，才援引公共秩序保留制度，拒绝适用外国法或拒绝承认与执行外国的判决、裁决以及在外国作成的法律文件。

二、公共秩序保留的作用和适用的场合

（一）公共秩序保留的作用

公共秩序保留的作用，就是限制冲突规范的效力，排斥外国法的适用，否定根据外国法产生的权利和义务，扩大本国法的适用范围，它是适用冲突规范的必要补充手段。公共秩序保留之所以能够起到这些作用，是因为它具有以下法律特点：

1. 它符合主权原则，有利于国家主权的维护。

2. 其含义不具体、不明确，运用时具有极大的灵活性和伸缩性。按照有些学者的说法，公共秩序保留制度在解决法律适用问题时，可以起到"安全阀"（safety valve）的作用。

3. 比起其他限制外国法效力的识别、反致、转致以及外国法内容的证明等项制度，公共秩序保留更直接而彻底地排斥了外国法的效力。

4. 从法律上将造成不适用外国法的责任，推给了相应的外国法。

正因为公共秩序保留制度具有以上法律特点，所以为世界各国所普遍采用。

（二）公共秩序保留适用的场合

对于公共秩序保留在什么样的场合下适用，各国立法通常不作具体列举，而是笼统地规定，在本国的重大利益可能因适用外国法而遭受损害时采用这一制度。但是，一些国家的学者根据本国的立法精神以及司法判例，总结、归纳了在若干场合下适用公共秩序保留的情况。

英国学者格雷夫逊在其1971年出版的《法律的冲突》一书中，对英国法院运用公共秩序原则的情况作出了如下列举：(1)外国法的适用可能对英国和其他国家的友好关系带来不利影响时；(2)对在战时给敌人以帮助或方便的行为，如对敌贸易；(3)阻碍贸易的合同；(4)关于对非婚生子女给予永久抚养的义务。这些情况均不适用外国法，否则，即是违反英国的公共政策。

另一位英国著名学者戴西将下列五种规范列入公共秩序范畴：即道德规范、英国人的身份规范、土地法规范、诉讼程序规范、侵权行为规范。

美国学者库恩（Kuhn）认为，公共秩序保留通常在以下三种场合适用：(1)适用外国法会违背文明国家的道德，如引诱犯罪、鼓励近亲结婚的契约；(2)适用外国法会违反法院地国的禁止性规定，如赌博债务；(3)适用外国法会违反法院地国的既定政策，并给该国带来损害，如逃税的契约。

我国一些学者根据我国现行法律的有关规定，归纳了我国法院适用公共秩序保留制度的几种场合：(1)适用外国法会破坏我国的经济秩序；(2)适用外国法会破坏我国一夫一妻制和男女平等的原则；(3)适用外国法会破坏我国不分种族、民族一律平等的原则；(4)适用外国法会违反我国关于禁止直系亲属结婚，拒绝承认贩奴契约、卖淫契约、赌博契约等法律规定；(5)当外国法院无理拒绝承认我国法律的效力时，根据对等原则，我国法院可以拒绝或限制适用该外国法。

三、公共秩序保留制度的立法方式

在立法上，利用公共秩序保留条款限制外国法适用的方式有以下三种：

1. 直接限制（direct limit）。这种方式是在法律中明文规定，所适用的外国法不得与内国的公共秩序相抵触，否则拒绝适用。直接限制的方式不具体规定法院应在什么范围内或在哪种场合下适用公共秩序保留，而只是规定一个原则，由法官去自由裁量。这种方式简便、灵活，为多数国家的立法所采纳。例如，《泰国国际私法》第5条规定："外国法的适用，应以不违反泰国公共秩序和善良风俗为限。"

2. 间接限制（indirect limit）。这种方式并不直接规定在什么情况下拒绝适用外国法，而是指出内国的某些法律为具有绝对强行性的规范，或者是必须直接适用的，从而在这个范围内，也就当然地排除了外国法适用的可能。采取这种立法方式时，有关规定往往是以一种单边冲突规范的形式出现的。例如，《法国民法典》第3条第1款规定："凡居住在法国领土上的居民应遵守治安法律。"这类强行性法律规范亦称"直接适用的法律"或"公共秩序的法律"。采用间接限制的方式能保证本国法优先得以适用，但在实践中必须首先论证、解释某些内国法是否具有绝对强行性，因而采用这种立法方式的国家相对要少一些。

3. 合并限制（combined limit）。这是指一国在同一法典中兼采直接限制和间接限制两种方式，即一方面规定某些内国法律条文为绝对强制性规范，同时又规定违反内国公共秩序的外国法不予适用。意大利、西班牙等少数国家采用这种方式。例如，《意大利民法典》第28条规定："刑法以及警察法和治安法拘束所有在意大利领土上的人。"该法第31条又规定："尽管有前述各条的规定，外国国家的法律和法规、任何机构和实体的规则和规定或私人间的规定和协议，如果违背公共政策或道德，在意大利领土上均无效力。"这种合并限制的立法方式是比较完善的，它将消极防范和积极进攻结合起来，可以更加有效地防止因适用外国法而给本国带来的损害。

四、有关公共秩序保留的理论和实践

(一) 大陆法系国家

大陆法系国家的学者一般采用演绎的方法,从法律分类的角度来研究公共秩序保留。例如,瑞士法学家布鲁歇(Brocher)就将强行性法律分为两类:一类是国内公共秩序法(法:lois d'ordre public interne, ordre public national),诸如关于人的成年年龄、结婚年龄等规定。这类法律在国内民事法律关系中具有绝对适用的效力,但在国际民事法律关系中,如果冲突规范指向应适用某外国法,这时则应排除国内公共秩序法的适用。另一类是国际公共秩序法(法:lois d'ordre public international, ordre public international),诸如禁止重婚、禁止直系亲属结婚、禁止贩卖人口等规定。这类法律在国内民事法律关系和国际民事法律关系中都必须强制适用,即使冲突规范指明应适用外国法,也不得排除国际公共秩序法的效力,从而在这些领域排除了对外国法的适用。

这种分类方法从理论上讲,有其合理的成分,它说明了为什么会存在着有时要适用外国法、有时又排除外国法的适用这一情况。采用这种分类方法限制了公共秩序保留制度适用的范围,能够避免产生滥用公共秩序保留的现象,否则,将会导致一些根据外国法已经合法成立的法律关系被不合理地否定掉,使得涉外民事法律关系处于不稳定状态。但另一方面,在实践中要精确地划分哪些法律是国内公共秩序法,哪些法律是国际公共秩序法,特别是确认有关法律中的某项条款应当属于国内公共秩序规范还是国际公共秩序规范,则存在着一定的困难。有些法律比较容易区分,例如宪法、刑法等领域不得适用外国法,而民法、婚姻法等领域则可以适用外国法,这是众所周知的事实。问题在于,某些有争议的、或者很难确定的条款恰恰就是问题的关键所在,对此，目前还没有切实可行的解决办法。

从实践来看，大陆法系国家比较多地运用了公共秩序保留制度，这与大陆法系国家采用当事人国籍国法为属人法的系属有关。当冲突规范援引的当事人国籍国法是某一外国法、而该外国法的内容或其适用的结果又有悖于内国的重大利益时，大陆法系国家则不得不借用公共秩序保留制度来限制该外国法的适用。

(二) 英美法系国家

英美法系国家的学者侧重于从有关法律关系的性质入手来探讨公共秩序的内涵，而且通常采用列举的方式。例如，英国学者戴西和莫里斯在《法律冲突论》一书中认为，在英国，公共政策主要适用于两类案件：一类是某些涉外契约，如帮诉契约（champertous contract，指约定出钱或出力帮人诉讼，胜诉后分得利益的一种契约）、限制贸易契约、对敌贸易契约、在强制胁迫下订立的契约、有关离婚的欺诈和收买协议的契约、破坏友国法律的契约等等；另一类则是因刑事或歧视性外国法而产生的身份关系，如奴隶身份和剥夺一切权利的宣告，以及强加于教士、修女、新教徒、犹太人、外国籍人、有色人种、挥霍浪费者的无行为能力地位等等。

同大陆法系国家相比，英美法系国家援用公共秩序保留的场合比较少。究其原因，一方面，英美法系国家对许多涉外民事案件的立法管辖权和司法管辖权所规定的连结点是一致的，例如，在婚姻家庭案件中，确定管辖权和法律适用的标准都是当事人的住所，这样就势必减少适用外国法的机会（即只对在本国境内有住所的人行使管辖权并适用本国法）；另一方面，英美法系国家的法院比较多地通过采用识别或反致制度，来限制或排除外国法的适用。

(三) 原苏联和东欧国家

这些国家对公共秩序保留是采取肯定态度的，它们的立法中一般都明确规定了公共秩序保留制度。

(四) 我国关于公共秩序保留制度的规定

我国对公共秩序保留一向持肯定态度。在立法方面，我国已经有比较完备的关于公共秩序保留制度的规定；至于在司法实践中，以公共秩序保留为由排除外国法适用的判例，目前尚未见到，但已有几个借助公共秩序保留而拒绝承认和执行外国法院判决及排除国际惯例适用的实例。

早在1950年11月，当时的中央人民政府法律委员会在《关于中国人与外侨、外侨与外侨婚姻问题的意见》中就指出："适用当事人本国的婚姻法以不违背我国的公共秩序、公共利益和目前的基本政策为限度。"这里同时使用了"公共秩序"、"公共利益"、"基本政策"等概念。

《中华人民共和国民法通则》是新中国成立后我国比较系统的国际私法立法的先导，其中第八章第150条对公共秩序保留首次作出了全面规定。该条款的内容是："依照本章规定适用外国法律或者国际惯例的，不得违背中华人民共和国的社会公共利益。"《民法通则》的这项规定，采用的是直接限制外国法适用的立法方式，符合世界上大多数国家的立法通例；同时，它也有其自身的特色，即将公共秩序保留与适用国际惯例联系起来，明确指出适用国际惯例时也不得违反我国的社会公共利益，否则，即排除该国际惯例的适用。我国《海商法》第276条亦作了内容相同的规定。

我国立法除了规定在冲突规范运用过程中，利用公共秩序保留条款限制外国法的适用外，还在诉讼程序上利用这项制度来维护我国以及我国当事人的利益。例如，我国《民事诉讼法》第268条规定："人民法院对申请或者请求承认和执行的外国法院作出的发生法律效力的判决、裁定，依照中华人民共和国缔结或者参加的国际条约，或者按照互惠原则进行审查后，认为不违反中华人民共和国法律的基本原则或者国家主权、安全、社会公共利益的,裁定承认其效力,需要执行的,发出执行令,依照本法的有关规定执行。违反中华人民共和国法律的基本原则或者国家主权、安全、社会公共利益的,不予承认和执行。"

(五) 国际条约中的公共秩序保留

若以公共秩序保留为标准,有关国际私法的国际条约可以划分为订立公共秩序保留条款的条约和没有订立公共秩序保留条款的条约两大类。

已经明确规定公共秩序保留条款的条约有《布斯塔曼特法典》,其中第8条规定:"根据本法典各规则取得的权利在缔约各国内具有充分的域外效力,但任何此种权利的效力或其后果,如与国际公共秩序规则相抵触,则不在此例。"

还有其他一些国际条约也有公共秩序保留条款的规定。例如,1955年的《国际有体动产买卖法律适用公约》第6条、《关于解决本国法与住所地法冲突的公约》第6条、1956年的《承认外国公司、社团和财团法律人格的公约》第8条等等,均允许缔约国以公共秩序为理由,排除公约规定的法律在其国内的适用。

对于已经明确规定允许公共秩序保留的条约,应当按照条约规定的条件和范围来适用此项制度,这是没有疑问的。问题在于,较早订立的许多统一国际私法条约里没有规定这类条款,这样一来,在条约的履行过程中,就出现了缔约国是否可以以公共秩序保留为由来排斥条约中的冲突规范及其所援引的外国法问题。

在过去的实践中,对国际条约中的冲突规范,除非条约成员国在缔结或者参加该条约时对条约中的某项冲突规范声明保留外,一般是不能在条约生效以后又援用公共秩序保留这一制度来限制其效力的。但是现在也有学者主张,对于过去订立的国际私法条约，其中没有明确规定公共秩序保留制度的，应当解释为包含有这种制度。这种观点目前已经得到越来越多的赞同与支持。例如，英国著名国际法学家劳特派特（H.Lauterpacht）在1958年国际法院判决的"未成年人监护公约案"（荷兰诉瑞典）中认为："在国际私法中，公共秩序保留或公共政策，作为一种在特殊情况下排除外国法适用的根据，是一般、甚至普遍承认的。尽管承认的方式不同，强调的程度不同，有时在它适用的问题上，也会有实质性的差别，……但是整个来看，其结果在绝大多数国家都是一样的，以至可以说它是国际私法方面的一个公认的普遍原则。"因此，他主张，一项国际公约在无明白的相反规定的情况下，应当认为它本身并不排除公共秩序的运用。

有学者认为，在统一国际私法公约中出现公共秩序保留条款，或将国际私法公约解释为包含有此类条款，这意味着统一国际私法公约的作用和效力已经削弱。然而，需要指出的是，这种情况并不表明公共秩序保留制度的运用可以随意扩大，它只是为了在保障各缔约国国内强行法效力的条件下，来推动缔约各国尽快达成协议，在较为广泛的范围内签订各项有关的法律适用公约。也正因如此，载有公共秩序保留条款的公约大多对这类条款的适用采用了严格限制的措词。例如，《国际合同义务法律适用公约》第16条规定："凡依本公约规定所适用的任何国家的法律，只有其适用明显地违背法院地国的公共秩序时，方可予以拒绝适用。"

五、运用公共秩序保留制度时的几个问题

国际私法的任务是为了解决涉外民事法律关系中的法律冲突与法律适用问题，因此，在内国冲突规范指定应适用某一外国法作为涉外民事法律关系的准据法时，照此指定去援用该外国法，或承认依该外国法设定的权利与义务，是一种正常现象。而在如

今国际交往日益频繁的涉外民事法律关系领域，援用公共秩序保留以排除外国法的适用，则应视为一种例外手段。有些学者，例如意大利的孟西尼，将公共秩序保留视为国际私法的一项基本原则，这显然是不正确的，这种观点不符合国际私法的性质和宗旨。但同时我们也应当清醒地认识到，在国际政治、经济矛盾还十分尖锐，各国法律规定差别也很大的今天，认为完全可以放弃作为排除外国法适用的法律根据的公共秩序保留制度，同样也是不现实的。既然这一制度在调整涉外民事法律关系领域内还要运用，那么在运用过程中，就要注意以下几个方面的问题：

(一) 运用公共秩序保留制度的标准

在立法和司法实践中，对于运用公共秩序保留制度排除外国法适用的标准，有两种不同的主张。

一是主观说，主张法院地国依自己的冲突规范本应适用某一外国法作为准据法时，只要该外国法本身的内容与法院地国的公共秩序相抵触，即可排除该外国法的适用，而不问具体案件适用该外国法后的结果如何。主观说强调外国法本身的可厌性（repugnancy）、有害性（perniciousness）或邪恶性（viciousness），而不注重法院地国的公共秩序是否确实因适用该外国法而受到损害。按照主观说的观点，在实行一夫一妻制的法院地国家内，对于外国一夫多妻制以及由此而产生的法律关系一概不予承认，即使是所受理的案件仅涉及死者一妻之女对其父亲的财产继承权问题亦然。在立法上，《日本法例》就采用了主观说，它的第 30 条规定："应依外国法时如其规定违反公共秩序和善良风俗的，不予适用。"此外，《波兰国际私法》第 6 条、《土耳其国际私法和国际诉讼程序法》第 5 条的规定，也采用了主观说。

二是客观说，主张内国法院在决定是否运用公共秩序保留时，不但要看外国法的内容是否有所不妥，而且注重外国法适用的结果在客观上是否确实违反了法院地国的公共秩序，因而客观说亦称结果说。在立法上，《秘鲁民法典》第十编就采用了这一学说，它的第 2049 条第 1 款规定："依本法的冲突规则指定适用的外国法律条款，如果其适用会导致与国际公共政策或善良风俗抵触，则不予适用。"

目前，较为普遍的实践是采用客观说，因为这种主张有其合理性。依照客观说，如果外国法仅仅是在内容上违反法院地国的公共秩序，则并不一定妨碍该外国法在法院地国的适用；只有其适用结果将会危及法院地国公共秩序的外国法，才必须援用公共秩序保留制度来排除它的适用。例如，某外国法承认一夫多妻为合法婚姻，但以一夫一妻制为原则的法院地国所受理的案件仅仅涉及第二个妻子所生女儿对其父亲的财产继承权问题。尽管从法律内容上看，该外国法承认一夫多妻为合法婚姻的规定是与法院地国的公共秩序相抵触的，但在此案中，重婚只是相关的事实，而不是诉争的问题。假如默认外国法有关一夫多妻制的规定，不仅可以使得第二个妻子所生女儿取得婚生子女的地位，有利于保护该女子的合法权益，并且该外国法的适用结果又不至损害法院地国的公共秩序，那么在这种情况下，根据客观说的主张，法院地国不妨适用该外国法上有关一夫多妻制的规定从而承认原婚姻关系为有效，赋予第二个妻子所生女儿以婚生子女的地位。

（二）公共秩序保留与尊重别国主权

1. 国有化法令问题

英、美国际私法上有一个特殊的名词称为"惩罚性法律"。在 1789 年的福利特诉奥格登（Folliot vs. Ogden）一案中，审理此案的英国法官就声称："一国的惩罚性法律不能在他国被理会"。[①] 1825 年美国的一个判例也认为，"一国的法院不执行他国

---

① 转引自李双元、金彭年、张茂、李志勇编著：《中国国际私法通论》，法律出版社 1996 年版，第 158 页。

的惩罚性法律"。① 从此以后，英、美等国的法院认为，凡是民事法律规定中带有处罚性质的，一律视为惩罚性法律而排除其适用。一些西方国家的法院常常以此为理由，援用公共秩序保留制度来拒绝承认其他主权国家的国有化法令的域外效力。应当说，这是一种滥用公共秩序保留、不尊重别国主权的行为。

不过，有些西方国家在这个问题上的前后实践并不一致，它们基于自身对外政策和实际利益的考虑，某些时候也在一定程度上承认别国国有化法令的域外效力。以下介绍的两个案例就属于这种情况。

案例一：美国政府诉贝尔蒙特铝业公司案（美国联邦最高法院判决，1937年）

十月革命前，俄国的彼得格勒冶金工厂在纽约的贝尔蒙特铝业公司存放了一笔款项，1918年，苏俄政府根据其国有化法令将该冶金工厂收归国有，但这笔在美国的存款却并没能转移到苏俄政府手中。1933年，苏、美两国建交，苏联政府将其对美国一切组织及个人的请求权转移给了美国政府。当美国政府要求贝尔蒙特铝业公司向美国政府支付这笔款项时，遭到该公司的拒绝。于是，美国政府在纽约地区联邦地方法院向贝尔蒙特铝业公司提起了诉讼。起初，在纽约南区联邦地方法院及联邦上诉法院的两次审判中，两法院以苏俄政府国有化法令违背纽约州的公共政策为由，否定了美国政府的请求。案件上诉到美国联邦最高法院。该法院推翻了前两审法院的判决，满足了美国政府的请求，认为苏俄政府国有化法令并不违背美国的公共政策。美国联邦最高法院的这项判决，实际上是承认了苏俄政府国有化法令对其本国企业在美国境内的、应被国有化的财产具有域外效力。

---

① 转引自李双元、金彭年、张茂、李志勇编著：《中国国际私法通论》，法律出版社1996年版，第158页。

案例二：苏联巴库油田原业主诉美孚石油公司案（美国法院审理，1932年）

苏联巴库油田原业主作为原告，在美国法院提起诉讼，要求取得由苏联卖给美孚石油公司的巴库油田生产的石油。美国法院驳回了原告的起诉，理由是苏联通过国有化已经取得了该油田的所有权，该油田生产的石油当然归苏联所有，苏联政府有权出售。

根据国家主权原则，一国国有化法令的域内域外效力是应当得到其他国家承认的。但在实践中，为了发展国家间平等互利的投资关系，维护法律关系的稳定性，各国往往通过有关的双边或多边国际条约，相互保证在一般情况下不对对方的投资采取国有化措施，如果在特殊情况下确有此必要时，须经法定程序并给予适当的补偿。

2. 未被承认国家的法律适用问题

当冲突规范指向适用的是未被法院地国承认的国家或政府的法律时，是否可以借公共秩序保留制度来排除其适用？对于这一问题有两种截然不同的观点。

一种观点认为，能被作为准据法来适用的只能是被承认的国家或政府制定和实施的法律。一国的立法宗旨与司法实践应当同该国的外交政策协调一致，不能将两者割裂开来。因此，当本国冲突规范所指向的是未被承认的国家或政府的法律时，应与拒绝承认这一国家或政府一样，拒绝承认其法律的效力，并以公共秩序保留为由，拒绝适用该外国法。

另一种观点认为，不应将具有政治意义的承认与只具有民商事性质的法律适用问题混为一谈，未被法院地国承认的国家或政府所制定的法律不应以公共秩序保留为由拒绝适用。因为国际私法所调整的对象是涉外民事法律关系，而非国家之间的政治关系，而且根据国际公法上有关承认的原则，一国的存在并不是以他国的承认为前提的，因此，是否适用该国的法律，也不应以承认该国或其政府为先决条件。这种观点在理论上能够自圆其说；在实践中，不少国家出于政治考虑，尽管尚未正式承认相关国家，但彼此之间仍然存在着正常的民事交往，如果单纯从政治角度出发拒绝适用其法律，将给这种正常民事往来的顺利进行与进一步发展造成妨碍。

3. 外国公法的排除问题

所谓公法（拉丁：jus publicum）是相对私法（拉丁：jus privatum）而言的。前已述及，在罗马法时代，法律被法学家们划分为公法和私法两部分，公法包括调整宗教祭祀活动和国家机关活动的法律规范，私法包括调整财产所有权、债权、婚姻家庭和继承等方面的法律规范。罗马法学家乌尔比安对公法与私法的划分作出如下解释："公法是与国家组织有关的法律"，"私法是与个人利益有关的法律"。[①] 罗马法学家将法律划分为公法与私法的原则，后来成为西方国家法学划分的基础。

笔者这里借用此种分类方法，来探讨一下外国公法的排除问题。目前世界上许多国家都将宪法、刑法、行政法、财政金融法等等看做是公法，并且普遍认为外国的这类法律不能为内国法院所适用。其理由是：第一，这类法律本身只具有域内效力。英国一些学者指出，一国在其管辖范围内实施它的刑法，这是主权的体现，但这种刑法管辖权却不能在别国主权范围内实施。宪法、行政法、财政金融法等也都如此。第二，国际私法的目的是执行私的而不是公的权力要求，而宪法、刑法、行政法和财政金融法等则是执行国家的公法上的权力。基于这些理由，有的学者认为，没有必要将公共秩序保留用来作为排除外国公法适用的根

[①] 陈盛清主编：《外国法制史》，北京大学出版社1982年版，第57页。

据。

应当说,这种观点是正确的。国际私法只承认私法方面的法律冲突,因而也只在私法范围内可以承认外国法的效力,允许在一定条件下适用外国法。国际私法上的排除外国法的适用,亦正是在这个范围内提出来的。因此,可以这样认为,由于内国通过其冲突规范承认了某一外国法的域外效力(这里的外国法仅指上述罗马法学家分类意义上的外国私法),但因发现它的适用将与自身的公共秩序相抵触,于是借助公共秩序保留制度来限制这种情况下内国冲突规范的效力,以达到排除该外国法适用的目的。而与此不同的是,排除外国公法的适用则完全是建立在另一个基础之上的,即建立在国际法的国家主权原则的基础上,建立在公法具有严格的域内性的基础上,它并不需要借助公共秩序保留制度的运用。

但也有学者认为,不适用外国公法这个原则是先验的,并无理论和实践的基础,而且实践中也确实有适用外国公法这方面的例子。例如,《瑞士联邦国际私法》第13条第2款的内容为:"外国法律的规定,即使具有公法性质,也可以予以适用。"换言之,遇有这种情况,仍得视其是否与内国公共秩序相抵触而定。如相抵触,是可以借助公共秩序保留制度来排除该外国公法的适用的。

(三) 外国法排除后的法律适用

当法院地国援用公共秩序保留制度排除外国法的适用后,就产生了应当适用什么法律来审理和判决其所受理的涉外民事案件的问题。对此,在理论上有积极说和消极说两种观点。

积极说主张,当外国法被排除适用后,应以法院地国相应的法律取而代之。一般认为,适用法院地国法是当然的,因为法院适用内国法是原则,适用外国法则是例外。长期以来,大多数国家都主张积极说。

但也有些学者认为,一概以法院地国法取代被排除适用的外国法未免过于绝对,因此提出了消极说。该学说认为,取代被排除适用的外国法的,不一定必须是法院地国的内国法,而应视具体情况予以确定。因为从法院地国冲突规范的精神来看,既然某一法律关系应以有关外国的实体法作为准据法,那就表明这一法律关系与该外国有着更多的联系,因而用有关外国的法律来处理该法律关系更为合适。所以,消极说主张,对于这个问题应根据具体情况妥善处理,而不应当一概以内国法取而代之。如果一味强调适用法院地国法,可能会助长滥用公共秩序保留的错误倾向,这既不符合冲突规范的原意,有时还会造成对当事人不公正的结果。例如,法国法院在审理"杰克诉B剧院"一案时,就作出了显失公正的判决。

案例介绍:杰克诉B剧院案(法国法院判决)

杰克(本案原告)与其妻子是在美国有住所的美国人,1930年时他们暂住法国塞纳市。原告的妻子是位演员,在未取得丈夫同意的情况下,她与塞纳市的B剧院订立了舞蹈表演合同。为此,其丈夫在法国法院提起了诉讼,要求B剧院对他所受到的损失给予赔偿。由于原告及他的妻子均为美国人并在美国有住所,根据法国冲突规范的规定,本案应适用美国法律。按照美国法的规定,丈夫对妻子从事某种职业没有否决权。但根据法国的公共秩序,则妻子不能损害丈夫的权威。在这种情况下,法国法院应当如何处理呢?法院认定:B剧院事先未征得原告的同意就与其妻子签订演出合同,违反了法国的公共秩序,为此,判决B剧院向原告赔偿6万美元。法院在判决中指出:"在现代立法和道德的情况下,不能允许已婚女子在法国公然蔑视其丈夫的权威。该演员违反其丈夫的意志,公然与B剧院签订演出合同的行为,是违反法国的公共道德的,即使她是外国人也一样。"从本案的审理情况来看,尽管当时法国法的规定是没落的、歧视妇女的，但它仍然取代了内容合理的美国法。

消极说从理论上讲是比较合理的，但在实践中采用消极说的国家为数并不多，原因就在于采用积极说有利于扩大法院地国适用其本国法的范围，使法院地国处于有利的地位。

理论上的分歧必然导致实践上的差异。关于本该适用的外国法被排除后应以什么法律取而代之这一问题，有的国家国际私法立法上的公共秩序条款没有加以规定，如日本、泰国、希腊、埃及、中国等就属于这种情况；有的国家则明确规定适用内国法，如匈牙利、秘鲁、塞内加尔等国有这种规定；还有一些国家，虽然也规定可以适用内国法，但有所限制，土耳其、瑞士等国就属于这种情况。例如，《土耳其国际私法和国际诉讼程序法》第5条规定："应适用外国法时，如果外国法的规定违反土耳其的公共秩序，则不适用该外国法的规定，必要时可适用土耳其法律。"这里，它并没有规定必须由内国法取代外国法，而只是允许在"必要时"用内国法来取代外国法。《瑞士联邦国际私法》也有类似的规定，它的第17条是公共秩序保留条款，其内容是："适用外国法律明显违反瑞士的公共秩序的，则拒绝适用。"紧接着，该法在第18条中又规定："根据立法宗旨和案情，案件显然有必要适用瑞士法律的，则适用瑞士法律。"

在法院地国冲突规范指定适用的外国法被排除后，也有理论和实践主张对特定案件可以拒绝裁判的。其理由是：既然冲突规范规定应当适用外国法，那就表明它不允许用其他国家的法律来代替，因而在这种情况下，可以视为外国法的内容不能证明，所以，内国法院拒绝裁判是恰当的。

（四）如何看待外国的公共秩序

各国设立公共秩序保留制度的目的，在于维护本国法律的基本原则和社会的重大利益不致因适用外国法而遭到破坏，因此，一般来讲，各国法院都只是援用自己的公共秩序保留制度，而并不顾及外国的公共秩序或公共政策。但在接受转致制度的国家，有时就会面临这个问题。例如，一个接受转致制度的甲国法院在处理某一涉外民事案件时，依其本国冲突规范的指定应当适用乙国法，而依乙国冲突规范的指定则应适用丙国法，但适用丙国法会与乙国的公共秩序相抵触，此种情况下，甲国法院应当如何处理这个问题呢？

德国法学家沃尔夫曾经举了一个例子予以说明：一个信奉基督教而住所在意大利的奥地利男子，于1930年在英国与一位奥地利籍犹太女子结婚。后来，该男子向英国法院提出宣告该婚姻无效的请求。依照英国的冲突规范，婚姻是否有效应依住所地法，即意大利法；而依照意大利的冲突规范，婚姻是否有效应依当事人本国法，即奥地利法。《奥地利民法典》在这方面的规定是：基督教徒与非基督教徒之间的婚姻是无效的。但意大利的法律却认为，因信仰不同而产生的婚姻障碍是与意大利的公共秩序不相容的。在这种情况下，英国法院该如何决定？如果英国法院接受转致，就应当适用奥地利法；而适用奥地利法，将与意大利的公共秩序发生抵触。沃尔夫认为，这时英国法院应当顾及意大利的公共秩序，拒绝适用奥地利法的上述规定，而判决原婚姻关系为有效。[①]

这种情况尽管很少出现，但确实是一个可能发生的问题。如果出现这一情况，作为法院地国的甲国不仅应当考虑丙外国法的适用是否同乙外国的公共秩序相矛盾问题，而且还应考虑丙外国法的适用是否同法院地国即甲国的公共秩序相矛盾的问题，以及保护乙外国的公共秩序是否有损于甲国本国的公共秩序问题。

[①] 〔德〕沃尔夫著，李浩培、汤宗舜译：《国际私法》，法律出版社1988年版，第270页。

第四节　法律规避

一、法律规避的概念

法律规避（evasion of law），亦称"诈欺规避"（fraudulent evasion of law，法：fraude à la loi，德：Gesetzesumgehung），或称"诈欺设立连结点"（fraudulent creation of points of contact）。法律规避也是在冲突规范运用过程中产生的一个问题，它影响着冲突规范的运用和效力。

我们知道，冲突规范是国际私法所特有的一种法律规范，它是由范围、系属和关联词组成的。法律规避就是冲突规范的系属部分在适用过程中产生的问题。由于每一个准据法都与一个相应的连结因素相连结，而连结因素中又有住所、国籍、契约缔结地、契约履行地、侵权行为地、婚姻举行地等不同种类，其中，某些连结因素是可以因当事人的主观意志而加以改变的，所以，在一个特定的法律关系中，连结因素变了，应予适用的准据法也要作相应的改变。

法律规避中的"规避"，是"逃避"、"躲避"的意思。国际私法上的法律规避是指：涉外民事法律关系的当事人以利己为动机，故意改变构成法院地国冲突规范连结点（亦称连结因素）的具体事实（或称具体目标），以避开本应适用的对其不利的准据法，从而使对自己有利的法律得以适用的一种行为。

在国际私法上处理法律规避问题的一个著名案例，是法国法院对鲍富莱蒙案的判决。

案例介绍：鲍富莱蒙诉比贝斯哥案（Bauffremont vs. Bibesco，法国最高法院判决，1878年）

本案原告是法国王子鲍富莱蒙，其妻原为比利时人，因嫁给原告而取得了法国国籍。婚后鲍富莱蒙夫妇不和，1874年这对夫妻在法国取得了别居判决。由于当时（1884年以前）法国的法律只许别居而不准离婚，而德国的法律则允许离婚，鲍富莱蒙夫人为了达到离婚的目的，便只身前往德国，并且退出了法国国籍而加入了德国国籍。然后她在德国法院提起离婚诉讼，德国法院判决离婚。接着，她在柏林与罗马尼亚王子比贝斯哥结婚，并以德国公民的身份回到法国。这种情况下，她的前夫鲍富莱蒙在法国法院起诉，要求法院宣告其妻在德国改变国籍、离婚、再婚等项行为均属无效。

按照法国的冲突规范，婚姻事项应依当事人本国法，这位夫人当时已是德国公民，所以应当适用德国法律。如果适用德国法，她的行为都是合法的。但法国最高法院认为，鲍富莱蒙夫人的离婚是通过法律规避手段取得的，因而判决她在德国的离婚和再婚无效。至于她加入德国国籍问题，法国最高法院认为，这应由德国法院裁判，法国法院对此无权审理。从此以后，法国法院便根据这一判例确立了一项原则，即在国际私法上，用规避法国法的方法而完成的行为是无效的。

目前在国际私法学界，对法律规避有广义和狭义两种理解。狭义的法律规避仅指规避内国法的行为；广义的法律规避是指凡属法律规避行为，不论是规避内国法还是规避外国法，均属法律规避。在当事人规避内国法而适用外国法时，内国大多认为这种规避是无效的，因而不发生适用外国法的效力，这就使得外国法的适用受到了限制；在当事人规避外国法而适用内国法时，如果内国承认这种规避的效力，则同样使得本应适用的那个外国法未能得到适用。因此，有学者将法律规避视为是限制外国法适用的一种手段。

二、法律规避的构成要件

从以上概念和说明中可以看出，法律规避有四个构成要件：

1. 从主观上讲，当事人规避某种法律必须是出于故意，换言之，当事人有逃避适用某种法律的意图。

2. 从规避的对象上讲，当事人规避的法律必须是依照法院地国冲突规范的指引而本应适用的那个实体法，并且这种被规避的实体法必须是强行性或禁止性的规定，而非任意性规定。因为任意性规定并不要求必须在有关的法律关系中予以适用，故不存在规避的问题。至于被规避的法律是内国法还是外国法，有时也决定是否构成法律规避。有些国家只承认规避内国法为法律规避，而有些国家则将规避外国法也视为法律规避。

3. 从行为方式上讲，法律规避必须是通过改变构成冲突规范连结点的具体事实（或称具体目标）来实现的，如改变国籍、改变住所、改变行为地、改变物之所在地等等，并且这种行为虽然在实质上是非法的，但从形式上看则常常是合法的，并不是明显的违法行为。

这里需要指出的是，目前有些国际私法著述将法律规避表述为"改变连结点"或"制造一个连结点"，严格说来，这种表述不够准确。从绝大多数的法律规避行为来看，当事人改变的不是冲突规范的连结点本身（即改变的不是连结点的种类），也没有制造新的连结点，只是使得构成连结点的具体事实发生了变化。具体来讲，并不是把"当事人国籍国"改变为"当事人住所地"，而是将甲国国籍改变为乙国国籍，或将住所由甲国迁往乙国，等等。例如，在鲍富莱蒙案中，法院地采用的是婚姻事项依当事人本国法这一冲突规范，鲍富莱蒙夫人的法律规避行为并未改变"本国法"这一连结点，更未制造一个新的连结点来取而代之，而只是改变了构成"本国法"这一连结点的具体事实，亦即通过退籍、入籍，将法国法改变为德国法，尽管此"本国法"已非彼"本国法"，但作为连结点的"本国法"本身则丝毫没有发生变化。因此，将法律规避表述为当事人改变构成冲突规范连结点的具体事实或具体目标较为确切。

4. 从客观结果上讲，法律规避行为必须是既遂的，换言之，因规避行为致使冲突规范指引的本应适用的法律未被适用，而当事人所希望的那个对其有利的实体法则得到了适用，当事人的目的已经达到。

三、改变冲突规范连结点具体事实的情况

为规避法律而故意改变构成冲突规范连结点具体事实的情况，通常有以下几种：

1. 变更住所地。指在内国有关冲突规范以住所为连结点的情况下，由一国住所改为另一国住所。例如，某女子为美国纽约州的居民，为了在较短的时间内达到控告其丈夫犯了遗弃罪的目的，故意迁至加利福尼亚州居住，一年后在加州法院起诉，控告其丈夫遗弃她，并获得胜诉。胜诉后她很快又迁回纽约州居住。在这个例子中，该女子是故意规避纽约州的法律，因为按照纽约州的法律要求，要证明被遗弃则需要更长的时间。

2. 变更国籍。指在内国有关冲突规范以国籍为连结点的情况下，由一国国籍改变为另一国国籍。例如，在前面介绍的鲍富莱蒙案中，鲍富莱蒙夫人为了达到离婚的目的而改变国籍，这种改变国籍的真实意图，是为了规避本国法关于离婚的规定。此外，从法律规避的角度来看，改变国籍的目的还有如下一些：为了规避本国法关于结婚的规定、关于夫妻财产关系的规定、关于禁治产的宣告和设立监护人的规定、关于行为能力的规定、关于法院管辖权的规定等等。

3. 变更行为地。指在适用"场所支配行为"原则的情况下，故意改变行为地,以某种为内国法所不允许的行为方式成立法律关系。例如,为了逃避设立遗嘱的繁琐手续和高昂费用,当事人便前往一个手续既简便、花费又少的国家去成立遗嘱。再如,在婚姻方式依婚姻举行地法的情况下,当事人故意前往别国结婚,意在按本国法律所不允许的方式来缔结婚姻,等等。

4. 变更物之所在地。指在物权关系适用物之所在地法的情况下,为了取得所有权而改变物的所在地。例如,当事人故意把一国法律规定不许买卖的物转移到没有这种限制的国家,或者将遗失物从返还时效较长的国家转移到返还时效较短的国家。

5. 变更宗教信仰。指在适用宗教法规的情况下,当事人还可能通过改变宗教信仰而达到规避原属宗教中禁止性规定的目的。

四、法律规避和公共秩序保留的联系与区别

在国际私法上,法律规避与公共秩序保留既有联系,又有区别。两者的联系主要表现为:它们都使法院地国冲突规范所援引的外国法未能得到适用,而是适用了法院地国或者第三国的法律,因此,这两者都被称为限制外国法适用的法律制度。但是,这两者之间也存在着明显的区别,主要表现在以下几个方面:

1. 产生的原因不同。法律规避是当事人故意的行为;而公共秩序保留则是一种国家行为,它是因法院地国冲突规范所援引的外国法的内容、或该外国法适用的结果违反法院地国的公共秩序,因而导致法院地国拒绝适用该外国法,这种拒绝适用与当事人本人无关,因为有关国家的法律规定是不以当事人的主观意志为转移的。

2. 性质不同。法律规避行为在于逃避本应适用的法律,这种行为的目的具有违法性质,但当事人为改变构成冲突规范连结点的某一法律事实所从事的具体行为本身(如退出本国国籍而加

入外国国籍），则是符合有关国家法律规定的，因此，一般将法律规避这一形式上合法、实质上不合法的行为称为间接违法行为；而公共秩序保留则是一国法院为维护国家主权和经济利益而采用的一种正当手段，只要不属于滥用公共秩序保留，就都是合法的。

3．后果不同。对当事人来讲，世界上几乎所有国家的立法和司法实践都主张规避法院地国内国法的行为无效，认为不应使当事人规避法律的目的得逞，有些国家甚至还规定对规避法律的行为要追究当事人的法律责任；而公共秩序保留的后果，则是排除适用内国冲突规范所援引的某一外国法，当事人对此丝毫不负法律责任。

4．角度不同。许多国家的法院在限制规避内国法或运用公共秩序保留的情形下，均要求必须适用内国法。但法律规避是从禁止当事人逃避本国法适用的角度、公共秩序保留则是从拒绝适用外国法的角度来实现这一目的的。所采用的方法是：法律规避意在"拉回"当事人，公共秩序保留意在"推出"外国法。

由于法律规避与公共秩序保留同为限制外国法适用的制度，而且两者在某些方面存在着相似之处，因而对于法律规避究竟是一个独立的问题，还是公共秩序保留问题的一部分，在学者中间是有不同看法的。

一派学者认为，法律规避是一个独立的问题，不应与公共秩序保留相混淆，尽管这两者在结果上常常是对本应适用的外国法不予适用，但它们的性质却是大不相同的。因公共秩序保留而排除外国法的适用，是着眼于外国法内容本身或其适用的结果；因法律规避而不适用外国法，却是着眼于当事人的欺诈行为。努斯鲍姆、巴迪福等人持这种观点。

另一派学者则认为，法律规避也属于公共秩序保留问题，它是公共秩序保留的一部分。在不适用外国法而适用内国法时，两者殊途同归，都是为了维护内国法的权威，因而可以将法律规避视为公共秩序保留的一个附带问题。梅希奥、巴丹、萨瑟、贝尔特拉姆（Bertram）等人持这种观点。

就目前情况来看，前一种主张在理论上占有优势。

五、法律规避的效力

在国际私法的理论和实践中，对法律规避的效力问题一直存有争论，争论的焦点如下：

1. 应否承认法律规避的效力？

大多数国家的学者认为，法律规避是一种欺骗行为，因此应当无效。得出这个结论是基于两点理由：(1) 法律规避的目的在于逃避有关国家的强行法，这是一种违反公共秩序的行为；(2) 根据"诈欺使得一切归于无效"（拉丁：fraus omnia corrumpit）原则，作为诈欺行为的法律规避及其结果理应视为无效。在司法实践中，法国法院持有这种立场。

而少数国家的学者通常从所谓尊重个人自由的原则出发，认为既然冲突规范给予当事人以选择法律的可能，那么当事人为了达到自己的某种目的而选择某一国家的法律，则是冲突规范所允许的，不能将法律规避的责任归咎于当事人，因此，应当承认这种行为有效；如果要防止冲突规范被当事人利用，就应当由立法者在冲突规范中有所规定。从司法实践来看，英国法院一般是不承认国际私法上有所谓的法律规避问题的，依照该国的有关判例，只有在绝对需要适用英国法的情况下，才对法律规避行为加以排斥。

2. 国际私法上的法律规避是只限于规避内国法，还是也包括规避外国法在内？

关于这个问题，主要有两种不同主张：

一种观点认为：法律规避既包括规避内国法，也包括规避外国法，凡是法律规避均属无效。例如，《阿根廷民法典》第1207条规定："在国外缔结的规避阿根廷法律的契约是毫无意义的，虽然这个契约依契约缔结地法是有效的。"第1208条又进一步规定："在阿根廷缔结的规避外国法的契约，是无效的。"

另一种观点认为，法律规避仅指规避内国法，而不包括规避外国法，因为内国法院没有义务去维护外国法的尊严；另外，当事人规避外国法的结果，很可能是适用了法院地国法，这对于法院地国家来说，当事人不仅没有规避其法律，反而适用了它的法律，所以，不应将规避外国法的行为视为法律规避。例如，1891年的《瑞士联邦关于人的民法关系的法规》仅规定："禁止通过在国外缔结婚姻的方式规避瑞士的婚姻法。"

在司法实践上，法国法院审理弗莱一案时，也持这种立场。

案例介绍：弗莱案（Ferrai's case，法国最高法院判决，1922年）

弗莱夫妇均为意大利人。由于当时意大利的法律只许别居，不准离婚（意大利法律直至1975年以后方允许离婚），弗莱夫人为了逃避意大利法律关于离婚的这种限制而归化为法国人，然后在法国法院诉请离婚。当时的法国已在法律中取消了限制离婚的规定。法国法院依照法国法上关于"离婚适用当事人本国法"这一冲突规范的指定，适用法国法作出了准予离婚的判决。对法国来讲，弗莱夫人规避的意大利法是外国法，法国法院对该案判决离婚，实际上就是承认了规避外国法的行为有效。

对于这一判决有不少学者包括法国学者都提出了异议，认为对规避外国法的行为也应认定为无效，因为规避毕竟是规避，是一种不道德的行为。

六、如何减少或避免法律规避

国际私法所调整的涉外民事法律关系，涉及到与其相关的不同国家的法律，同一个法律关系适用不同国家的法律，其结果可能完全相反。基于这个原因，要在国际私法上彻底杜绝法律规避现象是很难做到的。但是，为了减少或者尽量避免法律规避问题的产生，可以考虑采取以下解决办法：

1. 对某些法律关系适用重叠性冲突规范。例如，《离婚及分居法律冲突与管辖冲突公约》第 2 条规定：" 离婚的请求非依夫妻的本国法及起诉地法均具有离婚的理由的，不得提出。"

2. 对连结点作出限制性规定。在涉外民事法律关系领域，当事人之所以能够通过改变连结点的具体事实达到规避法律的目的，是因为准据法系通过冲突规范中连结点的指引而得以确定的。为此，有些国家试图对连结点作出限制性规定，来减少或避免法律规避问题的产生。例如，北欧斯堪的纳维亚国家就曾缔结协定，规定缔约国一方的公民在其他缔约国境内设立住所，需经两年以上的时间才算取得住所，以此来防止伪设住所的出现。再如，美国有些州的法律对离婚条件规定得很宽，当事人为了达到离婚目的而将住所迁往这些州的现象比比皆是。于是，1907 年美国的《婚姻无效与离婚统一法》(Uniform Act Regulating Annulment of Marriage and Divorce) 中就规定了 "善意住所" (bona fide domicile) 的概念，以求制止这种 "迁徙离婚" (migratory divorce)。该法规定：宣告婚姻无效及离婚的管辖权，以当事人在该州有善意住所并持续相当时期为限。

七、我国有关法律规避的理论和实践

(一) 有关规定

1985 年 7 月 25 日，我国国家工商行政管理局颁布了《关于

确认和处理无效经济合同的暂行规定》，其中对无效经济合同的确认依据之一，就是"当事人规避法律，损害了国家利益、社会公共利益或他人利益"（该暂行规定后于1998年废止）。而《民法通则》第八章（"涉外民事关系的法律适用"）对法律规避问题却未能做出规定。但我国最高人民法院《关于贯彻执行〈中华人民共和国民法通则〉若干问题的意见（试行）》第194条规定："当事人规避我国强制性或者禁止性法律规范的行为，不发生适用外国法律的效力。"这个《意见》只对规避内国法行为的效力作出了明确的司法解释，而没有涉及规避外国法的行为。

（二）理论见解

在我国国际私法学界，学者们一般认为，国际私法上的法律规避既包括规避内国法，也包括规避外国法。由于国际私法所调整的涉外民事法律关系不仅涉及两个国家的法律，而且有时还会涉及三个乃至更多国家的法律，因而在这种法律关系中，当事人既可能希望规避内国法以适用外国法，又可能希望规避外国法以适用内国法，还可能希望规避甲外国法而适用乙外国法。

此外，我国学者还主张，应当将法律规避行为与法律规避的后果区分开来，这是两个不同的问题。

关于法律规避行为，我国学者的看法是，应当注意明确这种行为无效的范围。一般来讲，只能宣布当事人通过法律规避行为企图实现的目的或结果无效，而改变构成冲突规范连结点具体事实的行为则是依法成立的，是合法的。例如，在前述鲍富莱蒙案中，法国法院就认为它对于鲍富莱蒙夫人加入德国国籍这一行为是无权过问的，它只能宣布该项行为的目的即离婚和再婚为无效。

关于法律规避的后果，我国学者主张，应视具体情况区别对待。首先，凡属规避我国法律的行为，不论当事人是本国人还是外国人，也不管这种规避行为是在我国境内完成的还是在我国境外完成的，原则上一律无效。其次，规避外国法要看是规避了什么样的外国法。如果当事人规避的是外国法上某些正当的、合理性的规定（如禁止近亲结婚），那就应当宣布该项规避行为无效。如果当事人规避的是外国法上不合理的、落后的、非正义的规定，并且这种规定违反了我国的公共秩序和立法精神（如禁止白人和黑人间通婚），则可以承认这种规避行为有效。

综上所述，各国限制或禁止法律规避，实质上就是否定因规避有关的内国法而造成的适用外国法的结果，以达到限制外国法适用的目的。

第五节 外国法内容的证明

一、外国法内容证明的概念

外国法内容的证明（proof of content of foreign law），亦称外国法内容的确定、外国法内容的认定或外国法内容的查明，是指一国法院审理涉外民事案件时，在根据本国冲突规范或有关国际条约的指引而确定了某一外国实体法为准据法的情况下，如何证明该外国法的存在、它的具体内容是什么以及这方面的证明材料由谁来提供的制度。

例如，甲国一家公司与乙国一家公司在甲国境内签订了一项货物买卖合同，后来双方在履行合同过程中发生了争议，乙国这家公司在其本国法院提起了诉讼。乙国法院根据本国冲突规范"合同依合同缔结地法"的指引，认定这一合同纠纷应适用甲国的法律来解决。那么，甲国有没有适用于该合同的法律？若有，其具体规定又如何？由谁来提供甲国有关法律的存在及其具体规定的证明材料？这些就是外国法内容的证明所需要解决的问题。它是一种从诉讼程序的角度来限制外国法适用的制度，通常被当作一种"补救"手段，对冲突规范所援引的外国法（即准据法）

进行再一次的"校正"。

那么,为什么会产生外国法内容的证明这种问题呢?原因主要有两个:

1. 办案过程中存在着实际困难。由于世界各国的法律千差万别、浩如烟海,任何受理涉外民事案件的法院及法官都很难通晓一切国家的各种法律。因此,当根据本国冲突规范的指引需要适用外国法时,就有必要通过一定的方法或程序对该外国法进行证明。

2. 各国诉讼程序上的规定有差异。西方一些国家的诉讼法将"法律"与"事实"截然分开。按照它们的法律观点,法官只知道法律,即"法官知法"(拉丁:Jura novit curia),至于事实,则归当事人举证证明,再由法官根据当事人所证明的事实加以论证、认定,并适用法律作出判决。这就势必会出现以下问题:法院按照自身冲突规范的指引去适用外国法时,究竟应当将这个外国法看做是"法律"(matter of law),还是视其为"事实"(matter of fact)?如果属于前者,那就由法院依照职权去主动证明与适用;如果属于后者,则应由当事人负责举证。对于这个问题的回答,各国的国际私法理论、立法和司法实践是很不相同的。

由此可见,外国法内容证明的实质,就在于被冲突规范所援引的那个外国法的内容应当由谁来提供证明,是由诉讼双方当事人提供呢,还是由法官来提供?

二、外国法内容证明的方法

外国法内容证明的方法取决于法院地国对有关外国法的性质作何理解。目前,世界各国对外国法性质的理解大致存在着三种不同的学说,与此相适应,持不同学说的国家分别采用不同的证明外国法内容的方法。

(一) 持"事实说"的国家主张由当事人举证证明

英美法系国家通常将外国法看做是单纯的"事实"而不是法律,因而完全由当事人对所应适用的外国法的内容提出证明,法官则没有依照职权去证明的义务。这种观点主要以如下两点理由作为依据:

1. 英美法系国家多将"国际礼让说"视为其国际私法的理论基础。在"国际礼让说"看来,内国法院适用外国法只是出于国际间的礼让,它不承认法律的域外效力。如果把外国法看成是法律,将违背其国际私法的理论基础。

2. 既然一国法律一般说来仅具有域内效力,那么本国法官就只有适用内国法的职责,而无适用外国法的义务。由本国法院去适用外国法,是同国家主权不相容的。所以,对于法院来说,由本国冲突规范所指定的外国法只能是作为事实而不能作为法律来看待,它不具有法律的性质,因此,应当由当事人自己负责提出或证明,法院并不承担证明的责任。

"事实说"的观点是不尽妥当的。外国法本身就是法律,并不能因为将它说成是事实而改变其法律性质。本国法院所适用的外国法,是根据本国冲突规范的指定而适用的,归根结底,这是适用内国法的结果,根本不存在损害本国主权的情况。可见,"事实说"是唯心主义的,形式主义的。

从持"事实说"国家的有关实践来看,外国法内容的证明方式大致有以下几种:

1. 由当事人提出刊载有关法律内容的权威性文件(如官方公报、法院判决书中所引证的条款等),也可以由当事人在诉状中引用该外国法,或请有关专家提供证明。

2. 如果诉讼双方对所应适用的外国法的内容理解一致,则双方可以向法院提出一项协议声明,法官便可根据此项声明来确定该外国法的内容并作出判决,而不必再用其他方式证明。

3. 如果诉讼双方对外国法的理解不一致，则由双方当事人各自举证，然后由法官断定哪一方的举证是正确的，并对正确的举证予以适用。

4. 如果双方当事人都不能证明外国法的内容，或者法官认为当事人所提出的证据不充分时，在英国，则直接推定适用相应的英国法；在美国，假如该外国法属于英美法系，则可以适用相应的美国法，假如被援引的该外国法不属于英美法系，则以"事实证据不足"为由，驳回当事人的诉讼请求，拒绝受理。例如，1956年美国联邦法院受理了一起美国公民威尔顿（沙特阿拉伯美国石油公司职员）诉其所属公司案。原告因其汽车与该公司的一辆载重汽车相撞而受伤致残。受害人向该公司总部所在地的纽约法院提起诉讼。该法院的法官要求原告提出加害行为地（沙特阿拉伯）的法律证据。但是，原告既不懂沙特阿拉伯的法律，也无钱聘请律师，所以提不出这种证据。他要求法院根据美国法律来审理这一案件并据此确定被告的责任。但纽约法院以诉讼根据未为原告所确定为由，驳回了他的诉讼请求。其理由是：沙特阿拉伯不是普通法系国家，美国法院不能推定其法律与美国法相同，故不适用推定的方法。

近些年来，美国对外国法是属于法律还是属于事实这一问题，在观点上逐渐发生了一些变化。美国的一些州仍将外国法看做是事实，但也有一些州已经陆续采用了美国《统一州际和国际诉讼程序法》中的有关规定，开始将外国法视为法律。

5. 如果法官已经知道该外国法的内容，即使当事人未提供相应的证明，法官也可以直接认定和适用。

由此可见，采用当事人举证的方法，往往使得外国法内容的证明受到诉讼双方提出的证据的限制。目前，英国、美国、比利时、卢森堡以及拉美的阿根廷、墨西哥、智利、巴西、洪都拉斯等国都采取这种实践。

(二) 持"法律说"的国家主张由法官依照职权去证明

一些欧洲大陆国家，如奥地利、德国、意大利、荷兰、原苏联以及若干东欧国家，还有拉丁美洲的乌拉圭、秘鲁等国持这种主张。这些国家认为，本国冲突规范所援引的外国法也是法律，按照"法官知法"的原则，法官应当负责证明外国法的内容。例如，《奥地利国际私法》第4条第1款规定："外国法应由法官依职权查明。可以允许的辅助方法有：有关人员的参加，联邦司法部提供的资料，以及专家的意见。"

"法律说"的理论依据是德国法学家萨维尼提出的"法律关系本座说"。在持"法律说"观点的学者看来，内国适用外国法律是根据法律关系的本座来适用的。由于内外国法律是完全平等的，因此，本国法官适用外国法就如同适用内国法一样，并没有什么区别。"法律说"的可取之处在于，它把外国法看做是法律而非事实，这是正确的；但本国法官适用外国法与适用内国法是有根本区别的，否认这种区别同样是形式主义的，形而上学的。

尽管一些国家主张由法官负责证明有关外国法的内容，但具体的证明方法又不完全相同。奥地利等国原则上由法官负责调查外国法的内容，若法官难以证明外国法时，可责令当事人协助证明；而意大利等国则完全由法官负责证明外国法，无需当事人举证。

(三) 持"折衷说"的国家主张由法官和当事人共同查证

这是介于"事实说"与"法律说"之间的第三种学说，它力图调和"事实说"与"法律说"的矛盾。"折衷说"认为，外国法既非单纯之事实，亦非绝对之法律，而是根据内国冲突规范的指定所应适用的外国法律。从内国法的观点而言，它适用的是外国法，从外国法的观点而言，它是依据法院地国法而被援用的，所以，它既有别于内国法又有别于外国法，而是一种特殊的法律事实。因此，要证明外国法，也必须采用既有别于确定事实的程序，又不同于确定法律的程序。

具体来讲，"折衷说"主张应由法官依照职权负责证明，但根据需要和可能，也要求当事人提供关于外国法内容的证明，或由有关专家提供资料或提出意见。这种方式原则上不重视当事人的证明，而重视法官的调查，但在法官不知道或很难知道外国法的情况下，得责令当事人协助调查；同时，法院并不受当事人提供资料的限制，也可以求助于其他方法来证明外国法。

"折衷说"是比较符合实际的。目前，瑞士等国就采取这种方法。例如，《瑞士联邦国际私法》第16条第1款规定："法官负责查明外国法的内容。法官可以要求当事人予以合作。涉及继承问题的，由当事人负责查明。"

三、外国法内容不能证明时的解决办法

在一国法院依本国冲突规范的指定应适用外国法的情况下，如果当事人和法官都不能证明该外国法时，各国的理论和实践基本上采取如下解决办法：

1. 以内国法取而代之。这是大多数国家（个别情况下也包括将外国法看做是事实的英国和美国）所采取的办法。例如，《奥地利国际私法》第4条第2款规定："如经充分努力，在适当时期内外国法仍不能查明时，应适用奥地利法。"又如，《瑞士联邦国际私法》第16条第2款规定："外国法内容无法查明的，则适用瑞士法律。"

至于以内国法取而代之的理由，则有种种不同的解释。有学者认为，在外国法无法证明的情况下，可以推定外国法与内国法相同；也有学者认为，在外国法无法证明时，即可推定当事人放弃了适用外国法的权利，或对适用内国法表示了默认；另有学者认为，在外国法无法确定时，内国法是唯一可以适用的法律，也是法官最为熟悉的法律；还有学者认为，除了在某些情况下如对

涉外家庭关系或继承关系取而代之适用内国法并不妥当以外，适用内国法是比单纯驳回当事人的诉讼请求更好的一种解决办法。

2. 驳回当事人的诉讼请求或抗辩。德国等一些国家在实践中采取这种做法。其理由是：适用某一外国法是由于冲突规范的指定，这意味着不允许适用其他法律来代替，既然该外国法的内容无法证明，法院得认为当事人的诉讼请求或抗辩没有根据而予以驳回。例如，《德国民事诉讼法典》第293条规定：德国法院依职权确定外国法的内容，但也有权要求当事人双方提供有关外国法的证据；如果负责提供有关外国法证据的一方提供不出证据，法院则以证据不足为由驳回其诉讼请求或抗辩。

3. 适用相近的法律。也有学者认为，在外国法无法证明时，应适用与该外国法最相近似或类似国家的法律进行裁判。但就目前来看，在立法上明确规定外国法无法证明时适用与其相近的法律的，还不多见。只是德国曾有案例采取过这种做法。在该案例中，一个厄瓜多尔人依其父亲的遗嘱被剥夺了他继承其父亲遗产的特留份的权利，为此而发生争议。当时，第一次世界大战刚刚结束，受诉法院无法证明《厄瓜多尔民法典》中的有关规定，但该法院知道，《厄瓜多尔民法典》是以《智利民法典》为蓝本的，认为适用同《厄瓜多尔民法典》相似的《智利民法典》，比适用法院地法（即德国法）似乎更接近于正确的解决办法。后来，德国法院在该案件中适用了《智利民法典》中的相应规定。

4. 适用一般法理。有的学者认为，当外国法无法证明或欠缺有关规定时，应依法理进行裁判。在实践中，日本的学说和判例大多采用这一方式。

四、对外国法适用错误的处理

这一情况是指：当冲突规范指向适用外国法时，若发生将外国法适用错误或解释错误的情况，对此能否进行补救，即当事人能否以适用外国法错误为理由，向上级司法机关上诉，上级司法机关是否应当行使复审权。对于这个问题的解决，与是否将外国法视为事实有关。

在法院处理涉外民事案件时，外国法的错误适用有两种情况，一是适用错误，二是解释错误。

(一) 适用错误

适用错误指受诉法院所适用的法律，不符合法院地国冲突规范的规定。这种适用错误具体又有三种情况：一是应当适用内国法但却适用了外国法；二是应当适用外国法但却适用了内国法；三是适用外国法时，应当适用甲外国法但却适用了乙外国法。

例如，一位英国人，在德国有住所，要在德国结婚。根据德国法，缔结婚姻的能力以及婚姻成立的要件依当事人本国法（即英国法）；而英国法则规定，此类问题应适用当事人的住所地法（即德国法）。假如德国的婚姻登记机关适用了英国法来处理该英国人的结婚申请，就属于法律适用上的错误，因为德国法（《德国民法施行法》第 27 条以及《联邦德国国际私法》第 4 条）是接受反致的。

这种适用错误的情况比较容易解决，因为它是对内国冲突规范的直接违反（即违反了本国法关于反致的规定），其性质属于适用内国冲突规范的错误，应当与适用内国其他种类法律规范的错误同等对待。对此，各国的理论与实践一般都允许当事人依法上诉，以纠正这类错误。

(二) 解释错误

这类错误亦称理解错误，即对作为准据法的外国法在理解上存在着错误，尽管法官适用了内国冲突规范所指引的法律，但却把该法律的具体内容搞错了，或对其作了错误的解释，并据此作出了错误的判决，从而构成对内国冲突规范的间接违反。

例如，有一对意大利青年男女，男 17 岁，女 15 岁，要在日本登记结婚。依照《日本法例》第13条第1款的规定,"婚姻成立的要件,依各当事人本国法",即适用意大利法,而意大利的法律规定,男16岁,女14岁就可以结婚。如果日本婚姻登记机关误认为意大利法律关于婚龄的规定是男女均为16岁,就是对准据法作了错误的理解或解释。

对于这类错误是否允许当事人通过上诉予以纠正?在各国国际私法的理论与实践中,有两种截然不同的做法:

1. 不允许当事人上诉。如法国、德国、瑞士、西班牙、希腊、比利时等国就采取这种做法,这与欧洲大陆一些国家的法律制度有关。在这些国家里,最高法院只是作为法律审(拉丁:revisio in jure)的法院来审理案件的。它们必须接受下级法院对事实的认定,其职责只限于复查下级法院根据事实所得出的法律结论,换言之,它们只受理以下级法院"适用法律不当"为理由提出的上诉案件,不受理以"事实不当"为理由提出的上诉案件。而在上述国家中,对外国法的认定,大多被看做是一种对事实的认定,因此,关于外国法内容在解释上出现错误时,是不允许当事人上诉到最高法院的。

此外,这些国家还认为,其最高法院的设立,是为了保证本国法律解释的正确性和一致性,它只能对内国法律作统一的解释,至于外国法律的解释是否正确与一致问题,则应由该外国的最高法院去解决,而且内国最高法院如果干涉外国法的解释问题,事实上也有所不便。倘若内国最高法院所作的解释与该外国最高法院的解释不相一致,或对外国法竟作出了错误的解释,那都会影响其自身的声誉。

德国法院虽然将外国法视为法律,但原则上仍然不允许就外国法的解释错误问题提起上诉。

2. 允许当事人上诉。如意大利、奥地利、波兰、葡萄牙、芬兰等国就采取这种做法。至于英美法系国家,尽管在传统上将外国法视为事实，但它们的上诉法院却可以对下级法院就外国法的认定进行审查，所以，如果发生对外国法的解释错误问题，是可以提起上诉的。在英国，其最高法院（即上议院）有权审查事实问题，并且在一些案件中对外国法的错误适用进行了纠正；在美国某些州，还有制定法明确规定，就下级法院对外国法的认定当事人得提起上诉。事实上即使没有这种规定，当事人仍可提起上诉，上级法院也有权对这种认定进行审查。

关于对外国法的解释错误允许当事人上诉问题，有些国际公约也是持肯定态度的。例如，《布斯塔曼特法典》第412条规定："在有上诉或其他类似制度的各缔约国内，得以违反另一缔约国的法律或对之作错误解释或不当适用为理由提起上诉，与对其本国法有同样情况者相同，并以同样条件为依据。"1979年订于蒙得维的亚的美洲国家间《关于国际私法通则的公约》第4条也规定："在诉讼地程序法中规定的一切上诉，对于适用其他缔约国法律的案件，也应准予适用。"

主张允许当事人上诉的理由主要有两点：

（1）外国法的适用是基于内国冲突规范的指定，适用外国法是由于首先适用了内国法的结果，错误解释内国冲突规范所指定的外国法，实际上亦等于错误解释了内国法。因此，应当将外国法与内国法同等看待，不允许当事人上诉是没有道理的，因而主张由上级法院纠正下级法院的"适用法律不当"的错误。

（2）一般来讲，在外国法内容的证明方面，进行上诉审的上级法院的法官知识更为丰富，更容易证明外国法。如果让下级法院对别国的法律在解释上拥有最终决定权，而不允许上级法院或最高法院进行复审，这很难说是合适的。因此，对外国法的错误解释，应该允许当事人上诉。

五、我国的有关实践

在实践中,我国历来反对那种把外国法区分为"事实"与"法律"并将它们绝对对立起来的观点,而是认为外国法既是客观存在的事实,亦是在一定地域内有效的法律。当依据我国冲突规范的指定,应当适用的法律为外国法时,人民法院有责任证明该外国法的内容,同时,当事人也有举证的责任,两个方面要相互配合,以便尽快地、准确地了解有关外国法的规定。

关于外国法内容的证明方法,尽管目前我国立法尚无明文规定,但却有这方面的司法解释。依照最高人民法院《关于贯彻执行〈中华人民共和国民法通则〉若干问题的意见(试行)》第193条的有关规定,对于应当适用的外国法律,可通过下列途径查明:(1)由当事人提供;(2)由与我国订立司法协助协定的缔约对方的中央机关提供;(3)由我国驻该国使领馆提供;(4)由该国驻我国使领馆提供;(5)由中外法律专家提供。通过以上途径仍不能查明的,适用中华人民共和国法律。

此外,我国还与一些国家签订了双边司法协助条约,对外国法内容的证明方法也作出了相应规定。例如,1988年2月8日起生效的《中华人民共和国和法兰西共和国关于民事、商事司法协助的协定》第28条的内容是:"有关缔约一方的法律、法规、习惯法和司法实践的证明,可以由本国的外交或领事代表机关或者其他有资格的机关或个人以出具证明书的方式提交给缔约另一方法院。"

关于外国法错误适用的处理问题,我国法院对案件的审理是实行两审终审制,不作事实审和法律审的区分。虽然目前我国尚无关于外国法的错误适用应如何处理的立法规定和司法解释,但从《中华人民共和国民事诉讼法》的指导思想、任务、基本原则以及有关的具体规定来看,不论是认定事实有出入,还是发生外国法适用或解释上的错误，当事人如果不服判决，是允许提起上诉的，以便通过上诉程序、甚至审判监督程序纠正错误，从而作出切合实际与公正合理的判决，以保护当事人的合法权益，维护正当的涉外民事法律关系，促进国际间的正常交往。

综上所述，我们可以看到，冲突规范在适用过程中会遇到一系列的问题，诸如识别、反致与转致和间接反致、公共秩序保留、法律规避以及外国法内容的证明等等，只有在这些问题都得到解决后，内国冲突规范所援引的准据法才能最终予以适用。

第二编 分 论

第五章 国际私法的主体

国际私法的主体,亦即涉外民事法律关系的主体,是指在涉外民事法律关系中享受民事权利、承担民事义务的法律人格者,包括自然人和法人,在特定场合下,还包括国家和国际组织。与国内民法关系主体的情况不同,国际私法关系的主体不仅包括内国的自然人和法人,而且还包括外国的自然人和法人,甚至还有外国国家与国际组织;并且有关国际私法主体的法律地位、法律冲突等问题的解决,往往要涉及不同国家的法律和国际条约的规定。

对国际私法主体进行研究的具体范围主要有:(1)国际私法主体的国籍和住所的确定;(2)国际私法主体的能力所应受支配的法律;(3)关于国际私法关系中特殊主体的某些特殊问题;(4)外国人的民事法律地位;等等。

第一节 自然人

自然人(natural person)是法律上的概念,亦即自然界中的人,是个人在法律上的称谓,它与根据法律而组成的法人是相对而言的。所谓自然人,是指基于出生而取得民事权利义务主体资格的个人,包括内国人和外国人。自然人参与涉外民事活动的范围最为广泛，涉及的法律关系也最为复杂，因而它是国际私法的基本主体。

一、自然人成为国际私法主体的资格

自然人成为国际私法主体的资格取决于其所具有的权利能力和行为能力。内国的自然人只要依照内国法律的规定具有民事权利能力和民事行为能力，就可以成为国际私法关系的主体，各国对此一般都不加限制，或只在某些特殊问题上有所限制。

至于外国自然人在内国成为国际私法关系的主体问题，情况则比较复杂。一般来讲，只有在各国肯定外国人在内国具有一定的民事法律地位的情况下，外国人才可能在内国成为国际私法关系的主体。现今世界各国都承认外国人在内国具有一定的民事法律地位，享受国民待遇或最惠国待遇，既强调外国人与内国人在民事法律地位上的平等，也强调不同国家的外国人在内国具有平等的民事法律地位。但是，各国对外国人在内国的民事法律地位的具体规定并不完全一致。一些国家为了维护本国利益，并不主张外国人与内国人在民事法律地位上绝对平等，有时外国人在内国并不能参加某些民事法律关系，因而也就不可能成为这些民事法律关系的主体。

自然人成为国际私法的主体，主要涉及以下几个方面的问题：即自然人的国籍问题、自然人的住所问题、自然人权利能力的法律冲突问题、自然人行为能力的法律冲突问题等等。

二、自然人的国籍

前已述及，在国际私法上有两种属人法实践，一是以住所地法为属人法，二是以本国法（即国籍国法）为属人法。不同的属人法决定着不同的法律适用原则。

(一) 国籍的概念及其法律意义

所谓国籍（nationality），是指一个自然人作为某一国家的公民（或国民）而隶属于该国的一种法律身份或法律资格，它是连结个人与国家的一种法律上的纽带。国籍既是自然人隶属于国家、作为该国成员的标志，又是自然人承受该国法律赋予的各项权利和义务的重要依据。任何一个主权国家都根据其本国的国籍立法赋予有关自然人以本国国籍，并据此对具有本国国籍的自然人行使司法管辖权和外交保护权。

国籍是国际公法和国际私法都要研究的问题，但它们研究的角度和出发点不同。国际公法主要是从国家与居民关系的角度，来研究国籍法的基本制度和国籍的取得、丧失、恢复以及如何防止与消除多国籍和无国籍现象等一系列问题；国际私法则是从国际私法主体的角度对国籍问题进行研究，它主要探讨的是在需要适用某自然人的本国法时，如果该自然人同时具有两个以上的国籍或无国籍，应当如何确定其本国法的问题。所以，国际私法一般不解决国籍冲突本身的如何避免或消除，换言之，在确定了某双重国籍人或无国籍人应受何国法律支配、明确了有关各方的权利与义务之后，原来的双重国籍或无国籍状态仍然存在，一国的国际私法不能决定某人必须具有或者必须不具有某一外国的国籍。

国籍在国际私法上具有如下重要的法律意义：

1. 国籍是判断某一民事法律关系是否具有涉外因素的重要标准。在实践中，为了确定某一民事法律关系是否属于国际私法所调整的涉外民事法律关系，首先就要分析该民事法律关系的主体是否具有涉外因素，即作为法律关系主体的自然人是否具有不同国家的国籍。

2. 国籍是确定自然人在一国之内民事法律地位的标志。在一个国家里，内国自然人与外国自然人的民事法律地位是不尽相同的，即使同是外国自然人，国籍不同，其所处的民事法律地位也有可能不同。

3. 国籍在许多国家还是法院确定行使司法管辖权的重要依据。例如，法国以及受《法国民法典》影响的比利时、荷兰、卢森堡、西班牙、葡萄牙等欧洲国家，均以当事人的国籍作为确定法院管辖权的依据。

4. 国籍是确定当事人属人法，亦即指引涉外民事法律关系准据法的一个重要连结点。大陆法系国家普遍以当事人的国籍作为连结点，以确定解决自然人身份、能力以及亲属和继承关系等方面问题的准据法。在这些领域，判明当事人的国籍，是决定应当适用何国法律的先决条件。

(二) 国籍的冲突

所谓国籍的冲突，是指一个人依照不同国家的法律同时具有两个或两个以上国家国籍的现象，或者一个人依照任何国家的法律都不具有任何国家国籍的现象，前者称为国籍的积极冲突，后者称为国籍的消极冲突。可见，国籍的积极冲突实际上就是双重国籍或多重国籍现象，而国籍的消极冲突实际上就是无国籍现象。

(三) 国籍冲突产生的原因

国籍的确定是国家主权范围内的事，世界各国都有其规定国籍事项的国内立法。《关于国籍法冲突若干问题的公约》第1条规定："每一国家依照其本国法律决定谁是其国民。此项法律如符合于国际公约、国际惯例以及一般承认关于国籍的法律原则，其他国家应予承认。"该公约第2条进一步强调："关于某人是否具有某一特定国家国籍的问题，应依照该国的法律予以决定。"

在正常情况下，每一个自然人都要具有国籍，而且只应拥有一个国籍。但由于各国对国籍的取得与丧失所采取的立法原则不同，结果就常常产生国籍的冲突问题。

1. 双重国籍的产生

具体有以下几种情况：

(1) 由于出生。指由于各国对因出生而赋予国籍所采取的原则不同而导致产生双重国籍。例如，采取血统主义国家的公民在采取出生地主义国家境内所生的子女，一出生即具有双重国籍；如果父母国籍不同，父母各自国家采取血统主义，他们在采取出生地主义的国家境内所生子女，一出生即具有三重国籍。

(2) 由于婚姻。指由于各国对女子的涉外结婚是否影响其国籍采取不同的立法原则，妇女就有可能由于婚姻而取得双重国籍。例如，甲国女子与乙国男子结婚，按乙国国籍法规定，外国女子与本国男子结婚自动取得其夫的国籍；而按甲国国籍法规定，本国女子与外国男子结婚并不因婚姻而自动丧失本国国籍。这样，甲国女子就因其婚姻而具有双重国籍。

(3) 由于收养。指由于各国对涉外收养是否影响被收养人的国籍采取不同的立法原则，被收养人就有可能由于收养而取得双重国籍。例如，某国公民收养一个外国人为养子女，按收养人本国的国籍法规定，外国人为本国人所收养，即取得本国国籍；但按被收养人本国的国籍法规定，收养并不影响国籍。结果，这个被收养人就具有双重国籍。

(4) 由于入籍。指由于各国对入籍的规定不同，也会产生双重国籍问题。例如，一个人在外国申请入籍，其本国法律规定，本国人退籍必须经过批准；而该外国的法律则规定，接受入籍不以退出本国国籍为条件。如果这个人在未退出本国国籍的情况下获准入籍，他就具有双重国籍。

双重国籍是一种不正常现象，而且还会造成严重的后果。对于双重国籍人来说，双重国籍使得个人陷入困难境地。因为双重国籍人与两个国籍国都有着固定的法律联系，他可以享受两个国籍国赋予的权利，但也应同时效忠于两个国籍国，同时承担两个国籍国法律所规定的义务。从国家之间的关系来看,双重国籍问题往往引起国家间的纠纷。对第三国来讲,双重国籍将给第三国对外国人的管理带来不便。例如,在审理涉外民事案件时,当事人如果为双重国籍人,法院就必须首先明确当事人的国籍,这种情况下,双重国籍就会给第三国审理有关案件带来困难。

2. 无国籍的产生

无国籍现象产生的原因,也是由于各国国籍法的规定不同。具体来讲,主要有以下几种情况:

(1) 由于出生。一对无国籍的夫妇在采取纯血统主义国家所生的子女,或者一对采取出生地主义国家的夫妇在采取纯血统主义国家所生的子女,就是无国籍人。

(2) 由于婚姻。一个采取婚姻影响国籍原则的国家的女子,与一个采取婚姻不影响国籍原则的国家的男子结婚,就会产生无国籍人。例如,甲国法律规定,本国女子与外国男子结婚即丧失本国国籍;而乙国法律则规定,与本国男子结婚的外国女子并不因婚姻而自动取得本国国籍。这样,如果甲国女子与乙国男子结婚,该女子就会因婚姻而成为无国籍人。

(3) 由于收养。一个采取收养影响国籍原则的国家的被收养人,为一个采取收养不影响国籍原则的国家的收养人所收养,就会产生无国籍人。例如,被收养人国家的法律规定,本国人被外国人收养即丧失本国国籍;而收养人国家的法律则规定,外国人为本国人所收养,不因收养而自动取得本国国籍。这样,被收养人就会成为无国籍人。

(4) 由于剥夺。某些国家的国籍法和有关法律规定有剥夺国籍的条款,如果一个人由于某种法定原因被剥夺了国籍,在未取得新国籍之前,他就是一个无国籍人。

无国籍人在政治上不享受应有的权利,在民事交往中不能根据国籍由本国法院或本国法来维护其合法权益,当其合法权益受到不法侵害时，也不能请求任何国家对其实行外交保护。因此，无国籍人在涉外民事法律关系中常常处于不利的地位。

(四) 国籍冲突的解决方法

双重国籍和无国籍现象不仅给当事人法律地位的确定与民事权利的保护带来诸多不便，而且也给涉外民事法律关系的法律适用造成一定困难。因为涉外民事法律关系在许多问题上是要适用当事人本国法的，一个人如果有两个国籍或者无国籍，当事人本国法的确定就不大容易。那么，在遇有国籍发生冲突时，应当如何确定当事人的本国法（亦即其国籍国法）呢？这需要区别国籍的积极冲突与消极冲突两种情况，分别采用不同的方法来解决。

1. 国籍积极冲突的解决

(1) 如果当事人的双重国籍或多重国籍中有一个是内国国籍时，则不问是同时取得还是异时取得，国际上通行的做法大多主张以内国国籍为优先，亦即认为该当事人是内国人，因而以内国法作为他的本国法。例如，《泰国国际私法》第6条第3款规定："国籍冲突时，其中之一是泰国籍的，以泰国法为其本国法。"这种解决方法也为一些国际公约所采用。例如，《关于国籍法冲突若干问题的公约》第3条规定："除本公约另有规定外，凡具有两个以上国籍的人，得被他所具有国籍的每一国家视为各该国家的国民。"

(2) 如果当事人所具有的双重国籍或多重国籍均为外国国籍时，各国的解决方法则很不相同，归纳起来，大致有如下几种做法：

第一，以取得在先的国籍为优先。这一般是指固有国籍。采用这种解决方法的理由是：当事人对取得在先的国籍已经获得了既得权，而既得权在国际间是应当给予尊重的，所以应当以取得在先的国籍为准。但也有观点认为，按照这种主张，势必会导致一个人要永久服从唯一的一个属人法，因而这一原则是不足取的；而且，如果某人同时取得两个以上的国籍，其间并无先后之分，这种办法也就无法适用。

第二，以取得在后的国籍为优先。这一般是指继有国籍，它常常作为"内国国籍优先"原则的补充而被采用。例如，《日本法例》第27条第1款规定："应依当事人本国法时，如当事人有两个以上国籍，依最后取得国籍为其本国法；但其中之一为日本国籍，依日本法。"采用这种解决方法的理由是：当事人享有变更国籍的自由，他既然已经放弃了以前的国籍，当然不能再以该国籍所属国法律作为他的属人法，而应根据取得在后的国籍确定其属人法。但这种解决方法同样存在着这样一个问题，即如果某人同时取得两个以上的国籍，其间并无先后之分，该如何确定他的属人法呢？针对这种情况，《泰国国际私法》第6条第2款规定："在应适用本国法时，如当事人同时取得两个以上国籍，则适用住所所在地的本国法。"

第三，以当事人住所或惯常居所所在地国家的国籍为优先。按照这一原则，在当事人所具有的两个以上国籍中，如果有一个国籍的所属国与该当事人的住所或惯常居所地相重合，则应当肯定这个国籍。例如，《匈牙利国际私法》第11条第3款规定："如个人具有多重国籍，但都不是匈牙利国籍，或者无国籍，其属人法为其住所地法。"第4款又规定："如果按以上各规定不能决定人的属人法，而且他没有住所，其属人法以惯常居所决定。"采用这种解决办法的理由是：具有两个以上国籍的人，同他的住所或惯常居所所在地国家的关系较为密切，所以应当以该国国籍为准。但如果具有两个以上国籍的人，其住所或惯常居所是在其他非国籍所属国境内（如某人具有甲、乙两国国籍，但其住所却在丙国境内），这个方法仍然解决不了问题。

第四，以与当事人有最密切联系的国籍为优先。这种方法通常是在处理国籍冲突的法院或仲裁庭处于第三方的地位（即与案件没有直接利害关系）时采用的。确认"最密切联系的国籍"，是对当事人的出生地、住所或惯常居所、行使政治权利的场所、从事业务活动的场所等诸多方面的因素进行综合分析，以确定其"真实意向"，判明其内心倾向于哪一个国家、与哪一个国家的联系最为密切。有鉴于此，"最密切联系的国籍"亦被称为"实际国籍"或"与之有最强联系的国家的国籍"。

在国籍发生积极冲突的情况下，依最密切联系原则来作出判断，既为学者所倡导，也为许多国家的立法和国际实践所采纳，是当今比较有影响的一种方法。例如，《奥地利国际私法》第9条第1款规定："具有多重国籍者，应以与之有最强联系的国家的国籍为准。"

关于最密切联系原则在国籍领域中的运用，实践中曾有这样一个案例：1912年海牙常设仲裁法院受理了一个秘鲁政府与意大利政府关于卡纳法罗（Canavaro）国籍争议的案件。该案虽然是国家之间的争议，但所涉及的却是个人的国籍问题。在该案中，秘鲁政府认为意大利政府代为求偿的三个债权人里，有一位（即卡纳法罗）是秘鲁公民。此人虽然是意大利血统，但他是在秘鲁出生的，竞选过秘鲁参议员，担任过秘鲁驻荷兰总领事。海牙常设仲裁法院根据卡纳法罗与秘鲁的这些实际联系，确认为他具有秘鲁国籍。

第五，以法官认定的国籍为优先。例如，1951年的《伊拉克民法典》第33条第1款规定："在无国籍或重复国籍的情形下，由法院决定应适用的法律。"

在具体的法律文件中，以上各项解决方法常常是在一定条件下相互结合在一起予以规定的。

2. 国籍消极冲突的解决

在当事人无国籍或其国籍不明的情况下，如何确定当事人的本国法呢？这方面各国立法和司法实践的解决方法比较一致，即一般都主张以当事人住所所在地国的法律为其本国法；如果当事人无住所或其住所不能确定时，以其居所所在地国法律为其本国法。例如，《泰国国际私法》第6条第4款规定："对无国籍的当事人依住所地法，不知其住所时依居所地法。"1954年订于纽约的《关于无国籍人地位的公约》也确认了这些原则，该公约第12条第1款规定："无国籍人的个人身份，应受其住所地国家的法律支配，如无住所，则受其居所地国家的法律支配。"

如果当事人的居所也不能确定时，有的国家规定适用法院地法。例如，《土耳其国际私法和国际诉讼程序法》第4条规定："无国籍人，依其住所地作为确定准据法的标志；没有住所的，依其居所；没有居所的，适用受理案件的国家的法律。"有的国家则规定无国籍的当事人应归化为法院地国国籍，这实际上也是要求适用法院地法。例如，原《捷克斯洛伐克国际私法及国际民事诉讼法》第33条第3款规定："如居所不能确定时，应办理加入捷克斯洛伐克国籍的手续。"

3. 我国对解决国籍冲突的有关规定

关于国籍的积极冲突，我国最高人民法院《关于贯彻执行〈中华人民共和国民法通则〉若干问题的意见（试行）》第182条规定："有双重或者多重国籍的外国人，以其有住所或者与其有最密切联系的国家的法律为其本国法。"关于国籍的消极冲突，该《意见》第181条规定："无国籍人的民事行为能力，一般适用其定居国法律；如未定居的，适用其住所地国法律。"

（五）香港和澳门居民的国籍问题

由于香港和澳门在过去所形成的特殊地位，使得这两地居民国籍的确定存在着一些复杂的问题。

从历史上看，历届中国政府在港澳居民国籍问题上的立场都是一致的，即所有港澳居民中的华裔居民都是中国国民，具有中国国籍。1949年中华人民共和国成立后，新的中央人民政府也一再申明这一立场。1958年2月12日,我国最高人民法院在《关于住在香港和澳门的我国同胞不能以华侨看待等问题的批复》中明确指出:居住在香港和澳门的中国同胞不是侨居在外国的华侨,不能以华侨看待,他们是具有中国国籍的中国公民。1980年9月10日,第五届全国人民代表大会第三次会议通过了《中华人民共和国国籍法》,对中华人民共和国国籍的取得、丧失和恢复作了明确而具体的规定。《香港特别行政区基本法》和《澳门特别行政区基本法》都在它们的附件三中将《国籍法》列为在特别行政区实施的全国性法律之一,从而为正确处理港澳居民的国籍问题提供了法律依据。

1. 中英双方关于香港居民国籍问题的立场

我国《国籍法》明确宣布中国不承认双重国籍,规定父母双方或一方为中国公民,本人出生在中国,就具有中国国籍。为了解决因1997年中国恢复行使对香港的主权而引发的香港同胞的国籍问题,中英两国政府于1984年12月19日交换了关于国籍问题的备忘录。

英国政府在备忘录中声明:凡根据联合王国实行的法律,在1997年6月30日由于同香港的关系为英国属土公民者,从1997年7月1日起,不再是英国属土公民,但将有资格保留某种适当地位,使其可以继续使用联合王国政府签发的护照,而不赋予在联合王国的居留权。已领取上述护照的人或包括在该护照上的人,经请求有权在第三国(指中英两国以外的国家)获得英国的领事服务和保护。

针对英国政府的上述声明,中国政府也在其备忘录中阐明了自身的立场:根据《中华人民共和国国籍法》,所有香港中国同胞,不论其是否持有"英国属土公民护照",都是中国公民。但是,考虑到香港的历史背景和现实情况,中国政府主管部门自1997年7月1日起,允许原被称为"英国属土公民"的香港中国公民使用由联合王国政府签发的旅行证件去其他国家和地区旅行。不过，上述中国公民在香港特别行政区和中华人民共和国其他地区不得因其持有上述英国旅行证件而享受英国的领事保护。中国政府的这一声明是原则性与灵活性的结合，既坚持了我国在国籍问题上的原则立场，又便利了香港居民去其他国家和地区旅行，有利于香港特别行政区的繁荣与稳定。

2. 中葡双方关于澳门居民国籍问题的立场

葡萄牙 1959 年颁布的国籍法规定，凡在葡领土出生的人都属葡籍。由于当时澳门被视为葡萄牙的"领土"，因此，在澳门出生的人均具有葡籍。1981 年葡萄牙在澳门实施了新的国籍法，规定凡具备以下条件之一的澳门居民都可以取得葡籍：(1) 在葡萄牙领土或葡管治地区（指澳门）出生，其父或母一方为葡籍者；(2) 成年外国人在葡领土或葡管治地区居住至少 6 年并对葡语有充分认识者；(3) 同葡国人结婚的外国人；(4) 未成年或未具有法律能力、其父或母一方为葡籍者，可通过声明取得葡籍。

根据葡萄牙的这两部国籍法，澳门居民中除来自本土的葡人和土生葡人外，有相当数量的华人也取得了葡籍，从而与中国《国籍法》的规定发生冲突。为了妥善解决这一问题，中葡两国政府 1987 年 4 月 13 日在北京签署中葡联合声明的同时，相互交换了关于澳门居民国籍问题的备忘录。葡萄牙政府在备忘录中声明：凡按照葡萄牙立法，在 1999 年 12 月 19 日因具有葡萄牙公民资格而持有葡萄牙护照的澳门居民，该日后可继续使用之。自 1999 年 12 月 20 日起，任何人不得由于同澳门的关系而取得葡萄牙公民资格。中国政府在备忘录中声明：澳门居民凡符合《中华人民共和国国籍法》者，不论是否持有葡萄牙旅行证件或身份证件，均具有中国公民资格。考虑到澳门的历史背景和现实情况，在澳门特别行政区成立后，中国政府主管部门允许原持有葡萄牙旅行证件的澳门中国公民，继续使用该证件去其他国家和地区旅行。但上述中国公民在澳门特别行政区和中华人民共和国其他地区不得享受葡萄牙的领事保护。中国政府的这一声明,既坚持了我国在国籍问题上的原则立场,又充分考虑了澳门的实际情况。

三、自然人的住所

在解决涉外民事法律关系的法律适用问题时,有时需要以当事人的住所地法作为其属人法,这就不免会遇到住所冲突的情况。

(一)住所的概念

住所(domicile)是一个法律上的概念,各国对此并无统一规定。根据国内外学者的一般看法,住所是指一个人以久住的意思而居住的某一处所。这一概念表明,住所有两个构成要件:其一,自然人有在一定地方久住的意思,即主观要件;其二,自然人有在一定地方居住的事实,即客观要件。这里的主观要件是指当事人定居的意思,而客观要件则包括居住年限、家庭关系、财产所在地以及职业、社会和经济的联系等多项内容。只有这两个方面相结合,才能构成当事人的住所。但在住所的存续期间,要求主观要件必须是一直存在的,而客观要件却可以暂时分离。例如,一个人可以因某种原因暂时离开其住所而前往别的地方。

相对来讲,由于判定一个人是否具有在某地久住的意思比较困难,因而近若干年来出现了一种更重视客观要件的趋势。例如,加拿大的《魁北克民法典》就取消了传统的意思要素,而以"惯常居所地"为住所。

一般认为,大陆法系国家比较强调客观要件,即注重居住的事实(fact,但也有同时强调两个要件的,如法国),英美法系国家则比较强调主观要件,即注重当事人的"意图"(intention)。

英、美两国是复合法域国家,由于其内部法律不统一等原因，而一直以住所地法为属人法，所以这些国家关于住所的理论与实践发展得比较完备、具体。它们的判例为住所确立了以下几项原则：(1) 每个人都必须有特定的住所，如果某人并无实际住所，法律也推定他具有特定的住所；(2) 一个人在同一时间内只能有一个住所；(3) 住所一经取得就永远存在，不得废弃，除非又取得了新的选择住所；(4) 只有具备行为能力的人，才能设立选择住所。但在大陆法系国家中，对住所的规定却不像英美法系国家那样详细和严格。例如在德国，一个人可以同时拥有两个或两个以上的住所，但也允许无住所。

英美法系国家和大陆法系国家关于住所的规定之所以会有这种差别，是因为英美法通常是以当事人的住所地法作为其属人法的，而一个人只能有一个属人法；但大陆法一般则并不以住所地法为其属人法，而是以当事人的本国法即国籍国法作为其属人法，所以对住所也就不像英美法那么关注了。

关于住所，我国《民法通则》第15条规定："公民以他的户籍所在地的居住地为住所，经常居住地与住所不一致的，经常居住地视为住所。"这条规定并未给住所下定义，而仅仅是指出了何处为公民的住所。从字面上看，它比较强调客观要件，即注重居住的"事实"，但没有要求主观上的"意图"。

(二) 住所、国籍、居所在法律上的区别与联系

住所是个私法上的概念，它是自然人进行民事活动的中心地，反映了居民与特定地域的联系。从理论上讲，自然人是可以自由地更换自己的住所的。

国籍则是个公法上的概念，它确定自然人的政治身份，反映了居民与特定国家的联系，非经法定程序自然人不得随意变更自己的国籍。

至于居所 (residence)，也是个私法上的概念，它是指自然人为了一定目的而暂时居住的某个处所。这里的"暂时"不是指

居住时间的长短，而是有预定期限的意思，即为某项特定事务居住于某地，一旦该特定事务终了便即行离去。由此可见，住所与居所的主要区别是：前者是久住之地，后者是暂住或客居之地。从现实情况来看，各国法律对住所的规定比较多，而对居所的规定则往往较少；此外，设定居所的条件也要比住所宽得多，即设定居所不要求居民有久住的意图，只要有一定居住时间的事实即可。在英美法系国家，虽然一个人不能同时拥有两个或两个以上的住所，但他却可以同时拥有多个居所；并且居所可以存在，也可以不存在；一个人可以没有居所，但他却不能没有住所。

住所、国籍和居所，这三者在国际私法上的联系表现为它们都是指引准据法的连结点。许多国家的立法都规定，在适用当事人本国法而国籍存在着冲突时，以住所作为指引准据法的替代连结因素；而在适用住所地法的场合，如果当事人没有住所或住所不明，或在外国有住所而在本国没有住所的，如果法律没有另外规定，就以其居所地为住所地，转而适用其居所地法律。

值得注意的是，在当今国际私法上，"惯常居所"这个概念越来越得到频繁地运用，这种情况集中地体现在海牙国际私法会议制定的一系列国际私法条约中。之所以如此，主要是因为各国对于住所和居所的理解以及在法律规定上都有所不同，而使用惯常居所这一概念，一定程度上可以调和各国在这个问题上的分歧。但是，惯常居所的确切含义是什么？在一个居所居住多长时间才能使其成为惯常居所？这些均有待于法官在审理具体案件时予以考虑，因为制定法中一般很少有这方面的规定。

(三) 住所的种类

自然人的住所可依不同的标准进行不同的分类：首先，如依取得住所的时间先后来划分，可分为原有住所、当时住所、最后住所和现在住所。原有住所亦称旧时住所，是指当事人在先前所拥有的住所；当时住所是指某种法律关系成立之时当事人的住所；最后住所是指当事人在现在住所或原有住所中最后取得的住所；现在住所是指由当事人自由选择、或依法律规定而取得的目前所有之住所。其次，如依住所的性质来划分，可分为民事住所和商事住所。再次，如依住所所处的地点来划分，在英美法上还区分为外国住所（foreign domicile）和内国住所（municipal domicile）。最后，如依住所取得的原因来划分，又可分为原始住所、选择住所和法定住所。各国国际私法通常都注重于从住所取得的原因这一角度，来对住所的三种主要形态作出具体规定。

1. 原始住所（domicile of origin）

原始住所亦称固有住所或生来住所，是指自然人出生时所取得的住所。按照绝大多数国家法律的规定，婚生子女的住所从其父；非婚生子女及遗腹子的住所从其母；父母无法考证者，以其出生地为住所；出生地不明者（如弃婴），以其发现地为住所。英国法认为，在自然人未取得选择住所以前，其原始住所是始终存在的。

2. 选择住所（domicile of choice）

选择住所亦称意定住所，是指自然人通过自主选择而取得的住所。选择住所的确定标准有两条：（1）当事人对于新取得的住所要有居住的事实和久居的意图；（2）当事人对其原始住所要有离弃的事实及不再回复的意图。这里"久居的意图"一般是指无期限或非预定期限；"居住的事实"则并不取决于居住时间的长短。

在英国法上，只有具备完全行为能力的人才能选择住所，而未成年人、精神病人（在过去还包括已婚妇女）是不能选择他们的住所的。自然人在取得了选择住所以后，其原始住所即自行终止；然而，一旦他失去或放弃了选择住所，则其原始住所又自动恢复。因此，英国学者契希尔与诺斯合著的《国际私法》一书指出，就英国的国际私法来讲，原始住所甚至比国籍这个因素更为稳定。

3. 法定住所 (statutory domicile, legal domicile)

法定住所亦称从属住所 (dependent domicile, domicile of dependency)，是指自然人依照法律规定而取得的住所。前述原始住所也是法定住所的一种。除此之外，法定住所还通常表现为：未成年人以其父亲的住所为法定住所，精神病患者以其监护人的住所为法定住所，军人以军营为法定住所，还有些国家将丈夫的住所视为已婚妇女的法定住所。

大陆法系国家认为，未成年人的法定住所应是其父的住所，父亡则以父亡时的住所为其法定住所，并不随其母或监护人的住所而变动。但英美法系国家的判例则认为，未成年人的住所既然是"从属住所"，就应完全取决于该不具有独立性的人（多指16岁以下的未成年人和精神病患者）在法律上依靠于谁，因而这种法定住所是可以变动的，如其父死亡，则应以其母的住所为法定住所；对于已婚妇女，英美法系国家现在已允许她们有权为自己设定选择住所，而并非一定要以丈夫的住所为其法定住所。

(四) 住所的法律意义

住所在国际私法上占有重要地位，它体现了自然人与某一特定法域的内在联系。确定住所能够使得有关的法律关系集中于一处，从而有利于确定当事人的权利与义务，诸如婚姻登记、债务履行、票据权利的行使、国籍的取得和恢复、户籍登记、失踪宣告以及继承开始等法律问题，都需要以住所为标准来加以解决。

即便在采用当事人本国法作为属人法的国家里，住所也不失其重要性，因为在当事人国籍消极冲突的情况下，一般是转而适用其住所地法的。而在一个复合法域国家中，适用当事人的本国法，最终亦常常转而适用当事人在该国境内的住所地法。如今，英美法系国家仍在采用住所地法作为当事人的属人法。

此外，从程序法的角度来看，住所又是对被告行使管辖权的法院所在地和诉讼文书的送达地。许多国家都规定其行使民事管辖权的依据首先是当事人在内国拥有住所。可见，确定自然人的住所具有十分重要的法律意义。

(五) 住所的冲突

在正常情况下，每一个自然人都应当有一个住所，而且只应有一个住所。但是由于种种原因，自然人的住所也会发生积极冲突或消极冲突。所谓住所的积极冲突，是指一个自然人在同一时间、不同的法域（或国家）拥有两个或两个以上的住所；所谓住所的消极冲突，是指一个自然人于同一时间、在任何法域（或国家）都没有住所。这两种情况亦称"多重住所"和"无住所"现象。

住所冲突产生的原因主要有两个：

1. 有关国家的法律规定不尽一致。大陆法系国家认为，某人是否在某地取得住所，主要看他是否在该地建立起生活中心或业务中心。例如，《意大利民法典》第43条规定："住所是人的事务以及利益的主要所在地。"《日本民法典》第21条规定：每个人生活的住地为其住所。《法国民法典》第102条第1款规定："一切法国人，就行使其民事权利而言，其定居之地即为其住所。"而英美法系国家则强调住所取得的意思要件，即把当事人在主观上是否具有久居于某一处所的意图作为取得住所的主要条件。从英国法的规定来看，尽管某一大陆法系国家的当事人在英国建立了生活中心，但其主观上并不存在久住于该生活中心的意图，则他仍然不能在英国获得住所，从而产生住所的消极冲突。住所的消极冲突除此之外还包括：废弃（或丧失）了原有住所而尚未取得新住所、因无业漂泊流浪而未取得住所以及住所有无不明等等。

此外，许多国家的法律不允许一个人可以同时拥有多重住所。但《德国民法典》第7条第2款却规定，一个人可以同时在几个地方设立住所。《日本民法典》第24条也规定：因某种行为的需要可以选定一个住所，但其原来的住所还存在；英国法则认为，每人必须有一个住所，而德国法却允许无住所。这样，在处理涉外民事法律关系时，有些国家是以当事人的住所地法为其属人法的，那么，究竟哪个住所地法或哪里的法律是当事人的属人法呢？在住所问题上便产生了法律冲突。

2. 有关国家对同一事实的认定存在着差异。例如，在两国的交界处发现了一个弃婴，而两国均认定该弃婴的住所在或不在自己国家境内，于是，该弃婴就有了两个住所或无任何住所。

自然人住所的冲突与国籍的冲突一样，亦使得有关涉外民事法律关系经常处于一种不稳定状态。

（六）住所冲突的解决

1. 住所的认定

对于国际私法上的住所究竟应当如何认定，存在着各种不同的主张。有学者认为，当事人的住所在何处，应依当事人自己的意思认定，因为住所的选择是个人的自由，当一个人有数个住所时，应由当事人的个人意思来决定一个住所。反对的意见则认为，这种做法势必会让当事人的意思来左右其属人法的选择，因而是很不妥当的。

还有学者提出，当事人的住所应依法律关系的性质加以认定。例如，在适用住所地法解决当事人的身份能力问题时，应依当事人本国法确定住所；解决无遗嘱继承问题时，应依遗产所在地法或当事人的本国法确定住所；解决破产问题时，当事人住所的确定应受诉讼地法支配。

但大多数学者和司法实践则主张采用法院地法说，即依照法院地国的住所概念去认定当事人的住所究竟在何处，只有在个别情况下才能依据有关的外国法。例如，《美国第二次冲突法重述》

第13条规定:"法院在适用自己的冲突法规则时,依自己的标准确定住所。"在美国,只有在争议涉及外州法院或机关的管辖权,以及它们的这种管辖权正是根据当事人在该外州有住所方予行使时,才应当适用该外州的住所标准。

英国国际私法也认为,一个人住所的确定,只能依据英国法中的住所概念,而不能按外国法的概念来决定。只有涉及外国作出的离婚或别居的判决需要在英国获得承认时,英国法院才会去适用该外国法上的住所概念。应当说,一般情况下,依法院地国的住所概念去认定当事人的住所,是比较合理的做法。

2. 住所冲突的解决方法

对于住所的积极冲突,其解决的原则是:当发生内国住所与外国住所之间的冲突时,以内国住所为优先,而不问它们取得时间的先后;当发生外国住所与外国住所之间的冲突时,如果它们是异时取得的,一般以最后取得的住所为优先,如果是同时取得的,通常以设有居所或与当事人有最密切联系的那个住所为优先。

对于住所的消极冲突,各国的立法与司法实践比较一致,主要采取以下两种解决方法:一是以当事人的居所代替住所,如无居所或居所不明时,多以当事人的现在地或法院地为住所地;二是以曾经存在过的最后住所为住所,如无最后住所,则以居所代替住所。

3. 我国有关住所冲突的规定

我国最高人民法院在《关于贯彻执行〈中华人民共和国民法通则〉若干问题的意见(试行)》第183条中规定:"当事人的住所不明或者不能确定的,以其经常居住地为住所。当事人有几个住所的,以与产生纠纷的民事关系有最密切联系的住所为住所。"

我国台湾地区现行《民法》第20条规定:以久住之意思住于一定之地域者,即为设定其住所于该地;第21条又规定:无行为能力及限制行为能力人,以其法定代理人之住所为住所。

对于住所的积极冲突与消极冲突,我国台湾地区的《涉外民事法律适用法》第 27 条第 2 款和第 3 款规定:当事人有多数住所时,依其关系最密切之住所地法,但在台湾有住所者,依台湾的法律;当事人有多数居所时,准用前项之规定;居所不明者,依现在地法。

(七) 国籍与住所的冲突

由于大陆法系国家和英美法系国家确定属人法的标准截然不同,前者以当事人的本国法即国籍国法为其属人法,后者则以当事人的住所地法为其属人法,这就会导致在确定属人法的过程中,国籍与住所之间发生矛盾冲突。从国际私法的角度来看,国籍与住所都是作为支配个人身份及其权利能力与行为能力的法律依据,但这两者又不能完全等同,一个人可以是某个国家的公民(或国民),但其住所却可能设在另一国。

目前在国际私法上,国籍与住所之所以会出现两雄并立、分庭抗礼的局面,是由其各自的特点所决定的。英、美等国一直在沿用住所地法这个古老的属人法原则,因为这些国家系由若干个具有独立法律制度的政治单位组成的,在全国没有统一的法律体系,也就难以有一个统一的属人法标准,只能以住所来作为确定人的身份的依据;而本国法则符合那些要求政治高度统一的国家的愿望,所以,国籍作为统一全国法律的连结因素,自然受到这些国家的重视。

但在实践中,无论是住所地法还是本国法,都有其自身不完善的一面。将住所地法作为属人法,常常会发生一个人的住所同其实际居住地相脱节的矛盾;此外,住所是根据居住者久居的意图与居住的事实来决定的,因此,确定一个人的住所,在很大程度上要取决于对此人"意图"的证明,而"意图"总是难以琢磨的,这些都给住所的确定带来困难。国籍虽然较住所为稳定,但有时也会发生类似住所那样的脱节情况，即有的人同自己国籍的所属国根本没有实际联系，但却受该国法律的管辖；而且，国籍原则很难适用于一个具有多种法律制度的国家。

本国法与住所地法这两种截然不同的属人法，除了它们本身存在着上述缺陷以外，其相互之间亦经常发生冲突，造成在法律适用和确定法院管辖权方面，都面临着许多难以克服的困难。

为了解决本国法和住所地法之间的冲突（实际上是国籍与住所的冲突），海牙国际私法会议制定了《关于解决本国法与住所地法冲突的公约》。该公约第1条规定："如果当事人的住所地国规定适用当事人本国法，而其本国规定适用住所地法时，凡缔约国均应适用住所地国的国内法规定。"第3条规定："如果当事人的住所地国及其本国均规定适用当事人本国法时，凡缔约国均应适用其本国的国内法规定。"公约还简化了住所的概念，其第5条规定："本公约所称的住所，是指某个人经常居住的处所，但以其住所并不取决于他人的住所或机关所在地者为限。"

由此可见，在本国法与住所地法的冲突中，这个公约强调的是住所地法，主张以住所地法来代替本国法的适用。这种住所地法优先的原则，表明大陆法系国家对英美法系国家在属人法的连结点问题上作出了重大让步，这是国籍原则对住所原则的一个妥协。当然，英美法系国家也作出了某种让步，即同意将"住所"扩大解释为包括"惯常居所"。由于该公约所指的住所是当事人的惯常居所，因此，公约实际上是要以惯常居所地法来既代替本国法、也代替住所地法的适用，从而指明了统一本国法与住所地法的方向。

该公约所确立的原则现在已越来越受到世界各国的普遍重视。目前，无论是大陆法系国家还是英美法系国家，都趋向于改变本国法或住所地法作为属人法的标准，而以惯常居所来取代住所或国籍，将惯常居所作为属人法的一个主要连结因素和法院管辖的依据。应当说，扩大惯常居所在国际私法上的地位和作用，对于解决国籍与住所的冲突，特别是为那些无能力取得住所、或是具有多重国籍、无国籍的人提供了一个适用法律的连结点，因而这种做法是可取的，它不仅对正确处理涉外民事法律关系，而且对从事国际贸易与其他商业行为也是有利的。我国《民法通则》已经注意到当前国际上重视惯常居所的这种发展趋势，在其第15条中规定："经常居住地与住所不一致的，经常居住地视为住所。"这种情况表明，在住所与惯常居所发生冲突时，我国也倾向于以惯常居所来代替住所。

四、自然人的权利能力

(一) 自然人权利能力的概念

自然人的权利能力，是指自然人依法享有民事权利和承担民事义务的资格。具备这种资格，是作为权利主体或法律关系主体的前提。

权利能力与权利是既有联系又相互区别的两个概念：权利是构成民事法律关系的内容要素，是民事主体在参与民事活动时依法取得的实体权利；而权利能力则是构成民事法律关系的主体要素，亦即自然人得以取得民事权利的一种资格。因此，就权利能力而言，它是依附于公民人身的，与公民人身有着不可分离的性质，而且不得抛弃，非依法律不得剥夺。依照现代法的观点，凡是自然人，都具有权利能力；而权利则是可以与主体相分离的，它需要依据一定的法律事件或法律行为而为主体所取得，并可为主体依法处分。

(二) 自然人权利能力的法律冲突

关于自然人的权利能力，各国立法大都认为它"始于出生，终于死亡"。例如，我国《民法通则》第9条就规定："公民从出生时起到死亡时止，具有民事权利能力，依法享有民事权利，承担民事义务。"因此，一般来讲，自然人的权利能力不会发生法律冲突。但由于各国立法对"出生"和"死亡"的理解不同，以及对互有继承权的数人同时死亡规定了不同的"推定存活"制度，因而在实践中也可能导致自然人的权利能力发生法律冲突。

1. 关于自然人的权利能力何时开始

虽然各国都承认自然人的权利能力"始于出生"，但何时算出生，各国法律规定则存在着差异，而且医学上的出生与法律上的出生含义也不相同。一些国家对胎儿采取保护性措施，规定胎儿自成孕时起即具有权利能力。例如，《德国民法典》第1923条规定："于继承开始生存者，始得为继承人。继承开始时，虽未出生而已是胎儿者，视为继承开始前出生。"我国《继承法》第28条规定："遗产分割时，应当保留胎儿的继承份额。"还有的国家规定以孕妇分娩时的阵痛作为出生的标志；也有的国家规定以婴儿露头时为出生标准；更多的国家则以胎儿排出母体作为出生标志，在这种情况下，各国认定排出母体的具体标准又有所不同：有些国家主张以婴儿离开母体后能独立呼吸时为出生，有些国家主张以胎儿的第一次哭声作为出生的标志，还有些国家甚至规定胎儿离开母体后必须存活一定时间才算出生，例如《西班牙民法典》就规定，胎儿出生后需存活24小时以上才能取得权利能力。

由于各国法律认定自然人权利能力何时开始的标准不同，具体到某一自然人，依照一国民法，认为他已经出生而取得权利能力，而依照另一国民法，却认为他还不能成其为一个法律上的自然人，因而不具有权利能力，这就会导致自然人的权利能力发生冲突，其中最常见的法律冲突，是遗腹子有无继承权问题。举例来讲，如果甲国主张凡胎儿即具有民事权利能力，而乙国则认为胎儿不具有民事权利能力，若甲国公民A在乙国拥有财产，他死亡时其子尚在母体中，那么，这个胎儿是否具有继承该公民在乙国境内遗产的权利能力，甲乙两国的法律规定就存在着冲突。

2．关于自然人的权利能力何时终止

目前，世界各国均主张自然人的权利能力"终于死亡"。死亡包括生理死亡和拟制死亡（即失踪宣告或死亡宣告）两大类，这两类死亡在法律上的效果是一样的，即都是自然人的权利能力消失、婚姻关系消灭、财产继承开始等等。但对于生理死亡的标志和拟制死亡的具体规定，各国立法和司法实践也不尽一致。

（1）生理死亡。关于生理死亡的认定，各国采用了不同的标准：有的国家以自然人停止呼吸为准；有的国家以心脏停止跳动为准；随着医学的进步，有些国家还主张以自然人的脑电波停止作为死亡的标志。

（2）拟制死亡。亦称失踪宣告（declaration of absence）或死亡宣告（declaration of death），它是国内民法上的一项法律制度，指某一自然人失踪后经一定期限仍然下落不明，经利害关系人申请，由法院宣告其失踪或死亡，以不同程度地结束其所涉及的法律关系。

与生理死亡相比较，在拟制死亡方面各国的法律冲突更为频繁。从总体上讲,这一领域的法律冲突主要表现在以下几个方面：

第一，拟制死亡的制度不同。有些国家在立法上有失踪宣告和死亡宣告之分，两者的效力是不同的，如我国的《民法通则》就采取这种实践。有的国家则只有失踪宣告，而无死亡宣告，如1907年的《瑞士民法典》采取的是这种做法。还有的国家只有死亡宣告，而无失踪宣告，如前民主德国的民法便采取这一方式。

第二，拟制死亡的条件不同。即便是在同样采用失踪宣告或死亡宣告制度的国家，其有关宣告失踪或宣告死亡的时间规定也各不相同。例如，我国《民法通则》规定，公民下落不明满2年的可以宣告失踪，下落不明满4年的可以宣告死亡。而《日本民法典》第30条则规定：失踪人生死不明满7年始得宣告死亡。这里我们假设有一日本人某甲住在中国，失踪刚满5年，依照中国法，可以作死亡宣告，使某甲的权利能力归于消灭；而按日本法，则还不能作死亡宣告，某甲的权利能力并未消灭。这就会引起法律冲突。

第三，拟制死亡发生效力的日期不同。有的国家规定自宣告之日或宣告确定之日起发生效力，有的国家则规定自宣告所认定的死亡之日起发生效力，还有的国家规定自法定的失踪期间届满之日起发生效力。

第四，确定拟制死亡管辖权的原则不同。主要有三种实践：一是主张由失踪人的本国法院管辖，理由是自然人的权利能力是由其本国法赋予的；二是主张由失踪人住所地国的法院管辖，理由是为了维护失踪人住所地国的公共秩序与经济利益；三是主张原则上由失踪人的本国法院管辖，但在一定场合下也可以由失踪人的住所地国法院管辖。

第五，有关拟制死亡的法律适用不同。大多数国家主张适用失踪人的属人法。例如，《奥地利国际私法》第14条规定："死亡宣告或死亡证明程序的要件、效力和撤销，依失踪人最后为人所知的属人法。"也有些国家主张原则上适用失踪人的属人法，但涉及财产问题时适用财产所在地法，涉及法院地国的财产关系时，则适用法院地法。例如，《日本法例》第6条规定："外国人生死不明时，只对在日本有财产并应依日本法的法律关系，法院得依日本法律为失踪宣告。"

(3) 推定存活（presumption of life）。在许多国家的民法上还规定有一种"推定存活"制度，它是针对相互有继承权的数人同时死亡，并且依事实情况不能确定其中谁死于后这个问题而设立的。例如，《法国民法典》第720—722条规定，如同时死亡者均不足15岁时，推定最年长者后死；均在60岁以上者，推定年龄最低者后死；如既有15岁以下的又有60岁以上的，推定最年少者后死；如年龄相等或相差不过1岁，而且其中既有男性也有女性时，推定男性者后死，等等。英国1925年的《财产法》则不分性别，仅在第184条中规定，如年龄不同者同时死亡时，推定年幼者后死。我国目前的实践是不区分性别，而从另外的角度，即有无其他继承人以及辈分是否相同来予以规定。例如，1985年我国最高人民法院《关于贯彻执行〈中华人民共和国继承法〉若干问题的意见》第2条规定："相互有继承关系的几个人在同一事件中死亡，如不能确定死亡先后时间的，推定没有继承人的人先死亡。死亡人各自都有继承人的，如几个死亡人辈分不同，推定长辈先死亡；几个死亡人辈分相同，推定同时死亡，彼此不发生继承，由他们各自的继承人分别继承。"可见，因各国推定制度的规定不同，也会使自然人的权利能力发生冲突。

(三) 自然人权利能力的法律适用

在自然人的权利能力发生法律冲突时，对于应当适用什么样的法律作为准据法，有以下不同主张：

1. 认为应适用当事人的属人法。其理由是：权利能力是自然人的基本属性，特定的人的这种属性是由一国社会、经济、政治、伦理、历史等方面的条件决定的，因而只应依其属人法尤其是本国法来判定。例如，意大利法学家孟西尼就将国籍因素提高到国际私法指导原则的高度，并且认为"个人的权利是只能受到他所由出生的那个社会的法律审判"的，就属于这种观点。

如今，以当事人的属人法来解决有关自然人权利能力的法律冲突，在国际私法上已经成为一项公认的原则。从总体上讲，大陆法系国家主张以自然人的本国法即国籍国法为其属人法，英美法系国家则以自然人的住所地法为其属人法。除了属人法的这两种主要适用实践以外，有的国家还采用本国法与住所地法相结合的混合原则来适用属人法，即对在内国的外国人以其住所地法作为属人法，而对在外国的内国人，则以其本国法作为属人法，以此来扩大本国法的适用范围。

2. 认为应适用有关法律关系的准据法。即各种法律关系应当适用的准据法同时又是适用于该法律关系中人的权利能力的准据法。例如，物权关系的准据法为物之所在地法，则该物权关系所涉及的当事人的权利能力的准据法亦为物之所在地法。这种主张的理由是，所谓权利能力，不外是特定的人在特定的涉外民事法律关系中能否享有权利和承担义务的能力问题，因此最为妥当的方法，是适用该法律关系所应适用的准据法。由于采用这一原则否定了自然人权利能力问题的相对独立性，并且使得对自然人权利能力的认定失去了一个统一的标准，因而此种主张为许多学者所反对。

3. 认为应适用法院地法。少数国家主张以法院地法来解决自然人权利能力的法律冲突，理由是自然人的权利能力关系到法院地国法律的基本原则，关系到法院地国的重要社会公共利益，所以，适用法院地法是为了确保法院地国法律的基本原则和公共秩序不受损害。

上述三种观点均有可取之处，但都不宜绝对化。笔者认为，在判定自然人的权利能力时，原则上应依当事人的属人法，因为只有这样，才有利于自然人权利能力的稳定，有利于发展国际民事交往；但在特定情况下，也不排除有关法律关系准据法或法院地法的适用。

五、自然人的行为能力

(一) 自然人行为能力的概念

自然人的行为能力是指自然人通过自己的行为依法行使民事权利和承担民事义务，从而使法律关系产生、变更或消灭的一种法律上的能力，或者说，是自然人能够独立为有效法律行为的资格。

行为能力不仅指自然人从事法律行为和其他合法行为的能力，同时还包括他对自己的违法行为承担民事责任的能力。自然人取得行为能力是以取得权利能力为必要条件的，但具有权利能力的人不一定都具有行为能力，要取得行为能力必须同时具备两个条件：一是自然人必须达到法定年龄；二是自然人必须身心健康、精神正常，能够意识到自己行为的法律后果。由于这些条件的限制，使得行为能力不等同于权利能力，每一个自然人的行为能力可以不完全相同。我国《民法通则》对自然人的行为能力划分为三种情况：即完全民事行为能力、限制民事行为能力和无民事行为能力。各国民法上对自然人行为能力的规定，是从既有利于保护当事人的合法权益，又有利于法律关系的稳定来考虑的。

（二）自然人行为能力的法律冲突

由于各国有关自然人行为能力的立法规定不同，在实践中经常发生法律冲突。这些法律冲突主要表现在以下几个方面：

1. 关于法定的成年年龄

自然人的成年年龄至关重要，只有达到了法定的成年年龄，才能取得完全的民事行为能力。各国立法有关自然人成年年龄的规定差异很大。中国、原苏联、德国、法国、英国、土耳其等国为18岁；瑞士、日本等国为20岁；比利时、瑞典、泰国为21岁；意大利为22岁；荷兰、墨西哥为23岁；挪威为24岁；丹麦、智利、西班牙为25岁。由于各国的立法规定不同，就会出现依一国法律当事人具有完全的民事行为能力，而依另一国法律其民事行为能力则受到限制的法律冲突的情况，这种冲突往往关系到某一民事法律行为是否有效成立。

2. 关于未成年人的行为能力

各国立法均规定未成年人是行为能力受限制的人或完全无行为能力人，但有关未成年人取得有限的行为能力和完全不具有行为能力的年龄界限,各国法律的规定却很不一致。例如,《苏俄民法典》规定,未满15岁的未成年人,由其父母、收养人或监护人以未成年人的名义实施法律行为,但他们也有权独立实施小的生活性法律行为;15—18岁之间的未成年人经其父母、收养人或监护人的同意,可以取得部分行为能力。而我国的《民法通则》则规定:16周岁以上不满18周岁的公民,以自己的劳动收入为主要生活来源的,视为完全民事行为能力人(第11条第2款)。10周岁以上的未成年人是限制民事行为能力人,可以进行与他的年龄、智力相适应的民事活动;其他民事活动由他的法定代理人代理,或者征得他的法定代理人的同意。不满10周岁的未成年人是无民事行为能力人,由他的法定代理人代理民事活动(第12条)。由于各国在这方面有不同的规定,也会产生法律冲突。

3. 关于成年人行为能力的限制

关于成年人行为能力的限制问题,各国法律的规定差异很大。大陆法系国家习惯于使用"禁治产人"(interdicted person)这一术语。所谓禁治产人,是指精神病患者不能独立处理自己的事务、经法院宣告丧失行为能力的人,并由法院为其设立监护人作为法定代理人,以保护其身体和权益。申请宣告禁治产的,可以是禁治产者本人(在精神状态暂时恢复正常时)或其配偶、一定范围的亲属以及检察官等。宣告禁治产的原因消灭时,可经一定程序撤销宣告。

尽管有不少国家都设立了禁治产人制度,但有关宣告禁治产人的条件,各国却宽严不一。对于将精神失常不能处理自己的事务作为宣告禁治产人的主要原因,这在各国民法中都有相同或相似的规定。例如,《日本民法典》规定:对心神丧失常态的人可以宣告其为禁治产人;《苏俄民法典》规定:因精神病或痴呆症而不能辨认或不能控制自己行为的公民,可以宣告为无行为能力人。但有些国家对禁治产人宣告的条件则规定得比较宽,例如,

《德国民法典》就规定：除精神病或痴呆症患者外，挥霍无度或酗酒成性以及吸毒成癖者，也可以被宣告为禁治产人。还有些国家的民法有禁治产人与准禁治产人的区分，例如在法国，对禁治产人称为"受监护的成年人"，而对准禁治产人，则称为"财产受管理的成年人"。

英美法上没有禁治产人这一抽象概念，而是采用精神病人或酗酒人等具体概念，并称为"宣告精神病"（declared lunatic），而不称"宣告禁治产人"。对于精神病患者，一般认为在其被宣告为精神错乱之后所订立的合同，一律无效。在此之前订立的合同，则可要求予以撤销；对于酗酒者订立的合同原则上应有强制执行力，但如果合同是在酗酒者因醉酒而神志不清的状态下订立的，则可以要求撤销合同。

我国立法中也没有"禁治产人"这一概念，而只是使用"无行为能力人"和"限制行为能力人"的概念。根据我国《民法通则》第13条的规定，不能辨认自己行为的精神病人是无民事行为能力人；而不能完全辨认自己行为的精神病人是限制民事行为能力人。这就是说，精神病患者处于精神病间歇期间，在神志清醒的状态下所为的法律行为，应当认为有效。

由于各国关于宣告禁治产人的条件规定不同，因而往往产生法律冲突。为解决这一冲突，海牙国际私法会议于1905年通过了《禁治产及类似保护措施公约》（1912年生效），根据该公约的规定，有关禁治产人的原因（即宣告禁治产人的条件）应依禁治产人的本国法，而且除某些例外情况外，由禁治产人本国的主管机关来宣告禁治产。

（三）自然人行为能力的法律适用

由于各国法律对自然人民事行为能力的具体规定不同，在国际私法所调整的涉外民事法律关系领域中就会产生法律冲突。考虑到这方面的冲突往往涉及到某一契约或某一法律关系能否有效成立，对保护本国当事人的利益至关重要，所以，关于自然人民事行为能力法律冲突的解决，各国比较通用的原则是：自然人的行为能力依其属人法，即依当事人的本国法或住所地法。例如，《波兰国际私法》第9条第1款规定："自然人的权利能力和行为能力，依其本国法。"至于无国籍人的行为能力，一般都规定依其住所地法；在住所不能确定时，依其居所地法；在居所地也无法确定时，则依其现在所在地的法律。

这种以属人法支配当事人行为能力的原则最早可以追溯到14世纪意大利法学家巴塔路斯创立的法则区别说，几百年来这一原则始终得到世界各国的普遍承认。按照这一原则，一个自然人只要依其属人法为有行为能力，则无论他到哪一个国家，都应当被承认为有行为能力；如果依其属人法为无行为能力，则无论他到哪一个国家，都应当被认为是无行为能力。

但是，随着国际商业贸易的进一步发展和扩大，为求买卖关系的稳定，保护善意的、无过失的当事人的权益，许多国家的法律对"当事人的行为能力依其属人法"这一原则施加了某些限制，这些限制主要有：

1. 适用行为地法。亦称"行为地法较属人法优先"原则，是指当事人依其属人法为无行为能力，而依其行为地法为有行为能力时，应依行为地法确定其为有行为能力。换言之，当事人依其属人法或行为地法中任何一种法律为有行为能力者，则视其为有行为能力。

这个原则最早见之于《普鲁士法典》，该法典规定：当事人如依其属人法（当时是指住所地法）或依缔约地法为有行为能力，便被认为有行为能力。后来这一原则为许多国家所采纳。例如，《日本法例》第3条规定："人之能力，依其本国法。外国人在日本所为的法律行为，虽依其本国法无能力，但依日本法有能力，则……视为有能力。"

这一原则还为司法实践所确认。1861年法国最高法院审理的里查蒂案，就是这方面的著名案例。

案例介绍：里查蒂案（Lizardi's case，法国最高法院判决，1861年）。

在这个案件中，一个名为里查蒂的墨西哥人，22岁，1861年在法国签署了8万法郎的票据，从巴黎商店购买了珠宝，后被诉请付款。里查蒂以依照其属人法他尚未成年（墨西哥法律规定23岁为成年）因而无行为能力为由，主张他所订立的买卖合同无效。一审法院判决里查蒂败诉。

里查蒂不服，又上诉至法国最高法院。法国最高法院在审理此案时，没有援引当事人的属人法墨西哥法，而是直接适用了行为地法即法国法。由于依法国法里查蒂已达到成年年龄（法国法律规定18岁为成年），而且法国卖方在缔结合同时是审慎的，所以需要保护，最后，法国最高法院认为合同应属有效，判决里查蒂依约给付。

法国最高法院的法官在其判决书中指出："法国人并无知悉所有国家之不同法律以及其有关未成年与成年规定之必要"，"只要法国人无轻率或不谨慎，且以善意与之交易者，其所缔结之契约，应属有效。"由此可见，在本案中属人法原则受到了限制，法国最高法院的目的在于保护法国的善意缔约人。

法国最高法院的这一判决，在国际社会产生了广泛影响，该判决书中所确立的行为地法较属人法优先原则，后来为世界许多国家的国内立法所采纳。例如，1996年1月1日起施行的《中华人民共和国票据法》第97条规定："票据债务人的民事行为能力，适用其本国法律。票据债务人的民事行为能力，依照其本国法律为无民事行为能力或者为限制民事行为能力而依照行为地法律为完全民事行为能力的，适用行为地法律。"

2. 适用不动产所在地法。关于当事人处理不动产的行为能力，有些国家规定依不动产所在地法，而不适用当事人的属人法。

3．适用合同的准据法。在涉外经济合同关系中，关于自然人的行为能力，也有主张适用该合同的准据法的。

4．适用法院地法。即在一定条件下，对位于内国的外国人的禁治产宣告，可以由内国法院依内国法来进行。这里所说的"一定条件下"，有的国家概括为三点：（1）该外国人在内国有住所或居所；（2）依该外国人的本国法有禁治产的原因存在；（3）依内国法也承认该外国人有禁治产的原因。例如，《日本法例》第4条第2款规定："在日本有住所或居所的外国人，依其本国法有禁治产之原因的，法院可宣告禁治产，但依日本法不承认其原因的不在此限。"

（四）改变连结点的具体事实对自然人行为能力的影响

这方面大致有两种情况：

一种情况是，某一自然人依其属人法为未成年人，后来在一个成年年龄较其属人法规定为低的国家取得了国籍或住所，依后一属人法他已达成年。这种情况下，一般都主张应承认他已经成年，具有完全的行为能力。

另一种情况恰好相反。某一位在成年年龄规定较低的国家已达成年的自然人，后来在一个成年年龄较其原属人法规定为高的国家取得了国籍或住所，依后一属人法他还尚未成年。这种情况下，他依原属人法已经取得的完全行为能力是否仍然可以保留？对此有三种主张：第一种主张以保护既得权为根据，认为他的新国籍国法或新住所地法应当承认他已取得完全的行为能力。但反对的意见则认为，如果这样，就会使得该当事人处于比内国同等情况的自然人更为优越的地位。因而第二种主张是，不仅其成年身份不能在连结点的具体事实改变后仍然保留，而且他以前在成年后所成立的法律关系亦不能予以承认。第三种主张是折衷的观点，认为应当根据个案的具体情况分别解决。总的原则是既不宜使这种权利无条件地得到保留，也不宜使过去已经成立的法律关系全部遭到否定。例如当事人在以前取得成年身份后所设立的遗嘱、已缔结的婚姻、已承担的责任等等，还是需要予以维护的；但如果依照新的属人法他还尚未成年，则该当事人便不具有新的属人法所赋予的完全的行为能力。应当说，这第三种观点是可取的。

（五）我国关于自然人行为能力法律适用的规定

我国立法对于解决自然人行为能力法律冲突的一般原则未作规定。《民法通则》第143条仅规定："中华人民共和国公民定居国外的，他的民事行为能力可以适用定居国法律。"

我国最高人民法院《关于贯彻执行〈中华人民共和国民法通则〉若干问题的意见（试行）》就自然人民事行为能力的法律适用问题作出了如下具体规定：(1) 定居国外的我国公民的民事行为能力，如其行为是在我国境内所为，适用我国法律；在定居国所为，可以适用其定居国法律（第179条）。(2) 外国人在我国领域内进行民事活动，如依其本国法律为无民事行为能力，而依我国法律为有民事行为能力，应当认定为有民事行为能力（第180条）。(3) 无国籍人的民事行为能力，一般适用其定居国法律；如未定居的，适用其住所地国法律（第181条）。

第二节 法 人

法人和自然人一样，具有独立的法律人格，法人作为国际私法的主体参加涉外民事活动，是现代经济生活中的一种普遍现象。

一、法人的概念

一般认为,法人(artificial person, legal person, juristic person)是指依照法定程序设立,有一定的组织机构和独立的(或独立支配的)财产,并能以自己的名义享受民事权利、承担民事义务以及参与民事诉讼的社会组织。按照我国《民法通则》第37条的规定,法人应当具备四个条件:(1)依法成立;(2)有必要的财产或者经费;(3)有自己的名称、组织机构和场所,(4)能够独立承担民事责任。

法人是与自然人相对称的另一种民事法律关系的主体,法人的出现以及法人制度为法律所确认并不断得到发展,是社会经济发展的必然结果。法人作为民事法律关系的主体,不仅在国内的民事交往中发挥着重要作用,而且在国际民事交往中,也有力地推动和促进着各国之间民事关系的顺利发展,成为发展国际经济合作的必要组织形式。

目前世界各国都普遍确立了法人制度,但它们的具体规定则各不相同。西方国家的民法将法人分为公法人和私法人两大类。公法人是指国家或其地方机关,私法人则包括社团法人和财团法人。我国立法中有关法人的分类比较简单,《民法通则》将法人分为"企业法人"与"机关、事业单位和社会团体法人"两大类,不同性质、不同类型的法人具有不同的权利能力。

二、法人的国籍

法人是属于某一特定国家的社会组织,法人与国家之间在法律上的联系就表现为法人的国籍,即法人的国籍是法人隶属于某一特定国家的依据。国籍这一概念原本专属于自然人,而不适用于法人,只是从19世纪开始,大多数国家才承认法人也具有国籍。

(一) 法人国籍的法律意义

从国际私法角度来讲,法人国籍是区分内国法人与外国法人的标志。各国通常将具有外国国籍的法人视为外国法人,而将具有内国国籍的法人视为内国法人,两种不同国籍的法人享受不同的待遇。因此,确定法人的国籍在国际私法上具有十分重要的意义:

1．具有东道国法人国籍的外国直接投资企业在东道国享有的权利,原则上与东道国法律赋予该国法人的权利相同;而对于不具有当地法人国籍的外国法人,东道国在审查批准时通常附有较多的限制条件,并且具有外国法人国籍的企业在东道国的活动,也要受到专门的法律监督和限制。

2．东道国有关内国法人与外国法人的纳税规定不同。例如,美国将税收管辖权划分为对人的管辖权和对物的管辖权两大类,而对人的管辖权就是依照国籍来确定的。美国税法对美国公司和外国公司实行不同的课税原则,凡美国公司(包括在美国注册登记的各种公司及其设立在美国境外的分公司),不论其收入是否来源于美国或汇往美国,均应征收公司所得税。而对于不具有美国法人国籍的外国公司,则仅就其在美国所获得的、或与美国商业活动有关的活动收入征收所得税。

3．根据公司法的一般原理,具有东道国法人国籍、以子公司形式出现的外国投资企业,与不具有东道国法人国籍、以本国公司的分公司形式出现的外国投资企业的责任能力是不一样的。子公司作为当地法人,具有独立的法律地位,国内母公司对其在国外的活动不负法律责任;而分公司则由于不是独立的法律实体,国内总公司对其在国外的活动要承担法律责任。

4．在对法人的管辖方面,国际私法的一般实践是适用属人原则,即东道国对于在本国境内以及在外国的内国法人具有管辖权。同样,根据属地原则,东道国对于在本国境内的外国法人也有管辖权，但这种管辖权受到一定的限制。例如，东道国对于外国分公司的管辖仅限于该分公司位于东道国的资产，而对于该分公司在其本国境内的资产以及它在第三国的资产，东道国原则上没有管辖权。

（二）法人国籍的确定

法人国籍的确定相当复杂。一方面，许多从事国际经济活动的法人，往往在甲国注册登记，管理中心则设在乙国，营业中心却在丙国。特别是那些从事跨国投资的多国公司，其母公司和子公司常常具有不同的法人国籍，股东和董事会的成员也多具有不同国家的国籍；另一方面，对于如何确定法人的国籍，国际上没有统一的规定，各国都根据自己的需要规定了不同的标准，而这些标准又可以随着条件的变化而变化，这就使得法人国籍的确定问题变得愈加错综复杂。

从各国实践来看，有关确定法人国籍的标准概括起来主要有以下四种：

1. 住所地说

此说亦称法人社会住所说，是指以法人的住所地作为标准来确定法人的国籍，即凡在内国有住所的法人为内国法人，在外国有住所的法人为外国法人。由于采用这种学说的国家对法人的住所地理解不同，因而住所地说又分为两大派别：

（1）管理中心所在地说

即主张法人的住所地为法人管理中心所在地。所谓管理中心主要是指法人的董事会和监事会。法国、德国、希腊、意大利、瑞士、比利时、荷兰、卢森堡等大陆法系国家多采用这一标准。这些国家认为，法人的管理中心是法人的一个极为重要的场所，法人的许多重要法律行为，诸如订立合同、决定经营计划、向分支机构发布指令等等，都是在管理中心完成的，所以，应当以管理中心地作为法人的住所地。

这一主张也为国家间的条约所采纳。例如，1951年在海牙签订的《国际私法统一法》（适用于比利时、荷兰、卢森堡）第3条规定："法人及其代表机构的存在应依法人的住所地法，……适用本条规定时，法人的住所地应为法人的管理中心地。"

我国《民法通则》第39条规定："法人以它的主要办事机构所在地为住所。"笔者认为，这里的"主要办事机构"是指管理机构，但它并不是确定国籍的标准，而仅仅指明了何处为法人的住所。

反对管理中心所在地说的观点认为，这种主张使得法人可以随意设定管理中心、变换住所，从而达到改变其属人法、规避法律的目的。

(2) 营业中心所在地说

此说亦称投资地说或经济活动中心地说，即主张以法人的实际营业中心地作为法人的住所地。所谓营业中心是指主要的工厂、商店、矿场等，泰国、埃及、叙利亚等少数国家采用这一标准。这些国家认为，法人在哪里营业或投资、在哪里实现了自己的目的，就应当在哪里去寻找它的国籍。例如，《泰国国际私法》第7条规定："法人国籍冲突时，以总店或主要营业所所在地的国籍为法人国籍。"1956年，埃及将苏伊士运河公司收归国有，英国、法国对此表示反对，认为该公司的董事会在法国，所以是法国法人。但埃及则认为，该公司所经营的运河在埃及，应属埃及法人，因此埃及有权将该公司及其所经营的运河收归国有。这一事件后来引发了第二次中东战争。

营业中心所在地说在实践上也比较难以掌握，容易发生争执。因为一个法人可以同时在几个国家投资、设厂、经商，其营业中心也就难以确定。如果一个法人同时在几个国家有营业中心，就有可能使得该法人具有多重国籍；而且由于营业规模的变化，以及法人进行投资等项经济活动的地点经常发生变动，还会导致营业中心的不断更迭。这些情况都会使法人的国籍处于不稳定状态,因而采用这种标准的国家不是很多。

2.资本控制说

此说亦称成员国籍说,按照这一标准,法人的资本实际上为哪一个国家的公民所控制,该法人就具有哪个国家的国籍。但在实践中运用这一标准比较困难:第一,要弄清法人的资本真正为何国人所控制并非易事;第二,控制法人资本的股东经常变动,股东的国籍也就随之变化,因而缺乏稳定性;第三,在股东国籍不同时,究竟应依人数还是依出资额多寡来确定该法人的国籍,实践中并无统一的规定;第四,如果法人是发行无记名股票的股份有限公司,其国籍就更难确定了。

资本控制说通常是在战争时期或有关国家的关系发生急剧变化的时候,被用来判定某一法人实际上为何国人所控制,以便对它采取相应的措施:或者是允许其继续存在,或者是对其查封、扣押、征收、限制它的活动等等。

3.注册登记地说

此说亦称章程登记地说,它主张以法人的注册登记地作为法人国籍的确定标准。凡在内国注册登记的法人即为内国法人,凡在外国注册登记的法人即为外国法人。英美法系以及原苏联、东欧一些国家均采用这一标准。此种主张的主要理由是:一个组织之所以能够成为法人、取得民事法律关系的主体资格,是由于一国依法给予注册登记,换言之,由于一国依法给予注册登记的行为创设了法人,因而该法人应具有注册登记地国家的国籍。

赞同采用这一学说的人认为它有许多优点:第一,不论一个法人的国籍成分是多么复杂,但注册或登记地只能有一个,这一标志十分明确,容易辨认,是确定不移的,便于据此来确认法人的国籍;第二,未经法人注册登记地国的允许,该法人不能随意变更自己的国籍,这有利于保持法人国籍的稳定;第三,注册登记地国便于对法人实行监督和管理,遇有法人的行为严重违反注册登记地国法律或社会公共利益时,注册登记地国易于通过撤销注册登记而解散该法人。

由于具有上述优点,注册登记地说目前正为越来越多的国家所接受。例如,《布斯塔曼特法典》第17条就规定:"社团法人的原有国籍为其成立地,并依当地立法的要求社团应赋予注册或登记地所属国家的国籍。"此外,1970年国际法院在审理巴塞罗那电力公司一案时,也肯定了注册登记地说。

案例介绍:巴塞罗那电力公司案(The Barcelona Traction Case,比利时诉西班牙,联合国国际法院判决,1970年)

巴塞罗那电力公司组建和登记于加拿大,该公司的股份持有人主要是比利时人。1948年该公司在西班牙经营业务时,因违反西班牙的有关规定,被西班牙法院宣告破产而遭受损失。对此,1958年比利时政府在国际法院对西班牙提起诉讼。

国际法院首先要回答的问题是,比利时是否有权对一个在加拿大组建的公司的股票持有人(即比利时国民)行使外交保护权。法院认为,当问题涉及到某一外资公司所犯的不法行为时,国际法上的一般规则是只允许该公司的本国行使外交保护权。在本案中,西班牙的措施是针对巴塞罗那电力公司本身,而非针对具体的股东,因而起决定作用的因素是巴塞罗那电力公司的国籍问题,这是对该公司拥有保护权的"真正联系"。

国际法院在判决中指出:巴塞罗那电力公司在加拿大组建并在加拿大有注册的事务所,所以该公司与加拿大有着密切的和永久的联系,这种联系并不因该公司从一开始就在外国从事商业活动而削弱,那只不过是它宣布的营业地不同而已。因此,加拿大政府可以对该公司行使外交保护权,而且行使这种保护权并无国际法和国内法上的障碍。事实上,加拿大政府也一直在为行使这种保护权而与西班牙政府进行着交涉。

国际法院认为，在本案中，公司国籍国的权利是第一位的，股东国籍国的权利是第二位的。只有第一位的权利不复存在时，第二位的权利才得以行使。同时，公司国籍国的权利没有表现为作为，并不等于权利已经灭失。本案中比利时股东的利益可以通过在西班牙法院起诉、通过对公司财产的清算处理来得到补救。最后，国际法院以15票对1票的结果驳回了比利时政府的请求。

巴塞罗那电力公司案的判决，在国际上产生了重大影响，促进了各国立法和司法实践在确定法人国籍方面的协调一致。当然，注册登记地说也有其局限性：首先，在有些场合看不出法人实际上为何国人所控制；其次，因为当事人可以任意选择注册登记地，所以容易达到规避法律的目的；第三，有的时候，某法人与其注册登记地国家之间，并无实质上的密切联系。

4. 复合标准说

此说亦称混合说，即采用住所地说与注册登记地说的双重标准来确定法人的国籍。例如，按照日本法律的规定，要取得日本法人的资格，除在日本注册登记外，还必须在日本有住所，凡不符合这两个条件的，均被视为外国法人。1956年订于海牙的《承认外国公司、社团和财团法律人格的公约》第1条也规定：法人只有在登记国同时设有住所，才能成为该国法人。复合标准说能够有效地防止法律规避行为的发生，但实行起来难度较大，不易为多数国家所采纳。

总的来讲，对于如何确定法人的国籍，在国际上还没有统一的标准，各国在实践中大多是根据自己的利益和需要来确定采用哪一种或同时采用哪几种标准。

(三) 跨国公司的国籍问题

跨国公司 (transnational corporation) 亦称多国公司或国际公司，是指以本国为基地、通过对外直接投资在其他国家设立子公司或分公司、从事国际化生产和经营的国际性垄断经济组织。

跨国公司产生于19世纪末自由资本主义向垄断资本主义过渡时期。在第二次世界大战前，跨国公司的数量和规模还都比较小。但战后，随着生产力迅速提高，科学技术突飞猛进，资本积累急剧膨胀，对外投资不断增加，跨国公司也得到了前所未有的发展。在国际经济交往过程中，跨国公司的盛行使得法人国籍的确定更加复杂化，它打破了一个公司只有一个国籍的传统。

那么，应当如何确定跨国公司的国籍呢？我们知道，跨国公司在组织结构上是金字塔式的，在最高层有母公司或总公司，下设子公司或分公司分散在世界各地，子公司或分公司的下面还可能有次子公司或次分公司。一般认为，子公司相对于母公司的独立性较大，而分公司受总公司的制约和业务上的控制则较多。子公司是独立的法人，分公司则不是法人。跨国公司在海外的子公司或分公司既可以单独经营，也可以与其他实体合资经营。

因此，在确定跨国公司的国籍时，应当将母公司与子公司区分开来，将在不同国家或地区的子公司相互区分开来，然后再依照公司所在地国奉行的确定法人国籍的标准，结合具体情况来确定跨国公司的母公司及其子公司的国籍。至于分公司的国籍，因为分公司不具有独立的法人资格，故其国籍随总公司。

(四) 我国确定法人国籍的有关规定与实践

1. 新中国成立初期的情况

新中国成立初期，为了肃清帝国主义在华特权，我国清理外国在华企业时，采用了资本控制说来确定法人的国籍。例如，新中国成立前我国最大的百货公司——上海永安公司在成立时登记注册为美商。太平洋战争爆发后，该公司为逃避日本侵略军的迫害而改为华商。抗日战争胜利后，它又恢复为美商。但该公司的资本实际上一直掌握在中国人手中，并由中国人所经营，因此，新中国成立后我国政府将该公司确定为我国的私营企业，而没有按美国企业对待。

又如旧上海的美光火柴公司，实际上是瑞典资本，为了便于在国际上竞争，它注册为美国资本。我国在处理时，根据实际情况将其认定为瑞典企业，也没有按美国企业对待。

2. 外国法人国籍的确定

对于外国法人国籍的确定，我国目前采用注册登记地说。最高人民法院《关于贯彻执行〈中华人民共和国民法通则〉若干问题的意见(试行)》第184条第1款规定："外国法人以其注册登记地国家的法律为其本国法，法人的民事行为能力依其本国法确定。"根据这一规定，外国法人在何国登记注册就视其为何国法人。

这种依据外国法人的注册登记地来确定外国法人国籍的做法是合理可行的。因为在对外经济贸易业务中，我国的进出口公司和厂矿企业要同成千上万家外国企业打交道，如果采用其他标准，诸如资本控制说或者住所地说，势必会给我国当事人判明外国法人的主体身份增加许多困难，所以只能采用简明易行的注册登记地说。

3. 中国法人国籍的确定

对于中国法人国籍的确定，我国目前采用复合标准说。首先需要指出的是，设立于我国境内、其全部资本属于中国的法人是中国法人，这一点是没有疑问的。我们在此要重点讨论的是，含有外国资本的企业的中国法人地位问题。

我国《民法通则》第41条第2款规定："在中华人民共和国领域内设立的中外合资经营企业、中外合作经营企业和外资企业，具备法人条件的，依法经工商行政管理机关核准登记，取得中国法人资格。"从这一规定来看，"三资"企业要成为中国法人必须具备三个条件：第一，在中国境内设立；第二，符合中国法律的规定；第三，经中国工商行政管理机关核准登记。由此可见，在这个问题上，我国采用的是住所地说和注册登记地说相结合的复合标准，含有外国资本的企业只有同时具备这些条件才能取得中国法人的资格。

中外合资经营企业属股权式的企业,其形式是有限责任公司。根据我国《中外合资经营企业法实施条例》第2条的规定,依照《中外合资经营企业法》批准在中国境内设立的中外合资经营企业是中国的法人,受中国法律的管辖和保护。

中外合作经营企业是契约式的企业,一般认为带有合伙性质。这类企业如果符合上述我国《民法通则》第41条第2款的规定,可以依法取得中国法人资格。

在我国境内设立的外国独资企业,如果符合中国法律关于法人条件的规定,经工商行政管理机关核准登记,同样取得中国法人资格。外资企业取得中国法人的资格,既有利于其在中国的经营活动,也有利于我国有关部门对其进行监督和管理;此外,这类企业取得中国国籍,也是符合确定法人国籍的一般标准的。

三、外国法人的承认

(一) 外国法人承认的概念

法人国籍确定了,并不等于一国法人就可以在其所属国以外的任何其他国家境内从事民事活动。一个外国法人通常还必须经过内国的承认,才能在内国作为一个法人而存在,才能被认为是具有独立的法律人格,并在其被承认的范围内,成为内国民事法律关系的主体。

所谓外国法人的承认,是指内国法律承认外国法人在内国具有法律人格 (legal personality),并对外国法人以法律人格者在内国从事民事活动加以认可。这种承认是对业已存在的外国法人法律人格的认定,而不是重新赋予该外国法人以法律人格。换言之,外国法人承认的效果不具有创设性质,不是使其转变为内国法人,而只是提供了允许外国法人进入内国从事民事活动的前提。因此,这种承认是建立在该外国法人在其本国已经具有法人资格的基础之上的。

内国对外国法人的承认涉及到两个方面的问题：一是外国法人依其属人法是否已经有效成立。这是内国对外国法人的法律人格存在与否在事实上的认定。一般来讲，对依其属人法未有效成立的外国法人，内国是不予承认的。二是对依其属人法已经有效成立的外国法人，在内国法律上是否被允许在内国从事民事活动。换言之，是依照内国法来判定外国法人在内国是否具有民事权利能力和民事行为能力、是否能够独立享受民事权利和承担民事义务。这是内国对外国法人的法律人格存在与否在内国法律上的认定。根据国家主权原则，外国法人在内国法律上是否被承认是各国自行决定的事项。所以，国际私法上承认外国法人可以在内国从事民事活动，必须要同时适用两个法律：一个是外国人的属人法，另一个是内国的外国人法，后者主要用来解决外国法人能否在内国从事民事活动、其活动范围和权利的限制以及对外国法人的监督等方面的问题。

关于外国法人要取得在内国进行民事活动的权利，无论是大陆法系国家还是英美法系国家，都认为必须经过内国的承认。一般情况下，主权国家大多采取各种法律上的措施，以尽可能地限制那些对自己不利的外国法人在内国进行民事活动，而只允许那些有利于自己的外国法人在内国从事有关的民事活动。

（二）外国法人承认的方式

一般来讲，除国际条约另有规定外，一国以何种方式承认外国法人，应由其本国决定。目前，国际上承认外国法人的方式大致有四种：

1. 相互承认制

指国家之间以双边或多边条约的形式，相互承认对方的法人在本国具有法律人格。这种互惠的承认方式在经济关系比较密切的国家之间经常采用。例如，《承认外国公司、社团和财团法律人格的公约》第 1 条规定:"凡公司、社团和财团按照缔约国法律在其国内履行登记或公告手续并设有法定所在地而取得法律人格的,其他缔约国当然应予承认"。目前,许多国家之间的商务条约、贸易协定和最惠国待遇协议中,都有相互承认制的规定。

2. 一般承认制

指凡依外国法已经有效成立的法人,不问其属于何国,只要根据内国法律的一般规定,办理必要的注册或登记手续,就可以在内国取得法人地位。这种承认方式比较宽松,简便易行,并且不以互惠为前提,因而有利于吸引外资和扩大本国的对外经济交往。其缺陷是不便于对外国法人进行监督和管理。英国、美国、德国、意大利、日本等国均采用这种方式。

3. 特别承认制

指外国法人必须通过内国的特别登记或特别批准程序予以承认,才能在内国取得法人地位。这种承认方式手续严格、程序繁琐,不利于国际经济贸易活动的进行。但它便于内国了解外国法人的全部情况,使得内国可以根据自己的需要来决定是否给予承认。一方面,内国完全可以基于国家利益或行政考虑而拒绝予以承认;另一方面,如果内国通过这种方式承认了外国法人在内国的法律人格,则便于内国对该外国法人进行监督、管理和控制。实践中,奥地利、原苏联和东欧国家以及我国都采用这种方式。例如,我国国务院 1980 年 10 月 30 日颁布的《关于管理外国企业常驻代表机构的暂行规定》第 2 条规定:"外国企业确有需要在中国设立常驻代表机构的,必须提出申请,经过批准,办理登记手续。未经批准、登记的,不得开展常驻业务活动。"

4. 分别承认制

指内国对于不同性质、不同种类的外国法人分别采取不同的承认方式,对商业性的法人采用一般承认制,对非商业性的法人(如文化、艺术、体育团体等)则采用特别承认制。法国就采用这种方式。

外国法人一经内国承认，即表明该外国法人所具有的权利能力和行为能力在该内国得到了确认，它因而有资格并可以有效地在该内国从事民事活动。至于外国法人在内国可以于多大范围内从事民事活动，或者说外国法人在内国可以从事哪些民事活动、不能从事哪些民事活动，则均应服从内国法的规定。

四、法人权利能力和行为能力的法律冲突及其解决

（一）法人的权利能力和行为能力

法人和自然人一样，也具有权利能力和行为能力。法人的权利能力，是指法人作为民事权利主体所具有的依法参与民事活动、享有民事权利和承担民事义务的资格。法人的行为能力，是指法人以自己的意思独立进行民事活动、取得民事权利并承担民事义务的资格。法人的行为能力实际上就是法人如何行使其权利能力的问题。法人的民事行为能力由法人的法定代表人来实现。

与自然人的民事权利能力和民事行为能力相比，法人的民事权利能力和民事行为能力有以下一些特点：

1. 法人的权利能力和行为能力的时间范围是一致的，都是从法人成立时产生，到法人终止时消灭。而自然人的权利能力和行为能力的产生，则在时间上有一定的间隔：自然人的权利能力始于出生，但自然人的行为能力却始于成年。

2. 法人的权利能力和行为能力的空间范围也是一致的，它有多大的权利能力，也就有多大的行为能力。而自然人的权利能力和行为能力却并非能够完全重合。

3. 每个法人权利能力的内容因法人的性质、目的和业务范围不同，与其他法人有所区别。而自然人的权利能力则是完全平等的。

由于法人权利能力和行为能力的范围相同，所以一般都将这

两者的法律冲突问题合并讨论。

(二) 法人权利能力和行为能力的法律冲突及其解决

各国民事立法关于法人权利能力和行为能力的规定是有很大差异的。例如，有的国家规定合伙是法人，而有的国家规定合伙不是法人，认为它不是独立的权利主体，一旦发生债务纠纷，债权人只能向合伙人起诉，而不能对公司（合伙）起诉；有的国家认为无限责任公司是法人，有的则不承认此种公司是法人；有的国家规定有限责任公司不得向公众发售债券，有的国家则无此种限制；有的国家规定法人为"权限外的行为"无效，有的国家却无这种规定；有的国家规定法人除因自己决定或因破产而解散外，还可因违反善良风俗而被解散，有的国家则对后者不加规定。由于各国的有关规定不同，因而法人的权利能力和行为能力方面的法律冲突不免时常发生。

那么，应当如何解决这种法律冲突呢？由于法人的权利能力和行为能力同时产生、同时终止，并且两者的范围是相同的，因此，对于法人的权利能力和行为能力的法律冲突，国际私法上是采用同一种冲突规范来解决的，即适用法人的属人法，也就是依照法人的国籍国法加以解决。

但外国法人在内国活动，首先必须符合内国法律的规定，因而在具体权利能力和行为能力的享有上，外国法人还须同时受内国的外国人法的控制和制约。外国法人所具有的权利能力和行为能力如果超出了内国法律规定的范围，即使依该外国法人的属人法可以具有的能力，在内国还是不能具有；但如果这些能力没有超出内国法律规定的范围，则虽然依该外国法人的属人法不能具有的能力，在内国却仍可以具有。而依照内国法律在内国具有行为能力的外国法人，其所取得的权利当然应当受到内国法律的保护。所以，对外国法人在内国享有的权利能力和行为能力的范围无论怎样规定，都要同时受到其属人法和内国法的双重制约。

从国际私法的理论与实践来看，法人的权利能力和行为能力尽管总的来讲是适用法人的属人法，但各国的具体规定却并不一致，主要有以下几种做法：

1. 适用法人成立地国法。例如，《布斯塔曼特法典》第33条规定："公司的民事能力受准许公司成立……的国家的法律支配。"《秘鲁民法典》第2073条第1款也规定："私法实体的存在和能力依创立地法。"

2. 适用法人的主要事务所所在地法。例如，《奥地利国际私法》第10条规定："法人，或其他任何能承受权利或负担义务的社团或财团，其属人法应是该法律实体设有主事务所的国家的法律。"《希腊民法典》第10条也规定："法人的能力适用它的主事务所地法。"

3. 适用法人营业地法。例如，1962年的《韩国国际私法》第29条规定："商业公司的法律行为能力适用其营业地法。"

法人属人法的适用范围主要体现在以下几个方面：

1. 适用于法人的成立和法人的性质。这与适用属人法来判定自然人是否已经取得权利能力是基于同一道理。所以，凡依其属人法已经取得法人资格的组织，便可以在其他国家被认为是法人；反之，如果依其属人法不具有法人资格的组织，在其他任何国家也不会被认为是法人。

2. 适用于法人的权利能力和行为能力。包括法人能从事何种活动，能取得何种权利，法人能否为其"权限外的行为"（即超出法人章程范围以外的行为），法人有无侵权行为责任能力，法人有无诉讼能力等问题。

前已提及，对于外国法人权利能力的范围及其限制，内国都要用自己的外国人法来加以控制，因而一个甲国法人在乙国活动，其在乙国的权利能力的范围实际上必须重叠适用甲、乙两国的法律。因此，一个依其属人法能取得土地所有权的法人，并不能在禁止外国法人取得土地所有权的国家取得土地所有权。

3. 适用于法人的内部体制和对外关系。

4. 适用于法人的解散。凡由其本国依法加以解散的法人，其他国家也应承认这种解散的效力。

5. 适用于因法人的合并或分立而产生的对前法人债务的继承问题。

至于内国的外国人法，一般应适用于是否允许外国法人在内国进行活动、其活动的范围及限制、对外国法人的监督等领域。

(三) 我国的有关规定

我国最高人民法院在《关于贯彻执行〈中华人民共和国民法通则〉若干问题的意见（试行）》第184条中规定："外国法人以其注册登记地国家的法律为其本国法，法人的民事行为能力依其本国法确定。外国法人在我国领域内进行的民事活动，必须符合我国的法律规定。"由于在涉及法人的许多民事法律关系中，有时还需要适用法人营业所所在地国的法律，为此，最高人民法院在该《意见》的第185条中进而规定："当事人有二个以上营业所的，应以与产生纠纷的民事关系有最密切联系的营业所为准；当事人没有营业所的，以其住所或者经常居住地为准。"

(四) 法人涉外破产的法律问题

破产是法人权利能力和行为能力终止的原因之一。所谓破产，是指当债务人的全部财产不能清偿其债务时，法院依债务人本人或其债权人的申请，裁定债务人破产。法院宣告债务人破产后，由法院指定的清算人按法定顺序和比例，将债务人的财产分配给各债权人抵偿债务。那些没有得到清偿的债权或债权中没有得到清偿的部分，债务人不再负清偿责任。

法人的涉外破产主要涉及破产的管辖权、破产的准据法以及破产宣告的域外效力等问题。

1. 涉外破产的管辖权

一般来讲，由于破产与一国的经济利益有着重大关系，涉及到一国的公共秩序，因而破产案件大多由破产财产所在地国家的法院管辖。但也有规定主张，破产由债务人的住所地法院管辖。例如，1940年3月19日订于蒙得维的亚的《关于国际民法的条约》就规定：有关商人或商业合伙企业住所地法官对破产有管辖权。

2. 涉外破产的准据法

国际私法的理论和实践大多认为，涉外破产的准据法是法院地法，即破产开始地法，它支配着破产程序以及与破产有关的一切其他事项。但也有学者认为，对于与涉外破产有关的某些问题，应根据国际私法的一般原则，按照相关的法律关系来确定其准据法。例如，破产人与对方签订的合同关系，依合同的准据法解决；涉及不动产问题，适用不动产所在地法；破产债权的抵消权，应按与债权相应的准据法来处理；等等。

3. 涉外破产宣告的域外效力

所谓涉外破产宣告的域外效力，是指一个国家对本国法人或外国法人所作的破产宣告，其效力是否及于该法人在宣告地以外的财产。对于这个问题的解决，国际私法理论与实践有三种不同的主张和做法：

(1) 普遍破产主义，亦称单一破产制。即主张一国对内、外国法人作出的破产宣告，其效力及于该法人在其他国家的财产。一般来讲，英美法系国家多奉行这一主张。例如，英国《破产法》规定，接管人对债务人在破产时的财产享有权利，无论该财产位于英国或其他地方。又如，美国《破产条例》第70条修正案规定："接管人对破产企业之全部财产，无论其位于何处，均享有权利。"

(2) 属地破产主义，亦称复合破产制。即主张破产宣告仅具有域内效力而无域外效力。荷兰、日本、德国等一些大陆法系国家奉行这一主张,持这一立场的国家一般不承认外国所作的破产宣告在本国境内具有效力。例如,日本《破产法》规定:"在外国之宣告破产,对于在日本之财产,不发生效力。"

(3) 兼采普遍破产主义和属地破产主义。这种主张认为,属地破产主义并不是绝对的,有关当事人在外国获得破产宣告后,可以依照内国法律的规定向内国法院申请承认和执行。此项主张的长处在于既能比较好地维护债权人的利益,又能做到遵守有关内国的法律。如果外国法院所作的破产判决在内国获得承认和执行,破产宣告也就因此而具有了域外效力。例如,《瑞士联邦国际私法》第166条第1款规定:由债务人住所地国家法院作出的破产宣告,符合瑞士法律规定的有关条件的,经外国破产财团或债权人提出申请,瑞士予以承认。

由于世界各国在破产宣告的效力问题上采取不同的立场,因而导致法人涉外破产法律冲突问题的产生。为了解决这一冲突,一些国家试图通过制定双边或多边国际条约来对此加以规定,以求得共同的解决办法。例如,《布斯塔曼特法典》第416条规定:"确定破产人能力的宣告在各缔约国内有域外效力,但以预先遵行各国立法所要求的登记或公告手续为条件。"

我国自2007年6月1日起施行的《企业破产法》第5条规定:"依照本法开始的破产程序,对债务人在中华人民共和国领域外的财产发生效力。对外国法院作出的发生法律效力的破产案件的判决、裁定,涉及债务人在中华人民共和国领域内的财产,申请或者请求人民法院承认和执行的,人民法院依照中华人民共和国缔结或者参加的国际条约,或者按照互惠原则进行审查,认为不违反中华人民共和国法律的基本原则,不损害国家主权、安全和社会公共利益,不损害中华人民共和国领域内债权人的合法权益的,裁定承认和执行。"

第三节 国　家

一、国家作为国际私法主体的含义

在国际私法上，国家作为国际私法主体是指国家同自然人、法人一样，可以依据民事法律，以国家本身的名义或该国中央政府的名义，或正式委派个人或机构代表国家，与自然人、法人、其他国家或国际组织发生涉外民事法律关系，国家本身直接在这种关系中享受权利与承担义务，并以国库财产来承担民事上的责任。换言之，国家同样可以成为涉外民事法律关系的主体。

《布斯塔曼特法典》将作为国际私法主体的国家当做法人来看待。该《法典》在第31条中规定："各缔约国作为一个法人具有充分能力在其他缔约国领土内取得并行使民事权利和承担同样性质的义务，不受当地法律明白规定以外的限制。"尽管有国际条约的这种规定，但国家毕竟不是通常意义上的民事法律关系的主体，也不是通常意义上的法人。民法上关于法人成立、合并、分立、解散以及关于外国法人的承认、外国法人权利能力和行为能力等项规定对于国家是不能适用的。因此，国家参与涉外民事法律关系与自然人和法人参与涉外民事法律关系有所不同，国家是在特定场合下成为国际私法的特殊主体的。

国家作为国际私法的特殊主体参与涉外民事法律关系最早可以追溯到19世纪后半叶，但作为一个突出的法律问题引起各国的重视，则是自20世纪中后期一大批生产资料公有制国家建立后开始的。尤其是近几十年来，随着生产和资本国际化程度的不断提高，国际经济交往日益频繁，国家的经济职能迅速增强，越来越多的国家在经济生活中同时扮演了主权者和涉外民事法律关系参与者的双重角色。因此，国家作为国际私法特殊主体的法律问题，已经成为当代国际私法领域中一个引人注目的新课题。

国家作为国际私法的特殊主体，其特殊性主要表现在以下几个方面：

1. 国家的主权者地位受到了限制。国家直接或间接参与涉外民事活动，是以法律关系主体的面目出现的。例如，国家以自己的名义对外发行公债、股票，向外国银行贷款，与外国自然人、法人就国际间的经济技术合作签订契约，承受无主物和无人继承财产，等等。国家直接享受和承担由此产生的民事权利和民事义务，因而，其主权者的地位受到了某些限制。

2. 国家授权有关机构及个人以国家名义从事民事活动。国家作为国际私法的主体，通常是授权有关机构（如政府各部及其所属机构或驻外商务代表处等）或其负责人以国家名义参与涉外民事活动，被授权的机构或个人必须以国家的名义并根据国家的意志参与民事活动；而作为法人的国有企业虽然也经营管理国家财产，但它是以法人的名义对外进行交往的；一国驻外使领馆人员以自己的名义在驻在国参与一般的民事活动，也不以国家参与涉外民事活动来论。

3. 国家以国库的财产对其民事活动承担责任。凡以国家名义参与的涉外民事活动，所产生的法律后果由国家直接承担，国家以国库的全部财产对其行为承担无限责任；而以法人名义参与涉外民事活动的国有公司、企业，虽然其经营管理的那部分财产从性质上讲也属于国家财产，但这部分财产与国库只有间接的联系，国家对于独立核算、自负盈亏的法人组织所从事的民事活动，不负任何连带责任。

4. 国家作为主权者享有豁免权。国家作为涉外民事法律关系的当事方，根据民事法律关系的特点，理应与对方当事人（自然人或法人）享有同等的民事权利和承担同等的民事义务。但国家毕竟又是主权者，作为独立的主权者，国家在涉外民事活动和涉外诉讼活动中具有特殊的法律地位。根据"主权平等"和"平等者之间无管辖权"的原则，国家及其财产享有豁免权，未经一个主权国家的同意，任何人不得将该国作为被告，或以该国的国家财产为诉讼标的而提起诉讼，也不得对该国国家财产采取查封、扣押、强制执行等与该国尊严不相容的措施。但国家以自己的名义直接从事国际民商事活动享有豁免权，并不意味着国家所属的组织或企业以独立的法人名义参与国际民商事活动也享有豁免权。在公有制国家中，虽然国有企业的财产也是国家财产，但国有企业并不是以国家的名义，而是以独立的企业法人的名义参与国际民事交往的，它的活动效果并不直接涉及到国家。因此，一方面，国家对国有企业的活动不承担任何责任，另一方面，这类企业也不享有豁免权。

二、国家豁免问题

国家及其财产享受豁免是国际法上的一项重要原则。关于国家财产的豁免问题，本书将在第六章第三节中作专门阐述，这里主要探讨国家豁免问题。

(一) 国家豁免的内容

一般认为，国家豁免主要包括司法豁免、行政豁免和税收豁免三个方面。

1. 司法豁免。是指未经他国同意，不得在另一国法院对他国提起诉讼的管辖豁免；未经他国同意，不得令其为审理程序上的行为，如出庭作证等诉讼程序的豁免；以及即使一国同意在他国法院作为被告或主动作为原告参加民事诉讼，在未经该国同意时，仍不得根据法院决定对它采取强制措施的执行豁免。西方有些学者把管辖豁免称为属人理由的豁免 (immunity ratione personae)，因为管辖豁免主要涉及具有法律人格的国家；而将执行豁免称为属物理由的豁免 (immunity ratione materiae)，因为执行豁免主要涉及国家财产。

2. 行政豁免。是指在未征得一国同意的情况下,不得对该国采取行政性的强制措施。例如,不得对以该国国家名义享有的财产实行强制的社会保险或摊派捐献。

3. 税收豁免。是指对以国家名义享有所有权的财产和从事的民事行为,未经该国同意,不得对之征收关税或捐税。例如,对外国驻内国使馆所有或租赁的使馆馆舍以及该使馆办理公务的收入,内国均不得征税。

在涉外民事法律关系领域,具有重要意义的是国家作为国际私法主体时的司法豁免。

(二) 国家豁免问题提出的主要场合

国家豁免问题提出的场合有多种情况,但主要是在涉及国家的涉外民事法律关系发生争议时,往往会提出国家在诉讼中的法律地位问题,亦即一个国家能否在外国法院被诉的问题。

从各国实践来看,国家豁免问题大多在以下具体场合被提出:

1. 国家在外国法院直接被诉;

2. 国家虽然在外国法院没有直接被诉,但在某个诉讼中涉及到国家,该国家为了维护其权利而主张豁免;

3. 在有的案件中,国家通过明示或默示的方式放弃了管辖豁免,但在判决作出以前或以后,如果牵涉到对它采取诉讼保全或强制执行措施,也会提出国家豁免问题,因为依照国际惯例,放弃管辖豁免并非意味着同时放弃了诉讼程序豁免和执行豁免;

4. 一国在他国法院提起诉讼时,由于对方当事人提出反诉,便产生该国是否对反诉享有豁免问题。

(三) 国家享受豁免的根据

长期以来,国家享有豁免权已经得到国际法学者、各国司法实践、有关法律文件、政府意见以及联合国国际法委员会的充分肯定。

国家豁免权与国家的属地管辖权（亦称领土管辖权）一样，是由国家主权派生出来的一项国家权利，因此也可以说，国家豁免原则是从国家主权派生出来的一项独立的国际法原则。我们知道，主权是国家所具有的独立自主地处理自己对内对外事务的最高权力。国家主权具有两方面的特性，即在国内是最高的，对外是独立和平等的。国家主权在本国领土内享有最高权这一特性派生出属地管辖权，而国家主权在国际关系中的平等和独立这一特性则派生出国家豁免权。由此可见，国家豁免权是国家固有的权利，国家豁免原则来源于国际法的基础——国家主权。

(四) 关于国家豁免的理论

关于国家豁免的理论是伴随着在国际交往过程中，国家及其财产豁免问题的出现和发展而产生的。在这个问题上，传统理论中有绝对豁免论和限制豁免论两种主张；第二次世界大战以后，在国际法理论界又出现了废除豁免论与平等豁免论两种观点。前两种理论均在一些国家的实践中得到贯彻和支持，而后两种学说一般来讲还仅限于理论上的探讨。

1. 绝对豁免论 (the Doctrine of Absolute Immunity)

绝对豁免论是最古老的关于国家豁免的理论。该理论认为，一个国家，不论其行为的性质如何，在他国应享有绝对的豁免，除非该国放弃其豁免权；享有国家豁免的主体包括国家本身、国家元首、中央政府及各部、其他国家机构、国有公司或企业等等；国家不仅在直接被诉的情况下享受豁免，而且在涉及国家的间接诉讼中也享受豁免；此外，这种理论还主张在国家未自愿接受管辖的情况下，应当通过外交途径解决有关国家间的民事争议。绝对豁免论在"比利时国会号案"、"佩萨罗号案"等重要判例中获得了支持，著名国际法学家奥本海、海德、戴西、菲茨莫里斯、哈克沃斯等均赞同这一理论。

在19世纪，绝对豁免论几乎得到西方所有国家实践的采纳。第二次世界大战以后，原苏联、东欧国家及许多发展中国家仍坚持绝对豁免论。应当指出，绝对豁免论对国家豁免原则在国际法上的确立发挥了巨大的作用，它是发展中国家在涉外民事交往过程中用来保护自己、反对强权和维护国家主权的有力武器。但绝对豁免论本身也存在着一定的缺陷，一是在提法上有欠科学；二是将国家本身同国有公司或企业在豁免问题上混同起来，这是不恰当的；三是强调通过外交途径解决涉及国家的涉外民事争议的主张，也不利于涉外民事纠纷的及时有效解决。

2. 限制豁免论（the Doctrine of the Relative or Restrictive Immunity）

限制豁免论产生于19世纪末，亦称相对豁免论或有限豁免论，原苏联及其他东欧国家的学者称之为职能豁免论。限制豁免论将国家的活动划分为主权行为与非主权行为，或统治权行为与事务权行为，或公法行为与私法行为。按照这种理论，在国际交往过程中，一个国家的主权行为在他国享有豁免，而其非主权行为在他国则不能享受豁免，换言之，它仍然承认国家豁免是国际法上的一般原则，但也将国家不享有豁免的情况作了区分。依照限制豁免论的主张，区分主权行为与非主权行为的标准有三种：即目的标准、行为性质标准以及将这两者相结合的混合标准，其中，赞同行为性质标准的观点居多。限制豁免论还主张以法院地法来识别外国国家的所谓主权行为与非主权行为。我国有学者认为，限制豁免论与国家主权原则是不相容的，它将国家行为划分为主权行为与非主权行为也极不科学。

3. 废除豁免论（the Doctrine of Abolishing Immunity）

废除豁免论产生于20世纪40年代末50年代初，英国国际法学家劳特派特是这一理论的创始人。废除豁免论主张从根本上废除国家豁免原则，认为在某些情况下出现的国家豁免是一种例外。这种理论既反对绝对豁免论,也拒绝限制豁免论,而主张以国内立法和国际协议的方式来实现废除国家豁免原则的目的。由于废除豁免论企图根本否定久已确立的国家豁免原则,因而从总体上讲,它在理论和实践上均不足取。

4. 平等豁免论 (the Doctrine of Equal Immunity)

平等豁免论是原民主德国国际经济法教授弗里兹·恩德林首先提出来的。这种理论认为,国家豁免权是从国家平等原则派生出来的权利,同时它又是国家主权的一个实质组成部分;由于国家主权不是绝对的,国家豁免权同样也不是绝对的,国家主权和豁免权在其他国家的主权面前均会受到限制;国家豁免权受到的限制是基于国家主权平等,是为了国家间平等互利地正常交往,因而国家不享有绝对豁免,而享有平等豁免,从而否定了绝对豁免论的观点。平等豁免论将国家豁免内容中的管辖豁免称为"关于组织的豁免",把执行豁免称为"关于资产的豁免"。对于前者,这种理论认为,国家有两类组织:一类是享有国家豁免的组织,指依靠国家预算来维持并实现其政治、行政或社会和文化职能的国家机构或组织;另一类是已当然放弃豁免的组织,指具有独立经济责任的国有公司或企业。

应当肯定的是,平等豁免论克服和避免了绝对豁免论的不足及缺陷,是一种解决国家豁免问题的新尝试。但这种理论构想还有待于在实践中进一步发展和完善。

(五) 中国的有关实践

在国家豁免问题上,我国始终坚持国家享有豁免这一公认的国际法原则。目前,我国尚无关于国家豁免的专门立法。我国《民事诉讼法》第 239 条规定:"对享有外交特权与豁免的外国人、外国组织或者国际组织提起的民事诉讼,应当依照中华人民共和国有关法律和中华人民共和国缔结或者参加的国际条约的规定办理。"这只是一个原则性的规定。1986 年颁布的《中华人民共和国外交特权与豁免条例》虽然就与国家豁免相重叠的外交豁免问题作了规定，但国家豁免与外交豁免毕竟是国际法上两个不同领域的问题。因此，我国这方面的立法工作还有待于加强。

在条约实践方面，中国曾经缔结或参加的一些双边或多边国际条约中有的涉及到国家豁免问题。例如，我国1980年参加的1969年《国际油污损害民事责任公约》第11条第2款规定：缔约国就油污损害赔偿案件放弃对油污损害所在地缔约国法院的管辖豁免。作为缔约国，中国将严格遵守这一规定。中国主张世界各国在相互尊重主权和平等互利的基础上，通过协商，达成协议来消除各国在国家豁免问题上的矛盾和分歧。

就现已掌握的资料来看，到目前为止，我国人民法院尚没有审理过涉及外国国家及其财产豁免的案件，因此，我们还不能从这方面来说明中国的理论与实践。但是，自新中国成立以来，我国国家在其他一些国家或地区的法院有过被诉的情况，诸如"湖广铁路债券案"等。对此，我国政府已明确地阐释了自己在国家豁免问题上的立场和态度，归纳起来，主要有以下几点：

1. 坚持国家及其财产豁免是国际法上的一项原则，反对限制豁免论和废除豁免论。

2. 坚持国家本身或者以国家名义所从事的一切活动均享有豁免，除非国家自愿放弃豁免，亦即我国坚持绝对豁免论。

3. 在我国目前的实践中，已开始将国家本身的活动和国有公司或企业的活动区别开来，认为国有公司或企业是具有独立法律人格的经济实体，不应享受豁免。这表明，我国现在所坚持的绝对豁免论已不是原来意义上的绝对豁免论。

4. 主张通过达成协议来消除各国在国家豁免问题上的分歧。

5. 外国国家如果无视国际法，任意侵犯中国的国家豁免权，中国可以对该外国国家采取相应的对等措施。

6. 中国到外国法院特别出庭抗辩该外国法院对以中国为被

告之案件的管辖权,不得视为接受该外国法院的管辖。

第四节 国际组织

一、国际组织是国际私法的特殊主体

国际组织是国际政治经济关系发展到一定阶段的产物。19世纪初,随着国际间多边交往的发展,国际组织开始出现。第二次世界大战以后,国际组织有了长足的发展,联合国以及大量其他各类国际组织纷纷建立起来。在当今世界,国际组织正发挥着日益重要的作用。

国际组织或由于履行职能的需要,或由于生存的需要,不可避免地会与其他国际组织或有关国家及其自然人或法人进行经济、民事交往,成立特别的民事法律关系。因此,国际组织得以成为涉外民事法律关系亦即国际私法关系的特殊主体。一些国际公约对国际组织独立参与民事活动的法律能力也有所规定。例如,1946年的《联合国特权及豁免公约》和1947年的《联合国各专门机构特权及豁免公约》就确定了联合国及其专门机构的法律人格,规定它们有"缔结契约"、"取得并处置动产和不动产"、"从事法律诉讼"的法律行为能力。

国际组织作为国际私法的主体有以下特点:

1. 国际组织参与涉外民事活动是以其自身的名义进行的。由于国际组织本身具有独立的法律人格,因而它参与民事活动是以其自己的名义来进行的,而不牵涉到组成国际组织的各个成员,国际组织的成员对国际组织的债务不负连带责任。

2. 国际组织所从事的民事活动是执行其职务及实现其宗旨所必需的,换言之,国际组织所从事的民事活动一般应与其职能和宗旨有关。《联合国宪章》第104条规定:"本组织于每一会员

国领土内，应享受于执行其职务及达成其宗旨所必需之法律行为能力。"这条规定所指的"法律行为能力"的范围，应当理解为包括联合国的民事行为能力。

3. 国际组织与国家不同，它是由其成员主要是国家为了达到一定的共同目标而创设的国际性组织，它作为涉外民事法律关系主体的资格，是由其成员通过缔结条约、协议或共同制定组织章程来确立的。因此，国际组织的职能和活动范围必须严格依照有关条约和组织章程的规定。

4. 政府间国际组织由于其行使职能的需要，在国际上享有一定的特权与豁免。

二、国际组织在涉外民事交往中的特权与豁免

(一) 国际组织特权与豁免的产生与发展

政府间国际组织的特权与豁免，是在一般外交特权与豁免的基础上发展起来的，早期的一些国际组织大都直接沿用有关外交特权与豁免的法律原则。此后，前述《联合国特权及豁免公约》、《联合国各专门机构特权及豁免公约》以及1947年联合国与美国关于联合国会所的协定、1954年联合国教科文组织同法国之间的协定等项国际条约，也对相关国际组织的特权与豁免问题作出了规定。而由联合国国际法委员会起草的、在1975年维也纳外交会议上通过的《维也纳关于国家在其对普遍性国际组织关系上的代表权公约》，对有关特权与豁免问题更作了比较全面的规定。

(二) 国际组织享有特权与豁免的根据

行使职能之需要是国际组织享有特权与豁免的公认的根据。《联合国宪章》第105条和其他国际组织的章程以及有关公约中关于国际组织特权与豁免的规定，均订明国际组织享有特权与豁免是为执行其职务和实现其宗旨所必需。

联合国国际法委员会在草拟《维也纳外交关系公约》的过程

中也认为,"国际组织的豁免权只能建立在职能的基础上"。[①] 但也有学者认为,仅用行使职能需要说来概括国际组织享有特权与豁免的根据不尽完善,还应适当考虑其代表性,因为国际组织在履行其职务和实现其宗旨的范围内,于一定程度上代表着成员国的愿望和利益。[②]

(三) 国际组织在涉外民事交往中享有特权与豁免的内容

国际组织的特权与豁免是广义的,它在涉外民事交往过程中所享有的特权与豁免只是其中的一个方面。这里所谈的国际组织在涉外民事交往过程中所享有的特权与豁免仅指国际组织本身的有关特权与豁免,而不涉及国际组织的官员和职员除执行职务以外个人所享有的特权与豁免。根据有关国际条约的规定,国际组织在涉外民事交往过程中所享有的特权与豁免主要有:国际组织及其财产享有对所在国的司法管辖与执行豁免;国际组织的会所、公文档案不受侵犯;国际组织的财产和资产免受搜查、征用、没收、侵夺以及其他形式的干涉;等等。

第五节 外国人的民事法律地位

一、外国人民事法律地位的概念

外国人的民事法律地位,是指外国人(包括外国自然人、外国法人、外国国家或国际组织)在内国享有民事权利和承担民事义务的法律状况。

一国给予外国人在内国以民事法律地位,是外国人在内国参

---

① 《联合国国际法委员会年鉴》第2卷,1967年英文版,第170页。
② 孙林、张红虹:《国际组织的特权与豁免》,载于中国国际法学会主编:《中国国际法年刊》(1982年),中国对外翻译出版公司1982年版,第174页。

与涉外民事活动以及可能由此而引起法律冲突的前提之一。在通常情况下，外国人的民事法律地位是由各个主权国家的国内立法加以规定的。同时，国家之间也可以通过缔结条约，相互赋予缔约另一方的国民在本国境内享受某种待遇。因此，凡外国人进入内国，他们能否成为民事法律关系以及民事诉讼关系的主体，必须依据所在国法律或有关国际条约来决定，这方面并不发生适用外国法的问题。但是，当外国人取得在内国的某种民事法律地位之后，究竟应以哪一个国家的法律作为他们行使权利和承担义务的准据法，却常常因他们的属人法与所在地国法作了不同的规定而发生冲突。所以，虽然一国关于外国人民事法律地位的规范属于实体法范畴，但由于外国人的民事法律地位是涉外民事法律关系发生法律冲突的前提，因而同样属于国际私法的一个重要内容。

前已提及，一国赋予外国人以什么样的民事法律地位，是其主权范围内的事，别国无权干涉。但是，国家在确定外国人的民事法律地位时，必须考虑两个因素：第一，不能与国家所承担的国际义务相违背。例如，1928年美洲国家间所签订的《关于外国人地位的公约》第2条规定："外国人一如本国公民，应受当地法院管辖并服从当地法律，同时要考虑到在各项公约与条约中所规定的各种限制。"第二，应当考虑当时的国际关系和国家实践，要遵守国际法的基本原则和有关国际惯例。

二、外国人民事法律地位的历史变迁

赋予在内国的外国人以一定的民事法律地位的实践并不是从来就有的，而是国际经济关系和国际交往发展到一定程度的必然要求。在历史上，外国人的民事法律地位曾几经变迁，由在奴隶制时期对外国人采取敌视待遇，经封建制时期采取差别待遇，到资本主义时期才采取相互待遇和平等待遇。

进入帝国主义阶段，垄断代替了自由竞争，垄断资产阶级为了追求最大限度的利润，对外实行侵略扩张，在外国人的民事法律地位问题上，一方面力图扩大本国人在外国的特权，另一方面则极力限制外国人在本国的权利。例如，帝国主义列强通过签订不平等条约，在殖民地和半殖民地国家攫取了包括"领事裁判权"在内的各种特权即属于这种情况。

第二次世界大战以后，许多殖民地、半殖民地国家纷纷独立，它们要求政治上、经济上的平等。一方面，它们坚持取消帝国主义国家在本国的特权，另一方面，主张在尊重国家主权和平等互利的基础上，发展同各国的经济往来。但由于各国经济发展水平不同，外国人法律地位表面上平等原则，往往掩盖着事实上的不平等，广大发展中国家要完全取得事实上的平等，还需要不断付出努力。因此，外国人的民事法律地位在当前仍然是一个很复杂的问题。

三、外国人民事法律地位的几种制度

国际私法上有关外国人待遇的制度，主要是指外国人在民事权利方面待遇的制度，而不是指政治方面待遇的制度。经过各国的长期实践，在当今国际社会逐步形成了以下关于外国人民事法律地位的制度：

（一）国民待遇（National Treatment）

所谓国民待遇，是指内国赋予外国人与内国国民同等的民事法律地位，即外国人在内国享有与内国国民同等的民事权利，承担与内国国民同等的民事义务。例如，内国允许外国自然人、法人在其境内享有与本国国民同等的财产所有权、转让权、财产继承权、专利权、商标权、著作权、诉讼权等等。国民待遇既可以体现在国内立法上，也可以由有关国家在国际条约中加以规定。例如，我国《民事诉讼法》在第5条中规定：外国人在我国人民

法院起诉、应诉，同中国公民有同等的诉讼权利和义务，并以对等原则为条件。《保护工业产权巴黎公约》更是将国民待遇原则列为公约最重要的原则之一。

国民待遇只是就一般原则而言的，并非指在具体的民事权利上外国人与内国国民完全一样。为了维护本国安全和社会利益，各国都将国民待遇限制在一定范围内。例如，根据我国有关立法的规定，外国人不能在我国军事、外交、公安和机要部门服务，也不能在我国充任律师、专利代理人、商标代理人和引水员、报务员等等。

（二）最惠国待遇（Most-favoured-nation Treatment，简称 MFN）

所谓最惠国待遇，是指一国（施惠国）给予某个外国（受惠国）的待遇，不低于或不少于该国已经给予或将来要给予任何第三国（最惠国）的待遇。根据这一定义并结合各国实践，最惠国待遇制度可以归纳出以下几个特点：

1. 最惠国待遇必须通过双边或多边条约，在互惠的基础上实行。

2. 最惠国待遇必须限制在条约中所明确规定的范围之内。以上两点与国民待遇相同，国民待遇也是建立在互惠的基础之上，并有特定的适用范围。

3. 最惠国待遇是以给予不特定的第三国的优惠为标准，来给予另一外国相同的待遇，其结果是使得不同国家的外国人在本国的民事权利相等。这一点与国民待遇不同，国民待遇是以给予本国人的待遇为标准来确定外国人的待遇，其结果是使得外国人与本国人的待遇在本国处于相同的地位。

4. 从时间上来讲，最惠国待遇所给予的优惠不仅包括现在，而且还包括将来给予任何第三国的优惠，即凡是给予第三国的优惠，受惠国都有权享受。

从以上特点来看，最惠国待遇与国民待遇既有相同之处，也有不同的地方，所以这两者是可以同时并存的。

实行最惠国待遇的目的在于，防止本国人在对外经济交往过程中处于不利地位，亦即避免使本国人在外国的地位低于其他享有优惠待遇的第三国人在该外国的地位。

根据目前的国际条约和国际实践，最惠国待遇的适用范围大致有如下一些：（1）国家之间商品、支付和服务往来的待遇；（2）国家之间交通工具（船舶、航空器、铁路机车）通过的待遇；（3）彼此之间自然人或法人在对方定居或营业上的活动；（4）彼此的外交代表团、领事代表团以及商务代表团的特权与豁免；（5）外国著作权、专利权和商标权的法律保护；（6）外国法院判决和境外仲裁裁决的承认与执行；等等。

最惠国待遇在适用范围上也有一些例外和限定，它是指在某些情况下，施惠国可以不将给予第三国（最惠国）的优惠提供给缔约对方（受惠国）。国家之间在缔结最惠国条约时，一般都规定了最惠国待遇的例外条款，指明一些不适用最惠国待遇的例外情况。常见的例外情况和限定有以下几种：（1）一国给予邻国的特权和优惠；（2）边境贸易和运输方面的特权和优惠；（3）有特殊的历史、政治、经济关系的国家之间相互给予的特权和优惠；（4）经济集团内部各成员国间相互给予对方的特权与优惠；等等。即使条约中没有明文规定这些例外，缔约国之间也不得以这些特殊情况作为标准，来要求给予最惠国待遇。

为了促进对外经济贸易关系的顺利发展，我国早在1955年8月22日订立的《中国和埃及政府贸易协定》中，便开始采用互惠平等的最惠国待遇制度（适用于发给输入、输出许可证和征收关税方面）。随着对外开放政策的进一步实施，目前在我国与许多国家缔结的投资保护和贸易协定中都广泛采用了这一制度。

(三) 优惠待遇 (Preferential Treatment)

所谓优惠待遇，是指一国为了某种特定的目的，在一定的领域内给予外国国家及其自然人和法人以特殊的优待。

优惠待遇通常是在贸易、关税、投资、运输等领域内使用。例如，为了改善投资环境、吸引外资，我国国务院于1986年发布的《关于鼓励外商投资的规定》，就赋予了产品出口企业和先进技术企业以特殊的优惠待遇。根据这个规定，"产品出口企业和先进技术企业的外国投资者，将其从企业分得的利润汇出境外时，免缴汇出额的所得税。""先进技术企业按照国家规定减免企业所得税期满后，可以延长三年减半缴纳企业所得税。"而国有企业和一般的外商投资企业则不能享受这种特殊优惠。

优惠待遇与国民待遇不同，优惠待遇是就特定事项或方面（例如关税、出入境手续等）给予外国和外国人的优惠，比较具体，而且依照优惠待遇外国人所享有的某种优惠，甚至可以优于本国人所享有的待遇；国民待遇则是概括性地给予外国人以同本国人相同的待遇，这种待遇往往是泛指的，范围较广。优惠待遇与最惠国待遇也不一样，优惠待遇是内国通过立法或条约直接赋予外国人的，外国人可以直接享有；而外国享有最惠国待遇则必须借助最惠国待遇条款，也必须有内国给予第三国以高于该外国国家的优惠待遇的事实存在。不过，优惠待遇的存在常常是最惠国待遇借以发生效果的事实根据。

一国给予外国国家和外国人以优惠待遇，一般通过两种方式加以规定，一是通过国内立法进行规定，这是最常见的方式。例如，《中华人民共和国外资企业法》第17条规定："外资企业依照国家有关税收的规定纳税并可以享受减税、免税的优惠待遇。外资企业将缴纳所得税后的利润在中国境内再投资的，可以依照国家规定申请退还再投资部分已缴纳的部分所得税税款。"二是通过缔结国际条约加以规定。例如，《中国和尼泊尔关于两国关系中的若干有关事项的换文》第 6 条规定：双方同意"各按本国政府规定的优惠税率对彼此出入口商品征收关税"。

(四) 普遍优惠待遇 (Generalized System of Preference, 简称 GSP)

所谓普遍优惠待遇，亦称普惠制，是指发达国家在进口发展中国家的制成品和半制成品时，单方面给予发展中国家以减免关税的优惠待遇。这是一种有利于发展中国家向发达国家出口的关税优惠制度，它有三项原则：

1. 普遍原则，即发达国家对从发展中国家进口的制成品和半制成品普遍提供关税优惠；

2. 非互惠原则，即发达国家应单方面对发展中国家提供这种关税优惠，而不要求反向优惠；

3. 非歧视原则，即发达国家应对每一个发展中国家毫无例外地提供普惠制待遇，不得歧视性地将某些发展中国家排斥在优惠范围以外。

长期以来，由于历史的原因，各国经济发展不平衡，发达国家与发展中国家的经济实力、产品竞争能力相差悬殊，如果在关税减让方面，发达国家和发展中国家相互给予对方以国民待遇或最惠国待遇，对发展中国家来讲也未必完全有利，这种形式上的"平等"将掩盖事实上的不平等或实质上的不平等。因为经济实力雄厚的发达国家一方面有能力向发展中国家倾销其产品，另一方面又严格限制进口发展中国家的产品，而发展中国家由于其产品竞争能力较弱，很难进入发达国家的市场，所以能够实际享受优惠的机会很少。

为了打破旧的、并建立新的国际经济秩序，发展民族经济，维护自身的正当权益，发展中国家向发达国家提出了实行非互惠的普遍优惠待遇的要求，要求工业发达国家从发展中国家或地区进口工业制成品和半制成品时，给予发展中国家以关税优惠，而发展中国家从发达国家进口工业品时，则不给予发达国家对等的关税优惠。

1970年联合国第二十五届大会通过决议，采纳了七十七国集团在第一届联合国贸易与发展会议（1968年）上提出的"普遍优惠制"的提案。1974年联合国大会通过的《各国经济权利和义务宪章》第19条进一步规定："为了加速发展中国家的经济增长，消除发达国家与发展中国家之间的经济鸿沟，发达国家应当尽可能在国际经济合作的领域内给予发展中国家以普遍优惠的、不要求互惠的和不加歧视的待遇。"

在各国经济相互依存的当今世界，发展中国家为了发展本国经济，离不开发达国家的资金和技术；同样，发达国家如缺乏发展中国家的原料和广阔的市场，其经济也会萎缩。因此，发达国家给予发展中国家以普遍优惠待遇，符合发达国家和发展中国家的共同利益。但普遍优惠待遇从性质上讲是非强制性的，是否给予发展中国家这种待遇，完全取决于发达国家单方面的"自行选择"。到目前为止，已有一百多个发展中国家和地区享受这一待遇。1979年底，欧洲共同体部长理事会正式决定给予我国普遍优惠待遇。随后，澳大利亚、新西兰、瑞士、瑞典、芬兰、奥地利、加拿大、挪威以及日本等国也相继给予我国以普遍优惠待遇。

（五）不歧视待遇（Non-discriminatory Treatment）

所谓不歧视待遇亦称无差别待遇，是指国家之间通过缔结条约，规定缔约国一方不将低于内国或其他外国自然人和法人的待遇适用于缔约国另一方的自然人和法人。各国为了防止本国自然人、法人在外国受到歧视，通常都要求在有关的条约中规定不歧视待遇条款。例如，1986年《中英关于促进和相互保护投资协定》第2条第2款规定：缔约双方"对缔约另一方的国民或公司在其领土内对投资的管理、维持、使用或处置不得采取不合理的或歧视性的措施。"

不歧视待遇与国民待遇和最惠国待遇一样，都是从不同的角度来规定外国人的民事法律地位。但不歧视待遇是从消极方面入手的，而国民待遇、最惠国待遇则是从积极方面入手来予以规定；不歧视待遇与最惠国待遇都涉及到第三国，它们的目的都在于为缔约的任何一方创造与第三国相同的待遇条件。但不歧视待遇和最惠国待遇的内容不同，不歧视待遇所要求的只是与一般外国人享有的权利相等，而最惠国待遇则要求与享有最优惠待遇的外国人的权利相等。一般来讲，在条约中如果有最惠国待遇的规定，就可以免除缔约国的自然人和法人与第三国的自然人和法人相比所处的不利及被歧视的地位。

不歧视待遇有时可以和国民待遇、最惠国待遇一并规定在同一个条约中。例如，1962年11月5日订立的《中华人民共和国和朝鲜民主主义人民共和国通商航海条约》第2条规定了最惠国待遇，第9条规定了国民待遇，而第13条又规定了不歧视待遇。

(六) 歧视待遇 (Discriminatory Treatment)

所谓歧视待遇亦称差别待遇，是指一国将某些特别的限制性规定专门适用于特定的外国自然人和法人。实行歧视待遇的结果，使得某个或某些国家的自然人或法人的待遇不仅低于内国人，而且也低于其他外国人。一国对某一外国实行不合理的歧视待遇，常常会招致该外国的对抗或反报，因而，实行歧视待遇往往会阻碍两国间发展正常的国际经济贸易关系和友好往来。为了防止在国际经济和民事交往过程中一国对另一国实行歧视待遇，目前各国之间多通过缔结双边或多边条约来规定相互采用不歧视待遇。

(七) 敌性外国人待遇 (Treatment of Enemy Foreigners)

所谓敌性外国人待遇，是指一国对敌国的自然人和法人的权利加以限制的一种制度。

在战时甚至在战后一定时期内，由于交战国之间的关系变为敌对关系，因而交战国往往将外国人区分为敌性外国人和非敌性外国人，对敌性外国人的权利施加种种限制。例如，在第二次世界大战期间，英国于1939年颁布了《对敌贸易法及进出口和海关权利法》，该法规定以下几类人员为敌性外国人：(1) 居住在敌国领土上的人；(2) 替敌人从事某种行为的人；(3) 具有交战国国籍的人；(4) 在交战国内成立、或按交战国法律组成、或为交战国所控制的任何团体；(5) 英国贸易部以命令指明为敌人的人。

根据一些交战国在战争期间和战后限制敌性外国人权利的实践，交战国对敌性外国人权利的限制主要有如下几种：(1) 扣押或没收敌国财产；(2) 禁止与敌性外国人通商贸易；(3) 禁止向敌性外国人付款；(4) 禁止与敌性外国人订立合同；(5) 拒绝受理敌性外国人提起的诉讼；等等。

四、外国人在我国的民事法律地位

(一) 新中国成立前外国人在华民事法律地位的历史回顾

新中国成立以前，外国人在中国的民事法律地位大致经历了三个时期：

1. 合理待遇时期

这个时期从西汉一直延续到明末（公元前206—公元1518年），是皇帝恩典赋予外国人以权利的时期。我国汉唐各代，国力强盛，对外国人基本上采取开放政策，允许外国人来华通商、留学、周游、求佛等，甚至还允许外国人在朝做官、担任公职。但这一时期，给予外国人以一定的权利，都是皇帝特许的结果。同时，皇帝还可以限制外国人的权利，如唐玄宗时，就曾颁布命令，规定在长安的外国人不准做生意、不准雇人、不准结婚等等。

2. 排外时期

这个时期从明末倭寇及葡萄牙、荷兰的入侵至鸦片战争爆发时为止（公元1518—1840年）。在这段时间里，中国采取了闭关锁国的政策，对于外国人并不区分是侵略分子还是善良商民，一概限制他们从事正常的商业和民事活动。例如，清初广州曾施行过《防患夷人章程》，规定外国人只能居住在指定的商馆中，并与指定的商行进行贸易。

3. 特权时期

这个时期从鸦片战争直至新中国成立（公元1840—1949年）。1840年的中英鸦片战争，打开了中国长期关闭的大门，许多帝国主义国家强迫清政府签订了无数个丧权辱国的不平等条约，在华取得了种种特权，粗暴践踏了中国的立法、司法和行政主权。例如，英国通过1842年的《中英南京条约》攫取了"五口通商"权，又通过1843年的《中英五口通商章程》取得了领事裁判权；美国通过1844年的《中美望厦条约》、1858年的《中美天津条约》和1903年的《中美通商行船续订条约》，分别取得了在华领事裁判权、传教权和房地产永租权。随后，法、德、俄、意、奥、荷、比等二十几个国家也纷纷援例攫取了在华领事裁判权。到后来，享有领事裁判权的几乎包括了当时与我国通商的所有国家。总之，帝国主义者在中国处于特权地位，是这一时期外国人在中国民事法律地位的突出特点。

（二）新中国成立后外国人在华的民事法律地位

新中国成立以后，我国政府宣布废除一切不平等的丧权辱国条约，取消了帝国主义在华的一切特权，包括政治、经济和文化领域的非法权利，并在平等的基础上，与外国重新缔结条约。同时，我国还通过国内立法和签订平等的国际条约，参照国际惯例，赋予外国人以民事权利，从而开始进入了平等待遇时期。

根据我国现行有效的法律规定，外国人在我国享有的民事权利是相当广泛的，主要有：

1. 亲属权。外国人与我国公民以及外国人与外国人之间都可以在中国登记结婚或解除婚姻关系。外国人符合收养条件的，可以收养中国儿童，也可以为我国公民所收养。

2. 继承权。我国法律保护外国人的财产继承权，外国人可以继承位于中国境内的动产和不动产。

3. 劳动权。我国除少数种类的工作不允许外国人从事外（如在国防、机要部门外国人不得任职；外国人不得充任船长、引水员、飞行员、领航员；不得担任国家行政工作人员；等等），外国人可以在我国从事各种社会劳动。

4. 智力成果权。我国法律保护外国人的智力劳动成果。外国人依法享有著作权，有署名、发表、出版著作并获得报酬等项权利。外国人依法取得的专利权和商标专用权受我国法律保护。外国人就自己的发现可在我国享有发现权，发现人有权以自己的发现向我国有关部门领取发现证书、奖金或者其他奖励。外国人以其自己的发现或其他科技成果，对我国科学技术事业的发展作出重大贡献的，还可以获得我国颁布的自然科学奖。

5. 经营工商企业与开发自然资源的权利。外国人可以经申请批准，在我国兴办各种中外合资经营企业、中外合作经营企业和外国独资企业，也可以在尊重我国主权、不损害我国经济利益和遵守我国法律的条件下，中外合作开采自然资源。

6. 土地租赁使用权。在我国规定的地区，外国人还可以取得土地的长期租赁使用权。

7. 司法保护权。根据我国《民事诉讼法》的有关规定，外国人在我国人民法院起诉、应诉，享有与我国公民同等的诉讼权利，并承担同等的诉讼义务。

第六章 涉外物权的法律适用

第一节 涉外物权的法律冲突和法律适用

一、涉外物权的概念

物权（right in rem, real right, right over things）是民法上的一个重要概念，它是指对物的直接掌握和支配、并排除他人干涉的民事权利。物权通常分为自物权和他物权两大类。自物权即所有权，是对自己的财产享有占有、使用、收益和处分的权利，因而所有权是权利最充分、最完整的一种物权。他物权则是在他人所占有的财产上设定某项权利的物权，这种权利一方面具有物权的一般性质，权利人可以对抗任何不特定的相对人；另一方面又不像所有权那样具有四项完整的权利。他物权又分用益物权和担保物权两种。用益物权是在他人的财物上设立的以使用、收益为目的的权利，如地上权、典权；担保物权是为了担保债的履行而设立的物权，如抵押权、留置权。物权的主要内容是自物权，一物之上只能有一个自物权，而他物权则可以同时设立。在同一物上有自物权与他物权并存时，以他物权为优先。

依照不同的标准，物权还可以作不同的分类，如完全物权与限定物权、主物权与从物权等等。但不论依照什么标准进行分类，也不论是否区分为动产与不动产，物权在通常意义上是指就有体物设定的权利。

所谓涉外物权，是指在物权关系中有涉外因素存在。具体包括以下三种情况：（1）物权主体一方或双方为外国的自然人或法人，有时也可以是外国国家。例如，某外国公司为在我国境内举办独资企业而取得的对某片土地在一定期限内的使用权。（2）物权客体位于外国。例如，一位中国公民在某外国境内拥有一栋房屋。（3）引起物权关系产生、变更或消灭的法律事实发生在外国。例如，某华侨在外国死亡，其子女依法取得其在中国境内外遗产的所有权。

二、涉外物权的法律冲突

物权在一国民法体系中占有重要地位，属于基本性制度。但由于各国社会体制和历史传统不同，在民事立法上对物权的规定也存在着很大差异，主要表现在以下几个方面：

1. 各国对物权客体的范围规定不同。在有些国家，法律允许土地为个人所有，并且对外国自然人、法人拥有内国土地也不加限制；但在另一些国家，如朝鲜、越南等国，物权客体的范围相对要窄一些，在这些国家中，作为不动产的土地一般不能为个人所有。有些国家的法律还规定，外国人在内国只能取得房屋的租赁权而不能取得房屋的所有权，如挪威即是；但在我国，外国人则可以取得房屋的所有权。

2. 各国对物权的内容规定不同。例如，法国、德国和日本的民法典都规定了占有或占有权，但法国法上的占有是指"以所有人的名义为自己而占有"。因此，在法国法看来，保管人对保管物、租赁人对租赁物都不是占有，即法国法只保护所有人对所有物的直接占有。而按照日本、德国法律的规定，保管人对保管物、租赁人对租赁物的占有都属于占有，即日、德两国法律不仅保护所有人对所有物的直接占有，也保护"从属占有"，即为他人占有。

3. 各国对物权取得、变更和消灭的条件规定不同。以所有权的取得（转移）为例，根据《法国民法典》第1583条的规定："当事人双方就标的物及其价金相互同意时，即使标的物尚未交付、价金尚未支付，买卖即告成立，而标的物的所有权即依法由出卖人移转于买受人。"英、美等国亦有类似规定。但德国和瑞士民法典则规定，物权行为除当事人意思表示一致外，动产所有权转移必须实际交付，不动产所有权转移必须依法登记，方产生法律效力。我国《民法通则》第72条第2款也规定："按照合同或者其他合法方式取得财产的，财产所有权从财产交付时起转移，法律另有规定或者当事人另有约定的除外。"

这里我们假设，法国一家公司（买方）和德国一家公司（卖方）在德国境内签订了一项标的物为钢材的购销合同。合同签订后，在德国公司尚未实际交付前，法国这家公司便将该批钢材转卖给了英国某公司。该英国公司到德国提货时，遭到德国公司的拒绝。依照法国法律的规定，双方购销合同一经签订就发生了法律效力，货物的所有权就已经转移到法国公司，法国公司有权将货物再次出售。而依照德国法律，法、德两家公司虽然签订了购销合同，但这批货物还没有实际交付，其所有权并未转移，所以，法国公司无权转让，德国公司不能直接将货物交给英国公司。有关各方因此而发生争议。

1860年英国法院审理的"卡梅尔诉西韦尔"（Cammell vs. Sewell）一案，也涉及到所有权的取得和变更问题。英国人卡梅尔委托一个在英国有住所的俄国人为其代理人，在俄国港口将一批货物装上一艘德国船，运往英国交给其本人。船在行至挪威海岸附近时失事，但所运货物被打捞上岸。船长原本可将货物转船运往英国，但他却将货物公开拍卖给一个善意的第三方。该第三方又在挪威将货物卖给了被告西韦尔。其后，货物由西韦尔运到了英国。卡梅尔获知后，便在英国法院起诉，主张对这批货物行使所有权，并要求赔偿其因货物被非法占有所受到的损失。根据挪威法律，船长在本案发生的情况下，有权以适当方式将货物出售，并将所有权有效地转让给一个善意的买主。但是英国法律却规定，在同样情况下，船长无权转让上述货物，货物的所有权仍应归卡梅尔所有。可见，该案依照英国法还是依照挪威法来处理，将会得到截然相反的结果。受诉法官柯克伯恩认为，虽然货物在某个时候属于英国所有人，但货物的所有权已经由于挪威法所认可的合法买卖行为转移给他人。挪威是此项买卖成立时的货物所在地，其法律应当得到适用。驳回原告的诉讼请求。

4. 各国对动产和不动产的区分规定不同。例如，英国将房屋规定为不动产，德国则将房屋范畴中的临时性建筑规定为动产；许多国家将森林中的动物视为动产，而奥地利却将森林中的动物视为不动产。有的国家没有将动产与不动产作明确的划分，但有些国家则对动产与不动产作了明确的划分。例如，依照《法国民法典》第516条、第517条和第518条的规定，对于动产和不动产的划分有三个标准：第一，依物本身的性质而定。凡能移动场所的物，不论是该物自身可以移动还是借助外力而移动，均为动产；凡不能移动场所的物为不动产，如土地、建筑物等。第二，依物的用途而定。凡为不动产的收益和便利而设置的物，即使可以移动，亦为不动产，如耕畜、农具、种子、肥料等。第三，依各种权利所附着的客体而定，如不动产的用益权、地役权或土地使用权、旨在请求返还不动产的诉权等，均为不动产，而以请求偿还到期款项或动产为目的的债权及诉权，金融、商业及工业公司的股份等则为动产。由此可见，法国法上的不动产概念是比较宽泛的。但在日本和德国等国的民法典中，不动产的概念则相对要窄一些，这些国家仅把土地及固定在土地上的物称作不动产。我国一般也将土地、附着于土地的建筑物及其他定着物、建筑物的固定附属设备视为不动产。①

除上述四个方面外,关于物权的保护方法,诸如在停止侵害、排除妨碍、恢复原状、返还原物、消除危险、确认物权、损害赔偿等领域,各国的规定也不尽相同。

三、涉外物权的法律适用

由于各国对物权存在着种种不同的规定,因而就某一涉外物权关系适用不同国家的法律去处理,将会得到不同甚至是截然相反的结果,由此便产生物权方面的法律冲突。对于这一法律冲突的解决,各国普遍适用的是物之所在地法原则。

第二节 物之所在地法原则

一、物之所在地法原则的产生和发展

物权依物之所在地法是一个古老的原则,它产生于14世纪意大利的法则区别说。法则区别说的奠基人巴塔路斯将当时存在于意大利各城邦国的习惯法(法则)区分为人法和物法,并主张人法应适用住所地法,物法应适用物之所在地法。不过,当时的物之所在地法只适用于土地及与土地有关的地役权等不动产物权。至于动产物权,则适用所有人的属人法亦即住所地法。这种将动产与不动产区别开来,动产适用当事人的属人法,不动产适用物之所在地法的做法,自法则区别说时代开始,一直延续到现在。例如,1794年的《普鲁士法典》、1811年的《奥地利民法

---

① 见最高人民法院《关于贯彻执行〈中华人民共和国民法通则〉若干问题的意见(试行)》第186条,载于刘希明主编:《律师实用便览》,中国人民大学出版社1990年版,第156页。

典》以及1865年的《意大利民法典》均采用了这种实践，英美法系国家的判例也确认了这一原则。

对于动产物权适用当事人属人法这一原则，不同国家的学者作出了不同的解释。大陆法系国家学者的观点是"动产随人"或"动产附骨"，认为动产应依附于人，适用所有人的属人法；英美法系国家的学者则提出"动产无场所"的概念，也强调动产应依人的住所地法而定。但从根本上讲，动产物权适用当事人属人法这一原则的出现及其应用，是由于当时的民事法律关系相对来说比较简单，动产的种类还不是很多，其经济价值与不动产相比也较小，而且所有物一般是存放在所有者的住所地，因而有关动产物权问题服从于所有者的住所地法，还不会感到有多大的不便。

但是到了19世纪末20世纪初，资本主义经济迅速发展，国际交往日益扩大，使得涉外财产关系变得愈加复杂，个人占有的动产越来越多，动产的种类日益增加，价值不断扩大，并且已不再仅仅局限于所有人的住所地范围之内，而是遍及世界其他许多地方。在这种情况下，一些国家便希望将他人的动产置于本国法律的控制之下，因而认为，"动产随人"、"动产附骨"、"动产无场所"等理论已不再能够适合解决涉外动产物权关系的实际需要，主张以不分动产和不动产而适用同一准据法的"同则主义"来代替区分动产与不动产并分别适用不同准据法的"异则主义"（亦称"分则主义"）。例如，《日本法例》第10条第1款规定："关于动产及不动产的物权及其他应登记之权利，依其标的物所在地法。"《布斯塔曼特法典》第105条规定："一切财产，不论其种类如何，均从其所在地法。"

尽管物权的"同则主义"已为若干国家的国内立法或国际公约所采纳，但我国也有学者指出，在法律适用和管辖权方面，动产与不动产还是有区别的。首先，不动产适用物之所在地法是普遍的，这一原则几乎适用于一切不动产，但动产适用物之所在地法则是相对的,是存在着若干例外的(这些例外笔者将在下文中论及);其次,不动产适用不动产所在地法已经成为国际上公认的法律适用原则,但动产适用物之所在地法,则尚未被国际社会所完全接受,各国多根据特定的动产法律关系和本国的国情来决定其具体的法律适用原则。相同的动产法律关系,在不同国家适用不同法律的情况也还存在;第三,不动产所在地国对在其领域内的不动产享有专属管辖权是国际社会所公认的,但动产所在地国对在其领域内的动产并不享有这样的专属管辖权。有关动产物权的诉讼,其管辖权原则在不同国家是不尽相同的。[1]

二、物之所在地法原则的适用范围

物之所在地法虽然是普遍承认的适用于涉外物权的冲突法原则,但从各国的立法规定和司法实践来看,对这一原则的适用范围都有一定的限制。一般来讲,物之所在地法的适用范围包括以下几个方面:

1. 适用于动产与不动产的识别。在国际私法上,动产与不动产的区分通常依物之所在地法。对于一客体物,依物之所在地法认定为不动产的,则应视为不动产;依物之所在地法认定为动产的,则应视为动产。美国国际私法学家斯托雷认为,除了普遍认为具有不动产性质的物以外,其他的物即使性质属于动产,但如当地的法律认为是不动产时,仍应依当地的法律,因为每个国家就存在于其境内的一切财产既然有立法上的处置权力,就能对这种财产赋予该国所需要的任何性质。

从各国实践来看,在涉外物权法律关系中,如果不依物之所在地法原则进行识别,而是适用非物之所在地国家的法律,有关判决将得不到物之所在地国法院的承认与执行。

---

[1] 余先予主编:《国际私法教程》,中国财政经济出版社1998年版,第165页。

2. 适用于物权客体的范围。在国际民事和经济交往中，一国境内的哪些财产可以作为外国人所有权的客体，通常依物之所在地法决定。世界各国从其自身的主权或经济利益出发，往往对外国人在本国境内取得的所有权或其他物权的范围在法律上予以明确规定。例如，有的国家不允许外国人在本国境内购置不动产，不允许外国人取得生产资料的所有权；有的国家则允许外国人购置房产，但却限制外国人取得土地的所有权。凡此种种，均应由物之所在地法来规定。在我国，不允许外国人取得土地的所有权，但外国人可以取得土地的使用权。

3. 适用于物权的内容。在一国境内的外国人，对其占有的财产能否享有占有、使用、收益、处分等各项权能，外国人在一国境内可以设定何种物权，对他人占有的财产能否设置地上权、抵押权、留置权等他物权，这些他物权的具体内容如何，是否具有转让的性质，等等，也只能依物之所在地法来决定。

4. 适用于物权取得、变更、消灭的条件及程序。各国法律在这些方面的规定各不相同。如前所述，关于动产所有权的转移，德国法规定以实际交付为条件，而法国法则规定以双方当事人意思表示一致为条件，并不要求实际交付。由此而引起的法律冲突，一般应依物之所在地法来解决。

5. 适用于物权的保护方法。在国际民事交往过程中，所有权人所有的财产被他人侵占，或者所有权人对其所有的财产行使各项权能时受到他人干扰，对于如何保护其所有权，也应依物之所在地法。例如，1958年4月15日在海牙签订的《国际有体动产买卖所有权移转法律适用公约》第3条第1款规定："出卖人将出卖物的所有权移转给买受人，对于买卖合同当事人以外的任何第三人的关系，应依第三人提出请求时出卖物所在地国的国内法。"

三、物之所在地法原则适用的例外

物之所在地法原则的适用范围虽然很广泛,但它并不是解决一切物权关系的唯一的冲突法原则。某些物由于其本身的特殊性或处于某种状态之中,或由于物权主体的特殊性,使得适用物之所在地法成为不合理或不可能。在这些情况下,应作为例外排除物之所在地法原则的适用,而代之以适用其他冲突法原则。这些例外情况主要有:

1. 运输途中的物品。运输途中的物品,随时都在发生移动,要确定其所在地比较困难。即使能够确定,以其短暂或偶然的所在地为连结点来决定准据法,也未必合理。而且,在运输途中的物品有时会处于公海或公海上空,也没有相关的物之所在地法可供适用。因此,运输途中的物品不宜适用物之所在地法原则。

那么,对于运输途中的物品究竟应当适用什么样的准据法呢?对此有各种不同的看法。有的主张适用货物发出地(即起运地)法,有的主张适用运输目的地法,有的主张适用调整交易行为的法律,英国学者戴西主张适用转让契约的准据法,德国学者萨维尼则主张适用物的所有权人的属人法,等等。从目前情况来看,较为普遍的意见是适用运输目的地法。因为运输途中的物品即使在途中发生了某种物权问题,一般都要等到运输终了时才能处理;而且,运输途中的物品与其发出地已经脱离了法律上的联系,但与目的地却建立了联系,所以,有观点认为,依运输目的地法律处理运输途中的物品最为合情合理。例如,《瑞士联邦国际私法》第101条规定:"运输途中的货物,其物权的取得与丧失适用货物送达地国家的法律。"第103条还规定:"由瑞士运往国外的货物,当货物仍在瑞士境内时,其留置权的有效性和效力适用送达地国家的法律。"

当然,运输途中的物品以目的地国法为准据法也不是绝对的。当运输途中的物品长期滞留于某地,在此期间对该物品的买卖、抵押或为防止货物腐烂而作的紧急处理,应适用当时的物之所在地法。另外,当代表运输中物品的所有权凭证在交易所成交而发生物权转移时,应以交易所所在地法为准据法。

2.船舶、航空器等运输机械。与运输途中的物品一样,运行中的船舶和航空器的所在地也难以确定,因此无法适用物之所在地法原则。鉴于船舶、航空器的所属国是明确的,因此,各国普遍主张以其所属国法律,即旗国法或注册登记地国法为准据法。例如,《布斯塔曼特法典》第275条和第277条分别规定:移转船舶所有权所需要公告的方式,关于船舶出卖后各债权人的权利及此项权利的消灭,均依船旗国法律调整。第282条还规定:上述各项规定,亦适用于飞机。

3.与人身关系密切的动产。如夫妻财产制中的动产,继承中的动产,亲子关系中产生的扶养费等动产物权,有些国家也主张不依物之所在地法,而是分别适用夫或妻的属人法、被继承人死亡时的住所地法,以及与被扶养人有最密切联系的国家的法律。

4.国家财产。国家财产享有豁免权,因而在涉及国家财产方面的问题时,一般不依物之所在地法,而是适用该项财产所属国的法律。

5.商业票据。票据的法律适用问题非常复杂。《瑞士联邦国际私法》第105条规定:"抵押权、票据或其他权利适用当事人选择的法律。""当事人没有选择的,抵押权、票据适用抵押人习惯居所地国家的法律"。

四、我国关于涉外物权法律适用的规定

1.关于动产和不动产。我国《民法通则》第144条规定:"不动产的所有权,适用不动产所在地法律。"最高人民法院《关

于贯彻执行〈中华人民共和国民法通则〉若干问题的意见（试行）》第186条规定："不动产的所有权、买卖、租赁、抵押、使用等民事关系，均应适用不动产所在地法律。"《民法通则》还在第149条中规定："遗产的法定继承，动产适用被继承人死亡时住所地法律，不动产适用不动产所在地法律。"我国《继承法》第36条也有类似的规定。

2. 关于船舶。我国《海商法》第270条规定："船舶所有权的取得、转让和消灭，适用船旗国法律。"第271条规定："船舶抵押权适用船旗国法律。船舶在光船租赁以前或者光船租赁期间，设立船舶抵押权的，适用原船舶登记国的法律。"

第三节　国家财产豁免原则

在国际交往过程中，国家及其财产享有特殊的法律地位。当国家作为民事主体参与涉外民事法律关系时，国家财产是享有豁免权的。因此，与国家财产所有权有关的问题不宜适用一般的确定涉外物权准据法的原则。

一、国家财产豁免的概念和内容

国家财产豁免（immunity of state property）是指国家作为一个主权者在参与涉外民事活动时，其财产所享有的豁免权利。具体来讲，国家财产豁免的内容包括以下三个方面：

1. 司法管辖豁免。是指未经一国同意，他国法院不得对该国的国家财产实行司法管辖，即任何国家的法院不得受理以外国国家财产为标的的诉讼，除非经该外国同意。

2. 诉讼程序豁免。是指一国法院在外国国家明确表示放弃司法管辖豁免、参加诉讼时，也不能认为法院地国的全部诉讼程序对该外国都适用，特别是不得要求外国国家提供诉讼担保，不得以诉讼担保为由,扣押或查封外国的国家财产。

3. 强制执行豁免。是指一国同意在他国以原告或被告身份参加诉讼时(即同意放弃管辖豁免及诉讼程序豁免时),如果未经该国同意,他国法院仍不得依其判决对该国的国家财产予以强制执行。

上述国家财产豁免的三方面内容是既相互联系又相互区别的。当一国自动表示放弃某一方面的豁免时,并不意味着它同时也放弃了另外两个方面的豁免权。

二、国家财产豁免原则的运用

国家财产享有豁免权来源于国家主权、平等这些国际法上的基本原则。早在13世纪,教皇格里高里九世在其教令中就提出了"平等者之间无管辖权"(拉丁:par in parem non habet jurisdictionem)的法律格言,为国家财产豁免原则的形成奠定了理论基础;19世纪初,国家财产豁免原则已为西方法学家们所接受;进入20世纪,这一原则在各国的司法实践中得到了普遍的认可;时至今日,该原则仍为世界各国所广泛承认。但是,这项原则自其问世以来,在它的适用范围问题上,各国的理论、立法和司法实践存在着许多分歧,即便是同一个国家在不同的历史时期,其立场和政策往往也会发生变化,与此相适应,还先后产生了"绝对豁免论"、"限制豁免论"等学说之争(有关主张笔者已在本书的第五章第三节中作过介绍,这里不再赘述),因而使得国家财产豁免原则在实践中的运用日益复杂起来。

国际社会发展到今天,主权国家直接或间接从事国际经济活动的现象越来越普遍。但由于国家所处的特殊地位,使得如何处理好它在国际民事交往过程中与一般民事主体之间的关系,就成为非常现实而紧迫的问题。总结各国实践,有以下做法可资借鉴:

1. 通过缔结或加入一些涉及国家及其财产豁免的多边国际条约，宣布放弃一部分豁免权。例如，许多国家缔结或加入了《国际油污损害民事责任公约》，该公约第11条第2款规定："关于为缔约国所有而用于商业目的的船舶，每一国都应接受第9条所规定的管辖权受理的控告，并放弃一切以主权国地位为根据的答辩。"这里所指的公约第9条规定：油污损害事件发生地的缔约国法院对案件有管辖权，即缔约国用于商业性目的的国有船舶不享受豁免。

2. 通过与有关国家订立双边条约对国家及其财产豁免问题作出相应的规定。例如，我国与原苏联于1958年缔结的《中苏关于互驻双方的商务代表处的法律地位的协议》第4条规定：商务代表处享有主权国家所享有的包括对外贸易在内的一切豁免，但双方同意下列情况作为例外：（1）关于商务代表处代表本国政府与驻在国所签署的对外贸易合同的争议，如果没有仲裁处理或其他有关管辖权的保留规定时，由该国法院管辖，但法院不得作出诉讼保全的裁判；（2）关于上述争执对商务代表处所作的已生效的法院终审判决，可以强制执行，但执行对象仅限于商务代表处的货物和债权。这一规定对缔约国双方商务代表处所享有的豁免权的范围作了一定的限制。

3. 通过协商放弃豁免。即在民商事活动中，双方于争议发生后通过协商明示放弃豁免。例如，1982年上海远洋运输公司的"建德"号轮与原苏联水产加工船"日涅兹诺沃斯克"号相撞，造成中方船只受损，苏方船只沉没。两国船舶都属于国有财产，从法律上讲，双方都享有豁免权。但为了有利于争议的解决，中、苏双方都主动放弃了对各自国有船舶所享有的豁免权，协议按第三国即英国的法律来处理纠纷，使争议及时得到了圆满解决。

国家财产豁免原则是国际法上的一项重要原则，否定或限制这一原则将给国家间的正常交往带来损害。但另一方面，考虑到维持国际民事关系的稳定和促进国际民事往来的健康发展，实践中形成了上述一些做法，这些做法既坚持了国家财产豁免原则，又避免了国家间因财产豁免而发生矛盾和摩擦，将原则性与灵活性有机地结合起来，对促进国家间的经济合作、维护正常的涉外民事法律关系起到了积极作用。

第四节 国有化与补偿的法律适用

一、概念

国有化是指国家基于本国社会公共利益的需要，根据其政策和法令将原属于私人所有的财产收归国家所有的一种强制性措施。国有化是一种国家主权行为，但国有化作为一国政府所采取的法律措施，其结果必将引起被征用财产的物权关系的变化以及由此而产生的一系列法律问题。国际私法上的国有化是含有涉外因素的国有化，因而主要涉及国有化法令的适用范围、国有化的补偿标准及其法律适用等问题。

二、国有化法令的适用范围

国家实行国有化往往是通过颁布国有化法令来实现的。由于国有化的客体不仅涉及在本国境内的私人财产，而且还会涉及其位于本国境外的财产，这便产生了国有化法令的适用范围问题，即一国颁布的国有化法令的效力范围。所谓国有化法令的效力通常涉及两个方面：一是国有化法令对位于其境内的外国人的财产是否发生法律效力；二是国有化法令对位于其境外的本国人的财产是否发生法律效力。后者即是国有化法令的域外效力问题。

(一) 国有化法令对位于其境内财产的法律效力

一国的国有化法令对位于其境内的本国或外国自然人、法人的财产均发生法律效力，这是为世界各国所公认的。其根据在于：

1. 国有化是一种国家主权行为，依照国家主权原则，每个国家均可以根据其本国的经济发展状况以及其他因素的需要，对位于其境内的财产实行国有化，别国对此无权干涉。从目前情况来看，各国间彼此承认对方国有化法令的域内效力已发展成为一项国际惯例，为世界各国所普遍遵守。

2. 在国际交往过程中，各国通常相互给予对方自然人、法人以国民待遇，外国人应遵守居留国的法律、法令，在享受与居留国国民同等权利的同时，亦要承担同等的义务。因此，一国的国有化法令若对位于其境内的本国自然人、法人的财产发生法律效力，那么对位于其境内的外国自然人、法人的财产也应同样发生法律效力，任何人不应有凌驾于当地法律之上的特权。

(二) 国有化法令对位于其境外财产的法律效力

根据国家主权原则，一个国家的国有化法令既有属地效力，又有属人效力，它不仅适用于在本国境内的外国人的财产，也适用于本国人在外国的财产。在国际交往过程中，相互承认对方国家法律的效力，也包括承认其国有化法令对本国人在其境外财产的法律效力。然而，西方国家在其国际私法理论和实践中，对此则持不同的态度：

1. 承认他国国有化法令的域外效力。当实行国有化的国家其后将国内被国有化的财产移转到外国、该财产的原业主向外国法院提起返还财产所有权之诉时，西方国家大多采取实用主义的态度，因为这类争议往往涉及到法院地国及其国民的利益，受诉法院为维护本国的自身利益，常常承认他国国有化法令的域外效力。例如，在本书第四章"公共秩序保留"一节中曾经提到的

"苏联巴库油田原业主诉美孚石油公司案"里,受诉的美国法院就驳回了原业主的起诉,理由是苏联政府通过国有化已经取得了该油田的所有权,油田出产的原油归苏联所有,它有权出卖。又如,1928年苏联为支付美国的债务,向美国运送了价值500万美元的黄金存入纽约两家银行。一家法国银行向纽约法院起诉,要求返还它对该黄金的所有权,理由是该批黄金是它在苏俄革命前存入彼得堡银行的。法院在对该案的判决中宣称:"尽管苏联政府未取得美国政府的承认,但它毕竟是一个事实政府","如果这些法令是由事实上的政府制订的,美国司法机关不应将这些法令视为无效"。据此,法院驳回了原告的起诉。① 英国法院也曾作出过类似的判决。德国国际私法学家沃尔夫在论及这一问题时指出:"在没收法规涉及存在于没收国领土内的财产时,它的效力是把所有权转移给该国,而这种转移将到处得到承认,即使被没收的物品不属于该国公民也是一样。"②

2. 否认他国国有化法令的域外效力。当被外国国有化的财产位于西方国家境内时,一些西方国家总是以种种借口,来否认他国国有化法令的域外效力。例如,1952年3月,美国加利福尼亚州法院将我国收归国有的、中国银行在旧金山威尔斯法哥银行的60万美元存款判给了孔祥熙等人;1953年2月,美国纽约州南区巡回法院将应归我国所有的前邮政储金汇业局(前国民党政府机关)在纽约运通银行的52万美元存款判给了所谓的"中华民国邮政储金汇业局";等等。

西方国家在否认他国国有化法令的域外效力时,大多以如下理由作为依据:

---

① 张仲伯主编:《国际私法》,中国政法大学出版社1995年版,第179页。
② 转引自张仲伯主编:《国际私法》,中国政法大学出版社1995年版,第179—180页。

(1) 以公共秩序保留为由，否定国有化法令的域外效力。它们将社会主义国有化与资本主义国有化相比较，认为它们之间没有最低限度的相似，因而违背了西方国家的"公共秩序"，故对社会主义国家的国有化法令不予适用。

(2) 以国际私法上的物之所在地法原则来否定国有化法令的域外效力。认为既然物权依物之所在地法，那么被国有化的财产在外国，则该项财产的所有权问题只能依该外国法来解决。

(3) 依法院地法进行识别。它们将社会主义国家国有化时对私人财产的无偿没收识别成"刑罚性处分"，从而将这种国有化法令识别为具有"刑罚"性质的刑法法令，然后以外国刑法不具有域外效力为由，否定社会主义国家国有化法令的效力。

(4) 主张"实际控制"理论。认为只有已经为国有化国家事实上控制的财产，才属于国有化的财产，而在国外的财产是国有化国家所不能控制的，因而国有化法令对这类财产不发生效力。

(5) 以外国国家未被承认为由，拒绝承认未与其建交国家的国有化法令。例如，前面提到的美国法院对我国已经实行国有化的原国民党邮政储金汇业局存款所作的处置，就是以美国未与中华人民共和国建交，彼此之间不存在外交关系为由判给台湾当局的。

对于上述种种理由，我国学者的观点是：国有化是国家主权行为，任何国有化都是一般性的社会经济措施而不是对个别人的刑事惩罚，不管被国有化的财产是否为本国所实际控制，也不管某国是否在外交上承认了实行国有化的国家，国有化法令都当然具有域外效力并引起财产所有权的转移。[1]

---

[1] 余先予主编：《国际私法教程》，中国财政经济出版社1998年版，第177页。

三、涉外国有化的补偿

对于被国有化的财产是否给予补偿以及应当如何补偿，在国际上一直存在着分歧，归纳起来主要有三种不同的理论和实践：

1. 不予补偿。这种观点以国家主权原则和国民待遇原则为依据，认为一国完全有权采取国有化措施，外国人应当服从居留国的法律；如果实行国有化的国家对本国人不予补偿，那么对外国人同样可以不予补偿。

在国际实践中，不论是资本主义国家还是社会主义国家都有这方面的先例。例如，1789年法国资产阶级革命胜利后，国民议会决定废除封建王朝的财产权，其中包括对阿尔萨斯的德意志亲王的小领地实行无偿的国有化；1911年意大利政府建立人寿保险公司的国营制度，将所有人寿保险公司包括外国公司在内均无偿收归国有；1917年至1918年苏维埃俄国对银行、矿山、土地等的国有化也是无偿的；在1922年4月签订的俄德条约中，德国明确表示放弃因苏维埃政权实行国有化措施而提出的要求，在未得到任何补偿的情况下，承认了苏维埃俄国的国有化；等等。

不予补偿的做法在一定的历史时期及特定的历史条件下是有其合理性和存在的理由的，这种方式在资本主义发展初期以及社会主义建立初期都曾经被采用过，但也有一些西方国家对此持否定态度。

2. 给予"充分、及时、有效"的补偿。这一补偿标准最初是在1938年墨西哥政府对美资石油公司实行国有化时，美国国务卿赫尔致墨西哥总统的一封著名信件中提出来的，故又被称为"赫尔准则"。这种观点以"既得权说"为理论基础，宣扬"私有财产神圣不可侵犯"，其目的在于维护西方国家在国外的利益，特别是为了维护其本国在海外的私人投资者的利益。1975年12月，美国国务卿基辛格在"外资与国有化"的声明中，仍然坚持这一观点。1975年7月,在英国与新加坡签订的《关于促进和保护投资的协定》中也规定,被国有化的财产应当得到迅速、充分和有效的补偿。

按照西方国家的观点,所谓"充分补偿"是指按被国有化财产的价值予以全部补偿,包括被征用财产本身的价值以及因国有化而造成的商誉、利息和可预期得到的利益的损失;所谓"及时补偿"是指补偿必须在国有化之前或同时作出,否则必须支付相应的利息;所谓"有效补偿"是指这种补偿可为被补偿人有效支配和使用。

从实际情况来看,一些发展中国家实行国有化的目的,主要是为了推动国家经济的发展与进步,排除发达资本主义国家对本国经济的干涉。如果对被国有化的财产实行"充分、及时、有效"的补偿,就有可能超过国有化国家的经济负担能力,使得该国经济面临着破产的危险,这种苛刻的要求实际上是剥夺了它实行国有化的权利,广大发展中国家对此是难以接受的。

3. 给予"适当的"或"合理的"补偿。这是目前大多数发展中国家所主张的补偿原则。其含义是:(1)实行国有化的国家原则上对被国有化的财产予以补偿;(2)这种补偿是实行国有化国家的财政能力所能负担得了的;(3)所给予的补偿为实行国有化国家与被国有化财产的原所有人协商同意,投资国也能接受。由此可见,"适当的"或"合理的"补偿只是一项原则,而不是具体的标准。

从各国实践来看,对于补偿数额与方式的确定,国有化国家大多从当时当地的具体情况来考虑。有些国家规定按比例进行补偿,如伊朗在征用英国石油公司的财产时,只给予10%的补偿。1964年阿拉伯联合共和国(即埃及)与瑞士签订的《关于补偿瑞士利益的协定》中亦规定:因国有化措施而影响瑞士籍自然人与法人利益的,将以65%的比率给予补偿;有些国家,如秘鲁、智利等国采取依账面价值作必要扣除的办法进行补偿，即以被国有化企业国有化时资产的账面价值减去各种应扣除的金额之后再进行补偿；还有些国家，如印度尼西亚、古巴等国则采取"赢利补偿"的办法，即以国有化企业的赢利来支付补偿费。

发展中国家的上述做法，既维护了国家主权，亦保障了国际间的私人商业活动，表现出相当的合理性和灵活性，因而不仅为许多国家所接受，也为若干重要的国际文件所采纳。例如，联合国大会在1962年12月通过的《关于自然资源永久主权的决议》中，就规定了"适当赔偿"原则；1974年12月第二十九届联合国大会全体会议通过的《各国经济权利和义务宪章》中也明确规定："每个国家有权……将外国财产的所有权收归国有、征收或转移，在收归国有、征收或转移时，应由采取此种措施的国家给予适当的赔偿，……因赔偿问题引起的任何争议，均应由实行国有化国家的法院依照其国内法加以解决，除非有关各国自由和互相同意根据各国主权平等并依照自由选择方法的原则寻求其他和平解决办法。"

四、我国对涉外国有化问题的立场

中华人民共和国成立初期，为了肃清帝国主义在华经济特权，我国政府通过没收、征用、收归国有等强制性方法，对外国政府根据不平等条约霸占的财产和第二次世界大战时德、意、日等敌国财产以及一部分外国在华企业实行国有化，这种国有化大多是无偿的。

改革开放以来，为了吸引外资，我国在立法上对国有化及其补偿问题作了明确的规定。《中华人民共和国外资企业法》第5条规定："国家对外资企业不实行国有化和征收；在特殊情况下，根据社会公共利益的需要，对外资企业可以依照法律程序实行征收，并给予相应的补偿。"此外，从1982年起，我国先后同瑞典、罗马尼亚、德国、加拿大、法国等一些国家缔结了双边投资保护协定，其中对国有化及其补偿也作出明确、具体的规定。这些规定的基本内容是：缔约任何一方对缔约另一方投资者在其境内的投资，只有为了公共利益，按照适当的法律程序并给予补偿，方可实行征收或国有化，或采取任何类似的其他措施。补偿的金额应相当于被征收之日财产的实际价值。补偿应实际兑现和自由转移，并不应有不适当的迟延。

由此可见，我国目前对涉外国有化或征收所持的立场是：(1) 原则上不实行国有化或征收。(2) 在特殊情况下，根据社会公共利益的需要实行国有化或征收时，则给予"相应的"补偿。这种"相应的"补偿，体现了发展中国家所主张的"适当的"或"合理的"补偿原则。(3) 如果实行国有化或征收，要依照法律程序来进行。我国之所以在涉外国有化问题上采取这种立场，其目的是为了吸引外资，为外国投资者提供一个良好的投资政治环境和法律环境，以促进我国的经济建设。

五、涉外国有化与补偿的法律适用

对于如何解决各国之间有关国有化及其补偿的法律冲突与法律适用问题，许多国家的冲突法立法中尚无明确规定。但根据各国实践以及联合国的有关决议，可以归纳出以下习惯做法：

1. 国有化法令的效力依其颁布国法律。

2. 国有化的补偿标准依当事各方的合意；不能达成协议的，依国有化法令颁布国的法律。

第七章 涉外知识产权的法律适用

知识产权是一种无形物权，亦称无形财产权。19 世纪以来，随着国际经济、文化交流的发展，知识产权关系也出现了涉外因素。这种具有涉外因素的知识产权关系应当适用什么法律来调整，同样是国际私法所要研究的问题之一。从各国实践来看，调整涉外知识产权关系的法律，有通过冲突规范援引的国内实体法，也有通过国际条约予以规定的统一实体法。本章将主要介绍涉外知识产权的法律适用原则以及有关国际条约对涉外知识产权的国际保护。

第一节 涉外知识产权概述

一、知识产权的概念

知识产权（intellectual property）是指个人或集体对其在科学、技术、文化、艺术等领域内所创造的智力成果依法享有的专有权。知识产权作为一种无形财产权，属于物权的范畴。

知识产权可分为两大类：一类是工业产权，包括专利权（发明专利、实用新型专利及外观设计专利）和商标权（商业商标、服务商标及制造商标）。工业产权是个广义的概念，它不仅包括工商业本身，而且还包括农业、采掘业以及交通运输业等等。另一类是著作权，亦称版权，主要包括作者对文学、艺术、音乐、摄影、电影、电视、计算机软件、科学、理论著述等方面作品的专有权，以及由此派生出来的邻接权。

二、知识产权的法律特征

知识产权是一种特殊的民事权利（因为知识产权的内容除财产权之外，还包括人身权），它大致有以下一些法律特征：

1. 知识产权虽然也是一种财产权，但其客体是智力成果，属于精神财富，它既不是有体物，也不是行为，而且必须依附于有形物才能表现出来。例如，专利技术必须通过图纸、说明书来表现，商标必须通过图案来表现，作家、学者的思想必须通过作品、著述来表现，等等。因此，仅仅是思想、构思、思维则都不是知识产权。

2. 知识产权的主体、客体及其内容都必须经过法律的直接确认，而且大多要履行一定的注册程序或登记手续。

3. 知识产权中的财产权可以转让或继承，但与这种财产权密切联系的人身权利则不能转让或继承。

4. 知识产权具有独占性、地域性和时间性。知识产权人对其智力成果享有独占权，非经权利人同意或依法律规定，权利人以外的任何人不得享有或使用其创造发明、商标或作品等以谋取利益，否则即构成侵权，要承担相应的民事责任；此外，各国一般不保护不在其领域内取得的或注册登记的知识产权；即使对于已在其领域内取得的或注册登记的知识产权，也只是在法律规定的时间内加以保护，期限届满后，权利人对智力成果的独占权即告终止，因而使得该项智力成果成为全社会的共同财富，但著作权中的人身权则具有永久性。

三、涉外知识产权的法律特征

涉外知识产权是指在知识产权法律关系的主体、客体或内容等方面包含有外国因素的知识产权。这类知识产权主要有以下一些法律特征：

1. 涉外知识产权的主体突破了一个国家国籍的限制。不仅是本国人可以取得主体资格，外国人也同样可以取得这种权利的主体资格。

2. 涉外知识产权均受两个或两个以上国家法律的保护。涉外知识产权的权利主体在多数情况下都首先在一国取得知识产权，然后再向外扩展，到另一国或多国去取得知识产权。因而一项知识产权往往要受到多国法律的保护。

3. 涉外知识产权可能同时受国内法和国际法的保护。各国制定的专利法、商标法、著作权法以及各国缔结或参加的有关双边或多边国际条约是保护知识产权的法律渊源。

4. 涉外知识产权既受实体法调整也受冲突法调整。有冲突法调整涉外知识产权关系的国家，要通过首先适用冲突法才能选择实体法，尚无这方面冲突规范的国家，则可以直接适用实体法。

第二节　涉外知识产权的法律适用

一、涉外知识产权的法律冲突

传统国际私法很少涉及知识产权的法律冲突与法律适用问题。因为知识产权严格的属地性，决定了根据一国法律取得的知识产权只能在该国境内有效，原则上它不具有域外效力，因而在这个领域也就不会发生法律冲突。没有法律冲突，也就不存在法律适用问题了。

但自19世纪以来，随着国际经济技术交流的不断发展，知识产权已逐步突破了其原有的地域性质，开始走向国际化。这种变化具体体现在以下三个方面：（1）人们在一国所取得的专利、商标或著作的专有权，同时也迫切需要在其他国家得到法律的承认和保护；(2) 国际社会出现了诸如欧洲专利、荷比卢三国集团专利等跨地域性的知识产权；(3) 由于国际交往的扩大，有时一项智力成果可能先后在几个国家完成和使用，这就使得某一项权利往往涉及到多个国家法律的效力。

那么，涉外知识产权领域的法律冲突是如何产生的呢？

首先，是因为各国有关知识产权的国内立法对各种知识产权在取得、行使、保护范围和保护期限等方面作了不同的规定。例如，在专利申请程序方面，一些国家以发明时间为准；一些国家则以登记时间为准；在对著作权的保护期限方面，一些国家规定为自作品完成时起至作者死后25年，而一些国家则规定为至作者死后50年。

其次，即使同是受某个或某些国际知识产权条约约束的国家，相互给予对方公民或法人的也都是"有限制的国民待遇"，因而在权利的原始赋予国法律与被请求给予属地保护国的法律之间，同样也会因各自的规定不同而发生法律冲突。更何况现有的国际知识产权条约对某些问题只是作了粗线条的统一规定，诸如仅笼统地规定了缔约国相互保护知识产权的基本原则等等，有关的具体制度尚有待于各国通过各自的国内立法去进一步加以补充和完善。

第三，这些国际条约的不同文本以及各有关条约之间的规定也不尽一致。例如，在商标原始注册国的商标注册撤销是否导致国际注册撤销的问题上，《商标国际注册马德里协定》和《商标注册条约》就作出了截然相反的规定。

由于以上种种原因，便导致了涉外知识产权领域中法律冲突的产生。

二、涉外知识产权的法律适用

涉外知识产权的法律适用，实质上是关于知识产权的国际保护问题，即用什么样的法律来保护超越一国界限的知识产权。

知识产权的法律适用原则是随着知识产权的发展而变化的。19世纪以前，知识产权主要是在权利人的本国境内使用，很少流传到外国，基本上没有涉外因素。因而这个时期的知识产权完全受国内法调整，国家通过有关的国内实体法授予专利权、商标权和著作权，这些专有权的使用、转让、侵权以及诉讼等问题的解决也都依照国内立法。随着资本主义从自由竞争向垄断的过渡，专利、商标和文学艺术作品开始冲破一国界限而在全世界范围内广为传播和使用。在这种情况下，仅仅局限于适用内国法已经远远不够了，有的时候还需要适用相关的外国法或者国际条约，这就使得涉外知识产权的法律适用问题变得日益复杂。

从目前情况来看，在涉外知识产权的法律适用方面，主要有以下几种实践：

1. 适用原始国法律。即适用专利权、商标权或著作权的产生国法律或有关权利首次赋予国法律。这是使用最早、也是使用最普遍的一项原则。例如，1967年的《法国关于补充民法典中国际私法内容的法律草案》第2305条规定："文化及艺术产权由作品的首次发表地法规定，工业产权由注册或登记地法规定。"又如，《布斯塔曼特法典》第105条规定："一切财产，不论其种类如何，均从其所在地法。"第108条又进一步规定："工业产权、著作权以及法律所授予并准许进行某种活动的一切其他经济性的类似权利，均以其正式登记地为其所在地。"

2. 适用被请求保护国法律。即适用实施权利行为或侵权行为发生地的法律。例如，《奥地利国际私法》第34条第1款规定："无形财产权的创立、内容和消灭，依使用行为或侵权行为发生地国家的法律。"

3. 原始国法律和被请求保护国法律兼用。即对知识产权的产生和续存问题适用原始国法，而对知识产权的使用行为则适用被请求保护国法。例如,《匈牙利国际私法》第20条第1款规定:"对发明者或其利益继承人的保护,适用专利证发出或专利申请地国法。"第19条又规定:"著作权依被请求保护的国家的法律。"

4. 适用合同关系的准据法。即有关知识产权的转让如果是通过国际技术转让合同来进行的,则可以适用合同的准据法。这种情况下,首先要依当事人意思自治原则来确定应予适用的法律,在当事人没有选择法律时,应适用与知识产权转让有最密切联系的国家的法律,包括受让方或转让方国家的法律。

从目前各国实践来看,利用冲突规范援引准据法来调整涉外知识产权关系,已经成为对知识产权提供法律保护的一个重要手段。

第三节 保护知识产权的国际条约

随着科学技术的不断进步和国际经济交往的日益扩大,知识产品的国际市场在逐步形成,同时也使得知识产权的严格地域性越来越淡化,这就需要建立相应的知识产权国际保护制度,以妥善解决知识产权的国际保护问题。目前,国际社会已通过缔结国际条约的方式,基本上确立了这种保护制度。有关的全球性多边条约主要有:《保护工业产权巴黎公约》、《专利合作条约》、《商标国际注册马德里协定》、《保护文学艺术作品伯尔尼公约》、《世界版权公约》等等。

一、《保护工业产权巴黎公约》(Paris Convention for the Protection of Industrial Property)

《保护工业产权巴黎公约》简称《巴黎公约》,是当今国际社会保护工业产权方面最基本、最重要的一个全球性多边国际条约。它于1883年3月20日由法国、比利时、荷兰、西班牙、意大利、葡萄牙、瑞士、塞尔维亚、巴西、危地马拉和萨尔瓦多等11国在巴黎缔结,并于1884年7月7日开始生效。公约先后经过6次修订,目前大多数国家采用的是1967年的斯德哥尔摩文本。截至1999年1月1日,参加该公约的国家和地区已达151个。我国于1984年12月19日递交了加入书,自1985年3月19日起,该公约的斯德哥尔摩文本对我国生效。

《巴黎公约》并没有向缔约国提供一套统一适用的专利和商标法,它仅仅为缔约国规定了相互保护工业产权的几项基本原则。这些基本原则是:

1. 国民待遇原则

公约第2条规定,在保护工业产权方面,公约成员国的国民在其他成员国境内应享有各该国法律现在或将来给予其本国国民的各种利益,而不管他们在该国是否有永久住所或营业所。任何公约成员国的国民在其他各成员国境内,只要他们遵守各该国国民应遵守的条件和手续,即可享有与各该国国民同样的保护,并在他们的权利遭到任何侵害时,得到同样的法律救济。公约第3条还规定,即使是非公约成员国的国民,只要他在公约任一成员国境内有永久住所或有真实、有效的工商营业所,也应享有与公约成员国国民同样的待遇。

这里需要指出的是,公约中所称的"国民",包括自然人和法人。

2. 优先权原则

公约第4条规定,成员国的国民就一项发明、实用新型、外观设计或商标首次在某个成员国提出了申请,则自该项申请提出之日起的一定期限内(发明和实用新型为12个月,外观设计和商标为6个月),他又以同一内容向其他成员国提出申请的,应以第一次申请的日期为以后提出申请的日期。有了优先权制度,申请人就可以慎重选择在哪些成员国再提出申请，也有充足的时间选择代理人以及办理有关的申请手续，而不必担心第三人就同一内容在其他成员国抢先申请专利或注册商标。

3. 强制许可原则

公约第5条规定，各成员国有权采取立法措施，规定在一定条件下可以核准强制许可，以防止专利权人可能对专利权的滥用（诸如无正当理由不实施或不充分实施专利）。但强制许可只能是在专利权人自提出专利申请之日起满4年，或自批准专利权之日起满3年（取其中较长者）未实施专利时才能采取此项措施。换言之，在规定的期限届满时，如果专利权人无正当理由而不实施或不充分实施该项专利的，则任何人都可以向有关主管部门提出申请，要求发放强制许可证，允许该申请人实施。在发放第一个强制许可证后满2年时，如果专利权人仍无正当理由不实施或不充分实施的，该项专利权便可被撤销。依强制许可证而实施该项专利的被许可人仅仅具有使用权，不得将强制许可转让给他人，并且，被许可人还要向专利权人支付一定的使用费。此外，这种强制许可不具有专有性，除了取得强制许可的第三人外，专利权人仍可自己使用、制造、销售专利发明，仍有权发放专利实施许可证。

4. 专利、商标独立原则

公约第4条和第6条规定，不同成员国对同一发明创造批准给予的专利权或商标权是彼此独立的，各缔约国应独立地按照其本国的国内立法对专利权或商标权的有关事项作出决定。换言之，同一发明创造或商标在某一个成员国被授予了专利权或商标权后，并不要求其他成员国也必须授予其专利权或商标权；某一个成员国驳回了某项专利或商标申请，并不能排除其他成员国批准该项专利申请或注册商标申请的可能性；某一个成员国撤销了某项专利申请或注册商标申请，或者作了专利权、商标权的无效宣告，并不影响其他成员国承认该项专利权、商标权继续有效。

二、《专利合作条约》（Patent Cooperation Treaty）

《巴黎公约》解决了专利权国际保护的基本原则，但并未就专利权的国际申请及审查程序作出统一规定。因此，如果一项专利需要在若干个成员国获得保护，申请人仍然必须分别到这几个成员国去逐一申请，再由受理申请的各个成员国分别进行审查，以决定是否授予专利权。

为了减少专利申请人和各成员国专利机构的重复劳动，简化专利申请和审批手续，加强国际间的专利合作，由美国发起，于1970年6月19日在华盛顿举行的一次有78个国家和22个国际组织的代表参加的外交会议上签订了《专利合作条约》，并于1978年1月24日开始生效。截至1999年1月1日，参加该条约的国家和地区已达100个。我国于1993年9月15日加入了该条约，自1994年1月1日起，该条约对我国生效。该条约的行政工作委托世界知识产权组织国际局处理，并成立了国际专利合作联盟。但这项条约是非开放性的，只有《巴黎公约》的成员国才可以申请加入。

《专利合作条约》实际上是一部程序法，它的主要内容是确立了"一项发明一次申请"制度。依照该条约的规定，其成员国的任何居民或国民只需向受理国际专利申请的本国专利机关提出一次申请，同时指明自己的发明拟在哪些成员国获得专利权，然后由本国专利机关将此项申请转交世界知识产权组织国际局，由该国际局转交国际专利合作联盟大会任命的美国、英国、日本、原苏联、奥地利、瑞典、中国、韩国等八国的专利机关及欧洲专利局中的任何一个，委托其进行国际检索。这些被任命的国际检索单位也可以由申请人选定。被委托的专利机关对发明是否具有新颖性提出检索报告，并进行国际初步审查，再将申请书、国际检索和初审报告一并转交给被选定的国家的专利机关,由该机关依其国内法上的规定,进行实质性审查,决定是否授予专利权。这种国际申请的效力与申请人分别向每个成员国提出专利保护申请的效力是完全相同的。

从上述规定来看,《专利合作条约》的优点是很明显的:

1. 它简化了申请人在条约成员国之间申请专利的手续,使得原来的分别申请变成一次性的统一申请。

2. 它减轻了成员国专利机关的工作量,因为统一的国际检索和初审报告可供各成员国使用。

3. 通过国际检索和国际初审,可以提高专利审查的质量,这对一些缺乏检索和审查能力的发展中国家尤其有帮助。

4. 条约延长了申请人可以享受优先权的期限。条约第22条规定:从申请人取得优先权之日起的20个月内,他还可以单独向条约的成员国提交申请书译本、交纳规定的手续费。这样,就比《巴黎公约》规定的优先权期限多了8个月。《专利合作条约》甚至还规定,如果申请人要求进行实质性审查,优先权的期限可以长达30个月。

5. 条约中规定了专利申请案的"国际公布"制度,这有利于加速国际间科学技术情报的交流。

三、《商标国际注册马德里协定》(Madrid Agreement Concerning the International Registration of Trade Marks)

《商标国际注册马德里协定》简称《马德里协定》,它产生的原因与《专利合作条约》是一样的,都是由于《巴黎公约》未能就有关程序问题作出统一规定,因而许多国家认为需要通过国际合作以简化商标国际注册的手续并降低注册费用。1891年4月14日,经法国、瑞士等国倡议,在西班牙首都马德里签订了该协定,以作为对《巴黎公约》中有关商标国际保护的补充性规定。该协定于1892年开始生效，后又经过6次修订，现行文本是1971年7月14日最新修订的斯德哥尔摩文本。截至1999年1月1日，参加该协定的国家和地区已达51个。我国于1989年7月4日向世界知识产权组织总干事递交了加入书，自1989年10月4日起，该协定对我国生效。

依照《马德里协定》的规定，凡成员国的国民，或在成员国境内有住所或营业所的非成员国国民，必须先在本国商标机关申请并取得商标注册，然后通过该国的商标注册机关向世界知识产权组织国际局提出国际申请，选定拟在哪些成员国取得该商标注册权，经国际局审查批准后，即予公布，并通知被选定的成员国。如果这些成员国在1年之内没有对该项申请提出拒绝保护的声明，即被认为在该国的注册自动生效；如果被选定国有异议，应在1年内提出并说明理由，视为拒绝注册。注册被拒绝后，申请人还可以向拒绝国家的主管法院提出申诉。此外，《马德里协定》还规定了商标的统一保护期为20年，可以无限期续展，每次续展期仍为20年；商标在国际注册生效后5年内，如果在原始注册国失效，则在其他成员国也同样失效。

四、《保护文学艺术作品伯尔尼公约》(Berne Convention for the Protection of Literary and Artistic Works)

《保护文学艺术作品伯尔尼公约》简称《伯尔尼公约》，是世界上第一个保护文学、艺术和科学作品的国际公约，也是最重要、影响最大的保护著作权的国际公约。19世纪下半叶，世界图书贸易不断发展，为了充分保护作品的创作人和出版商的利益，避免和消除各国著作权法的法律冲突，确立一个能够为多数国家所接受的最低限度的保护著作权的国际标准，在比利时、瑞士、西班牙、法国、德国、海地、意大利、利比里亚、英国和突尼斯等10个国家的共同倡议下，于1886年9月9日在瑞士的伯尔尼签订了该公约，并于1887年12月5日开始生效。公约后来作过7次修订和补充，最新一次修订是1971年在巴黎进行的。截至1999年1月1日，参加该公约的国家和地区已达136个。根据巴黎文本的规定，任何准备加入该公约的国家，只能加入这一文本。我国于1992年7月15日递交了加入书，自1992年10月15日起，该公约对我国生效。

目前，该公约由世界知识产权组织管理，它主要就著作权国际保护的基本原则、受保护作品的范围、最低限度保护标准以及对发展中国家有限的特殊待遇等问题作了规定。

(一) 公约的基本原则

1. 双国籍国民待遇原则。双国籍是指作者国籍和作品国籍。根据这一原则，如果作者为某一成员国的国民，则不论其作品在哪个成员国发表，都享有国民待遇；如果作品首次在某一成员国发表，则不论作者为哪一国的国民，也同样享有成员国的国民待遇。公约还规定，国民待遇原则也同样适用于在任何成员国有住所或习惯居所但不具有成员国国籍的作者。

2. 自动保护原则。即作者在公约成员国内享受的著作权保护不需要履行任何手续，作品一经产生，便自动受到公约成员国的保护，而不必注册登记，不必送交样本，也不需要在作品上附加任何标记。

3. 独立保护原则。即各成员国给予其他成员国作品的法律保护，不以该作品在其起源国是否存在保护为条件。

(二) 最低限度保护标准

由于世界各国对著作权保护的对象、范围、程度和期限各不相同，因此，公约规定了一个各国都能接受的最低限度保护标准，即著作权的保护期限为作者有生之年加死后50年。如果作者难以确定，则不得少于自作品发表之日起50年。当然，各成员国有权规定比这个最低期限为长的著作权保护期。

《伯尔尼公约》1971年的巴黎文本还在其附件中为发展中国家规定了有限的特殊照顾条款，即在受公约严格限制的条件下（诸如翻译和复制出版的作品不得出口，以国际可兑换货币支付版税，强制许可证是非独占性的，等等），当作者拒绝发放翻译许可证时，发展中国家可以向其本国国民颁发翻译或复制受保护作品的强制许可证，而无需经过作者本人同意。但这种许可证的颁发只限于发展中国家进行教学或科研之用。

五、《世界版权公约》（Universal Copyright Convention）

《伯尔尼公约》订立之后，美洲国家大多不愿加入，因为这些国家的著作权法与《伯尔尼公约》有距离，故在它们之间也签订了一个《美洲国家间版权公约》，以与《伯尔尼公约》分庭抗礼。《美洲国家间版权公约》不同于《伯尔尼公约》的最显著之处有两点：一是著作权的取得要符合一定形式；二是保护期限比较短。这主要是由于在当时，包括美国在内的美洲国家无论是在作品数量上，还是在出版业及印刷业的规模上都无法与欧洲国家相匹敌。

第二次世界大战以后，美洲国家为了将它们的作品打入国际市场，取得更大范围的国际保护，便希望参加国际版权公约。但它们对《伯尔尼公约》中的某些规定，诸如保护期至作者死后50年、自动保护等等却又难以接受；而《伯尔尼公约》的成员国为了使自己的作品能够顺利进入美洲市场，也愿意与美洲国家在著作权的保护方面达成协议。

在这种背景下，由联合国教科文组织出面主持，于1952年9月6日在日内瓦举行的政府间代表会议上，讨论并通过了《世界版权公约》，亦称《日内瓦公约》。该公约于1955年9月16日开始生效，包括美国在内的《美洲国家间版权公约》的成员国均先后加入了该公约。截至1999年1月1日，参加该公约的国家和地区已达 97 个，其中半数以上同时也是《伯尔尼公约》的成员方。我国于 1992 年 7 月 30 日递交了加入书，自 1992 年 10 月 30 日起，《世界版权公约》对我国生效。该公约的管理机构是联合国教科文组织。公约于 1971 年在巴黎修订过一次，目前要求加入《世界版权公约》的国家，只能参加该公约的 1971 年巴黎文本。

《世界版权公约》规定的主要原则有：

1. 双国籍国民待遇原则。在这一点上，该公约的规定与《伯尔尼公约》的有关规定是一致的。

2. 有条件的自动保护原则。《世界版权公约》第 3 条第 1 款规定，受保护的作品只要具备一定形式，便可在其他公约成员国自动受到保护，而不必履行任何注册登记之类的手续。公约所说的具备一定的形式，是指在作品的版权页上必须标明三项内容：一是版权标记©（copyright 的第一个字母），二是版权所有者的姓名，三是首次出版的年份。

3. 独立保护原则。这一点与《伯尔尼公约》的有关规定也是一致的，即每一成员国的作品在其他成员国皆依各该国法律受到保护，而不受作品起源国或其他成员国的影响。

4. 最低限度保护原则。依照公约的规定，作品的版权保护期限一般不得少于作者有生之年加死后 25 年，或者作品发表后 25 年；摄影作品和实用美术作品的保护期限不得少于 10 年。由此可见，《世界版权公约》所规定的作品在作者死后的保护期比《伯尔尼公约》缩短了一半，这实际上是美洲国家与欧洲国家利益协调的产物。《世界版权公约》采取较低的国际保护标准，使得保护水平达不到高水平或不愿意达到高水平的国家可以加入该公约，从而进入世界性的著作权保护体系，这有利于加强著作权保护的国际合作。

《世界版权公约》与《伯尔尼公约》是平行的，相互独立的，前者并不取代后者。国际社会的成员可以只参加其中一个,也可以两个都参加。但是已经参加《伯尔尼公约》的国家,不得因其再参加《世界版权公约》而退出《伯尔尼公约》。

除上述几个主要的国际公约以外,与知识产权保护有关的国际公约还有:《保护表演者、录制者及广播组织罗马公约》、《保护录制者、防止录制品被擅自复制日内瓦公约》、《发送卫星传输节目信号布鲁塞尔公约》、《关于集成电路的知识产权条约》、《商标注册条约》、《欧洲专利公约》、《欧洲共同体专利公约》、《非洲知识产权公约》以及世界贸易组织《与贸易有关的知识产权协定》(《TRIPS协定》)等等。

第四节 世界知识产权组织

一、世界知识产权组织的建立

1893年,由《巴黎公约》成员国和《伯尔尼公约》成员国分别组成的保护工业产权联盟国际局与保护文学和艺术作品联盟国际局合并,成立了保护知识产权联合国际局。后来,经该联合国际局的提议,在1967年7月14日召开的斯德哥尔摩外交会议上,签订了《成立世界知识产权组织公约》,并于1970年4月26日开始生效。

根据该公约的规定,成立了一个政府间的国际组织,定名为"世界知识产权组织"(World Intellectual Property Organization,简称WIPO),其常设机构——世界知识产权组织国际局设在日内瓦。1974年12月,世界知识产权组织正式成为联合国的专门机构之一。截至1999年1月1日,参加该组织的国家和地区已达171个。我国于1980年3月3日递交了加入书(同年6月3日起生效),成为它的第90个成员国。

二、世界知识产权组织的宗旨和职权

《成立世界知识产权组织公约》第3条规定了该组织的宗旨是：(1) 通过各国间的合作，并与其他国际组织配合，促进在全世界范围内对知识产权的尊重、保护和使用；(2) 保证各知识产权同盟间的行政合作。

公约第4条为世界知识产权组织规定了如下职权：(1) 促进全世界对知识产权的有效保护，协调各国在这一领域的立法；(2) 执行与知识产权有关的各同盟的行政任务，承担旨在促进知识产权保护的国际协定的行政工作；(3) 对请求技术援助的国家给予合作；(4) 收集和传播有关知识产权保护的情报，促进这方面的研究并公布研究的成果；(5) 提供促进知识产权国际保护的服务，办理国际注册并公布有关注册的资料。

三、世界知识产权组织的机构

世界知识产权组织由大会、成员国会议、协调委员会和国际局构成。

1. 大会。由参加本公约的各同盟成员国组成，是该组织的最高权力机构。其主要职责是：任命总干事；审查并批准总干事和协调委员会的工作报告；通过各同盟共同的三年开支预算；通过本组织的财务条例；等等。大会每三年召开一次。

2. 成员国会议。由参加世界知识产权组织的全体成员组成，不论其是否为某一同盟的成员国。其主要职责是：讨论知识产权方面普遍感兴趣的事项；通过成员国会议的三年预算；在预算限度内，制订三年内的法律—技术援助计划；等等。会期与大会相同。

3. 协调委员会。由担任巴黎同盟和伯尔尼同盟执行委员会委员的公约成员国组成，它是为了保证各同盟之间的合作而设立的机构。其主要职责是：就一切有关行政、财务等方面的事项提出意见；拟定大会的议程草案；等等。

4. 国际局。是世界知识产权组织各机构和各同盟共同的秘书处，亦即常设办事机构。其主要职责是：提供报告和工作文件，为会议做准备；组织实施本组织各种会议的决定；等等。国际局设总干事1人、副总干事若干人。总干事为本组织的行政首脑，任期不得少于6年，可连选连任。

除以上主要机构外，1993年7月23日还设立了世界知识产权组织仲裁中心，是国际局下属的一个行政单位，1994年7月1日起正式运作。其主要职责是为解决私人当事方之间涉及知识产权问题的国际商事争端提供服务。它所实施的争端解决程序有：调解；仲裁；快速仲裁；先调解，调解不成再仲裁。这些程序向一切自然人或法人开放，供其选用。为此，该仲裁中心还制定了相应的规则，诸如调解规则、仲裁规则、快速仲裁规则等等，这些规则已于1994年10月1日起生效。

四、世界知识产权组织的成员资格

根据《成立世界知识产权组织公约》第5条的规定，凡具有下列资格的国家，都可以参加该组织：

1. 巴黎同盟及与该同盟有关的各专门同盟、伯尔尼同盟及由世界知识产权组织担任其行政事务的其他促进知识产权的国际协定的参加国。

2. 没有参加任何同盟的国家，只要具备以下条件也可以参加世界知识产权组织：(1) 联合国、联合国各专门机构如国际原子能机构的成员；(2)《国际法院规约》的成员。

3. 应世界知识产权大会的邀请参加本公约的国家。

第五节　我国法律对涉外知识产权的保护

为了促进我国科学技术和文化事业的发展，加强同世界各国在知识产权领域的各种交流与合作，我国相继于1982年颁布了《商标法》（1993年和2001年对此作了两次修正），1984年颁布了《专利法》（1992年和2000年对此作了两次修正），1990年颁布了《著作权法》（2001年对此作了修正）；与此同时，国务院有关部门也陆续制定了实施上述法律的《实施条例》或《实施细则》；另外，如前所述，我国还先后正式加入了国际知识产权保护方面的若干重要公约，并且和不少国家签订了与知识产权有关的双边协定。由此可见，目前在我国，知识产权法律体系以及对涉外知识产权的法律保护体系已经初步建立起来。

一、对涉外专利权的法律保护

我国《专利法》第18条规定："在中国没有经常居所或者营业所的外国人、外国企业或者外国其他组织在中国申请专利的，依照其所属国同中国签订的协议或者共同参加的国际条约，或者依照互惠原则，根据本法办理。"由此可见，我国《专利法》规定的是有条件的国民待遇，即外国人在我国申请专利必须具备两项条件：一是该国与我国有条约关系，二是该国与我国有互惠安排。该法第19条还规定，外国人在中国申请专利和办理其他专利事务的，应当委托国务院专利行政部门指定的专利代理机构办理。

关于外国人在我国申请专利所享受的优先权期限问题，我国《专利法》的规定（第29条）与我国参加的《巴黎公约》的规定是一致的，即《巴黎公约》成员国的国民或在成员国境内有住所的人，就同一项发明或者实用新型在其他成员国第一次提出专利申请之日起12个月内、外观设计6个月内，又在中国提出申请的，可以凭其在其他成员国第一次申请的证明文件，在我国享有优先权，即以第一次申请日为申请日。

对于中国单位或者个人将其在国内完成的发明创造向外国申请专利的，《专利法》第20条规定：应当首先向中国国务院专利行政部门申请专利，委托其指定的专利代理机构办理。中国单位或者个人可以根据中国参加的有关国际条约提出专利国际申请。国务院专利行政部门依照中国参加的有关国际条约、本法和国务院有关规定处理专利国际申请。

二、对涉外商标权的法律保护

关于外国人在我国的商标注册问题，我国《商标法》第17条规定："外国人或者外国企业在中国申请商标注册的，应当按其所属国和中华人民共和国签订的协议或者共同参加的国际条约办理，或者按对等原则办理。"换言之，我国对外国人的商标注册与外国人在我国申请专利一样，也是采取有条件的国民待遇原则。该法第18条还规定："外国人或者外国企业在中国申请商标注册和办理其他商标事宜的，应当委托国家认可的具有商标代理资格的组织代理。"2002年9月15日起施行的我国《商标法实施条例》第12条进一步明确指出："商标国际注册依照我国加入的有关国际条约办理。具体办法由国务院工商行政管理部门规定。"

关于外国人在我国商标注册所享受的优先权期限问题，依照我国参加的《巴黎公约》的有关原则，我国国务院规定：从1985年3月19日起，凡是公约成员国国民，已向《巴黎公约》的任何一个成员国提出了商标注册申请，其后又在中国就同一商标在相同的商品上提出注册申请的，可以从第一次申请后6个月内要求享有优先权。凡要求享受优先权的，应当提出书面声明以及在其他成员国第一次申请的副本和其他有关文件。

我国出口商品的商标需要在国外注册的，应当依照我国参加的《巴黎公约》和《商标国际注册马德里协定》、或根据对等原则、或按照双边协议、或根据对方国家规定的国民待遇原则，首先在我国工商管理机关注册，并委托中国国际商会代理，在外国申请注册。

三、对涉外著作权的法律保护

我国《著作权法》第2条第2款、第3款和第4款规定："外国人、无国籍人的作品根据其作者所属国或者经常居住地国同中国签订的协议或者共同参加的国际条约享有的著作权，受本法保护"；"外国人、无国籍人的作品首先在中国境内出版的，依照本法享有著作权"；"未与中国签订协议或者共同参加国际条约的国家的作者以及无国籍人的作品首次在中国参加的国际条约的成员国出版的，或者在成员国和非成员国同时出版的，受本法保护。"

至于中国公民、法人或者非法人单位的作品，则不论其在何处完成、是否发表以及在何处发表，均受我国《著作权法》的保护。

第八章 涉外债权的法律适用

第一节 涉外之债概述

一、涉外之债的概念和特点

在国内民法上,债是一种民事法律关系,亦即按照合同的约定或者依照法律的规定,在当事人之间产生的特定的权利和义务关系。在这种法律关系中,一方当事人有请求他方当事人为一定行为或不为一定行为的权利,而他方当事人则负有满足该项请求的义务。享有权利的人是债权人,负有义务的人是债务人。债权人享有的权利称作债权,债务人承担的义务称为债务。债既然是一种民事法律关系,也就与其他民事法律关系一样,包括主体、客体和内容三个要素。

国际私法上债的概念与国内民法上债的概念基本上是一致的。不同之处仅在于,国际私法上的债是含有涉外因素的,因而又称为涉外之债,它体现了从事国际民事交往的法律主体之间的债的法律关系。这种涉外之债所具有的涉外因素,通常包含在债的法律关系三要素中:或者债的主体有一方或双方是外国人或其住所在外国,或者债的客体位于外国,或者债的法律关系产生、变更、消灭的法律事实发生在外国。只要在债的三要素中有一项含有涉外因素,即属于首先由国际私法调整的涉外之债。

与国内民法上的债相比,涉外之债具有以下一些特点:
1. 涉外之债含有涉外因素,它所涉及的空间范围超出了一国领域，是一种跨国界、跨地域性的债权债务关系。而国内之债则是局限于一国范围内的债权债务关系，其所涉及的空间范围与涉外之债相比，要小得多。

2. 在管辖权问题上，涉外之债的当事人发生争议时，可以交由双方当事人共同的本国法院或仲裁机构审理，也可以交由一方当事人的本国法院或仲裁机构审理，还可以交由双方当事人商定的第三国法院或仲裁机构去审理。而国内之债，当事人则只能将其争议交由国内的法院或仲裁机构去审理。

3. 在法律适用方面，法院或仲裁机构在审理涉外之债的争议时，常常会遇到适用相关的外国法律、国际条约或国际惯例问题。而在审理国内之债的争议时，法院或仲裁机构则只需依据其本国的法律和法令。

4. 各国在处理涉外之债时，往往要考虑到本国的对外政策和当时的国际形势以及有关两国之间关系的需要。而在处理国内之债时，则仅仅考虑国内的政策和形势。

以上特点表明，国际私法上债的关系要比国内民法上债的关系更为复杂。

二、涉外之债的分类

涉外之债的种类较多，划分标准也各不相同。国内外学者大多主张从以下两个角度，对涉外之债加以分类：

1. 以债的发生领域来划分，可将涉外之债区分为对外贸易之债与非对外贸易之债。对外贸易之债主要是指与商品进出口贸易有关的货物买卖、运输、保险、支付以及国际经济技术合作过程中所发生的债；非对外贸易之债主要是指与商品进出口贸易无关的领域中发生的一般涉外之债。

2. 以债的发生根据来划分，可将涉外之债区分为合意之债与非合意之债。合意之债仅指合同之债，它是一种基于合同而产生的债权债务关系；非合意之债亦称法定之债，是指依照法律规定而产生的债权债务关系，它包括侵权行为之债、不当得利之债和无因管理之债。本章将以此种分类方法为线索，对合同之债、侵权行为之债、不当得利之债和无因管理之债的法律适用问题分别进行探讨。

上述不同类型的涉外之债在法律适用方面各具不同的特点：对外贸易之债所体现的法律关系比较复杂，在法律适用上较多地是借助于国际统一实体法规范或国际惯例；非对外贸易之债所涉及的法律关系相对比较简单，作为其客体的标的的价值也比较小，与特定国家的法律联系既明显又牢固，因而在法律适用方面很少有专门的统一实体法规范，通常是运用有关国家的冲突规范来选择准据法；合意之债的法律适用大多采用意思自治原则；非合意之债则一般不允许采用意思自治原则来适用法律。所以，从不同角度对涉外之债进行分类，对其法律适用问题的考察与解决，具有重要的实际意义。

第二节　涉外合同之债的法律适用

一、涉外合同之债的概念

所谓合同，是指当事人之间设立、变更、终止民事权利义务关系的协议。所谓合同之债，是指因订立合同而产生的债权债务关系。在所有的债权债务关系中，合同之债是最重要的组成部分。而涉外合同之债，是指根据合同产生的具有涉外因素的债权债务关系，在这种债权债务关系中，主体通常是具有不同国籍的当事人或其住所、营业所是在不同的国家；或者合同内容所指向的标的为在外国的物、智力成果或需要在外国完成的行为；或者合同关系赖以成立、变更、终止的事实发生在外国。

既然涉外合同之债具有涉外因素，那么就会涉及到不同国家的法律，而不同国家法律的有关规定往往存在着差别，这就难免产生法律适用上的冲突。因此，以哪个国家的实体法作为准据法来调整所发生的法律冲突，并据此明确合同各方当事人的具体权利与义务，是各国国际私法学界和实务界非常关注的一个问题。

二、有关涉外合同之债法律适用的主要学说

涉外合同之债的法律适用是指如何确定涉外合同的准据法。在这个问题上，世界各国有不同的理论和实践。归纳起来，主要体现为三种学说，即意思自治说、客观标志说和最密切联系说。

（一）意思自治说

此说源于合同准据法的主观主义理论，因而亦称主观论，它是确定合同准据法的最基本的理论。这种学说从"契约自由原则"出发，认为合同既然是一种合意之债，当事人在主观上就应具有依照自己的意愿选择他们认为合适的法律作为合同准据法的自由。因此，根据意思自治说，合同的成立及其效力等问题，应当适用双方当事人在订立合同时所共同选择的法律，换言之，合同的准据法应由合同当事人在订立合同时加以协商选择。

前已提及，意思自治说是16世纪法国学者杜摩兰首先提出来的。由于这一学说反映了资本主义商品经济发展的客观需要，虽然曾遭到一些反对，但后来终为欧洲大陆国家、英国、美国、日本等国的立法和司法实践所广泛采纳。20世纪以来，一些重要的国际公约和国际文件，诸如《解决国家与他国国民间投资争议的公约》（1965年）、《联合国国际贸易法委员会仲裁规则》（1976年）、《美洲国家商事仲裁委员会仲裁规则》（1978年）、《国际合同义务法律适用公约》（1980年）以及《国际货物买卖合同法律适用公约》（1985年）等等，也接受了这一理论。

虽然意思自治说目前已经得到世界各国的广泛采用，但在意思自治的范围和表现方式这两个问题上，不同国家的主张及实践则不完全一致。

1. 关于意思自治的范围，是指合同双方当事人对适用合同的法律的选择应否有所限制。这方面长期存在着两种对立的观点。一种观点认为，意思自治是绝对的、无限制的，当事人有选择任何一国法律的自由，甚至可以选择与所订合同毫不相关的法律。英国等国采取这种做法。另一种观点认为，意思自治是相对的、有限制的，当事人选择的法律应与合同有着某种实际的联系。大陆法系国家以及美国一些州采取这种做法。

2. 关于意思自治的表现方式，通常有明示的意思自治和默示的意思自治两种。明示的意思自治是指当事人以文字或言词来明确地表示出合同所应适用的法律，世界上大多数国家的立法均要求合同当事人对法律的选择应采用明示的意思自治方式。例如，《联邦德国国际私法》第27条第1款规定："契约依当事人选择的法律。法律选择必须是明示的，或者可以从案件的具体情况中作出明确的推定的。"此外，一些重要的国际公约在这方面也提出了同样的要求。例如，《国际货物买卖合同法律适用公约》第7条第1款规定："货物买卖合同依双方当事人所选择的法律。当事人选择法律协议必须是明示的，或为合同条款和具体案情总的情况所显示。"

默示的意思自治是指当事人未明确表示合同所应适用的法律，但法官可以根据合同的具体情况，来推定当事人默示同意合同受某种法律的支配。某些国家的立法允许合同当事人以默示的方式来选择法律。例如，原《捷克斯洛伐克国际私法及国际民事诉讼法》第9条第1款规定："契约当事人可选择适用于他们之间财产关系的法律。据有关事项对当事人的意思不存在疑问时，也可确定双方默示之法律选择。"

(二) 客观标志说

此说亦称客观论，它从国际私法上早已存在的"场所支配行为"的原则出发，认为在确定合同的准据法时，应当以与合同有联系的某种客观标志作为依据，如合同的缔结地、履行地，当事人的国籍或住所，合同标的物所在地，法院地，等等。在当事人对适用合同的法律既无明示选择，又不能根据具体情况加以推定的情况下，这个理论可以用来作为确定合同准据法的一种辅助方法。

在19世纪末20世纪初，有些学者如德国法学家冯·巴尔、法国法学家巴迪福等人是反对意思自治说的。他们认为，不应允许当事人自由选择支配其关系的法律，否则，就等于赋予私人以立法者才能实现的权力。所以他们主张，合同的准据法只能由法律予以强制性规定。为此，他们还提出，应当以行为地、法院地、住所地等等来作为客观标志，确立适用合同的准据法。由此可见，客观标志说最初是作为意思自治说的对立观点而产生和发展起来的。

然而，随着国际间交往的不断扩大，合同当事人对意思自治的需求也越来越迫切，因而使得合同准据法的主观论学说不断发展，意思自治原则现已为世界各国所普遍接受。相对来讲，依客观标志说来确定合同准据法虽然较为便利和客观，但也存在着僵化和缺乏灵活性的弊端，因而导致客观标志说逐渐居于次要地位，成为对意思自治说的补充。例如，《波兰国际私法》第26条规定："契约当事人未选择准据法时，依缔结契约时双方当事人的住所地法。"

从目前各国立法和司法实践来看，常用的与合同有关的客观标志有如下几种：

1. 合同订立地。一般认为，合同的有效成立应具备两项必不可少的条件，一是当事人的合意，二是合同订立地法律的认可。当事人既然选择在某地订立合同，就可以推知当事人了解该地的法律并愿意接受其管辖。这是以"订立地法"作为合同准据法的理论依据。将合同订立地法作为合同准据法的主张，最早可以追溯到14世纪意大利的法则区别说。由于"合同订立地"这一客观标志通常比较明确，以此为依据来确定合同的准据法具有较强的预见性和稳定性，因而被世界各国所广泛采用。例如，1972年的《加蓬民法典》第55条第2款规定："如缔约双方无明示的意思表示，则契约依缔结地法"。

但是，以合同订立地作为客观标志来确定合同的准据法，也存在着一些缺陷。首先，选择合同的订立地具有一定的偶然性，与合同不一定有密切联系，因而以合同订立地法作为合同的准据法常常缺乏针对性；其次，由于当事人可以任意选择合同订立地，所以它可能鼓励当事人规避本应适用的与合同联系最为密切的法律；第三，对于隔地（或称异地）订立的合同，其订立地难以确定，因为英美法系国家认为，订立地应是承诺发出地，而大陆法系国家则认为，订立地应是承诺接受地。为了预防因不同国家在这个问题上的不同规定而可能产生的法律冲突，有些国家在其国内立法中对订立地作出进一步的限定。例如，1974年的《阿根廷国际私法草案》第36条第5款规定："隔地合同的缔结地为承诺发出地国家法律所指定的地点。"

2. 合同履行地。亦称债务履行地。履行地在实践中常常是合同预定结果的发生地、合同标的物所在地，也是合同关系最容易发生争议的地方。可见，这一客观标志与合同是有着密切联系的，因而有许多国家都主张以合同履行地法作为合同的准据法。例如，《土耳其国际私法和国际诉讼程序法》第24条第2款规定："当事人没有作出明示选择的，适用合同履行地法律。"

但是，采用这一客观标志在实践中也存在一些问题。例如，双务合同通常有两个履行地，究竟应以哪个履行地作为依据来确定合同的准据法呢？对此各国并无统一规定。因而又有学者提出，在这种情况下，应以"重要履行地"、"主要履行地"或"特征履行地"为准。那么，何谓"特征履行"（character performance)？它是指在双务合同中，如果某一方的履行从其作用上讲反映了合同的特点，则合同应适用该方当事人的履行地法。以买卖合同为例，买方的义务是支付货款、领受货物，卖方的义务是交货。这里，卖方的交货义务就决定了这个合同的特征是买卖合同而不是劳务合同或保险合同。所以，卖方的履行就构成了合同的"特征履行"，该合同应适用卖方履行地法。这种主张已为某些国家的国内立法所采纳。例如，上述《土耳其国际私法和国际诉讼程序法》第24条第2款还进一步规定："如果同时存在几个履行地的，适用具有特征的履行地法律。"

3. 当事人的共同国籍国。在双方当事人国籍相同的情况下，有些国家主张以当事人共同的所属国作为客观标志，即以当事人的国籍国法为合同的准据法。例如，《泰国国际私法》第13条规定："（契约的）当事人明示或默示的意思不明时，如当事人是同属一国家，依共同的本国法"。

采用这一客观标志的不足之处在于，当事人的本国法与当事人所签订的合同之间，有时并无直接联系。因而有学者认为，在这种情况下一概适用当事人的共同国籍国法，难免失之偏颇。

4. 债务人住所地。这一地点通常也是债务履行地、合同标的物所在地。因而有学者认为，以这种客观标志为依据来确定合同的准据法，最能保护债务人的利益，主张在合同当事人没有意思表示时，应适用债务人住所地法。有些国家的立法也接受了这种观点。例如，《奥地利国际私法》第37条规定："片务契约以及产生单方债务的法律行为，依债务人有习惯居所的国家的法律。"

但是，在双务合同中双方当事人是互为债务人、债权人的，这种情形下，应以哪方当事人的住所地法作为合同的准据法就比较难以确定。因而在实践中，对债务人住所地这一客观标志的运用是存在着不同看法的。

5. 物之所在地。物之所在地法原则是确定物权关系的基本原则，但有些国家认为，在以合同取得物权的同时，也创设了债权。既然债权是由物权派生出来的，那么也可以推定将物之所在地法原则适用于债权，即以合同标的物所在地法作为合同的准据法。例如《加蓬民法典》第55条第2款就规定："与不动产物权转让有关的合同，……依财产所在地法"。

6. 法院地或仲裁地。在当事人对适用合同的法律未作选择或选择的意思不明确时，有些国家主张以法院地或仲裁地作为确定合同准据法的客观标志。这种观点有两点理由：其一是任何法院的法官或仲裁庭的仲裁员都有适用本国法或仲裁地法审理案件的职责；其二是当事人虽未约定适用合同的法律，但从他们将合同争议提交某一法院或某一仲裁机构审理这一事实，就可以推定当事人具有适用该法院所在地法或适用该仲裁机构进行仲裁地法的意图。

但是，在采用这一客观标志时也应注意到，不能在任何情况下都一概强调适用法院地法或仲裁地法，这样不仅会忽略与合同有最密切联系的法律，而且还将导致产生当事人任意挑选法院地或仲裁地以规避有关法律的现象。

从以上介绍中我们可以看到，各种客观标志多存在着其自身的缺陷。因此，若按照传统的客观标志说，法院在确定合同准据法时仅仅以其中某一个客观标志为依据的话，如此确定下来的准据法被用来调整错综复杂的合同关系，往往就会产生不公正、不客观的结果。为避免出现这种情况，有些国家在实践中逐步抛弃了单一的客观标志理论，转而寻求一种更加灵活、更易于操作的解决办法，这就是对最密切联系原则的应用。

(三)最密切联系说

根据这一学说,在确定合同的准据法时,要综合考察与合同有关的各种因素,诸如合同的缔结地、履行地,当事人的国籍、住所,物之所在地,法院地,仲裁地,等等,在这些连结因素中,由法院或仲裁机构根据具体案情,从质和量等方面进行衡量,然后找出一个与合同有最密切联系的国家的法律作为合同的准据法。

最密切联系说与客观标志说不同,后者是根据法律规定的一个或几个与合同密切相关的连结因素,来确定在当事人未作法律选择时合同的准据法,因而法官处于被动地位;而前者则是法律赋予法官的"自由裁量权",由法官在综合分析之后,确定一个与合同有关的法律关系"聚集地",并以此为标志,去适用该地的法律。在这个法律选择过程中,法官始终居于主动地位。

如前所述,最密切联系说的提出及确立相对比较晚,它最初是由美国纽约州最高法院的富德法官于1954年审理"奥登诉奥登案"时首次运用的。在该案中,富德法官提出了两个新概念,即"重力中心地"和"关系聚集地",这是最密切联系说的原始表述。他认为,法院并不是将合同缔结地或者履行地作为决定性依据来加以考虑的,而是要考察哪一国法律与案件有最密切的联系,尽量找出法律关系本身的重力中心地或者连结关系的聚集地,从而适用这个地方的法律。

最密切联系说提出后,也有些学者对它持不赞同态度。例如,英国法学家莫里斯就在其《法律与自由——评〈法律重述〉》一文中认为,这一学说开列了如此众多变化不定的因素,将使法律选择变得非常任意。莫里斯的看法存在着一定的偏颇。的确,适用最密切联系原则相对于适用僵化的传统法律选择方式来讲,合同的准据法缺乏一定的确定性和可预见性。但法律赋予法官以自由裁量权,由法官来确定与合同有最密切联系的国家的法律,并不意味着法官可以不受约束地进行主观推断和任意选择,而是要求法官根据合同的综合情况客观地进行分析和权衡,然后再确定合同的准据法。这样,就能使与案件有重大利益关系的国家的法律得以适用,从而达到最佳的法律适用效果。此外,适用最密切联系原则还能提高法院解决法律冲突问题的灵活性,以更好地适应日趋复杂的涉外民事法律关系发展的需要。

目前,最密切联系说作为意思自治说的补充,已被广泛地运用于对合同准据法的选择,并且在其他性质的涉外民事法律关系方面,诸如侵权行为的损害赔偿、婚姻家庭关系等领域,该理论也为许多国家的立法和司法实践以及若干国际公约所接受,《奥地利国际私法》甚至将它作为法律选择的一般指导性原则确立下来。这部法律的第1条第1款即规定:"与外国有连结的事实,在私法上,应依与该事实有最强联系的法律裁判。"

三、涉外合同准据法的适用范围

关于涉外合同准据法的适用范围问题,世界各国的理论、立法和司法实践均存在着分歧。有的国家主张,合同的准据法应适用于合同的所有领域,即合同的一切事项均须受统一的法律制度的制约,这种观点通常称为"整体论"或"单一论"。例如,英国法学家戴西和莫里斯就指出,除去个别例外,一般不应当对合同进行分解。另两位英国法学家契希尔和诺斯也持同样的观点,他们认为,只有这样才能够保证合同关系的确定性和整体协调性。但也有学者认为,客观事物是复杂的,涉外合同更是如此。因而,用单一的准据法去调整错综复杂的涉外合同关系,难免缺乏针对性和公正合理性。

与上述"整体论"的观点相反,另有一些国家主张对合同进行分割,将合同的各个环节分解开来,在适用法律上采取分而治之的办法,即对合同的不同环节分别适用其各自的准据法,这种观点通常称为"分割论"。由于这一主张提倡具体问题具体分析，有利于恰如其分地适用合同的准据法，因而为大多数国家所接受。不仅如此，一些重要的国际公约也相继采纳了"分割论"。例如，《国际合同义务法律适用公约》第3条第1款规定："合同依当事人选择的法律。法律选择必须通过合同条款或具体情况相当明确地加以表示或表明。双方当事人可自行选择适用于合同的全部或部分的法律。"该公约第4条第1款又进一步规定："凡未依第3条选择适用法律的合同，依与之有最密切关系的国家的法律。但合同的可分割的部分如同另一国有较紧密的关系，则该部分得作为例外，依该其他国家的法律的规定。"又如，《国际货物买卖合同法律适用公约》第7条第1款亦规定："货物买卖合同依双方当事人所选择的法律。……此项选择可限于适用合同的某一部分。"

四、我国关于涉外合同法律适用的若干原则

随着近年来我国法制建设的不断发展，在涉外合同（包括涉外民事合同和涉外经济合同）的法律适用方面，已经逐步形成了既符合通行的国际实践，又具有中国特色的比较系统完备的法律制度。根据我国《民法通则》第142条、第145条、我国《合同法》第126条以及有关司法解释的规定，我国关于涉外合同法律适用的制度主要体现为以下三项基本原则：

（一）意思自治原则

依照我国法律的有关规定，涉外合同的当事人可以选择处理合同争议所适用的法律，法律另有规定的除外。可见，在涉外合同领域，我国同世界上大多数国家一样，也是采用意思自治原则的，并且将这一原则作为确定涉外合同准据法的首要原则。这样，不仅可以使得当事人能够预见其法律行为的后果，使合同关系更加明确、稳定，便于合同的履行，而且有利于合同争议的及

时解决和判决的承认与执行。

但另一方面，我国在适用这一原则时，又带有自己的特色，具体来讲有以下特点：

1. 关于法律选择的时间。从订立合同时起，直至人民法院开庭审理以前，当事人可以随时协议选择所应适用的法律。如到开庭审理时，合同当事人仍然不能协商一致作出法律选择的，人民法院则按照最密切联系原则来确定合同的准据法。

2. 关于法律选择的范围。当事人选择的法律可以是中国法，也可以是港澳地区的法律或者是外国法，但这种选择是指所选国家或地区法律中的现行实体法，而不包括其冲突规范和程序法。至于当事人选择的法律是否必须与合同存在某种联系，我国则没有明文规定。但在实践中，当事人一般都选择与合同有实际联系的国家或地区的法律。

3. 关于法律选择的方式。当事人的法律选择方式必须是双方协商一致和明示的，而且当事人在选择法律时，不得规避我国强制性或禁止性的法律规范，否则，不发生适用外国法律的效力。

4. 关于不适用意思自治原则的例外。根据我国的有关规定，以下四种合同不得采用意思自治原则而必须适用中国法律：即在我国境内履行的中外合资经营企业合同、中外合作经营企业合同、中外合作勘探开发自然资源合同以及外商投资企业与中国银行签订的借款合同。但对最后一种合同，如经中国银行同意，也可以适用外国的法律。[①]

5. 关于公共秩序保留。根据最高人民法院的有关司法解释，在适用外国法将违反我国法律的基本原则和社会公共利益时，则不适用该外国法，而应适用我国相应的法律。

---

① 见《中国银行对外商投资企业贷款办法》第25条。

6. 关于合同准据法的适用范围。我国法律在这个问题上采用"分割论",即除了当事人的缔约能力以外,当事人协议选择的法律应适用于其他所有可能发生的涉外合同争议事项。

7. 关于涉外合同当事人的缔约能力。原则上,涉外合同当事人的缔约能力应适用当事人的本国法,但行为地法认为有行为能力的,也应认定为有行为能力。

(二) 最密切联系原则

我国法律规定,在涉外合同当事人没有选择法律的情况下,应适用与合同有最密切联系的国家的法律。可见,在涉外合同的法律适用方面,我国的做法也是将最密切联系原则作为对意思自治原则的补充,这是符合目前通行的国际实践的。

(三) 适用国际条约和国际惯例原则

根据国际法上"条约必须遵守"这一古老的准则,如果有关国际条约中的规定与我国法律不同,而我国又未声明保留的,则应适用该条约;在应当适用我国法律的情况下,如果我国法律没有解决有关涉外合同争议的相应规定,则可以适用国际惯例,但适用国际惯例不得损害我国的社会公共利益。

第三节 涉外侵权行为之债的法律适用

一、涉外侵权行为之债的概念

所谓侵权,是指以作为或不作为的形式不法侵害他人人身权利或财产权利,致使他人遭受损害而应承担民事赔偿责任的行为。侵权行为在当事人之间形成了一种民事法律关系,在这种民事法律关系当中,受害人为债权人,加害人(或称致害人)为债务人。所谓侵权行为之债,是指受害人有权要求加害人赔偿他的损失、加害人有义务满足受害人的要求这样一种债权债务关系。

而涉外侵权行为之债，则是指这种债权债务关系中含有涉外因素，亦即或者是加害人或被害人中有一方是外国人，或者是侵权行为的事实或结果发生在外国，等等。

一般认为，侵权行为之债的成立，应当具备四个要件：第一，客观上存在着损害的事实，即加害人给受害人造成了人身或财产方面的损失。第二，加害人在主观上要有过错，即加害人对其行为及可能导致的后果存在着故意或过失的心理状态。第三，加害行为具有违法性，即造成损害的行为必须是违法的，加害人才应负民事责任。但对这第二、第三两点，现代侵权行为法则认为，加害人主观上不一定都要有过失，例如，在实践中还存在着无过失责任制；另外，有时造成损害的行为也不一定全是不法行为，例如，核泄露、卫星残片下落等造成的损害，加害人对此仍应承担相应的民事责任。第四，侵权行为与损害事实之间存在着因果关系，即损害结果是由侵权行为造成的。

因侵权行为而承担的损害赔偿责任与因合同当事人违约而承担的损害赔偿责任是不同的。对于前者，有关当事人之间原本没有债权债务关系存在，只是由于一方的侵权行为而应依法承担责任；对于后者，却是基于原来的合同关系，并且这种损害赔偿责任及其范围通常是由双方当事人事先加以约定的。所以，合同当事人因违约而承担的损害赔偿责任要受原合同准据法的支配，而对侵权行为之债则须依照其他的冲突法原则来确定所应适用的准据法。

二、一般涉外侵权行为之债的法律适用

世界各国在一般涉外侵权行为的认定标准、归责原则、责任形式、赔偿数额等等问题上，历来存在着不同的认识和实践，依照不同国家的法律来衡量某一行为是否构成侵权以及解决与其相关的其他法律问题，往往会得出不同的结果。因此，解决好涉外

侵权行为之债的法律适用问题,对于正确处理有关案件具有重要意义。由于侵权行为之债属于非合意之债,具有法律上的强制性,因而在确定解决涉外侵权行为之债法律冲突的准据法时,不能采用当事人意思自治原则。根据各国的立法和司法实践,通常依照下列原则来确定一般涉外侵权行为之债的准据法:

(一) 侵权行为地法原则

该原则主张,应依侵权行为地法来作为衡量侵权行为是否成立的标准,这一冲突规范是从传统的"场所支配行为"原则演变、发展而来的。侵权行为地法原则得到了法国学者巴迪福的大力提倡,并为许多国家的立法所接受,成为目前国际上用来解决涉外侵权行为之债法律适用的一项最主要原则。例如,《奥地利国际私法》第48条第1款规定:"非契约损害求偿权,依造成此种损害的行为发生地国家的法律。"

那么,一般涉外侵权行为之债为什么要适用侵权行为地法呢?国际私法理论界对此有种种不同的解释。有学者认为,侵权行为之债的产生是由于侵权行为的法律事实所引起的,在这种情况下,加害人被要求为其行为造成的后果承担责任是基于法律的规定和法律的权威性,而非当事人的自由意志,因此,这类债的关系不能采用意思自治原则;又由于侵权行为与侵权行为地之间有着某种自然的联系,因而只能以侵权行为地法来作为准据法。也有学者指出,侵权行为是一种违反法律义务并对他人造成损害的不法行为,侵权行为地因此种行为而蒙受的损失最大,如果侵权行为的损害赔偿不适用侵权行为地法而适用其他法律,则是一种对侵权行为地国家主权和公共秩序的不尊重;此外,侵权法属于社会保护法,为了加重致害人对其行为后果的预测与评价的责任,惟依侵权行为地法最为妥当。还有学者主张,侵权行为打破了侵权行为地法所保证的每个人的权利平衡,故应以侵权行为地法作为准据法。

侵权行为适用侵权行为地法原则业已获得国际社会的普遍公认，但在实践中经常遇到的一个问题是某一侵权行为可能同时涉及两个或两个以上不同的国家，这种情况下应当如何认定侵权行为地？从目前世界各国的国际私法理论与实践来看，确定侵权行为地大致有以下三种不同做法：

1. 以加害行为实施地为侵权行为地，大陆法系各国的学说及实践多持此种主张。例如，《土耳其国际私法和国际诉讼程序法》第25条第1款规定："非合同性的侵权行为之债，适用侵权行为实施地法律。"

2. 以损害结果发生地为侵权行为地，英美法系一些国家持有这种主张。例如，《加蓬民法典》第41条规定："侵权行为责任依损害事实发生地法。"

3. 凡是与侵权行为这一事实的发生有关的地点，均可以作为侵权行为地，其中包括加害行为实施地和损害结果发生地，由原告自行选择或由具有管辖权的法院进行选择。这种主张得到了美国国际私法学家库克的赞同，他认为行为的每个环节都是组成行为不可或缺的部分，因此，应当允许原告向任何与侵权行为有关的领土上的法院起诉。原联邦德国法院在1957年受理的"德国饭店诉法国电厂案"中也指出：侵权行为的实际发生地和结果发生地都是法律上的侵权行为地，原告对此具有选择权。原《南斯拉夫法律冲突法》第28条第1款更有明文规定："对非合同的损害责任，如果对某些情况没有其他规定，则依行为施行地法律或后果发生地法律，选择该二法律中对受害人最为有利者而适用之。"

侵权行为地法原则尽管为世界各国所普遍采用，但在处理具体案件时，许多国家对这一原则也施加了各种各样的限制，其中最主要的限制有两个：一是侵权行为之债的双方当事人如具有同一国籍或在同一国家有住所时，则通常不适用侵权行为地法，而是适用当事人的本国法或住所地法。例如,《波兰国际私法》第31条第1款和第2款规定:"非法律行为所产生之债,依债务原因事实发生地法。但当事人有同一国籍,又在同一国内有住所时,依当事人本国法。"二是有些国家为了维护本国当事人的利益,往往由法律规定,在外国发生的行为,如果本国法不认为是侵权行为的,不适用行为地法。例如,《泰国国际私法》第15条规定:"因不法行为而产生之债,依物或不法行为事实发生地法。但泰国法律不承认在外国发生的事实为不法行为时,则不适用本条规定。"

(二)法院地法原则

采用这一原则的国家认为,侵权行为与法院地的公共秩序密切相关,一个行为是否构成侵权,应依法院地法作为衡量标准,亦即某一行为在行为地为不法,在法院地为合法的,不视为侵权行为;反之,如果某一行为依行为地法为合法,依法院地法为不法的,则应作为侵权行为处理。

法院地法原则得到了19世纪德国国际私法学家韦希特尔(Wächter)的大力支持。在他看来,侵权行为近似于犯罪,如果对罪犯判处刑罚只能依法院地法的话,那么类似犯罪的侵权行为也应适用法院地法。

然而,对侵权行为之债适用法院地法原则持批评态度的学者认为,这一原则的采用使得当事人不能预见其行为的后果,导致原告会选择对其有利的国家的法院去起诉,造成当事人之间权利义务失衡,并使得侵权行为地国家的秩序不能得到很好地维护。

鉴于法院地法原则确实存在着上述种种弊端,因而目前很少有国家单独采用这项做法,而是在适用侵权行为地法的同时,辅之以法院地法,以便兼顾侵权行为地与法院地两者的利益。

(三)重叠适用侵权行为地法和法院地法原则

这一原则要求,侵权行为的成立必须同时符合行为地法和法院地法的规定。此项原则得到了英国国际私法学家戴西和莫里斯的积极倡导。

考虑到侵权行为同时损害了侵权行为地和法院地的社会秩序和公共利益，因而单纯适用其中某一地的法律不免带有一定的局限性，并且容易产生顾此失彼的现象，因此，一些国家便接受了重叠适用侵权行为地法与法院地法原则。其中，有的国家是以侵权行为地法为主，以法院地法为辅；有的国家则以法院地法为主，以侵权行为地法为辅，但采用后一种做法的国家比较多。例如，《日本法例》第11条第1款和第2款规定："因无因管理、不当得利或不法行为而产生的债权成立及效力，依其原因或事实发生地法。不法行为事实发生在外国，依日本法不认为不法时，不适用前款规定。"

（四）当事人的共同属人法原则

侵权行为之债亦称非合意之债，侵权行为具有一定的偶然性。假如当事人国籍相同或在同一个国家有住所，由于偶然原因来到外国并相互发生了侵权行为，在这种情况下，如果一味强调适用侵权行为地法就未必妥当，而适用当事人共同的本国法或住所地法则具有较大的灵活性和针对性。为此，一些国家在其立法中采用了当事人的共同属人法原则。例如，1975年的原德意志民主共和国《法律适用条例》第17条第3款规定："如果加害人和被害人是同一国家的公民或者他们在同一国家都有其住所时，应当适用该国的法律。"

（五）最密切联系原则

这是近几十年来新出现的解决涉外侵权行为之债法律适用的一项冲突法原则，它要求对侵权行为之债应适用与其有最密切联系的地方的法律。所谓最密切联系的地方包括加害行为地、损害发生地、双方当事人的住所地、国籍所属国、法人营业所所在地、双方当事人关系的最集中地等等。

前已提及，1963年美国纽约州最高法院在审理"贝科克诉杰克逊案"中，便采用了这一原则。在该案中，法院没有适用侵权行为地法（加拿大安大略省的法律），而是适用了当事人共同的属人法（美国纽约州的法律），因为法院认为，本案争议与纽约州有着最密切的联系。

此外，由美国法学教授里斯主持编纂的《美国第二次冲突法重述》也对这一原则给予了正式确认，它的第145条第1款规定："当事人在侵权行为某个问题上的权利义务，依在该特定问题上，……与该事件及当事人有最重要联系的州的本地法。"

三、特殊涉外侵权行为之债的法律适用

在实践中，某些涉外侵权行为具有特殊性，因而不能一概套用上述法律适用原则来确定这类特殊涉外侵权行为之债的准据法。为此，世界各国逐步确立了一系列相应的冲突法原则，用以解决由特殊类型的涉外侵权行为所引起的债权债务关系。

(一) 发生在海上、空中的涉外侵权行为之债的法律适用

发生在公海或公空上的涉外侵权行为，如果侵权行为是发生在船舶或飞机内部，侵权结果并不影响船舶或飞机以外的人或设施，则适用旗国法；如果船舶、飞机发生相互碰撞，则本着保护受害方利益的原则，适用被撞一方船舶、飞机的旗国法；如果碰撞双方均有过错，则一般适用法院地法；但如果碰撞双方的船舶、飞机具有同一国籍，也可以适用它们共同的本国法。

发生在一国领海或领空内的涉外侵权行为，如果侵权行为仅限于船舶、飞机本身，并不影响船舶或飞机以外的东道国的领海或领空的安全和利益，则适用船舶或飞机的旗国法；如果发生在船舶内部的侵权行为，其结果直接影响到东道国领海的秩序和利益，或者两架飞机发生碰撞，其结果影响到领空所属国的利益时，则从维护东道国利益出发，适用领海或领空所属国的法律；

如果船舶在一国领海内发生碰撞，或直接造成东道国的损失，例如撞坏东道国的码头、港口设施，或飞机在一国机场降落时碰坏了地面国的导航设备等，则完全适用东道国的法律。

我国于1993年7月1日起施行的《海商法》，对船舶碰撞损害赔偿的法律适用问题也作出了明确规定。依照该法第273条，"船舶碰撞的损害赔偿，适用侵权行为地法律。船舶在公海上发生碰撞的损害赔偿，适用受理案件的法院所在地法律。同一国籍的船舶，不论碰撞发生于何地，碰撞船舶之间的损害赔偿适用船旗国法律。"这一规定不仅与我国《民法通则》处理涉外侵权行为之债的法律适用原则相一致，同时也符合目前国际上处理海上侵权行为法律适用的一般原则，它为我国处理涉外船舶海上碰撞的损害赔偿问题提供了法律适用的依据。

（二）由产品责任引起的涉外侵权行为之债的法律适用

所谓产品责任，是指产品的质量不符合规定，使买方或其他人受到人身伤害或财产损失，对此，产品的生产者和销售者应当承担民事责任。

关于因产品责任而引起的涉外侵权行为之债应当适用何地法律的问题，各国在国内立法上规定的不是很多，而且各自的规定也不尽相同。但在这个领域，有一个重要的国际公约作了比较详细的规定，这就是海牙《产品责任法律适用公约》。该公约于1973年10月2日订立，1977年10月1日起生效，缔约国有奥地利、比利时、法国、卢森堡、荷兰、葡萄牙、瑞士、挪威、原捷克斯洛伐克、原南斯拉夫等国家。

考虑到因产品责任这一侵权行为而提起的损害赔偿之诉，往往会同时涉及几个国家的法律，为了平衡各方面的利益，公约采用了一种较为合理的确定准据法的方法，即不以一个连结因素来决定法律的适用，而是要求某一法律必须在同时具备两个或两个以上的连结因素时才能将其作为产品责任方面侵权行为之债的准据法。为此，公约规定了四个基本的连结因素，即损害事实发生地、直接受害人惯常居所地、赔偿义务人主要营业机构所在地、直接受害人购买产品的市场所在地。根据这四个连结因素的不同排列组合，公约对因产品责任而引起的侵权行为之债的法律适用问题，规定了以下几项解决原则：

1. 适用直接受害人惯常居所地法原则。如果直接受害人惯常居所地同时又是赔偿义务人主要营业机构所在地或直接受害人购买产品的市场所在地，则产品责任侵权行为应首先适用直接受害人惯常居所地国家的法律。

2. 适用损害事实发生地法原则。如果损害事实发生地同时又是直接受害人惯常居所地、或赔偿义务人主要营业机构所在地、或直接受害人购买产品的市场所在地，则产品责任侵权行为应适用损害事实发生地国家的法律。

3. 适用赔偿义务人的主要营业机构所在地法原则。如果赔偿义务人能够证明他不能合理地预见产品或他自己的同类产品会经由商业渠道在损害事实发生地、或直接受害人惯常居所地出售的，则只能适用赔偿义务人主要营业机构所在地国家的法律。

公约规定的上述法律适用原则实际上是按适用的先后次序排列的，即前一项的法律适用优先于后一项法律适用，不能任意予以变更。此外，依照公约的规定，不论根据以上哪项原则来确定应予适用的准据法，下列三项要求必须得到遵守：(1) 法院在适用公约规定的准据法时，还应考虑到产品销售市场所在国通行的相关行为规则和安全规则；(2) 只能以违反法院地国公共秩序为理由，才能拒绝适用公约规定的准据法；(3) 根据上述法律适用原则规定适用的准据法，即使为非缔约国的法律，亦应予以适用。

公约还规定，依据公约的法律适用原则所确定的准据法，应当用来解决以下问题：(1) 责任的依据和范围；(2) 免除、限制和划分责任的依据;(3)可以得到赔偿的损害的种类;(4)赔偿的方式及其范围;(5)损害赔偿的权利能否转让或继承的问题;(6)有权要求损害赔偿的人;(7)本人对其代理人行为或雇主对其雇员行为所负的责任;(8)对法律适用规则之关于产品责任举证方面的举证责任;(9)时效规则,包括有关时效的开始、中断和中止的规则。

目前,我国的《产品质量法》和《消费者权益保护法》还没有关于涉外产品责任法律适用方面的专门规定,我国也未加入上述公约。笔者认为,在实践中,可以依照我国《民法通则》关于侵权行为的法律适用原则,来确定涉外产品责任的准据法。

四、我国关于涉外侵权法律适用的若干原则

我国《民法通则》第146条对涉外侵权行为之债的法律适用问题作出了明确的规定,即"侵权行为的损害赔偿,适用侵权行为地法律。当事人双方国籍相同或者在同一国家有住所的,也可以适用当事人本国法律或者住所地法律。中华人民共和国法律不认为在中华人民共和国领域外发生的行为是侵权行为的,不作为侵权行为处理。"这一规定表明,我国人民法院在确定涉外侵权行为之债的准据法时,遵循的是以下三项基本原则:

(一)侵权行为地法原则

这是我国处理涉外侵权行为之债法律适用问题的一般原则,同时也符合目前大多数国家通行的实践。至于侵权行为地法如何确定问题,最高人民法院《关于贯彻执行〈中华人民共和国民法通则〉若干问题的意见(试行)》第187条规定:"侵权行为地的法律包括侵权行为实施地法律和侵权结果发生地法律。如果两者不一致时,人民法院可以选择适用。"

(二)当事人的共同属人法原则

这是我国处理涉外侵权行为之债法律适用问题的补充原则。

我国《民法通则》的这项规定若从冲突规范的类型上看，属于无条件的选择性冲突规范。它表明，对于侵权行为的损害赔偿，如果当事人双方国籍相同或者在同一国家有住所的，则既可以适用侵权行为地法，也可以适用当事人的共同属人法，人民法院在对适用侵权行为地法还是适用当事人的共同属人法的选择上，无先后、主次的区分。

(三) 重叠适用侵权行为地法和法院地法原则

这是我国处理涉外侵权行为之债法律适用问题的特殊原则。从冲突规范的类型上看，我国《民法通则》在这方面的规定属于重叠性冲突规范。依照这项冲突规范，我国人民法院在审理发生在我国领域外的侵权行为案件时，只有中国法律（法院地法）认定构成侵权行为的，才能作为侵权行为来处理。换言之，当某一个涉外侵权案件向我国人民法院起诉时，我国法院应首先依据中国法律对该项争议进行识别、定性，如果认定确属侵权行为的，再依侵权行为地法或当事人的共同属人法来解决有关损害赔偿问题。可见，这里的重叠适用侵权行为地法和法院地法原则，实际上是以优先适用法院地法为前提的。在立法中采用这种重叠性冲突规范的目的，意在更好地维护我国国家利益、公共秩序以及我国公民和法人的合法权益。

第四节 涉外不当得利之债和涉外无因管理之债的法律适用

不当得利 (unjust enrichment) 之债和无因管理 (拉丁: negotiorum gestio) 之债同属非合意之债，在罗马法上亦称"准合同之债" (quasi-contractual obligation)，这种债与当事人的意思表示无关，但法律上仍承认其成立类似于契约上的债权债务关系。国际私法所调整的不当得利之债与无因管理之债是具有涉外因素的债权债务关系。

一、涉外不当得利之债的法律适用

(一) 不当得利之债的概念及其法律特征

所谓不当得利,是指没有法律上或合同上的根据,或原先有根据后来却又丧失,致使他人受到损害而获得的利益。获得利益的人称为受益人,遭受损害的人称为受害人。与侵权行为不同,不当得利的取得不是受益人的违法行为,而是基于受害人或第三人的疏忽或误解。因不当得利的事实在当事人之间引起的这种法定的权利义务关系称为不当得利之债,受益人为债务人,受害人为债权人,受益人有义务将其不当所得连同孳息一起返还受害人。

由此可见,不当得利具有如下法律特征:(1) 一方已获得利益;(2) 另一方受到了损失;(3) 所获利益没有法律或合同的根据;(4) 法律要求获利人将不当得利返还受损失的人。对此,我国《民法通则》第92条也作出明确规定:"没有合法根据,取得不当利益,造成他人损失的,应当将取得的不当利益返还受损失的人。"

(二) 涉外不当得利之债的法律冲突与法律适用

目前各国民法对不当得利虽然都有规定,但具体内容却往往不尽一致。这种不一致大多体现在各国立法对不当得利事实的范围、不当得利的成立和效力及相关的权利义务关系等问题规定不同,因此难免产生法律冲突。

从国际社会的实践来看,在解决涉外不当得利之债的法律冲突时,大致有以下几项法律适用原则:

1. 适用不当得利事实发生地法。大多数国家采用这种实践,理由是不当得利涉及到不当得利事实发生地国的公共秩序、社会道德风尚和法律观念,因而这种债权债务关系应由不当得利事实发生地法来调整。例如,《泰国国际私法》第 14 条规定:"因无因管理或不当得利而产生之债,依其原因事实发生地法。"

2. 适用当事人的共同属人法。例如,《布斯塔曼特法典》第 221 条规定:"不当得利应依各当事人的共同属人法"。

3. 适用支配产生不当得利之法律关系的准据法。例如,《奥地利国际私法》第 46 条规定:"在履行法律义务或关系的过程中发生的不当得利,依支配该法律义务或关系的国家的实体规则"。又如,原《南斯拉夫法律冲突法》第 27 条第 1 款规定:"对不当得利,依该项得利由之产生、可能产生或以之为前提的、由之造成的那种法律关系所应适用的法律。"举例来讲,基于原来的合同关系卖主已将货物交给买主,后因种种原因合同无效,买主是否应承担返还不当得利的义务,就应受原合同关系准据法的支配。

4. 适用当事人选择的法律。例如,《瑞士联邦国际私法》第 128 条规定:"因不当得利而提起的求偿诉讼,如果不当得利起因于某一法律关系时,适用调整这种关系的法律。如果不存在这种法律关系,则适用不当得利行为发生地国家的法律。当事人也可以选择适用法院地法律。"这样,在不当得利这一法定之债的领域内,也引进了意思自治原则。

5. 适用与不当得利有最密切联系的法律。例如,《美国第二次冲突法重述》第 221 条第 2 款规定,决定不当得利所应适用的法律时,应考虑下列联系:(1)当事人之间联系集中的地方,但不当得利须主要与该联系有关;(2)收受利益或不当得利的地方;(3)给予利益或不当得利行为的完成地;(4)当事人的住所、居所、国籍、公司成立地及营业地;(5)与不当得利有重要联系的实物,如土地或动产在不当得利时的所在地。这些联系应按其对特定问题的重要程度加以衡量。

6. 区分不同类型的不当得利分别适用不同的法律。例如,

《土耳其国际私法和国际诉讼程序法》第 26 条规定："因不当得利而产生的法律关系，适用确定该法律关系的法律。在其他情况下，适用不当得利行为完成地法律。"

我国法律目前尚未对涉外不当得利之债的法律适用问题作出专门规定。

二、涉外无因管理之债的法律适用

（一）无因管理之债的概念

所谓无因，是指没有法律上的原因。所谓无因管理，是指没有法定或约定的义务，为避免他人权益受到损失，而自愿管理他人事务或为他人提供服务的行为。实施管理行为的人称为管理人，因无因管理而获得利益的人称为受益人或本人。无因管理也是债的发生根据之一，管理人与受益人之间因无因管理而形成一种债的权利义务关系，即为无因管理之债。在这种债权债务关系中，受益人作为债务人有义务偿付作为债权人的管理人为其管理行为而合理支出的费用及劳务报酬，但如果因管理行为不当而给受益人的权益造成损害的，管理人则要承担相应的赔偿责任。我国《民法通则》第 93 条在这方面的规定是："没有法定的或者约定的义务，为避免他人利益受损失进行管理或者服务的，有权要求受益人偿付由此而支付的必要费用。"

（二）涉外无因管理之债的法律冲突与法律适用

世界上除了英国等个别国家外，绝大多数国家在民法上均有无因管理方面的规定。但各国对无因管理的成立与效力、管理人与受益人的权利和义务等事项的规定则不尽相同，因而也就可能产生法律冲突。

从目前各国的立法规定来看，绝大多数国家都主张涉外无因管理之债适用无因管理事实发生地法。例如，原《南斯拉夫法律冲突法》第 27 条第 2 款规定："对无因管理，依管理人的行为实施地法律。"但有些国家在采用这一法律适用原则的同时，又规定了不适用该原则的例外。例如，《奥地利国际私法》第47条规定：无因管理依此种管理行为完成地的法律；但是，如与另一法律义务或关系有密切联系，则应适用支配该法律义务或关系的法律。还有些国家将无因管理与不当得利的法律适用问题归入同一条冲突规范，统一适用事实发生地法。例如，《秘鲁民法典》第2098条规定："因法律的实施、无因管理、不当得利和不适当交付某物所产生之债，依已经或将要引起该债产生的原因事实发生地法。"

我国法律目前亦尚未对涉外无因管理之债的法律适用问题作出专门规定。

第九章 涉外婚姻家庭的法律适用

随着国际间交往的日益频繁,涉外婚姻家庭的数量也在逐渐增多。这种跨越国界的含有涉外因素的婚姻家庭关系,既包括在本国境内形成的由外国人与本国人或外国人相互间所缔结的婚姻家庭关系,也包括在外国境内形成的由本国人与外国人或本国人相互间所缔结的婚姻家庭关系。这样,就会牵涉到两个或两个以上国家的婚姻家庭法律制度。由于婚姻家庭关系是一种社会关系,因而它除了要受制于一定的经济基础之外,还必然要受到其他社会因素(诸如宗教信仰、民族传统、道德观念、风俗习惯)甚至自然环境(诸如地理、气候等因素)的影响,这就使得各国的婚姻家庭法律制度存在着种种差异,法律冲突在这一领域实难避免。因此,如何解决涉外婚姻家庭的法律冲突与法律适用问题,是国际私法所面临的一项重要任务。

第一节 涉外结婚的法律适用

一、结婚的要件

结婚是男女双方依照法律规定的条件和程序结成夫妻的法律行为。因此,一个有效的婚姻,必须要符合法律规定的实质要件和形式要件。

所谓结婚的实质要件,是指结婚双方当事人必须具备的条件和必须排除的条件。前者亦称结婚的必备条件或积极条件,包括当事人的结婚能力、意思表示、法定代理人对未成年人结婚的同意等等；后者亦称结婚的禁止条件或消极条件，包括禁止结婚的血亲关系、禁止结婚的疾病或生理缺陷、禁止重婚等等。

所谓结婚的形式要件，是指结婚时所必须经过的程序或所必须办理的手续，亦即婚姻合法成立的方式，诸如在民政机关办理结婚登记或举行宗教仪式等等。

由于各国立法对于结婚的实质要件和形式要件具体规定不同，就必然会导致涉外结婚领域发生法律冲突。

二、结婚实质要件的法律冲突和法律适用

（一）结婚实质要件的法律冲突

从各国的婚姻立法来看，对结婚当事人实质要件的不同规定主要体现在以下几个方面：

1. 关于当事人的合意。结婚必须出于男女双方自愿，在这一点上各国立法基本一致，但强调的程度有所不同。有些国家规定的法定婚龄低于成年年龄，因而在这些国家内，法律要求未成年人结婚除双方自愿外，还应征得父母或监护人的同意。例如，《法国民法典》第148条规定："未成年人非经其父母同意，不得结婚"。《日本民法典》也有类似的规定。这表明在这些国家内，当事人的结婚意愿在特定情况下是有限制的。法律之所以作出这种规定，是因为结婚能力是自然人的行为能力中比较特殊的一种能力，它常常不等同于成年年龄，因而要综合考虑自然人生理成熟的早晚和智力的发育状况，来对未成年人的结婚能力和结婚意愿作出适当的限定。

在我国，由于法定婚龄高于成年年龄，故不存在法律允许的未成年人结婚问题。我国《婚姻法》坚持婚姻自由原则，认为结婚必须男女双方完全自愿，不许任何一方对他方加以强迫或任何第三方进行干涉。

2. 关于法定婚龄。法定婚龄是指法律规定的最低结婚年龄，它既取决于自然人生理、心理和精神上的成熟这一自然因素,也取决于自然人所属国的经济状况、人口政策等社会因素。从总体上看,各国立法关于婚龄的规定相差悬殊,男子从14岁到21岁不等,女子从12岁到18岁不等。我国是各国现行立法中法定婚龄最高的国家,根据2001年4月28日新修正的我国《婚姻法》第6条的规定,男不得早于22周岁,女不得早于20周岁。晚婚晚育应予鼓励。

3. 关于禁止近亲结婚。为了提高人口素质,确保民族身心健康,维护社会伦理道德,各国立法均严格禁止直系血亲之间结婚,但对旁系血亲间通婚的禁止,各国则宽严不一。例如,我国《婚姻法》规定,三代以内的旁系血亲之间禁止结婚;而罗马尼亚法律则规定,四代以内的旁系血亲之间禁止结婚。

4. 关于禁止重婚。目前世界上大多数国家都采取一夫一妻制,禁止重婚。但也有少数国家和地区,由于信奉某种宗教,而仍然实行一夫多妻制,不限制已婚者再婚。

5. 关于禁止结婚的疾病。世界上许多国家都规定禁止患有某种疾病的人结婚,但各国规定的具体疾病种类却有所不同。有的国家禁止精神病患者结婚,有的国家则禁止某些传染病患者结婚。

6. 关于其他方面的禁止性规定。除上述五个主要方面外,有些国家还禁止异教徒之间、不同种族或不同民族之间通婚。也有些国家对离婚者的再婚加以限制,例如,《日本民法典》第733条规定,女子在解除前婚之日起,6个月内禁止结婚。

(二) 结婚实质要件的法律适用

为解决因对结婚实质要件的规定不同而产生的法律冲突,世界各国通常采取以下法律适用原则:

1. 适用婚姻缔结地法。根据这一原则,婚姻在哪个国家缔结,就依哪个国家的法律来决定结婚的实质要件。凡婚姻缔结地法认为有效的婚姻,在任何地方都有效;反之,凡婚姻缔结地法认为无效的婚姻,则在任何地方都无效。美国以及大多数拉美国家均采用这一原则。例如,《美国第二次冲突法重述》第283条第2款规定:"婚姻符合缔结地州规定的要求的,其有效性得为普遍承认"。

这些国家之所以采用这种实践,首先,是因为它们大多将婚姻视为是一种"契约关系",根据"场所支配行为"的原则,应以行为地法即婚姻缔结地法作为准据法;其次,依照婚姻缔结地法来确定结婚的实质要件比较简便易行,因为婚姻缔结地很容易辨认;第三,从历史上看,这些国家的外来移民较多,适用婚姻缔结地法有利于它们将本国法的效力扩展到在本国境内缔结的所有涉外婚姻。但也有不少学者担心,适用婚姻缔结地法将为当事人规避法律提供机会,从而使得"迁徙结婚"(migratory marriage)的现象不断出现。

2. 适用当事人属人法。采用这种实践的国家认为,结婚涉及自然人的特别行为能力并导致当事人身份的改变,因而应当适用确定自然人身份和能力的准据法——当事人的属人法。由于大陆法系国家与英美法系国家在对属人法的理解上存在着分歧,所以在结婚实质要件适用当事人属人法的国家当中,亦有适用当事人本国法和当事人住所地法之分。例如,在实践中,法国、德国、意大利、奥地利、比利时、瑞士、荷兰、西班牙、葡萄牙、希腊、日本、泰国等国将当事人本国法即国籍国法律视为属人法,而英国、英联邦国家、挪威、丹麦以及部分南美国家则将当事人住所地法视为属人法。

在解决结婚实质要件的法律冲突问题时适用当事人的属人法,既反映了当事人与其国籍所属国或住所地国的内在联系,使得在国外缔结的婚姻易于得到当事人国籍所属国或住所地国的承认,同时又能有效地抑制当事人任意挑选婚姻缔结地的法律规避行为,从而在某种程度上可以减少"迁徙结婚"现象,增强婚姻关系的稳定性。但是，也有一些学者认为，如果过分强调适用当事人属人法，有时会发生当事人属人法上的有关规定与婚姻缔结地公共秩序相抵触的现象，给婚姻的有效成立带来障碍。

此外，在适用当事人属人法时，还经常遇到这样一个问题，即结婚双方当事人的国籍或住所并不一致，而各自的属人法对结婚实质要件的规定又不相同，这种情况下应当适用哪一国的法律？根据各国的立法与实践，主要有以下几种解决办法：

(1) 适用当事双方各自属人法。即适用结婚双方当事人各自国籍所属国或住所地国的法律。这种实践只要求双方当事人符合各自的属人法规定的结婚实质要件即可，而不问他们的属人法是否存在着抵触。根据这种方法，一名年满18岁的日本男子与一名刚满14岁的意大利女子在日本要求结婚，虽然日本法律规定女子16岁才能结婚，但由于该意大利女子符合意大利法律关于女子14岁即可结婚的规定，因此，日本应当准予这对青年男女结婚。这种做法比较宽松，有利于当事人婚姻关系的建立。德国、奥地利、匈牙利、土耳其、加蓬、塞内加尔、多哥、埃及、约旦、秘鲁等国采用这种实践。例如，《奥地利国际私法》第17条第1款规定："结婚的要件以及婚姻无效与婚姻解除的要件，均依婚姻双方各自的属人法。"此外，1902年的《婚姻法律冲突公约》第1条也规定："缔结婚姻的权利依当事人各该本国法的规定"。

(2) 适用法院地法。在当事人中有一方的国籍或住所在法院地国时，有的国家主张适用法院地法。例如，《联邦德国国际私法》第13条规定：结婚的条件依未婚夫妻各自所属国家的法律。具有下述条件之一，适用德国法：①未婚夫（妻）在内国有其惯常居所或是德国人；②未婚夫（妻）可望获得上述条件。

(3) 适用其他的法律。在双方当事人隶属于不同的属人法时，有的国家主张既不适用当事人各自的属人法，也不适用法院地法，而是适用第三国的法律，诸如婚姻缔结地法、婚姻住所地法，等等。

3. 实行混合制度。为了兼顾婚姻缔结地和当事人本国或住所地国的公共秩序，避免适用单一准据法可能存在的不足，并增强法律适用的针对性、合理性及灵活性，一些国家采用了婚姻缔结地法和当事人属人法相结合的混合制度，即在冲突规范中同时将婚姻缔结地、当事人国籍或住所地作为连结点，由法院根据涉外婚姻的不同情况，分别予以适用。

从各国实践来看，有些国家是以婚姻缔结地法为主，兼采当事人的本国法或住所地法。例如，《加蓬民法典》第32条第1款规定："个人的身份与能力依其本国法。"第34条第1款进一步规定："与缔结婚姻方式不同的婚姻实质要件，依支配夫妻各方身份的法律。"但其第37条却又规定："在加蓬有效举行的婚姻，如其实质要件或形式要件未被在该婚姻缔结时支配当事人双方身份的外国法所承认，则婚姻的效力、离婚或夫妻分居，依加蓬法。"

另有些国家是以当事人的本国法或住所地法为主，兼采婚姻缔结地法。例如，《瑞士联邦国际私法》第43条第2款规定："双方在瑞士境内都没有住所的外国人，其在瑞士所缔结的婚姻，只要该婚姻能为当事人其中一方的住所地国家或国籍所属国家所承认，瑞士的主管机关即予以承认。"其第44条第1款和第2款还规定："婚姻的实质要件适用瑞士法律。婚姻虽不具备瑞士法律规定的条件，但只要其中一方当事人的住所地国家的法律或本国法律认为有效的，瑞士承认其效力。"

三、结婚形式要件的法律冲突和法律适用

(一) 结婚形式要件的法律冲突

关于结婚的形式要件，各国立法有不同的规定。归纳起来，

主要有以下几种方式:

1. 民事登记方式。是指婚姻的成立须经当事人到指定的婚姻登记机关履行结婚登记手续,领取结婚证书,该婚姻方为有效。我国、日本、法国、保加利亚等国都采用这一方式。但采用这一方式的国家有关民事登记的具体程序则不尽相同,其中有些国家还允许采用民事登记以外的其他方式。

2. 宗教婚姻方式。是指信奉宗教的当事人必须按其信仰的宗教教规所要求的仪式举行婚礼,该婚姻方为有效。西班牙、葡萄牙、希腊、塞浦路斯、伊朗等国采用这一方式。也有一些国家允许当事人在宗教婚姻方式和民事登记方式中任选一种,无论按哪一种方式结婚都被视为有效,如英国、挪威、瑞典、丹麦、巴西等国就采用这种实践。

3. 普通法婚姻 (common law marriage) 方式。亦称事实婚姻方式,是指不要求履行任何法律手续和仪式,只要男女双方当事人同意结婚并以夫妻身份同居,就成为法律上有效的婚姻,国家对此予以承认。冰岛、瑞士、奥地利、苏格兰等国家或地区以及美国的一些州均承认这种结婚方式为有效。

4. 领事婚姻 (consular marriage) 方式。是指在驻在国允许或互惠的前提下,派遣国授权其驻外领事或外交代表,依派遣国法律在使领馆内为男女双方都是本国人的当事人办理结婚登记手续。这种婚姻方式是国内民事登记方式在国外的延伸,依照这种方式缔结的婚姻在派遣国和驻在国均被视为有效,并且也为任何第三国所承认。但是,如果驻在国不认可这种领事婚姻方式,则由派遣国使领馆在该国登记的领事婚姻只能在派遣国有效,在驻在国是无效的,对于第三国来说,该婚姻也可能会被认定为无效。领事婚姻方式现已为许多国家如匈牙利、土耳其、日本等国的国内立法所采纳,不仅如此,它还体现在有关国家签订的双边领事条约和一些国际公约中。

(二) 结婚形式要件的法律适用

从各国国内立法及有关国际公约来看，对结婚形式要件法律适用的规定与对结婚实质要件法律适用的规定大同小异，有些国家甚至用同一条冲突规范来统一解决结婚实质要件与形式要件的法律冲突问题。具体来讲，世界各国解决结婚形式要件法律冲突的原则主要有以下几项：

1. 适用婚姻缔结地法。根据传统的"场所支配行为"原则，对于作为法律行为方式之一的结婚方式的法律冲突的解决，许多国家都以婚姻缔结地法作为结婚形式要件的准据法。例如，《日本法例》第13条第1款规定：婚姻成立的"方式依婚姻举行地法"。英国、土耳其、匈牙利、原南斯拉夫等国也采用这种实践。此外，1980年10月25日订于海牙的《结婚仪式和承认婚姻有效公约》第2条也规定："婚姻的形式要件依婚姻仪式举行地国家的法律。"依照这一原则，按婚姻举行地法规定的方式成立的婚姻，在其他国家也应获得承认。

2. 适用当事人属人法。一些以宗教仪式为唯一结婚方式的国家规定，本国人或在本国有住所的人不论在何处缔结婚姻，其结婚的形式要件须依本国法，否则不承认该婚姻为合法有效。西班牙、塞浦路斯、也门等国采用这种实践。

3. 实行混合制度。结婚方式是否合法，直接影响到婚姻的效力。在涉及两个以上国家法律的涉外婚姻关系中，如果结婚方式只符合其中一个国家法律的规定，就会出现同一婚姻在一国为合法有效而在另一国却不被承认的"跛脚婚姻"（limping marriage）现象。为了消除这一现象，许多国家在立法上采取了适用婚姻缔结地法和当事人属人法相结合的混合制度，以同时兼顾婚姻缔结地国和当事人所属国的利益，确保依其中任何一国法律而缔结的婚姻之方式能为别的国家所承认。奥地利、瑞士、波兰、泰国等国采用这种实践。

但采用这一原则的国家在具体做法上又各有侧重。有的国家以婚姻缔结地法为主，兼采当事人属人法。例如，《泰国国际私法》第 20 条规定："婚姻方式，依婚姻举行地法。但国外的泰国公民之间或泰国公民与外国公民之间，依泰国法所规定之方式举行的婚姻亦为有效。"又如，《波兰国际私法》第 15 条规定："婚姻举行的方式，依婚姻举行地国法。虽有前项规定，但在波兰境外举行的婚姻，遵守夫妇本国法规定的必要方式，亦为有效。"有的国家则以当事人属人法为主，兼采婚姻缔结地法。例如，《奥地利国际私法》第 16 条第 2 款规定："在国外举行的婚姻，其方式依许婚各方的属人法；但已符合婚姻举行地法关于方式的规定者亦属有效。"

四、我国关于涉外结婚法律适用的规定

中外通婚在我国历史上早已长期存在。当前，随着我国改革开放的进一步深化和对外交往的日益增多，涉外结婚现象更加普遍，随之而引起的法律冲突与法律适用问题也越来越突出。对此，我国《民法通则》第 147 条作出如下规定："中华人民共和国公民和外国人结婚适用婚姻缔结地法律"。从这一表述来看，我国关于涉外结婚法律适用的规定并不区分实质要件与形式要件，而一概适用婚姻缔结地法。这个原则在实践中的应用，具体体现在以下几个方面：

1. 中国公民与外国人在我国境内结婚，必须符合我国关于结婚实质要件和形式要件的规定；中国公民与外国人在我国境外结婚，其实质要件和形式要件符合婚姻缔结地法规定的，我国承认该婚姻为有效，但以不违背我国法律的基本原则（如婚姻自由、一夫一妻、男女平等）和社会公共秩序为限。

2. 中国公民与外国人不论是在我国境内还是境外结婚，均不得采用领事婚姻方式；只有男女双方国籍相同，且有关国家与我

国之间存在着互惠安排时,该国驻我国使领馆或我国驻该国使领馆才可以为各自的公民办理领事结婚手续;如果驻在国法律不承认外国使领馆办理的结婚登记为有效,或该婚姻申请不符合我国法律关于结婚的规定的,我国驻外使领馆则不宜受理此类申请。

3. 对于中国公民之间在外国结婚的,目前我国法律还没有这方面的规定。根据以往的实践,如果是已获东道国永久居留权的华侨之间结婚,只要该婚姻符合当地法律的规定,我国一般承认其效力;如果是临时居留国外的中国人之间结婚,则为了避免出现婚姻无效的情况,在东道国法律允许的前提下,双方当事人应尽可能到我国驻该国使领馆依我国法律履行结婚登记手续。

4. 香港、澳门和台湾的中国人依照当地法律缔结的婚姻,我们承认其效力。

5. 对于外国公民之间要求在我国境内结婚的,可以依照我国有关法律,在他们出具了符合我国规定的结婚条件的各项正式证明后,到我国民政部门办理结婚手续;在条约或互惠的基础上,我国允许双方国籍相同的外国人到其本国驻华使领馆按该国法律办理结婚手续,但这种领事婚姻不得违背我国法律关于婚姻自由、一夫一妻、男女平等的基本原则和我国的社会公共秩序。

6. 对于外国公民之间在我国境外依有关外国法而有效成立的婚姻,包括一些伊斯兰教国家所允许的一夫多妻制的婚姻,我国一般都予以承认,这样做也是符合尊重别国主权原则的。

第二节 涉外离婚的法律适用

一、概述

所谓离婚,是指在配偶双方生存期间,依照法律规定的条件和程序解除业已存在的夫妻关系的行为。这是除配偶死亡(包括宣告死亡）之外，终止夫妻关系的另一个原因。由于离婚的法律效力不仅涉及到当事人人身关系的变化、共同财产的分割，而且还关系到子女的抚养和教育等社会问题，所以各国对离婚问题都非常重视。但另一方面，世界各国对于离婚制度的法律规定却有很大差异。目前绝大多数国家实行的是有限制的离婚制度；少数国家却禁止离婚，只许别居（judicial separation, legal separation）；有的国家对离婚是不加限制或限制很少；而在一些信仰伊斯兰教的国家和非洲的若干地区，则至今仍然在实行休妻制度。即使是在允许离婚的国家，各自法律对离婚条件、方式、程序以及后果也作了种种不同的规定。

由于在离婚问题上世界各国的立法内容和司法实践千差万别，就势必导致在这个领域产生法律冲突，并易于形成一种依照一国法律某一婚姻已经合法解除，但按另一国法律则此项婚姻仍然有效的"跛脚婚姻"现象，使得涉外婚姻关系处于相对不稳定状态。具体来讲，这种法律冲突集中体现在离婚的实质要件和形式要件两个方面。

二、离婚实质要件的法律冲突和法律适用

（一）离婚实质要件的法律冲突

离婚实质要件是指法律规定的当事人一方或双方应当具备的申请离婚或批准离婚的条件，亦即离婚的理由。

目前世界各国对于离婚的实质要件主要采取两种方式加以规定：一是对离婚条件仅作原则性要求，至于能否判决离婚，则由受诉法院来决定。例如，《德国民法典》第1565条第1款规定："（1）婚姻破裂时，得离婚。（2）如夫妻共同生活关系不复存在，并且已不能期待恢复共同生活关系时，婚姻破裂。"二是对离婚条件作具体列举。例如，《日本民法典》第770条第1款对准予离婚的理由作出如下列举：（1）配偶有不贞行为；（2）配偶

一方被另一方恶意遗弃；(3) 配偶生死不明在三年以上；(4) 配偶患强度精神病而无康复希望；(5) 有其他难以继续婚姻关系的重大事由。

(二) 离婚实质要件的法律适用

有关离婚实质要件准据法的确定，不同国家有着不同的规定。归纳起来，主要有以下几种法律适用原则：

1. 适用当事人共同属人法。不少国家认为，离婚涉及到夫妻身份的改变，因而应受当事人共同属人法的支配；当事人属人法不同时，才适用夫妻双方中具有相对较多共同因素的一方的属人法或其他法律。例如，《波兰国际私法》第18条规定："离婚，依请求离婚时夫妇所服从的本国法；夫妇无共同的本国法，依夫妇住所地国法；住所不在同一国内，依波兰法。"奥地利、法国、希腊、日本等国也采用这种实践。

2. 适用法院地法。这一原则最早为德国法学家萨维尼所提倡，在他看来，有关离婚的法律属于"强制的、严格制定的法律范畴"，因而离婚只能适用法院地法。这一理论后为许多国家所接受，它们认为，婚姻的解除涉及法院地国的基本道德、宗教观念、公共政策和善良风俗，所以必须绝对受内国法律支配。目前，采用法院地法原则的国家主要有中国、挪威、丹麦、瑞典以及一部分拉美国家。

3. 选择/重叠适用当事人属人法或/和法院地法。为了兼顾当事人本国和法院地国的公共秩序，避免因采用单一的准据法而可能出现的"跛脚婚姻"现象，一些国家主张在处理涉外离婚案件时，应当兼采当事人属人法和法院地法，其中，有的国家主张选择适用当事人属人法或法院地法，有的国家主张重叠适用当事人属人法和法院地法。例如，原《捷克斯洛伐克国际私法及国际民事诉讼法》第22条第1款规定："因离婚而解除的婚姻，依诉讼程序开始时夫妇本国法；夫妇国籍不同时，依捷国法。"这项规定要求在处理涉外离婚案件时，法院应在离婚夫妇共同本国法与法院地法两者间，依先后顺序选择其中之一作为准据法；又如，《日本法例》第16条规定："离婚依其原因事实发生时丈夫本国法，但其原因事实除非依日本法律也认为是离婚原因的，法院不得为离婚宣告。"这项规定要求，涉外离婚的实质要件必须重叠适用当事人的本国法和法院地法。尽管该原则使得当事人不易获得离婚判决，然而一旦法院判决离婚，要在当事人的本国获得承认是没有困难的。

4. 适用有利于实现离婚的法律。第二次世界大战结束以后，许多国家对离婚的限制逐渐放宽，特别是近些年来，一些欧洲大陆国家普遍采用了某种有利于实现离婚的法律适用制度，在立法上主要体现为以法院地法来作为离婚准据法的辅助和补充。例如，《联邦德国国际私法》第17条第1款规定："离婚从提出离婚申请开始起适用支配婚姻人身效力的法律。如果该法律不允许离婚的，只要提起离婚请求的一方当事人在提出离婚时具有德国国籍，或在缔结婚姻时具有德国国籍，可适用德国法律。"

三、离婚形式要件的法律冲突和法律适用

（一）离婚形式要件的法律冲突

离婚的形式要件是指婚姻关系依法解除的程序或方式。在这方面，世界各国主要采取两种做法：一是仅允许经过判决离婚，即由夫妻双方或一方向法院提出离婚申请，法院依法作出判决。德国等国采用这种实践。二是判决离婚或协议离婚均可，既允许夫妻双方在合意离婚的情况下，向有关行政部门申请离婚，也允许夫妻双方在未达成离婚协议时，由一方向法院提起离婚诉讼，经法院依法判决离婚。中国等国采用这种做法。

（二）离婚形式要件的法律适用

由于离婚的形式要件属于程序问题，而根据通行的国际实

践，程序问题多适用法院地法，所以一般来讲，离婚的形式要件应当适用法院地法。但在实践中，也有些国家对离婚形式要件和实质要件的准据法不作区分，而一概适用相同的准据法来处理。

四、涉外离婚案件的管辖权

涉外离婚案件的管辖权问题相当重要。一方面，它与法律适用密切相关，由不同国家来行使管辖权往往导致不同的法律适用，从而产生不同的判决结果；另一方面，它与判决的承认与执行紧紧相连，一国法院是否已合法有效地取得了对某一涉外离婚案件的管辖权，是其所作离婚判决能否为有关外国承认与执行的重要条件之一，换言之，假如无管辖权的法院对某一涉外离婚案件实行了不适当的管辖，其离婚判决将得不到有关外国的承认与执行。由此可见，涉外离婚案件由哪个国家来行使管辖权，对当事人的权益乃至国家利益都会产生不同的重大影响。

从目前世界各国的有关规定来看，涉外离婚案件管辖权的确定标准主要有以下几项：

1. 依当事人的住所或惯常居所确定管辖权

当事人的住所或惯常居所是夫妻生活的中心地，与当事人及其婚姻关系联系密切。因此，英美法系国家多以当事人在本国是否拥有住所或惯常居所，来作为其行使涉外离婚案件管辖权的标准。例如，1973年的《英国住所及婚姻诉讼法》规定："夫妻任何一方得在英国法院起诉，只要任何一方于诉讼开始时在英国有住所；或任何一方在英国有习惯居所，且至诉讼开始时为期已达一年。"根据这项规定，只要夫妻任何一方于离婚诉讼提起之日在英国有住所，或于此前在英国设有一年以上的习惯居所，英国法院即对该项诉讼享有管辖权。

美国行使离婚案件的管辖权也主要是以住所地为依据，同时辅之以当事人与法院地国（州）之间的联系作为补充依据。例如,《美国第二次冲突法重述》第 70 条规定:"配偶双方的住所均在其境内的州,有权就配偶双方的离婚行使司法管辖权。"第 71 条又规定:"配偶一方的住所地州有权就配偶双方的离婚行使司法管辖权。"第 72 条进一步规定:"配偶任何一方在其领土上均无住所的州与配偶一方有联系,如该州基于此种联系解除双方婚姻是合理的,该州即可有权对离婚行使司法管辖权。"

英美法系国家以当事人的住所或惯常居所作为确定其行使管辖权的标准,目的就是为了对居住于本国境内的大量外来移民所提起的离婚案件,能够有效地实行管辖。

2. 依当事人的国籍确定管辖权

考虑到离婚涉及当事人的身份问题,它改变了当事人之间的人身关系,并且对本国当事人的利益产生直接影响,所以,大陆法系国家多主张以当事人的国籍来作为标准,以确定其对涉外离婚案件是否享有管辖权。例如,原《捷克斯洛伐克国际私法及国际民事诉讼法》第 38 条第 1 款规定:"对于家庭事项(因离婚而解除婚姻,婚姻无效及确认婚姻存否等诉讼程序),如夫妇中的一方是捷国公民,捷国法院行使审判权。"

采用当事人的国籍作为确定管辖权的标准,有利于欧洲大陆法系国家对其大量移居他国的本国人所提起的涉外离婚诉讼,同样能够有效地行使管辖权。

3. 兼采住所地和国籍两种标准确定管辖权

这种确定涉外离婚案件管辖权的方法,避免了因单采住所标准或国籍标准而可能出现的"跛脚婚姻"现象,是一种新的、比较灵活的立法方式。采用这种实践的国家有德国、瑞士等。例如,《瑞士联邦国际私法》第 59 条规定:"受理离婚和别居诉讼的管辖权属于:(1)作为被告的配偶一方的住所地的瑞士法院;(2)作为原告的配偶一方的住所地的瑞士法院,但原告在瑞士必须有一年以上的居住期,或具有瑞士国籍。"第 60 条又规定:

"配偶双方在瑞士没有住所，但其中一方具有瑞士国籍的，如果他们无法在配偶一方的住所地法院提起有关离婚和别居的诉讼，或进行这种诉讼显然不合理时，具有瑞士国籍的配偶一方的国籍所在地区的瑞士法院可以对该案件行使管辖权。"

除了各国立法兼采住所地和国籍两种标准确定管辖权以外，有关国际公约在这方面也作出了类似的规定。例如，1902 年的《离婚及分居法律冲突与管辖冲突公约》第 5 条规定："请求离婚或分居的诉讼，可向下列法院提起：(1) 依夫妻的本国法有管辖权的法院；(2) 夫妻住所地的管辖法院；如依夫妻本国法，夫妻无同一住所时，则以被告的住所地法院为管辖法院；如于离婚或分居的原因发生后而有放弃或变更住所时，得向最后共同住所所在地管辖法院提起。但本国法院就离婚或分居的请求具有专属管辖权时，须保留此管辖权。外国法院仅就在其本国管辖法院不能提出离婚或分居请求时，具有管辖权。"

五、我国关于涉外离婚的若干规定

(一) 关于离婚要件

1. 在离婚的实质要件方面，我国采取的是原则性规定与具体列举法定离婚原因相结合的方式。一方面，我国 2001 年新修正的《婚姻法》第 31 条和第 32 条规定："男女双方自愿离婚的，准予离婚。""男女一方要求离婚的，……如感情确已破裂，调解无效，应准予离婚。"这两条规定表明，我国在离婚问题上，是以"自愿"和"感情确已破裂"作为原则性的衡量标准的。另一方面，我国最高人民法院于 1989 年发布的《关于人民法院审理离婚案件如何认定夫妻感情确已破裂的若干具体意见》中，详细列举了诸如"一方患有法定禁止结婚疾病"、"婚前缺乏了解，草率结婚"、"骗取《结婚证》"、"包办、买卖婚姻"、"与他人通奸、非法同居"、"重婚"、"好逸恶劳、有赌博等恶习"、"被依法判处长期徒刑"、"下落不明满两年"、"因感情不和分居已满三年"以及"受对方的虐待、遗弃"等十几种原因,并同时规定,凡属上述情形之一的,即视为夫妻感情确已破裂,一方坚决要求离婚,经调解无效,可依法判决准予离婚。《婚姻法》第32条第3款亦明确规定:"有下列情形之一,调解无效的,应准予离婚:(一)重婚或有配偶者与他人同居的;(二)实施家庭暴力或虐待、遗弃家庭成员的;(三)有赌博、吸毒等恶习屡教不改的;(四)因感情不和分居满二年的;(五)其他导致夫妻感情破裂的情形。"该条第4款还规定:"一方被宣告失踪,另一方提出离婚诉讼的,应准予离婚。"

2. 在离婚的形式要件方面,我国采取协议离婚和判决离婚相结合的方式。例如,我国《婚姻法》第31条和第32条规定:"男女双方自愿离婚的,……双方必须到婚姻登记机关申请离婚。""男女一方要求离婚的,可……直接向人民法院提出离婚诉讼。"尽管我国法律规定了以上两种离婚方式,但考虑到涉外婚姻的特殊情况,民政部在《中国公民同外国人办理婚姻登记的几项规定》中规定,中国公民和外国人要求在华离婚的,不论双方自愿或一方要求离婚的,都由我国人民法院处理。

(二)关于涉外离婚案件的法律适用

我国对涉外离婚案件的法律适用采取法院地法说。《民法通则》第147条规定:"中华人民共和国公民和外国人……离婚适用受理案件的法院所在地法律。"最高人民法院《关于贯彻执行〈中华人民共和国民法通则〉若干问题的意见(试行)》第188条又进一步规定:"我国法院受理的涉外离婚案件,离婚以及因离婚而引起的财产分割,适用我国法律。"应当说,这些规定既适用于我国法院受理的涉外离婚案件准据法的确定,也适用于我国法院如何看待外国法院受理的、涉及中国公民的离婚案件准据法的选择;既包括中国公民与外国人离婚的法律适用,也包括居住在我国境内的外国人与外国人之间离婚的法律适用。

（三）关于涉外离婚案件的管辖权

我国《民事诉讼法》第22条第1款规定："对公民提起的民事诉讼，由被告住所地人民法院管辖；被告住所地与经常居住地不一致的，由经常居住地人民法院管辖。"第23条又规定："对不在中华人民共和国领域内居住的人提起的有关身份关系的诉讼"，"由原告住所地人民法院管辖；原告住所地与经常居住地不一致的，由原告经常居住地人民法院管辖"。根据这些规定，在涉外离婚案件中，只要被告的住所地或经常居住地在中国，或对不在我国境内居住的人提起离婚之诉的原告在中国有住所或惯常居所的，不论对方是华侨还是外国人，我国法院均有管辖权。依照这一原则，结合最高人民法院的有关司法解释，我国在处理涉外离婚案件管辖权问题上的实践主要可以归纳为以下一些：

1. 中国公民和外国人在我国境内要求离婚的，由我国具有管辖权的人民法院管辖。这里的"具有管辖权的人民法院"，根据上述《民事诉讼法》的有关规定，是指被告住所地、经常居住地，或者被告不在我国领域内时的原告住所地、经常居住地的人民法院。

2. 中国公民和外国人在我国境外要求离婚的，当地法院是否受理，由有关法院依其本国法来决定。

3. 中国配偶中一方居住在国外（包括出国探亲、考察和学习），一方居住在国内的，不论哪一方要求离婚，均应向国内一方户籍所在地或居所地的人民法院起诉。如国外的一方向其现居住地法院起诉，被诉离婚的国内配偶根据情况准备采取必要的法律步骤时，由我国驻外使领馆给予必要的协助。如双方各自向其居住地法院起诉，则我国人民法院可根据我国《民事诉讼法》上述第23条的有关规定予以受理。

4. 配偶双方均为外国人或无国籍人的，如在我国境内向有管辖权的人民法院提起离婚之诉时，该人民法院应予受理。

5. 对于华侨之间的离婚诉讼，基本上应以其共同住所地作为确定管辖权的依据，我国驻外使领馆和我国人民法院原则上不受理这类离婚诉讼，但下列情况除外：

(1) 在国内结婚后定居国外的华侨，如定居国法院以离婚诉讼须由婚姻缔结地法院或国籍国法院管辖为由不予受理，双方回国要求我国人民法院处理的，可由原结婚登记地或被告原户籍地人民法院受理。

(2) 双方在外国结婚并定居的华侨，如所在国法院以当事人的国籍为由拒绝受理其离婚诉讼，双方回国要求我国人民法院处理的，可由被告原户籍所在地人民法院受理。

(3) 一方居住在国外，另一方居住在国内，如一方不能到婚姻登记机关申请离婚，或双方对离婚有争议，则不论哪一方要求离婚，均应向国内一方户籍所在地或居住地的人民法院提起。

(四) 关于涉外离婚判决的承认与执行

我国《民事诉讼法》对涉外离婚判决的承认与执行问题未作专门规定，但在这部法律的第二十九章"司法协助"中，对具体判决的境外、境内承认与执行问题提出了原则性要求。此外，我国最高人民法院还颁布了若干司法解释，其中规定：对外国法院涉及中国公民的离婚判决，不违反我国《婚姻法》的基本精神，当事人双方又无异议的，可以承认其对双方当事人有拘束力。如该判决要在我国境内执行的，须由外国法院按我国《民事诉讼法》的有关规定委托我国人民法院执行。

第三节 涉外夫妻关系的法律适用

夫妻关系是指夫妻之间依照法律规定相互享有权利和承担义务的关系，它包括夫妻人身关系和夫妻财产关系。国际私法所调整的夫妻关系具有涉外因素，因而会涉及不同国家的法律。由于各国在夫妻关系方面的立法规定不尽相同，便常常会引起法律冲突。

一、夫妻人身关系的法律适用

夫妻人身关系是指具有合法婚姻关系的男女双方，在社会上和家庭中的身份、地位等方面的权利义务关系，包括夫妻双方在使用姓氏、选择职业和住所、参加社会活动、进行诉讼以及在同居、贞操、相互扶助、教育子女等方面的权利义务关系。由于各国的政治经济制度、社会风俗、宗教信仰以及历史文化传统各不相同，它们关于夫妻人身关系的规定也有差异。为了解决在这一问题上法律适用的冲突，世界各国通常采用以下几项原则：

1. 适用当事人本国法。许多国家认为，夫妻关系主要是人的身份关系，根据国际私法上人的身份问题适用当事人本国法的原则，夫妻人身关系也应适用当事人本国法。法国、德国、意大利、波兰、原捷克斯洛伐克、原南斯拉夫、日本、泰国等国采用这种实践。1905年7月17日订于海牙的《婚姻对夫妻身份和财产关系效力的法律冲突公约》第1条第1款也规定："有关夫妻身份上的权利义务依双方本国法。"

那么，如果双方国籍不同时，应当适用哪一国的法律呢？各国对此有不同的规定：

(1) 适用当事人住所地法。例如，《波兰国际私法》第17条第3款规定："夫妇双方无共同本国法时，依夫妇住所地国法；夫妇住所不在同一国时，依波兰法。"

(2) 适用丈夫本国法。例如，《泰国国际私法》第21条规定："夫妇间身份关系，如夫妇同一国籍或因婚姻妻取得丈夫国籍时，依夫妇共同的本国法。如妻未因婚姻而取得丈夫国籍时，依丈夫本国法。"

(3) 适用法院地法。例如，原《捷克斯洛伐克国际私法及国际民事诉讼法》第 21 条规定："夫妻之间身份及财产关系，依夫妇本国法；夫妇国籍不同时，依捷国法。"

2. 适用当事人住所地法。有些国家认为，夫妻关系不但涉及当事人的身份关系，还影响到夫妻住所地的公共秩序，因此，夫妻人身关系应适用当事人住所地法。英国、美国、乌拉圭、秘鲁、巴西等国采用这种实践。例如，《秘鲁民法典》第 2077 条规定："夫妻人身关系，依婚姻住所地法。如无共同住所地法，则适用最后共同住所地法。"

3. 以当事人属人法为主，兼采其他有关法律。近些年来，有的国家在解决夫妻人身关系的法律冲突问题时，逐步放弃了传统的单一属人法原则，而是依照顺序在多种有关的准据法中进行选择适用。这种选择的顺序通常是：夫妻人身关系，适用双方共同属人法，或适用双方惯常居所地法，或适用法院地法，或适用与当事人有最密切联系的法律，等等。《奥地利国际私法》第 18 条就作了如此规定。

二、夫妻财产关系的法律适用

夫妻财产关系，亦称夫妻财产制，是指具有合法婚姻关系的男女双方对于家庭财产的权利义务关系。从各国立法规定来看，关于夫妻财产制有不同的分类。依夫妻财产关系成立的根据来划分，可分为约定财产制和法定财产制，前者是指夫妻双方以契约的形式来约定其财产关系的制度，后者是指法律对夫妻财产关系所作的标准化规定，如果夫妻双方未选用约定财产制，即适用法定财产制；依夫妻财产关系的内容来划分，又可分为共同财产制和分别财产制，前者是指将双方财产的全部或一部合并为共同财产，归夫妻共同所有，婚姻终止时再行分割，后者是指夫妻的婚前财产和婚后财产归各自所有。

我国《婚姻法》第 17 条规定："夫妻在婚姻关系存续期间所得的下列财产，归夫妻共同所有：（一）工资、奖金；（二）生产、经营的收益；（三）知识产权的收益；（四）继承或赠与所得的财产，但本法第 18 条第 3 项规定的除外；（五）其他应当归共同所有的财产。夫妻对共同所有的财产，有平等的处理权。"第 18 条还规定："有下列情形之一的，为夫妻一方的财产：（一）一方的婚前财产；（二）一方因身体受到伤害获得的医疗费、残疾人生活补助费等费用；（三）遗嘱或赠与合同中确定只归夫或妻一方的财产；（四）一方专用的生活用品；（五）其他应当归一方的财产。"该法第 19 条第 1 款和第 2 款又规定："夫妻可以约定婚姻关系存续期间所得的财产以及婚前财产归各自所有、共同所有或部分各自所有、部分共同所有。约定应当采用书面形式。没有约定或约定不明确的，适用本法第 17 条、第 18 条的规定。夫妻对婚姻关系存续期间所得的财产以及婚前财产的约定，对双方具有约束力。"由此可见，我国是将夫妻财产分为婚前财产与婚姻关系存续期间所得的财产两部分。对于这两部分财产，夫妻双方可以约定其归属和支配权，在无约定或约定不明确的情况下，适用法定财产制。

由于世界各国对于夫妻财产关系的规定各不相同，因而时常引起法律冲突。目前国际上主要采用以下原则来解决这一领域的法律适用问题：

1. 适用意思自治原则。许多国家认为，夫妻财产关系属于契约关系，应当适用夫妻双方协商选定的法律。双方当事人没有选择的，则由法院根据实际情况推定所应适用的准据法。英国、美国、法国、德国、瑞士、奥地利等国采用这种实践。例如，《奥地利国际私法》第 19 条规定："夫妻财产，依当事人明示选择的法律，无此种协议选择的法律时，依结婚时支配婚姻的人身法律效力的法律。"

英、美等国虽然也允许双方当事人对夫妻财产关系所应适用的法律作出选择，但对这种选择施加了某种限制，即它们将夫妻财产区分为动产和不动产，动产适用双方当事人选择的法律或当事人的住所地法，不动产则不允许进行法律选择，而只能适用物之所在地法。

2. 适用当事人本国法。有些国家认为，夫妻财产关系与当事人本国的联系最为密切，因而不仅夫妻间的人身关系应适用当事人本国法，夫妻间的财产关系也应适用当事人本国法。意大利、希腊、波兰、匈牙利、日本、泰国、约旦、阿尔及利亚等国采用这种实践。例如，《日本法例》第15条规定："夫妇财产制，依结婚当时丈夫本国法。"

3. 适用当事人住所地法。另有些国家认为，住所地既是夫妻生活的中心，又是夫妻财产的集中处，所以，夫妻财产关系应当适用当事人住所地法。阿根廷、秘鲁、乌拉圭等部分拉美国家采用这种实践。例如，《秘鲁民法典》第2078条规定："婚姻财产制和夫妻财产关系，依最早的婚姻住所地法。"

前已提及，在夫妻财产关系方面，我国《婚姻法》既兼采约定财产制和法定财产制，又兼采共同财产制和分别财产制。至于涉外夫妻财产关系的法律适用问题，我国最高人民法院《关于贯彻执行〈中华人民共和国民法通则〉若干问题的意见（试行）》第188条规定："我国法院受理的涉外离婚案件，离婚以及因离婚而引起的财产分割，适用我国法律。"

第四节 涉外父母子女关系的法律适用

父母与子女之间的权利义务关系包括人身关系和财产关系两部分。而广义的父母子女关系又有三种情况：一是基于血统关系的父母子女关系，即父母与婚生子女的关系；二是基于血统关系而又需经法定认领程序确定的父母子女关系,即父母与非婚生子女的关系;三是经法定程序确定的父母子女关系,即父母与养子女的关系。各国法律对这三种父母子女关系的具体规定差别较大,因而有必要确定解决父母子女关系法律冲突问题的准据法。

一、父母子女关系的法律适用

(一) 婚生子女确认的法律适用

婚生子女是指在合法有效的婚姻关系存续期间怀孕所生育的子女。各国法律在如何推定婚生方面的规定不完全相同,而有些国家关于婚生子女和非婚生子女的权利,特别是在受抚养权和继承权问题上的规定差别很大,导致两者地位的不平等。因此,子女是否取得婚生资格直接决定了其能否取得有利的法律地位。这样,在国际私法上,依据哪个国家的法律来确定子女的婚生地位就显得非常重要。

从各国实践来看,大多通过以下几个原则来确定适用于婚生子女地位的准据法:

1. 适用父母属人法。许多国家认为,父母与子女的关系既涉及人的身份,又与父母对子女的抚养责任有关,因此应以父母的属人法作为确认婚生子女地位的准据法。法国、奥地利等国采用这种实践。例如,《奥地利国际私法》第21条规定:"子女婚生的要件及因此而发生的争议,依该子女出生时配偶双方的属人法,如子女出生前婚姻已解除,依解除时配偶双方的属人法。配偶双方的属人法不同时,依其中更有利于子女为婚生的法律。"

2. 适用父之本国法。有些国家以父权为主,对子女的权利主要由父亲行使,所以主张确认婚生子女地位时应适用父亲的本国法。意大利、泰国、日本等国采用这种实践。例如,《日本法例》第17条规定:"子为嫡出与否,依其出生时母之丈夫本国法,如母之丈夫在子出生前死亡,依其丈夫最后所属国法。"

3. 适用子女属人法。有些国家认为，婚生子女的推定主要与子女的身份有关，为了有利于保护子女的利益，应当适用子女的属人法。瑞士以及一些东欧国家如原捷克斯洛伐克、波兰、匈牙利等国采用这种实践。例如，《匈牙利国际私法》第42条第1款规定："确定生父或生母以及子女被否认时推定生父的问题，适用子女出生时的属人法。"

(二) 非婚生子女准正的法律适用

非婚生子女是指非婚姻关系怀孕所生育的子女。目前世界上除少数国家（如中国、新西兰以及东欧各国和原苏联等）对非婚生子女无需办理准正手续外，大多数国家对于非婚生子女取得婚生子女的地位，均要求经过准正。所谓准正（legitimation），是指使非婚生子女取得婚生子女地位的法律行为，它对于保护非婚生子女的权益是有积极意义的。

从各国的法律规定来看，准正的方式大致有三种：一是后继结婚，即非婚生子女的亲生父母在该子女出生后结婚，成为合法夫妻，使得该子女因此而取得婚生子女的地位，这是大多数国家的普遍做法；二是认领，即由非婚生子女的生父或生母承认该子女是自己的亲生子女；三是法律措施，即在出现父母不能后继结婚、或拒绝认领、或父母一方死亡等情况时，法院或其他由国家指定的机关可以确认非婚生子女与其生父母间的血缘关系，宣布该非婚生子女准正。由于各国对非婚生子女的准正制度规定不同，因而需要确定有关问题的准据法。

1. 因父母后继结婚而准正的准据法

从各国实践来看，因后继结婚而准正的准据法通常为父母的属人法。其中，英美法系国家多主张适用父母的住所地法，例如，英国1926年的《婚生子女法》规定：非婚生子女准正，依父母结婚后生父的住所地法。大陆法系国家则大多主张适用父母的本国法，例如，《奥地利国际私法》第22条规定："非婚生子女因事后婚姻而准正的要件,依父母的属人法。父母的属人法不同时,依其中更有利于准正的法律。"从奥地利法的观点来看,当事人的属人法即是指当事人的本国法。

2. 因认领而准正的准据法

这方面各国的立法差异比较大,主要有以下几种不同的法律适用原则:

(1) 适用父母属人法。例如,《泰国国际私法》第31条规定:"子的认知,依认知时父之本国法;如父已死亡,依父死亡时之本国法。"

(2) 适用子女属人法,包括本国法和住所地法。例如,《波兰国际私法》第19条第2款规定:"子女的认知,依认知时子女所属国法。"又如,《秘鲁民法典》第2085条规定:"对子女的认领,依其住所地法。"

(3) 分别适用父母或子女本国法。例如,《日本法例》第18条第1款规定:"非婚生子的认知要件:对其父或母,依认知时父或母本国法;对其子,依认知时子的本国法。"

(4) 选择适用父母或子女属人法。例如,《瑞士联邦国际私法》第72条第1款规定:"对瑞士境内子女的认知,只要符合子女的习惯居所地国家或国籍所属国家或父母其中一方的住所地国家或国籍所属国家的法律即为有效。"

3. 因法律措施而准正的准据法

对于由国家指定的机关代表国家宣告非婚生子女准正的准据法的确定,世界各国主要有以下几种实践:

(1) 适用宣告准正的国家的法律。例如,《阿根廷国际私法草案》第26条第2款规定:"基于官方行为的准正,适用准正国法。"

(2) 适用子女本国法。例如,原《南斯拉夫法律冲突法》第43条第3款规定:"其他人或国家机关对于子女准正之同意,依子女的本国法律。"

(3) 重叠适用父母属人法和子女属人法。例如，《秘鲁民法典》第2086条第2款规定："通过行政或司法宣告准正的能力，依作出准正宣告的父母一方的住所地法；通过行政或司法宣告被准正的能力，依子女的住所地法。准正的效力必须符合以上两地的法律。"

从目前各国实践来看，为了保护弱者的利益，在非婚生子女的准正问题上，有些国家还允许采用"更有利于非婚生子女准正的国家的法律"这样一种法律选择方式。例如，原《南斯拉夫法律冲突法》第43条第1款规定："对准正，依父母之本国法，而如果父母国籍不同，则依父母所属国中认为准正有效的那方的国家的法律。"这种立法倾向已为越来越多的国家所接受。

（三）父母子女关系的法律适用

父母子女间的权利义务关系亦称亲子关系，主要是指父母对未成年子女的人身和财产方面的权利义务关系。从各国立法情况来看，对这种关系的法律适用一般采取两种模式予以规定：一是不区分婚生子女和非婚生子女，一概适用统一的准据法，称为"不区分"模式；二是区分婚生子女和非婚生子女，分别适用不同的准据法，称为"区分"模式。以下逐一讨论其法律适用问题。

1. "不区分"模式

有些国家认为，父母子女关系一经成立，婚生子女和非婚生子女即享有同样的权利与义务，因而准据法的适用也应当是相同的。所以，这些国家的立法在父母子女关系的法律适用问题上，对婚生子女和非婚生子女不作区分，而是采用了统一规定的方式。意大利、波兰、匈牙利、原捷克斯洛伐克、日本等国采用这种实践。但在这类国家中，它们确定父母子女关系准据法的原则又不尽相同，具体来讲，有以下几种做法：

(1) 适用子女属人法。例如，《匈牙利国际私法》第45条第1款规定："父母子女间的家庭法律关系，特别是子女的姓名、保护、监护、法定代理、抚养和财产管理，适用子女的属人法，但对父母的赡养除外。"又如，《瑞士联邦国际私法》第82条第1款和第2款规定："父母与子女的关系，适用子女的习惯居所地法律。如果父母双方在子女习惯居所地都没有住所，但父母与子女有共同国籍的，适用他们的共同本国法律。"

(2) 适用父之本国法。例如，《意大利民法典》第20条规定："父母和子女的关系，适用父亲的本国法。在仅确认母子或非婚生子由母亲单方认领的情况下，适用母亲的本国法。"

(3) 依先后顺序选择适用父或母之本国法。例如，《日本法例》第20条规定："父母子女之间的法律关系，依父之本国法；如无父时，依母之本国法。"

(4) 适用父母子女双方共同属人法。例如，原《南斯拉夫法律冲突法》第40条规定："对父母和子女的关系，依其本国法律。如果父母和子女国籍不同，依他们共同住所所在国的法律。父母和子女国籍不同，而住所又不在一国，如果子女或父母中之一方是南斯拉夫社会主义联邦共和国公民，则依南斯拉夫社会主义联邦共和国的法律。"

(5) 适用父母住所地法。例如，《阿根廷国际私法草案》第28条第1款规定："亲权的人身权利和义务适用亲权行使人的住所地法。"

2."区分"模式

另有一些国家认为，婚生子女与父母的关系同非婚生子女与父母的关系有很大的差别，因而应当适用不同的准据法。德国、希腊、多哥、泰国等国采用这种实践。具体来讲，也有以下几种不同的做法：

(1) 分别适用父和母之本国法。例如，《泰国国际私法》第30条规定："嫡出亲子间的权利和义务，依父之本国法。非婚生子同其母之间的权利和义务，依母之本国法。"

(2) 分别适用调整婚姻效力的法律和母之本国法。例如，1980年的《多哥家庭法典》第710条第1款规定："婚生子女与父母的关系适用调整婚姻效力的准据法。非婚生子女与父母的关系适用母亲的本国法"。

(3) 分别适用调整婚姻效力的法律和子女惯常居所地法。例如，《联邦德国国际私法》第19条第2款规定："父母和婚生子女之间的法律关系依……关于婚姻一般效力的法律。如果不存在婚姻，应依子女有其惯常居所地国家的法律。"

二、涉外收养的法律适用

收养是指通过法律程序领养他人子女的制度。收养成立后，收养人与被收养人之间便形成了一种拟制的血亲关系，亦即无血缘联系的父母子女关系。收养必须符合法律规定的条件（实质要件）及程序（形式要件）。收养关系的确立，为有关当事人创设了一定的权利和义务，但与一般父母子女关系不同的是，收养关系可以人为地解除。国际私法所调整的收养关系具有涉外因素，即或者是双方当事人之间至少有一方是外国人或在外国有住所，或者是收养关系的成立地在外国。

（一）涉外收养的法律冲突

目前世界上绝大多数国家都允许成立收养关系，但对收养关系的各个方面，诸如收养的条件、收养的程序、收养的效力、收养的终止及其法律后果等等则作了不同的规定。例如，法国、德国等国规定，有婚生子女的人不能收养别人的子女，我国则没有这种限制；意大利禁止收养非婚生子女，许多国家无此种规定；有些国家允许收养成年人为养子女，而有些国家如我国则只允许收养未成年人；有的国家规定，被收养的子女因收养而取得其养父母的国籍，法国则规定，被收养人不因收养而改变国籍；在有些国家，养子女与亲生子女的法律地位不同，而我国《婚姻法》

则规定，养父母和养子女间的权利义务与亲父母和亲生子女间的权利义务相同。

再如，在年龄问题上，各国法律一般都规定收养人必须大于被收养人，并且收养人必须是成年人，但对收养人与被收养人之间的年龄限制则有不同要求。法国法规定收养人应在30岁以上，须大于被收养人15岁；英国法规定收养人应在25岁以上，须大于被收养人21岁；我国1998年新修正的《收养法》规定，收养人应年满30周岁，被收养人一般应在14周岁以下。

又如，在收养的程序方面，各国规定也繁简不一。英国、德国等国规定，收养应经法院认可，我国《收养法》则要求收养人和送养人必须订立书面协议，亲自到民政部门登记，并办理涉外公证手续。

由于各国法律对收养问题规定不同，便产生了一系列的法律冲突。

(二) 涉外收养的法律适用

与前述父母子女关系的法律适用情况相类似，各国立法对涉外收养的法律适用通常也采取两种模式予以规定，一是"不区分"模式，即不区分收养的要件和收养的效力，凡涉外收养均统一适用同一个准据法；二是"区分"模式，即区分收养的要件和收养的效力而分别适用不同的准据法。以下逐一讨论其法律适用问题。

1. "不区分"模式

有些国家对涉外收养的要件和效力不作区分，而统一规定适用相同的准据法。德国、意大利、波兰、原捷克斯洛伐克、美国、阿根廷、秘鲁等国采用这种实践，但它们采取的法律适用原则却有所不同。

(1) 适用收养人本国法。例如，《意大利民法典》第20条规定："收养人和被收养人之间的关系，适用收养人收养时的本国法。"

(2) 分别适用收养人本国法和关于婚姻效力的法律。例如，《联邦德国国际私法》第 22 条规定："子女收养依收养人在收养时所属国家的法律。通过夫妻一方或双方的收养依……关于婚姻一般效力的法律。"

(3) 重叠适用收养人和被收养人本国法。例如，《波兰国际私法》第 22 条规定："①收养，依收养人本国法。②但如养子女本国法规定收养须经养子女法定代理人或有关国家机关同意时，遵守此规定收养才有效。"

(4) 重叠适用收养人和被收养人住所地法。例如，《秘鲁民法典》第 2087 条第 1 款规定："在收养人和被收养人的住所地法均允许时，才能收养。"

(5) 适用法院地法。例如，《美国第二次冲突法重述》第 289 条规定："法院适用其本地法决定是否准许收养。"

2．"区分"模式

另有些国家对涉外收养的要件和效力作出区分，分别规定应予适用的准据法。日本、泰国、土耳其、多哥、奥地利、希腊、原南斯拉夫、匈牙利、瑞士等国采用这种实践。

(1) 关于涉外收养要件的法律适用

实践中各国一般采用以下法律适用原则：

①重叠适用收养人和被收养人本国法。例如，《希腊民法典》第 23 条第 1 款规定："收养的实质要件适用收养人和被收养人的各该本国法。"

②重叠适用养父、养母、养子女三方属人法。例如，《奥地利国际私法》第 26 条第 1 款规定："收养及收养关系的终止的要件，依养父母各自的属人法。如子女的属人法要求取得他的同意或他与之具有合法亲属关系的第三方的同意，该法在此限度内起决定作用。"

③依先后顺序选择适用收养实行地法或收养人属人法。例

如，《瑞士联邦国际私法》第77条第1款和第2款规定："在瑞士的收养，其条件适用瑞士法律。如果收养人夫妻双方的本国或住所地国家不承认这种收养，且其结果将严重损害子女利益的，瑞士法院可以考虑适用外国的法律。"第78条进一步规定："发生在国外的收养，如果为收养人夫妻双方的住所地国家或国籍所属国家批准的，瑞士予以承认。"

④收养的实质要件重叠适用养父、养母、养子女三方属人法，形式要件适用收养实行地法。例如，原《南斯拉夫法律冲突法》第44条规定："对实行收养和终止收养的条件，依收养人和被收养人共同本国法。如果收养人和被收养人国籍不同，对实行收养和终止收养的条件，重叠适用他们所属的两国法律。如果夫妻共同收养，对实行收养和终止收养的条件，除被收养人之本国法外，还应依夫妻各自的本国法律。对收养的方式，依收养实行地法律。"

(2) 关于涉外收养效力的法律适用

实践中各国一般采用以下法律适用原则：

①适用收养人本国法。例如，《日本法例》第9条第2款规定："收养的效力及收养的终止，依收养人本国法。"又如，《泰国国际私法》第35条第1款规定："养父母与养子女之间收养效力，依养父母本国法。"

②依先后顺序选择适用收养人和被收养人共同本国法或收养人本国法。例如，《希腊民法典》第23条第2款规定："收养人同被收养人的关系适用收养存续中双方的最后共同本国法，如无共同国籍，适用收养成立时收养人本国法。"

③分别适用收养人本国法、调整婚姻效力的准据法和送养人本国法。例如，《土耳其国际私法和国际诉讼程序法》第18条第2款规定："收养的效力适用收养人的本国法律。夫妻共同收养的，适用调整夫妻婚姻效力的法律。对方夫妻是否同意收养，适

用该夫妻双方各自的本国法律。"

④适用法院地法。例如,《瑞士联邦国际私法》第77条第3款规定:"在瑞士提起收养无效的诉讼,适用瑞士法律。在国外成立的收养关系,只有当依瑞士法律为无效时才能认定其为无效。"

⑤根据不同情况,依先后顺序选择适用不同的属人法。例如,原《南斯拉夫法律冲突法》第45条规定:"对收养的效力,依收养人和被收养人在实行收养时的本国法。如果收养人和被收养人国籍不同,应依他们共同住所所在国法律。收养人和被收养人国籍不同,而住所也不在同一国家,如果他们中的一人为南斯拉夫社会主义联邦共和国的公民,则依南斯拉夫社会主义联邦共和国法律。如果收养人和被收养人都不是南斯拉夫社会主义联邦共和国公民,则依被收养人之本国法律。"

(三)我国关于涉外收养法律适用的规定

1998年重新修正、并于1999年4月1日起施行的《中华人民共和国收养法》第21条规定:"外国人依照本法可以在中华人民共和国收养子女。"国务院根据1992年《收养法》制定的《外国人在中华人民共和国收养子女实施办法》(1993年11月3日国务院批准,1993年11月10日司法部、民政部令第二十八号发布)第2条和第3条亦规定:"外国人在中华人民共和国境内收养中国公民的子女适用本办法。收养人夫妻一方为外国人的,在华收养中国公民的子女,也应当依照本办法办理。""外国人在华收养子女,应当符合收养法的规定,并不得违背收养人经常居住地国的法律。"由此可见,对外国人在我国境内收养子女,我国采用的是一条重叠性冲突规范,即必须同时适用收养实行地国法和收养人经常居住地国法;而且应当认为,这一法律适用原则对我国境内涉外收养的要件(包括实质要件和形式要件)以及效力等方面的问题都是适用的。

我国《收养法》第21条在收养的实质要件方面,要求外国人在我国收养子女应当提供收养人的年龄、婚姻、职业、财产、健康、有无受过刑事处罚等状况的证明材料，该证明材料须经其所在国外交机关或者外交机关授权的机构认证，并经由我国驻该国使领馆认证。在收养的形式要件方面，该条款规定：收养人应当与送养人订立书面协议，亲自向省级人民政府民政部门登记。收养关系当事人各方或者一方要求办理收养公证的，应当到指定的公证机构办理收养公证。换言之，只有按照我国法律规定的收养程序办理有关手续，在我国境内的涉外收养才具有法律效力。

另外，有一点需要指出的是，在与我国公民有关的涉外收养关系中，被收养人并不因收养而自动丧失或取得中国国籍。具体来讲，被外国人收养的中国儿童，仍保留中国国籍，如要改变国籍，应依我国《国籍法》的有关规定办理；在我国境外的中国公民（包括华侨）收养外国儿童，一般应予承认，但作为被收养人的外国儿童要求加入中国国籍的，亦应依法另行办理入籍手续。

第五节 涉外扶养和监护的法律适用

一、涉外扶养的法律冲突和法律适用

（一）涉外扶养的法律冲突

扶养（support, maintenance）是指根据身份关系，在一定的亲属之间，有经济能力的人对于无力生活的人应给予扶助以维持其生活的一种法律制度。

国际私法上的扶养是广义的扶养，它既包括夫妻之间在物质和生活上的相互帮助，也包括父母对子女的抚育教养以及子女对父母的赡养和扶助，还包括旁系血亲间以及姻亲间相互承担的生活供养义务。所以，扶养涉及到一个家庭的全体成员及与其相关的亲属，是他们彼此之间的一种权利义务关系。

由于各国社会制度、法律传统和伦理观念不同，关于扶养范围的规定差别很大。例如，英、美等国规定扶养义务仅限于夫妻、父母子女关系，而不适用于其他亲属特别是姻亲关系，因而范围较窄。我国《婚姻法》则规定，除夫妻、父母子女外，有负担能力的祖父母、外祖父母和孙子女、外孙子女相互间也分别负有抚养和赡养的义务，有负担能力的兄、姐对未成年的弟、妹同样有扶养的义务，因而范围较宽。1973年10月2日订于海牙的《扶养义务法律适用公约》对扶养范围的规定也很宽泛。该公约第1条规定："本公约适用于因家庭关系、亲属关系、婚姻或姻亲关系而产生的扶养义务，包括关于非婚生子女的扶养义务。"

各国法律除了对扶养范围的限定宽窄不一之外，还在扶养费数额的多少、支付办法的繁简、免除扶养的条件等事项上作出了不同的规定，因而在处理涉外扶养关系时，适用哪一国法律作为准据法，将直接影响到扶养权利人或扶养义务人的切身利益。

(二) 涉外扶养的法律适用

综观各国立法，对涉外扶养的法律适用主要采取以下原则：

1. 适用扶养义务人属人法。有些国家认为，扶养义务是扶养制度的基础和本体，因而应当适用扶养义务人的属人法。日本、埃及、约旦、土耳其、英国等国采用此种实践。例如，《日本法例》第21条规定："扶养的义务，依扶养义务人本国法。"英国原则上适用扶养义务人的住所地法。

2. 适用扶养权利人属人法。另有些国家认为，扶养制度是为扶养权利人的利益而设置的，因而应当适用扶养权利人的属人法。阿尔及利亚、波兰、匈牙利、原南斯拉夫等国采用这种实践。例如，《匈牙利国际私法》第47条规定："亲属互相扶养的义务、条件、程序和方法，应根据扶养权利人的属人法确定。"

3. 重叠适用扶养权利人本国法和法院地法。例如，《泰国国际私法》第36条规定："扶养的义务，依扶养请求人的本国法。但是，受扶养权利人的请求，不得超过泰国法所承认之请求范围。"

4. 适用《扶养义务法律适用公约》中规定的准据法。例如，《瑞士联邦国际私法》第49条规定：夫妻间的扶养义务适用该公约的规定。这一公约在第4条、第5条和第6条中为涉外扶养义务的法律适用规定了三种准据法，即扶养权利人惯常居所地法、扶养权利人和扶养义务人共同本国法、法院地法。由此可见，公约是从保护扶养权利人（亦即被扶养人）的利益出发而作出此种规定的；并且，从公约的规定来看，这三种准据法的适用不是任意的，而是应当依照上述排列顺序来选择适用，只有在适用前一种准据法不能达到使扶养权利人从扶养义务人处获得扶养的目的时，才能适用后一种准据法。与瑞士的实践相类似，《联邦德国国际私法》在第18条第1款和第2款中也采纳了《扶养义务法律适用公约》中规定的三种准据法，并依照其先后顺序选择适用于涉外扶养义务关系。

（三）我国关于涉外扶养法律适用的规定

我国《民法通则》第148条规定："扶养适用与被扶养人有最密切联系的国家的法律。"最高人民法院《关于贯彻执行〈中华人民共和国民法通则〉若干问题的意见（试行）》第189条进一步补充规定："父母子女相互之间的扶养、夫妻相互之间的扶养以及其他有扶养关系的人之间的扶养，应当适用与被扶养人有最密切联系国家的法律。扶养人和被扶养人的国籍、住所以及供养被扶养人的财产所在地，均可视为与被扶养人有最密切的联系。"从这些规定中我们可以总结出以下几点：

1. 在涉外扶养的法律适用方面，我国采取的是最密切联系原则，以此来取代传统的固定连结点，因而避免了法律选择的僵化和机械，增强了适用法律的灵活性。从世界各国的立法来看，依最密切联系原则来确定涉外扶养的准据法，这种方式还不多见，是比较领先的一种实践。

2. 根据上述司法解释以及我国《婚姻法》、《继承法》的有关规定，我国法律上的扶养范围是相当宽泛的，具体包括因婚生、非婚生和收养而形成的父母子女关系的扶养，现存合法婚姻关系（即夫妻关系）的扶养，旁系血亲关系（即兄弟姐妹关系）的扶养，姻亲关系（如翁婿、婆媳关系）的扶养，以及根据合同（如遗赠扶养协议）规定的扶养，等等。这些扶养关系中如果含有涉外因素，我国法院均需依照最密切联系原则来确定应予适用的准据法。

3. 在确定最密切联系地时，可供考虑的要素有：扶养人与被扶养人的国籍国、住所地以及供养被扶养人的财产所在地，这些都可视为与被扶养人有最密切的联系，从而适用其所连结的法律。

二、涉外监护的法律冲突和法律适用

(一) 涉外监护的法律冲突

监护（guardianship）是指对无民事行为能力人和限制民事行为能力人的人身、财产以及其他一切合法权益依法实行监督和保护的一种法律制度。监护制度最初来源于罗马法，当时设立这一制度的目的是为了防止未适婚人、女子或精神病人等因不善管理而损害宗族成员的继承权。至罗马帝国后期，监护制度才逐渐转为以保护被监护人的利益为目的。

目前世界各国均已接受了监护制度，但在具体规定上却存在着很大的差异。例如，在有些国家的国内民法上，有一个与监护相类似的概念，称之为保佐。所谓保佐（curatorship，拉丁：curatio），亦称临时监护，是指辅助他人为法律行为以保护其利益的制度。保佐和监护都是法律为保护欠缺行为能力人而设立的制度，但这两者是有区别的：监护一般为无行为能力人设置，而保佐则为限制行为能力人设置；监护及于被监护人的人身、财产及其他权益的保护，而保佐却只及于被保佐人财产的管理，一般不

及于其人身的保护。从各国立法来看，有些国家同时规定了监护和保佐；另有一些国家则只规定监护，未规定保佐，对监护与保佐不作区分，统称监护。

再如，关于被监护人的范围，各国立法也有不同规定。一般来讲，各国都将无行为能力人和限制行为能力人作为被监护人的范围，其中包括未成年人和有精神障碍的成年人。对未成年人设置监护，实际上是亲权的一种补充和延续，但不同国家对未成年人有不同的限定。有的国家还采取"结婚成年制"，即未成年人因结婚而取得成年的资格并获得行为能力，所以，在这种法定婚龄低于成年年龄的国家，仅对未婚的未成年人实行监护；对成年人来讲，如果他患有精神病，不能独立处理自己的事务，在欧洲大陆法系国家通常由法院宣告其为禁治产人。由于禁治产人丧失了民事行为能力，因此应当为他设立监护人，以保护其人身和财产权益。但有些国家对禁治产人的范围规定得比较宽，除了精神病患者外，酗酒、赌博、吸毒、挥霍等等有不良嗜好或生活习惯的人也可以被宣告为禁治产人。而另有些国家如我国，在法律上则没有关于禁治产人的规定。

此外，在监护人的范围、监护人应当具备的条件以及职责等方面，各国法律也有不同的规定，因而有必要确定某一具体涉外监护关系的准据法。

(二) 涉外监护的法律适用

从国际社会的有关实践来看，在解决涉外监护的法律冲突问题时，一般多采用以下原则：

1. 适用被监护人本国法。由于监护制度是为保护被监护人的利益而设置的，因此，绝大多数国家都主张以被监护人的本国法作为涉外监护关系的准据法。法国、德国、意大利、奥地利、希腊、波兰、埃及等国采用这种实践。例如，《波兰国际私法》第23条第1款规定："监护，依被监护人本国法。"

2．分别适用被监护人本国法和住所地法。例如，《日本法例》第23条规定："(1) 监护依被监护人本国法。(2) 在日本有住所或居所的外国人，依其本国法有监护开始原因而无人行使监护的或在日本宣告禁治产的，其监护依日本法。"

3．分别适用被监护人本国法和不动产所在地法。例如，《泰国国际私法》第32条第1款和第2款规定："对未成年人因无行使亲权的父母而设监护时，监护人的义务和权限及监护之终止，依未成年人本国法。但监护人管理不动产的权限，依财产所在地法。"

4．适用被监护人住所地法。例如，《秘鲁民法典》第2071条第1款规定："监护和其他保护无行为能力人的制度，依无行为能力人之住所地法。"

5．分别适用被监护人住所地法和监护人住所地法。例如，《阿根廷国际私法草案》第29条第1款规定："监护和保佐的设立，适用无行为能力人的住所地法。担任监护人和保佐人的义务及免除此项义务的事由适用预期被指定人的住所地法。"

6．分别适用被监护人本国法、监护人本国法和法院地法。例如，原《捷克斯洛伐克国际私法及国际民事诉讼法》第28条、第29条和第30条分别规定："对未成年人监护的开始及要件，依未成年人本国法。""对未成年人监护的接受及实行监护之义务，依监护人本国法。""监护人与未成年人之间的法律关系，依监护审判机关或监护机关所在地法。"《匈牙利国际私法》第48条也有类似的规定。

7．适用法院地法。英国是这种实践的代表。它将监护的管辖权同法律适用原则统一起来，英国法院只要对这类案件有管辖权，即适用英国法律。在实践中，英国法院确定自己对涉外监护案件享有管辖权的标准是：(1) 未成年人在英国，即使他的住所在国外并且在英国没有财产；(2) 未成年人是英国公民，即使他现在不在英国；(3) 未成年人在英国有惯常居所，即使他是外国人而且本人不在英国。① 在这三种情况下，英国法院均可以行使管辖，有权为该未成年人指定监护人并适用英国法律。此外，英国1971年的《未成年人监护法》第1条还强调："在向法院提起的任何诉讼如果涉及未成年人的法定监护与抚育问题，法院在对这一问题作出判决时，应以未成年人的福利作为首要的考虑。"②

8. 适用《保护未成年人的管辖权和法律适用公约》中规定的准据法。例如，《瑞士联邦国际私法》第85条第1款规定："在保护未成年人方面，有关法院的管辖权、法律适用以及承认外国法院判决等问题，适用1961年10月5日在海牙订立的《保护未成年人的管辖权和法律适用公约》。"该公约在保护未成年人人身及财产的法律适用问题上，规定了两种准据法，即未成年人惯常居所地法（第1条和第2条）及未成年人本国法（第3条和第4条），并以前者为主，以后者为辅，视不同情况分别予以适用。

(三) 我国关于涉外监护法律适用的规定

目前我国现行立法对涉外监护关系的法律适用尚未作出明确规定，但我国的司法解释对于这一问题却有所涉及。最高人民法院《关于贯彻执行〈中华人民共和国民法通则〉若干问题的意见（试行）》第190条规定："监护的设立、变更和终止，适用被监护人的本国法律。但是，被监护人在我国境内有住所的，适用我国的法律。"由此可见，我国法院在确定涉外监护关系的准据法时，是以适用被监护人本国法为一般原则，以适用被监护人住所地法即中国法为特殊原则的。

---

① 〔英〕J.H.C.莫里斯著，李东来等译：《法律冲突法》，中国对外翻译出版公司1990年版，第229—230页。

② 同上注书，第229页。

第十章 涉外继承权的法律适用

第一节 涉外继承权概述

继承（succession，拉丁：successio）是指在财产所有人死亡或被宣告死亡时，依照法律或合法有效的遗嘱的规定，将死者生前遗留下来的个人财产以及与财产有关的权利义务转移给他人所有的一种法律制度。人死亡以后留下的财产称为遗产，遗留财产的死者称为被继承人，承接死者遗产的人称为继承人，继承人依法或遵遗嘱取得遗产的权利称为继承权。继承的过程也就是遗产转移的过程，其实质是将被继承人生前承受的对财产的权利与义务转移给继承人。

继承有法定继承和遗嘱继承两种。在国内法上，继承法属于民法的一部分，因为它调整的对象与财产方面的权利义务转移有关，所以，继承法与民法上的其他分支关系非常密切。例如，继承法与婚姻家庭法就有着密切的联系，因为继承人的确定，是以其与被继承人有一定的亲属关系或血缘关系为前提的。此外，继承法还常常与物权法、债权法等等相互交织，共同调整某一具体的法律关系。这样，就使得继承法律关系愈加错综复杂。

国际私法所调整的继承权关系具有涉外因素，即该法律关系的主体（继承人或被继承人）、客体（遗产）、法律事实（死亡）这三个要素中，有一个或一个以上为外国因素，其中，或者是继承人和被继承人一方或双方具有外国国籍或其住所在外国，或者是遗产的全部或一部分位于外国，或者是被继承人死亡的事实发生在外国,等等。由于涉外继承权关系涉及到不同国家法律的效力,而不同国家因其社会制度、意识形态、历史传统、宗教信仰和风俗习惯等方面存在着差异,它们的继承法不论是基本原则、基本制度,还是在各项具体规定上都有很大的区别,因此,在涉外继承权领域便时常会产生法律冲突。国际私法在这一领域的具体任务,就是要解决具有涉外因素的法定继承、遗嘱继承以及无人继承财产归属的法律冲突和法律适用问题。

第二节 涉外法定继承的法律适用

一、涉外法定继承的法律冲突

法定继承 (intestate succession, succession on intestacy, 拉丁: successio ab intesta, successio ab intestato) 亦称无遗嘱继承,是指继承人的范围、继承顺序以及遗产份额的分配等等均由法律直接作出规定的一种继承方式。各国立法对法定继承均有所规定,但具体内容却不尽相同,有关分歧主要体现在以下几方面:

(一) 关于继承人的范围

法定继承人的范围,是指哪些人依法享有继承权,可以作为遗产的继承人。这个范围是根据婚姻关系、血缘(亦称血亲)关系以及扶养关系确立的。

许多西方国家从私有财产神圣不可侵犯这一原则出发,为了使被继承人的财产不致因其死亡而分散和外流,通常把继承人的范围规定得十分宽泛。例如,英、美两国都将死者的生存配偶、直系卑亲属、父母、兄弟姐妹、叔、伯、姑、舅、姨列为继承人;意大利法律规定,十亲等以内的亲属皆有继承权;而《德国民法典》则几乎把与死者有血亲关系的一切生存着的人均划入到法定继承人的范围。

我国及原苏联、东欧国家的立法对继承人的范围规定得较为狭窄。例如，我国《继承法》第 10 条确定的法定继承人有：配偶、子女、父母、兄弟姐妹、祖父母、外祖父母。此外，该法第 14 条还规定："对继承人以外的依靠被继承人扶养的缺乏劳动能力又没有生活来源的人，或者继承人以外的对被继承人扶养较多的人，可以分给他们适当的遗产。"由此可见，我国《继承法》主要是根据婚姻关系、血缘关系以及扶养关系来确定继承人的范围的。原苏联的有关规定与我国相类似。根据 1964 年的《苏俄民法典》，只有配偶、子女、父母、兄弟姐妹、祖父母、外祖父母以及由被继承人生前扶养过一年以上，而且丧失劳动能力的人才有继承权。

各国立法除了对继承人范围的限定宽窄不一以外，关于妻子、兄弟姐妹、养子女、非婚生子女等能否作为法定继承人问题，也存在着不同的规定。一般来讲，大多数国家都规定妻子有继承权，而且是主要继承人。但《法国民法典》第 765 条则规定，只有在死者没有其他可以继承的亲属存在时，妻子才有继承权；许多国家都规定兄弟姐妹有继承权，可以作为继承人，而西班牙法律则规定兄弟姐妹没有继承权；有些国家如中国、日本等承认养子女享有继承权，而另一些国家如瑞士、德国、西班牙等则规定养子女不能作为继承人；有的国家的法律如我国《继承法》第 10 条规定：婚生子女、非婚生子女、养子女和有扶养关系的继子女在继承财产时地位完全平等，而有的国家如法国、日本等虽然规定非婚生子女和婚生子女可以共同继承父母的遗产，但非婚生子女的继承份额却只有婚生子女的一半。

（二）关于继承人的顺序

法定继承顺序是指法定继承人继承遗产的先后次序。被继承人死亡或被宣告死亡后，并非所有的法定继承人都可以同时继承遗产，而是要根据继承人与被继承人的婚姻关系和血缘关系的亲疏远近以及彼此在经济上、生活上互相依赖的程度来确定继承遗产的先后顺序。由此可见，继承人的排列顺序是相当重要的，在有前一顺序的法定继承人存在并且具有继承权的情况下，后一顺序的法定继承人不得继承遗产。法律之所以规定继承人的先后顺序，目的在于避免法定继承人之间因继承遗产权利的次序发生矛盾，以便使继承能够有秩序地进行。

从各国立法来看，关于继承人顺序的规定也不尽相同。一般来讲，凡对继承人范围规定较宽的国家，其法律上的继承人顺序就较为复杂，而对继承人范围规定较窄的国家，其法律上的继承人顺序则较为简单。例如，《法国民法典》规定了四个继承顺序：(1) 死者的子女及其直系卑血亲；(2) 直系尊血亲；(3) 旁系血亲；(4) 尚生存的配偶。《日本民法典》也规定了四个继承顺序：(1) 直系卑亲属；(2) 直系尊亲属；(3) 兄弟姐妹；(4) 兄弟姐妹的直系卑亲属。配偶则不固定在继承顺序中，可以与任何一个顺序的继承人共同继承，但取得遗产份额的多少要视参加哪一顺序而定，只有在没有任何继承顺序的继承人时，才能单独继承。《德国民法典》规定了五个继承顺序：(1) 直系血亲卑亲属；(2) 父母及其直系血亲卑亲属；(3) 祖父母、外祖父母及其直系血亲卑亲属；(4) 曾祖父母及其直系血亲卑亲属；(5) 高祖父母、更远亲等的亲属及其直系血亲尊亲属、卑亲属。与《日本民法典》的规定相类似，《德国民法典》也规定作为继承人的配偶不列入一定顺序，可以与任何一个顺序的继承人同时继承，继承份额的多少视其参加哪一个顺序而定。英国在继承人的顺序方面没有成文规定，根据有关判例，其法定继承人的顺序也大致有五个：(1) 生存配偶和直系卑亲属；(2) 父母；(3) 兄弟姐妹；(4) 祖父母、外祖父母；(5) 叔、伯、姑、舅、姨。

我国《继承法》关于法定继承人顺序的规定则比较简单，仅规定了两个继承顺序：第一顺序为配偶、子女、父母；第二顺序为兄弟姐妹、祖父母、外祖父母。此外,《继承法》第12条还规定:"丧偶儿媳对公、婆,丧偶女婿对岳父、岳母,尽了主要赡养义务的,作为第一顺序继承人。"原苏联民法也将继承人分为两个顺序:第一顺序为子女(包括养子女)、配偶和父母(包括养父母)以及死亡人死后出生的子女;第二顺序为死亡人的兄弟姐妹、祖父母、外祖父母。这个顺序与我国《继承法》关于法定继承人顺序的规定是一致的。

(三)关于继承人的应继份额

继承人的应继份额是指共同继承人在继承被继承人遗产时所取得的数额。被继承人死亡后,如果有两个以上继承人时,就产生了如何确定继承人继承遗产份额的问题。从各国立法来看,一般是根据亲等的远近来确定分配的份额,但在具体规定上又有很大差异。例如,《法国民法典》对不同顺序的继承人取得遗产份额的规定是不同的,但对同一顺序的继承人,则采取平均分配的原则。《日本民法典》是按固定的比例,对同一顺序继承人的应继份额作出详尽而具体的规定:(1)直系卑亲属及配偶是继承人时,直系卑亲属应继承遗产的2/3,配偶的份额为遗产的1/3;(2)直系尊亲属及配偶是继承人时,配偶与直系尊亲属各应继承遗产的1/2;(3)配偶及兄弟姐妹是继承人时,配偶的份额为遗产的2/3,兄弟姐妹为1/3;(4)直系卑亲属、直系尊亲属或者兄弟姐妹有数人时,各自的继承份额应当相等。但非嫡出的直系卑亲属的份额是嫡出直系卑亲属继承份额的1/2。异父或异母的兄弟姐妹的继承份额,为同父母的兄弟姐妹继承份额的1/2。

我国《继承法》第13条在处理继承人的应继份额问题上,既考虑到亲属关系,又照顾了继承人的实际生活情况,对遗产分配原则作出如下规定:"同一顺序继承人继承遗产的份额,一般应当均等。对生活有特殊困难的缺乏劳动能力的继承人,分配遗产时,应当予以照顾。对被继承人尽了主要扶养义务或者与被继承人共同生活的继承人，分配遗产时，可以多分。有扶养能力和有扶养条件的继承人，不尽扶养义务的，分配遗产时，应当不分或者少分。继承人协商同意的，也可以不均等。"

除以上三个方面（即继承人的范围、继承人的顺序、继承人的应继份额）之外，关于代位继承、继承权的丧失、继承权的放弃以及继承权的恢复等问题，各国规定也不尽一致。

由于各国法律对法定继承规定不同，因而在处理某一具体的涉外继承纠纷时，适用不同国家的法律将会得到不同甚至是截然相反的结果。例如，一位住所在法国的华侨未立遗嘱在法国死亡，在法国留有一笔遗产，其在法国的子女和在我国的父母均要求继承这笔财产，向法国法院提起了继承诉讼。此案如果适用我国《继承法》，父母和子女都是第一顺序继承人，可以同时继承；如果适用法国法，则只有子女才可以继承，因为《法国民法典》规定，子女是第一顺序继承人，父母是第二顺序继承人，第二顺序继承人只能在没有第一顺序继承人时才可以继承。由此可见，因有关国家在同一个问题上的规定不同，便不可避免地产生涉外法定继承的法律冲突。

二、涉外法定继承的法律适用

对于如何确定涉外法定继承的准据法，各国立法和司法实践通常采用两种方式，即单一制和区别制。

（一）法定继承的单一制

单一制（unitary system）亦称同一制，是指在确定涉外法定继承的准据法时，不区分遗产中的动产与不动产，统一适用一种冲突规范、进而导致适用同一个准据法的法律制度。单一制的优点是它易于适用，但统一采用一个准据法来处理涉外继承案件，有时对位于国外的不动产难以产生实际的效力，使得当事人的财产所有权无法得到完全实现。在实行单一制的国家中，除少数国家规定法定继承适用遗产所在地法以外,大多数国家均规定适用被继承人的属人法。

1. 适用遗产所在地法。这是一条古老的冲突规范,是从"物权依物之所在地法"这项传统原则中派生出来的,其最初来源可以追溯到14世纪巴塔路斯的法则区别说。以遗产所在地法作为法定继承准据法的主要考虑是:继承的主要问题是财产,属于物权的范围,因而与遗产所在地有着密切的联系,所以,继承关系应当适用遗产所在地法。这一实践是与封建社会的经济发展状况相适应的。在封建社会,对外经济联系不够发达,遗产所在地比较集中和单一,并且往往与被继承人的国籍国或住所地相重合,因而有利于法律的适用和判决的执行。随着资本主义的发展,动产在遗产中所占的比例越来越大,而且常常分散在不同的国家,如果不分具体情况,法定继承一概依遗产所在地法来调整,势必造成法律适用的困难。因此,这一冲突规范除在不动产继承问题上仍然起作用外,已逐渐被实践所淘汰,目前只有拉美的乌拉圭、哥斯达黎加等少数国家仍然采用这一做法。例如,1941年的《乌拉圭国际私法》第2400条规定:"对死者遗留的财产,完全按其死亡时财产所在地的法律规定行使法定继承权或遗嘱继承权。"

2. 适用被继承人属人法。这也是一条古老的冲突规范,它来源于罗马法上的"普遍继承"(universal succession)制度。依照罗马法的观点,继承是继承人在法律上取得被继承人的地位,是死者人格的延伸;同时,死者的遗产通过继承总体地、概括地转移给继承人,这种转移既包括动产,也包括不动产;既包括权利,也包括义务。继承人之所以能够继承死者的遗产,是以继承人与死者之间存在着一定的身份关系和亲属关系为前提的。根据人的身份关系适用属人法这一法则区别说以来一直被普遍接受的冲突法原则,继承亦应适用被继承人属人法。目前,许多国家的立法都采纳了"继承依被继承人属人法"这一冲突规范，但由于对属人法存在着不同的理解，因而各国在具体运用时又有以下两种实践：

(1) 适用被继承人本国法。有些国家认为，继承对被继承人的国籍国影响最大，因而主张适用被继承人本国法。采用这一原则有利于那些大量向外移民的国家扩大其本国法的适用范围。日本、韩国、约旦、埃及、意大利、希腊、波兰、匈牙利、原捷克斯洛伐克、原南斯拉夫等大多数国家采用这种做法。例如，《日本法例》第25条规定："继承依被继承人本国法。"《希腊民法典》第28条也规定："继承关系适用被继承人死亡时的本国法。"

(2) 适用被继承人住所地法。另有一些国家认为，遗产大多集中在被继承人的住所地，与被继承人住所地的关系最为密切，因而主张适用被继承人住所地法。采用这一原则有利于那些大量向内移民的国家扩大其本国法的适用范围。阿根廷、智利、秘鲁、原苏联等国采用这种做法。例如，《智利国际私法》第955条第2款规定："继承权的行使适用被继承人死亡时最后住所地的法律，法定的特殊情况除外。"《阿根廷国际私法草案》第30条第1款也规定："不论遗产的种类或场所，继承适用死者最后住所地法。"

法定继承的单一制不仅为许多国家的国内立法广为接受，而且在有关的国际条约中也得到了体现。例如，《布斯塔曼特法典》第144条规定："法定继承和遗嘱继承，包括继承顺序、继承权利的数量，及其规定的内在效力，不论遗产的性质及其所在地，均受权利所由产生的人的属人法支配"。至于这个"属人法"是指被继承人的本国法还是住所地法，根据该《法典》第7条的规定，应由各缔约国自行确定。

除《布斯塔曼特法典》之外，1988年10月订于海牙的《死者遗产继承法律适用公约》同样采用了单一制。该公约为涉外继承准据法的确定规定了以下原则:(1) 适用被继承人死亡时惯常居所地国家的法律。如果被继承人具有该居所地国的国籍,或临死前在该国居住过至少不低于 5 年的期限,则应采取此项法律适用原则。(2) 适用被继承人本国法。除上述情况以外,继承适用被继承人死亡时具有该国国籍的国家的法律。(3) 适用最密切联系的国家的法律。这里又分两种情况:①在适用被继承人死亡时惯常居所地国法的情况下,不论被继承人临死前在该国居住是否已满 5 年,如果死亡时与其本国有更密切的联系,则适用其本国法;②在适用被继承人本国法的情况下,如果被继承人在死亡时与其他国家有更密切联系的,则适用与其有更密切联系的国家的法律。(4) 适用当事人指定的法律。如果当事人一方在指定法律时或死亡时具有某一有关国家的国籍或在该国有惯常居所,则可以指定该国法律作为调整继承整体问题的准据法。

(二) 法定继承的区别制

区别制 (scission system) 亦称分割制,是指在确定涉外法定继承的准据法时,将死者的遗产区分为动产与不动产,分别规定不同的冲突规范,进而导致适用不同的准据法的法律制度。

这一制度最初是由 14 世纪意大利法则区别说创始人巴塔路斯的学生巴尔都斯提出来的。他根据法则区别说的理论,将动产继承划入"人法"范畴,适用被继承人属人法,将不动产继承划入"物法"范畴,适用物之所在地法。这种划分方法后来得到 16 世纪法国著名学者杜摩兰的大力提倡。目前,区别制已为许多国家的立法及司法判例所采纳,美国、英国、英联邦国家、法国、比利时、卢森堡、马达加斯加、中非、塞内加尔、加蓬、泰国等国采用这种实践。

采用区别制的国家对不动产继承均毫无例外地适用物之所在地法。之所以如此,主要是因为不动产的价值较大,与所在地国家关系密切,适用物之所在地法,可以确保有关判决能够得到承认与执行。而在动产继承方面，各国则分别采取了以下不同的法律适用原则：

1. 适用被继承人住所地法。大多数国家采用这种实践。例如，1962年的《马达加斯加国际私法》第31条第2款规定："动产继承适用被继承人住所地法。"《泰国国际私法》第38条也规定："动产继承，不论法定继承或遗嘱继承，都依被继承人死亡时之住所地法。"

2. 适用被继承人本国法。少数国家采用这种实践。例如，1972年的《塞内加尔家庭法》第847条第1款规定："涉及与继承范围、继承顺序以及继承人之间各自资产与债务的转移有关的遗产归属问题，由死者本国法确定。"

采用区别制可以避免单一制中统一适用一个准据法而可能出现的判决执行的困难。但是，区别制本身也存在着弊端，如果被继承人的遗产中既有动产又有不动产而且分散在几个国家时，则继承就要分别受几个法律的支配，从而导致法律适用的不统一。例如，依照一国法律，某人是有继承权的，而依照另一国法律，他却没有继承权。这样，将会给有关当事人的利益带来不良影响。

三、我国关于涉外法定继承法律适用的规定

我国实行对外开放政策以来，涉外继承关系不断发展，涉外继承案件日渐增多。为了适应形势发展的需要，我国《继承法》及《民法通则》总结了以往我国处理涉外继承案件的审判实践，从具体国情出发，同时参照一些国家的立法规定，对我国处理涉外继承问题的法律适用原则作出了明确规定。根据上述立法及相关的司法解释，可以归纳出以下几点内容：

1. 我国对涉外继承的法律适用采取区别制。《继承法》第36条第1款和第2款规定："中国公民继承在中华人民共和国境外的遗产或者继承在中华人民共和国境内的外国人的遗产，动产适用

被继承人住所地法律,不动产适用不动产所在地法律。外国人继承在中华人民共和国境内的遗产或者继承在中华人民共和国境外的中国公民的遗产,动产适用被继承人住所地法律,不动产适用不动产所在地法律。"由此可见,我国是将死者的遗产区分为动产和不动产,并分别为其规定了不同的准据法,即动产适用被继承人住所地法,不动产适用物之所在地法,这一立法方式是符合目前通行的国际实践的。但以上规定也存在着两点不足之处:一是没有表明这些冲突规范究竟适用于法定继承还是适用于遗嘱继承,还是两者均适用;二是对被继承人住所缺乏时间上的限定。

2. 明确指出被继承人的住所地法是其死亡时的住所地法。从现实情况来看,自然人的住所是经常发生变动的,有时还会出现一个自然人同时拥有几个住所的现象,因而应当适用哪个住所地的法律就常常引起争议。鉴于《继承法》在这方面存在着缺漏,最高人民法院《关于贯彻执行〈中华人民共和国继承法〉若干问题的意见》第63条作出如下补充规定:"涉外继承,遗产为动产的,适用被继承人住所地法律,即适用被继承人生前最后住所地国家的法律。"除此之外,《民法通则》第149条也进一步规定:"遗产的法定继承,动产适用被继承人死亡时住所地法律,不动产适用不动产所在地法律。"《民法通则》的这一条款与上述《继承法》第36条第1款和第2款的规定在精神上是一致的,但其立法技术则更高一筹,它不仅在条文内容方面删繁就简,而且表述上也更加准确和完善了。该条款一方面明确指出了其所规定的区别制适用于遗产的法定继承,另一方面还对被继承人的住所给予了具体的限定,这些均增强了立法规定在司法实践中的可操作性,有助于确定涉外继承的准据法。但遗憾的是,《民法通则》的这项条款仅仅规定适用于涉外法定继承,而对涉外遗嘱继承的法律适用问题却仍然未能涉及。

3. 遵守国际条约中的规定。根据公认的国际准则,条约必须遵守,除非缔约国提出了保留声明。我国《继承法》在涉外继承的法律适用问题上,也接受了这一原则。《继承法》第36条第3款规定:"中华人民共和国与外国订有条约、协定的,按照条约、协定办理。"

第三节 涉外遗嘱继承的法律适用

一、有关概念

遗嘱(will, testament)是指立遗嘱人生前在法律允许的范围内,依照法律规定的方式预先处分遗产或其他事务,并于死亡时发生法律效力的单方面法律行为。现代英美法上遗嘱的概念"will"和"testament"是可以通用或合用的,但在19世纪以前,"will"是专指对不动产的处分,"testament"则专指对动产的处分。

遗嘱继承 (succession by testament, 拉丁: successio ex testamento, successio testamentaria) 亦称指定继承,是法定继承的对称,指继承人及其继承的遗产份额系由死者生前通过遗嘱加以指定的一种继承方式。

涉外遗嘱继承是指具有涉外因素的遗嘱继承,即遗嘱继承法律关系的主体、客体、法律事实这三个要素中有一个或一个以上为外国因素的继承。

二、涉外遗嘱继承的法律冲突

有关遗嘱继承的法律规定各国千差万别,因而易于产生法律冲突。从实际情况来看,这些冲突主要体现在遗嘱继承的实质要件和形式要件两个方面。

(一) 遗嘱实质要件的法律冲突

遗嘱的实质要件主要包括立遗嘱人的能力、遗嘱的内容、遗嘱的解释以及遗嘱的无效等几个方面。

1. 关于立遗嘱人的能力。设立遗嘱是一种法律行为，因而要求立遗嘱人应当具有行为能力。各国立法均规定立遗嘱人必须达到一定的年龄才能设立遗嘱，但规定的年龄界限却并不一致。大多数国家规定，只有具备完全行为能力的成年人才能设立遗嘱，因此，对这些国家来讲，立遗嘱人的遗嘱能力与一般行为能力是一致的。例如，《瑞士民法典》第468条规定："被继承人必须成年，始得缔结继承契约。"另有一些国家则规定，达到一定年龄的未成年人也具有设立遗嘱的能力，因而对这些国家来讲，立遗嘱人的遗嘱能力又不完全等同于一般的行为能力。例如，《日本民法典》第961条规定："已满15岁者，可以立遗嘱。"而在日本，20岁始为成年。

2. 关于遗嘱的内容。这实际上是指遗嘱自由的范围，即立遗嘱人以遗嘱来处分个人财产的自由是否应当有所限制。尽管各国立法普遍赋予立遗嘱人以自由处分自己财产的权利，但对这种遗嘱自由却都施加了不同程度的限制，如果遗嘱内容违反了法律的禁止性规定或者善良风俗的，则该项遗嘱将全部或部分无效。

从各国的有关规定来看，它们对遗嘱内容限制的程度不尽相同。大陆法系国家采取有限制的遗嘱自由主义，规定以遗嘱来处分的遗产只能是全部遗产的一部分，立遗嘱人不得违反法律关于法定继承人的"特留份"的规定，否则所立遗嘱无效。例如，《法国民法典》第913条规定："不问生前赠与或遗赠，如处分人死亡时仅遗有一个子女时，其赠与或遗赠不得超过其所有财产的半数；如遗有两个子女时，其赠与或遗赠不得超过三分之一；如遗有子女三人以上时，不得超过四分之一"。

在早先，英美法系国家曾采取绝对的遗嘱自由主义，主张立遗嘱人享有自由处分自己财产的绝对权利，但现在也转而主张对遗嘱内容实行某些限制了。尽管如此，与大陆法系国家相比，英美法系国家对立遗嘱人通过遗嘱处分个人财产的规定还是宽得多。例如，英国1938年颁布的《家庭供养条例》只是原则上要求，被继承人对家庭成员负有不可推卸的扶养义务，如果被继承人以遗嘱的方式逃避这一法定义务，有关当事人可以请求法院予以变更。美国则规定不能剥夺生存配偶的继承权。

3. 关于遗嘱的解释。在这个方面，因为各国法律观念的不同，有时也会产生法律冲突。例如，立遗嘱人通过所立遗嘱，将一定款额遗赠给了他的债权人，而这笔款额恰好等于立遗嘱人对其债权人所承担的债务。对此，根据英国法的观点解释，可视为立遗嘱人是想要以此来偿还他所欠的债务。但根据法国法的观点解释，却不能得出这样的结论，因为《法国民法典》第1023条规定："对债权人所作的遗赠，不应视为抵偿其债权。"

4. 关于遗嘱的无效。在这方面，各国立法所规定的无效条件也各不相同。概括起来，主要有以下几种情形：

(1) 遗嘱与法律、公共利益或善良风俗相抵触的无效。例如，原《捷克斯洛伐克民法典》规定：凡与法律或公共利益相矛盾的遗嘱条件，以及意思不明或相抵触的条件，均属无效。

(2) 遗嘱因受益人不接受或不能接受遗赠而无效。例如，《法国民法典》第1043条规定："如指定的继承人或受遗赠人拒绝接受遗赠，或无接受能力时，遗嘱处分失其效力。"

(3) 遗嘱因受益人先于遗嘱人死亡而无效。例如，《保加利亚继承法》规定：因遗嘱处分而受利益之人如在遗嘱人之前死亡者，遗嘱处分不发生效力。

(4) 遗嘱因遗赠物处分不当或全部灭失而无效。例如，《法国民法典》第1021条规定："遗嘱人以他人的物件遗赠时，不问其是否知悉不属于自己所有，遗赠均属无效。"该《法典》第1042条第1款还规定："如遗赠物在遗嘱人生前全部灭失时，遗赠失其效力。"

（二）遗嘱形式要件的法律冲突

遗嘱的形式要件包括设立遗嘱的方式以及变更和撤销遗嘱的方式两个方面。

1. 关于设立遗嘱的方式。遗嘱是一种要式法律行为，因而只有依照法律规定的方式来设立，才能具有法律效力。世界各国对遗嘱方式的种类、各种方式的设立程序等方面的规定有很大差异，但综合来看，遗嘱的设立方式主要有普通遗嘱和特别遗嘱两大类。有的国家兼采这两大类方式，有的国家则仅采用普通遗嘱一种方式。例如，《法国民法典》规定的遗嘱方式有普通遗嘱和特别遗嘱两大类，前者包括自书遗嘱、公证遗嘱、密封遗嘱三种，后者包括军人遗嘱、隔绝地遗嘱、海上遗嘱、外国遗嘱四种。而《加拿大民法典》则只规定了自书形式的遗嘱。

除了遗嘱设立方式的种类不同外，对于同一种遗嘱方式的设立程序，各国也作了不同的规定。例如，对于公证遗嘱的设立，日本、瑞士等国要求必须有二人或二人以上的见证人参加，而德国、匈牙利等国则没有这种要求。

2. 关于变更和撤销遗嘱的方式。由于遗嘱是在立遗嘱人死亡后才开始生效的，因而在它生效之前，立遗嘱人可以随时变更或撤销其原先设立的合法遗嘱。遗嘱的变更是指立遗嘱人部分地改变原先所立遗嘱的内容；遗嘱的撤销则是指立遗嘱人将其原立遗嘱全盘废弃。

各国立法在有关遗嘱变更和撤销方式的规定方面，也存在着较大的不同。例如，《法国民法典》采取了明示撤销和推定撤销两种方式。该法典第1035条规定："遗嘱，仅得以日后重订的遗嘱或在公证人前作成证书以声明改变意志而全部或部分取消。"第1036条接着又规定："日后重订的遗嘱未明白取消以前的遗嘱时，以前的遗嘱中与新订的遗嘱相抵触或相反的条款无效。"《美国统一继承法典》中所规定的遗嘱变更和撤销的方式也主要有两种：一是重新设立明确撤销原立遗嘱其中一部分的新遗嘱，或重新设立与原立遗嘱相矛盾的遗嘱；二是出于撤销原立遗嘱的目的，立遗嘱人或遗嘱中所指定的人在立遗嘱人面前烧毁、撕毁、盖销、涂抹原立遗嘱。此外，立遗嘱人离婚或撤销婚姻的事实，也将导致撤销立遗嘱人在原来所立的遗嘱中为其原配偶所作的财产处分。

实践中，还有立遗嘱人在撤销遗嘱后又撤销其原来的撤销行为这一情况，称之为"遗嘱的复撤销"。在这种情形下，原立遗嘱的效力如何，各国的规定也不尽相同。德国民法将遗嘱的复撤销视为恢复原遗嘱的效力，而日本民法则将此视为无遗嘱，原立遗嘱不能当然恢复效力。

三、涉外遗嘱继承的法律适用

从各国的立法情况来看，对涉外遗嘱继承的法律适用也主要是从遗嘱的实质要件和形式要件两个方面来加以规定的。

(一) 遗嘱实质要件的法律适用

世界各国在确定遗嘱实质要件的准据法时，采用的原则各不相同，归纳起来有以下几项：

1. 适用立遗嘱人的本国法。有些国家认为，遗嘱的实质要件与立遗嘱人的本国密切相关，因而应当适用立遗嘱人的本国法。德国、日本、意大利、奥地利、希腊、土耳其、波兰、匈牙利、埃及、约旦、布隆迪、多哥、阿尔及利亚、塞内加尔、原捷克斯洛伐克、原南斯拉夫等国采用这一原则。例如，《日本法例》第 26 条第 1 款规定："遗嘱的成立及效力，依其立遗嘱时遗嘱人本国法。"

在实践中，有时会出现立遗嘱人设立遗嘱后又改变了国籍这样一种情况。那么，立遗嘱人死亡后应以哪个国籍国的法律作为其遗嘱实质要件的准据法呢？在这个问题上，各国采取了两种不同的做法：一是适用立遗嘱人设立遗嘱时的本国法，塞内加尔、土耳其、波兰、原捷克斯洛伐克、原南斯拉夫等一些国家都持此种观点，上述《日本法例》第26条第1款的规定也是一例。二是适用立遗嘱人死亡时的本国法，持此种观点的国家有阿尔及利亚、约旦、奥地利、埃及、匈牙利等。例如，《奥地利国际私法》第30条第1款规定："立遗嘱的能力和遗嘱、继承契约或抛弃继承的契约的有效性的其他要件，依死者为该法律行为时的属人法。如该法不认为有效，而死者死亡时的属人法认为有效时，以后者为准。"又如，《匈牙利国际私法》第36条第2款规定："遗嘱依遗嘱人死亡时属人法。"依照奥地利和匈牙利的法律观点，当事人的属人法是指他的国籍国法。

2. 适用立遗嘱人的住所地法。在有些国家看来，遗嘱继承与立遗嘱人的住所地关系密切，因而主张遗嘱的实质要件应当适用立遗嘱人的住所地法。例如，《阿根廷国际私法草案》第31条规定："成立、变更或撤销遗嘱的能力，以及因立遗嘱人年龄关系所需的特殊遗嘱形式，适用立遗嘱人立遗嘱时的住所地法。"又如，《泰国国际私法》第41条也规定："遗嘱的效力与解释以及遗嘱全部或部分无效，依遗嘱人死亡时住所地法。"

3. 采用区别制确定准据法。英、美、法等国将遗嘱继承又作了进一步的划分，即动产遗嘱适用立遗嘱人住所地法，不动产遗嘱适用物之所在地法。例如，《美国第二次冲突法重述》第239条规定："（1）遗嘱能否使土地权益发生转移，以及被转移权益的性质，依土地所在地法院将予适用的法律。（2）法院通常适用其本地法决定此类问题。"其第263条还规定："（1）遗嘱能否使动产权益发生转移，以及被转移权益的性质，依遗嘱人死亡时住所地州法院将予适用的法律。（2）法院通常适用其本地法决定此类问题。"

4. 对遗嘱实质要件的不同方面适用不同的准据法。例如，

《泰国国际私法》第 39 条规定："遗嘱的能力，依遗嘱当时遗嘱人的本国法。"其第 42 条第 2 款又规定："遗嘱全部或部分条款失效消灭，依遗嘱人死亡时之住所地法。"

5. 选择适用立遗嘱人的本国法、住所地法或惯常居所地法。例如，《瑞士联邦国际私法》第 94 条规定："根据立遗嘱人的住所地法律、习惯居所地法律或其本国法律的规定，立遗嘱人有行为能力的，他所作的遗嘱即为有效。"

(二) 遗嘱形式要件的法律适用

遗嘱的形式要件对遗嘱的成立及其有效性至关重要，因而许多国家的立法在这方面都作出了明确的规定。概括起来，主要有以下两种法律适用方式：

1. 采用区别制，即区分动产遗嘱和不动产遗嘱，分别适用各自的准据法。对于涉及动产的遗嘱设立方式，通常适用立遗嘱人的属人法或行为地法；而对于涉及不动产的遗嘱设立方式，则适用不动产所在地法。例如，1964 年日本第一百号法令公布的《关于遗嘱方式准据法》第 2 条规定："遗嘱方式，符合下列法律之一的，其方式有效：(1) 行为地法；(2) 遗嘱人立遗嘱或死亡时国籍所属国家的法律；(3) 遗嘱人立遗嘱或死亡时之住所地法；(4) 遗嘱人立遗嘱或死亡时之经常居所地法；(5) 至于不动产的遗嘱，依不动产所在地法。"除日本外，英国、美国、德国、法国、匈牙利、原南斯拉夫等许多国家也采用区别制。

2. 采用单一制，即不分动产遗嘱和不动产遗嘱，只要遗嘱的设立方式符合立遗嘱人的属人法或遗嘱设立地法，均为有效。例如，《泰国国际私法》第 40 条规定："遗嘱的方式，依遗嘱人本国法，或依遗嘱地法。"又如，《阿根廷国际私法草案》第 33 条规定："遗嘱如果符合立遗嘱地国法或者立遗嘱人立遗嘱时或死亡时住所地国法，则其形式有效。"意大利、波兰、原苏联、原捷克斯洛伐克、土耳其、埃及、塞内加尔、阿尔及利亚、布隆迪、多哥等一批国家也采用单一制。此外，在实行单一制的国家中，有的国家还主张遗嘱的方式可以适用遗嘱设立地法或立遗嘱人选择的法律。例如，《多哥家庭法典》第717条规定："遗嘱的方式适用立遗嘱地法或立遗嘱人明示选择的法律。"《塞内加尔家庭法》第848条第1款也有相同的规定。

在遗嘱形式要件的法律适用方面，除了上述区别制和单一制这两种主要方式以外，国际社会近几十年来还出现了一种新的法律适用实践，即通过采用选择性的冲突规范，将若干种准据法予以平行列举，只要遗嘱设立方式符合其中一种法律的要求，该项遗嘱即为有效。例如，《遗嘱处分方式法律适用公约》第1条规定：凡遗嘱处分在方式上符合下列各国内法的，应为有效：(1) 立遗嘱人立遗嘱时所在地；或 (2) 立遗嘱人作出处分或死亡时国籍所属国；或 (3) 立遗嘱人作出处分或死亡时的住所地；或 (4) 立遗嘱人作出处分或死亡时的惯常居所地；或 (5) 在涉及不动产时，财产所在地。公约的这种规定扩大了遗嘱形式要件准据法的选择范围，其目的是要使遗嘱在形式上的有效性能够尽量得到保证。该公约已于1964年1月5日生效，美国、法国、德国、奥地利、希腊、丹麦、瑞典、挪威、芬兰、意大利、英国、荷兰、比利时、卢森堡、瑞士、原南斯拉夫、日本等许多国家都加入了该公约。其中，有些国家如匈牙利、日本、原南斯拉夫等国纷纷在自己的国内立法中照搬了公约的上述规定；还有的国家如瑞士则在其立法上原则性规定，遗嘱方式等问题应当适用该公约。

在遗嘱的形式要件中，除了设立遗嘱的方式外，还包括变更和撤销遗嘱的方式。考虑到变更和撤销遗嘱主要是通过立遗嘱人重新设立一个与原立遗嘱内容不同的遗嘱来完成的，因而许多国家的法律都规定，变更和撤销遗嘱的方式与设立遗嘱的方式均适用相同的准据法。例如，原《捷克斯洛伐克国际私法及国际民事诉讼法》第 18 条第 2 款规定："遗嘱的方式，依立遗嘱时死者本国法，但符合遗嘱地国法，亦为有效。遗嘱之撤销方式，亦适用同样的法律。"《匈牙利国际私法》第 36 条第 2 款也规定："遗嘱或撤销遗嘱，如果依照匈牙利法或者下列各法为有效，在方式上即认为有效：(1)遗嘱签署时或撤销时的行为地法，或者(2)遗嘱签署时或撤销时或遗嘱人死亡时遗嘱人的属人法，或者(3)遗嘱签署时或撤销时或遗嘱人死亡时遗嘱人的住所地法或惯常居所地法，或者(4)在不动产遗嘱的场合，不动产所在地法。"《遗嘱处分方式法律适用公约》同样有此规定。依照该公约第 2 条，遗嘱设立方式的准据法也"应适用于撤销以前所为的遗嘱处分。如果根据第 1 条指明的任何一种法律中的条件，被撤销的遗嘱处分为有效，则符合该法律规定的撤销行为在方式上应为有效。"

四、我国关于涉外遗嘱继承的立法规定

我国《继承法》对遗嘱继承和遗赠作出了若干规定。根据该法第 16 条，我国公民可以依法设立遗嘱处分个人财产，可以立遗嘱将个人财产指定由法定继承人的一人或者数人继承，也可以立遗嘱将个人财产赠给国家、集体或者法定继承人以外的人。

(一) 关于遗嘱的实质要件

在立遗嘱人能力问题上，《继承法》第 22 条第 1 款要求立遗嘱人必须具有完全的行为能力，"无行为能力人或者限制行为能力人所立的遗嘱无效。"在遗嘱内容问题上，《继承法》第 19 条施加了一项限制，即"遗嘱应当对缺乏劳动能力又没有生活来源的继承人保留必要的遗产份额。"在遗嘱效力问题上，《继承法》第 16 条以及第 22 条第 2 款规定：遗嘱人所立遗嘱应当遵守国家法律，遗嘱必须是遗嘱人的真实意思表示，否则遗嘱无效。

(二) 关于遗嘱的形式要件

在遗嘱的设立方式问题上，《继承法》第 17 条规定了公证遗嘱、自书遗嘱、代书遗嘱、录音遗嘱、口头遗嘱五种方式，同时还详细规定了这些遗嘱的设立程序。在遗嘱的撤销和变更问题上，《继承法》第20条规定："遗嘱人可以撤销、变更自己所立的遗嘱。立有数份遗嘱，内容相抵触的，以最后的遗嘱为准。自书、代书、录音、口头遗嘱，不得撤销、变更公证遗嘱。"

（三）关于涉外遗嘱继承的法律适用

目前，我国立法中还没有关于涉外遗嘱继承法律适用方面的明确规定，只是在《继承法》第36条内，对涉外继承的法律适用作了原则性规定，但它并未明确指出其适用范围是否既包括法定继承，也包括遗嘱继承。此外，我国《民法通则》虽然在第149条中为涉外遗产继承规定了法律适用原则，但其适用范围却仅限于涉外法定继承。由此可见，在我国现行的立法中，尚不存在明确而具体的、调整涉外遗嘱继承的法律适用规范。至于在司法实践中可否参照《民法通则》所规定的涉外法定继承的冲突规范（即"动产适用被继承人死亡时住所地法律，不动产适用不动产所在地法律"）来解决涉外遗嘱继承问题，我国学者对此存在着不同的看法。另外，我国还有学者认为，根据《民法通则》第142条第3款的规定，在中国现行法律对涉外遗嘱继承的有关问题缺乏规定的情况下，应当按照通行的国际惯例来解决涉外遗嘱继承各个环节的法律冲突问题。

第四节 涉外无人继承财产的法律适用

一、概述

无人继承财产亦称绝产，是指继承开始后，在法定期限内无人接受继承又无人受领遗赠的财产。具体有以下几种情况：(1)被继承人无法定继承人又未立遗嘱指定继承人、受遗赠人，或虽立遗嘱但遗嘱无效;(2)虽有法定继承人、遗嘱指定继承人和受遗赠人,但他们在法定期限内均放弃继承或受遗赠;(3)全体继承人都丧失了继承权,受遗赠人亦被取消接受遗产的权利;(4)被继承人以遗嘱依法剥夺了一切继承人的继承权;(5)被继承人用遗嘱只处分了遗产的一部分,在无法定继承人时,其未处分部分的遗产也属于无人继承财产;(6)有无继承人或受遗赠人的情况不明,经公告期满后仍无人出面主张继承权或受遗赠。

涉外无人继承财产是指内国公民死亡后遗留在外国的无人继承财产或外国公民死亡后遗留在内国的无人继承财产。国际私法在这一领域的主要任务,是要解决无人继承财产归属的法律冲突和法律适用问题。

二、涉外无人继承财产的法律冲突

世界上几乎所有国家都主张,无人继承财产应归属于国家。例如,《法国民法典》第768条规定:"如无继承人时,遗产归属于国家。"但是,关于取得无人继承财产的理论依据,即国家以何种身份取得该项财产,各国则存在着两种不同的理解:

(一)继承权说

这种学说主张,国家对无人继承财产应享有继承权,国家是以继承人的身份取得无人继承财产的。首先提出这一学说的是德国法学家萨维尼,他认为国家和地方团体可以假定为最后的继承人,在发生财产无人继承又无人接受遗赠的情况下,由死者的国籍所属国以特殊继承人的身份取得有关财产,而不问该项财产位于何处。德国、意大利、西班牙、瑞士、匈牙利等国均持这一主张。例如,《德国民法典》第1936条规定:"继承开始时,被继承人既无血亲,又无配偶,以被继承人死亡时所属邦之国库为法定继承人。被继承人如果不属于任何邦的德国公民,则以德国国库为其法定继承人。"继承权说的核心在于,有关的遗产并非

"无人继承财产",只要国家存在,任何本国公民的遗产就永远有法定继承人,只不过其继承顺序排在最后罢了。

(二)先占权说

这种学说主张,无人继承财产是无主财产,属于无主物的范畴,对它的所有权应依民法上的先占制度取得。因此,国家是根据领土主权原则,以主权者的身份通过行政权力而享有对这类无主财产的先占权的。那么,为什么要由国家先占而非由任何其他个人或组织先占呢?法国学者魏斯认为,这是为了防止因个人先占而引起社会秩序的混乱和对公益的侵害。另一位法国学者巴迪福在其所著的《国际私法》一书中,对国家享有先占权也作了进一步的阐述。他指出:"依法国法,国家之取得无人继承财产,乃基于主权的行使,而非继承权。换句话说,系直接依物之所在地法,而无须依继承的准据法。"[①] 由此可见,先占权说的核心就在于对无人继承财产所有权的转移问题究竟应当如何识别。这种理论是将其识别为对无主财产所有权的取得,亦即属于原始取得,而不是将其视为"继承"问题,因而不存在传来取得。英国、美国、法国、奥地利、日本、土耳其、秘鲁等国均持这一主张。例如,英国 1925 年的《遗产管理法》和 1952 年的《未立遗嘱人遗产法》均规定:没有任何人对遗产提出要求时,遗产应归属于国家,国家以先占权取得无人继承财产。

由于各国对国家以何种身份取得无人继承财产的理解不同,它们对无人继承财产所采取的处理原则也就不同。如果主张国家是以特殊继承人的身份取得该项财产,那么该项财产应归属于被继承人的国籍所属国,因为只有国籍才是公民个人与特定国家之间内在联系的法律纽带;如果主张国家是以主权者的身份依先占

[①] 转引自章尚锦主编:《国际私法》,中国人民大学出版社 1992 年版,第 216 页。

权取得该项财产,则该项财产应归财产所在地国所有,因为财产位于该国境内,它能比任何其他国家先行占有该项财产。这样,由于各国奉行的处理原则不同,便会产生无人继承财产归属方面的法律冲突。

例如,1930年,一位住所在德国的德国人在英国死亡,并在英国遗留一笔动产。该德国人既无法定继承人,生前也未立遗嘱。德国根据本国法律,认为该项财产应由德国国家继承,遂向英国法院提起继承诉讼。根据英国的冲突规范,动产继承适用被继承人的住所地法即应适用德国法,而根据德国法,这笔财产属于无人继承财产,应由德国国库以继承人身份取得。但英国法院认为,德国法关于无人继承财产的规定与英国奉行的先占权原则相违背,因而不能适用。英国法院的结论是,如果根据继承关系准据法(在本案中为德国法),这项遗产属于无人继承财产,则依照英国法的观点,无人继承财产的性质属于无主物,因而在其归属问题上应当适用英国法,即由英国国库依先占权取得。由此可见,英国法院对本案中无人继承财产所应适用的准据法又依照法院地法进行了"二级识别",其真正目的是为了限制外国法的效力,扩大本国法适用范围,以使外国人遗留在英国境内的无人继承财产收归本国所有。

三、涉外无人继承财产的法律适用

从以上介绍的情况来看,涉外无人继承财产法律冲突的实质,是由不同的识别和不同的处理原则而引发的财产归属冲突,换言之,当法院地国冲突规范所援引的实体继承法规定死者的遗产为无人继承财产时,便产生了该项财产归何国所有的问题。实际上,它反映了死者国籍所属国与财产所在地国之间的利益冲突。

因此,涉外无人继承财产的法律适用,主要涉及两个方面的问题:一是应当适用何国法律识别死者遗留下来的财产是否为无人继承财产。对此,各国一般均主张适用继承关系的准据法,即依照法院地国冲突规范所援引的支配该继承关系的某国实体法来确定。例如,在上面的案例中,德国法就是继承关系的准据法,英国法院根据该法的有关规定,将死者遗产识别为无人继承财产;二是应当适用何国法律解决无人继承财产的归属问题。对此,目前大多数国家的法律都未作具体规定,而是采用涉外继承关系法律适用的一般原则。从国际社会的有关规定和实践来看,关于涉外无人继承财产归属的准据法的确定,也有单一制和区别制两种不同的做法。

(一) 采用单一制确定准据法

采用单一制的国家主要通过以下两项原则来确定涉外无人继承财产归属的准据法:

1. 适用死者属人法。这是涉外继承法律适用领域中最常见的一项原则,它同样可以用来解决涉外无人继承财产归属的法律冲突。例如,《布斯塔曼特法典》第157条规定:"在没有遗嘱的遗产案件中,如法律在没有其他继承人时指定国家为继承人,应适用权利所由产生的人的属人法"。一般来讲,持继承权说观点的国家比较多地采用这一原则。根据各国对属人法的不同理解,此项准据法可以是死者的本国法,也可以是其住所地法。采用这一原则首先要将无人继承财产的权利转移视为继承问题,并适用继承关系的准据法——死者属人法。如果该准据法规定国家以继承人资格取得有关遗产,则死者的国籍国有权获得该项遗产,无论该项遗产位于其境内还是境外;受诉法院地作为遗产所在地时,也应当将其本国境内的绝产移交给死者的所属国。如果该准据法规定国家以主权者资格依先占权取得有关遗产,则财产所在地国有权获得该项遗产,而不问死者的国籍国或住所地国是内国还是外国;受诉法院地作为死者的国籍国或住所地国时,亦无权取得在其境外的绝产。德国在审判实践中即采用此项原则。

2. 适用遗产所在地法。一般来讲，持先占权说观点的国家比较多地采用这一原则。这些国家不把无人继承财产的归属视为继承问题，而是将其识别为物权问题，因此，对它不适用继承关系的准据法，而是适用物权关系的准据法——物之所在地法。例如，《秘鲁民法典》第2101条规定："如果依死者住所地法，遗产须交给外国或其权力机关，对死者在秘鲁的财产继承，依秘鲁法。"又如，《奥地利国际私法》第29条规定："如依第28条第1款所指定的法律，遗产无人继承，或将归于作为法定继承人的领土当局，则在各该情况下，应以死者财产在其死亡时所在地国家的法律，取代该法律。"这项规定中所提到的该法第28条第1款的内容是："死亡继承依死者死亡时的属人法。"由此可见，第29条规定的含义是：依死者属人法确定遗产为无人继承财产时，应转而适用该遗产所在地国家的法律，以此作为涉外无人继承财产归属问题的准据法。同样道理，根据这一原则，如果该准据法规定国家以主权者资格依先占权取得有关遗产，则财产所在地国有权获得该项遗产；如果该准据法规定国家以继承人资格取得有关遗产，则死者的国籍国有权获得该项遗产。

除了各国国内立法以外，相关的国际公约在这方面也有所涉及。例如，《死者遗产继承法律适用公约》第16条规定："如果根据本公约指定的准据法，既没有受遗赠人、遗嘱继承人，也没有法定继承顺序范围内的继承人的，适用上述法律的规定并不影响国家或者依法设立的有关公共机构获得其领土上无人继承财产的权利。"换言之，对于涉外无人继承财产，财产所在地的缔约国可以依据该公约所确定的继承关系准据法以外的法律（如物权关系准据法）而取得该项绝产。由此可见，该公约实际上是承认对无人继承财产的两种识别标准（即继承权说和先占权说）及其法律适用结果的。

(二) 采用区别制确定准据法

根据一些国家的司法实践及有关国家间双边协定的规定，无人继承财产中的动产部分，通常适用死者死亡时国籍所属国法律，而不动产部分则适用不动产所在地法律。例如，1955 年保加利亚和匈牙利之间订立的司法协助条约中就有这样的规定。

四、我国关于涉外无人继承财产的若干规定

(一) 关于无人继承财产的归属

我国《继承法》第 32 条规定："无人继承又无人受遗赠的遗产，归国家所有；死者生前是集体所有制组织成员的，归所在集体所有制组织所有。"如果认为这项规定可以在涉外领域参照适用的话，则表明在涉外无人继承财产问题上，我国也是主张由国家来取得有关绝产的，因为外国人成为我国集体所有制组织成员的现象基本上不存在。

(二) 关于涉外无人继承财产的法律适用

目前我国现行立法对涉外无人继承财产的法律适用问题未作专门规定。我国有学者认为，在我国，判断某项遗产是否为涉外无人继承财产，自应适用继承关系的准据法，即《民法通则》第 149 条的规定："遗产的法定继承，动产适用被继承人死亡时住所地法律，不动产适用不动产所在地法律。"[①] 至于涉外无人继承财产归属的法律适用，最高人民法院《关于贯彻执行〈中华人民共和国民法通则〉若干问题的意见（试行）》第 191 条规定："在我国境内死亡的外国人，遗留在我国境内的财产如果无人继承又无人受遗赠的，依照我国法律处理，两国缔结或者参加的国际条约另有规定的除外。"从这一条款的内容来看，我国在涉外

---

① 李双元、金彭年、张茂、李志勇编著：《中国国际私法通论》，法律出版社 1996 年版，第 493 页。

无人继承财产归属问题上的法律适用原则有以下两项：

1. 适用我国法律。此处的"法律"应理解为我国处理涉外无人继承财产的实体性有关规定，而且这类规定是广义的，它不仅是指立法上的规定诸如前面提到的《继承法》第32条，还应包括我国一些部门制定的相关法律文件。例如，我国外交部、最高人民法院于1954年9月28日联合颁布了《外人在华遗产继承问题处理原则》，其中第6条规定："外人在华遗产，如所有合法继承人及受赠人均拒绝受领，或继承人之有无不明，而在公告继承期间（公告期限6个月）无人申请继承者，即视为绝产，应收归公有。"第7条还规定："外人在华遗产动产，在互惠原则上，可按被继承人国家的法律处理。建交国人所遗动产绝产，在互惠原则下，可交其本国驻华使领馆接受。"在实践中，对于无条约规定的外国人遗留在我国的无人继承财产，我国通常是按照这些原则来处理的。

2. 适用我国缔结或者参加的国际条约。在我国与一些国家签订的双边条约中，对涉外无人继承财产的归属多作如下规定：缔约任何一方公民死亡后遗留在缔约另一方领土上的无人继承财产中的动产，可以移交给死者所属国的领事处理。1987年生效的《中蒙领事条约》第29条第4款就有这方面的规定。

从上述各项规定中可以看到，对于涉外无人继承财产的归属，与我国订有条约的，应当按照条约的规定办理；没有条约的，则依照我国法律来处理。我国缔结或者参加的国际条约同我国法律有不同规定的，根据《民法通则》第142条第2款，应当优先适用国际条约，但我国声明保留的条款除外。

在具体实践中，我国处理境内涉外无人继承财产的做法是：对于绝产中的动产，一般是在互惠的基础上移交给死者的所属国；而绝产中的不动产，则通常收归我国国库所有。由此可见，我国在这方面是采取区别制，并且在动产归属问题上持继承权说，在不动产归属问题上则持先占权说。

第三编 专 论

第十一章 区际法律冲突

　　国际私法的理论与实践最初是在解决区际法律冲突问题的过程中逐步演变、发展起来的。直到如今，国际私法与区际私法仍然在不断地互相渗透、互相影响、互相促进，形成一种相辅相成的关系。但由于这两者的调整对象有所不同，因而并不能相互替代。

　　目前在我国，已经开始重视对区际法律冲突问题的研究。究其原因，一方面是因为系统地研究区际法律冲突问题，有助于我们更全面、更深入地理解、掌握国际私法的有关学说，更好地运用国际私法上的冲突规范及其相关制度来解决国家间的涉外民事法律冲突；另一方面，随着对香港、澳门顺利地恢复行使主权，区际法律冲突在我国已经成为现实。如何结合我国具体国情，吸取国际上行之有效的经验以妥善解决这一问题，是我国有关理论界和实务部门所面临的一项紧迫任务。

　　有鉴于此，尽管本书在前面的第三章第四节中对区际法律冲突问题已经有所涉及，但还仅仅是从多法域国家外部来研究某多法域国家与其他国家法律冲突的解决，而这只是区际法律冲突的一种情形。为了从整体上考察区际法律冲突，这里有必要设立专章，再从另外一个角度，即从多法域国家内部各法域之间的不同法律规定入手，来对区际法律冲突的解决作进一步的介绍和探讨。

第一节 区际法律冲突概述

一、区际法律冲突的概念和特征

前已提及,所谓区际法律冲突是指在一个多法域国家,由于其内部各法域之间的民商法律规定不同而引起的法律适用冲突。由此可见,与其他种类的法律冲突相比,区际法律冲突具有以下特征:

1. 区际法律冲突是在一个主权国家领土范围内发生的法律冲突。区际法律冲突不能简单地理解为不同法域之间的法律冲突,它必须发生在一个主权国家的领土范围以内,超出了这个范围,就不属于区际法律冲突,而是国际法律冲突。

2. 区际法律冲突是在一个主权国家领土范围内具有独立法律制度的不同地区之间的法律冲突。区际法律冲突产生的基础,是一国内部有不同的法域存在,如果一国属于单一法域而非多法域国家,则区际法律冲突便无从产生。

3. 区际法律冲突是在一个主权国家领土范围内不同法域之间的民商法律冲突。从世界各国的理论和实践来看,并非任何法律都具有域外效力。一般认为,刑法、行政法、财政金融法、程序法等部门法属于公法范畴,具有严格的属地性,不能在立法者的域外发生效力,因而不会发生区际法律冲突。但民商法则不同,国际社会的普遍看法是,某一国家或某一法域的民商法律在一定条件下具有域外效力,这样,难免会产生内外国或内外法域之间民商法方面的冲突。因此,准确地讲,区际法律冲突应称之为区际民商法律冲突或区际私法冲突。

4. 区际法律冲突是在一个主权国家领土范围内不同法域之间的民商法律适用上的冲突。换言之,不能将国内各法域的民商法律对同一民商事关系的不同规定本身视为法律冲突，只有当国内某一跨区域的具体民商事关系涉及到这些不同的规定，而适用其中某一法域法律的结果与适用另一法域法律的结果出现差异时，各有关法域之间的法律在该民商事问题上的规定才产生区际冲突。

5. 区际法律冲突是在一个主权国家领土范围内不同法域之间的民商法律于同一平面上发生的横向适用冲突。在多法域国家内，各法域的民商事法律制度是平等的，相互不存在隶属关系，所以，区际法律冲突必然是在同一个平面上发生的横向冲突（horizontal conflict）。这种冲突既不同于单一制国家内中央法律与地方法律之间的冲突，也不同于联邦制国家内联邦法律与其成员（州、省）法律之间的冲突，这后两种冲突是不同平面的纵向冲突（vertical conflict），亦即上下级法律之间的冲突，因而不属于区际法律冲突的范畴。

综合以上各项特征，对于区际法律冲突的确切表述应当是：区际法律冲突是指在一个主权国家领土范围内，不同法域之间的民商法律于同一平面上发生的横向适用冲突。

二、区际法律冲突以及多法域国家产生的原因

从实际情况来看，之所以产生一国范围内的区际法律冲突，主要是基于以下三点原因：

1. 在一国内部，存在着数个具有不同法律制度的法域，即该国是一个多法域国家。这是区际法律冲突产生的前提条件。

2. 该多法域国家内的各个法域相互承认外法域的自然人和法人在内法域的民事法律地位，并因此而导致跨区域民商事关系的大量产生。这是区际法律冲突产生的可能条件。

3. 该多法域国家内的各个法域相互承认外法域的民商法律在内法域的效力。这是区际法律冲突产生的现实条件。

以上三点原因对于区际法律冲突的产生是缺一不可的，但其中第一个原因尤为重要。只有在一个国家内部存在着具有不同法律制度的法域，才会有区际法律冲突的产生。那么，又是什么原因导致一国内部各地区的法制不统一呢？换言之，是什么原因致使世界上出现了多法域国家这样一种情形？归纳起来，主要有如下一些原因：

1. **国家的联合与合并**。即两个或两个以上的国家结合成为一个新国家。由于被联合或合并的原国家其各自的法律往往在很大程度上仍得以保留，因而新国家内部各地区（即原国家）的法律就很不统一。瑞士、英国、美国等都因此而形成了多法域国家。

2. **国家的复活**。即一个国家被列强瓜分，后来在特定的历史条件下，该被瓜分的国家得以复活。由于该国被瓜分的各地区曾分别置身于各强国的管制之下，深受其法律的影响，因此，各该地区在复国后的一段时期内可能仍然分别保留其被占领时的法律，从而形成多法域国家。例如，波兰在历史上曾经被瓜分，至第一次世界大战结束时复国。复国后，波兰以前属于德国控制的地方仍然适用德国民法，属于奥地利控制的地方仍然适用奥地利民法，属于匈牙利控制的地方仍然适用匈牙利民法，属于俄国控制的地方仍然分别适用俄国和法国的民法。所以，当时的波兰是具有五个法域的多法域国家。

3. **国家的兼并**。即一国以武力强行占有他国领土之一部或全部。兼并的后果常常是使得兼并国在一定时期内成为多法域国家。例如，第二次世界大战期间，德国和意大利兼并了大量的外国领土，那些被兼并的地区并没有因兼并而终止适用原来的民事法律，这样，德国、意大利在当时便成为特殊的多法域国家。

4. **国家领土的割让**。即一国领土依条约转移给他国。无论是以和平方式还是因战争结果而导致的割让，并不一定使割让地区原来适用的法律随着割让而废弃。因此，接受割让地区的国家便有可能成为多法域国家。例如，普法战争后，德国根据1871年的《法兰克福和约》取得了法国割让的阿尔萨斯和洛林，但被割让后的阿尔萨斯和洛林在一段时期内仍然是适用法国的民法。

5. 国家领土的回归。即一国领土的一部分由于他国的侵占、割让或租借而一度被他国所治理，后来原属国恢复对其这一部分领土行使主权。国家领土的回归有时也使归属国成为多法域国家，因为在回归的领土内，仍然在某种程度上保留了原有的法律，从而使得回归领土成为其归属国内部的一个具有独特法律制度的区域。例如，香港和澳门已分别于1997年和1999年回归中国，由于实行"一国两制"，使得中国因此而成为一个多法域国家。

6. 分裂国家的统一。一个国家有时由于其内部或外部的原因出现了分裂局面，各分裂地区由不同的政权统治着，施行不同的法律制度。分裂国家逐步走向统一后，特别是在以和平方式完成统一的情况下，原各分裂地区可能保留各自原有的法律制度，这样，重新统一的国家便成为多法域国家。祖国大陆和台湾将来按"一国两制"方针实现的统一即属于这种情况。

除上述列举的原因外，还有其他一些原因，诸如因实行委任统治和托管制度，或因国家实行殖民而形成了多法域国家，等等。[①] 就某一个具体的多法域国家而言，其内部多种法制并存的局面既有可能产生于以上各项原因中的一项，也有可能产生于这些原因的结合。

三、区际法律冲突的解决

从各多法域国家的立法和司法实践来看，与解决国际法律冲

---

① 黄进著：《区际冲突法研究》，学林出版社1991年版，第15—24页。

突一样，解决区际法律冲突的方式也主要有两个：一是区际冲突法方式，二是区际统一实体法方式。

(一) 区际冲突法方式

所谓区际冲突法方式是指多法域国家及其内部各法域通过制定冲突规范，以确定各种涉外（跨区域）民商事关系所应适用的法律。具体方式有以下几种①：

1. 制定全国统一的区际冲突法来解决区际法律冲突。从各国实践来看，有的国家颁布过专门的全国统一的区际冲突法法典，例如，1926年波兰颁布了《区际私法典》；有的国家则颁布了全国统一的解决某些领域中区际法律冲突问题的区际冲突法，例如，1979年原南斯拉夫颁布了《解决关于民事地位、家庭关系及继承的法律冲突与管辖权冲突的条例》；还有的国家将全国统一的区际冲突法同其国际私法结合起来加以规定，分别用于解决区际法律冲突和国际法律冲突。例如，1891年瑞士曾颁布过一项关于州际法和适用于在瑞士居住的外国人和居住在国外的瑞士公民的法律的联邦法，其中的州际法就是用于解决瑞士联邦内各州之间的法律冲突的。

2. 各法域分别制定各自的区际冲突法，用以解决本法域与其他法域之间的法律适用冲突。例如，波兰在1926年的《区际私法典》颁布之前，原捷克斯洛伐克在1948年的《国际私法和区际私法典》颁布之前，其国内的区际法律冲突都是依照各法域自身的区际冲突法来解决的。

3. 类推适用国际私法以解决区际法律冲突。例如，《西班牙民法典》第14条规定，区际法律冲突应通过类推适用国际私法规则加以解决。这种方式一般是在复合法域国家无统一的区际冲突法，各法域也没有区际冲突规范或中央立法机构不允许这种规

---

① 黄进著：《区际冲突法研究》，学林出版社1991年版，第76—80页。

范存在的情况下而采用的。

4.对区际法律冲突和国际法律冲突不加区分,适用与解决国际法律冲突基本相同的规则来解决区际法律冲突。在许多英美法系国家中,并没有国际私法和区际私法之分,因而在解决区际法律冲突问题时,适用的是与解决国际法律冲突基本相同的规则。这里应当注意,采用此种方式的国家是将解决区际法律冲突的区际私法与解决国际法律冲突的国际私法等同起来的,而不是类推适用。

比较上述几种方式,应当说,通过制定全国统一的区际冲突法来解决多法域国家的区际法律冲突是最为可取的。因为它可以消除各法域的区际冲突法之间的冲突,避免反致、转致问题的出现,简化识别过程;同时,由于对同一案件无论由哪一法域的法院审理都将适用同一个准据法,还可以使判决或案件审理结果获得一致;并且,全国统一的区际冲突法常常是各法域实体法统一的前奏,它将逐步促进和推动着其国内法制的统一。

(二)区际统一实体法方式

一般来讲,冲突法的统一比实体法的统一要相对容易一些,因为它是在保留各法域实体民商法分歧的基础上的统一。而且,在一个多法域国家内若没有统一的区际冲突法,则会增加国内各法域之间法律适用的难度,甚至造成民商事法律关系的紊乱,这是多法域国家及其内部各法域都不希望看到的。因此,多法域国家通常首先采用统一区际冲突法的方式来解决区际法律冲突。但是,区际冲突法虽然能解决一时的区际法律冲突,却不能根除区际法律冲突现象,于是,多法域国家又往往采用区际统一实体法方式,以求达到避免和消除区际法律冲突的目的。

所谓区际统一实体法方式是指由复合法域国家制定或由复合法域国家的各法域联合起来采用统一的民商事实体法,直接适用于有关跨区域的民商事法律关系,从而避免在不同法域的法律之间进行选择，以最终消除区际法律冲突。具体方式有以下几种[①]：

1. 制定全国统一的实体法解决区际法律冲突。这种统一实体法有时是全面性的规定，以法典的形式出现。例如，1900年的《德国民法典》和1912年的《瑞士民法典》即属于这种情况。但在大多数情况下，这种统一实体法只是统一某个方面的规定。因为在一些多法域国家，由于宪法和其他条件的限制，要在全国一步到位地制定一个全面的统一实体私法并解决所有区际法律冲突是不可能的，因而只能分不同阶段，一个方面一个方面地进行实体法的统一工作。例如，澳大利亚于1975年通过了《家庭法条例》，随后又制定了《家庭法规则》，使该国在结婚、离婚、婚姻诉因、亲权、扶养、未成年人的监护以及其他有关问题上实现了全境法律的统一，从而消除了澳大利亚各州法律之间在这些方面的冲突。

2. 制定仅适用于部分法域的统一实体法来解决有关法域之间的区际法律冲突。例如，英国有英格兰（含威尔士）、苏格兰、北爱尔兰、海峡群岛和马恩岛五个法域，英国1948年的《公司法》及1968年的《收养法》就只适用于英格兰和苏格兰（即大不列颠），而不适用于其他三个法域。采用这种方式虽然使得实体法在其施行的法域内实现了统一，解决了有关法域之间在所涉问题上的法律冲突，但它只有局部效应，毕竟不是全国范围内的实体法统一。尽管如此，这仍然是多法域国家从法制不统一迈向统一的重要一步。

3. 各法域采用相同或类似的实体性规定以求得统一，从而解决其相互之间的区际法律冲突。在一些联邦制国家，其联邦立法机构由于受宪法的制约，不可能就所有私法问题制定全国统一

---

① 黄进著：《区际冲突法研究》，学林出版社1991年版，第82—90页。

的法律，进而解决国内的区际法律冲突。因此，它们采取了曲线统一的方式，即先由国内一些官方、半官方或民间组织草拟不具有法律效力的"示范法"（model law）并建议各法域采用，然后再由各法域的立法机构对这类"示范法"自愿予以采纳。由于各法域均采用这些相同或类似的实体性规定，从而在某些领域可以很大程度上消除它们之间的区际法律冲突。美国是实行这一方式的主要国家，它的全国统一州法委员会、美国法学会、美国律师协会等机构，在编纂"示范法"方面发挥着重要的作用。例如，由美国统一州法委员会与美国法学会合作拟定的《美国统一商法典》现已为美国各州所采用（仅路易斯安那州部分采用），从而使美国各州在商品买卖、银行交易、投资证券、产权证和商业票据、企业买卖等方面的法律基本上实现了统一。

4. 一些多法域国家的最高法院在审判实践中积极发挥作用，推动了实体法的统一，从而促进其国内区际法律冲突的解决。这种情况在英美法系国家表现得尤为明显。例如，在加拿大，其法院系统属于一元化系统，加拿大最高法院是受理各省和联邦法律问题的最高上诉法院。按照普通法上的"依据判例"原则，各省的低级法院应受各省高级法院判例的制约，而各省法院均受加拿大最高法院判例的制约。因此，加拿大最高法院作为全国最高上诉法院，对法律的统一具有很大影响，导致了各省采用实质上相同的普通法规则。

5. 将在一个法域内适用的实体法扩大适用于另一个法域，从而取得法律的统一，以消除区际法律冲突。这种做法多出现在因国家兼并、领土割让、领土回归或国家殖民等原因而形成的复合法域国家里。例如，于1871年被德国兼并的原属于法国的阿尔萨斯和洛林地区在第一次世界大战结束时回归法国，起初它们仍在适用德国法，使得法国原有地区同阿尔萨斯和洛林地区之间产生了区际法律冲突。但此后不久，法国于1924年6月1日颁布了两个法律,① 将法国的民法和商法扩大适用于阿尔萨斯和洛林地区,从而实现了法国全境民商法律的统一,消除了该国在短暂时间内出现的区际法律冲突。

综上所述,各复合法域国家虽然在具体做法上有所不同,但多是通过区际冲突法方式和区际统一实体法方式来解决其国内的区际法律冲突问题的。从前述有关国家的实践来看,区际冲突法的统一化和不同法域的实体法的逐步统一已经成为一种发展趋势,这两种方式在有效地解决区际法律冲突、实现国内法制统一方面正日益发挥着越来越重要的作用。

第二节 区际私法概述

一、区际私法的概念、特征和性质

所谓区际私法亦称区际冲突法,是指用于解决主权国家内部不同法域之间民商法律冲突的法律适用规范的总称,即区际法律适用法。这一定义表明,区际私法是随着解决一国内部不同法域之间的民商法律冲突的需要而产生的,因此,它具有以下几个方面的特征:

1. 区际私法是国内法。由于区际私法的中心任务在于解决一国内部不同法域之间的民商法律冲突,进而达到间接调整该国国内区际民商法律关系的目的,因此,区际私法只能由复合法域国家的立法机构或该复合法域国家内各法域的立法机构来制定,并且仅在该复合法域国家境内生效。由此可见,区际私法无论是由复合法域国家统一制定的,还是由复合法域国家内部各法域分

---

① 即法国于 1924 年 6 月 1 日颁布的《在上莱茵省、下莱茵省和摩泽尔省施行法国民事法律法》和《在上莱茵省、下莱茵省和摩泽尔省施行法国商事法律法》。

别制定的,它都属于复合法域国家的国内法。

2. 区际私法是民商法律适用法。区际私法既不直接调整区际民商法律关系当事人的实体权利与义务,也不确定民事诉讼主体之间的诉讼权利与义务,而仅仅是指明涉及一国内部不同法域的民商事关系应当适用何种法律。因此,区际私法既不同于民商实体法,也不同于民事诉讼程序法,而是民商法律适用法。

3. 区际私法与国际私法既有联系又有区别。对于这项特征,笔者将在下一论题中作详细阐述。

由此可见,区际私法既不同于国际私法,也不同于国内民商实体法或国内民事诉讼程序法,它是解决一国内部不同法域之间法律冲突问题的国内民商法律适用法。这就是区际私法的性质。

二、区际私法与国际私法的关系

区际私法与国际私法既有联系又有区别。

两者的联系主要表现在以下几个方面:

1. 区际私法和国际私法同根同源,国际私法本身就是在区际私法的基础上发展起来的。事实上,国际私法发展史上的法则区别说时代即是区际私法产生和发展的时代,当时该学说是以解决一国内部的区际法律冲突为中心任务的,它前后延续了大约五百多年的时间。

2. 区际私法和国际私法都以解决法律冲突为目的,这类法律冲突具有大致相同的性质,表现为民商事法律冲突、空间上的法律冲突及同一平面上的横向法律冲突。

3. 区际私法和国际私法都以冲突规范为核心,都主要以间接调整方法即通过指定某一涉外民事关系应适用何种法律来解决法律冲突,因而都是法律适用法。此外,两者的法律制度诸如识别、反致、公共秩序保留、法律规避、外国法或外域法内容的证明等等也是相同或相似的。这一情况表明,在区际私法和国际私法的发展进程中,两者在相互影响、相互借鉴。

4.在特定情况下,国际私法的适用往往有赖于区际私法的适用,即当一国冲突规范指定的某一涉外民商法律关系的准据法为某一复合法域国家的法律时,对该准据法的最终确定,就需要借助于该复合法域国家区际私法的进一步指引。

两者的区别主要表现在以下几个方面:

1.调整对象有所不同。区际私法调整的是涉及一主权国家内部不同法域之间的民商法律关系,而国际私法调整的则是两个或两个以上主权国家之间的民商法律关系,因此,区际私法上的"涉外因素"与国际私法上的"涉外因素"有着本质的不同。

2.法律渊源有所不同。区际私法的渊源只能是国内法,而国际私法的渊源则除了国内法以外,还包括国际条约和国际惯例,这是由于国际私法所调整的法律关系具有国际性质所决定的。

3.体现的政策有所不同。区际私法主要体现多法域国家处理其国家内部不同地区之间的政治、经济、民事等关系的政策,而国际私法则更多地体现一国的对外政策,并且国际私法的制定或实施还必须考虑国际法上的一些原则、规则和制度,诸如国家主权原则、平等互利原则以及国民待遇制度、最惠国待遇制度等等。

4.一些具体的规则和制度有所不同。例如,在属人法方面,区际私法仅指住所地法或惯常居所地法,而国际私法除此之外还包括本国法;又如,对于公共秩序保留制度,在区际私法中,其适用的范围较窄,而在国际私法中,其适用的范围则较宽。

综上所述,可以看到,区际私法与国际私法尽管存在着密切的联系,但它们之间的区别却是主要的,两者并不能相互代替。因此,应当认为,区际私法与国际私法是有着密切联系的两个不同的法律体系。

第三节 中国的区际法律冲突

一、中国区际法律冲突的产生

中国的区际法律冲突是指根据"一国两制"方针，我国内地与我国已经恢复行使主权的香港、澳门以及将来实现国家统一后的台湾这些不同法域之间发生的法律冲突。由此可见，中国区际法律冲突产生的根本原因在于"一国两制"方针的贯彻实施。所谓"一国两制"就是一个国家、两种制度，这里的"一个国家"，即指中华人民共和国，在这个前提下，"两制并存"，即内地实行社会主义制度，香港、澳门、台湾实行资本主义制度，香港、澳门的现行制度和生活方式五十年不变，但在国际上代表中国的只能是中华人民共和国，香港、澳门、台湾是中华人民共和国的组成部分，享受高度的自治权。随着"一国两制"的构想变成现实，中国的统一法制局面已被突破，区际法律冲突由此产生。导致这种冲突产生的具体原因实际上有两个：

1. 国家领土的回归。1997 年 7 月 1 日和 1999 年 12 月 20 日，我国相继对香港和澳门恢复行使主权。由于这两个地区的法律分别受英国和葡萄牙法律的影响较深，为了维护两地的繁荣与稳定，《中英联合声明》、《中葡联合声明》以及《中华人民共和国香港特别行政区基本法》和《中华人民共和国澳门特别行政区基本法》均允许香港和澳门的原有法律基本不变，并享有立法权、独立的司法权和终审权，亦即允许这两个地区作为独立的法域而存在，因而使得中国成为一个复合法域国家。这样，当各法域人员相互往来并形成民商法律关系时，内地、香港和澳门各自不同的法律之间在适用上就会出现法律冲突。

2. 国家全境的统一。对于台湾问题，我国政府也主张按照"一国两制"的方针加以解决。在祖国大陆同台湾实现统一后，台湾地区可以享有的自治程度甚至高于香港特别行政区和澳门特别行政区，如台湾可以保留自己的军队。这就意味着在将来的台湾地区内，不仅其现行的法律基本不变，并且它同样可以享有立法权、独立的司法权和终审权。因此，如果将来中国在全境成功地实现了和平统一、"一国两制"，那么在这个统一的中国大家庭内，台湾地区的法律制度就既不同于祖国大陆，也不同于香港和澳门，台湾地区也将成为一个独立的法域，并可能导致其法律同其他法域的法律产生适用上的冲突。

综上所述，可以看到，随着我国恢复对香港和澳门行使主权以及祖国大陆与台湾以和平方式实现统一，中国最终将出现"一国两制四法域"的局面。而从民商法的角度而言，内地、香港、澳门和台湾亦均会成为平等、独立的法域，因此，跨区域的民商事交往所引起的区际法律冲突将不可避免。

二、中国区际法律冲突的特点

通过以上对中国区际法律冲突产生原因的分析，我们不难看出，中国的区际法律冲突是当今中国社会特定历史条件下的产物，与世界上其他一些多法域国家内的区际法律冲突相比，它具有如下明显的特点：

1. 中国的区际法律冲突，既有属于同一社会制度的法域之间的法律冲突，例如，港、澳、台相互间的法律冲突就是同属资本主义制度的法域间的法律冲突；又有社会制度不同的法域之间的法律冲突，例如，内地与港、澳、台之间的法律冲突即属于社会制度根本不同的法域间的法律冲突。而世界上其他多法域国家的区际法律冲突都是"一国一制"下的法律冲突，这些国家内部各法域的政治、经济制度一致，要么都是资本主义制度（如美国、瑞士、澳大利亚等），要么都是社会主义制度（如原苏联、原南斯拉夫等）。由于这些国家具有统一的社会制度，其法律传统也基本相同，因而各法域的法律都具有相同的阶级本质，甚至都有相同的基本原则，所以，各法域法律的共同点是主要的，不同点则是次要的，这种区际法律冲突比较容易解决。相比之下，我国的区际法律冲突却呈现出其他多法域国家未曾有过的特殊的复杂情况。

2. 中国的区际法律冲突，既有属于同一个法系的法域之间的法律冲突，例如，台湾和澳门的法律制度都深受欧洲大陆法系的影响，这两个地区之间的法律冲突即属于同一法系的法域之间的冲突；又有属于不同法系的法域之间的法律冲突，例如，属于英美法系的香港法律与属于大陆法系的澳门或台湾的法律之间的法律冲突，即属于不同法系的法域之间的法律冲突。而世界上其他多法域国家的区际法律冲突一般都是同一法系的法域之间的法律冲突，只有美国和加拿大等少数国家有属于不同法系之间法律冲突的情况。在美国，大多数州属于英美法系，仅有路易斯安那州属于大陆法系；在加拿大，大多数省属于英美法系，但魁北克省则属于大陆法系。

3. 中国的区际法律冲突不仅表现为各法域本地法之间的冲突，而且有时表现为各法域的本地法与其他法域适用的国际条约之间以及各法域适用的国际条约相互之间的冲突。根据《中英联合声明》附件一第十一节和《中葡联合声明》附件一第八节的规定，香港特别行政区和澳门特别行政区可以分别以"中国香港"和"中国澳门"的名义，在经济、贸易、金融、航运、通讯、旅游、文化、科技、体育等领域单独同世界各国、各地区及有关国际组织保持和发展关系，并签订和履行有关条约；中华人民共和国缔结的国际条约，中央人民政府可根据具体情况及香港和澳门的需要，在征询香港或澳门特别行政区政府的意见后，决定是否适用于这两个地区；中华人民共和国尚未参加但已适用于香港和澳门的国际条约仍可继续适用。这样，就会导致在将来出现如下情形：即一些国际条约仅适用于中国领域内的某个法域而不适用于其他法域，由此可能进一步引起各法域的本地法同其他法域适用的国际条约之间以及各法域适用的不同国际条约相互间的冲突。这是中国区际法律冲突所特有的现象，在其他多法域国家中一般不发生这类问题。因为世界上其他多法域国家的中央政府所缔结或者参加的国际条约，其效力通常及于该多法域国家的全部领土，地方政府一般不享有我国特别行政区所享有的那种高度自治，它们大多无权对外缔结条约，因而不存在适用国际条约的冲突问题。

4. 中国的区际法律冲突缺乏国家根本大法的有力调整。我国领域内的各法域虽然拥有共同的母法——《中华人民共和国宪法》，但它对各法域的拘束力却有所不同。在其他多法域国家，其内部各法域虽然享有立法权，但它们所制定的法律必须符合该多法域国家宪法的要求并不得与中央立法相抵触，中央立法要优先于各法域的立法。例如，《美国宪法》第6条第2款规定："本宪法与依照本宪法制定的合众国法律，以及以合众国的名义缔结或将要缔结的条约，均为国家最高的法律，即使与任何州的宪法或法律相抵触，各州法官仍应遵守。"由于有了这类规定，使得中央在很大程度上可以控制各州的立法权，确保各州法律在一些重要原则上与中央立法保持一致，发生冲突的只是一些低级规范。而我国的各特别行政区原有的法律基本不变，香港和澳门的基本法虽然也以我国《宪法》为根据，但作为直接依据的仅仅是《宪法》第31条，即"国家在必要时得设立特别行政区。在特别行政区内实行的制度按照具体情况由全国人民代表大会以法律规定。"《宪法》中的其他条款只有关于维护国家主权统一和领土完整的部分才对特别行政区有拘束力，中央的其他立法也只有涉及国防和外交者才适用于各特别行政区。另外，我国《宪法》并未就中央立法管辖权与各特别行政区立法管辖权如何划分问题作出规定。目前香港、澳门的立法管辖权不是由中央宪法直接赋予的，而是由有关国际条约及特别行政区基本法加以规定的。这样一来，各法域在制定、实施民商法律时便享有完全的自主权，并且使得中央的民商立法在特定的时期内不得凌驾于各法域的民商立法之上。因此，在民商事领域，中央法律与特别行政区的地方法律之间应当是平等的关系，两者的冲突是在同一平面上的横向冲突。

5. 中国的区际法律冲突，是在各法域均有独立的司法权和终审权条件下的冲突。作为一国的地方行政区域享有司法终审权，这种情况在国际社会是极其少见的。在其他多法域国家中，有些国家的中央最高审判机关享有对各法域的终审权，并可以通过审理上诉案件，直接调整区际法律冲突；有些国家的中央最高审判机关即使不享有或不完全享有对各法域的终审权，不能通过上诉程序来调整区际法律冲突，但仍可通过司法监督和发表司法意见的途径来协调和缓解区际法律冲突。例如在美国，各州法院对属于州性质的案件享有终审权，但属于联邦性质的案件，终审权则归属于美国最高法院，而且，最高法院的判决对联邦和州法院均有拘束力。因此，中央在相当大的程度上仍可控制各州的司法权。而在我国，特别行政区的终审权属于它们各自的终审法院，不受中央最高人民法院的限制。换言之，在各法域之上，没有最高司法机关对有关的区际法律冲突加以协调。

鉴于以上各项特点，有学者认为，我国的区际法律冲突除了不属于主权国家间的法律冲突之外，与国际法律冲突几乎没有多大差别。[①] 这些情况反映了中国区际法律冲突的复杂性和解决这一冲突的艰巨性。

三、中国区际法律冲突的解决

(一) 解决我国区际法律冲突的原则

一般认为,解决我国的区际法律冲突应当遵循以下原则:

1. 促进和维护国家统一,坚持"一国两制"。首先,我们必须始终坚持香港、澳门、台湾都是中华人民共和国领土不可分割的组成部分,各个法域虽然分属不同法系,有各自的具体情况,但在解决区际法律冲突时,各法域均应以促进和维护国家统一为根本原则;其次,应当将中国区际法律的解决与国际法律冲突的解决适当区分开来,有些制度和规则虽然可以运用于解决国际法律冲突,但如果用以解决我国区际法律冲突问题,则不利于促进和维护国家的统一;第三,切实维护"一国两制"的格局,尊重并确保各特别行政区的高度自治权。

2. 平等协作。首先,各法域应相互承认对方法域法律的平等地位,并应相互承认各法域民商法律的域外效力,在需要适用外法域的法律时,不得存有任何歧视和偏见;其次,各法域应相互承认对方法域的自然人和法人在内法域法律地位上的平等性,不仅要相互赋予对方的自然人和法人在内法域以民事法律地位,而且对当事人的合法权益亦应给予同等的法律保护;第三,各法域在解决区际法律冲突时要相互信任、相互谅解,并应有必要的协作。

3. 促进和保障正常的区际民商事交往。首先,在制定区际私法和确定解决区际法律冲突的方式与步骤时,既要考虑到立法

[①] 韩德培:《论我国的区际法律冲突问题》,载于《中国法学》1988年第6期,第6页。

的公平性与稳定性，同时也应考虑到法律的效益性，即有关解决区际法律冲突的区际私法应当有助于司法机关迅速解决当事人之间的争议；其次，应当妥善解决区际民商事案件的管辖权冲突和司法协助问题，这将有助于促进和保障我国正常的区际民商事交往。

（二）解决我国区际法律冲突的方式

从各多法域国家的实践来看，解决区际法律冲突不外乎采用区际冲突法方式和区际统一实体法方式。我国区际法律冲突的解决，同样离不开这两种方式。

1. 区际统一实体法方式

通过制定全国统一的实体法以避免和消除各法域的民商法律冲突，是解决我国区际法律冲突的最佳途径。但是，要实现全国各法域实体法的统一，制定一部完备的既适用于社会主义的内地，又适用于资本主义的港、澳、台地区的实体民商法，并不是一件容易的事；而且就目前我国的国情来讲，急于制定区际统一实体法也是与"一国两制"的精神相违背的。因此，在现阶段，以统一全国实体法来最终避免或消除区际法律冲突还只能是一种理想，要实现这个理想需要有一个渐进的过程。不过，这个过程虽然缓慢，却并未排除各法域在某些方面，诸如在贸易、航运、金融等领域逐步统一某些实体法的可能性。

2. 区际冲突法方式

这种方式仅指定有关区际民商法律关系应当适用何种法律，而并未明确地直接规定当事人的权利与义务，因而它对区际法律关系只起间接调整作用，不能从根本上避免和消除各法域间的法律冲突。但是，由于通过区际统一实体法方式解决区际法律冲突在我国目前情况下还难以实现，因此，采用区际冲突法方式来解决中国的区际法律冲突便成为唯一的选择。至于在实践中具体应当采用哪一种区际冲突法方式，我国学术界推荐了以下不同做法

供各法域参考:

(1) 制定全国统一的区际私法。应当说,这是以区际冲突法方式解决我国区际法律冲突的一种最佳选择。但也有学者认为,目前在我国制定统一区际私法的条件尚未成熟。因为不仅各法域的冲突法差异很大,短时期内难以协调,而且由于各法域均拥有独立的立法权,无中央最高立法机构存在,这使得全国统一区际私法的形成只能依靠各法域立法机关在平等基础上相互协商。但从现在的实际情况来看,通过协商方式制定全国统一的区际私法,其可能性是很小的。

(2) 各法域分别制定各自的区际私法。采用此种方式不存在立法程序上的困难。有学者认为,既然制定全国统一的区际私法目前难以实现,由各法域分别制定各自的区际私法以调整日益紧迫的区际法律冲突,也不失为一种权宜之计。但反对的观点认为,由各法域自己制定的区际私法其规定必然各不相同,这将导致各法域区际私法本身发生冲突,大大增加了解决区际法律冲突问题的复杂性;而且它还会引起反致、转致以及当事人"挑选法院"等现象出现,并使识别变得更加困难。

(3) 各法域分别类推适用各自现有的国际私法规范。按照这种方法,各法域法官在审理区际民商事案件时,可以直接类推适用其国际私法上现有的冲突规范。例如,在内地可以适用我国《民法通则》第八章以及其他一些单行法规中就所涉问题作出的法律适用方面的规定;在台湾可以适用其《涉外民事法律适用法》;在香港则适用英国普通法和制定法上的冲突规范;在澳门,因其主要是以葡萄牙的国际私法规范为依据,故只要将某些连结因素稍加改变,如将国籍改变为住所或习惯居所,即可变通适用。从目前我国的现状来看,这个办法比较符合实际,并且简便易行。但解决区际法律冲突毕竟与解决国际法律冲突有很大的不同,因此,此法只适宜于在短时期内作为一种过渡办法来使用。

（三）解决我国区际法律冲突的步骤

根据以上介绍和分析，我国许多学者认为，中国区际法律冲突的解决应按以下步骤分阶段地逐步进行：

首先，中国内地、香港、澳门和台湾类推适用各自的国际私法来解决区际法律冲突。这应当是一个过渡的和短暂的阶段。

其次，在各法域充分协商和协调的基础上，制定全国统一的区际私法或通过共同加入某些冲突法公约来解决区际法律冲突。与"一国两制"及"五十年不变"的精神相适应，这应当是一个相对长期的阶段。

第三，通过统一全国实体法来根本避免和彻底消除区际法律冲突。这里的实体法既包括各法域共同加入的实体法公约，也包括各法域分别采用的相同或类似的实体法，还包括在某些问题上或某些领域内制定的全国统一实体法。这一步骤可以与前一步骤同时进行，也可以在前一步骤之后进行，但不能相互替代。应当认为，该步骤完全实现之日，便是我国区际法律冲突得以最终解决之时。但从现阶段来看，它还只能是一个需要人们长期为之奋斗的目标，是一种遥远的理想。

第四编 程序论

第十二章 国际民事诉讼

民事诉讼,亦称民事程序,是指国家司法机关根据当事人的请求而进行的保护其民事权益的程序。如果在民事诉讼中介入了国际因素,或者从某一具体国家来看,涉及了外国的因素,即构成国际民事诉讼。国际民事诉讼是解决涉外民事纠纷、对当事人的合法权益实行司法保护的一个主要途径。

第一节 国际民事诉讼法概述

一、国际民事诉讼程序的概念

国际民事诉讼程序(international civil procedure)亦称涉外民事诉讼程序,是指一国法院审理涉外民事案件和当事人以及其他诉讼参与人(如证人、代理人等)进行涉外民事诉讼活动所必须遵循的专门程序。

一国法院在审理涉外民事案件时,诉讼程序应依法院地法,这是为世界各国所公认和普遍采用的国际私法原则。但是,由于涉外民事案件具有涉外因素,因而法院在审理这类案件时,必然会遇到在审理一般国内民事案件时所不会出现的一些特殊问题,诸如外国人在内国的诉讼地位、内国法院对此类案件有无管辖权、如何向国外送达法律文书及在国外调查取证、内国法院作出的判决如何获得外国的承认与执行等等。对于这些问题的解决，除了适用法院地的一般民事诉讼程序以外，还必须适用法院地法上的某些调整涉外民事案件的特殊程序规则及国际条约中的有关规定。这种特殊程序规则及国际条约中的有关规定（不包括法院地的一般民事诉讼程序）由于是专门适用于涉外民事案件的，因而它们共同构成了国际民事诉讼程序或称之为国际民事诉讼法。至于法院地的一般民事诉讼程序，因其主要是用来调整不含有涉外因素的纯国内民事案件的，故不属于国际民事诉讼程序的范畴。

由此可见，一国法院在审理涉外民事案件时可以适用三种程序规则，即内国法上的一般程序规则、内国法上的特殊程序规则以及国际条约中的有关规则。但这三种程序规则的适用不是任意的，而是应当有一定的顺序：首先应适用国际条约中的民事诉讼程序规则；然后考虑适用内国法上审理涉外民事案件的特殊程序规则；如果国际条约和内国法上没有审理涉外民事案件的相关程序规定时，才适用内国法上关于一般民事诉讼程序的规定。此外，还可以适当考虑适用国际惯例中的程序规则。这一适用顺序在我国立法上也有体现。《中华人民共和国民事诉讼法》第四编是"涉外民事诉讼程序的特别规定"，其中第237条规定："在中华人民共和国领域内进行涉外民事诉讼，适用本编规定。本编没有规定的，适用本法其他有关规定。"第238条进一步指出："中华人民共和国缔结或者参加的国际条约同本法有不同规定的，适用该国际条约的规定，但中华人民共和国声明保留的条款除外。"

二、国际民事诉讼法的渊源

总的说来，国际民事诉讼法的规范主要存在于各国的国内立法和有关国际条约中。

(一) 国内立法

许多国家的国内立法上都有关于国际民事诉讼程序的专门规定,但具体表现形式不尽相同。有的是在民事诉讼法典、民法典或国际私法法典中列入专编或专章,比较系统地规定国际民事诉讼程序规范,如我国《民事诉讼法》第四编、《秘鲁民法典》第十编第二章及第四章、《土耳其国际私法和国际诉讼程序法》第二章等;有的是在一些单行法规中,就某个方面的问题规定国际民事诉讼程序规范,如《中华人民共和国外交特权与豁免条例》(1986年)、美国的《外国主权豁免法》(1976年)等。此外,在英美普通法系国家,还将判例视为国际民事诉讼法的主要渊源。

(二) 国际条约

国际条约是国际民事诉讼法的另一个重要渊源。自19世纪中叶起,国际社会就一直致力于通过缔结多边或双边国际条约以谋求在一定范围内统一各国有关国际民事诉讼程序方面的立法。目前,世界上关于国际民事诉讼程序的重要多边国际条约主要有:1954年的《民事诉讼程序公约》、1965年的《协议选择法院公约》及《关于向国外送达民事或商事司法文书和司法外文书公约》、1970年的《民商事案件国外调取证据公约》、1971年的《民商事案件外国判决的承认和执行公约》及其《附加议定书》、1980年的《国际司法救助公约》(以上公约均缔结于海牙)和1968年在布鲁塞尔缔结的《关于民商事案件管辖权及判决执行的公约》。

除了多边国际条约以外,许多国家在相互间还订有大量的双边性国际民事诉讼和司法协助条约,在调整涉外民事案件方面同样发挥着重要的作用。

三、国际民事诉讼法的基本原则

国际民事诉讼法的基本原则是指为世界大多数国家所公认、

贯穿于国际民事诉讼各个领域和各个阶段、构成国际民事诉讼程序具体规定和制度的基础、并具有普遍的立法和司法指导意义的根本性原则。从国际社会的有关实践来看，这样的原则主要有以下几项：

(一) 国家主权原则

这一原则是调整国际公法和国际私法关系的最基本原则。由于国际民事诉讼具有国际因素，涉及到不同国家的司法管辖权，因而国家主权原则同样也是国际民事诉讼法的首要基本原则。在国际民事诉讼程序中，国家主权原则具体体现在以下四个方面：

1. 司法管辖权。根据司法主权原则，国家享有属地管辖权和属人管辖权，即一国的司法机关对位于其领域内的一切人和物，无论国籍或所有权如何，均拥有管辖权，但依照国际法应当给予管辖豁免者除外；一国司法机关对具有本国国籍的人，即使其位于本国领土之外，也可以行使管辖权，但不应因此而妨碍有关国家对该人行使属地管辖权。在属地管辖权与属人管辖权发生冲突时，由于前者是实际控制，因而是主要的，在效力上要优于后者。主权原则亦包括在很多情况下对外国司法管辖权的承认。

2. 司法豁免权。与司法管辖权一样，司法豁免权也引申自国家主权原则。国家是主权者，因而都是平等的。根据"平等者之间无管辖权"这一公认的国际法原则，国家及其财产享有司法豁免权，即一国法院一般不得受理对另一外国国家及其财产所提起的诉讼。

3. 诉讼程序所适用的法律。一国司法机关审理涉外民事案件，其诉讼程序要适用哪个国家的法律，应由该国的冲突法作出规定。从国际社会的有关实践来看，各国法院在审理涉外民事案件时，除其缔结或者参加的国际条约另有规定外，通常只适用本国（法院地）的民事诉讼程序规范。当然，一国法院如需在某一外国境内送达法律文书或者调查取证，还必须遵守该外国的有关程序性规定，不得侵犯该外国的属地主权。

4. 外国法院判决的承认与执行。非经内国法院承认，外国法院的判决不能在内国发生法律效力，更不能在内国获得强制执行。如果内国法院认为外国法院的判决违反了内国的国家主权或公共秩序，它可以拒绝承认和执行。

(二) 平等互惠原则

这一原则在国际民事诉讼领域表现为两个方面：一是给予外国人、无国籍人与本国国民同等的诉讼权利而不加歧视，即在诉讼权利方面给予国民待遇；二是这种国民待遇的赋予应以条约规定或者互惠原则为基础，如果一国违反条约规定或者互惠原则，对另一国国民的诉讼权利加以限制，将会受到该另一国对等的反报。

(三) 遵守国际条约和尊重国际惯例原则

这一原则要求一国司法机关在审理涉外民事案件时，应当承认本国缔结或者参加的国际条约的效力，在国际条约的规定与国内法上的规定不同时，也要信守条约义务，适用国际条约的规定，除非该国对条约中的条款提出了某种保留。对于国际上通行的惯例，只要不是有损于本国的主权和安全，不违背本国的公共秩序并且有利于国际交往，就应考虑予以适用。

(四) 便利当事人诉讼和便利法院司法原则

国际民事诉讼程序的作用在于协助诉讼法律关系的主体更好地查清事实真相，以便正确适用法律。因此，便利当事人诉讼和便利法院司法原则要求在管辖权、期间、司法协助等方面要充分考虑当事人的利益，考虑法院审理和执行判决的方便程度。

四、国际民事诉讼法与邻近部门法的关系

调整对象的不同固然是划分部门法的基础和出发点，但随着社会经济的发展，也出现了某类社会关系由若干个部门法从不同

角度进行调整以及一个法律部门同时调整几类社会关系的现象。由于各种社会关系相互间存在着这样那样的联系，因而导致调整不同社会关系的各个部门法也相互渗透，互为补充，共同发挥着它们的调整作用。从现实情况来看，与国际民事诉讼法关系密切的部门法主要有国际私法和国内民事诉讼法。

（一）国际民事诉讼法与国际私法的关系

这两者之间既有联系，又有区别。

两者的联系主要表现为：

1. 两者调整的都是含有涉外因素的民事法律关系。

2. 两者互相依存，互为作用。如果没有国际民事诉讼法，国际私法所援引的准据法就无从实施，当事人的权利便得不到司法保护；如果没有国际私法，当事人的权利义务就无法确定，国际民事诉讼法也就失去了保护的对象。

3. 两者具有某些共同的基本原则，诸如国家主权原则、平等互利原则等等。

两者的区别主要表现为：

1. 两者的任务不同。国际民事诉讼法所要解决的问题是，对依照冲突规范指引的准据法所确定的当事人的民事权利如何提供司法保护；而国际私法所要解决的问题则是，在涉外民事法律关系中，应依哪个国家的实体法来确定当事人的权利和义务。

2. 两者的调整角度不同。国际民事诉讼法是从解决涉外民事纠纷的角度来调整涉外民事法律关系；而国际私法则是从确定准据法的角度来调整涉外民事法律关系。

3. 两者的调整方法和规范形态不同。国际民事诉讼法主要采用直接调整方法和直接规范；而国际私法则主要采用间接调整方法和间接规范。

对于国际民事诉讼法与国际私法的关系，在学者中存在着不同的看法。有的学者认为，国际民事诉讼法的性质、特点与国际私法不同,它应当是一个独立的法律部门。但也有学者认为,这两者的任务都是调整涉外民事法律关系,所以,国际民事诉讼程序规范是国际私法的重要组成部分或者说是国际私法的一个重要分支。① 还有学者提出,如果将国际私法看作是一个法律体系,则国际民事诉讼法与冲突法、外国人法、统一实体法一样,均是国际私法的一个分支,是国际私法的有机组成部分;但如果将国际私法仅仅看作是一个部门法,那么,国际私法显然不能包含国际民事诉讼法,尽管在目前,国际民事诉讼法还通常在国际私法里面进行研究。② 应当说,最后一种观点比较符合实际。

(二) 国际民事诉讼法与国内民事诉讼法的关系

这两者的关系也是既有联系又有区别的。

两者的联系主要表现为:

1. 两者都是程序法,均规定了民事审判活动中应当遵循的原则;从总体上讲,它们都调整法院、当事人及其他诉讼参与人在民事诉讼活动中的权利义务关系,因此,两者拥有某些共同的制度和规则。

2. 两者在法院审理涉外民事案件时通常是结合适用的,它们互为补充,是普通法与特别法的关系。国内民事诉讼法作为普通法,可以适用于一切民事案件,包括涉外民事案件。但是,它缺乏对涉外民事案件的具体规定,因而针对性不强,有时不能解决涉外民事案件中的特殊问题,所以必须借助于国际民事诉讼法;而国际民事诉讼法作为特别法,是专门用来处理涉外民事案件的。但这类法律规范不可能包罗万象,因此,凡是国际民事诉讼法没有规定的,还需要适用国内民事诉讼法上的一般规定。

---

① 钱骅主编:《国际私法》,中国政法大学出版社 1992 年版,第 442 页。
② 李双元、金彭年、张茂、李志勇编著:《中国国际私法通论》,法律出版社 1996 年版,第 507 页。

两者的区别主要表现为：

1. 两者的具体调整对象不同。国际民事诉讼法调整的是涉外民事诉讼关系，其当事人一方或双方必须具有外国国籍，或者诉讼标的位于外国，或者是诉讼原因发生在外国；而国内民事诉讼法调整的则是一国境内发生的不含有涉外因素的民事诉讼关系。

2. 两者的内容不尽相同。国际民事诉讼法除了具有与国内民事诉讼法相同的基本原则外，还包含了在国际交往过程中所必须遵循的一些基本原则，如国家主权原则、平等互惠原则等等。此外，国际民事诉讼法上还规定有国内民事诉讼法所不具备的若干规则，诸如关于涉外民事案件管辖权、外国人的民事诉讼地位、司法协助以及外国法院判决的承认与执行等方面的规则等等。

3. 两者的适用范围不尽相同。国际民事诉讼法仅仅适用于涉外民事案件；而国内民事诉讼法则既适用于国内民事案件，又可适用于涉外民事案件。

第二节 外国人的民事诉讼地位

一、外国人民事诉讼地位的概念和意义

外国人的民事诉讼地位是指根据内国法或国际条约的规定，外国自然人、法人和外国国家在内国境内享有什么样的民事诉讼权利、承担什么样的民事诉讼义务，并能在多大程度上通过自身的行为行使民事诉讼权利和承担民事诉讼义务的实际状况。

外国人的民事诉讼地位在国际民事交往过程中具有非常重要的意义：

1. 外国人的民事诉讼地位是外国人民事法律地位的一个不可分割的重要组成部分，其实质在于保护外国人的民事诉讼权

利；而保护外国人民事诉讼权利的根本目的则在于保护外国人的民事实体权利。如果不给予外国人以民事诉讼权利，当其实体权利受到侵害时便无法得到救济，因而不利于促进国际经济技术合作与国际民商事交往的发展。

2. 保护外国人的民事诉讼权利，关系到内国法院管辖权的行使。正如内国承认外国人在内国的民事法律地位是产生国际民事关系的法律前提一样，内国承认和赋予外国人在内国的民事诉讼地位，也是内国对涉外民事案件行使管辖权、开始和进行国际民事诉讼程序的先决条件。很显然，如果内国不给予外国人以民事诉讼权利，外国人就不能在内国法院起诉或应诉，因而内国法院就无法受理涉外民事案件，这等于是自动放弃了对涉外民事案件的管辖权。

3. 保护外国人的民事诉讼权利，其目的还在于使内国人在外国的民事诉讼权利得到保护。因为世界各国都是在对等的基础上规定外国人的民事诉讼地位的，因此，内国对外国人的民事诉讼地位是否给予保护、保护到什么程度，也直接关系到内国人在外国的民事诉讼权利能否得到保护、在多大程度上得到保护的问题。

外国人的民事诉讼地位，往往涉及到国民待遇原则、外国人的诉讼权利能力和诉讼行为能力以及诉讼费用担保、诉讼代理等一系列内容，通常由各国的国内立法和有关的双边或多边国际条约予以规定。

二、国民待遇原则

国际民事诉讼法上的国民待遇，是指一国赋予外国人享有与本国人同等的民事诉讼权利，同时也要求外国人承担与本国公民同等的民事诉讼义务。它是世界各国普遍采用的调整外国人民事诉讼地位的一项一般性原则。

为了确保本国人在国外也能享受到所在国的国民待遇,各国的民事诉讼立法和有关的国际条约均规定了有条件的国民待遇原则,即在规定赋予外国人以国民待遇的同时,又附加了一定的条件,要求国民待遇的给予或者以国际条约为依据,或者以互惠安排为基础,或者以对等原则为前提。但对于其中的互惠或对等,各国一般是采用推定方式,即如果对方国家无相反的法律规定或相反的司法实践,就可以推定本国人在该国享有与该国国民同等的民事诉讼地位;而一旦证实某一外国对本国人在该国的民事诉讼地位加以限制,则根据对等原则,本国有权限制对方国家的国民在本国的民事诉讼地位。

我国《民事诉讼法》对外国人在我国的民事诉讼地位也规定了国民待遇原则和对等原则。该法第 5 条规定:"外国人、无国籍人、外国企业和组织在人民法院起诉、应诉,同中华人民共和国公民、法人和其他组织有同等的诉讼权利义务。外国法院对中华人民共和国公民、法人和其他组织的民事诉讼权利加以限制的,中华人民共和国人民法院对该国公民、企业和组织的民事诉讼权利,实行对等原则。"这一规定既充分维护了外国人在我国的合法民事诉讼权利,促进了国际民商事关系的发展,又可以使我国自然人和法人在外国的民事诉讼权利得到相应的保障;当我国自然人和法人的民事诉讼权利受到外国的歧视性限制时,我国法院还能够作出灵活反应,采取适当的针对措施。

除了国内立法以外,近些年来我国还与许多国家相继签订了双边司法协助条约,对国际民事诉讼中的国民待遇原则也作出了规定。例如,我国分别与法国、波兰和蒙古国缔结的三个司法协助协定或条约中均规定:缔约一方的国民在缔约另一方领域内,享有与另一方国民同等的司法保护,有权在与另一方国民同等的条件下,在另一方法院进行民事诉讼。同时还进一步规定,这种国民待遇也适用于缔约双方的法人。

三、外国人的民事诉讼能力

外国人的民事诉讼能力是外国人民事诉讼地位的重要组成部分，它关系到一个外国人能否作为民事诉讼当事人在内国法院起诉或应诉的问题。外国人的民事诉讼能力包括外国人的民事诉讼权利能力和民事诉讼行为能力。

(一) 外国人的民事诉讼权利能力

外国人的民事诉讼权利能力是指外国人在内国依法行使民事诉讼权利和承担民事诉讼义务的身份或资格。它与外国人的民事实体权利能力是一致的，是外国人的民事实体权利能力在诉讼领域的必然延伸。具有民事实体权利能力的人，也同样具有民事诉讼权利能力。

但是，外国人在其本国享有的民事诉讼权利能力与其在法院地国所享有的民事诉讼权利能力却是两个不同的概念。对于前者的确定，各国的普遍实践是适用当事人的属人法；而对于后者的确定，即法院地国给予外国人在内国以什么样的民事诉讼权利能力，则应由法院地法决定，并通过国民待遇原则赋予外国人，在有国际条约的情况下，须适用国际条约中的相关规定。此外，当外国人的民事诉讼权利能力发生法律冲突时，亦应适用法院地法来解决。

有鉴于此，在解决外国人的民事诉讼权利能力问题时，对外国人而言，他不能根据国民待遇原则要求在内国享有就连其自己的本国法也不赋予的民事诉讼权利能力；而对法院地国来讲，凡根据其本国法不赋予自己国家同类当事人的民事诉讼权利能力，也同样可以拒绝给予外国人。

(二) 外国人的民事诉讼行为能力

外国人的民事诉讼行为能力是指外国人以自己的行为有效地行使民事诉讼权利和承担民事诉讼义务的能力，即外国人实际参与民事诉讼活动的能力。外国人的民事诉讼行为能力也是其民事实体行为能力在诉讼领域的必然延伸,一般来讲,有民事实体行为能力的人亦具有民事诉讼行为能力。

关于外国人的民事诉讼行为能力应依何国法律来确定的问题,各国立法和实践采用了不同的冲突法原则。大陆法系国家多适用当事人的本国法,但又强调,依其本国法为无诉讼行为能力而依法院地法为有诉讼行为能力者,视为有诉讼行为能力,德国、日本、原捷克斯洛伐克等国的法律有此种规定;英美法系国家则通常适用当事人的住所地法,而在实践中又往往导致依法院地法来解决,因为被告住所地的法院常常是对该诉讼案件享有管辖权的法院;还有些国家,像瑞士、波兰等国是适用法院地法,例如,《波兰民事诉讼法典》第1117条规定:"外国人诉讼权利能力和行为能力的解决,仅服从波兰法律。"

从世界各国的实践来看,尽管大多数国家采用当事人的属人法(即当事人本国法或住所地法)来确定外国人的民事诉讼行为能力,但法院地法在这个问题上仍起着不可忽视的调控作用。因此,准确地讲,以当事人属人法与法院地法相结合的重叠适用方式来确定外国人的民事诉讼行为能力,已为国际社会所广泛接受。

我国法律对外国人民事诉讼行为能力的法律适用问题没有作出明确规定。最高人民法院《关于贯彻执行〈中华人民共和国民法通则〉若干问题的意见(试行)》第180条仅规定:"外国人在我国领域内进行民事活动,如依其本国法律为无民事行为能力,而依我国法律为有民事行为能力,应当认定为有民事行为能力。"鉴于对外国人的民事诉讼行为能力结合适用其属人法与法院地法已经成为世界各国所普遍承认的一项原则,考虑到外国人的民事诉讼行为能力亦通常被视为是外国人民事实体行为能力的一部分或是其在诉讼领域的延伸,因而我国有学者认为,对最高人民法院的上述司法解释应作如下理解：即外国人的民事诉讼行为能力应适用其本国法，但如依其本国法律为无民事诉讼行为能力，而依我国法律为有民事诉讼行为能力，则应认定该外国人在我国有民事诉讼行为能力。[①] 换言之，这种观点认为，我国对外国人民事诉讼行为能力的法律适用，也是采用当事人属人法与法院地法相结合的方式来确定的。

四、诉讼费用担保制度

诉讼费用担保制度是指一国法院在审理涉外民事案件时，要求外国原告预先提供一定的金钱或实物，以防止其滥用诉讼权利或败诉后拒不支付诉讼费用的一种制度。由于这项制度通常是针对外国人的（即原告为具有外国国籍或在外国有住所者），因而对外国人在内国的民事诉讼权利是一种限制，它往往使得外国人在涉外民事诉讼中处于与内国人不平等的不利地位。至于被告是外国人并对第一审判决提起上诉时是否也应承担诉讼费用担保义务问题，世界各国并无统一的主张和实践。

在许多国家中，还规定有诉讼费用预付制度，即要求原告在起诉时预先交付民事诉讼费用。但这种诉讼费用预付制度与诉讼费用担保制度不同。如果仅仅因为原告是外国人而要求其提供诉讼费用担保并以此作为受理案件的前提，而对本国人却没有这样的要求时，这种规定就构成了诉讼费用担保制度。诉讼费用预付制度的前提则是对本国人和外国人一视同仁，并在特殊情况下还允许外国原告申请预付诉讼费用的减免。

对于外国人应否提供诉讼费用担保、提供担保的范围和免除担保的条件，各国有不同的立法规定和司法实践。概括起来，主

[①] 李双元、金彭年、张茂、李志勇编著：《中国国际私法通论》，法律出版社1996年版，第527—528页。

要有以下几种做法：

1. 不要求外国人提供诉讼费用担保。如意大利、葡萄牙、罗马尼亚、保加利亚、原苏联、埃及、叙利亚、秘鲁、洪都拉斯等国即是。

2. 在一定范围内不要求外国人提供担保。例如，奥地利法律规定：除有关票据、婚姻、要求支付以及反诉等案件外，外国人需提供诉讼费用担保。

3. 在互惠的基础上免除外国人提供诉讼费用担保的义务。例如，原《南斯拉夫法律冲突法》第82条第1款和第83条第1款规定：当外国公民或在南斯拉夫无住所的无国籍人在南斯拉夫法院起诉时，应按被告人的请求，提供诉讼费用担保；但如果原告所属国不要求南斯拉夫公民必须提交担保，则被告无权请求诉讼费用担保。德国、匈牙利、原捷克斯洛伐克、日本、墨西哥等国也有这种规定。

4. 原则上要求提供诉讼费用担保，但如果外国原告在法院地拥有足够的财产，即可免除其此项义务。例如，原《捷克斯洛伐克国际私法及国际民事诉讼法》第51条第2款规定：如外国原告在捷克斯洛伐克领域内的不动产足够保证对方当事人的要求，他就不应提供担保。英国、美国、巴西等国也采取这种实践。

诉讼费用担保制度一般是以国籍为依据的，即对不具有本国国籍的原告才要求其提供诉讼费用担保。比利时、荷兰、伊朗、墨西哥等国属于这种情况。但也有一些国家以住所为依据，即无论原告国籍如何，不管他是本国人还是外国人，只要在本国（法院地国）没有设立住所的，就一律要求其提供诉讼费用担保。英国、挪威、瑞士的大部分州、美国的大部分州、以色列、泰国以及若干中南美洲国家属于这种情况。

诉讼费用担保一般由法院主动提出。但也有的国家规定，此种担保应依被告的申请而由法院提出。例如,原《捷克斯洛伐克国际私法及国际民事诉讼法》第51条第1款规定:"法院根据被告的申请,决定有关财产纠纷的外国原告提供诉讼费用的担保,如外国原告在规定期限内不提供时,法院就终止诉讼程序,并通知被告。"《日本民事诉讼法》亦有类似的规定。

关于诉讼费用担保制度的意义和作用,在各国学者中存在着不同的看法。持赞同态度的观点认为,这一制度有助于防止对本国被告人造成严重损害并避免给法院地国带来费用上的损失,因而它不失为保护法院地国及其国民利益的一种手段。但大多数学者却对诉讼费用担保制度持反对态度,认为这一制度常常成为外国人在内国行使诉讼权利的一种障碍,是与在涉外民事诉讼中赋予外国人以国民待遇的普遍性原则相抵触的。

有鉴于此,世界上有不少国家呼吁取消诉讼费用担保制度。它们或者通过缔结国际条约在互惠的基础上免除诉讼费用担保,或者在国内立法中规定实行对等原则或反报措施,以争取本国国民在外国法院作为原告进行诉讼时,免受诉讼费用担保制度的限制。目前,国际社会的有关努力,已通过国际立法体现出来。例如,《民事诉讼程序公约》第17条第1款和第2款明确规定:"对在其中一国有住所的缔约国国民在另一国法院作为原告或诉讼参加人时,不得以他们是外国人或者在境内没有住所或居所,命令他们提供任何(不管以何种名称)的担保或保证金。同一原则适用于要求原告或诉讼参加人为担保诉讼费用而缴纳的预付费用。"

我国的《民事诉讼法》中没有关于诉讼费用担保制度的规定。但最高人民法院于1989年9月1日起施行的《人民法院诉讼收费办法》第35条明文规定:"外国人、无国籍人、外国企业和组织在人民法院进行诉讼,适用本办法。但外国法院对我国公民、企业和组织的诉讼费用负担,与其本国公民、企业和组织不同等对待的，人民法院按对等原则处理。"这一规定表明，我国在诉讼费用担保方面，实行的是互惠对等条件下的国民待遇原则，即人民法院受理涉外民事案件时，原则上不要求外国当事人提供诉讼费用担保，只需与中国诉讼当事人一样，向法院预交案件受理费、勘验费、鉴定费、公告费、翻译费以及法院认为应由当事人负担的其他诉讼费用。但如果外国法院对我国国民实行诉讼费用担保制度，则我国法院可以对该外国国民采取对等的限制措施。我国的这一做法与当今世界上大多数国家的有关实践是一致的，它有利于平等地保护中外当事人的合法诉讼权利，是我国《民事诉讼法》所确认的对外国诉讼当事人实行互惠对等的国民待遇原则在诉讼费用方面的具体体现。

此外，在我国同一些国家缔结的双边条约诸如中法、中波、中比司法协助协定中也都明确规定：缔约一方的法院对于缔约另一方国民（或者对于在缔约另一方境内有住所或居所的缔约另一方国民），不得因为他们是外国人而令其提供诉讼费用保证金。中波司法协助协定还进一步规定：缔约一方的国民在缔约另一方境内，应在与缔约另一方国民同等的条件下和范围内预付民事诉讼费用，并可在与缔约另一方国民同等的条件下和范围内申请减交或免交民事诉讼费用。

五、诉讼代理制度

国际民事诉讼中的诉讼代理制度，也是外国人民事诉讼地位的重要内容之一，它关系到外国人的民事诉讼权利是否或在多大程度上能得以实现的问题。

所谓诉讼代理，是指诉讼代理人基于法律的规定、法院的指定或当事人及其法定代理人的委托，以当事人的名义代为实施诉讼行为的一种制度。而诉讼代理人则是指根据法律的规定、法院的指定或者当事人及其法定代理人的委托而代为实施诉讼行为的人。我国《民事诉讼法》第57条和第58条基于代理权产生的原因不同,将诉讼代理人区分为法定代理人、指定代理人和委托代理人三种。由于法定代理人和指定代理人均是因法律的明确规定或国家司法机关的国家行为而产生的,并且在这方面各国立法和司法实践的普遍做法又通常是赋予外国当事人与本国国民同等的待遇,因此,法定代理人和指定代理人问题在国际民事诉讼法上一般并不涉及。

但委托代理人的情况则有所不同,它主要关系到外国当事人之代理人的资格,因而在国际民事诉讼程序中往往会产生一些在国内民事诉讼程序中所不可能产生的问题,诸如外国当事人是否必须委托诉讼代理人以及能够委托什么样的人作为其诉讼代理人等等,这些关系到外国人的民事诉讼地位和能否更加有效地为外国人的民事诉讼权利和民事实体权利提供司法保护问题。

有鉴于此,考虑到涉外民事诉讼当事人大多居住于国外,与法院地国相距遥远;或者由于其他种种原因不能亲自参加诉讼;或者对法院地国的法律不甚了解,需要委托代理人代为诉讼行为;等等,因而,世界各国对涉外民事诉讼中的诉讼代理制度一般都作出专门规定。

根据各国国内法以及国际公约的有关规定,涉外民事诉讼代理主要分为律师代理和领事代理两种。

(一) 律师代理

律师代理是国际上普遍采用的一项基本的诉讼代理制度。各国一般都允许外国当事人委托律师代为诉讼,但对于诉讼代理人的资格与权限,各国的规定却不尽相同。有些国家如法国、德国、奥地利等国采取强制性的律师代理制度,即法律规定涉外民事诉讼的当事人必须聘请律师为诉讼代理人,当事人本人可以不必亲自出庭;但也有些国家如英国、美国、日本等国则采取本人诉讼制度,即不论当事人是否委托诉讼代理人,其本人必须亲自出庭。

从各国实践来看，大多数国家都规定外国当事人只能委托法院地国家的律师为诉讼代理人。采取这种做法主要是基于以下两点考虑：第一，委托诉讼代理人的目的在于寻求法律上的帮助，外国律师一般对法院地国的法律不甚熟悉，而法院地国家的律师则熟悉本国法律，能够更好地为当事人提供法律帮助，便于案件得到迅速、公正的解决；第二，诉讼是国家行使司法主权的活动，十分敏感，各国都不允许外国律师对此加以干预。在许多国家内，外国律师虽被允许在当地开业，但仅限于向委托人提供有关律师所属国的法律咨询服务，或代理当事人到律师所属国进行诉讼。

我国在涉外民事诉讼中也实行律师代理制度，同时亦允许外国当事人委托其本国人或其本国律师以非律师身份担任诉讼代理人。此外，外国当事人既可以委托代理人代理诉讼，也可以亲自出庭主张权利或辩护。但是，涉外离婚诉讼的当事人不论其是否委托了诉讼代理人，都必须亲自出庭参加诉讼，确因有特殊情况不能亲自出庭的，也必须用书面形式向法院陈述自己对离婚问题的意见。

我国《民事诉讼法》第241条对涉外民事诉讼中的委托代理作出如下规定："外国人、无国籍人、外国企业和组织在人民法院起诉、应诉，需要委托律师代理诉讼的，必须委托中华人民共和国的律师。"第242条还进一步规定："在中华人民共和国领域内没有住所的外国人、无国籍人、外国企业和组织委托中华人民共和国律师或者其他人代理诉讼，从中华人民共和国领域外寄交或者托交的授权委托书，应当经所在国公证机关证明，并经中华人民共和国驻该国使领馆认证，或者履行中华人民共和国与该所在国订立的有关条约中规定的证明手续后，才具有效力。"

（二）领事代理

领事代理是派遣国领事在驻在国以代理人身份保护本国自然

人和法人合法权益的一种制度。我国参加的 1963 年《维也纳领事关系公约》第 5 条列举了领事的若干职务,其中第 9 款规定:"以不抵触接受国内施行之办法与程序为限,遇派遣国国民因不在当地或由于其他原因不能于适当期间自行辩护其权利与利益时,在接受国法院及其他机关之前担任其代表或为其安排适当之代表,俾依照接受国法律规章取得保全此等国民之权利与利益之临时措施。"

公约的这一原则得到了世界各国的普遍承认。许多国家还以双边条约或国内立法的形式对此作出进一步明确的规定。例如,我国与美国于 1980 年签订的《中美领事条约》第 24 条第 1 款规定:"当派遣国国民包括法人由于不在接受国境内或其他任何原因无法及时保护自己的权利和利益的时候,领事官员遵照接受国的法律有权采取适当措施,在接受国的法庭上和其他当局面前,保护此类国民,包括法人的权利和利益。"该条第 2 款又规定:"一旦该国民指定了自己的代表,或者自己担当起保护自己权利和利益的任务,本条第 1 款所提到的措施即应停止。"该条第 3 款还进一步指出:"本条不能被解释为授权领事官员作为律师。"

以上规定表明,领事代理与律师代理是不同的,两者的区别在于:

1. 领事代理是领事官员各项职务中的一项,领事是在外国法院或外国其他当局面前以领事的名义保护在该外国(驻在国)领域内的本国国民的合法权利与利益;律师代理则是律师的主要职业,律师是在本国法院或本国其他机关面前以被代理人的名义保护本国人或外国人的合法权益。

2. 领事是其派遣国国民的当然代理人,无需当事人的委托,即他与当事人之间不是委托与被委托的关系。当然,根据 1992 年的我国最高人民法院《关于适用〈中华人民共和国民事诉讼法〉若干问题的意见》第 308 条的规定,外国驻华使、领馆官员，也可以受本国公民的委托，以个人名义担任诉讼代理人，但在诉讼中不享有外交特权和豁免权；律师与被代理人之间的关系则是委托和被委托的关系，因而必须向法院呈交授权委托书。

3.领事代理具有临时性质，只要其所代表的国民指定了自己的代理人，或者自己担当起保护自己权益的任务时，领事代理即告终止；律师代理则是依照授权委托书规定的委托事项代理诉讼，律师只有完成其被委托的事项后，才能终止代理关系。

除了《中美领事条约》以外，我国还先后同意大利、波兰、保加利亚、原苏联、原南斯拉夫、原捷克斯洛伐克、匈牙利、罗马尼亚、立陶宛、突尼斯、阿拉伯也门共和国、蒙古国、朝鲜、印度、老挝、土耳其、伊拉克、阿根廷、古巴、墨西哥等许多国家签订了双边领事条约，其中都规定了领事在驻在国具有代理本国国民（包括法人）的职能。

第三节 国际民事司法管辖权

一、国际民事司法管辖权的概念和意义

国际民事司法管辖权是指一国法院受理涉外民事案件的权限范围和法律依据，它所要解决的核心问题是根据什么原则或标准来确定一国法院是否有权受理某一涉外民事案件。确定国际民事司法管辖权的法律依据是各国国内法和国际条约。这里所指的国际条约包括专门规定国际民事司法管辖权的国际公约、在专门性的国际公约中订立的国际民事司法管辖权条款以及在两国间缔结的双边条约中载入的同类条款。涉外民事案件的国际司法管辖权一经确定，该案件应由一国何地、何类或何级法院具体审理的问题，则属于国内民事诉讼法范畴，不是国际民事诉讼法的研究范围。

在国际民事诉讼中，司法管辖权具有十分重要的意义：

1. 国际民事司法管辖权是国家主权在国际民事诉讼领域的具体体现。根据国家主权原则，每个国家都具有属地管辖权和属人管辖权。依照属地管辖权，国家有权管辖其领域内的一切人、物以及所发生的行为和事件；依照属人管辖权，国家有权管辖其境外的本国公民。因此，正确解决国际民事司法管辖权问题，关系到国家主权的行使和维护。

2. 国际民事司法管辖权的确定是受理涉外民事案件的前提。一国法院在受理某一涉外民事案件之前，首先遇到的问题就是本国法院有无管辖权。只有肯定了对该案件享有管辖权，法院才能予以受理，启动诉讼程序，进而审理该案件的实体问题，并最终作出有效的判决，以确定当事人的具体权利和义务。

3. 国际民事司法管辖权的确定直接关系到案件的审理结果。因为同一个涉外民事案件由不同国家的法院进行审理，可能会适用不同的法律，作出不同的判决，因而将直接影响到双方当事人的切身利益。

4. 国际民事司法管辖权的确定有利于判决的境外承认与执行。从各国实践来看，只有对某一涉外民事案件享有管辖权的法院所作出的判决，才能在其他国家发生法律效力，得到外国的承认与执行。如果一国法院对本质上无管辖权的涉外民事案件进行审理并作出判决，将会因其不适当管辖而导致该判决在其他国家无法获得承认与执行。

由于国际民事司法管辖权具有上述重要意义，因而世界各国以及涉外民事案件的当事人对此均非常重视。就国家而言，都力争扩大本国法院对涉外民事案件的管辖权，尽量排斥别国法院对与本国有关的涉外民事案件进行管辖；对当事人来讲，也希望有关案件能由对自己有利的国家的法院审理，竭力避免和抵制对其不利的国家的法院行使管辖权。这样，就使得国际民事司法管辖权的最终确定更加复杂化。

二、国际民事司法管辖权的种类

国际民事司法管辖权的行使应以一定的连结因素为根据。依照各种不同的连结因素，世界各国大多将国际民事司法管辖权分为以下几类：

(一) 属地管辖 (territorial jurisdiction)

属地管辖亦称地域管辖或领土管辖，是指涉外民事案件的司法管辖权依照一定的地域因素来确定。凡是诉讼当事人、诉讼标的物位于一国境内，或者导致涉外民事法律关系产生的法律事实发生在一国境内的，该国法院即对案件具有管辖权，但享有司法豁免权的除外。世界上多数国家是以地域管辖作为确定管辖权的一般原则的。具体又有以下几种情形：

1. 由被告住所地法院管辖。在涉外民事诉讼中，亦通常采用"原告就被告"原则，即由原告向被告住所地国家的法院提起诉讼。德国、奥地利、意大利、瑞士、希腊、北欧诸国、原苏联和东欧国家、日本、泰国、印度、巴基斯坦、缅甸、斯里兰卡等国采取这种实践。

2. 由被告所在地法院管辖。一些国家认为，"管辖权的基础是实际控制"，将法院能否对被告或其财产实行直接控制、能否对案件作出"有效的判决"视为行使管辖权的一般原则。根据这一原则，在起诉开始时如果被告出现于本国境内，则不论他在本国有无住所，也不论是暂时居住还是临时过境，只要能够将传票 (writ) 有效地送达给被告，本国法院对该案即享有管辖权。英国、美国等英美法系国家采取这种实践。

在上述两种情形下，各国一般还兼采原告所在地法院管辖的原则，以作为对"原告就被告"原则的例外和补充。它主要适用于被告处所不明、难以确定或无法接近的诉讼，特别是适用于有关身份关系诸如离婚、亲子关系、死亡宣告等方面的诉讼。

3．由诉讼标的物所在地或者被告财产所在地法院管辖。各国之所以承认此种管辖权，是因为这些标的物或财产能够成为判决强制执行的对象，从而保证了法院判决的有效性。诉讼标的物为不动产的，由不动产所在地国家的法院管辖，这是国际社会普遍承认的原则。有些国家还明确将因不动产提起的诉讼列入不动产所在地国家的专属管辖范围，这种情况下，其他国家的法院即使就该有关不动产的争议作出了判决，也无法得到实际执行；诉讼标的物如为动产，由动产所在地国家法院管辖，则可以对动产实行有效控制，能够使判决得到顺利执行，因而也成为世界各国普遍采用的一种管辖标志；至于被告的财产，是指被告的与诉讼争议无关的其他财产，包括现金、实物、有价证券等等。这一管辖标志多在案件与受诉国没有其他连结因素而被告又在受诉国境内有财产时采用。

4．由法律事实或法律行为发生地法院管辖。主要有以下几种情形：（1）有关合同的诉讼，由合同缔结地或履行地法院管辖；（2）有关侵权行为的诉讼，由侵权行为地法院管辖；（3）有关海事的诉讼，包括因船舶碰撞、海难救助以及其他海损事故而引起的纠纷，由船舶登记地、行为发生地、船舶扣留地、被告营业地法院管辖；等等。

（二）属人管辖（personal jurisdiction）

属人管辖是指以当事人的国籍作为确定国际民事司法管辖权的标志，只要案件当事人一方为本国人，则不论其为原告还是被告，也不论其在国内还是国外，本国法院均有管辖权。法国、荷兰、比利时、卢森堡、西班牙、葡萄牙等国采取这种实践。适用属人管辖原则，目的在于保护本国当事人的利益，但也易使外国当事人处于不利地位，导致判决显失公平，因而这一原则未能得到国际社会的普遍承认。

(三) 专属管辖 (exclusive jurisdiction)

专属管辖亦称独占管辖或排他管辖,是指根据国内立法或国际条约的规定,一国法院对某些涉外民事案件享有独占的或排他的管辖权,亦即这些案件只能由本国法院受理,而不承认其他国家法院对这些案件具有管辖权。

专属管辖是一种强制管辖,如果当事人不遵守一国关于专属管辖的规定而前往其他国家法院进行诉讼,其他国家法院作出的判决在该国将会被拒绝承认和执行。为了保护本国当事人的利益以及本国的政治、经济、法律、社会制度和公共利益,各国都对一定范围内的涉外民事案件主张专属管辖权。一般来讲,各国也都尊重其他国家的专属管辖权。

综观国际社会的相关实践,列为专属管辖范围的涉外民事案件主要有以下几大类:(1) 关于不动产的诉讼,由不动产所在地法院专属管辖,这已为世界各国所普遍承认;(2) 关于婚姻、家庭、继承等方面的诉讼,许多国家也将其列入专属管辖范围;(3) 关于内国商标、专利和著作权的诉讼;(4) 关于内国法人成立、解散或破产的诉讼;等等。

(四) 协议管辖 (agreed jurisdiction)

协议管辖亦称合意管辖,是指涉外民事诉讼的双方当事人在争议发生前或发生后就管辖权问题达成协议,自行决定将其争议交由某国法院审理的管辖权制度。协议管辖是当事人意思自治原则在国际民事诉讼程序中的具体体现。

关于协议管辖,应当注意以下几个问题:

1. 采用协议管辖必须具备一个前提条件,即有关国家的法律允许当事人对某些案件可以自由选择法院去起诉,如果没有这种允许,双方当事人选择管辖权的协议就不能发生法律效力。因此,应当认为,尽管协议管辖可以改变属地管辖和属人管辖,但它不能排除专属管辖。

2．世界各国普遍承认协议管辖原则，但对协议管辖的范围，各国规定却宽严不一。有些国家将协议管辖限定在合同及财产权益纠纷等领域，有些国家则不作此种严格限制，也允许某些其他种类的案件适用协议管辖。从各国实践来看，协议管辖多适用于国际经济贸易、国际货物运输和海事等方面的案件，而不适用于人的身份、能力、家庭关系等与国内公共秩序密切相关的案件。

3．协议管辖是对属地管辖和属人管辖的补充。通过双方当事人的协议，可以将本来不属于某国法院管辖的案件交由该国法院管辖，也可以将本来属于某国法院管辖的案件交由另一国法院管辖。

4．协议管辖一般由双方当事人通过书面协议约定，即明示的协议管辖。如果双方当事人并未就管辖问题达成协议，但原告在某国法院起诉，被告又未就该国法院的管辖权提出异议，反而出庭应诉的，视为被告同意案件由该国法院管辖，即默示的协议管辖。这种由原告选择管辖法院的做法，多应用于船舶碰撞、海域污染等海事案件。

5．当事人通过协议选择的只能是一国对涉外民事案件的国际司法管辖权，而对该国家内部哪一特定的法院有权受理，则须依该国法律再行确定。此外，协议管辖只限于对一国第一审法院的选择，该国的上诉审法院不得由当事人选择。

6．根据各国实践，一些国家要求当事人通过协议选择的管辖法院应与争议有着某种实际的联系，例如，涉及合同的纠纷，应以合同订立地或合同履行地作为选择管辖权的连结因素；但也有些国家不作此种限制，允许当事人将案件提交给与其没有任何联系的国家的法院进行审理。

（五）**选择管辖**（alternative jurisdiction）

选择管辖亦称平行管辖、共同管辖、重叠管辖、任意管辖或有条件管辖，是指一国在主张对某类涉外民事案件具有管辖权的同时，也承认其他国家对这类案件的管辖权。这样，由于对同一类涉外民事案件规定有两个或数个确定管辖权的标志，从而导致两个或两个以上国家的法院对这类案件均具有管辖权，由原告选择其一去起诉。选择管辖原则在国际航空运输和国际海洋运输领域被普遍采用。

概括来讲，在上述五种管辖中，专属管辖具有最高的效力；属地管辖是各国行使管辖权的基本原则，其中尤以被告住所地为确定管辖权的重要标志；属人管辖尚不构成普遍的管辖原则，它仅可以作为解决管辖权消极冲突的一种辅助性手段；协议管辖的效力高于属地管辖和属人管辖，但却不能规避专属管辖的规定；选择管辖为争议的解决提供了更多的可供选择的场所，增加了解决争议的灵活性，有利于当事人利益的维护，但也容易导致管辖权的积极冲突。

三、国际民事司法管辖权的冲突和解决途径

由于涉外民事案件往往与两个或两个以上国家相联系，而有关国家确立管辖权的法律规定又各不相同，如果它们据此就同一诉讼都主张管辖或者都拒绝管辖，便会出现管辖权的积极冲突或消极冲突的情况。

(一) 管辖权的积极冲突

管辖权积极冲突产生的原因具体有以下几个方面：

1. 有关国家确定涉外民事案件管辖权的原则不同。有些国家以被告的住所地为标志，只要被告住所在本国境内，本国法院即对案件享有管辖权；有些国家则以当事人的国籍为依据，不论当事人是原告还是被告，也不问其身处本国还是外国，只要一方当事人具有本国国籍，本国法院即对案件享有管辖权。因此，如果一个案件中的被告既在前者境内有住所，又同时具有后者的国籍，则所涉及的两个国家对该案件均可主张管辖权。

2. 有关国家对确定涉外民事案件管辖权的连结因素解释不同。例如，甲、乙两国均以侵权行为地作为连结因素来确定本国法院的管辖权。但甲国认为，侵权行为地是指加害行为实施地，而乙国却认为，侵权行为地是指损害结果发生地。因此，如果一项侵权行为实施于甲国，其损害结果却发生于乙国，则甲、乙两国法院都有可能对该案主张管辖权。

3. 有关国家对同一案件均主张专属管辖，因而导致管辖权的积极冲突。

4. 在适用选择管辖原则的国家，当事人可以根据不同的管辖权标志进行一事两诉或互诉。一般来讲，原告只能选择一个有管辖权的国家的法院去起诉，但在实践中，也有原告向两个或两个以上国家的法院起诉的情形，而且有些国家的法律也不反对一事两诉。例如，印度、巴基斯坦、缅甸等国的民事诉讼法均规定："诉讼正在一个外国进行的事实，并不妨碍本国法院受理基于同一诉讼原因而提起的案件。"① 此外，实践中还有同一涉外民事诉讼中的当事人互为原告和被告，分别向两个或两个以上国家的法院起诉的情形。这些均会导致各国管辖权相互发生冲突。

管辖权的积极冲突使得涉外民事争议难以得到及时、顺利的解决，不利于各国间民事交往的发展。从现实情况来看，国际社会解决管辖权积极冲突的途径主要有以下两个：

1. 通过制定国内立法来限制或避免管辖权发生冲突。各国在维护本国司法主权的前提下，应本着平等互利、公平合理、有利于促进国际交往和保护双方当事人合法权益的原则，通过自身的立法对可能出现的管辖权冲突尽量作出限制。例如，可以合理地缩小专属管辖的范围；较多地采用能够避免冲突的管辖标志诸如被告住所地、物之所在地、行为地等等；当案件已为一个有管

---

① 转引自钱骅主编：《国际私法》，中国政法大学出版社1992年版，第459页。

辖权的国家的法院受理时，就放弃行使本国的选择管辖权。

2. 通过缔结双边或多边国际条约来防止管辖权发生冲突。近一个世纪以来，国际社会经过不断努力，在协调国际民事司法管辖权的冲突方面做了大量工作，取得了若干成果，制定有一系列相关的多边和双边国际条约，对减少及避免管辖权的冲突起到了一定的积极作用。

(二) 管辖权的消极冲突

由于各国确定管辖权的原则不同，有时也会出现与案件有关的国家的法院都不主张对该案行使管辖权的情况。在有关国家的管辖权出现消极冲突时，当事人的权利将无法得到任何国家的司法救济，因而同样不利于各国间民事交往的发展。不过，在实践中这种消极冲突很少发生。

解决消极冲突的途径一般是通过国内立法，赋予本国法院以相应的管辖权，使得本国法院可以例外地受理任何其他国家的法院通常不予受理的案件。例如，《瑞士联邦国际私法》第3条规定："法律未作其他规定的，居住国外的瑞士公民，如果在居住国无法提起诉讼或根据各种情况在该地进行诉讼似乎是不合理的，则可以向与案件有密切联系的瑞士法院提起诉讼。"我国最高人民法院《关于适用〈中华人民共和国民事诉讼法〉若干问题的意见》第13条规定："在国内结婚并定居国外的华侨，如定居国法院以离婚诉讼须由婚姻缔结地法院管辖为由不予受理，当事人向人民法院提出离婚诉讼的，由婚姻缔结地或一方在国内的最后居住地人民法院管辖。"

四、有关国际民事司法管辖权的国际条约

为了妥善解决和避免国际民事司法管辖权的冲突，促进国际民事交往的良性发展，世界各国经过不断努力，缔结了若干国际条约，为缔约国法院行使对国际民事案件的司法管辖权确立了原

则和依据。这些国际条约大体上可分为以下四类：

（一）一般性规定国际民事案件管辖权的条约

这类条约主要有：1928年的《布斯塔曼特法典》、1965年的《协议选择法院公约》、1968年的《关于民商事案件管辖权及判决执行的公约》等等。

其中，《关于民商事案件管辖权及判决执行的公约》是欧洲共同体国家在国际民事诉讼法领域努力合作的结果，是现今国际社会在国际民商事案件管辖权方面规定得最为详尽完备、适用范围最为广泛的一个区域性国际公约。该公约在管辖权方面作出如下规定：

1. 关于属地管辖。公约以被告住所地作为确定管辖权的基本原则，凡被告在一缔约国境内有住所，不论其国籍如何，原则上应受该缔约国法院管辖。公约在规定由被告住所地国法院管辖这一原则的同时，还规定了适用该原则的例外。在公约规定的例外情况下，即使被告在一个缔约国有住所，仍可由其他缔约国法院行使管辖权。这些例外有：合同案件由债务履行地法院管辖；扶养案件由被扶养人住所地或惯常居所地法院管辖；侵权案件由侵权行为发生地法院管辖；因犯罪而提起的损害赔偿或要求恢复原状的民事诉讼，由该刑事案件受理地法院管辖；因公司、商号的分支机构、代理机构或其他机构经营业务而引起的争端，由各该分支机构、代理机构或其他机构所在地法院管辖；反诉案件由受理原诉讼的法院管辖。

2. 关于专属管辖。公约规定了以下几种诉讼属于专属管辖的范畴：不动产或租赁权案件专属财产所在地的缔约国法院管辖；法人的有效成立、撤销或歇业清理，或以有关其机构的决议是否有效为标的的案件，专属法人所在地的缔约国法院管辖；确认公共登记效力的案件，专属保管登记簿的缔约国法院管辖；有关专利、商标等知识产权的注册或效力的案件，专属办理注册的缔约国法院管辖;有关判决执行的事项,专属执行地的缔约国法院管辖。

3．关于协议管辖。公约规定,如果当事人一方或数方在一个缔约国有住所,双方当事人可以通过协议选择由某一缔约国法院审理其争端,但这种协议不得违反公约关于专属管辖的规定,否则该协议无法律效力。

(二) 规定某一类国际民事案件管辖权的条约

这类条约主要有：1952年的《关于统一船舶碰撞中民事管辖权若干规则的公约》、1961年的《保护未成年人的管辖权和法律适用公约》、1965年的《收养管辖权、法律适用和判决承认公约》等等。

其中,《关于统一船舶碰撞中民事管辖权若干规则的公约》对管辖权问题作出如下主要规定：除当事人另有协议选择了管辖法院以外,原告只能向公约缔约国的下列法院提起诉讼：被告惯常居所地或营业地的法院；扣留过失船舶或属于被告的任何其他船舶所在地的法院,或本可进行扣留,但已提供保释金或其他担保物的地点的法院；碰撞发生于港口或内河水域以内时,则在碰撞发生地点的法院；等等。

(三) 在某些专门性的国际条约中载有关于管辖权的条款

这类条约主要有：1929年的《统一国际航空运输某些规则的公约》、1951年的《国际铁路货物联合运输协定》、1969年的《国际油污损害民事责任公约》、1978年的《联合国海上货物运输公约》（即《汉堡规则》）等等。

其中,《统一国际航空运输某些规则的公约》第28条规定,有关赔偿的诉讼,应依照原告的选择,向缔约国的下列法院提起：承运人住所地法院；承运人总管理处所在地法院；签订合同的机构所在地法院；航空运输目的地法院。

(四) 在有关国家订立的双边条约中列有关于管辖权的规定

这类条约有1958年签订的《苏联和匈牙利关于民事家庭和

刑事案件提供司法协助的条约》等。该条约对管辖权问题作出如下规定：认定某人失踪或死亡的案件，由据最后消息该人在世时国籍所属的缔约国法院管辖；离婚、认定婚姻无效或婚姻是否存在的案件，由当事人的国籍所属的缔约国法院管辖；父母子女关系方面的案件，由子女国籍所属的缔约国法院管辖；收养案件由收养人国籍所属的缔约国法院管辖，若子女为夫妻二人收养，而该二人分别为两个缔约国的公民，则由夫妻现在或最近有过共同永久住所或居所的缔约国法院管辖；监护与保佐案件，由被监护人或被保佐人国籍所属的缔约国法院管辖；动产继承案件，由被继承人死亡时国籍所属的缔约国法院管辖，不动产继承，由财产所在地的缔约国法院管辖。如缔约一方公民所遗留之动产全部都在缔约另一方境内，经所有继承人同意，该缔约另一方（动产所在国）的法院亦可行使管辖权。

五、国际民事诉讼中的诉讼竞合

（一）诉讼竞合的概念

国际民事诉讼中的诉讼竞合亦称平行诉讼、一事两诉或双重起诉，是指涉外民事案件中的原告同时或先后在两个以上国家的法院提起诉讼，或双方当事人在不同国家的法院互以对方为被告而提起的诉讼。这种诉讼竞合现象在国际民事诉讼中时有发生，是国际民事司法管辖权发生冲突的结果。

（二）诉讼竞合产生的原因

从国家法律角度来讲，各国国内法上对涉外民事案件管辖权的某些规定为诉讼竞合的出现提供了可能。例如，许多国家都采用选择管辖制度，如果甲、乙两国均规定"合同争议由合同缔结地或合同履行地法院管辖"这一原则，而甲、乙两国一个是合同的缔结地，另一个是合同的履行地，就有可能使得合同当事人同时或先后分别向该两地的法院起诉；从当事人方面而言，不同国家的法律及法院之间的差异，又促使他们选择向对其有利的国家的法院去起诉。这样，就使得国际民事诉讼中的诉讼竞合从可能转变为现实。

诉讼竞合的出现，一方面可以为当事人提供诉讼上的便利，使得当事人能够获得必要的司法救济；但另一方面，在某些情况下，诉讼竞合所带来的人力、物力和时间上的浪费以及不公正现象也是比较严重的，而且还会给国际司法协助，特别是判决的承认与执行造成很大障碍。

(三) 诉讼竞合问题的解决

为了尽量避免诉讼竞合给国际民商事争议的顺利、及时解决带来妨碍，国际社会试图通过缔结国际条约来克服这一难题。例如，《关于民商事案件管辖权及判决执行的公约》第 21 条第 1 款规定："相同当事人间就同一诉因在不同缔约国法院起诉时，首先受诉法院以外的其他法院应主动放弃管辖权，让首先受诉法院受理。"第 23 条还规定："属于数个法院有专属管辖权的诉讼，首先受诉法院以外的法院应放弃管辖权，让首先受诉法院审理。"再如，《关于统一船舶碰撞中民事管辖权若干规则的公约》第 1 条第 3 款规定："请求人不得在未撤销原有诉讼前，就同一事实对同一被告在另一管辖区域内提起诉讼。"

与此同时，一些国家还通过国内法途径努力解决诉讼竞合问题。综观各国实践，在这方面主要采取两种方式：一是对本国的司法管辖权进行自我限制，中止本国诉讼，让位于外国诉讼；二是对外国的司法管辖权予以适当限制，以阻止外国诉讼的进行。

六、我国关于国际民事司法管辖权的若干规定

(一) 我国参加的国际条约中的有关规定

根据我国《民事诉讼法》第 238 条规定的精神，如果我国缔结或者参加的国际条约中有关国际民事司法管辖权的规定，我

国对此种规定又未声明保留的，就应适用该条约的规定。目前，我国参加的包含有管辖权条款的国际条约主要有：《国际铁路货物联合运输协定》（1953年加入）、《统一国际航空运输某些规则的公约》（1958年加入）以及《国际油污损害民事责任公约》（1982年加入）等等。其中，《统一国际航空运输某些规则的公约》关于管辖权的条款在前文已有提及，这里不再赘述。下面仅对《国际铁路货物联合运输协定》和《国际油污损害民事责任公约》中的管辖权规定分别予以介绍。

1.《国际铁路货物联合运输协定》

该协定第28条第2款和第29条在管辖权问题上作出如下规定：（1）关于赔偿的请求，应以书面形式由发货人向发送铁路方、收货人向到达铁路方提出；（2）凡有权向铁路方提出赔偿请求的人，即有权根据运送合同提起诉讼，只有提出赔偿请求后，才可提起诉讼；（3）如铁路方未遵守本协定规定的赔偿请求审查期限，或铁路方全部或部分拒绝赔偿时，则有起诉权的人即可对受理赔偿请求的铁路方提起诉讼；（4）诉讼应向受理赔偿请求的铁路方所属国的适当法院提出。

2.《国际油污损害民事责任公约》

该公约第9条第1款、第2款和第11条第1款、第2款在管辖权问题上作出如下规定：（1）当在一个或若干个缔约国领土（包括领海）内发生了油污损害事件，或在上述领土（包括领海）内采取了防止或减轻油污损害的预防措施的情况下，赔偿诉讼只能向上述的一个或若干个缔约国的法院提出；（2）每一缔约国都应保证它的法院具有处理上述赔偿诉讼的必要管辖权；（3）本公约各项规定不适用于军舰或其他为国家所有或经营的在当时仅用于政府的非商业性服务的船舶；（4）关于为缔约国所有而用于商业目的的船舶，每一国都应接受第9条所规定的管辖权受理的控告，并放弃一切以主权国地位为根据的答辩。

（二）我国国内法上的有关规定

《中华人民共和国民事诉讼法》以及最高人民法院《关于适用〈中华人民共和国民事诉讼法〉若干问题的意见》对我国法院受理涉外民事案件的管辖权问题分别作出了专门规定。此外，根据我国《民事诉讼法》第237条的精神，在我国领域内进行涉外民事诉讼，应当适用其第四编"涉外民事诉讼程序的特别规定"，该编没有规定的，适用《民事诉讼法》上的其他有关规定。由此可见，我国《民事诉讼法》关于国内民事案件管辖权的一些规定，同样可以扩展适用于涉外民事案件。

概括来讲，我国上述立法和司法解释对涉外民事案件的司法管辖权作出了如下主要规定：

1. 关于级别管辖

一般涉外民事案件由我国基层人民法院为第一审管辖法院，重大涉外民事案件由我国中级人民法院为第一审管辖法院。这里的重大涉外案件是指争议标的额大，或者案情复杂，或者居住在国外的当事人人数众多的涉外案件；专利纠纷案件由最高人民法院确定的中级人民法院管辖；海事、海商案件由海事法院管辖。

2. 关于属地管辖

因合同纠纷或者其他财产权益纠纷，对在我国领域内没有住所的被告提起的诉讼，如果合同在我国领域内签订或者履行，或者诉讼标的物在我国领域内，或者被告在我国领域内有可供扣押的财产，或者被告在我国领域内设有代表机构，可以由合同签订地、合同履行地、诉讼标的物所在地、可供扣押财产所在地、侵权行为地或者代表机构住所地人民法院管辖。

对公民提起的民事诉讼，由被告住所地人民法院管辖；被告住所地与经常居住地不一致的，由经常居住地人民法院管辖；对法人或者其他组织提起的民事诉讼，由被告住所地人民法院管辖；同一诉讼的几个被告住所地、经常居住地在两个以上人民法院辖区的，各该人民法院都有管辖权。

对不在我国领域内居住的人提起的有关身份关系的诉讼，由原告住所地人民法院管辖；原告住所地与经常居住地不一致的，由原告经常居住地人民法院管辖。

3. 关于属人管辖

在国外结婚并定居国外的华侨，如定居国法院以离婚诉讼须由国籍所属国法院管辖为由不予受理，当事人向人民法院提出离婚诉讼的，由一方原住所地或在国内的最后居住地人民法院管辖。

中国公民一方居住在国外，一方居住在国内，不论哪一方向人民法院提起离婚诉讼，国内一方住所地的人民法院都有权管辖。如国外一方在居住国法院起诉，国内一方向人民法院起诉的，受诉人民法院有权管辖。

中国公民双方在国外但未定居，一方向人民法院起诉离婚的，应由原告或者被告原住所地的人民法院管辖。

4. 关于专属管辖

因在我国履行中外合资经营企业合同、中外合作经营企业合同、中外合作勘探开发自然资源合同发生纠纷提起的诉讼，由我国人民法院管辖。

此外，下列案件亦由我国相关的人民法院专属管辖：因不动产纠纷提起的诉讼，由不动产所在地人民法院管辖；因港口作业中发生纠纷提起的诉讼，由港口所在地人民法院管辖；因继承遗产纠纷提起的诉讼，由被继承人死亡时住所地或者主要遗产所在地人民法院管辖。

上述属于我国人民法院专属管辖的案件，当事人不得用书面协议选择其他国家法院管辖。但协议选择仲裁裁决的除外。

5. 关于协议管辖

涉外合同或者涉外财产权益纠纷的当事人，可以用书面协议选择与争议有实际联系的地点的法院管辖。选择我国人民法院管辖的，不得违反我国《民事诉讼法》关于级别管辖和专属管辖的规定；涉外民事诉讼的被告对人民法院管辖不提出异议并应诉答辩的，视为承认该人民法院为有管辖权的法院。

由此可见，我国《民事诉讼法》为协议管辖确定了两种方式：一是明示协议，二是默示承认。

6. 关于选择管辖

因合同纠纷提起的诉讼，由被告住所地或者合同履行地人民法院管辖；因保险合同纠纷提起的诉讼，由被告住所地或者保险标的物所在地人民法院管辖；因票据纠纷提起的诉讼，由票据支付地或者被告住所地人民法院管辖；因铁路、公路、水上、航空运输和联合运输合同纠纷提起的诉讼，由运输始发地、目的地或者被告住所地人民法院管辖；因侵权行为提起的诉讼，由侵权行为地或者被告住所地人民法院管辖；因铁路、公路、水上和航空事故请求损害赔偿提起的诉讼，由事故发生地或者车辆、船舶最先到达地、航空器最先降落地或者被告住所地人民法院管辖；因船舶碰撞或者其他海事损害事故请求损害赔偿提起的诉讼，由碰撞发生地、碰撞船舶最先到达地、加害船舶被扣留地或者被告住所地人民法院管辖；因海难救助费用提起的诉讼，由救助地或者被救助船舶最先到达地人民法院管辖；因共同海损提起的诉讼，由船舶最先到达地、共同海损理算地或者航程终止地的人民法院管辖。

7. 关于诉讼竞合

两个以上人民法院都有管辖权的诉讼，原告可以向其中一个人民法院起诉；原告向两个以上有管辖权的人民法院起诉的，由最先立案的人民法院管辖。

两个以上人民法院都有管辖权的诉讼，先立案的人民法院不得将案件移送给另一个有管辖权的人民法院。人民法院在立案前发现其他有管辖权的人民法院已先立案的，不得重复立案；立案后发现其他有管辖权的人民法院已先立案的，裁定将案件移送给先立案的人民法院。

我国人民法院和外国法院都有管辖权的案件，一方当事人向外国法院起诉，而另一方当事人向我国人民法院起诉的，人民法院可予受理。判决后，外国法院申请或者当事人请求人民法院承认与执行外国法院对本案作出的判决、裁定的，不予准许；但双方共同参加或者签订的国际条约另有规定的除外。

第四节 国际司法协助

一、国际司法协助概述

（一）国际司法协助的概念

国际司法协助（international judicial assistance）简称司法协助，是指一国司法机关应另一国司法机关的请求或者应当事人的申请，代为某些司法行为的行为，诸如送达司法文书和司法外文书、调查取证以及承认与执行外国法院的判决或境外仲裁机构的裁决等等。提出请求一方的请求行为称为司法委托，被请求一方履行该委托的行为称为司法协助。由此可见，司法委托与司法协助是一个事项的两个方面。

国际司法协助一般包括国际民商事司法协助和国际刑事司法协助，但国际私法上的司法协助仅指国际民商事司法协助。

（二）国际司法协助产生的原因

司法协助制度是应国际民事诉讼的客观需要而产生的。一国在审理涉外民事案件的过程中，往往会遇到诸如向在国外的当事人送达诉讼文书、在国外调查取证、作出的判决或裁决需要在国外获得承认与执行等等。但是，一国的诉讼程序具有严格的属地性，只能在其本国领域内发生效力，一国的司法机关并不能在他国境内自行采取司法行动，否则，就是对别国主权的严重侵犯。因此，如果需要在国外采取某些司法行动时，就必须委托有关国家的司法机关来进行。这样，司法协助便应运而生了。

（三）国际司法协助的内容

对于司法协助具体应当包括哪些内容，各国理论和实践理解不一，主要有狭义的司法协助与广义的司法协助两种观点。

狭义的司法协助仅指司法与司法外文书的送达和在域外调查取证。德国、原苏联、英国、美国、日本等国以及1954年的《民事诉讼程序公约》持有这种观点；广义的司法协助除上述两项外，还包括外国法院判决、境外仲裁机构裁决的承认与执行等，法国、意大利、匈牙利等国持有这种观点。目前，大多数国家的实践是采用广义的司法协助制度。笔者亦赞同这一做法。

（四）国际司法协助的依据

从各国实践来看，两国之间相互提供司法协助，一般是依据它们缔结或者参加的双边或多边国际条约来进行的。如果在这方面既不存在双边条约，又没有共同参加的国际公约，则两国间的司法协助就只能是在互惠原则的基础上来进行，换言之，司法协助是双向的、相互的，有关双方都以对方提供相同的协助为条件。

考虑到便利世界各国相互进行司法协助，统一和简化司法协助的程序，为司法协助的顺利进行提供法律依据，自20世纪以来，国际社会在这一领域陆续制定了若干国际公约，其中影响较大的有：1954年的《民事诉讼程序公约》、1958年的《承认及执行外国仲裁裁决公约》、1965年的《关于向国外送达民事或商事司法文书和司法外文书公约》、1970年的《民商事案件国外调取证据公约》、1971年的《民商事案件外国判决的承认和执行公约》及其《附加议定书》、1980年的《国际司法救助公约》，等等。

这方面比较重要的区域性国际公约主要有：《布斯塔曼特法典》、《关于民商事案件管辖权及判决执行的公约》、《美洲国家间关于国外调取证据的公约》（1975年订于巴拿马城），等等。

此外，许多国家还签订有双边司法协助条约或协定，以作为相互提供司法协助的又一项法律依据。

（五）国际司法协助的机关

国际司法协助的机关，按其职能可分为中央机关和主管机关两类。

中央机关是指负责统一对外联系并转递有关司法文书及司法外文书的机关。在实践中，各国为司法协助的顺利进行而指定的中央机关不尽相同。大部分国家将其本国的司法部指定为中央机关，如法国、比利时、芬兰、挪威、西班牙、葡萄牙、原捷克斯洛伐克、美国、土耳其、埃及等国即是；也有些国家是指定本国的最高法院为中央机关，如意大利、荷兰、卢森堡、以色列等国即是；还有的国家将本国的外交部指定为中央机关，如加拿大即是；另有一些国家根据《关于向国外送达民事或商事司法文书和司法外文书公约》第18条关于联邦制国家有权指定几个中央机关的规定，指定了本国各州的司法部为中央机关，如德国即是。

主管机关是指具体从事请求或提供司法协助的国家机关。一般来讲，各国司法协助中的主管机关主要是法院。主管机关请求或者提供司法协助的活动，应当通过有关国家双方的中央机关来进行。

如果有关国家没有缔结或者参加司法协助方面的双边或多边国际条约，则其相互间的司法协助一般应通过外交途径进行。在这种情形下，外交机关实质上就是前面提到的中央机关，它也仅起着某种联系和转递的作用。

另外，从各国实践来看，不同内容的司法协助请求，可以由不同的机关或人员来提出。一般而言，文书的域外送达、域外调查取证乃至外国法内容的证明等事项均是由受诉法院提出请求的；而承认和执行外国仲裁裁决却是由当事人向有关国家的法院直接申请；至于对受诉法院所作出的判决或裁定，则既可以由当事人向有关国家的法院直接申请，也可以由作出该项判决或裁定的受诉法院请求别国法院予以承认和执行。从总体上看，寻求司法协助的请求多是由国家机构提出的，个人只是以利害关系人的特殊身份，来要求有关国家的司法机关对其合法权益提供保护。

（六）国际司法协助的法律适用

在不同国家或不同法域之间进行司法协助应当适用何国或何地的法律为准据法，这也是国际私法所必须要解决的问题，它关系到国家主权的维护以及司法委托、司法协助行为的域外效力。

从各国民事诉讼法及相关实践来看，司法协助通常适用被请求国的国内法，即提供司法协助地国家的法律。但是，如果请求国提出应依某一特殊程序提供司法协助时，只要该特殊程序不与被请求国的强行法或公共秩序相抵触，也可以适用请求国的法律。因为只有这样，被请求国提供的司法协助才能在请求国得到认可。例如，在取证程序中，有些国家要求证人宣誓，有些国家则没有这种规定。而国际社会在这个问题上通行的实践是，在国外提取的证据的效力，既应由受诉法院的法官根据取证地国的法律来认定，同时也应符合请求国法律的要求。《民事诉讼程序公约》第14条对司法协助的法律适用问题亦作出如下具体规定："执行嘱托的司法机关应采取本国法律规定的程序。但是，根据请求机关的要求，也可采取与本国法律不相抵触的特殊程序。"

（七）拒绝提供国际司法协助的情形

根据各国国内立法及有关国际条约的规定，在有下列情形之

一时,被请求国法院可以拒绝提供司法协助:

1. 按照被请求国的法律,请求国法院委托的事项不属于被请求国司法机关的职权范围;

2. 对请求国法院委托文件的真实性有怀疑;

3. 请求国法院委托履行的行为是被请求国法律所禁止的行为;

4. 履行请求国法院的委托,与被请求国的主权或安全不相容;

5. 请求国与被请求国之间不存在互惠安排。

(八) 国际司法协助的费用

履行外国法院的委托,不应收取任何性质的手续费或费用。但如果请求国要求采用某种特殊程序履行,由此而引起的费用,以及付给鉴定人或翻译人员的酬金,被请求国有权要求请求国偿付。

二、域外送达

(一) 域外送达的概念

域外送达是指在涉外民商事诉讼中,受诉法院依据其参加的国际条约或国内法上的有关规定或按照互惠原则,将司法文书或司法外文书经司法协助渠道送交给居住在国外的诉讼当事人或其他诉讼参与人的行为。

所谓司法文书(judicial document)亦称诉讼文书,是指涉外民商事诉讼中与法院或诉讼程序直接相关的各种书面文件。司法文书的范围有两大类:一是法院或有关司法机关制作的传票、通知、决定、调解书、裁定书、判决书、送达回证、公告以及法庭制作的各种笔录等等;二是诉讼参与人依法提交的起诉书、答辩书、反诉、上诉、申请、委托以及鉴定书等等。所谓司法外文书(extrajudicial document)亦称非诉讼文书,是指与法院或诉讼程序没有直接关系、但需要某种权威机构或司法官员的介入才得以产生法律后果的各种书面文件。司法外文书的范围包括：各有关主管机关依法制作的公证书、认证书、离婚协议书、收养同意书、给付催告书、汇票拒绝证书等等。

在国际民事诉讼程序中，文书的域外送达具有十分重要的意义。受诉法院只有及时、合法、有效地将有关文书送达给本国境外的诉讼当事人，才能对他产生法律上的拘束力，他才能行使诉讼权利并承担诉讼义务；对受诉法院来讲，只有及时、合法、有效地送达了有关文书，它才能够顺利地行使司法管辖权，据此作出的判决也才能够在别国法院获得承认与执行。

但是，由于文书的送达被认为是一国司法机关代表国家行使主权的具体体现，它具有严格的属地性质，因此，一国法院在没有得到外国许可的情况下，不能在该外国境内向任何人实施送达行为；而内国对于外国法院在没有条约或国内法规定及互惠安排的情况下，向位于内国的任何人实施的送达行为也不予承认。

目前，世界各国大多通过国内立法以及缔结或参加的有关双边或多边国际条约、或者在互惠的基础上相互提供域外送达方面的司法协助，这既尊重和维护了国家主权，又使得涉外民事案件的审理能得以顺利进行，有利于及时解决涉外民商事纠纷。

（二）域外送达的方式

根据国际条约和各国国内立法的有关规定，文书的域外送达方式主要有以下几种：

1. 通过外交途径送达。即请求国的主管法院将有关文书及送达回证送交本国外交部；请求国外交部将这些文书送至被请求国驻请求国的使馆或请求国驻被请求国的使馆；被请求国驻请求国使馆依其国内法律的规定，将文书转送有关当事人，或由请求国驻被请求国使馆将文书转送被请求国外交部，由该国外交部依其国内法律的规定交至有关当事人。被请求国驻请求国使馆或其外交部在接到文书和回证后，应将回证退回请求国外交部或请求国驻被请求国使馆，再转给请求国提出委托的主管法院。

通过外交途径送达的前提是两个相关国家已经建立了正式外交关系，并且相互之间既未订立双边司法协助条约亦无共同参加的有关国际公约，而双方又存在着代为送达的互惠安排。这种送达方式安全可靠，在实践中得到广泛采用。不足之处是经过的环节较多，送达的速度相对缓慢。

2．通过领事途径送达。即请求国的主管法院将有关文书寄交给该国驻被请求国的领事，由领事转交给被请求国的有关机关或法院，再由该有关机关或法院送达至当事人。这种方式比外交途径送达简便易行，但通常以有关两国之间存在着双边领事条约为前提。在被请求国法律允许的情况下，领事还可以直接向位于驻在国境内的本国公民送达文书，但必须遵守驻在国的法律规定，并不得采取任何强制措施。

3．通过中央机关送达。即请求国的中央机关将有关文书传递给被请求国的中央机关，被请求国的中央机关再依其国内法直接或通过本国的司法机关将文书送达当事人。采用这种方式须以双边或多边司法协助条约为基础，它手续简便、传递迅速，因而自《关于向国外送达民事或商事司法文书和司法外文书公约》首次规定此种方式以来，已为许多国家的双边司法协助条约所采纳。

4．通过法院送达。即请求国法院将有关文书传递给被请求国的主管法院，委托后者代为送达至当事人。采用此种方式更加简便，但同样须以两国间存在着缔结或共同参加的双边或多边司法协助条约为前提。

5．直接送达。亦称邮寄送达，即在受送达国法律允许的情况下，送达国主管法院将有关文书以邮件形式直接寄给在受送达国境内的当事人。实践中，美国等国允许采用这种方式，但瑞士、德国、卢森堡、挪威、土耳其等国则反对外国法院以邮寄方式向在其境内的当事人直接送达。该方式虽然也是域外送达的一种，但本质上并不属于司法协助的性质。

6. 公告送达。即一国主管法院将需要送达的有关文书的内容用张贴公告或登报的方式通知当事人，自公告之日起经过一定的时间即视为送达。许多国家的民事诉讼法都规定在一定条件下可以采用这种方式，它主要适用于前述各项送达方式均不能实行、或者当事人的地址不明而又必须满足法院地国关于送达程序的要求等情况。公告送达实际上是推定送达，身处国外的当事人知悉公告内容的机会很小，它通常只在有关身份关系的诉讼中，而且有关判决一般不需要拿到国外去执行时采用。这种送达方式也不属于司法协助的性质。

三、域外调查取证

(一) 域外调查取证的概念及范围

域外调查取证是指在涉外民商事诉讼中，一国司法机关在征得有关外国同意的前提下，直接在该外国境内收集、提取受诉案件所需要的证据，或者请求该外国的主管机关代为收集、提取在其境内的与受诉案件有关的证据。

域外调查取证也是涉外诉讼活动中应当进行的一项必要程序，它直接关系到受诉法院能否对涉外民商事案件作出公正的判决。由于请求国的域外调查取证需要在被请求国境内进行，因而与文书的域外送达一样既复杂又敏感，它涉及到被请求国的司法主权。因此，各国法院对是否允许外国法院直接在本国调查取证、或者是否接受外国法院提出的代为调查取证的委托，均持十分慎重的态度，往往只是在有关国家间存在着双边或多边司法协助条约或互惠安排的基础上，才相互提供协助。

关于域外调查取证的范围，有关双边或多边国际条约通常不作明确规定。但从各国实践来看，域外调查取证的范围一般包括：询问当事人、证人和鉴定人，进行鉴定和司法勘验以及其他与调查取证有关的行为。

(二) 域外调查取证的方式

域外调查取证有直接调查取证和间接调查取证两种方式。

1. 直接调查取证

直接调查取证是指受诉法院在征得有关国家同意的前提下，在该国境内直接提取有关案件所需要的证据。这种方式不必经调查取证地国法院的协助即可进行，具体又可分为外交或领事人员调查取证、特派员调查取证、当事人或其诉讼代理人自行调查取证三种形式。

(1) 外交或领事人员调查取证

这种调查取证的对象既包括在驻在国境内而与派遣国的外交或领事人员同一国籍的公民，也包括驻在国的公民或位于驻在国境内的第三国公民。在存在条约或互惠的情况下，各国一般都允许派遣国的外交或领事人员直接向居住在驻在国的具有派遣国国籍的人调查取证，但不得采取任何强制措施。至于是否允许外国外交或领事人员在驻在国直接向驻在国或第三国的公民调查取证，各国法律大多规定应事先征得驻在国的同意。

《民商事案件国外调取证据公约》根据不同的调查取证对象，也将调查取证分为对外交或领事人员所属国的侨民的调查取证和对驻在国或第三国国民的调查取证两种。该公约第15条规定："在民事或商事方面，缔约国的外交官或领事人员可以在另一缔约国领土上并由其行使职权的区域内，不受约束地进行只涉及其侨民而且属于其本国法院受理的诉讼的所有取证行为。每个缔约国有权声明调取证据的请求必须由上述人员或其代表向声明国指定的主管机关提出，并须得到该机关的许可。"第16条又规定："缔约国的外交官或领事人员还可以在另一缔约国领土上由其行使职权的区域内不受约束地向所在国或第三国国民调取证据以协助在其所代表国家法院进行的诉讼,如果他得到所在国指定的主管机关的概括许可,或对特定案件的个别许可,而且,他遵守主管机关许可时规定许可的条件。缔约国可以声明本条规定的查证行为无须得到预先许可而进行。"

(2) 特派员调查取证

特派员(commissioner)调查取证是指一国法院在审理涉外民商事案件时委派专门的官员去外国境内调查取证的行为。特派员由受诉国的司法机关任命,可以是法官、书记官或律师,也可以是调查取证地国家的公职人员或律师,但不能委派诉讼当事人的律师为特派员。

《民商事案件国外调取证据公约》第17条对特派员调查取证作出如下规定:"在民事或商事方面,合法地被指定为此事特派员的人员可以不受约束地在缔约国进行有关另一缔约国法院所受理诉讼的查证行为,如果A.他得到证据调查地国指定的主管机关的概括许可,或对特定案件的个别许可。B.他遵守主管机关许可时规定的条件。缔约国可以声明本条规定的查证行为无须得到预先许可而进行。"

该公约第21条第4款还规定,当外交官、领事人员或特派员依据公约上述第15条、第16条及第17条的规定被许可调查证据时,可以按照受诉国法律规定的形式进行,但所采用的形式为调查取证地国法律所禁止者,不在此限。

(3) 当事人或其诉讼代理人自行调查取证

一些英美法系国家特别是美国采用这种调查取证方式,《民商事案件国外调取证据公约》将此种方式称为"审判前取证"。但该公约第23条规定,缔约国在签署、批准或加入时可以声明不执行英美法系国家以"审判前取证"为目的的程序。由此可见,公约虽然原则上并不否定这一调查取证方式,但同时却也允许各缔约国提出保留。根据这一规定,许多国家在签署、批准或加入公约时，都对该方式提出了保留声明。

2. 间接调查取证

间接调查取证是指受诉法院通过司法协助的途径，以请求书委托证据所在国的主管法院或有关机构代为调查和收集证据，故又称请求书方式或法院嘱托方式。由于在其他国家境内直接调查取证往往要受到各种限制，给取证带来不便，因此，各国通常都采用这种间接方式来提取位于国外的有关证据。目前，它已成为国际社会应用最为广泛的一种域外调查取证方式。

《民商事案件国外调取证据公约》对此种方式在实践中的具体运用作出如下主要规定：

(1) 请求的提出

在民事或商事方面，一缔约国的司法机关可以根据其法律规定，通过请求书要求另一缔约国的司法机关调取证据或为其他司法行为，但请求书不得用来调取不是旨在用于已在进行或将要进行的审判程序的证据。上述"其他司法行为"一词不包括司法文件的送达或通知，也不包括保全措施或执行措施在内。

(2) 接受及执行请求书的机关

每个缔约国应依本国法指定一个中央机关负责接收来自另一缔约国司法机关的请求书，并将请求书转交给执行请求的主管机关。当中央机关认为请求不符合本公约的规定时，应立即通知递交该请求书的请求国机关，并指出其提出异议的理由。如被请求机关无权处理向其提出的请求，应将请求书及时转送该国依其法律有权受理的司法机关。

(3) 请求书的内容

请求书应包括下列主要内容：请求与被请求机关的名称，当事人及其代理人的身份、地址，被调查人的姓名、地址，已受理诉讼的性质、标的及案件的简况，需要获取的证据或其他需要执行的司法行为，需要向被调查人提出的问题或需向他们听取调查的事项，需要检查的文件或其他物品，证言应经证人宣誓或经确认以及使用一定方式的要求，等等。各缔约国对于请求书不得要求认证或其他类似的手续。请求书应以被请求国的文字写成，或随附此种文字的译本。

(4) 请求的执行及其通知

被请求机关应根据请求机关的要求，通知它执行请求的时间和地点，以使关系人或其代理人以及请求机关的法官能够到场。负责执行请求书的司法机关应依其本国法所规定的方式和程序执行，但也可应请求机关的要求，采用与被请求国的法律不相抵触的特殊方式执行请求。在执行请求书时，被请求机关应适用其与本国法上关于执行本国主管机关所发命令的同等强制手段，或采取当事人一方要求的强制措施。请求书应立即执行。执行完毕后，被请求机关应将执行的结果通过请求机关所使用的同一途径递交请求机关。当请求书全部或部分没有执行时，被请求机关亦应立即通过同一途径将此事实及理由通知请求机关。

(5) 请求的拒绝执行

只有在下列条件下，请求书才能被拒绝执行：A. 请求书的执行不属于被请求的法院的权限范围；B. 被请求国认为请求书的执行将会损害其主权或安全。但是，被请求国不得仅以其国内法对诉讼事项应由其专属管辖或以其国内法对该事项不准提起诉讼为由拒绝执行。

四、外国法院判决的承认与执行

(一) 外国法院判决的承认与执行的概念

外国法院判决的承认与执行 (recognition and enforcement of foreign judgement) 是指一国法院依据一定的法律程序，承认外国有管辖权的法院对涉外民商事案件所作的终局性判决，使之与内国法院判决具有同等的法律效力，或按照内国法上的执行程序予以强制执行。

外国法院判决的承认与执行是国际民事诉讼程序的重要组成部分,也是国际民商事司法协助的一项主要内容。在英美法系国家的理论与实践中,它与司法管辖权、法律选择一道并列为国际私法上的三大问题。

(二)外国法院判决的承认与执行问题产生的原因

某国法院对涉外民商事案件作出判决,是该国独立自主地行使审判权的结果。根据国家主权原则,一国法院作出的判决只能在其本国境内有效,它自身并不当然具有域外效力,其他国家也没有义务必须承认和执行外国法院的判决。但是,由于涉外民商事案件当事人或诉讼标的常常位于国外,因此,一项判决不仅应在作出判决的法院地国境内有效,还必须在当事人或诉讼标的所在地国发生效力。随着国际间民事往来的日益扩大以及经济贸易合作关系的迅速发展,世界各国为了维护自身的利益及保护本国当事人的权益,不使本国法院的判决落空并促进国际间民商事交往的正常进行,彼此都需要在一定条件下相互承认和执行对方法院所作出的判决,从而便产生了外国法院判决的承认与执行问题。

由此可见,尽管西方国家的一些学者在解释本国法院承认和执行外国法院判决的理论根据时,提出了诸如"国际礼让说"、"既得权说"、"债务说"、"一事不再理说"、"互惠说"、"义务说"等种种主张,但归根结底,还是由于承认和执行外国法院判决符合国际民商事关系发展的需要,符合世界各国的自身利益及共同利益。因此,各国有必要通过共同努力,加强司法领域的国际合作,在不损害国家主权的前提下,相互承认和执行他国法院作出的民商事判决。

(三)承认外国法院判决与执行外国法院判决的关系

承认外国法院判决与执行外国法院判决是既相互区别、又密切联系的两个不同问题。

两者的区别在于：承认外国法院判决，是承认有管辖权的外国法院的判决在确认当事人的权利与义务方面，具有与本国法院判决同等的法律效力，其法律后果一是承认当事人之间存在着外国法院判决所确认的权利义务关系，二是构成一事不再理的理由；而执行外国法院判决，则是在一方当事人不自动履行外国法院判决中的权利与义务时，内国法院在承认该项判决的基础上，依照本国法律的有关规定，采取强制措施去实现外国法院的判决。

两者的密切联系在于：承认是执行的必要前提，执行是承认的必然结果。但这并不等于说承认外国法院的判决就一定要执行外国法院的判决。因为一方面，执行外国法院的判决还应满足另外一些条件，否则内国法院也会拒绝执行；另一方面，外国法院的某些判决（主要是涉及对个人身份、能力以及对财产等的确认之诉的判决）只存在承认问题，而不存在执行问题。比如涉外离婚案件，对于单纯的离婚判决，承认了它就意味着可以允许离婚当事人再行结婚，不需要强制执行。但对离婚判决中有关财产部分以及有关付给子女扶养费的判决，则不仅需要承认，而且还要求执行，即由内国法院采取强制措施，使得不自动履行的一方当事人按照外国法院判决的规定，将一定数量的财产或扶养费交给另一方当事人。因此，凡属涉及金钱债务的外国法院的判决，在当事人不自动履行时，一般都既有承认其效力又需要予以执行的问题。

从上述承认外国法院判决与执行外国法院判决的区别与联系来看，两者有一个重要的共同点，即不论是承认还是执行外国法院的判决，其意义都在于使得外国法院判决在本国境内发生法律效力，判决的内容受到本国法院的认可和保护。因此，各国一般都对承认与执行外国法院判决适用同样的规定，只不过在实际做法上，对执行外国法院判决的控制要更加严格一些。

(四) 承认与执行外国法院判决的方式

世界各国在承认与执行外国法院判决的方式上采取了不同的实践。归纳起来，主要有以下几种：

1. 发给执行令

以德国、法国为代表的绝大多数大陆法系国家以及原苏联、东欧国家采用这一方式。具体做法是：由本国法院对外国法院的判决进行审查，如果认为符合本国法律规定给予承认和执行条件的，即作出裁定予以承认，需要执行的，发给执行令，按本国的执行程序予以执行。

实行这种制度的国家大多只对外国法院判决作形式上的审查，即只审查有无本国法上应予拒绝承认和执行的情况，而不是对有关判决从认定事实和适用法律方面进行审核，不对判决的内容作任何实质性变动，亦不改变原判决所得出的结论。但也有少数国家（如比利时等国），不仅要求对外国法院判决作形式性审查，同时还要求作实质性审查，即看该判决事实是否清楚，证据是否确凿，法律适用是否得当，等等。只有外国法院判决在形式上和实质上均符合这类国家法律规定的要求时，才发给执行令。

2. 重新起诉或登记承认与执行

英美法系国家多采用这些方式。

(1) 重新起诉。是指在不存在有关双边或多边国际条约的情况下，对需要承认和执行的外国法院判决必须在被请求国法院重新起诉、由该国法院作出新的判决予以承认和执行的一种程序。具体来讲，被请求国法院并不直接承认和执行外国法院的判决，而是将外国法院判决视为一种诉讼的初步证据或事实，由当事人向被请求国法院就同一案件重新提起诉讼，经该国法院审理后（通常也只作形式上的审查），如认为外国法院的判决与本国法律不相抵触，而被执行人又提不出有效的抗辩，则由被请求国法院作出一个与要求承认和执行的外国法院判决内容相同或相似的判决，从而构成对外国法院判决的承认；需要执行的，再按照执行本国法院判决的程序予以执行。因此，从形式上看，被请求国法院执行的是其本国法院的判决；但从内容上看，它执行的仍然是外国法院的判决。英国、美国等国采用这种实践。

（2）登记承认与执行。这是英国独有的一种制度。根据英国的《外国判决相互执行法》中的有关规定，外国法院判决需要在英国获得承认与执行的，胜诉一方当事人应在该项判决作出后6个月内向伦敦高等法院登记。英国法院在对外国法院判决进行形式上审查后，认为符合英国法律规定的条件、而被执行人又提不出有效抗辩的，即对外国法院的判决给予登记并加以承认，需要执行的，发给执行令，按照执行本国法院判决的程序执行；否则，就撤销或拒绝登记。这种方式较为简便，但仅限于支付一定金额的判决（不包括缴纳税款和罚金的外国法院判决）及离婚和别居的判决，而其适用范围亦仅限于在英联邦内部以及与英国有双边互惠协定的国家如法国、德国、奥地利、意大利、比利时、挪威、以色列等。对于未与英国订有承认与执行判决的双边互惠协定的国家，仍需适用重新起诉程序。此外，对英国法院撤销或拒绝登记的外国法院判决的承认与执行，也应通过重新起诉加以解决。

（五）拒绝承认与执行外国法院判决的条件

根据各国国内立法及有关国际条约的规定，拒绝承认与执行外国法院判决的条件主要有以下几项：

1．依照被请求国法律或其参加的国际条约，作出判决的法院对该案无管辖权；

2．判决是以欺诈方法而获得的；

3．外国法院的判决违反了被请求国的公共秩序或善良风俗；

4．被要求执行的当事人未得到合理的机会行使自己的辩护权；

5．判决尚未发生法律效力，或已失效；

6．对同一案件，被请求国法院已作出终审判决并生效，或已由第三国法院作出判决，并在被请求国得到承认和执行；

7．作出判决的法院地国与被请求国之间，没有互惠安排；

8．作出判决的法院适用了与被请求国不一致的冲突规范，并损害了被请求国国民的利益。

在上述条件中，以违反本国的公共秩序为由拒绝承认和执行外国法院的判决，是世界各国通常采用的做法。

由于一国在自己的领域内承认和执行外国法院作出的判决，不仅关系到本国国民的重大权益，同时还涉及到国家自身的根本利益，因而各国对这一制度的运用都持比较谨慎的态度。但另一方面，出于对外交往的需要，又不能一概拒绝承认和执行外国法院的判决，因此，世界各国除在国内立法中规定承认和执行外国法院判决的条件及程序并要求互惠外，还往往通过国际条约来协调各自的立场，并以此作为承认与执行外国法院判决的重要依据。在这个领域，《民商事案件外国判决的承认和执行公约》作出了比较集中的规定。

五、我国关于国际司法协助的若干规定

（一）关于国际司法协助的内容

我国《民事诉讼法》第二十九章专门规定了司法协助问题。从该章的有关规定来看，我国对司法协助内容的理解是广义的，即它不仅包括涉外送达文书和调查取证，还包括涉外司法判决及仲裁裁决的承认与执行等方面。已经生效的中法、中波、中蒙和中比等司法协助协定或条约也都采用了广义的司法协助概念。其中，中法司法协助协定将"根据请求提供本国民事、商事法律、法规文本以及本国在民事、商事诉讼程序方面司法实践的情报资料"也列为司法协助的一项内容,中波司法协助协定中还包括有刑事方面的事项。

(二) 关于国际司法协助的依据

我国《民事诉讼法》第 262 条第 1 款规定:"根据中华人民共和国缔结或者参加的国际条约,或者按照互惠原则,人民法院和外国法院可以相互请求,代为送达文书、调查取证以及进行其他诉讼行为。"该项规定表明,在我国与有关外国存在条约关系的情况下,应当依据条约的规定相互提供司法协助。这一条款中的"国际条约"既包括我国参加的有关国际司法协助的多边国际公约,诸如《关于向国外送达民事或商事司法文书和司法外文书公约》(1991 年 3 月加入)、《民商事案件国外调取证据公约》(1997 年 7 月加入)、《承认及执行外国仲裁裁决公约》(1987 年 1 月加入)等等,也包括我国与外国缔结的双边司法协助协定或条约。据不完全统计,目前我国已先后同法国、波兰、比利时、罗马尼亚、保加利亚、德国、意大利、西班牙、俄罗斯、乌克兰、白俄罗斯、哈萨克斯坦、土库曼斯坦、土耳其、蒙古国、泰国、古巴、埃及、加拿大、吉尔吉斯斯坦、乌兹别克斯坦、塔吉克斯坦、新加坡、摩洛哥、越南、韩国、菲律宾、美国、老挝等三十多个国家签订了双边民事、商事及刑事司法协助协定或条约。

根据我国《民事诉讼法》的上述规定,在我国与有关外国之间不存在司法协助条约关系时,也可以按照互惠原则,相互提供司法协助。

如果有关外国与我国既没有条约关系,又不存在互惠安排,我国最高人民法院《关于适用〈中华人民共和国民事诉讼法〉若干问题的意见》第 318 条对此作出如下规定:"当事人向中华人民共和国有管辖权的中级人民法院申请承认和执行外国法院作出的发生法律效力的判决、裁定的,如果该法院所在国与中华人民共和国没有缔结或者共同参加国际条约，也没有互惠关系的，当事人可以向人民法院起诉，由有管辖权的人民法院作出判决，予以执行。"第319条还进一步规定："与我国没有司法协助协议又无互惠关系的国家的法院，未通过外交途径，直接请求我国法院司法协助的，我国法院应予退回，并说明理由。"

（三）关于国际司法协助的机关

1. 中央机关

1991年全国人大常委会在《关于批准加入〈关于向国外送达民事或商事司法文书和司法外文书公约〉的决定》中，指定中华人民共和国司法部为中央机关和有权接收外国通过领事途径转递文书的机关，具体的工作机构是司法部下设的国际司法协助局。

此外，在我国与一些国家订立的司法协助协定或条约中，也对缔约双方的中央机关作出了规定，但有关规定却不尽相同。在我国与比利时、意大利、法国、西班牙、波兰等国缔结的双边司法协助协定或条约中，指定了我国的司法部为中国方面的中央机关；我国与蒙古缔结的司法协助条约则同时指定我国的司法部和最高人民法院为中国方面的中央机关；而我国与俄罗斯缔结的司法协助条约又同时指定我国司法部和最高人民检察院为中国方面的中央机关。在实践中，究竟以上述哪种机构为我国的中央机关，应从方便工作的角度出发，并以双边司法协助协定或条约的缔约对方的中央机关是什么机构来决定。

2. 主管机关

在我国与外国缔结的司法协助协定或条约中，对主管机关的规定有两种情形：一是在条文中分别规定缔约双方的主管机关。例如，中比司法协助协定第3条第2款规定：主管机关，在中国方面是指司法机关，在比利时方面是指司法机关和司法执达员。二是对主管机关作不完全列举。例如，中蒙司法协助条约第2条第 2 款规定：主管机关是指法院、检察院和其他主管民事或刑事案件的机关。至于具体哪些机关是中蒙两国的"其他主管机关"，则依缔约双方的国内法确定。

（四）关于国际司法协助的法律适用

对于国际司法协助所应适用的准据法，我国国内立法以及我国缔结或参加的国际条约均作出了明确的规定。

在国内立法方面，我国《民事诉讼法》第 265 条规定："人民法院提供司法协助，依照中华人民共和国法律规定的程序进行。外国法院请求采用特殊方式的，也可以按照其请求的特殊方式进行，但请求采用的特殊方式不得违反中华人民共和国法律。"

我国与外国缔结的双边司法协助协定或条约中，也有相同或类似的规定。例如，中法司法协助协定第 4 条规定："缔约双方在本国领域内实施司法协助的措施，各自适用其本国法，但本协定另有规定的除外。"中波司法协助协定第 11 条规定："1. 被请求机关提供司法协助，适用本国法律。2. 被请求机关提供民事司法协助，亦可应请求适用缔约另一方的法律，但以不违背被请求的缔约一方法律的基本原则为限。"中比司法协助协定第 8 条、中蒙司法协助条约第 10 条、中意司法协助条约第 11 条第 1 款等均作出了这方面的规定。

此外，我国参加的有关国际公约在司法协助的法律适用问题上，亦持相同立场。例如，《关于向国外送达民事或商事司法文书和司法外文书公约》第 5 条规定：被请求国中央机关得根据其本国法律向在其境内的人送达文书，也可根据请求人要求的特殊方式送达，但此种特殊方式不得与被请求国的法律相抵触。

（五）关于文书的域外送达

根据我国《民事诉讼法》第 247 条的规定，人民法院对在中华人民共和国领域内没有住所的当事人送达诉讼文书，可以采用下列方式：

1. 按照国际条约规定的方式送达。如果受送达人所在国与我国缔结或者共同参加了某一国际条约，而该条约中对送达的方式又有明确规定的，则我国人民法院应依该条约规定的方式送达。

2. 通过外交途径送达。具体做法是：人民法院将需要送达的诉讼文书经省、自治区、直辖市高级人民法院审查后，送交我国外交机关，由外交机关送受送达人所在国驻我国的外交机构，然后再由它通过其本国外交机关经由该国司法部门送达受送达人。在两国间没有条约或协议的情况下，一般采用这种方式送达。

3. 委托我国驻外使领馆送达。即人民法院直接委托驻受送达人所在国的我国使领馆送达诉讼文书。但这种方式仅适用于具有中华人民共和国国籍的受送达人。

4. 向受送达人的诉讼代理人送达。此种方式大多在两国尚未建立外交关系的情况下适用。这里所指的诉讼代理人，是指经受送达人授权委托的有权代其接受送达的人。

5. 向受送达人在我国境内设立的代表机构或者有权接受送达的分支机构、业务代办人送达。这种方式简便易行，当事人也易于接受，因而为许多国家所采用。

6. 邮寄送达。受送达人所在国的法律允许邮寄送达的，可以邮寄送达，自邮寄之日起满6个月，送达回证没有退回，但根据各种情况足以认定已经送达的，期间届满之日视为送达。采用这种送达方式简单、迅速，但前提是必须为受送达人所在国的法律所允许。

7. 公告送达。这是在上述几种方式均不能采用的情况下采取的送达诉讼文书的方式。公告送达是指人民法院将需要送达的诉讼文书的内容刊登于对外发行的报刊上，自公告之日起满6个月即视为送达。

我国《民事诉讼法》第263条第2款和第3款对外国向在我国境内的当事人送达诉讼文书一事，也作出如下规定：外国驻我国的使领馆可以向该国公民送达文书，但不得违反我国法律，并不得采取强制措施。未经我国主管机关准许，任何外国机关或个人不得在我国领域内送达文书。

1992年3月4日，我国最高人民法院、外交部、司法部联合发布了《关于执行〈关于向国外送达民事或商事司法文书和司法外文书公约〉有关程序的通知》，对我国与该公约其他成员国之间相互送达司法文书的具体方式作出如下规定：

1. 凡公约成员国驻华使领馆转送该国法院或其他机关请求我国送达的民事或商事司法文书，应直接送交我国司法部，由司法部转递给最高人民法院，再由最高人民法院交有关人民法院送达给当事人。送达证明由有关人民法院交最高人民法院退司法部，再由司法部送交该国驻华使领馆。

2. 凡公约成员国有权送交文书的主管当局或司法助理人员直接送交我国司法部请求我国送达的民事或商事司法文书，由司法部转递给最高人民法院，再由最高人民法院交有关人民法院送达给当事人。送达证明由有关人民法院交最高人民法院退司法部，再由司法部送交该国主管当局或司法助理人员。

3. 对公约成员国驻华使领馆直接向其在华的本国公民送达民事或商事司法文书，如不违反我国法律，可不表示异议。

4. 我国法院如果请求公约成员国向该国公民或第三国公民或无国籍人送达民事或商事司法文书，有关中级人民法院或专门人民法院应将请求书和所送司法文书送有关高级人民法院转最高人民法院，由最高人民法院送司法部转送给该国指定的中央机关；必要时，也可以由最高人民法院送我国驻该国使领馆，再转送给该国指定的中央机关。

5. 我国法院如果向在公约成员国境内的中国公民送达民事

或商事司法文书，可委托我国驻该国的使领馆代为送达。委托书和所送司法文书应由有关中级人民法院或专门人民法院送有关高级人民法院转最高人民法院，由最高人民法院径送或经司法部转送我国驻该国使领馆送达给当事人。送达证明按原途径退有关法院。

6. 与我国建交的非公约成员国应通过外交途径委托我国法院送达司法文书，即由该国驻华使领馆将文书交我国外交部转递给有关高级人民法院，再由该高级人民法院指定有关中级人民法院送达给当事人。当事人在所附送达回证上签字后，中级人民法院将送达回证退高级人民法院，再通过我国外交部转退给对方；如未附送达回证，则由有关中级人民法院出具送达证明交有关高级人民法院，再通过我国外交部转给对方。

7. 我国与公约成员国签订有司法协助条约或协定的，按条约或协定的规定办理。

我国在参加《关于向国外送达民事或商事司法文书和司法外文书公约》时，提出了以下四项保留：

1. 根据公约第8条第2款作出声明：只在文书须送达给文书发出国国民时，才能采用该条第1款所规定的方式在中国境内进行送达。换言之，我国仅允许外国外交或领事代表机构向在中国境内的其本国国民进行直接送达。

2. 不得采用公约第10条所规定的下述三种方式在中国境内进行送达：即邮寄直接送达；文书发出国直接通过送达目的地国的主管司法人员、官员或其他人员送达；诉讼上有利害关系的人直接通过送达目的地国的主管司法人员、官员或其他人员送达。

3. 根据公约第15条第2款作出声明：在符合该款规定的各项条件的情况下（即已依公约所规定的一种方式递送了文书；文书发出后已超过法院对该案允许的至少6个月以上的期限；文书

发出国虽尽一切努力，仍无法得到被请求国主管机关的送达证明书），即使未收到送达的证明书，法院仍可以不顾该条第1款的规定（即根据公约规定传票或类似文书已送达而被告尚未到庭时，法院应延缓判决），作出判决。

4. 根据公约第16条第3款作出声明：被告要求恢复上诉权的申请只能在自判决宣布之日起1年内提出，否则不予受理。

在我国与外国缔结的双边司法协助协定或条约中，对文书的域外送达也作出了具体规定。例如，中波、中法、中比协定均规定：请求和提供司法协助，应通过缔约双方各自指定的中央机关来进行。在中法、中比协定中又规定，缔约一方可以通过其派驻缔约另一方的外交或领事代表机关向缔约另一方领域内的本国国民送达司法文书或司法外文书，但不得采取任何强制措施；中比协定还明确要求域外送达不得违反缔约另一方的法律；而中法协定则进一步规定，如果被请求一方认为送达司法文书和司法外文书的请求有损于本国的主权或安全，可以拒绝送达，但应将拒绝的理由通知请求一方。

此外，上述三个双边协定均规定了送达回证制度，即被请求一方的主管机关应将文书送达情况通过双方的中央机关通知请求一方的主管机关并附送达回证。送达回证上应注明收件人收件的日期和签名，送达机关和送达人也应在送达回证上记明送达的方法、地点、日期并盖章和签名。如果收件人拒收文书，或因某种原因不能送达的，送达回证上应注明拒收的事由和不能送达的原因。

对于同我国建交但没有缔结双边司法协助协定或没有共同参加有关多边国际公约的国家，文书的域外送达一般通过外交途径进行。

（六）关于域外调查取证

我国有关域外调查取证的规定主要见之于我国的《民事诉讼

法》以及我国与外国缔结的一些双边司法协助协定或条约中。

根据《民事诉讼法》第262条的规定,依照我国缔结或参加的国际条约或者按照互惠原则,人民法院和外国法院可以相互请求,代为调查取证。但外国法院请求我国法院代为调查取证,不得有损于我国的主权、安全和社会公共利益,否则,人民法院不予执行。该法第263条第2款和第3款又规定,外国驻我国的使领馆可以向该国公民调查取证,但不得违反我国法律,并不得采取强制措施。未经我国主管机关准许,任何外国机关或个人不得在我国领域内调查取证。

此外,1986年8月14日我国最高人民法院、外交部、司法部在《关于我国法院和外国法院通过外交途径相互委托送达法律文书若干问题的通知》中指出:我国法院和外国法院通过外交途径相互委托代为调查或取证,可参照该《通知》的有关规定办理。

关于域外调查取证,我国与外国缔结的双边司法协助协定或条约中也有具体规定。其中,有的是将送达文书和调查取证合并在一起规定,如中波协定和中比协定即是;也有的是将这两者分开,分别予以规定,如中法协定即是。一般来讲,在中外双边司法协助协定或条约中,对域外调查取证问题通常作出如下几个方面的规定:

1. 适用范围。缔约双方应根据请求相互代为调查取证,包括代为询问当事人、证人、鉴定人,代为调取证据以及代为进行鉴定和司法勘验。

2. 请求书的格式和文字。调查取证请求书依协定规定的格式用缔约双方的文字制作,该请求书所附的文件必须附有被请求一方文字的译本。

3. 执行的方式。被请求一方的法院代为调查取证的方式依其本国法律,必要时可以实施本国法律规定的适当的强制措施。缔约一方可以通过本国的外交或领事代表机关,直接向另一方领域内的本国国民调查取证，但须遵守缔约另一方的法律，并不得采取任何强制措施。

4．寻找地址。被请求一方的法院如果无法按照请求一方指明的地址代为调查取证，应当主动采取必要的措施以确定地址、完成委托事项，必要时可以要求请求一方提供补充资料。如果经过努力，仍无法确定地址，被请求一方的法院应当通过其中央机关通知请求一方，并退还所附的一切文件。

5．通知执行的结果。被请求一方的法院，应通过双方的中央机关转送调查取证所取得的证据材料，必要时还应转送有关调查取证的执行情况。

6．请求的拒绝。如果被请求一方认为代为调查取证违反本国的主权、安全或公共秩序，或者认为按照本国法律，有关请求执行的事项不属于司法机关的职权范围，可以全部或部分予以拒绝，但应将拒绝的理由通知请求一方。

7．费用。代为调查取证不收取费用，但有关鉴定人、翻译人员的报酬，应由请求一方负担。

（七）关于法院判决的相互承认与执行

我国《民事诉讼法》和相关司法解释以及我国缔结或参加的有关双边或多边国际条约在这方面均作出了具体规定。

《民事诉讼法》第266条第1款规定了我国法院所作判决在外国获得承认和执行的程序及依据，即"人民法院作出的发生法律效力的判决、裁定，如果被执行人或者其财产不在中华人民共和国领域内，当事人请求执行的，可以由当事人直接向有管辖权的外国法院申请承认和执行，也可以由人民法院依照中华人民共和国缔结或者参加的国际条约的规定，或者按照互惠原则，请求外国法院承认和执行。"

同时，《民事诉讼法》第267条对外国法院所作判决在我国获得承认和执行的程序及依据亦作出如下规定："外国法院作出的发生法律效力的判决、裁定，需要中华人民共和国人民法院承认和执行的，可以由当事人直接向中华人民共和国有管辖权的中级人民法院申请承认和执行，也可以由外国法院依照该国与中华人民共和国缔结或者参加的国际条约的规定，或者按照互惠原则，请求人民法院承认和执行。"

根据《民事诉讼法》第268条的规定，我国承认和执行外国法院判决应当具备以下条件：(1) 该外国判决必须已经发生法律效力；(2) 该判决作出国与我国存在着条约或互惠关系；(3) 该外国判决不违反我国法律的基本原则；(4) 该外国判决不损害我国国家主权、安全及社会公共利益。符合这些条件的，人民法院裁定承认其效力，如果需要执行，则由人民法院发出执行令，依照我国法律规定的程序予以执行。否则，不予承认和执行。

如果判决作出国与我国既没有缔结或者共同参加国际条约，也不存在互惠关系，而当事人又向我国有管辖权的中级人民法院申请承认和执行该国法院作出的判决时，根据我国最高人民法院《关于适用〈中华人民共和国民事诉讼法〉若干问题的意见》第318条的规定，当事人在这种情况下可以向人民法院起诉，由有管辖权的人民法院作出判决，予以执行。

从上述我国《民事诉讼法》及其司法解释的有关规定和司法实践来看，我国在与相关国家没有双边或多边条约关系时，对于承认与执行该国法院所作判决原则上要求以互惠为前提，但某些情况下也存在着例外。例如，我国最高人民法院在1991年7月5日通过的《关于中国公民申请承认外国法院离婚判决程序问题的规定》中，对于中国公民申请我国人民法院承认外国法院作出的离婚判决就没有规定以互惠为前提。该《规定》第1条中仅规定："对与我国没有订立司法协助协议的外国法院作出的离婚判决，中国籍当事人可以根据本规定向人民法院申请承认该外国法院的离婚判决。"

在我国缔结或者参加的一些国际条约中，也有关于判决的相互承认与执行方面的规定。

中外司法协助协定或条约在这一领域规定的主要内容有：

1. 承认与执行法院裁决的范围。缔约一方应根据双边协定或条约中所规定的条件，在其境内承认或执行于缔约另一方境内作出的下列裁决：(1) 法院或其他主管机关对民商事案件作出的裁决；(2) 法院对刑事案件中有关赔偿请求作出的裁决；(3) 仲裁庭作出的裁决等等。上述各项中所指的裁决，也包括调解书。

2. 请求的提出。中波司法协助协定规定：承认或执行裁决的请求，既可以由缔约一方法院通过双方的中央机关向缔约另一方法院提出，也可以由当事人直接向被请求一方有管辖权的法院提出。中法司法协助协定则只规定了应由当事人直接向被请求一方的法院提出一种方式。

3. 承认和执行的程序。裁决由被请求一方法院依照其本国法律规定的程序予以承认和执行。被请求一方法院应审核请求执行的裁决是否符合条约规定，但不得对该项裁决作任何实质性审查。这一点与我国《民事诉讼法》的有关精神是一致的。

4. 承认和执行的效力。缔约一方的裁决一经缔约另一方法院承认和执行，即与承认和执行裁决一方的法院作出的裁决具有同等效力。

5. 请求应附的文件。请求承认与执行裁决，应附下列文件：(1) 与原本相符的裁决副本。如果副本中没有明确指出裁决已经生效和可以执行，则应附有由法院出具的证明其已生效和可以执行的文件；(2) 送达回证或证明裁决已经送达的其他文件；(3) 法院证明败诉一方已经合法传唤以及在其缺乏诉讼行为能力时已经得到应有代理的文件；(4) 请求书和前三项所指文件经证明无误的译本。

6. 拒绝承认与执行的条件。对有下列情形之一的裁决，被请求一方的法院不得予以承认和执行：(1) 依照被请求一方的法律，裁决是由无管辖权的法院作出的；(2) 根据作出裁决的缔约一方的法律，该项裁决尚未生效或不能执行；(3) 根据作出裁决的缔约一方的法律，败诉一方当事人未经法院合法传唤，因而没有出庭参加诉讼、进行答辩，或当事人在缺乏诉讼行为能力时被剥夺了应有的代理；(4) 被请求一方的法院对于相同当事人之间就同一诉讼标的提起的案件，已经作出了发生法律效力的裁决，或者正在进行审理，或者已经承认了第三国法院对该案件所作的发生法律效力的裁决；(5) 裁决的承认和执行有损于被请求一方法律的基本原则、主权、安全或公共秩序。此外，中法司法协助协定还规定：在自然人的身份或能力方面，如果请求一方法院没有适用依照被请求一方国际私法规则所应适用的法律，则其所作裁决亦可予以拒绝承认和执行，但它适用的准据法可以得到相同结果时，则不得拒绝承认和执行。

我国参加的多边国际公约中也有关于相互承认和执行法院判决的规定，对此，我国法院应依公约的有关规定办理。例如，我国加入的《国际油污损害民事责任公约》第10条规定：根据公约对案件有管辖权的法院作出的生效判决，其他缔约国应予承认，除非该项判决是以欺骗手段获得的，或未给被告人以合理的通知和陈述其立场的公正机会。依照这一原则所确认的判决，一经履行了被请求的缔约国规定的各项手续之后，应在该国立即执行。在履行各项手续时，不得重提该案的是非，即不允许被请求国对有关判决作实质性审查。

那么，未经我国承认的外国法院的判决能否在我国自动生效呢？对于这个问题，我国国内立法以及我国缔结或者参加的国际条约均未作出明确规定。但我国最高人民法院在《关于中国公民申请承认外国法院离婚判决程序问题的规定》第20条中指出：

"当事人之间的婚姻虽经外国法院判决,但未向人民法院申请承认的,不妨碍当事人一方另行向人民法院提出离婚诉讼。"尽管这一规定是针对外国法院就当事人一方是中国人的离婚案件所作判决而言的,但我们可以据此推断,外国法院的判决只有经过中国法院的承认,才能在中国境内发生法律效力,否则,是不能自动生效的。

第十三章 国际商事仲裁

国际商事仲裁是当前解决国际经济贸易纠纷的一个重要手段。与其他争议解决方式相比，国际商事仲裁因其自身的特点及优越性而为国际社会所广泛采用，并在解决国际商事争议方面发挥着越来越重要的作用。

第一节 国际商事仲裁概述

一、国际商事仲裁的概念

国际商事仲裁（international commercial arbitration）是指国际经济贸易活动中的当事人根据争议发生前或发生后双方达成的仲裁协议，自愿将有关具有国际因素的商事争议提交给某常设仲裁机构或临时仲裁庭进行审理，并由其依据法律或公平原则作出有拘束力的终局裁决的一种争议解决方式。

世界上许多国家都将国际商事仲裁与国内仲裁严格加以区分，因为这两者所适用的法律和仲裁规则是各不相同的；并且在国际商事仲裁领域，各国对裁决的承认与执行等所施加的程序性限制与国内仲裁相比有所不同，当事人享有的自治权相对来说也比较广泛。因此，在实践中就有必要为国际商事仲裁作一个明确的界定。

（一）关于"国际"的含义

一项商事仲裁是否具有"国际"性质，各国的判断标准不尽相同。概括起来，主要有以下三种：

1. 以实质性连结因素（material connecting factors）作为认定标准。所谓实质性连结因素包括仲裁地点、当事人国籍、住所或居所地、法人注册地、公司管理中心所在地等等，如果这些连结因素中的一项具有国际性，则包含该连结因素的商事仲裁即被视为国际商事仲裁。由于这一标准通常与某一特定的地域相联系，故又称之为地理标准。英国、瑞士、瑞典、丹麦、埃及、叙利亚、利比亚和科威特等国采用这种标准。此外，有的国际公约也接受了这一标准。例如，1961年的《欧洲国际商事仲裁公约》第1条第1款规定："本公约适用于自然人或法人为解决其相互间在国际贸易中发生的争议而缔结的仲裁协议，但以签订协议时，该自然人或法人的常住地或所在地在各缔约国家中为限。"

2. 以争议的性质作为认定标准。即对争议的性质进行分析，如果一项争议涉及国际商事利益时，则解决这一争议的商事仲裁便属于国际商事仲裁。法国、美国、加拿大等国采用这种标准。例如，1981年的《法国民事诉讼法典》第1492条规定："如果包含国际商业利益，仲裁是国际性的。"依照这一标准，具有同一国家国籍或在同一国家有住所的当事人，因相互间国际商事往来引起争议而提交的仲裁，也是国际商事仲裁。但在实践中，要判断一项争议是否涉及国际商事利益，有关各方则往往存在着分歧。

3. 复合标准。即兼采实质性连结因素标准和争议性质标准来判断一项商事仲裁是否为国际商事仲裁。1985年的联合国国际贸易法委员会《国际商事仲裁示范法》采用这种标准。该《示范法》第1条第3款规定：仲裁如有下列情况即为国际仲裁：甲.仲裁协议的当事各方在缔结协议时，他们的营业地点位于不同的国家；或乙.下列地点之一位于当事各方营业地点所在国以外：A.仲裁协议中确定的或根据仲裁协议而确定的仲裁地点；B.履行商事关系的大部分义务的任何地点或与争议标的关系最密切的地点；或丙.当事各方明确地同意，仲裁协议的标的与一个以上的国家有关。从这些规定中可以看出，甲项和乙A项是以当事人的营业地和仲裁地这些实质性连结因素为认定标准的，而乙B项和丙项则是以争议的国际性质为认定标准的。这种复合标准兼采前两项标准的优点，对商事仲裁的国际性作了最广义的解释，因而有利于国际商事仲裁的发展。

从以上介绍来看，在认定一项商事仲裁是否具有国际性问题上，三个标准之间并无实质性差别。一般而言，只要仲裁协议的一方或双方为外国人、无国籍人或其他外国企业或实体，或者仲裁协议订立时双方当事人的住所或营业地位于不同的国家，或者即便位于相同的国家，但仲裁地点位于该国之外，或者仲裁协议中涉及的商事法律关系的设立、变更或终止的法律事实发生在国外，或者争议标的位于国外的，均应视为国际商事仲裁。

(二) 关于"商事"的含义

"商事"一词在国际商事仲裁中具有非常重要的意义，因为确定某项争议是否属于商事争议，是商事仲裁制度中的先决事项，它关系到争议能否以仲裁方式解决以及裁决作出后能否得到本国或外国法院的承认与执行。许多国家的法律仅允许对商事性质的争议进行仲裁，有关国际公约对此种立场也予以支持。例如，《承认及执行外国仲裁裁决公约》第1条第3款规定：任何缔约国可以声明，"本国只对根据本国法律属于商事的法律关系，不论是不是合同关系，所引起的争执适用本公约。"

尽管确定一项争议是否属于"商事"性质具有很重要的意义，但各国在这方面却没有共同认可的统一衡量标准。上述《承认及执行外国仲裁裁决公约》也未能对"商事"一词作出具体解释，而是将此问题留给各缔约国依照它们的国内立法去处理。只有联合国的《国际商事仲裁示范法》对"商事"一词以注释方式进行了说明，并列举了一系列被认为是商事关系的交易事项。这个说明的内容如下:"商事一词应作广义的理解,以便包括产生于所有具有商业性质关系的事项,不论这种关系是否为契约关系。具有商业性质的关系包括但不限于下列交易:任何提供或交换商品或劳务的贸易交易;销售协议;商事代表或代理;保付代理;租赁;咨询;设计;许可;投资;融资;银行业;保险;开采协议或特许权;合营企业或其他形式的工业或商业合作;客货的航空、海上、铁路或公路运输。"该项说明虽然未给"商事"一词下定义,但仍可用来作为识别一项争议是否属于商事性质的参照标准。

(三) 我国的有关规定

1. 关于国际商事仲裁的国际性

我国的《民事诉讼法》和《仲裁法》均未使用"国际商事仲裁"这一概念,亦未对"国际"和"商事"的具体含义作出明确定义或解释。《民事诉讼法》第257条将我国涉外仲裁机构的受案范围限定为"涉外经济贸易、运输和海事中发生的纠纷",《仲裁法》第65条同样沿用了这一表述。

2005年修订的《中国国际经济贸易仲裁委员会仲裁规则》进一步扩大了受案范围,其第3条以列举的方式规定了中国国际经济贸易仲裁委员会可以受理以下争议案件:(1) 国际的或涉外的争议案件;(2) 涉及香港特别行政区、澳门特别行政区或台湾地区的争议案件;(3) 国内争议案件。

上述规定虽然没有明确争议"国际性"或"涉外性"的定义,但从中可以推知,在我国,国际商事仲裁中的"国际"一词是指以下情况:(1) 当事人一方或双方不是中国国籍;(2) 当事人一方或双方的住所不在中国;(3) 争议标的物不在中国境内;(4) 设立、变更或终止民商事法律关系的法律事实发生在中国境外;(5) 香港、澳门和台湾都是中国的领土,但基于三者的特殊性,当事人的住所、争议标的物位于这三地,或有关法律事实发生于该三地的，也可视为具有"国际性"或"涉外性"。由此可见，我国目前关于商事仲裁国际性的认定，是采取实质性连结因素与争议性质相结合的复合标准说。

2. 关于国际商事仲裁的商事性

1987年的我国最高人民法院《关于执行我国加入〈承认及执行外国仲裁裁决公约〉的通知》第2条规定："根据我国加入该公约时所作的商事保留声明，我国仅对按照我国法律属于契约性和非契约性商事法律关系所引起的争议适用该公约。所谓'契约性和非契约性商事法律关系'，具体是指由于合同、侵权或者根据有关法律规定而产生的经济上的权利义务关系，例如货物买卖、财产租赁、工程承包、加工承揽、技术转让、合资经营、合作经营、勘探开发自然资源、保险、信贷、劳务、代理、咨询服务和海上、民用航空、铁路、公路的客货运输以及产品责任、环境污染、海上事故和所有权争议等，但不包括外国投资者与东道国政府之间的争端。"这一规定表明，我国对国际商事仲裁中"商事"的含义也是作广义解释的。

二、国际商事仲裁的历史发展

在国际经济贸易和海事领域，以仲裁方法解决争端已有悠久的历史。早在公元14世纪时，地中海沿岸各国所采用的《海事法典》中就有通过仲裁庭解决争议的规定。1697年英国第一个制定了仲裁法，当时英国的东印度公司章程中也曾列有仲裁条款。此后，一些国家相继制定了有关仲裁的法律，承认仲裁的法律地位。例如，1807年的《法国民事诉讼法典》、1877年的《德国民事诉讼法典》以及1890年的《日本民事诉讼法》等对仲裁均作出了规定。

进入20世纪以后，随着国际经济贸易和航运业的迅速发展，以仲裁方式解决国际商事争议越来越受到国际社会的普遍欢迎。

世界各国纷纷修改或制定仲裁法律,规定国际商事仲裁的有关问题,并设立常设仲裁机构,受理或专门受理国际商事仲裁案件。与此同时,为了协调各国仲裁制度的冲突,统一各国关于仲裁的法律规定,国际社会经过不懈努力,先后于1923年在日内瓦签订了《仲裁条款议定书》,于1927年在日内瓦签订了《关于执行外国仲裁裁决公约》,于1958年在纽约签订了《承认及执行外国仲裁裁决公约》,于1965年在华盛顿签订了《解决国家与他国国民间投资争议的公约》,于1961年在日内瓦签订了《欧洲国际商事仲裁公约》,于1975年在巴拿马城签订了《美洲国家国际商事仲裁公约》,等等,从而使得国际商事仲裁制度日趋完善。

概括而言,20世纪以来国际商事仲裁的发展主要表现为以下几个方面:

1. 随着国际商事交往的日益频繁和愈加复杂化,提交仲裁解决的国际商事争议事项不断增加,范围在逐步扩大。从目前国际实践来看,通过国际商事仲裁解决的争议主要有:国际货物买卖合同中的争议;国际货物运输中的争议;国际保险中的争议;国际贸易支付结算中的争议;国际投资、技术贸易以及国际合作开发自然资源、国际工程承包等方面的争议;国际知识产权保护方面的争议;国际环境污染、涉外侵权行为中的争议;海上碰撞、救助和共同海损中的争议;等等。

2. 各国纷纷建立起自己的国际商事仲裁机构,国际商事仲裁从其组织形式上看,在由临时仲裁庭向常设仲裁机构发展。

3. 许多国家都制定了自己的国内仲裁法来规范国际商事仲裁,并赋予法院在一定程度上和一定范围内支持和监督国际商事仲裁的权力,以此来增强国际商事仲裁的法律效力。

4. 随着国际商事仲裁领域的国际条约和国际性规则逐步增多、各国关于国际商事仲裁的国内立法日益趋同以及各常设仲裁机构间的交流与合作愈加密切,国际商事仲裁更趋国际化和统一化。

三、国际商事仲裁的特点

与司法诉讼、国际仲裁、国内经济仲裁等解决争议的方式相比，国际商事仲裁有其自己的特点。

（一）国际商事仲裁与司法诉讼不同

1. 国际商事仲裁机构属于民间性组织，它的管辖权来自于双方当事人自愿达成的仲裁协议。如果双方当事人于争议发生前或发生后以书面形式达成协议，表示愿意将他们的争议提交仲裁解决，仲裁机构就可以行使管辖权。而司法诉讼却不同。法院是国家的审判机关，它的管辖权来自于国家法律的授权。只要不存在仲裁协议，任何一方当事人均有权向有管辖权的法院起诉。

2. 国际商事仲裁中的当事人有较大的自主权，双方当事人可以自由选择仲裁机构、仲裁地点、仲裁员、仲裁规则、仲裁形式以及仲裁所应适用的法律；而司法诉讼则是法院依照诉讼法的规定行使国家审判权的活动，当事人虽然在一定条件下、一定范围内也有选择受诉法院以及所应适用的实体法等项自由，但当受诉法院确定之后，便无权再选择法官和诉讼程序。

3. 国际商事仲裁程序一般都是不公开进行的，即使双方当事人要求公开审理，也仍由仲裁庭作出是否公开审理的决定；而通过司法诉讼审理国际民商事争议，除极少数涉及国家秘密或个人隐私的案件以外，原则上必须公开进行。

4. 国际商事仲裁的裁决一般是终局的，对双方当事人均有拘束力，即使当事人对裁决不服，也不得向任何行政机关或法院申诉或上诉。如果败诉一方拒不自动履行有关裁决，胜诉方可以请求有关法院予以强制执行。而司法诉讼一般是实行两审终审制或三审终审制，生效的判决本身即具有强制执行的效力。

5. 国际商事仲裁的专业性比较强，仲裁员一般都由熟悉国际经济贸易、海事海商业务的专家担任，办案迅速、准确，解决争议的方式比较灵活，仲裁费用相对低廉；而司法诉讼的程序则既严格又复杂，耗时费力，诉讼费用较高。

（二）国际商事仲裁与国际仲裁不同

国际商事仲裁属于国际私法的范畴，它解决的是自然人及/或法人之间以及自然人及/或法人与他国国家之间的商事争议。这种争议一般由双方当事人协议提交给他们共同选择的常设仲裁机构或临时仲裁庭进行仲裁，仲裁裁决对双方当事人均有拘束力，如果一方不切实履行，另一方可以申请有关法院予以强制执行。而国际仲裁则属于国际公法的范畴，它主要是指主权国家之间发生争端时，依据国际法或公平原则处理有关争端的一种制度，是国际社会和平解决争端的一个重要途径。1899年第一次海牙和平会议通过了《和平解决国际争端公约》，1900年根据该公约在荷兰海牙成立了国际常设仲裁院。但由于主权国家享有司法豁免权，因而使得国际常设仲裁院作出的裁决不具有强制执行的效力，只能依靠有关当事国自觉自愿地履行。

（三）国际商事仲裁与国内经济仲裁不同

国际商事仲裁是一种具有国际因素的仲裁制度，双方当事人或者具有不同的国籍，或者住所在不同的国家，或者设立、变更或终止民商事法律关系的法律事实发生在外国，它一般涉及国际经济、贸易、运输、海事等诸方面所发生的争议，其裁决也往往会遇到需要在外国予以承认和执行的问题；而国内经济仲裁则是一种只适用于解决国内当事人之间纠纷的仲裁制度，通常仅涉及国内经济贸易方面的争议，其裁决也只在内国境内承认与执行。

四、国际商事仲裁的性质

关于国际商事仲裁的性质，各国学者众说纷纭，目前国际社会在这一问题上尚未达成共识。归纳起来，主要有以下四种学说：

(一) 司法权说 (Jurisdictional Theory)

这一理论认为，国家具有监督和管理发生在其管辖领域内一切仲裁的权力。尽管仲裁源于当事人之间的协议，但是仲裁协议的效力、仲裁员的权力和仲裁行为以及仲裁裁决的承认与执行等事项均有赖于国家法律的支持和调整。该理论还认为，裁判权是一国司法主权的一部分，通常只能由一国法院来行使；只有经过仲裁地国法律的许可和主管机关的授权，仲裁员才有权受理争议并作出裁决。在这种情形下，仲裁员就类似于法官，仲裁裁决便如同法院判决一样对当事人具有拘束力。因此，仲裁带有司法权的性质。

(二) 契约说 (Contractual Theory)

这一理论认为，仲裁是基于当事人的意志和共同同意而产生的，它以双方当事人合意达成的仲裁协议为基础，没有仲裁协议就没有仲裁，因此，仲裁具有契约性。这种契约性具体体现为：

1. 是否通过仲裁方式解决纠纷完全取决于当事人之间的合意，即应有仲裁协议；

2. 当事人可以协议选择仲裁机构、仲裁地点、仲裁规则和仲裁实体问题所应适用的准据法；

3. 仲裁员亦由当事人直接或间接选定，而非经国家任命，其权力不是源于法律，而是来自当事人的授权；

4. 仲裁员是当事人的代理人，他所作出的裁决被视为代理人为当事人订立的契约，因而对当事人具有拘束力，当事人有义务自动履行。否则，胜诉方可将仲裁裁决作为一种合同之债向有关法院申请强制执行。

(三) 混合说 (Mixed Theory)

这一理论认为，国际商事仲裁具有明显的司法性和契约性，不能片面地强调其中某一点，而是应当将这两者结合起来，才能正确阐明国际商事仲裁的性质。因为一方面，仲裁首先来源于双方当事人的仲裁协议，这个协议无疑是一种契约。仲裁员的任命、仲裁组织形式的确定、仲裁规则以及仲裁实体问题准据法的选择均取决于当事人的共同意思表示。但另一方面，仲裁又不可能超越于所有法制之外，例如，仲裁程序一般要受仲裁地法约束，仲裁协议的有效性以及仲裁裁决的承认与执行等最终也需要由一国法院根据有关国家的法律作出决定。因此，离开了法律的调整和法院的协助与支持，国际商事仲裁制度便无法独立存在。由此可见，国际商事仲裁制度兼有契约性和司法性双重性质，是相互联系、不可分割的一个整体。

混合说在现代国际商事仲裁理论中占有较大优势，许多国家的学者都支持这一观点。

（四）自治说（Autonomous Theory）

自治说是晚近才发展起来的一项新学说。该理论既不赞成国际商事仲裁是纯司法性的或纯契约性的，也不赞成是这两者的混合，而认为它属于一种独立的自治体系，是超越司法权或契约的。就司法性而言，国际商事仲裁是商人们在相互交往过程中，为解决商业纠纷的实际需要而发展起来的一种争议解决方式，在其发展初期它纯属商人们的自发行为，当时并无法律的支持或确认；而仲裁协议和仲裁裁决之所以能够得到遵守和履行，并非基于国家法院的强制力，而是源于商人之间道德和行业惯例的约束，以及符合国际商事关系顺利发展的内在需要。就契约性而言，当事人订立仲裁协议并非为了订立一项契约，而是为了解决已经发生或将来有可能发生的争议；在国际商事仲裁领域强调当事人意思自治原则，不是基于仲裁的契约性，而是出于仲裁制度的实际需要。

以上四种理论分别从不同角度、不同侧面在一定程度上揭示了国际商事仲裁的某种属性，应当说，这些学说均有其合理的成分。但在实践中，我们不宜片面强调国际商事仲裁的某一特性、回避甚至否定其他特性，而是应当根据国际商事仲裁的历史沿革及其发展现状进行综合考察，以得出切合实际的科学结论。

五、国际商事仲裁的分类

依据不同的标准，可以对国际商事仲裁作出不同的分类。

（一）临时仲裁和机构仲裁

以仲裁的组织形式为标准，可以将国际商事仲裁分为临时仲裁和机构仲裁。

1. 临时仲裁（ad hoc arbitration）

临时仲裁亦称特别仲裁，是指依据当事人之间的仲裁协议，在争议发生后，由双方当事人推选仲裁员临时组成仲裁庭进行仲裁，该仲裁庭仅负责审理本案，并在审理终结、作出裁决后即自行解散。

临时仲裁有许多优点：通过这一途径解决争议，其方式灵活、程序简便、审理速度快、费用较低，争议双方当事人在决定仲裁员、仲裁地点、仲裁规则、法律适用以及仲裁费用等事项上享有充分的自主权。但临时仲裁也有不足之处，即它的顺利进行和有效性将取决于当事人之间的真诚合作，由于缺少固定机构的协助及有拘束力的仲裁规则的约束，如果当事人之一不愿合作，则临时仲裁将陷入僵局。

临时仲裁的历史比机构仲裁的历史要早得多，在19世纪下半叶机构仲裁出现以前，[1] 临时仲裁一直是唯一的国际商事仲裁组织形式。即使在目前常设仲裁机构遍布世界各地的情况下，仍然有相当数量的国际商事争议被提交临时仲裁解决，并得到许多

---

[1] 维也纳商品交易所仲裁院是现有资料中所显示的成立最早的仲裁机构，该仲裁院成立于1876年1月1日。

国家的承认。有关国际公约如联合国《承认及执行外国仲裁裁决公约》就明确将临时仲裁列为国际商事仲裁的方式之一。该公约第1条第2款规定："'仲裁裁决'一词不仅指专案选派之仲裁员所作裁决，亦指当事人提请仲裁之常设仲裁机关所作裁决。"1976年制订的《联合国国际贸易法委员会仲裁规则》也主要是供各国当事人在诉诸临时仲裁时来选用的。由于临时仲裁有其独到之处，特别是当争议一方为国家的情况下，出于维护自身主权的考虑，国家往往倾向于采用临时组成仲裁庭这一方式来解决有关争议，因此，临时仲裁今后仍将长期存在。

2. 机构仲裁（institutional arbitration）

机构仲裁亦称常设仲裁，是指由常设仲裁机构所进行的仲裁。常设仲裁机构依据有关国际公约或一国国内立法而建立，有固定的场所、组织章程、仲裁规则及仲裁员名册，并具有完整的行政办事机构和严格的管理制度。

与临时仲裁相比，机构仲裁具有以下优越性：

（1）仲裁规则的确定简单方便。当事人在他们的仲裁协议中只要选用某一常设仲裁机构的仲裁规则就可以了，不必双方协商再重新创设一种仲裁规则。

（2）便于选任胜任的仲裁员。各常设仲裁机构都备有经过精选产生的仲裁员名册，双方当事人一般都能按照自己的意愿选择到胜任的仲裁员。

（3）有规范化的管理及服务。常设仲裁机构均设有秘书处或类似机构，主要从事仲裁程序的组织及行政管理工作，为当事人提供各种服务和便利，诸如代为指定仲裁员、组成仲裁庭、传递文件和证据、提供开庭场所、安排开庭事宜以及配备记录、翻译人员等，以协助国际商事仲裁的顺利进行。

（4）便于得到司法部门的支持。常设仲裁机构作出的仲裁裁决，只要符合有关法律的规定，一方当事人如果不履行，另一方当事人可以向有关法院申请强制执行。而通过临时仲裁所获得的裁决，在不认可临时仲裁的国家内（如我国）便难以申请承认和执行。

当然，机构仲裁也有不足之处。由于常设仲裁机构均有严格的仲裁规则和管理制度，在仲裁地点的选定和仲裁员的指定等方面缺乏灵活性，尤其是涉及仲裁程序中时限的规定以及出现仲裁机构提供服务不周等问题时，往往会使当事人感到有所不便。尽管如此，这些缺陷并不会削弱机构仲裁在解决国际商事争议中所发挥的重要作用。

这里需要提及的是，所谓机构仲裁一般是指在常设仲裁机构的协助下进行仲裁，常设仲裁机构只具有管理的性质，它本身并不直接从事仲裁活动。而实际审理案件的仲裁庭则是为了解决特定争议，才经常设仲裁机构协助临时组建起来的，审理终结后该仲裁庭便即行解散，并且参与审理案件的仲裁员通常不是常设仲裁机构的内部职员。

常设仲裁机构自19世纪下半叶在欧洲出现以后，发展得非常迅速，现已在世界范围内得以普遍建立，数量多达一百三十多个，业务也涉及到国际商事法律关系的各个领域，成为国际商事仲裁的主要组织形式。目前，绝大部分国际商事争议都由常设仲裁机构进行仲裁。

常设仲裁机构依其影响范围及受案性质，大致可以分为国际性的、区域性的、国家性的、综合性的和行业性的五种。国际性的常设仲裁机构如国际商会仲裁院、解决投资争议国际中心等；区域性的常设仲裁机构如美洲国家间商事仲裁委员会等；国家性的常设仲裁机构如中国国际经济贸易仲裁委员会、英国伦敦国际仲裁院等；综合性的常设仲裁机构如瑞典斯德哥尔摩商会仲裁院、美国仲裁协会等；行业性的常设仲裁机构如伦敦黄麻协会仲裁机构、伦敦谷物和食品贸易协会仲裁机构、中国海事仲裁委员会等。以上分类在实践中往往相互重叠，例如，解决投资争议国际中心既是国际性的、又是行业性的常设仲裁机构,而瑞典斯德哥尔摩商会仲裁院及美国仲裁协会等则既是综合性的、亦是国家性的常设仲裁机构。

(二) 依法仲裁和友好仲裁

以仲裁庭是否必须依照法律作出裁决为标准,可以将国际商事仲裁分为依法仲裁和友好仲裁。

1. 依法仲裁

依法仲裁是指仲裁庭必须依照法律作出裁决,这是世界各国对仲裁的普遍要求。例如,《中华人民共和国仲裁法》第7条就规定:"仲裁应当根据事实,符合法律规定,公平合理地解决纠纷。"但是,依法仲裁并不排斥仲裁庭在依据法律进行裁决的同时,特别是在无法可依的情况下,适用公平合理原则来处理有关争议。

2. 友好仲裁 (amiable arbitration)

友好仲裁亦称友谊仲裁,是指仲裁庭经争议双方当事人的授权,不严格按照法律的规定,而是依据公平合理、善意、诚实信用等项原则以及商业惯例所进行的仲裁。在仲裁实践中,友好仲裁的采用常常会受到若干限制,诸如必须得到当事人的授权;仲裁地的法律允许进行此种仲裁;不得违反有关国家的公共秩序及强制性规定;等等。

目前,世界上许多国家都允许通过友好仲裁方式解决国际商事争议。例如,英国、美国、法国、葡萄牙、比利时、荷兰、瑞士以及阿根廷等国就采取这种实践。《中国国际经济贸易仲裁委员会仲裁规则》第43条第1款规定:"仲裁庭应当根据事实,依照法律和合同规定,参考国际惯例,并遵循公平合理原则,独立公正地作出裁决。"这一规定表明,我国的国际商事仲裁实践也是兼采依法仲裁和友好仲裁的。

此外,一些国际条约同样认可友好仲裁这一争议解决方式。例如,《解决国家与他国国民间投资争议的公约》第42条第3款规定:"第1款和第2款的规定不得损害法庭在双方同意时对争端作出公平和善良的决定之权。"再如,《欧洲国际商事仲裁公约》第7条第2款规定:"如当事人作出此种决定,而且仲裁员依照仲裁所适用的法律可以进行'友谊仲裁'时,仲裁员可即进行'友谊仲裁'。"《联合国国际贸易法委员会仲裁规则》第33条第2款、《联合国国际贸易法委员会国际商事仲裁示范法》第28条第3款亦有类似规定。

第二节 国际上主要的常设国际商事仲裁机构

一、国际商会国际仲裁院(International Chamber of Commerce International Court of Arbitration)

国际商会成立于1919年,是为世界商业服务的非政府间国际组织,总部设在法国巴黎。国际商会的宗旨是通过加强国际商业交往,促进世界和平及经济的繁荣。中国国际商会(中国国际贸易促进委员会)于1994年11月8日加入了国际商会,成为该会的国家会员。

1923年,国际商会仲裁院于巴黎设立,成为隶属于国际商会的一个国际性常设仲裁机构。1989年,国际商会仲裁院更名为"国际商会国际仲裁院"[①](以下简称仲裁院)。其主要职能是确保该院的仲裁规则和调解规则的实施,通过仲裁方式解决国际商事争议。目前,该仲裁院每年经办的案件所涉及的当事人和仲裁员分别来自一百多个国家,涉及不同的法律、经济、文化和语

---

① 郭寿康、赵秀文主编:《国际经济贸易仲裁法》(修订本),中国法制出版社1999年版,第65页。

言。自其成立以来,该院已受理了一万多件国际商事仲裁案件,① 是世界上最有影响的国际商事仲裁机构。

仲裁院下设理事会和秘书处。理事会由四十多个成员国各自推选1名法律或具有解决国际商事争议经验的专家组成,其职能是与秘书处一起对提交仲裁的案件进行监督和管理。仲裁院设主席1名,副主席8名,秘书长1名及顾问若干名。仲裁院理事会成员和秘书处工作人员不得担任仲裁案件中的仲裁员或代理人。

仲裁院现行的仲裁规则于1998年1月1日起生效,共35条并有3个附件。附件一为《国际商会国际仲裁院规章》,附件二为《国际商会国际仲裁院内部规章》,附件三为《仲裁费用》。根据该仲裁规则,仲裁院本身并不负责争议的解决,仲裁案件由仲裁院组成的仲裁庭决定。仲裁庭由3名仲裁员组成,双方当事人各自指定1名,首席仲裁员由仲裁院指定。双方当事人还可以约定其争议由独任仲裁员审理,如双方未能就独任仲裁员的选定达成一致,则该独任仲裁员由仲裁院指定。独任仲裁员或首席仲裁员的国籍通常应不同于当事各方所属国的国籍。仲裁地点由仲裁院决定,除非当事各方另有约定。仲裁程序受本仲裁规则支配,解决争议实体问题的准据法由当事人自由约定。仲裁庭在受案后6个月内一般应作出裁决。裁决根据多数仲裁员的意见作出,形不成多数意见时,以首席仲裁员的意见为准。仲裁庭在签署裁决前,应由仲裁院就其裁决形式提出修改意见,仲裁院亦可知会仲裁庭注意实体问题。在仲裁院批准裁决的形式之前,仲裁庭不得签发裁决。

---

① 郭寿康、赵秀文主编:《国际经济贸易仲裁法》(修订本),中国法制出版社1999年版,第65页。

二、解决投资争议国际中心（International Center for the Settlement of Investment Disputes，简称 ICSID）

解决投资争议国际中心（以下简称中心）是根据《解决国家与他国国民间投资争议的公约》（简称《华盛顿公约》）的规定而于1966年10月14日成立的，它隶属于世界银行，总部设在美国首都华盛顿，是专门处理国家与他国国民之间投资争议的国际性常设仲裁机构。中心的宗旨是依照《华盛顿公约》的规定，为各缔约国和其他缔约国国民之间的投资争议提供调停和仲裁的便利。该中心的设立，在创造良好的投资环境、促进国际经济技术合作与交往方面，发挥着重要的作用。截至1997年7月14日，签署《华盛顿公约》的国家已达138个，其中有127个国家已经批准了该公约。[①] 我国于1990年2月9日在公约上签字，并于1992年6月第七届全国人民代表大会常务委员会第二十六次会议审议通过，成为《华盛顿公约》和中心的成员国。[②]

中心主要有行政理事会和秘书处两大机构。行政理事会由每一缔约国各派代表1人组成，世界银行行长是行政理事会的当然主席，但无表决权。秘书处由秘书长1人、副秘书长1人或数人以及若干工作人员组成。秘书长是中心的法定代表人和主要官员，负责中心的行政事务。中心还设有调停人小组和仲裁人小组，其成员由每一缔约国和行政理事会主席分别指派。中心具有完全的国际法律人格，其法律行为能力包括缔结合同的能力、取得和处理动产与不动产的能力以及诉讼能力。中心只对缔约国与

[①] 郭寿康、赵秀文主编：《国际经济贸易仲裁法》（修订本），中国法制出版社1999年版，第70页。

[②] 李双元、金彭年、张茂、李志勇编著：《中国国际私法通论》，法律出版社1996年版，第685页。

另一缔约国国民之间直接因投资而产生的任何法律争议行使管辖权，而该争议应经双方书面同意提交给中心。在双方表示同意后，不得单方面撤销其同意。当事双方可以协议选择解决争议所适用的实体法；如无此种协议，仲裁庭可以适用争端一方的缔约国的法律（包括其冲突规范）以及可予适用的国际法规则。

中心备有自己的仲裁规则，共 8 章 56 条，对仲裁庭的组成和工作、仲裁程序以及仲裁裁决的作出、解释、修改和无效等事项均作出了具体的规定。

三、瑞典斯德哥尔摩商会仲裁院（The Arbitration Institute of the Stockholm Chamber of Commerce, 简称 SCC Arbitration Institute)

瑞典斯德哥尔摩商会仲裁院（以下简称仲裁院）成立于 1917 年，是瑞典斯德哥尔摩商会下属的一个独立机构，总部设在瑞典首都斯德哥尔摩。它的宗旨是通过仲裁解决国内和国际商事争议，并为当事人提供有关商事仲裁的咨询意见。

仲裁院现行的仲裁规则于 1999 年 4 月 1 日起生效。依照该仲裁规则，除非当事双方另有约定，仲裁庭应由 3 名仲裁员组成，每一方各指定 1 名仲裁员，首席仲裁员由仲裁院指定。当事人在指定仲裁员时，可以不受国籍的限制。仲裁员必须是独立的、公正的，他不能作为当事人的代理人看待。仲裁裁决至迟应在案件移交仲裁庭时起 6 个月内作出，但在仲裁庭的要求下，仲裁院可适当予以延长。

仲裁庭在审理案件时，应依据法律条文判案，除非当事人明确要求仲裁员按照公平原则或其他原则作出裁决。如果当事人在合同中没有选择解决争议所应适用的法律，则由仲裁庭来决定法律的适用。仲裁庭应适用其认为最适当的法律进行裁判。仲裁裁决应依多数仲裁员的意见作出，并应说明裁决所依据的理由，仲裁员的不同意见可附在裁决中。如果当事人已达成和解，仲裁庭可根据当事人的请求在裁决中对此予以确认。

仲裁院在适用仲裁规则方面比较灵活。除了其自身的仲裁规则可以适用之外，还允许当事人选用《联合国国际贸易法委员会仲裁规则》或者其他任何仲裁规则，因而很受当事人的欢迎。

瑞典在政治上持中立立场，其仲裁制度历史悠久。斯德哥尔摩商会仲裁院亦因其仲裁的公正性而在国际社会享有很高的声誉，是世界上最著名的常设国际商事仲裁机构之一。此外，瑞典还是《承认及执行外国仲裁裁决公约》的缔约国，它对该公约未作任何保留，这有利于仲裁院所作的裁决在世界上许多国家和地区获得承认与执行。中国国际经济贸易仲裁委员会已与该仲裁院建立了业务联系，并建议涉外经济合同双方当事人在选择第三国仲裁机构时，可优先考虑该仲裁院。

四、英国伦敦国际仲裁院（London Court of International Arbitration，简称 LCIA）

伦敦国际仲裁院（以下简称仲裁院）成立于 1892 年，是世界上最早的常设仲裁机构之一，也是目前英国最主要的国际商事仲裁机构，原名伦敦仲裁会，1981 年改为现名。该仲裁院的宗旨是根据当事人的请求，为国内外商业、贸易和工业界争议的解决提供服务。实际上，该仲裁院可以受理向其提起的任何性质的国际商事争议，它尤其擅长国际海事案件的审理。仲裁院备有可供当事人选择的仲裁员名册，由来自三十多个国家具有丰富经验的仲裁员组成。

仲裁院有自己的仲裁规则，现行仲裁规则于 1998 年 1 月 1 日起生效。愿意按照这一仲裁规则向仲裁院提起仲裁的当事人，应向该院登记处提交书面仲裁申请。当事各方可以约定由他们之间的一方或多方或第三方指定仲裁员，同时，仲裁院亦有权指定仲裁员。仲裁院在指定仲裁员时，应适当考虑双方当事人书面约定的选择仲裁员的特定方法和标准。在选择仲裁员时，应当考虑交易的性质、争议的性质和案情、当事双方的国籍、所在地和所使用的语言等等，如果涉及多方当事人，还要考虑到当事人的数量。在当事人具有不同国籍时，独任仲裁员或首席仲裁员的国籍不得与任何一方当事人相同。

根据该院仲裁规则，当事人可以书面约定仲裁的本座地。如无此项约定，则仲裁本座地在伦敦。仲裁庭可依其职权决定在任何适当的地点开庭、会面与合议，如果这些程序是在本座地以外的地点进行，此项仲裁视为在仲裁本座地进行，仲裁裁决也视为在仲裁本座地作出。适用于仲裁的法律应为仲裁本座地的仲裁法，除非当事人作出明示的书面约定适用其他的仲裁法，并且这一约定不为仲裁本座地的法律所禁止。

仲裁庭有权对其管辖权包括对仲裁协议的存在或效力的任何异议作出裁定。构成一项协议一部分的仲裁条款应视为独立于该项协议的仲裁协议。仲裁庭作出的关于该项协议不存在、无效或失效的决定，不应在法律上导致仲裁条款的不存在、无效或失效。仲裁庭所作的裁决是终局的，对当事各方具有法律上的拘束力。当事人如果约定按仲裁院的仲裁规则进行仲裁，即承担了毫不迟延地立即执行裁决的义务，并且放弃了向任何国家的法院或其他司法机关上诉、请求进行司法复审及其他追诉措施。

英国的国际商事仲裁实践在传统上受英国法院的影响比较大，法院对仲裁程序享有广泛的监督权和复审权。1996年英国新的《仲裁法》施行以后，情况有所改变，该法允许国际商事仲裁中的双方当事人以协议方式排除法院对仲裁案件的法律问题以及仲裁裁决进行审查。

五、美国仲裁协会（American Arbitration Association，简称 AAA）

美国仲裁协会（以下简称协会）成立于 1926 年，总部设在纽约，并在美国各主要城市设有分支机构，是一个民间的、非营利性的组织。它既受理美国国内的商事争议案件，也受理国际商事争议案件。协会的宗旨是：开展对仲裁的研究；根据仲裁法不断地完善仲裁规则；通过仲裁、调解以及各种民主与自愿的手段，解决国内与国际经济交往过程中所发生的各种争议。协会备有可供当事人选用的国际仲裁员名册，由各领域中享有声誉并具有专业知识和技能的人士组成。

协会现行的仲裁规则于 1997 年 4 月 1 日起生效，同时，协会亦允许各方当事人通过书面协议约定适用其他仲裁规则。

根据协会的仲裁规则，如果当事各方未能就仲裁员人数作出约定，协会将指定 1 名仲裁员，除非协会会长认定，由于案件金额大、案情复杂或其他各种情况，由 3 人仲裁员审理是恰当的。仲裁程序自会长收到仲裁通知之日起开始。如果在仲裁开始 45 日后，当事各方尚未就指定仲裁员的程序或仲裁员的指定达成一致，会长将根据任何一方当事人的书面请求，对 1 位或数位或首席仲裁员作出指定。会长可根据任何一方当事人的请求或自行指定与当事各方国籍不同的国民为仲裁员。

仲裁庭有权就其管辖权，包括对仲裁协议的存在、范围或效力的任何异议作出裁定，并有权决定含有仲裁条款的合同的存在或效力，该仲裁条款应被视为一项独立于合同其他条款的协议。仲裁庭作出的关于合同无效或失效的决定本身，不构成仲裁条款无效的理由。

仲裁庭应当适用当事人选择的用于解决争议的一个或数个实体法。如无此项选择，由仲裁庭决定适用其认为适当的一个或数个实体法。如果仲裁涉及合同问题，仲裁庭应当按照合同条款的规定作出决定，并应考虑到适用于该项合同的贸易惯例。仲裁庭只有在当事各方明示授权的情况下，才能按照公平合理的原则作出裁决。裁决应当采用书面形式，并应说明其所依据的理由，除非当事各方同意无需说明理由。裁决是终局的，对当事各方均有法律拘束力，当事各方应保证毫不迟延地履行裁决。

六、瑞士苏黎世商会仲裁院（Court of Arbitration of the Zurich Chamber of Commerce）

瑞士苏黎世商会仲裁院（以下简称仲裁院）成立于1911年，是苏黎世商会下属的一个常设仲裁机构。它既受理国内的商事案件，也受理其他国家当事人提交给它的国际商事案件，在管辖权的范围方面，不受地域和国籍的限制。由于瑞士是一个长期中立的国家，从而使得该仲裁院的裁决能够广泛地为世界各国的当事人所接受，逐渐成为处理国际商事争议的重要中心之一。

仲裁院现行的仲裁规则于1977年1月1日起生效。根据该仲裁规则，当事人依其仲裁协议或由双方当事人以书面形式请求仲裁院对它们之间的争议进行仲裁时，由苏黎世商会会长从商会理事会人员或其他适当人选中指定仲裁庭主席或独任仲裁员。如果由3名仲裁员组成仲裁庭，当事人有约定的，可由双方各自指定1名仲裁员。仲裁庭应依据双方当事人合意选择的法律，或在当事人未作选择的情况下，依据瑞士国际私法规则指定的实体法或有关国际公约所确定的实体法，对案件作出实质性的终局裁决。在双方当事人明确授权的情况下，仲裁庭还可依公平原则进行裁决。

除了通过仲裁方式解决国际商事争议以外，仲裁院也很重视调解的作用。仲裁院不仅有独立进行的调解程序，仲裁庭还可以在裁决作出前的任何时候促成和解。

七、日本商事仲裁协会（Japan Commercial Arbitration Association，简称 JCAA）

日本商事仲裁协会（以下简称协会）成立于1950年，其宗旨是通过仲裁和调解的方式解决国内外商事争议，促进国内和国际贸易的发展。

协会现行的仲裁规则于1989年5月24日起生效。根据该仲裁规则，当事人可以通过书面协议指定1名或数名仲裁员，或确定仲裁员的人数及其指定方法。如果当事人协议仲裁庭应由1名仲裁员组成，当事人应共同指定该名独任仲裁员。如果当事人约定由3名或3名以上奇数的仲裁员组成仲裁庭，则首先由双方当事人指定同等人数的仲裁员，然后由双方指定的仲裁员共同推选首席仲裁员。仲裁庭应在审理终结后5周内作出裁决，裁决应附具理由。

八、香港国际仲裁中心（The Hong Kong International Arbitration Centre，简称 HKIAC）

香港国际仲裁中心（以下简称中心）成立于1985年，其仲裁事务由中心理事会下属的管理委员会通过中心的秘书长负责管理。中心的仲裁事务分为本地仲裁和国际仲裁两种：本地仲裁是指双方当事人均为香港人的案件，适用香港仲裁规则；国际仲裁是指一方或双方当事人为非香港人的案件，适用《联合国国际贸易法委员会仲裁规则》。

中心备有不同国籍的仲裁员名册供当事人选用。除非当事人另有约定，则仲裁庭由3名仲裁员组成，双方当事人各自指定1名，再由被指定的两名仲裁员共同推选1名首席仲裁员。仲裁地点可以在香港，也可以在香港以外的地方；如果当事人未约定仲裁地点，则由仲裁庭决定。裁决书应当说明所依据的理由，除非双方当事人协议无须说明理由。当事人可以在仲裁协议中签订"排除条款",以排除香港法院对裁决或与裁决有关的法律问题的复议。中心还可以采用调解与仲裁相结合的方式解决国际商事争议。

九、中国国际经济贸易仲裁委员会(China International Economic and Trade Arbitration Commission,简称 CIETAC)

中国国际经济贸易仲裁委员会(以下简称委员会)成立于1956年,原名为"对外贸易仲裁委员会",1980年更名为"对外经济贸易仲裁委员会",1988年又改为现名,是中国国际贸易促进委员会(中国国际商会)下属的一个民间性常设国际商事仲裁机构,总部设在北京,并在深圳、上海和重庆设有分会。委员会的总部及其三个分会适用同一个仲裁员名册和同一个仲裁规则,其区别仅在于受案地点和开庭地点不同。近些年来,委员会的受案和结案数量已位居世界各主要常设仲裁机构前列。由于其办案注重公正合理,而且效率高、收费较低,在国内外享有良好的声誉。

委员会现行的仲裁规则于 2005 年 5 月 1 日起生效。根据该仲裁规则,委员会有权对仲裁协议的存在、效力以及仲裁案件的管辖权作出决定。如有必要,委员会也可以授权仲裁庭作出管辖权决定。当事人对仲裁协议及/或仲裁案件管辖权的异议,应当在仲裁庭首次开庭前书面提出;书面审理的案件,应当在第一次实体答辩前提出。对仲裁协议及/或仲裁案件管辖权提出异议不影响按仲裁程序进行审理。合同中的仲裁条款或附属于合同的仲裁协议独立于合同而存在,合同的变更、解除、终止、转让、失效、无效、未生效、被撤销以及成立与否,均不影响仲裁条款或仲裁协议的效力。

凡当事人同意将争议提交委员会仲裁的,均视为同意按照本仲裁规则进行仲裁。当事人约定适用其他仲裁规则，或约定对本规则进行变更的，从其约定，但其约定无法实施或与仲裁地强制性法律规定相抵触者除外。

仲裁员不代表任何一方当事人，并应独立于各方当事人且平等地对待各方当事人。仲裁庭由 1 名或 3 名仲裁员组成。当事人从委员会提供的仲裁员名册中选定仲裁员。当事人约定在仲裁员名册之外选定仲裁员的，经仲裁委员会主任依法确认后可以担任仲裁员、首席仲裁员或独任仲裁员。

仲裁庭应当开庭审理案件。但经双方当事人申请或者征得双方当事人同意，仲裁庭也认为不必开庭审理的，仲裁庭可以只依据书面文件进行审理。仲裁庭审理案件不公开进行，如果双方当事人要求公开审理，由仲裁庭作出是否公开审理的决定。开庭审理时，被申请人无正当理由不到庭的，或在开庭审理时未经仲裁庭许可中途退庭的，仲裁庭可以进行缺席审理并作出裁决。

经双方当事人同意，仲裁庭可以在仲裁程序进行过程中进行调解。仲裁庭应在组庭之日起 6 个月内作出裁决，裁决应当根据事实，依照法律和合同规定，参考国际惯例，并遵循公平合理原则，独立公正地作出。仲裁裁决是终局的，对双方当事人均有约束力，任何一方当事人均不得向法院起诉，也不得向其他任何机构提出变更仲裁裁决的请求。当事人应当自动履行裁决。一方当事人不履行的，另一方当事人可以根据中国法律向中国法院申请执行，或者根据《承认及执行外国仲裁裁决公约》或者中国缔结或参加的其他国际条约，向有管辖权的法院申请执行。

该仲裁规则还规定，除非当事人另有约定，凡是争议金额不超过人民币 50 万元的，或争议金额超过 50 万元，但经一方当事人书面申请并征得另一方当事人书面同意的，适用简易程序。

除上述《中国国际经济贸易仲裁委员会仲裁规则》之外，中国国际贸易促进委员会/中国国际商会还于 2003 年 4 月 4 日通过了《中国国际经济贸易仲裁委员会金融争议仲裁规则》，该仲裁规则的修订本自 2005 年 5 月 1 日起生效。

十、中国海事仲裁委员会（China Maritime Arbitration Commission，简称 CMAC）

中国海事仲裁委员会（以下简称委员会）成立于 1959 年，原名为"海事仲裁委员会"，1988 年改为现名，是中国国际贸易促进委员会（中国国际商会）下属的一个民间性和专门性的常设仲裁机构，总部设在北京。

委员会由在航海、海上运输、对外贸易、保险以及法律方面具有专门知识和实际经验的人士组成。其受案范围包括：海上船舶相互救助报酬、海上船舶碰撞、海上船舶租赁与代理业务、海上船舶运输及保险、海洋环境污染损害和船舶买卖、修造、拖航等方面的争议，以及当事人协议要求仲裁的其他海事争议。委员会备有仲裁员名册，其现行的仲裁规则于 2004 年 10 月 1 日起生效。委员会由主任 1 人、副主任和委员若干人组成，它有权就仲裁协议的有效性和仲裁案件的管辖权作出决定。委员会还设有秘书处，负责处理委员会的日常事务。

第三节 国际商事仲裁协议

一、国际商事仲裁协议的概念

国际商事仲裁协议（international commercial arbitration agreement）是指双方当事人同意将他们之间可能发生或已经发生的国际商事争议交付仲裁解决的一种书面共同意思表示。

一项有效的国际商事仲裁协议应当具备以下要件：

1. 仲裁协议的主体必须合格，即签订仲裁协议的双方当事人必须具有行为能力。一般而言，各国通常适用当事人的属人法来判断其是否具有签订仲裁协议的行为能力。

2. 仲裁协议的订立必须以双方当事人的自愿与平等协商为基础，不允许一方当事人将自己的意志强加于另一方。

3. 仲裁协议中约定的提交仲裁解决的争议必须具有可仲裁性，即必须是有关国家法律允许通过仲裁方式处理的事项。否则，仲裁机构便不能受理当事人提交的案件，即使受理并作出了裁决，该项裁决也是无效的，不会得到有关国家的承认与执行。

4. 仲裁协议的形式必须合法。尽管世界各国在这方面的规定不尽一致，但绝大多数国家的法律及有关国际公约都要求仲裁协议必须采用书面形式，只有少数国家或国际条约承认口头形式。因此，一项仲裁协议究竟应当采用何种形式方为有效，须依仲裁地国法和仲裁裁决承认与执行地国法的有关规定来判断。

二、国际商事仲裁协议的种类

在国际商事仲裁实践中，根据书面仲裁协议表现形式的不同，仲裁协议主要分为三种类型，即合同中的仲裁条款、专门的仲裁协议书以及其他有关书面文件中所包含的仲裁协议。

（一）仲裁条款（arbitration clause）

仲裁条款是指双方当事人在订立合同时，在该合同中约定把他们将来可能发生的争议交付仲裁解决的一种专门条款。它是仲裁协议的最基本和最常见的形式。例如，中国国际经济贸易仲裁委员会推荐的示范仲裁条款就作出如下规定："凡因本合同引起的或与本合同有关的任何争议，均应提交中国国际经济贸易仲裁委员会，按照申请仲裁时该会现行有效的仲裁规则进行仲裁。仲裁裁决是终局的，对双方均有约束力。"

在实践中，当事人订立的仲裁条款其内容详略不一，有的条款内容明确、具体，规定了仲裁事项、仲裁地点、仲裁机构、仲裁庭的组成、仲裁程序以及裁决的效力等内容；有的条款却比较简单，仅规定了仲裁事项和仲裁机构，其他问题则依有关仲裁规则来处理。

（二）仲裁协议书（submission to arbitration agreement）

仲裁协议书亦称仲裁协议，通常是指在争议发生后由双方当事人订立的、将其争议提交仲裁解决的专门协议。它独立于有关国际经贸合同之外，大多是在合同中没有仲裁条款、或者仲裁条款不明确以致无法执行、或者仲裁条款不符合仲裁地法等情形下，双方当事人才采用这种形式将其争议诉诸仲裁。但由于争议发生后当事人之间的关系往往比较紧张，很难就仲裁协议书的内容达成一致意见，因而实践中一般是通过在合同内列入仲裁条款的形式来订立仲裁协议的。

（三）其他有关书面文件中所包含的仲裁协议

这主要是指双方当事人针对有关合同关系或其他国际商事法律关系而相互往来的信函、电报、电传等书面材料，其中包含有将他们之间已经发生或将来有可能发生的争议提交仲裁解决的意思表示。这种仲裁协议的特点在于，双方当事人以仲裁方式解决争议的意思表示是分散体现在他们往来的数个文件中，而不是由某一个单独文件集中作出规定的，并且此类仲裁协议的订立，既可以是在争议发生之前，也可以是在争议发生之后。

上述三种仲裁协议具有同等的法律效力，现已为一些相关国际条约及许多国家的国内法所采纳。例如，《承认及执行外国仲裁裁决公约》第 2 条第 2 款规定："称'书面协定'者，谓当事人所签订或在互换函电中所载明之契约仲裁条款或仲裁协定。"我国《仲裁法》第 16 条第 1 款规定："仲裁协议包括合同中订立的仲裁条款和以其他书面方式在纠纷发生前或者纠纷发生后达成的请求仲裁的协议。"《中国国际经济贸易仲裁委员会仲裁规则》第 5 条第 2 款亦有内容相同的规定。

三、国际商事仲裁协议的主要内容

如前所述,国际商事仲裁协议的形式是很重要的,它是仲裁能否进行的前提。但国际商事仲裁协议的内容同样重要,它涉及仲裁程序的各个方面,直接关系到有关争议能否得以顺利、及时和公平合理的解决。从各国仲裁立法以及有关国际条约的规定来看,原则上都承认双方当事人可以自由商定仲裁协议的内容,在法律允许的范围内,按照共同的意思表示就仲裁的任何事项签订仲裁协议。

至于一项有效的仲裁协议应当包括哪些具体内容,各国立法及有关国际条约对此规定不尽相同。为使仲裁程序得以顺利进行,一般而言,国际商事仲裁协议应具备以下主要内容:

(一) 提交仲裁的争议事项

当事人在仲裁协议中应首先明确表示将他们之间什么样的争议交付仲裁,这是仲裁能否依法进行的重要条件之一。例如,在仲裁条款中一般应规定:"凡因本合同所发生的或与本合同有关的一切争议,应提交某某仲裁机构仲裁。"其中,"凡因本合同所发生的或与本合同有关的一切争议",就是提交仲裁的争议事项。如果仲裁地法或仲裁裁决的承认与执行地法禁止某种争议以仲裁方式解决,而一方当事人仍将此类争议提交仲裁的话,则仲裁机构应拒绝受理。假如仲裁机构予以受理,另一方当事人可以对仲裁庭的管辖权提出异议,并有权在仲裁庭作出实质性裁决以后拒绝履行有关义务,该项裁决亦无法得到其他国家的承认与执行。

我国《仲裁法》第16条规定:仲裁协议的内容应当包括仲裁事项;其第18条还进一步明确规定:"仲裁协议对仲裁事项……没有约定或者约定不明确的,当事人可以补充协议;达不成补充协议的,仲裁协议无效。"

（二）仲裁地点

仲裁地点通常是指进行仲裁程序和作出仲裁裁决的所在地。它关系到仲裁机构的确定、仲裁程序和冲突规范的适用、仲裁协议的有效性、仲裁裁决的国籍以及仲裁裁决的承认与执行等一系列重要问题。由于仲裁地点的选择与仲裁的结果密切相关，涉及有关当事人的切身利益，而当事人对自己国家的法律和仲裁制度又比较了解和信任，因此，当事双方在商订仲裁条款或订立仲裁协议时，一般都力争在本国进行仲裁。

目前，我国当事人对仲裁地点的选择主要有以下三种情况：

1. 在中国进行仲裁。我国各主要进出口公司印制的标准格式合同中，大多写明在中国北京由中国国际经济贸易仲裁委员会或中国海事仲裁委员会进行仲裁。考虑到中国的这两个仲裁机构在国内外享有良好的声誉，因而对中方当事人提出的在北京仲裁的主张，外方当事人一般也能够接受。

2. 在被申请人所在国进行仲裁。如果当事双方不能就在中国进行仲裁达成协议，仲裁条款也可以规定在被申请人一方所在国仲裁。这也是国际上通行的实践。

3. 在第三国进行仲裁。如果当事双方均不愿意到对方所在国进行仲裁时，还可以共同选择在第三国或地区仲裁。实践中，选择第三国或地区仲裁时应考虑以下因素：（1）该国对我国比较友好；（2）该国的仲裁法律及仲裁规则比较完善和公平合理；（3）该国的仲裁机构具有较好的业务能力与国际声誉；（4）该国是《承认及执行外国仲裁裁决公约》的缔约国，以便于仲裁裁决在其他有关国家能够顺利地获得承认与执行。

（三）仲裁机构

国际商事仲裁中的仲裁机构有两种类型，一种是常设仲裁机构，另一种是临时仲裁庭。从近些年各国的仲裁实践来看，大多数国际商事争议都是提交给常设仲裁机构解决的，因为常设仲裁机构往往制订有详细的仲裁规则，同时还拥有较为完善的管理制度，并能够为当事人提供周到的服务。如果当事人选择通过常设仲裁机构解决他们之间的争议，应当在仲裁条款或者仲裁协议中清楚地写明常设仲裁机构的全称，以便能够迅速、准确地决定仲裁机构，确保仲裁程序的顺利进行。

如果当事人选择通过临时仲裁庭解决争议，则应在仲裁条款或仲裁协议中对临时仲裁庭的组成方式作出约定，诸如仲裁庭应由1名仲裁员还是应由3名仲裁员组成、如何指定仲裁员或首席仲裁员等等。若是双方当事人对临时仲裁庭的组成方式未作出约定或者约定不明确，将会导致仲裁庭无法及时组成，从而延误争议的解决。

仲裁机构与仲裁地点有着密切的联系。一般来讲，这两者可能是一致的，即双方当事人选择了某一常设仲裁机构，也就意味着他们选择了该常设仲裁机构的所在地为仲裁地点，反之亦然。但在国际商事仲裁实践中也存在着某些例外。有些当事人由于其他种种原因，虽然约定了仲裁地点，却不想选择该地的常设仲裁机构；或者当事人选择了某个常设仲裁机构，但并不打算在其所在地进行仲裁。这些情况下，当事双方就应在仲裁条款或仲裁协议中对仲裁机构或仲裁地点作出明确的约定。

（四）仲裁规则

仲裁规则是指仲裁庭审理案件时所适用的程序性规范。仲裁规则的选择对争议案件的审理结果会产生不同程度的影响，因而当事人在签订仲裁协议时，亦应对仲裁所适用的仲裁规则作出明确约定，以便仲裁庭在进行仲裁时有所依循。

从各国的相关实践来看，大多将对仲裁机构的选择与对仲裁规则的选择结合起来，即当事人约定在某个常设仲裁机构仲裁，就意味着同意适用该仲裁机构的仲裁规则。但也有些常设仲裁机构不要求必须适用自己的仲裁规则，而是允许当事人选择其他仲裁规则,如《瑞典斯德哥尔摩商会仲裁院仲裁规则》第1条第3款即有此种规定。此外,还有一些常设仲裁机构允许当事人在选择其仲裁规则时,可以对该规则作出若干修订。例如,《美国仲裁协会国际仲裁规则》第1条第1款规定:"如当事各方书面同意按本国际仲裁规则仲裁解决争议,仲裁应根据仲裁开始之日生效的规定进行,但当事人书面约定对此有所更改的,从其约定。"①

如果当事人选择通过临时仲裁解决争议,一般多约定采用《联合国国际贸易法委员会仲裁规则》或某个常设仲裁机构如国际商会国际仲裁院的仲裁规则,双方当事人还可以对所选择的仲裁规则作出某些修订,或者另行协商制定一套全新的专门适用于本案的仲裁规则。不论由以上哪种方式所确定的仲裁规则,均不得违反仲裁地国和仲裁裁决的承认与执行地国法上的强行性或禁止性规定。

(五) 仲裁裁决的效力

仲裁裁决的效力是指仲裁机构就有关争议所作的实质性裁决是否为终局裁决(final award),对双方当事人有无拘束力,当事人如果不服裁决,是否有权向法院或其他任何机构起诉或申诉以请求变更或撤销该项裁决。

一般而言,大多数国家的仲裁立法和许多常设仲裁机构以及国际组织的仲裁规则均规定,仲裁裁决是终局的,对双方当事人具有法律拘束力,任何一方都不得向法院起诉或向其他任何机构申诉。例如,《中华人民共和国仲裁法》第9条第1款规定:"仲裁实行一裁终局的制度。裁决作出后,当事人就同一纠纷再申请仲裁或者向人民法院起诉的,仲裁委员会或者人民法院不予受

---

① 郭寿康、赵秀文主编:《国际经济贸易仲裁法》(修订本),中国法制出版社1999年版,第143—144页。

理。"再如,《国际商会国际仲裁院仲裁规则》第 28 条第 6 款规定:"裁决对当事各方具有法律上的拘束力,将争议据此规则提交仲裁,当事各方即承担了毫不迟延地执行裁决的义务,并被视为在可以有效放弃的范围内放弃对裁决进行上诉的权利。"又如,《联合国国际贸易法委员会仲裁规则》第 32 条第 2 款规定:"裁决应以书面为之,并应是终局的和对当事人双方具有约束力的。双方有承担立即履行裁决的义务。"《中国国际经济贸易仲裁委员会仲裁规则》第 43 条第 8 款亦规定:仲裁"裁决是终局的,对双方当事人均有约束力。任何一方当事人均不得向法院起诉,也不得向其他任何机构提出变更仲裁裁决的请求。"

但是,也有少数仲裁立法和仲裁规则允许当事人提出上诉,除非当事人在仲裁协议中放弃了上诉的权利。例如,《法兰西共和国仲裁法令》第 42 条规定:"除非当事人已在仲裁协定中放弃上诉,否则可以对仲裁裁决提起上诉。但是,假如仲裁员是作为友谊仲裁人接受裁决任务的,则当事人除非在仲裁协定中明确地保留了这种上诉之权,否则不得对仲裁裁决提起上诉。"再如,《瑞典仲裁法》第 2 条第 1 款规定:"如仲裁协议没有保留当事人对裁决的上诉权,应视为当事人已同意遵守仲裁裁决。"此项规定意味着当事人可以在仲裁协议中约定对仲裁裁决的上诉权。

由于仲裁裁决的效力直接关系到整个仲裁程序的效力,而各国立法及有关的仲裁规则在这方面的规定又不尽相同,因而要使国际商事争议获得迅速和最终的解决,双方当事人在商定仲裁条款或订立仲裁协议时,应明确规定仲裁裁决的效力,以避免当事人之间因对这个问题约定不明确而产生纠纷。从国际商事仲裁的实践来看,当事人一般都在仲裁条款或仲裁协议中约定仲裁裁决是终局的,对双方均有拘束力。这种约定表明,各方当事人应切实履行仲裁裁决,任何一方不得向法院或其他任何机构提起变更裁决的上诉请求。

以上五个方面是一项比较完整的仲裁协议所应具备的基本内容。除此之外，仲裁协议还可以根据具体情况规定其他方面的事项，诸如仲裁的提起、仲裁员的任命、仲裁庭的权限、仲裁费用的承担等等。特别是在临时仲裁或者国家作为当事一方的情况下，双方往往需要对与仲裁有关的事项作出详尽、明确、具体的约定，以使当事人之间在国际商事交往过程中产生的争议能够得到及时、有效的解决。

四、国际商事仲裁协议的法律效力

国际商事仲裁协议就其自身性质而言，只是双方当事人约定将其争议提交仲裁解决的一种共同意思表示，它的法律效力是由各国国内立法以及有关国际条约来赋予的。一般来讲，一项有效的国际商事仲裁协议具有如下法律效力：

（一）是排除法院管辖权的重要依据

对于当事人而言，仲裁协议一旦有效订立，当事双方就必须严格遵守，协议范围内所发生的争议只能以仲裁方式解决。如果一方当事人违反仲裁协议而向法院提起诉讼，另一方当事人有权依据该协议要求法院终止司法程序，将有关争议交由仲裁机构审理。例如，我国《民事诉讼法》第 257 条规定："涉外经济贸易、运输和海事中发生的纠纷，当事人在合同中订有仲裁条款或者事后达成书面仲裁协议，提交中华人民共和国涉外仲裁机构或者其他仲裁机构仲裁的，当事人不得向人民法院起诉。当事人在合同中没有订有仲裁条款或者事后没有达成书面仲裁协议的，可以向人民法院起诉。"

对于法院而言，如果当事人之间存在着解决争议的仲裁协议，而一方当事人又将其争议提请法院解决的，法院应当拒绝受理，或者根据另一方当事人的请求裁定终止司法程序。例如，《承认及执行外国仲裁裁决公约》第 2 条第 3 款规定："当事人就诉讼事项订有本条所称之协议者，缔约国法院受理诉讼时应依当事人一方之请求，命当事人提交仲裁，但前述协议经法院认定无效、失效或不能实行者不在此限。"

由此可见，一项有效的仲裁协议可以排除法院的司法管辖权。

（二）是仲裁机构行使管辖权的重要依据

一项有效的仲裁协议是仲裁机构或仲裁员受理案件的重要依据。如果当事人之间不存在仲裁协议，或者仲裁协议无效，有关仲裁机构就无权受理当事人提出的争议案件；此外，仲裁机构的管辖权也仅限于仲裁协议中所明确规定的事项，而对于任何超出仲裁协议规定范围的其他事项，仲裁机构是无权受理并作出裁决的，否则，该项裁决将会被有关当事人或有关国家的法院拒绝承认和执行。

（三）是仲裁程序得以进行的重要依据

仲裁协议中规定的仲裁规则必须为双方当事人、仲裁机构或仲裁员所遵守，整个仲裁程序应严格依照当事人选定的仲裁规则来进行。

（四）是仲裁裁决得以承认和执行的重要依据

一项有效的仲裁协议是承认与执行仲裁裁决的必要前提和重要依据。许多国家的国内立法以及一些国际公约均规定，如果一方当事人拒不履行仲裁裁决，另一方当事人可以向有关国家的法院提交有效的仲裁协议和裁决书，申请强制执行该项裁决。例如，《承认及执行外国仲裁裁决公约》第4条第1款规定：为获得仲裁裁决的承认及执行，申请承认及执行一方的当事人应在申请时，提供仲裁协议的原本或其正式副本。从有关实践来看，法院要求申请人提供仲裁协议文本，是为了审查仲裁庭或仲裁员是否获得了当事人的书面授权，裁决内容是否超越了仲裁协议所规定的范围，裁决事项是否具有可仲裁性，等等，以便作出是否予以承认和执行的裁定。

五、国际商事仲裁条款具有独立性

国际商事仲裁条款具有独立性是指在国际商事合同无效或失效时，作为合同一部分的仲裁条款应独立于其合同，它仍然单独有效，即合同的无效或失效并不必然导致仲裁条款的无效或失效，双方当事人因该合同而产生的争议，仍应依照仲裁条款的规定提交仲裁解决。

根据仲裁条款独立性理论，尽管仲裁条款是合同的一部分，但它与合同的其他条款有着完全不同的性质。其他条款可以称之为主要合同（或称基础合同，underlying contract），它规定的是双方当事人在商业利益方面的实体权利与义务，而仲裁条款则可视为次要合同，是双方当事人通过协议授权第三方解决他们之间争议的一种共同意思表示。次要合同的履行或实施，须以主要合同的履行发生困难或争议为前提，并作为主要合同不能履行或不能完全履行时的一种救济手段而存在。因此，以仲裁条款为内容的这一次要合同便具有相对特殊的独立性。

仲裁条款独立性理论已为许多国家的国内立法、有关的国际文件以及各主要常设仲裁机构的仲裁规则所采纳。例如，我国《仲裁法》第19条第1款规定："仲裁协议独立存在，合同的变更、解除、终止或者无效，不影响仲裁协议的效力。"再如，《联合国国际贸易法委员会国际商事仲裁示范法》第16条第1款规定："仲裁庭可以对它自己的管辖权包括对仲裁协议的存在或效力的任何异议，作出裁定。为此目的，构成合同的一部分的仲裁条款应视为独立于其他合同条款以外的一项协议。仲裁庭作出关于合同无效的决定，不应在法律上导致仲裁条款的无效。"又如，《伦敦国际仲裁院仲裁规则》第23条第1款亦规定："仲裁庭有权对其管辖权包括对仲裁协议的存在或效力的任何异议作出裁定。为此目的,构成另外一项协议一部分的仲裁条款应视为独立于该另外一项协议的仲裁协议。仲裁庭作出的关于该另外一项协议不存在、无效或失效的决定,不应在法律上导致仲裁条款的不存在、无效或失效。"

第四节 国际商事仲裁程序

一、仲裁程序的概念

仲裁程序是指从一方当事人提出仲裁申请直至仲裁庭作出终局裁决这一整个过程中,有关的仲裁机构、仲裁庭、申请人、被申请人和其他关系人(如代理人、证人、鉴定人等)参与仲裁时所必须遵循的程序。其内容主要包括仲裁申请的提出和受理、仲裁员的选定和仲裁庭的组成、仲裁审理、仲裁裁决的作出等事项。

仲裁程序通常由双方当事人在其订立的仲裁协议中予以指定。如果仲裁协议中没有此种指定,则应依照仲裁地国家的仲裁法以及受理案件的仲裁机构的仲裁规则进行仲裁。在国际商事仲裁的长期实践中,形成了一系列关于仲裁程序的习惯做法,有些国家还签订了仲裁程序方面的国际条约,这些习惯做法和国际条约对各国的仲裁立法以及各常设仲裁机构的仲裁规则产生了很大影响,使得各国及各常设仲裁机构对仲裁程序的规定在许多方面都存在着相同或相似之处。

二、仲裁申请的提出和受理

仲裁申请是指仲裁协议中约定的争议事项发生后,一方当事人依据该项仲裁协议的规定,将有关争议提交给双方所选定的仲裁机构通过仲裁解决的书面请求。提出仲裁申请的一方称为申请人或申诉人,与其相对应的另一方称为被申请人或被诉人。如果当事人之间仅仅订有仲裁协议,并不能自动导致仲裁程序的开始,还必须由一方当事人提出申请。只有当事人向仲裁机构提交仲裁申请书以及仲裁机构受理了此案,仲裁程序才能正式开始。

一般来讲,仲裁申请书应当包括以下主要内容:申请人和被申请人的名称和地址;申请人所依据的仲裁协议;有关案情和争议要点;申请人的具体仲裁请求及其所依据的事实和理由;等等。仲裁申请书应当附具与仲裁有关的合同、仲裁协议、双方当事人往来的函电和其他有关证据。这些文件还应按被申请人及仲裁员的数目提交副本,并预缴仲裁费。

如果双方当事人在仲裁协议中约定向常设仲裁机构申请仲裁的,应当将上述文件提交给其选定的常设仲裁机构;如果双方协议选择通过临时仲裁的方式解决争议,则应将上述文件直接送交被申请人。

仲裁机构在收到仲裁申请书后,应对申请书、仲裁协议等文件进行审查,以确定仲裁协议是否有效、申请仲裁解决的争议是否属于协议规定的范围、索赔时效是否已经届满等等。如果审查后决定受理,应及时通知有关当事人,并将仲裁申请书及其附件的副本送达被申请人。被申请人在该仲裁机构适用的仲裁规则规定的期限内,可以提交答辩书或反请求。

三、仲裁员的选定和仲裁庭的组成

仲裁员是指根据当事人的仲裁协议,在法律和仲裁规则规定的范围内,以其专业知识和判断能力审理当事人之间纠纷,并作出对当事人具有拘束力的仲裁裁决的人。仲裁庭是指对某项业已提交其仲裁的国际商事争议进行具体审理的组织,它由仲裁员组成。

从各国法律对仲裁员资格的规定来看,一般均要求仲裁员必须具有完全的民事权利能力和民事行为能力，应当品德高尚、公正无私，具有丰富的国际经济、贸易和法律方面的专业知识，而且与所受理的案件没有利害关系。

仲裁员在审理案件时应当保持公正和独立，不代表任何一方的利益，更不能偏袒任何一方。当事人亦不能将其指定的仲裁员视为自己利益的代言人，因为仲裁员与律师不同。律师是为委托人服务的，起着辩护人的作用；而仲裁员则必须站在第三方的立场上公断双方当事人的争议，因此，仲裁又称公断，仲裁员亦称公断人。

在国际商事仲裁实践中，仲裁庭有独任仲裁庭和合议仲裁庭两种形式，前者由1名仲裁员组成，后者一般由3名仲裁员组成。独任仲裁员通常由双方当事人共同推选，也可委托仲裁机构代为指派；合议仲裁庭的仲裁员既可以在仲裁机构的仲裁员名册中指定，亦可在仲裁员名册以外的人士中指定，这主要取决于受理案件的仲裁机构对此是如何规定的。具体方法是：由双方当事人各自指定1名仲裁员，然后再共同选定或委托仲裁机构指定第三名仲裁员作为首席仲裁员，或者由双方当事人各自指定的仲裁员进一步共同指定首席仲裁员。首席仲裁员负责主持整个仲裁程序的进行，并享有一票决定权。在仲裁庭不能形成多数意见时，《中国国际经济贸易仲裁委员会仲裁规则》第43条第5款的规定是：仲裁"裁决依首席仲裁员的意见作出。"

在临时仲裁的情况下，如果当事人未能就如何指定仲裁员作出约定，或者虽有约定但未能对仲裁员的人选达成一致，根据一些国家的法律，一方当事人可以请求有关法院予以指定。

四、仲裁审理

仲裁审理是指仲裁庭以一定的方式和程序收集并审查证据，询问证人、鉴定人，并对整个争议事项的实质性问题进行全面审查的仲裁活动。仲裁庭一经组成，即可对争议案件进行审理。在国际商事仲裁实践中，各仲裁机构的审理程序基本相似，一般包括确定争议的审理方式、审核证据和询问证人、财产保全、法律适用以及进行调解等步骤。

（一）确定争议的审理方式

仲裁庭审理案件有两种方式，即口头审理和书面审理。口头审理亦称开庭审理，是指仲裁庭通知双方当事人或其代理人在规定的日期出庭，以口头方式陈述意见，进行答辩，回答仲裁庭和对方当事人提问的一种审理方式。如果任何一方当事人拒不出庭，仲裁庭有权进行缺席审理和作出缺席裁决。书面审理亦称不开庭审理，是指双方当事人或其代理人可以不必亲自出庭，仲裁庭只根据当事双方提供的书面材料如仲裁申请书、答辩书、合同、双方往来的函电以及证人、专家提交的证据、报告等文件对有关争议进行审理的一种方式。

各国仲裁立法和各常设仲裁机构的仲裁规则大多规定，双方当事人可以自由选择口头审理或书面审理；在当事人未作选择时，则采用口头审理方式。例如，《中国国际经济贸易仲裁委员会仲裁规则》第29条第2款规定："仲裁庭应当开庭审理案件。但经双方当事人申请或者征得双方当事人同意，仲裁庭也认为不必开庭审理的，仲裁庭可以只依据书面文件进行审理。"

仲裁庭审理案件通常不公开进行，但双方当事人同意公开审理的除外。《中国国际经济贸易仲裁委员会仲裁规则》第33条第1款在这方面的规定是："仲裁庭审理案件不公开进行。如果双方当事人要求公开审理，由仲裁庭作出是否公开审理的决定。"仲裁庭的审理之所以一般不公开进行，主要是基于为当事人保守商业秘密的考虑；而在国际商事仲裁实践中，双方当事人要求公开审理的实例也不多见。

(二) 审核证据和询问证人

在仲裁审理过程中，仲裁庭有权审核双方当事人提供的证据，也可以提请有关专家对当事人提供的证据进行鉴定。必要时，仲裁庭还可以自行调查、收集有关证据，或者要求与案件有关的证人出庭作证。但在证人不愿出庭作证的情况下，世界各国的仲裁立法一般都规定，仲裁庭无权强令证人出庭作证，而是应由当事人或仲裁庭向有关法院提出申请，经法院同意并发出传票，才能强令证人出庭作证。

(三) 财产保全

国际商事仲裁中的财产保全亦称临时性保护措施，是指自仲裁程序开始到仲裁裁决作出的这段时间内，对有关当事人的财产所采取的一种临时性强制措施，以防止当事人隐匿、转移和变卖有关财产，保证将来作出的裁决能够得到顺利执行，使胜诉一方当事人获得应有的补偿。这些临时性的强制措施主要有：查封、扣押、冻结以及法律规定的其他方法。财产一经保全，当事人就不得再行处分。但是，如果被申请人提供了有效担保，或者案件已经审结，则财产保全措施即应解除。

各国仲裁立法和各常设仲裁机构的仲裁规则大多规定了财产保全制度，但对于由何种机构来采取财产保全措施则有不同规定。归纳起来，主要有以下三种情形：

1. 规定只能由法院采取财产保全措施。因为财产保全措施具有强制性，仲裁庭无权采取，所以，当事人只能向有关法院提出申请，由法院在认为必要时作出采取财产保全措施的决定。中国、瑞士、澳大利亚等国采用这种实践。例如，我国《民事诉讼法》第258条规定："当事人申请采取财产保全的，中华人民共和国的涉外仲裁机构应当将当事人的申请，提交被申请人住所地或者财产所在地的中级人民法院裁定。"我国《仲裁法》第28条第2款、《中国国际经济贸易仲裁委员会仲裁规则》第17条亦作出了内容相同的规定。

2. 规定可以由仲裁庭采取财产保全措施。美国、日本等国采用这种实践。例如,《美国仲裁协会国际仲裁规则》第21条第1款规定:"仲裁庭可根据任何一方当事人的请求采取它认为必要的临时性的措施,包括为保护和保管财产而发布的禁止性的救济和措施。"《联合国国际贸易法委员会仲裁规则》第26条第1款亦作出了内容相同的规定。

3. 规定应视不同情况,由法院或仲裁庭分别采取财产保全措施。英国采用这种实践。例如,1996年的《英国仲裁法》第44条第3款规定:"如果案情紧急,法院可以在一方当事人的申请下或建议当事人提出申请,并认为确有必要时,可以采取证据保全或财产保全。"第5款又规定:"在任何情况下,如果当事人已对该仲裁庭,或其他仲裁机构或其他机构或个人已经授权行使此项权力,则法院无权或不能行使此项权利。"

(四) 法律适用

国际商事仲裁中的法律适用主要涉及两个方面的问题:一是实体法的适用,二是程序法的适用。

实体法是指决定当事人实体权利与义务的法律,亦即准据法。世界各国、各仲裁机构在确定实体法时,普遍采用意思自治原则,即允许当事人协议选择调整其实体权利义务关系的准据法;如果当事人没有协议选择这种在仲裁过程中所应适用的准据法,仲裁庭则通常依照仲裁地国家的冲突规范来进一步援引准据法。

程序法是指调整仲裁程序本身的法律。尽管当事人在仲裁协议中选择了仲裁所应适用的仲裁规则,但整个仲裁程序仍须受仲裁程序法的支配。通常情况下,仲裁程序应当适用仲裁地法。

(五) 进行调解

国际商事仲裁过程中的调解是指在仲裁程序进行期间,经双方当事人请求或同意，由仲裁庭主持，当事双方自愿协商、互谅互让，达成和解协议，仲裁庭据此作出裁决书结案的一种争议解决方式。调解与仲裁既有联系又有区别。它们的联系是：调解与仲裁都必须出于当事人的自愿，都应当在查明事实、分清是非、公平合理以及实事求是的基础上进行。它们的区别是：调解与仲裁在本质上属于两种不同的争议解决方式，调解不是仲裁的必经程序，也不是作出仲裁裁决的前提条件。

在仲裁过程中将调解与仲裁相结合，是我国涉外仲裁机构的独特做法，它丰富了国际商事仲裁制度的内容。根据《中国国际经济贸易仲裁委员会仲裁规则》第40条的规定，如果双方当事人有调解愿望，或一方当事人有调解愿望并经仲裁庭征得另一方当事人同意的，仲裁庭可以在仲裁程序进行过程中，以适当方式对其审理的案件进行调解。如果任何一方当事人提出终止调解或仲裁庭认为已无调解成功的可能时，仲裁庭应当停止调解。在调解进行过程中双方当事人于仲裁庭之外达成和解的，应视为是在仲裁庭调解下达成的和解。经仲裁庭调解达成和解的，双方当事人应签订书面和解协议；除非当事人另有约定，仲裁庭应当根据当事人书面和解协议的内容作出裁决书结案。如果调解不成功，任何一方当事人均不得在其后的仲裁程序、司法程序和其他任何程序中援引对方当事人或仲裁庭在调解过程中曾发表的意见、提出的观点、作出的陈述、表示认同或否定的建议或主张作为其请求、答辩或反请求的依据。

此外，该《仲裁规则》第40条还规定："当事人在仲裁委员会之外通过协商或调解达成和解协议的，可以凭当事人达成的由仲裁委员会仲裁的仲裁协议和他们的和解协议，请求仲裁委员会组成仲裁庭，按照和解协议的内容作出仲裁裁决。除非当事人另有约定，仲裁委员会主任指定一名独任仲裁员组成仲裁庭，按照仲裁庭认为适当的程序进行审理并作出裁决。具体程序和期限不受本规则其他条款限制。"

五、仲裁裁决的作出

仲裁审理一经结束,仲裁庭就应当作出仲裁裁决,这是国际商事仲裁程序的最后阶段。仲裁裁决是指仲裁庭对当事人提交的争议事项进行审理后所作出的终局决定。仲裁庭一旦作出终局决定,整个仲裁程序即告终结。关于仲裁裁决的形式、内容和效力以及作出仲裁裁决的期限等问题,各国仲裁立法和各常设仲裁机构的仲裁规则有的规定是相同或相似的,有的规定则不尽相同。

(一) 仲裁裁决的形式、内容和效力

关于仲裁裁决的形式,各国法律均规定必须以书面形式作出。

关于仲裁裁决的内容,各国亦普遍要求仲裁裁决应当说明理由。英国、美国、德国、法国、瑞典、瑞士、意大利、比利时、荷兰、西班牙、葡萄牙、日本以及原苏联和东欧一些国家采用此种实践。《联合国国际贸易法委员会仲裁规则》第32条第3款亦规定:"除当事人双方同意无需说明理由外,仲裁庭应说明裁决所根据的理由。"《中国国际经济贸易仲裁委员会仲裁规则》第43条第2款的规定是:仲裁庭在其作出的仲裁裁决中,应当写明裁决理由。当事人协议不写明裁决理由的,以及按照双方当事人和解协议的内容作出裁决的,可以不写明裁决理由。

关于仲裁裁决的效力,许多国家的仲裁立法及各常设仲裁机构的仲裁规则都规定,仲裁裁决是终局的,对双方当事人具有法律拘束力。

(二) 作出仲裁裁决的期限

为了能使当事人提交的争议案件获得迅速、及时的解决,许多国家和常设仲裁机构对仲裁庭作出仲裁裁决的期限都施加了限制,但各国立法及各常设仲裁机构的仲裁规则就这个期限的长短却规定不同。《国际商会国际仲裁院仲裁规则》第24条第1款规定:"仲裁庭必须在6个月内作出裁决。此项期限自仲裁庭或当事人最后在审理事项上签字之日起算"。《中国国际经济贸易仲裁委员会仲裁规则》第42条则规定:"仲裁庭应当在组庭之日起6个月内作出裁决书。在仲裁庭的要求下,仲裁委员会主任认为确有正当理由和必要的,可以延长该期限。"

第五节 国际商事仲裁裁决的承认与执行

一、概述

所谓国际商事仲裁裁决的承认,是指一国法院允许某项仲裁裁决所确认的当事人的权利与义务在该国境内发生法律效力;所谓国际商事仲裁裁决的执行,是指一国法院在承认某项仲裁裁决效力的基础上,依照本国法律规定的执行程序,对其予以强制执行。

由于仲裁是建立在双方当事人自愿基础之上的,所以大多数国际商事仲裁裁决都能得到当事人的自动履行。但在实践中,也有少数败诉方拒绝履行仲裁裁决的,这时,胜诉方便需要采取措施强制其履行仲裁裁决。考虑到国际商事仲裁不同于国内司法诉讼,仲裁裁决一经作出,仲裁庭的任务即告完成,并且仲裁机构和仲裁庭本身又不具有强制执行仲裁裁决的权力,因此,只能由胜诉方提请有关国家的法院予以强制执行,从而产生了国际商事仲裁裁决的承认与执行问题。

二、国际商事仲裁裁决国籍的确定

在国际商事仲裁裁决的承认与执行问题上,实践中存在着两种不同情况:一是本国涉外仲裁机构所作的仲裁裁决在本国境内申请承认与执行；二是本国涉外仲裁机构所作的仲裁裁决去外国申请承认与执行，或外国涉外仲裁机构所作的仲裁裁决在本国境内申请承认与执行。前一种情况称为对本国裁决的承认与执行，后一种情况则称为对外国裁决的承认与执行。由于许多国家的仲裁立法以及一些相关国际条约在承认与执行国际商事仲裁裁决问题上，对内国裁决和外国裁决规定了不同的条件和程序，所以，确定国际商事仲裁裁决的国籍便具有重要意义，这是承认与执行一项国际商事仲裁裁决时必须首先予以解决的问题。

一般而言，各国对内国裁决的承认与执行所规定的程序较为宽松和简便，而对外国裁决的承认与执行，许多国家都要求以两国间有共同缔结或者参加的国际条约或存在着互惠安排为依据，其承认与执行的程序同内国裁决的承认与执行相比，要严格得多。从实质上讲，确定国际商事仲裁裁决的国籍即是如何确认外国裁决的问题。所谓外国裁决，通常是指在被申请承认与执行地国以外的国家作成的裁决及/或在被申请承认与执行地国境内但适用外国仲裁法而作成的裁决。因此，从国际商事仲裁的理论与实践来看，区分内国裁决和外国裁决的标准主要有以下三项：

1. 领域标准

领域标准亦称裁决作出地国标准。它以裁决作出地国作为确定某一仲裁裁决国籍的依据，即凡是在外国作出的仲裁裁决，为外国裁决；凡是在内国作出的裁决，为内国裁决。采用这一标准确定仲裁裁决的国籍，其优点是明确、简便、易行，因而在实践中为世界各国所广泛接受。例如，1976年的瑞典《关于外国仲裁协议和裁决的法律》第5条规定："（1）在国外作出的仲裁裁决，为外国仲裁裁决；（2）在适用本法时，举行仲裁程序所在地的国家，即认为是作出仲裁裁决的国家。"

2. 非内国裁决标准

这一标准是指，凡依据内国法律认为不属于其内国裁决的仲裁裁决即为外国仲裁裁决。例如，有些国家规定：在本国但依外国仲裁法上的程序规则所作出的裁决不是内国裁决，而是一项外国裁决。德国、法国等国家即采取这种实践。依照此项标准，裁决作出地国不再是确定仲裁裁决国籍时所应考虑的唯一因素，一个在内国作出的裁决可能被视为外国裁决；而一个在外国作出的裁决却可能被确定为内国裁决。该项标准的优点是灵活性较强，但确定性不足。

3. 混合标准

这一标准是同时兼采领域标准与非内国裁决标准作为确定某一仲裁裁决国籍的依据。《承认及执行外国仲裁裁决公约》即采取这种实践。该公约第1条第1款规定："仲裁裁决，因自然人或法人间之争议而产生且在申请承认及执行地所在国以外之国家领土内作成者，其承认及执行适用本公约。本公约对于仲裁裁决经申请承认及执行地所在国认为非内国裁决者，亦适用之。"公约的这一规定实际上是英、美等国主张的领域标准与德、法等国主张的非内国裁决标准相互折衷妥协的产物。

三、对本国仲裁裁决的承认与执行

对于本国涉外仲裁机构作出的仲裁裁决在本国境内申请承认与执行，相对而言是一个比较简单的问题。世界各国的仲裁立法在这方面大多规定，由胜诉一方向法院提出承认与强制执行的申请，法院依照本国法律的规定通常对仲裁裁决进行形式上的审查，认为符合有关法律规定的，即承认其法律效力；需要执行的，发布执行令，按照国内民事诉讼法的规定，像执行本国法院判决一样给予强制执行。法院进行形式审查的内容一般包括：仲裁协议是否有效，仲裁员资格是否合法，仲裁员行为是否得当，仲裁庭的组成是否合法，仲裁程序是否符合要求，裁决的形式是否合法，等等。有些国家的法院还对仲裁裁决的内容进行审查，看其是否符合本国的公共秩序。

经过审查后，如果发现上述各项中有一项不符合本国法律规定的，法院即可驳回当事人的申请，不予承认和执行。对于法院不予承认和执行的仲裁裁决，当事人可以根据双方重新达成的书面仲裁协议再次提请仲裁，也可以向法院起诉。

四、对外国仲裁裁决的承认与执行

关于外国仲裁裁决的承认与执行问题则通常比较复杂。目前国际上的一般原则是：一国承认与执行在其境外作出的仲裁裁决，应以与有关国家之间存在着承认和执行仲裁裁决的双边或多边国际条约或事实上的互惠安排为前提，并要求该项裁决必须符合国际条约或该国国内立法中所规定的某些条件。

如今，在国际商事仲裁领域具有普遍影响的国际条约是1958年于纽约订立的《承认及执行外国仲裁裁决公约》。该公约共有16条，前7条是实质性条款，后9条则为程序性条款，它所确立的承认与执行外国仲裁裁决的国际制度主要包括以下一些内容：

1. 承认与执行外国仲裁裁决的范围

因自然人或法人之间争议而引起的仲裁裁决的承认与执行，如果该项裁决是在被请求承认与执行国以外国家作出，或依被请求承认与执行国的标准，该项裁决不属于内国裁决者，适用本公约。此外，公约既适用于临时仲裁庭所作的裁决，亦适用于常设仲裁机构下属仲裁庭作出的裁决。但是，缔约国可以声明，本国只在互惠原则基础上对在另一缔约国领土内作出的仲裁裁决的承认与执行，适用本公约，而对在非缔约国领土内作成的裁决，将不适用公约的规定，即所谓的"互惠保留"；缔约国还可以声明，只对根据本国法律认定为属于商事关系（不论其为契约性质与否）所引起的争议适用本公约，而对于非商事争议（如劳动争议等）性质的裁决则不适用公约的规定，即所谓的"商事保留"。我国在加入该公约时，根据公约的上述规定作了互惠保留和商事保留的声明。

2. 承认与执行外国仲裁裁决的标准

各缔约国应相互承认与执行对方国家所作出的仲裁裁决。在承认与执行对方国家的仲裁裁决时，不应比承认与执行本国仲裁裁决附加更为苛刻的条件或征收更高的费用。

3. 拒绝承认与执行外国仲裁裁决的条件

根据该公约的规定，凡有下列情形之一者，被请求承认与执行国家的主管机关可以拒绝承认与执行外国仲裁裁决：(1) 仲裁协议无效；(2) 被申请人未得到指定仲裁员或进行仲裁程序的适当通知，或者由于其他原因未能提出申辩；(3) 裁决的事项超出了仲裁协议规定的范围；(4) 仲裁庭的组成或仲裁程序与当事人的协议不符，或者在双方当事人无协议时，与仲裁地国家的法律不符；(5) 仲裁裁决对当事人尚未发生法律拘束力，或裁决已被仲裁地国家的有关当局依法撤销或停止执行；(6) 依被请求承认与执行国家的法律，争议事项不能以仲裁方式解决；(7) 承认与执行有关裁决将违背被请求承认与执行国家的公共秩序。

4. 承认与执行外国仲裁裁决的程序

根据该公约的规定，申请承认与执行仲裁裁决的当事人，应当提供经正式认证的仲裁裁决正本或经正式证明的副本，以及据以作出裁决的仲裁协议正本或经正式证明的副本。如果上述裁决或仲裁协议不是用被请求承认与执行国的正式文字写成的，申请人还应提交有关文件的该种文字译本。译本应由官方的或经过宣誓的译员或外交或者领事人员认证。

五、我国承认与执行国际商事仲裁裁决的法律制度

《中华人民共和国民事诉讼法》、《中华人民共和国仲裁法》、

《中国国际经济贸易仲裁委员会仲裁规则》以及我国最高人民法院的有关文件对国际商事仲裁裁决的承认与执行问题作了较为详细的规定；此外，我国还于1987年1月22日加入了《承认及执行外国仲裁裁决公约》，该公约已于1988年4月22日起对我国正式生效。这些相关的国内法规范和国际法规范共同构成了我国承认与执行国际商事仲裁裁决的法律制度。

（一）关于我国涉外仲裁机构所作裁决在本国的承认与执行

我国《民事诉讼法》第259条规定，经中华人民共和国涉外仲裁机构裁决的，当事人不得向人民法院起诉。一方当事人不履行仲裁裁决的，对方当事人可以向被申请人住所地或者财产所在地的中级人民法院申请执行。

《民事诉讼法》第260条还规定，对中华人民共和国涉外仲裁机构作出的裁决，被申请人提出证据证明仲裁裁决有下列情形之一的，经人民法院组成合议庭审查核实，裁定不予执行：1.当事人在合同中没有订有仲裁条款或者事后没有达成书面仲裁协议的；2.被申请人没有得到指定仲裁员或者进行仲裁程序的通知，或者由于其他不属于被申请人负责的原因未能陈述意见的；3.仲裁庭的组成或者仲裁的程序与仲裁规则不符的；4.裁决的事项不属于仲裁协议的范围或者仲裁机构无权仲裁的。此外，人民法院认定执行该裁决违背社会公共利益的，亦裁定不予执行。

根据《民事诉讼法》第261条以及最高人民法院《关于适用〈中华人民共和国民事诉讼法〉若干问题的意见》第278条的规定，仲裁裁决被人民法院裁定不予执行的，当事人可以根据双方重新达成的书面仲裁协议申请仲裁，也可以向人民法院起诉。

（二）关于我国涉外仲裁机构所作裁决在外国的承认与执行

根据我国《民事诉讼法》第266条第2款、《仲裁法》第72条以及《中国国际经济贸易仲裁委员会仲裁规则》第49条第2款的规定，中华人民共和国涉外仲裁机构作出的发生法律效力的仲裁裁决，当事人请求执行的，如果被执行人或者其财产不在中华人民共和国领域内，应当由当事人根据《承认及执行外国仲裁裁决公约》或者中国缔结或参加的其他国际条约，直接向有管辖权的外国法院申请承认和执行。

（三）关于外国仲裁裁决在我国的承认与执行

我国《民事诉讼法》第269条规定："国外仲裁机构的裁决，需要中华人民共和国人民法院承认和执行的，应当由当事人直接向被执行人住所地或者其财产所在地的中级人民法院申请，人民法院应当依照中华人民共和国缔结或者参加的国际条约，或者按照互惠原则办理。"

根据上述规定，我国人民法院对于在《承认及执行外国仲裁裁决公约》缔约国领土内作出的仲裁裁决的承认与执行，应当适用该公约；对于在非该公约缔约国领土内作出的仲裁裁决的承认与执行，如果对方国家与我国有双边条约或有互惠关系的，按照双边条约或互惠原则办理；如果对方国家与我国既无多边或双边条约关系，又不存在互惠安排的，我国人民法院则没有承认与执行在该国所作仲裁裁决的义务。但一般来讲，如果该项裁决不违反我国法律的基本原则或者国家主权、安全和社会公共利益，我国人民法院通常予以承认和执行，否则，就拒绝承认和执行。

为了维护国际商事关系的稳定并促进其发展，我国人民法院不论是对内国仲裁裁决的不予执行，还是对外国仲裁裁决的拒绝承认和执行，均持非常慎重的态度。最高人民法院在1995年8月28日发布的《关于人民法院处理与涉外仲裁及外国仲裁事项有关问题的通知》①第2条中规定：凡一方当事人向人民法院申请执行我国涉外仲裁机构裁决，或者向人民法院申请承认和执行外国仲裁机构的裁决，如果人民法院认为我国涉外仲裁机构裁决

---

① 见最高人民法院文件，法发〔1995〕18号。

具有《民事诉讼法》第 260 条情形之一的，或者申请承认和执行的外国仲裁裁决不符合我国参加的国际公约的规定或者不符合互惠原则的，在裁定不予执行或者拒绝承认和执行之前，必须报请本辖区所属高级人民法院进行审查；如果高级人民法院同意不予执行或者拒绝承认和执行，应将其审查意见报最高人民法院。待最高人民法院答复后，方可裁定不予执行或者拒绝承认和执行。

附录 我国关于国际私法的现行主要立法、司法解释和规则

中华人民共和国民法通则（节录）

(1986年4月12日第六届全国人民代表大会第四次会议通过 1986年4月12日中华人民共和国主席令第三十七号公布 1987年1月1日起施行)

第八章 涉外民事关系的法律适用

第一百四十二条 涉外民事关系的法律适用，依照本章的规定确定。

中华人民共和国缔结或者参加的国际条约同中华人民共和国的民事法律有不同规定的，适用国际条约的规定，但中华人民共和国声明保留的条款除外。

中华人民共和国法律和中华人民共和国缔结或者参加的国际条约没有规定的，可以适用国际惯例。

第一百四十三条 中华人民共和国公民定居国外的，他的民事行为能力可以适用定居国法律。

第一百四十四条 不动产的所有权，适用不动产所在地法律。

第一百四十五条 涉外合同的当事人可以选择处理合同争议所适用的法律，法律另有规定的除外。

涉外合同的当事人没有选择的，适用与合同有最密切联系的国家的法律。

第一百四十六条 侵权行为的损害赔偿，适用侵权行为地法律。当事人双方国籍相同或者在同一国家有住所的，也可以适用当事人本国法律或

者住所地法律。

中华人民共和国法律不认为在中华人民共和国领域外发生的行为是侵权行为的，不作为侵权行为处理。

第一百四十七条 中华人民共和国公民和外国人结婚适用婚姻缔结地法律，离婚适用受理案件的法院所在地法律。

第一百四十八条 扶养适用与被扶养人有最密切联系的国家的法律。

第一百四十九条 遗产的法定继承，动产适用被继承人死亡时住所地法律，不动产适用不动产所在地法律。

第一百五十条 依照本章规定适用外国法律或者国际惯例的，不得违背中华人民共和国的社会公共利益。

…………

最高人民法院关于贯彻执行《中华人民共和国民法通则》若干问题的意见（试行）（节录）

(1988年1月26日最高人民法院审判委员会讨论通过)

《中华人民共和国民法通则》（以下简称民法通则）已于1987年1月1日起施行。现就民法通则在贯彻执行中遇到的问题提出以下意见。

……

七、涉外民事关系的法律适用

178．凡民事关系的一方或者双方当事人是外国人、无国籍人、外国法人的；民事关系的标的物在外国领域内的；产生、变更或者消灭民事权利义务关系的法律事实发生在外国的，均为涉外民事关系。

人民法院在审理涉外民事关系的案件时，应当按照民法通则第八章的规定来确定应适用的实体法。

179．定居国外的我国公民的民事行为能力，如其行为是在我国境内所为，适用我国法律；在定居国所为，可以适用其定居国法律。

180．外国人在我国领域内进行民事活动，如依其本国法律为无民事行为能力，而依我国法律为有民事行为能力，应当认定为有民事行为能力。

181．无国籍人的民事行为能力，一般适用其定居国法律；如未定居的，适用其住所地国法律。

182．有双重或者多重国籍的外国人，以其有住所或者与其有最密切联系的国家的法律为其本国法。

183．当事人的住所不明或者不能确定的，以其经常居住地为住所。当事人有几个住所的，以与产生纠纷的民事关系有最密切联系的住所为住所。

184．外国法人以其注册登记地国家的法律为其本国法，法人的民事行为能力依其本国法确定。

外国法人在我国领域内进行的民事活动,必须符合我国的法律规定。

185. 当事人有二个以上营业所的,应以与产生纠纷的民事关系有最密切联系的营业所为准;当事人没有营业所的,以其住所或者经常居住地为准。

186. 土地、附着于土地的建筑物及其他定着物、建筑物的固定附属设备为不动产。不动产的所有权、买卖、租赁、抵押、使用等民事关系,均应适用不动产所在地法律。

187. 侵权行为地的法律包括侵权行为实施地法律和侵权结果发生地法律。如果两者不一致时,人民法院可以选择适用。

188. 我国法院受理的涉外离婚案件,离婚以及因离婚而引起的财产分割,适用我国法律。认定其婚姻是否有效,适用婚姻缔结地法律。

189. 父母子女相互之间的扶养、夫妻相互之间的扶养以及其他有扶养关系的人之间的扶养,应当适用与被扶养人有最密切联系国家的法律。扶养人和被扶养人的国籍、住所以及供养被扶养人的财产所在地,均可视为与被扶养人有最密切的联系。

190. 监护的设立、变更和终止,适用被监护人的本国法律。但是,被监护人在我国境内有住所的,适用我国的法律。

191. 在我国境内死亡的外国人,遗留在我国境内的财产如果无人继承又无人受遗赠的,依照我国法律处理,两国缔结或者参加的国际条约另有规定的除外。

192. 依照应当适用的外国法律,如果该外国不同地区实施不同的法律的,依据该国法律关于调整国内法律冲突的规定,确定应适用的法律。该国法律未作规定的,直接适用与该民事关系有最密切联系的地区的法律。

193. 对于应当适用的外国法律,可通过下列途径查明:(1) 由当事人提供;(2) 由与我国订立司法协助协定的缔约对方的中央机关提供;(3) 由我国驻该国使领馆提供;(4) 由该国驻我国使领馆提供;(5) 由中外法律专家提供。通过以上途径仍不能查明的,适用中华人民共和国法律。

194. 当事人规避我国强制性或者禁止性法律规范的行为,不发生适用外国法律的效力。

195. 涉外民事法律关系的诉讼时效,依冲突规范确定的民事法律关系的准据法确定。

…………

中华人民共和国继承法（节录）

(1985年4月10日第六届全国人民代表大会
第三次会议通过 1985年4月10日
中华人民共和国主席令第二十四号
公布 1985年10月1日起施行)

第五章 附 则

……

第三十六条 中国公民继承在中华人民共和国境外的遗产或者继承在中华人民共和国境内的外国人的遗产，动产适用被继承人住所地法律，不动产适用不动产所在地法律。

外国人继承在中华人民共和国境内的遗产或者继承在中华人民共和国境外的中国公民的遗产，动产适用被继承人住所地法律，不动产适用不动产所在地法律。

中华人民共和国与外国订有条约、协定的，按照条约、协定办理。

……

中华人民共和国海商法（节录）

(1992年11月7日第七届全国人民代表大会常务委员会第二十八次会议通过 1992年11月7日中华人民共和国主席令第六十四号公布 1993年7月1日起施行)

第十四章 涉外关系的法律适用

第二百六十八条 中华人民共和国缔结或者参加的国际条约同本法有不同规定的，适用国际条约的规定；但是，中华人民共和国声明保留的条款除外。

中华人民共和国法律和中华人民共和国缔结或者参加的国际条约没有规定的，可以适用国际惯例。

第二百六十九条 合同当事人可以选择合同适用的法律，法律另有规定的除外。合同当事人没有选择的，适用与合同有最密切联系的国家的法律。

第二百七十条 船舶所有权的取得、转让和消灭，适用船旗国法律。

第二百七十一条 船舶抵押权适用船旗国法律。

船舶在光船租赁以前或者光船租赁期间，设立船舶抵押权的，适用原船舶登记国的法律。

第二百七十二条 船舶优先权，适用受理案件的法院所在地法律。

第二百七十三条 船舶碰撞的损害赔偿，适用侵权行为地法律。

船舶在公海上发生碰撞的损害赔偿，适用受理案件的法院所在地法律。

同一国籍的船舶，不论碰撞发生于何地，碰撞船舶之间的损害赔偿适用船旗国法律。

第二百七十四条 共同海损理算，适用理算地法律。

第二百七十五条 海事赔偿责任限制,适用受理案件的法院所在地法律。

第二百七十六条 依照本章规定适用外国法律或者国际惯例,不得违背中华人民共和国的社会公共利益。

　……………

中华人民共和国票据法（节录）

（1995年5月10日第八届全国人民代表大会常务委员会第十三次会议通过 1995年5月10日中华人民共和国主席令第四十九号公布 1996年1月1日起施行）

第五章　涉外票据的法律适用

第九十五条　涉外票据的法律适用，依照本章的规定确定。

前款所称涉外票据，是指出票、背书、承兑、保证、付款等行为中，既有发生在中华人民共和国境内又有发生在中华人民共和国境外的票据。

第九十六条　中华人民共和国缔结或者参加的国际条约同本法有不同规定的，适用国际条约的规定。但是，中华人民共和国声明保留的条款除外。

本法和中华人民共和国缔结或者参加的国际条约没有规定的，可以适用国际惯例。

第九十七条　票据债务人的民事行为能力，适用其本国法律。

票据债务人的民事行为能力，依照其本国法律为无民事行为能力或者为限制民事行为能力而依照行为地法律为完全民事行为能力的，适用行为地法律。

第九十八条　汇票、本票出票时的记载事项，适用出票地法律。

支票出票时的记载事项，适用出票地法律，经当事人协议，也可以适用付款地法律。

第九十九条　票据的背书、承兑、付款和保证行为，适用行为地法律。

第一百条　票据追索权的行使期限，适用出票地法律。

第一百零一条　票据的提示期限、有关拒绝证明的方式、出具拒绝证明的期限,适用付款地法律。

第一百零二条 票据丧失时,失票人请求保全票据权利的程序,适用付款地法律。

……

中华人民共和国民用航空法（节录）

(1995年10月30日第八届全国人民代表大会常务委员会第十六次会议通过 1995年10月30日中华人民共和国主席令第五十六号公布 1996年3月1日起施行)

第十四章 涉外关系的法律适用

第一百八十四条 中华人民共和国缔结或者参加的国际条约同本法有不同规定的，适用国际条约的规定；但是，中华人民共和国声明保留的条款除外。

中华人民共和国法律和中华人民共和国缔结或者参加的国际条约没有规定的，可以适用国际惯例。

第一百八十五条 民用航空器所有权的取得、转让和消灭，适用民用航空器国籍登记国法律。

第一百八十六条 民用航空器抵押权适用民用航空器国籍登记国法律。

第一百八十七条 民用航空器优先权适用受理案件的法院所在地法律。

第一百八十八条 民用航空运输合同当事人可以选择合同适用的法律，但是法律另有规定的除外；合同当事人没有选择的，适用与合同有最密切联系的国家的法律。

第一百八十九条 民用航空器对地面第三人的损害赔偿，适用侵权行为地法律。

民用航空器在公海上空对水面第三人的损害赔偿，适用受理案件的法院所在地法律。

第一百九十条 依照本章规定适用外国法律或者国际惯例，不得违背中华人民共和国的社会公共利益。

……

中华人民共和国合同法（节录）

(1999年3月15日第九届全国人民代表大会
第二次会议通过 1999年3月15日
中华人民共和国主席令第十五号
公布 1999年10月1日起施行)

第二章 合同的订立

……

第十条 当事人订立合同，有书面形式、口头形式和其他形式。

法律、行政法规规定采用书面形式的，应当采用书面形式。当事人约定采用书面形式的，应当采用书面形式。

第十一条 书面形式是指合同书、信件和数据电文（包括电报、电传、传真、电子数据交换和电子邮件）等可以有形地表现所载内容的形式。

……

第三章 合同的效力

……

第五十七条 合同无效、被撤销或者终止的，不影响合同中独立存在的有关解决争议方法的条款的效力。

……

第八章 其他规定

……

第一百二十五条 当事人对合同条款的理解有争议的，应当按照合同所使用的词句、合同的有关条款、合同的目的、交易习惯以及诚实信用原则，确定该条款的真实意思。

合同文本采用两种以上文字订立并约定具有同等效力的，对各文本使用的词句推定具有相同含义。各文本使用的词句不一致的，应当根据合同的目的予以解释。

第一百二十六条 涉外合同的当事人可以选择处理合同争议所适用的法律，但法律另有规定的除外。涉外合同的当事人没有选择的，适用与合同有最密切联系的国家的法律。

在中华人民共和国境内履行的中外合资经营企业合同、中外合作经营企业合同、中外合作勘探开发自然资源合同，适用中华人民共和国法律。

……

第一百二十八条 当事人可以通过和解或者调解解决合同争议。

当事人不愿和解、调解或者和解、调解不成的，可以根据仲裁协议向仲裁机构申请仲裁。涉外合同的当事人可以根据仲裁协议向中国仲裁机构或者其他仲裁机构申请仲裁。当事人没有订立仲裁协议或者仲裁协议无效的，可以向人民法院起诉。当事人应当履行发生法律效力的判决、仲裁裁决、调解书；拒不履行的，对方可以请求人民法院执行。

第一百二十九条 因国际货物买卖合同和技术进出口合同争议提起诉讼或者申请仲裁的期限为四年，自当事人知道或者应当知道其权利受到侵害之日起计算。因其他合同争议提起诉讼或者申请仲裁的期限，依照有关法律的规定。

……

中华人民共和国民事诉讼法（节录）

(1991年4月9日第七届全国人民代表大会
第四次会议通过 1991年4月9日
中华人民共和国主席令第四十四号
公布 自公布之日起施行）

第一编 总 则

....

第二章 管 辖

第一节 级别管辖

....

第十九条 中级人民法院管辖下列第一审民事案件：
（一）重大涉外案件；
（二）在本辖区有重大影响的案件；
（三）最高人民法院确定由中级人民法院管辖的案件。
....

第二节 地域管辖

第二十二条 对公民提起的民事诉讼，由被告住所地人民法院管辖；被告住所地与经常居住地不一致的，由经常居住地人民法院管辖。

对法人或者其他组织提起的民事诉讼，由被告住所地人民法院管辖。

同一诉讼的几个被告住所地、经常居住地在两个以上人民法院辖区的，各该人民法院都有管辖权。

第二十三条 下列民事诉讼，由原告住所地人民法院管辖；原告住所地与经常居住地不一致的，由原告经常居住地人民法院管辖：

（一）对不在中华人民共和国领域内居住的人提起的有关身份关系的诉讼；

（二）对下落不明或者宣告失踪的人提起的有关身份关系的诉讼；

（三）对被劳动教养的人提起的诉讼；

（四）对被监禁的人提起的诉讼。

第二十四条 因合同纠纷提起的诉讼，由被告住所地或者合同履行地人民法院管辖。

第二十五条 合同的双方当事人可以在书面合同中协议选择被告住所地、合同履行地、合同签订地、原告住所地、标的物所在地人民法院管辖，但不得违反本法对级别管辖和专属管辖的规定。

第二十六条 因保险合同纠纷提起的诉讼，由被告住所地或者保险标的物所在地人民法院管辖。

第二十七条 因票据纠纷提起的诉讼，由票据支付地或者被告住所地人民法院管辖。

第二十八条 因铁路、公路、水上、航空运输和联合运输合同纠纷提起的诉讼，由运输始发地、目的地或者被告住所地人民法院管辖。

第二十九条 因侵权行为提起的诉讼，由侵权行为地或者被告住所地人民法院管辖。

第三十条 因铁路、公路、水上和航空事故请求损害赔偿提起的诉讼，由事故发生地或者车辆、船舶最先到达地、航空器最先降落地或者被告住所地人民法院管辖。

第三十一条 因船舶碰撞或者其他海事损害事故请求损害赔偿提起的诉讼，由碰撞发生地、碰撞船舶最先到达地、加害船舶被扣留地或者被告住所地人民法院管辖。

第三十二条 因海难救助费用提起的诉讼，由救助地或者被救助船舶最先到达地人民法院管辖。

第三十三条 因共同海损提起的诉讼，由船舶最先到达地、共同海损理算地或者航程终止地的人民法院管辖。

第三十四条 下列案件，由本条规定的人民法院专属管辖：

（一）因不动产纠纷提起的诉讼，由不动产所在地人民法院管辖；

（二）因港口作业中发生纠纷提起的诉讼，由港口所在地人民法院管辖；

（三）因继承遗产纠纷提起的诉讼，由被继承人死亡时住所地或者主要遗产所在地人民法院管辖。

第三十五条 两个以上人民法院都有管辖权的诉讼，原告可以向其中一个人民法院起诉；原告向两个以上有管辖权的人民法院起诉的，由最先立案的人民法院管辖。

……

第三编 执行程序

……

第二十一章 执行的申请和移送

……

第二百一十七条 对依法设立的仲裁机构的裁决，一方当事人不履行的，对方当事人可以向有管辖权的人民法院申请执行。受申请的人民法院应当执行。

被申请人提出证据证明仲裁裁决有下列情形之一的，经人民法院组成合议庭审查核实，裁定不予执行：

（一）当事人在合同中没有订有仲裁条款或者事后没有达成书面仲裁协议的；

（二）裁决的事项不属于仲裁协议的范围或者仲裁机构无权仲裁的；

（三）仲裁庭的组成或者仲裁的程序违反法定程序的；

（四）认定事实的主要证据不足的；

（五）适用法律确有错误的；

（六）仲裁员在仲裁该案时有贪污受贿，徇私舞弊，枉法裁决行为的。

人民法院认定执行该裁决违背社会公共利益的，裁定不予执行。

裁定书应当送达双方当事人和仲裁机构。

仲裁裁决被人民法院裁定不予执行的,当事人可以根据双方达成的书面仲裁协议重新申请仲裁,也可以向人民法院起诉。

……

第四编 涉外民事诉讼程序的特别规定

第二十四章 一般原则

第二百三十七条 在中华人民共和国领域内进行涉外民事诉讼,适用本编规定。本编没有规定的,适用本法其他有关规定。

第二百三十八条 中华人民共和国缔结或者参加的国际条约同本法有不同规定的,适用该国际条约的规定,但中华人民共和国声明保留的条款除外。

第二百三十九条 对享有外交特权与豁免的外国人、外国组织或者国际组织提起的民事诉讼,应当依照中华人民共和国有关法律和中华人民共和国缔结或者参加的国际条约的规定办理。

第二百四十条 人民法院审理涉外民事案件,应当使用中华人民共和国通用的语言、文字。当事人要求提供翻译的,可以提供,费用由当事人承担。

第二百四十一条 外国人、无国籍人、外国企业和组织在人民法院起诉、应诉,需要委托律师代理诉讼的,必须委托中华人民共和国的律师。

第二百四十二条 在中华人民共和国领域内没有住所的外国人、无国籍人、外国企业和组织委托中华人民共和国律师或者其他人代理诉讼,从中华人民共和国领域外寄交或者托交的授权委托书,应当经所在国公证机关证明,并经中华人民共和国驻该国使领馆认证,或者履行中华人民共和国与该所在国订立的有关条约中规定的证明手续后,才具有效力。

第二十五章　管　辖

第二百四十三条　因合同纠纷或者其他财产权益纠纷，对在中华人民共和国领域内没有住所的被告提起的诉讼，如果合同在中华人民共和国领域内签订或者履行，或者诉讼标的物在中华人民共和国领域内，或者被告在中华人民共和国领域内有可供扣押的财产，或者被告在中华人民共和国领域内设有代表机构，可以由合同签订地、合同履行地、诉讼标的物所在地、可供扣押财产所在地、侵权行为地或者代表机构住所地人民法院管辖。

第二百四十四条　涉外合同或者涉外财产权益纠纷的当事人，可以用书面协议选择与争议有实际联系的地点的法院管辖。选择中华人民共和国人民法院管辖的，不得违反本法关于级别管辖和专属管辖的规定。

第二百四十五条　涉外民事诉讼的被告对人民法院管辖不提出异议，并应诉答辩的，视为承认该人民法院为有管辖权的法院。

第二百四十六条　因在中华人民共和国履行中外合资经营企业合同、中外合作经营企业合同、中外合作勘探开发自然资源合同发生纠纷提起的诉讼，由中华人民共和国人民法院管辖。

第二十六章　送达、期间

第二百四十七条　人民法院对在中华人民共和国领域内没有住所的当事人送达诉讼文书，可以采用下列方式：

（一）依照受送达人所在国与中华人民共和国缔结或者共同参加的国际条约中规定的方式送达；

（二）通过外交途径送达；

（三）对具有中华人民共和国国籍的受送达人，可以委托中华人民共和国驻受送达人所在国的使领馆代为送达；

（四）向受送达人委托的有权代其接受送达的诉讼代理人送达；

（五）向受送达人在中华人民共和国领域内设立的代表机构或者有权接受送达的分支机构、业务代办人送达；

（六）受送达人所在国的法律允许邮寄送达的，可以邮寄送达，自邮寄之日起满 6 个月，送达回证没有退回，但根据各种情况足以认定已经送达的，期间届满之日视为送达；

（七）不能用上述方式送达的，公告送达，自公告之日起满 6 个月，即视为送达。

第二百四十八条 被告在中华人民共和国领域内没有住所的，人民法院应当将起诉状副本送达被告，并通知被告在收到起诉状副本后 30 日内提出答辩状。被告申请延期的，是否准许，由人民法院决定。

第二百四十九条 在中华人民共和国领域内没有住所的当事人，不服第一审人民法院判决、裁定的，有权在判决书、裁定书送达之日起 30 日内提起上诉。被上诉人在收到上诉状副本后，应当在 30 日内提出答辩状。当事人不能在法定期间提起上诉或者提出答辩状，申请延期的，是否准许，由人民法院决定。

第二百五十条 人民法院审理涉外民事案件的期间，不受本法第一百三十五条、第一百五十九条规定的限制。

第二十七章　财产保全

第二百五十一条 当事人依照本法第九十二条的规定可以向人民法院申请财产保全。

利害关系人依照本法第九十三条的规定可以在起诉前向人民法院申请财产保全。

第二百五十二条 人民法院裁定准许诉前财产保全后，申请人应当在 30 日内提起诉讼。逾期不起诉的，人民法院应当解除财产保全。

第二百五十三条 人民法院裁定准许财产保全后，被申请人提供担保的，人民法院应当解除财产保全。

第二百五十四条 申请有错误的，申请人应当赔偿被申请人因财产保全所遭受的损失。

第二百五十五条 人民法院决定保全的财产需要监督的，应当通知有关单位负责监督，费用由被申请人承担。

第二百五十六条 人民法院解除保全的命令由执行员执行。

第二十八章 仲　裁

第二百五十七条　涉外经济贸易、运输和海事中发生的纠纷，当事人在合同中订有仲裁条款或者事后达成书面仲裁协议，提交中华人民共和国涉外仲裁机构或者其他仲裁机构仲裁的，当事人不得向人民法院起诉。

当事人在合同中没有订有仲裁条款或者事后没有达成书面仲裁协议的，可以向人民法院起诉。

第二百五十八条　当事人申请采取财产保全的，中华人民共和国的涉外仲裁机构应当将当事人的申请，提交被申请人住所地或者财产所在地的中级人民法院裁定。

第二百五十九条　经中华人民共和国涉外仲裁机构裁决的，当事人不得向人民法院起诉。一方当事人不履行仲裁裁决的，对方当事人可以向被申请人住所地或者财产所在地的中级人民法院申请执行。

第二百六十条　对中华人民共和国涉外仲裁机构作出的裁决，被申请人提出证据证明仲裁裁决有下列情形之一的，经人民法院组成合议庭审查核实，裁定不予执行：

（一）当事人在合同中没有订有仲裁条款或者事后没有达成书面仲裁协议的；

（二）被申请人没有得到指定仲裁员或者进行仲裁程序的通知，或者由于其他不属于被申请人负责的原因未能陈述意见的；

（三）仲裁庭的组成或者仲裁的程序与仲裁规则不符的；

（四）裁决的事项不属于仲裁协议的范围或者仲裁机构无权仲裁的。

人民法院认定执行该裁决违背社会公共利益的，裁定不予执行。

第二百六十一条　仲裁裁决被人民法院裁定不予执行的，当事人可以根据双方达成的书面仲裁协议重新申请仲裁，也可以向人民法院起诉。

第二十九章　司法协助

第二百六十二条　根据中华人民共和国缔结或者参加的国际条约，或者按照互惠原则，人民法院和外国法院可以相互请求，代为送达文书、调查取证以及进行其他诉讼行为。

外国法院请求协助的事项有损于中华人民共和国的主权、安全或者社会公共利益的，人民法院不予执行。

第二百六十三条 请求和提供司法协助，应当依照中华人民共和国缔结或者参加的国际条约所规定的途径进行；没有条约关系的，通过外交途径进行。

外国驻中华人民共和国的使领馆可以向该国公民送达文书和调查取证，但不得违反中华人民共和国的法律，并不得采取强制措施。

除前款规定的情况外，未经中华人民共和国主管机关准许，任何外国机关或者个人不得在中华人民共和国领域内送达文书、调查取证。

第二百六十四条 外国法院请求人民法院提供司法协助的请求书及其所附文件，应当附有中文译本或者国际条约规定的其他文字文本。

人民法院请求外国法院提供司法协助的请求书及其所附文件，应当附有该国文字译本或国际条约规定的其他文字文本。

第二百六十五条 人民法院提供司法协助，依照中华人民共和国法律规定的程序进行。外国法院请求采用特殊方式的，也可以按照其请求的特殊方式进行，但请求采用的特殊方式不得违反中华人民共和国法律。

第二百六十六条 人民法院作出的发生法律效力的判决、裁定，如果被执行人或者其财产不在中华人民共和国领域内，当事人请求执行的，可以由当事人直接向有管辖权的外国法院申请承认和执行，也可以由人民法院依照中华人民共和国缔结或者参加的国际条约的规定，或者按照互惠原则，请求外国法院承认和执行。

中华人民共和国涉外仲裁机构作出的发生法律效力的仲裁裁决，当事人请求执行的，如果被执行人或者其财产不在中华人民共和国领域内，应当由当事人直接向有管辖权的外国法院申请承认和执行。

第二百六十七条 外国法院作出的发生法律效力的判决、裁定，需要中华人民共和国人民法院承认和执行的，可以由当事人直接向中华人民共和国有管辖权的中级人民法院申请承认和执行，也可以由外国法院依照该国与中华人民共和国缔结或者参加的国际条约的规定，或者按照互惠原则，请求人民法院承认和执行。

第二百六十八条 人民法院对申请或者请求承认和执行的外国法院作

出的发生法律效力的判决、裁定，依照中华人民共和国缔结或者参加的国际条约，或者按照互惠原则进行审查后，认为不违反中华人民共和国法律的基本原则或者国家主权、安全、社会公共利益的，裁定承认其效力，需要执行的，发出执行令，依照本法的有关规定执行。违反中华人民共和国法律的基本原则或者国家主权、安全、社会公共利益的，不予承认和执行。

第二百六十九条 国外仲裁机构的裁决，需要中华人民共和国人民法院承认和执行的，应当由当事人直接向被执行人住所地或者其财产所在地的中级人民法院申请，人民法院应当依照中华人民共和国缔结或者参加的国际条约，或者按照互惠原则办理。

…………

最高人民法院关于适用
《中华人民共和国民事诉讼法》
若干问题的意见（节录）

(1992年7月14日最高人民法院审判委员会
第528次会议讨论通过)

为了正确适用《中华人民共和国民事诉讼法》（以下简称民事诉讼法），根据民事诉讼法的规定和审判实践经验，我们提出以下意见，供各级人民法院在审判工作中执行。

一、管　辖

1. 民事诉讼法第十九条第（一）项规定的重大涉外案件，是指争议标的额大，或者案情复杂，或者居住在国外的当事人人数众多的涉外案件。

2. 专利纠纷案件由最高人民法院确定的中级人民法院管辖。

海事、海商案件由海事法院管辖。

　…………

4. 公民的住所地是指公民的户籍所在地；法人的住所地是指法人的主要营业地或者主要办事机构所在地。

5. 公民的经常居住地是指公民离开住所地至起诉时已连续居住一年以上的地方，但公民住院就医的地方除外。

　…………

13. 在国内结婚并定居国外的华侨，如定居国法院以离婚诉讼须由婚姻缔结地法院管辖为由不予受理，当事人向人民法院提出离婚诉讼的，由婚姻缔结地或一方在国内的最后居住地人民法院管辖。

14. 在国外结婚并定居国外的华侨，如定居国法院以离婚诉讼须由国籍所属国法院管辖为由不予受理，当事人向人民法院提出离婚诉讼的，由一方原住所地或在国内的最后居住地人民法院管辖。

15. 中国公民一方居住在国外，一方居住在国内，不论哪一方向人民法院提起离婚诉讼，国内一方住所地的人民法院都有权管辖。如国外一方在居住国法院起诉，国内一方向人民法院起诉的，受诉人民法院有权管辖。

16. 中国公民双方在国外但未定居，一方向人民法院起诉离婚的，应由原告或者被告原住所地的人民法院管辖。

……

23. 民事诉讼法第二十五条规定的书面合同中的协议，是指合同中的协议管辖条款或者诉讼前达成的选择管辖的协议。

24. 合同的双方当事人选择管辖的协议不明确或者选择民事诉讼法第二十五条规定的人民法院中的两个以上人民法院管辖的，选择管辖的协议无效，依照民事诉讼法第二十四条的规定确定管辖。

……

28. 民事诉讼法第二十九条规定的侵权行为地，包括侵权行为实施地、侵权结果发生地。

……

33. 两个以上人民法院都有管辖权的诉讼，先立案的人民法院不得将案件移送给另一个有管辖权的人民法院。人民法院在立案前发现其他有管辖权的人民法院已先立案的，不得重复立案；立案后发现其他有管辖权的人民法院已先立案的，裁定将案件移送给先立案的人民法院。

34. 案件受理后，受诉人民法院的管辖权不受当事人住所地、经常居住地变更的影响。

……

九、第一审普通程序

……

145. 依照民事诉讼法第一百一十一条第（二）项的规定，当事人在书面合同中订有仲裁条款，或者在发生纠纷后达成书面仲裁协议，一方向人民法院起诉的，人民法院裁定不予受理，告知原告向仲裁机构申请仲裁。但仲裁条款、仲裁协议无效、失效或者内容不明确无法执行的除外。

146. 当事人在仲裁条款或协议中选择的仲裁机构不存在，或者选择裁决的事项超越仲裁机构权限的，人民法院有权依法受理当事人一方的起诉。

147. 因仲裁条款或协议无效、失效或者内容不明确，无法执行而受理的民事诉讼，如果被告一方对人民法院的管辖权提出异议的，受诉人民法院应就管辖权作出裁定。

148. 当事人一方向人民法院起诉时未声明有仲裁协议，人民法院受理后，对方当事人又应诉答辩的，视为该人民法院有管辖权。

　　……

十七、执行程序

　　……

277. 仲裁机构裁决的事项部分属于仲裁协议的范围，部分超过仲裁协议范围的，对超过部分，人民法院应当裁定不予执行。

278. 依照民事诉讼法第二百一十七条第二款、第三款的规定，人民法院裁定不予执行仲裁裁决后，当事人可以重新达成书面仲裁协议申请仲裁，也可以向人民法院起诉。

　　……

十八、涉外民事诉讼程序的特别规定

304. 当事人一方或双方是外国人、无国籍人、外国企业或组织，或者当事人之间民事法律关系的设立、变更、终止的法律事实发生在外国，或者诉讼标的物在外国的民事案件，为涉外民事案件。

305. 依照民事诉讼法第三十四条和第二百四十六条规定，属于中华人民共和国人民法院专属管辖的案件，当事人不得用书面协议选择其他国家法院管辖。但协议选择仲裁裁决的除外。

306. 中华人民共和国人民法院和外国法院都有管辖权的案件，一方当事人向外国法院起诉，而另一方当事人向中华人民共和国人民法院起诉的，人民法院可予受理。判决后，外国法院申请或者当事人请求人民法院承认和执行外国法院对本案作出的判决、裁定的，不予准许；但双方共同参加或者签订的国际条约另有规定的除外。

307. 对不在我国领域内居住的被告，经用公告方式送达诉状或传唤，公告期满不应诉，人民法院缺席判决后，仍应将裁判文书依照民事诉讼法第二百四十七条第（七）项的规定公告送达。自公告送达裁判文书满6个月的次日起，经过30日的上诉期当事人没有上诉的，一审判决即发生法律效力。

308. 涉外民事诉讼中的外籍当事人，可以委托本国人为诉讼代理人，也可以委托本国律师以非律师身份担任诉讼代理人；外国驻华使、领馆官员，受本国公民的委托，可以以个人名义担任诉讼代理人，但在诉讼中不享有外交特权和豁免权。

309. 涉外民事诉讼中，外国驻华使、领馆授权其本馆官员，在作为当事人的本国国民不在我国领域内的情况下，可以以外交代表身份为其本国国民在我国聘请中国律师或中国公民代理民事诉讼。

310. 涉外民事诉讼中，经调解双方达成协议，应当制发调解书。当事人要求发给判决书的，可以依协议的内容制作判决书送达当事人。

311. 当事人双方分别居住在我国领域内和领域外，对第一审人民法院判决、裁定的上诉期，居住在我国领域内的为民事诉讼法第一百四十七条所规定的期限；居住在我国领域外的为30日。双方的上诉期均已届满没有上诉的，第一审人民法院的判决、裁定即发生法律效力。

312. 本意见第145条至第148条、第277条、第278条的规定适用于涉外民事诉讼程序。

313. 我国涉外仲裁机构作出的仲裁裁决，一方当事人不履行，对方当事人向人民法院申请执行的，应依照民事诉讼法第二十八章的有关规定办理。

314. 申请人向人民法院申请执行我国涉外仲裁机构裁决，须提出书面申请书，并附裁决书正本。如申请人为外国一方当事人，其申请书须用中文文本提出。

315. 人民法院强制执行涉外仲裁机构的仲裁裁决时，如被执行人申辩有民事诉讼法第二百六十条第一款规定的情形之一的，在其提供了财产担保后，可以中止执行。人民法院应当对被执行人的申辩进行审查，并根据审查结果裁定不予执行或驳回申辩。

316. 涉外经济合同的解除或者终止，不影响合同中仲裁条款的效力。

当事一方因订有仲裁条款的涉外经济合同被解除或者终止向人民法院起诉的，不予受理。

317. 依照民事诉讼法第二百五十八条的规定，我国涉外仲裁机构将当事人的财产保全申请提交人民法院裁定的，人民法院可以进行审查，决定是否进行保全。裁定采取保全的，应当责令申请人提供担保，申请人不提供担保的，裁定驳回申请。

318. 当事人向中华人民共和国有管辖权的中级人民法院申请承认和执行外国法院作出的发生法律效力的判决、裁定的，如果该法院所在国与中华人民共和国没有缔结或者共同参加国际条约，也没有互惠关系的，当事人可以向人民法院起诉，由有管辖权的人民法院作出判决，予以执行。

319. 与我国没有司法协助协议又无互惠关系的国家的法院，未通过外交途径，直接请求我国法院司法协助的，我国法院应予退回，并说明理由。

320. 当事人在我国领域外使用人民法院的判决书、裁定书，要求我国人民法院证明其法律效力的，以及外国法院要求我国人民法院证明判决书、裁定书的法律效力的，我国作出判决、裁定的人民法院，可以本法院的名义出具证明。

中华人民共和国仲裁法

(1994年8月31日第八届全国人民代表大会常务委员会第九次会议通过 1994年8月31日中华人民共和国主席令第三十一号公布 1995年9月1日起施行)

第一章 总 则

第一条 为保证公正、及时地仲裁经济纠纷,保护当事人的合法权益,保障社会主义市场经济健康发展,制定本法。

第二条 平等主体的公民、法人和其他组织之间发生的合同纠纷和其他财产权益纠纷,可以仲裁。

第三条 下列纠纷不能仲裁:

(一) 婚姻、收养、监护、扶养、继承纠纷;

(二) 依法应当由行政机关处理的行政争议。

第四条 当事人采用仲裁方式解决纠纷,应当双方自愿,达成仲裁协议。没有仲裁协议,一方申请仲裁的,仲裁委员会不予受理。

第五条 当事人达成仲裁协议,一方向人民法院起诉的,人民法院不予受理,但仲裁协议无效的除外。

第六条 仲裁委员会应当由当事人协议选定。

仲裁不实行级别管辖和地域管辖。

第七条 仲裁应当根据事实,符合法律规定,公平合理地解决纠纷。

第八条 仲裁依法独立进行,不受行政机关、社会团体和个人的干涉。

第九条 仲裁实行一裁终局的制度。裁决作出后,当事人就同一纠纷再申请仲裁或者向人民法院起诉的,仲裁委员会或者人民法院不予受理。

裁决被人民法院依法裁定撤销或者不予执行的,当事人就该纠纷可以根据双方重新达成的仲裁协议申请仲裁,也可以向人民法院起诉。

第二章 仲裁委员会和仲裁协会

第十条 仲裁委员会可以在直辖市和省、自治区人民政府所在地的市设立,也可以根据需要在其他设区的市设立,不按行政区划层层设立。

仲裁委员会由前款规定的市的人民政府组织有关部门和商会统一组建。

设立仲裁委员会,应当经省、自治区、直辖市的司法行政部门登记。

第十一条 仲裁委员会应当具备下列条件:

(一)有自己的名称、住所和章程;

(二)有必要的财产;

(三)有该委员会的组成人员;

(四)有聘任的仲裁员。

仲裁委员会的章程应当依照本法制定。

第十二条 仲裁委员会由主任1人、副主任2至4人和委员7至11人组成。

仲裁委员会的主任、副主任和委员由法律、经济贸易专家和有实际工作经验的人员担任。仲裁委员会的组成人员中,法律、经济贸易专家不得少于2/3。

第十三条 仲裁委员会应当从公道正派的人员中聘任仲裁员。

仲裁员应当符合下列条件之一:

(一)从事仲裁工作满8年的;

(二)从事律师工作满8年的;

(三)曾任审判员满8年的;

(四)从事法律研究、教学工作并具有高级职称的;

(五)具有法律知识、从事经济贸易等专业工作并具有高级职称或者具有同等专业水平的。

仲裁委员会按照不同专业设仲裁员名册。

第十四条 仲裁委员会独立于行政机关,与行政机关没有隶属关系。仲裁委员会之间也没有隶属关系。

第十五条 中国仲裁协会是社会团体法人。仲裁委员会是中国仲裁协会的会员。中国仲裁协会的章程由全国会员大会制定。

中国仲裁协会是仲裁委员会的自律性组织，根据章程对仲裁委员会及其组成人员、仲裁员的违纪行为进行监督。

中国仲裁协会依照本法和民事诉讼法的有关规定制定仲裁规则。

第三章　仲裁协议

第十六条　仲裁协议包括合同中订立的仲裁条款和以其他书面方式在纠纷发生前或者纠纷发生后达成的请求仲裁的协议。

仲裁协议应当具有下列内容：

（一）请求仲裁的意思表示；

（二）仲裁事项；

（三）选定的仲裁委员会。

第十七条　有下列情形之一的，仲裁协议无效：

（一）约定的仲裁事项超出法律规定的仲裁范围的；

（二）无民事行为能力人或者限制民事行为能力人订立的仲裁协议；

（三）一方采取胁迫手段，迫使对方订立仲裁协议的。

第十八条　仲裁协议对仲裁事项或者仲裁委员会没有约定或者约定不明确的，当事人可以补充协议；达不成补充协议的，仲裁协议无效。

第十九条　仲裁协议独立存在，合同的变更、解除、终止或者无效，不影响仲裁协议的效力。

仲裁庭有权确认合同的效力。

第二十条　当事人对仲裁协议的效力有异议的，可以请求仲裁委员会作出决定或者请求人民法院作出裁定。一方请求仲裁委员会作出决定，另一方请求人民法院作出裁定的，由人民法院裁定。

当事人对仲裁协议的效力有异议，应当在仲裁庭首次开庭前提出。

第四章 仲裁程序

第一节 申请和受理

第二十一条 当事人申请仲裁应当符合下列条件：
（一）有仲裁协议；
（二）有具体的仲裁请求和事实、理由；
（三）属于仲裁委员会的受理范围。

第二十二条 当事人申请仲裁，应当向仲裁委员会递交仲裁协议、仲裁申请书及副本。

第二十三条 仲裁申请书应当载明下列事项：
（一）当事人的姓名、性别、年龄、职业、工作单位和住所，法人或者其他组织的名称、住所和法定代表人或者主要负责人的姓名、职务；
（二）仲裁请求和所根据的事实、理由；
（三）证据和证据来源、证人姓名和住所。

第二十四条 仲裁委员会收到仲裁申请书之日起 5 日内，认为符合受理条件的，应当受理，并通知当事人；认为不符合受理条件的，应当书面通知当事人不予受理，并说明理由。

第二十五条 仲裁委员会受理仲裁申请后，应当在仲裁规则规定的期限内将仲裁规则和仲裁员名册送达申请人，并将仲裁申请书副本和仲裁规则、仲裁员名册送达被申请人。

被申请人收到仲裁申请书副本后，应当在仲裁规则规定的期限内向仲裁委员会提交答辩书。仲裁委员会收到答辩书后，应当在仲裁规则规定的期限内将答辩书副本送达申请人。被申请人未提交答辩书的，不影响仲裁程序的进行。

第二十六条 当事人达成仲裁协议，一方向人民法院起诉未声明有仲裁协议，人民法院受理后，另一方在首次开庭前提交仲裁协议的，人民法院应当驳回起诉，但仲裁协议无效的除外；另一方在首次开庭前未对人民法院受理该案提出异议的，视为放弃仲裁协议，人民法院应当继续审理。

第二十七条 申请人可以放弃或者变更仲裁请求。被申请人可以承认或者反驳仲裁请求，有权提出反请求。

第二十八条 一方当事人因另一方当事人的行为或者其他原因，可能使裁决不能执行或者难以执行的，可以申请财产保全。

当事人申请财产保全的，仲裁委员会应当将当事人的申请依照民事诉讼法的有关规定提交人民法院。

申请有错误的，申请人应当赔偿被申请人因财产保全所遭受的损失。

第二十九条 当事人、法定代理人可以委托律师和其他代理人进行仲裁活动。委托律师和其他代理人进行仲裁活动的，应当向仲裁委员会提交授权委托书。

第二节 仲裁庭的组成

第三十条 仲裁庭可以由3名仲裁员或者1名仲裁员组成。由3名仲裁员组成的，设首席仲裁员。

第三十一条 当事人约定由3名仲裁员组成仲裁庭的，应当各自选定或者各自委托仲裁委员会主任指定1名仲裁员，第三名仲裁员由当事人共同选定或者共同委托仲裁委员会主任指定。第三名仲裁员是首席仲裁员。

当事人约定由1名仲裁员成立仲裁庭的，应当由当事人共同选定或者共同委托仲裁委员会主任指定仲裁员。

第三十二条 当事人没有在仲裁规则规定的期限内约定仲裁庭的组成方式或者选定仲裁员的，由仲裁委员会主任指定。

第三十三条 仲裁庭组成后，仲裁委员会应当将仲裁庭的组成情况书面通知当事人。

第三十四条 仲裁员有下列情形之一的，必须回避，当事人也有权提出回避申请：

（一）是本案当事人或者当事人、代理人的近亲属；

（二）与本案有利害关系；

（三）与本案当事人、代理人有其他关系，可能影响公正仲裁的；

（四）私自会见当事人、代理人，或者接受当事人、代理人的请客送礼的。

第三十五条 当事人提出回避申请，应当说明理由，在首次开庭前提出。回避事由在首次开庭后知道的，可以在最后一次开庭终结前提出。

第三十六条 仲裁员是否回避，由仲裁委员会主任决定；仲裁委员会主任担任仲裁员时，由仲裁委员会集体决定。

第三十七条 仲裁员因回避或者其他原因不能履行职责的，应当依照本法规定重新选定或者指定仲裁员。

因回避而重新选定或者指定仲裁员后，当事人可以请求已进行的仲裁程序重新进行，是否准许，由仲裁庭决定；仲裁庭也可以自行决定已进行的仲裁程序是否重新进行。

第三十八条 仲裁员有本法第三十四条第四项规定的情形，情节严重的，或者有本法第五十八条第六项规定的情形的，应当依法承担法律责任，仲裁委员会应当将其除名。

第三节 开庭和裁决

第三十九条 仲裁应当开庭进行。当事人协议不开庭的，仲裁庭可以根据仲裁申请书、答辩书以及其他材料作出裁决。

第四十条 仲裁不公开进行。当事人协议公开的，可以公开进行，但涉及国家秘密的除外。

第四十一条 仲裁委员会应当在仲裁规则规定的期限内将开庭日期通知双方当事人。当事人有正当理由的，可以在仲裁规则规定的期限内请求延期开庭。是否延期，由仲裁庭决定。

第四十二条 申请人经书面通知，无正当理由不到庭或者未经仲裁庭许可中途退庭的，可以视为撤回仲裁申请。

被申请人经书面通知，无正当理由不到庭或者未经仲裁庭许可中途退庭的，可以缺席裁决。

第四十三条 当事人应当对自己的主张提供证据。

仲裁庭认为有必要收集的证据，可以自行收集。

第四十四条 仲裁庭对专门性问题认为需要鉴定的，可以交由当事人约定的鉴定部门鉴定，也可以由仲裁庭指定的鉴定部门鉴定。

根据当事人的请求或者仲裁庭的要求，鉴定部门应当派鉴定人参加开庭。当事人经仲裁庭许可，可以向鉴定人提问。

第四十五条 证据应当在开庭时出示，当事人可以质证。

第四十六条 在证据可能灭失或者以后难以取得的情况下,当事人可以申请证据保全。当事人申请证据保全的,仲裁委员会应当将当事人的申请提交证据所在地的基层人民法院。

第四十七条 当事人在仲裁过程中有权进行辩论。辩论终结时,首席仲裁员或者独任仲裁员应当征询当事人的最后意见。

第四十八条 仲裁庭应当将开庭情况记入笔录。当事人和其他仲裁参与人认为对自己陈述的记录有遗漏或者差错的,有权申请补正。如果不予补正,应当记录该申请。

笔录由仲裁员、记录人员、当事人和其他仲裁参与人签名或者盖章。

第四十九条 当事人申请仲裁后,可以自行和解。达成和解协议的,可以请求仲裁庭根据和解协议作出裁决书,也可以撤回仲裁申请。

第五十条 当事人达成和解协议,撤回仲裁申请后反悔的,可以根据仲裁协议申请仲裁。

第五十一条 仲裁庭在作出裁决前,可以先行调解。当事人自愿调解的,仲裁庭应当调解。调解不成的,应当及时作出裁决。

调解达成协议的,仲裁庭应当制作调解书或者根据协议的结果制作裁决书。调解书与裁决书具有同等法律效力。

第五十二条 调解书应当写明仲裁请求和当事人协议的结果。调解书由仲裁员签名,加盖仲裁委员会印章,送达双方当事人。

调解书经双方当事人签收后,即发生法律效力。

在调解书签收前当事人反悔的,仲裁庭应当及时作出裁决。

第五十三条 裁决应当按照多数仲裁员的意见作出,少数仲裁员的不同意见可以记入笔录。仲裁庭不能形成多数意见时,裁决应当按照首席仲裁员的意见作出。

第五十四条 裁决书应当写明仲裁请求、争议事实、裁决理由、裁决结果、仲裁费用的负担和裁决日期。当事人协议不愿写明争议事实和裁决理由的,可以不写。裁决书由仲裁员签名,加盖仲裁委员会印章。对裁决持不同意见的仲裁员,可以签名,也可以不签名。

第五十五条 仲裁庭仲裁纠纷时,其中一部分事实已经清楚,可以就该部分先行裁决。

第五十六条 对裁决书中的文字、计算错误或者仲裁庭已经裁决但在裁决书中遗漏的事项，仲裁庭应当补正；当事人自收到裁决书之日起30日内，可以请求仲裁庭补正。

第五十七条 裁决书自作出之日起发生法律效力。

第五章 申请撤销裁决

第五十八条 当事人提出证据证明裁决有下列情形之一的，可以向仲裁委员会所在地的中级人民法院申请撤销裁决：

（一）没有仲裁协议的；
（二）裁决的事项不属于仲裁协议的范围或者仲裁委员会无权仲裁的；
（三）仲裁庭的组成或者仲裁的程序违反法定程序的；
（四）裁决所根据的证据是伪造的；
（五）对方当事人隐瞒了足以影响公正裁决的证据的；
（六）仲裁员在仲裁该案时有索贿受贿，徇私舞弊，枉法裁决行为的。

人民法院经组成合议庭审查核实裁决有前款规定情形之一的，应当裁定撤销。

人民法院认定该裁决违背社会公共利益的，应当裁定撤销。

第五十九条 当事人申请撤销裁决的，应当自收到裁决书之日起6个月内提出。

第六十条 人民法院应当在受理撤销裁决申请之日起两个月内作出撤销裁决或者驳回申请的裁定。

第六十一条 人民法院受理撤销裁决的申请后，认为可以由仲裁庭重新仲裁的，通知仲裁庭在一定期限内重新仲裁，并裁定中止撤销程序。仲裁庭拒绝重新仲裁的，人民法院应当裁定恢复撤销程序。

第六章 执　行

第六十二条 当事人应当履行裁决。一方当事人不履行的，另一方当事人可以依照民事诉讼法的有关规定向人民法院申请执行。受申请的人民法院应当执行。

第六十三条 被申请人提出证据证明裁决有民事诉讼法第二百一十七

条第二款规定的情形之一的，经人民法院组成合议庭审查核实，裁定不予执行。

第六十四条 一方当事人申请执行裁决，另一方当事人申请撤销裁决的，人民法院应当裁定中止执行。

人民法院裁定撤销裁决的，应当裁定终结执行。撤销裁决的申请被裁定驳回的，人民法院应当裁定恢复执行。

第七章 涉外仲裁的特别规定

第六十五条 涉外经济贸易、运输和海事中发生的纠纷的仲裁，适用本章规定。本章没有规定的，适用本法其他有关规定。

第六十六条 涉外仲裁委员会可以由中国国际商会组织设立。

涉外仲裁委员会由主任1人、副主任若干人和委员若干人组成。

涉外仲裁委员会的主任、副主任和委员可以由中国国际商会聘任。

第六十七条 涉外仲裁委员会可以从具有法律、经济贸易、科学技术等专门知识的外籍人士中聘任仲裁员。

第六十八条 涉外仲裁的当事人申请证据保全的，涉外仲裁委员会应当将当事人的申请提交证据所在地的中级人民法院。

第六十九条 涉外仲裁的仲裁庭可以将开庭情况记入笔录，或者作出笔录要点，笔录要点可以由当事人和其他仲裁参与人签字或者盖章。

第七十条 当事人提出证据证明涉外仲裁裁决有民事诉讼法第二百六十条第一款规定的情形之一的，经人民法院组成合议庭审查核实，裁定撤销。

第七十一条 被申请人提出证据证明涉外仲裁裁决有民事诉讼法第二百六十条第一款规定的情形之一的，经人民法院组成合议庭审查核实，裁定不予执行。

第七十二条 涉外仲裁委员会作出的发生法律效力的仲裁裁决，当事人请求执行的，如果被执行人或者其财产不在中华人民共和国领域内，应当由当事人直接向有管辖权的外国法院申请承认和执行。

第七十三条 涉外仲裁规则可以由中国国际商会依照本法和民事诉讼法的有关规定制定。

第八章 附 则

第七十四条 法律对仲裁时效有规定的,适用该规定。法律对仲裁时效没有规定的,适用诉讼时效的规定。

第七十五条 中国仲裁协会制定仲裁规则前,仲裁委员会依照本法和民事诉讼法的有关规定可以制定仲裁暂行规则。

第七十六条 当事人应当按照规定交纳仲裁费用。

收取仲裁费用的办法,应当报物价管理部门核准。

第七十七条 劳动争议和农业集体经济组织内部的农业承包合同纠纷的仲裁,另行规定。

第七十八条 本法施行前制定的有关仲裁的规定与本法的规定相抵触的,以本法为准。

第七十九条 本法施行前在直辖市、省、自治区人民政府所在地的市和其他设区的市设立的仲裁机构,应当依照本法的有关规定重新组建;未重新组建的,自本法施行之日起届满1年时终止。

本法施行前设立的不符合本法规定的其他仲裁机构,自本法施行之日起终止。

第八十条 本法自1995年9月1日起施行。

最高人民法院关于适用
《中华人民共和国仲裁法》若干问题的解释

(2005年12月26日最高人民法院审判委员会第1375次会议通过)

法释〔2006〕7号

中华人民共和国最高人民法院公告

《最高人民法院关于适用〈中华人民共和国仲裁法〉若干问题的解释》已于2005年12月26日由最高人民法院审判委员会第1375次会议通过,现予公布,自2006年9月8日起施行。

2006年8月23日

根据《中华人民共和国仲裁法》和《中华人民共和国民事诉讼法》等法律规定,对人民法院审理涉及仲裁案件适用法律的若干问题作如下解释:

第一条 仲裁法第十六条规定的"其他书面形式"的仲裁协议,包括以合同书、信件和数据电文(包括电报、电传、传真、电子数据交换和电子邮件)等形式达成的请求仲裁的协议。

第二条 当事人概括约定仲裁事项为合同争议的,基于合同成立、效力、变更、转让、履行、违约责任、解释、解除等产生的纠纷都可以认定为仲裁事项。

第三条 仲裁协议约定的仲裁机构名称不准确,但能够确定具体的仲裁机构的,应当认定选定了仲裁机构。

第四条 仲裁协议仅约定纠纷适用的仲裁规则的,视为未约定仲裁机构,但当事人达成补充协议或者按照约定的仲裁规则能够确定仲裁机构的除外。

第五条 仲裁协议约定两个以上仲裁机构的,当事人可以协议选择其中的一个仲裁机构申请仲裁;当事人不能就仲裁机构选择达成一致的,仲裁协议无效。

第六条 仲裁协议约定由某地的仲裁机构仲裁且该地仅有一个仲裁机构的,该仲裁机构视为约定的仲裁机构。该地有两个以上仲裁机构的,当事人可以协议选择其中的一个仲裁机构申请仲裁；当事人不能就仲裁机构选择达成一致的，仲裁协议无效。

第七条 当事人约定争议可以向仲裁机构申请仲裁也可以向人民法院起诉的，仲裁协议无效。但一方向仲裁机构申请仲裁，另一方未在仲裁法第二十条第二款规定期间内提出异议的除外。

第八条 当事人订立仲裁协议后合并、分立的，仲裁协议对其权利义务的继受人有效。

当事人订立仲裁协议后死亡的，仲裁协议对承继其仲裁事项中的权利义务的继承人有效。

前两款规定情形，当事人订立仲裁协议时另有约定的除外。

第九条 债权债务全部或者部分转让的，仲裁协议对受让人有效，但当事人另有约定、在受让债权债务时受让人明确反对或者不知有单独仲裁协议的除外。

第十条 合同成立后未生效或者被撤销的，仲裁协议效力的认定适用仲裁法第十九条第一款的规定。

当事人在订立合同时就争议达成仲裁协议的，合同未成立不影响仲裁协议的效力。

第十一条 合同约定解决争议适用其他合同、文件中的有效仲裁条款的，发生合同争议时，当事人应当按照该仲裁条款提请仲裁。

涉外合同应当适用的有关国际条约中有仲裁规定的，发生合同争议时，当事人应当按照国际条约中的仲裁规定提请仲裁。

第十二条 当事人向人民法院申请确认仲裁协议效力的案件，由仲裁协议约定的仲裁机构所在地的中级人民法院管辖；仲裁协议约定的仲裁机构不明确的，由仲裁协议签订地或者被申请人住所地的中级人民法院管辖。

申请确认涉外仲裁协议效力的案件，由仲裁协议约定的仲裁机构所在地、仲裁协议签订地、申请人或者被申请人住所地的中级人民法院管辖。

涉及海事海商纠纷仲裁协议效力的案件，由仲裁协议约定的仲裁机构所在地、仲裁协议签订地、申请人或者被申请人住所地的海事法院管辖；上述地点没有海事法院的，由就近的海事法院管辖。

第十三条 依照仲裁法第二十条第二款的规定，当事人在仲裁庭首次开庭前没有对仲裁协议的效力提出异议，而后向人民法院申请确认仲裁协议无效的，人民法院不予受理。

仲裁机构对仲裁协议的效力作出决定后，当事人向人民法院申请确认仲裁协议效力或者申请撤销仲裁机构的决定的，人民法院不予受理。

第十四条 仲裁法第二十六条规定的"首次开庭"是指答辩期满后人民法院组织的第一次开庭审理，不包括审前程序中的各项活动。

第十五条 人民法院审理仲裁协议效力确认案件，应当组成合议庭进行审查，并询问当事人。

第十六条 对涉外仲裁协议的效力审查，适用当事人约定的法律；当事人没有约定适用的法律但约定了仲裁地的，适用仲裁地法律；没有约定适用的法律也没有约定仲裁地或者仲裁地约定不明的，适用法院地法律。

第十七条 当事人以不属于仲裁法第五十八条或者民事诉讼法第二百六十条规定的事由申请撤销仲裁裁决的，人民法院不予支持。

第十八条 仲裁法第五十八条第一款第一项规定的"没有仲裁协议"是指当事人没有达成仲裁协议。仲裁协议被认定无效或者被撤销的，视为没有仲裁协议。

第十九条 当事人以仲裁裁决事项超出仲裁协议范围为由申请撤销仲裁裁决，经审查属实的，人民法院应当撤销仲裁裁决中的超裁部分。但超裁部分与其他裁决事项不可分的，人民法院应当撤销仲裁裁决。

第二十条 仲裁法第五十八条规定的"违反法定程序"，是指违反仲裁法规定的仲裁程序和当事人选择的仲裁规则可能影响案件正确裁决的情形。

第二十一条 当事人申请撤销国内仲裁裁决的案件属于下列情形之一的，人民法院可以依照仲裁法第六十一条的规定通知仲裁庭在一定期限内重新仲裁：

（一）仲裁裁决所根据的证据是伪造的；

（二）对方当事人隐瞒了足以影响公正裁决的证据的。

人民法院应当在通知中说明要求重新仲裁的具体理由。

第二十二条 仲裁庭在人民法院指定的期限内开始重新仲裁的，人民法院应当裁定终结撤销程序；未开始重新仲裁的，人民法院应当裁定恢复撤销程序。

第二十三条 当事人对重新仲裁裁决不服的，可以在重新仲裁裁决书送达之日起六个月内依据仲裁法第五十八条规定向人民法院申请撤销。

第二十四条 当事人申请撤销仲裁裁决的案件，人民法院应当组成合议庭审理，并询问当事人。

第二十五条 人民法院受理当事人撤销仲裁裁决的申请后，另一方当事人申请执行同一仲裁裁决的，受理执行申请的人民法院应当在受理后裁定中止执行。

第二十六条 当事人向人民法院申请撤销仲裁裁决被驳回后，又在执行程序中以相同理由提出不予执行抗辩的，人民法院不予支持。

第二十七条 当事人在仲裁程序中未对仲裁协议的效力提出异议，在仲裁裁决作出后以仲裁协议无效为由主张撤销仲裁裁决或者提出不予执行抗辩的，人民法院不予支持。

当事人在仲裁程序中对仲裁协议的效力提出异议，在仲裁裁决作出后又以此为由主张撤销仲裁裁决或者提出不予执行抗辩，经审查符合仲裁法第五十八条或者民事诉讼法第二百一十七条、第二百六十条规定的，人民法院应予支持。

第二十八条 当事人请求不予执行仲裁调解书或者根据当事人之间的和解协议作出的仲裁裁决书的，人民法院不予支持。

第二十九条 当事人申请执行仲裁裁决案件，由被执行人住所地或者被执行的财产所在地的中级人民法院管辖。

第三十条 根据审理撤销、执行仲裁裁决案件的实际需要，人民法院可以要求仲裁机构作出说明或者向相关仲裁机构调阅仲裁案卷。

人民法院在办理涉及仲裁的案件过程中作出的裁定，可以送相关的仲裁机构。

第三十一条 本解释自公布之日起实施。

本院以前发布的司法解释与本解释不一致的，以本解释为准。

中国国际经济贸易仲裁委员会仲裁规则

(中国国际贸易促进委员会/中国国际商会 2005 年 1 月 11 日修订并通过,2005 年 5 月 1 日起施行)

第一章 总 则

第一条 规则的制定

根据《中华人民共和国仲裁法》和有关法律的规定以及原中央人民政府政务院的《决定》和国务院的《通知》及《批复》,制定本规则。

第二条 名称和组织

(一)中国国际经济贸易仲裁委员会,原名中国国际贸易促进委员会对外贸易仲裁委员会,后名中国国际贸易促进委员会对外经济贸易仲裁委员会,现名中国国际经济贸易仲裁委员会(以下简称仲裁委员会),以仲裁的方式,独立、公正地解决契约性或非契约性的经济贸易等争议。

(二)仲裁委员会同时使用"中国国际商会仲裁院"名称。

(三)仲裁协议或合同中的仲裁条款订明由中国国际经济贸易仲裁委员会或其分会仲裁或使用其旧名称为仲裁机构的,均应视为双方当事人一致同意由仲裁委员会或其分会仲裁。

(四)当事人在仲裁协议或合同中的仲裁条款订明由中国国际贸易促进委员会/中国国际商会仲裁或由中国国际贸易促进委员会/中国国际商会的仲裁委员会或仲裁院仲裁的,均应视为双方当事人一致同意由中国国际经济贸易仲裁委员会仲裁。

(五)仲裁委员会主任履行本规则赋予的职责,副主任根据主任的授权可以履行主任的职责。

(六)仲裁委员会设秘书局,在仲裁委员会秘书长的领导下负责处理仲裁委员会的日常事务。

（七）仲裁委员会设在北京。仲裁委员会在深圳设有仲裁委员会华南分会（原名仲裁委员会深圳分会），在上海设有仲裁委员会上海分会。仲裁委员会分会是仲裁委员会的组成部分。仲裁委员会分会设秘书处，在仲裁委员会分会秘书长的领导下负责处理仲裁委员会分会的日常事务。

（八）双方当事人可以约定将其争议提交仲裁委员会在北京进行仲裁，或者约定将其争议提交仲裁委员会华南分会在深圳进行仲裁，或者约定将其争议提交仲裁委员会上海分会在上海进行仲裁；如无此约定，则由申请人选择，由仲裁委员会在北京进行仲裁，或者由其华南分会在深圳进行仲裁，或者由其上海分会在上海进行仲裁；作此选择时，以首先提出选择的为准；如有争议，应由仲裁委员会作出决定。

（九）仲裁委员会可以视需要和可能，组织设立特定行业仲裁中心，制定行业仲裁规则。

（十）仲裁委员会设立仲裁员名册，并可以视需要和可能设立行业仲裁员名册。

第三条　管辖范围

仲裁委员会受理下列争议案件：

（一）国际的或涉外的争议案件；

（二）涉及香港特别行政区、澳门特别行政区或台湾地区的争议案件；

（三）国内争议案件。

第四条　规则的适用

（一）本规则统一适用于仲裁委员会及其分会。在分会进行仲裁时，本规则规定由仲裁委员会主任和仲裁委员会秘书局或秘书长分别履行的职责，可以由仲裁委员会主任授权的副主任和仲裁委员会分会秘书处或秘书长分别履行，但关于仲裁员是否回避的决定权除外。

（二）凡当事人同意将争议提交仲裁委员会仲裁的，均视为同意按照本规则进行仲裁。当事人约定适用其他仲裁规则，或约定对本规则有关内容进行变更的，从其约定，但其约定无法实施或与仲裁地强制性法律规定相抵触者除外。

（三）凡当事人约定按照本规则进行仲裁但未约定仲裁机构的，均视为同意将争议提交仲裁委员会仲裁。

（四）当事人约定适用仲裁委员会制定的行业仲裁规则或专业仲裁规则

且其争议属于该规则适用范围的，从其约定；否则，适用本规则。

第五条 仲裁协议

（一）仲裁委员会根据当事人在争议发生之前或者在争议发生之后达成的将争议提交仲裁委员会仲裁的仲裁协议和一方当事人的书面申请，受理案件。

（二）仲裁协议系指当事人在合同中订明的仲裁条款，或者以其他方式达成的提交仲裁的书面协议。

（三）仲裁协议应当采取书面形式。书面形式包括合同书、信件、电报、电传、传真、电子数据交换和电子邮件等可以有形地表现所载内容的形式。在仲裁申请书和仲裁答辩书的交换中一方当事人声称有仲裁协议而另一方当事人不做否认表示的，视为存在书面仲裁协议。

（四）合同中的仲裁条款应视为与合同其他条款分离地、独立地存在的条款，附属于合同的仲裁协议也应视为与合同其他条款分离地、独立地存在的一个部分；合同的变更、解除、终止、转让、失效、无效、未生效、被撤销以及成立与否，均不影响仲裁条款或仲裁协议的效力。

第六条 对仲裁协议及/或管辖权的异议

（一）仲裁委员会有权对仲裁协议的存在、效力以及仲裁案件的管辖权作出决定。如有必要，仲裁委员会也可以授权仲裁庭作出管辖权决定。

（二）如果仲裁委员会依表面证据认为存在由仲裁委员会进行仲裁的协议，则可根据表面证据作出仲裁委员会有管辖权的决定，仲裁程序继续进行。仲裁委员会依表面证据作出的管辖权决定并不妨碍其根据仲裁庭在审理过程中发现的与表面证据不一致的事实及/或证据重新作出管辖权决定。

（三）当事人对仲裁协议及/或仲裁案件管辖权的异议，应当在仲裁庭首次开庭前书面提出；书面审理的案件，应当在第一次实体答辩前提出。

（四）对仲裁协议及/或仲裁案件管辖权提出异议不影响按仲裁程序进行审理。

（五）上述管辖权异议及/或决定包括仲裁案件主体资格异议及/或决定。

第七条 诚信合作

各方当事人应当诚信合作，进行仲裁程序。

第八条 放弃异议

一方当事人知道或者理应知道本规则或仲裁协议中规定的任何条款或情事未被遵守，但仍参加仲裁程序或继续进行仲裁程序而且不对此不遵守情况及时地、明示地提出书面异议的，视为放弃其提出异议的权利。

第二章　仲裁程序

第一节　仲裁申请、答辩、反请求

第九条　仲裁程序的开始
仲裁程序自仲裁委员会或其分会收到仲裁申请书之日起开始。

第十条　申请仲裁
当事人依据本规则申请仲裁时应：
（一）提交由申请人及/或申请人授权的代理人签名及/或盖章的仲裁申请书。仲裁申请书应写明：
1．申请人和被申请人的名称和住所，包括邮政编码、电话、电传、传真、电报号码、电子邮件或其他电子通讯方式；
2．申请仲裁所依据的仲裁协议；
3．案情和争议要点；
4．申请人的仲裁请求；
5．仲裁请求所依据的事实和理由。
（二）在提交仲裁申请书时，附具申请人请求所依据的事实的证明文件。
（三）按照仲裁委员会制定的仲裁费用表的规定预缴仲裁费。

第十一条　案件的受理
（一）仲裁委员会收到申请人的仲裁申请书及其附件后，经过审查，认为申请仲裁的手续不完备的，可以要求申请人予以完备；认为申请仲裁的手续已完备的，应将仲裁通知连同仲裁委员会的仲裁规则、仲裁员名册和仲裁费用表各一份一并发送给双方当事人；申请人的仲裁申请书及其附件也应同时发送给被申请人。
（二）仲裁委员会或其分会受理案件后，应指定一名秘书局或秘书处的人员协助仲裁庭负责仲裁案件的程序管理工作。

第十二条 答辩

（一）被申请人应在收到仲裁通知之日起45天内向仲裁委员会秘书局或其分会秘书处提交答辩书。仲裁庭认为有正当理由的，可以适当延长此期限。答辩书由被申请人及/或被申请人授权的代理人签名及/或盖章，并应包括下列内容：

1. 被申请人的名称和住所，包括邮政编码、电话、电传、传真、电报号码、电子邮件或其他电子通讯方式；
2. 对申请人的仲裁申请的答辩及所依据的事实和理由；
3. 答辩所依据的证明文件。

（二）仲裁庭有权决定是否接受逾期提交的答辩书。

（三）被申请人未提交答辩书，不影响仲裁程序的进行。

第十三条 反请求

（一）被申请人如有反请求，应当自收到仲裁通知之日起45天内以书面形式提交仲裁委员会。仲裁庭认为有正当理由的，可以适当延长此期限。

（二）被申请人提出反请求时，应在其反请求书中写明具体的反请求及其所依据的事实和理由，并附具有关的证明文件。

（三）被申请人提出反请求，应当按照仲裁委员会制定的仲裁费用表在规定的时间内预缴仲裁费。

（四）仲裁委员会认为被申请人提出反请求的手续已完备的，应将反请求书及其附件发送申请人。申请人应在接到反请求书及其附件后30天内对被申请人的反请求提交答辩。

（五）仲裁庭有权决定是否接受逾期提交的反请求答辩书。

（六）申请人对被申请人的反请求未提出书面答辩的，不影响仲裁程序的进行。

第十四条 变更仲裁请求或反请求

申请人可以对其仲裁请求提出更改，被申请人也可以对其反请求提出更改；但是，仲裁庭认为其提出更改的时间过迟而影响仲裁程序正常进行的，可以拒绝受理其更改请求。

第十五条 提交仲裁文件的份数

当事人提交仲裁申请书、答辩书、反请求书和有关证明材料以及其他文件时，应一式五份；如果当事人人数超过两人，则应增加相应份数；如果仲裁庭组成人数为一人，则可以减少两份；如果当事人提出财产保全申请或证据保全申请，则应相应增加一份。

第十六条 仲裁代理人

（一）当事人可以授权委托仲裁代理人办理有关的仲裁事项。当事人或其仲裁代理人应向仲裁委员会提交授权委托书。

（二）中国公民和外国公民均可以接受委托，担任仲裁代理人。

第十七条 财产保全

当事人申请财产保全的，仲裁委员会应当将当事人的申请转交被申请财产保全的当事人住所地或其财产所在地有管辖权的法院作出裁定。

第十八条 证据保全

当事人申请证据保全的，仲裁委员会应当将当事人的申请转交证据所在地有管辖权的法院作出裁定。

第二节 仲裁庭

第十九条 仲裁员的义务

仲裁员不代表任何一方当事人，并应独立于各方当事人且平等地对待各方当事人。

第二十条 仲裁庭的人数

（一）仲裁庭由一名或三名仲裁员组成。

（二）除非当事人另有约定或本规则另有规定，仲裁庭由三名仲裁员组成。

第二十一条 仲裁员名册

（一）当事人从仲裁委员会提供的仲裁员名册中选定仲裁员。

（二）当事人约定在仲裁委员会仲裁员名册之外选定仲裁员的，当事人选定的或根据当事人之间的协议指定的人士经仲裁委员会主任依法确认后可以担任仲裁员、首席仲裁员或独任仲裁员。

第二十二条 三人仲裁庭的组成

（一）申请人和被申请人应当各自在收到仲裁通知之日起 15 天内选定一名仲裁员或者委托仲裁委员会主任指定。当事人未在上述期限内选定或委托仲裁委员会主任指定的，由仲裁委员会主任指定。

（二）首席仲裁员由双方当事人在被申请人收到仲裁通知之日起15天内共同选定或者共同委托仲裁委员会主任指定。

（三）双方当事人可以各自推荐一至三名仲裁员作为首席仲裁员人选，并将推荐名单在第（二）款规定的期限内提交至仲裁委员会。双方当事人的推荐名单中有一名人选相同的，为双方当事人共同选定的首席仲裁员；有一名以上人选相同的，由仲裁委员会主任根据案件的具体情况在相同人选中确定一名首席仲裁员，该名首席仲裁员仍为双方共同选定的首席仲裁员；推荐名单中没有相同人选时，由仲裁委员会主任在推荐名单之外指定首席仲裁员。

（四）双方当事人未能按照上述规定共同选定首席仲裁员的，由仲裁委员会主任指定。

第二十三条 独任仲裁庭的组成

仲裁庭由一名仲裁员组成的，按照本规则第二十二条第（二）、（三）、（四）款规定的程序，选定或指定该独任仲裁员。

第二十四条 多方当事人对仲裁员的选定

（一）仲裁案件有两个或者两个以上申请人及/或被申请人时，申请人方及/或被申请人方应当各自协商，在仲裁委员会仲裁员名册中各自共同选定或者各自共同委托仲裁委员会主任指定一名仲裁员。

（二）如果申请人方及/或被申请人方未能在收到仲裁通知之日起15天内各自共同选定或者各自共同委托仲裁委员会主任指定一名仲裁员，则由仲裁委员会主任指定。

（三）首席仲裁员或独任仲裁员应按照本规则第二十二条第（二）、（三）、（四）款规定的程序选定或指定。申请人方及/或被申请人方按照本规则第二十二条第（三）款的规定选定首席仲裁员或独任仲裁员时，应各自共同协商，将其各自共同选定的候选人名单提交仲裁委员会。

第二十五条 披露

（一）被选定或者被指定的仲裁员应签署声明书，向仲裁委员会书面披露可能引起对其公正性和独立性产生合理怀疑的任何事实或情况。

（二）在仲裁过程中出现应当披露情形的，仲裁员应当立即书面向仲裁委员会披露。

（三）仲裁委员会将仲裁员的声明书及/或披露的信息转交各方当事人。

第二十六条 仲裁员的回避

（一）当事人收到仲裁委员会转交的仲裁员的声明书及/或书面披露后，如果以仲裁员披露的事实或情况为理由要求该仲裁员回避，则应于收到仲裁员的书面披露后10天内向仲裁委员会书面提出。逾期没有申请回避的，不得以仲裁员曾经披露的事项为由申请该仲裁员回避。

（二）当事人对被选定或者被指定的仲裁员的公正性和独立性产生具有正当理由的怀疑时，可以书面向仲裁委员会提出要求该仲裁员回避的请求，但应说明提出回避请求所依据的具体事实和理由，并举证。

（三）对仲裁员的回避请求应在收到组庭通知之日起15天内以书面形式提出；如果要求回避事由的得知是在此之后，则可以在得知回避事由后15天内提出，但不应迟于最后一次开庭终结。

（四）仲裁委员会应当立即将当事人的回避申请转交另一方当事人、被提请回避的仲裁员及仲裁庭其他成员。

（五）如果一方当事人申请回避，另一方当事人同意回避申请，或者被申请回避的仲裁员主动提出不再担任该仲裁案件的仲裁员，则该仲裁员不再担任仲裁员审理本案。上述情形并不表示当事人提出回避的理由成立。

（六）除上述第（五）款规定的情形外，仲裁员是否回避，由仲裁委员会主任作出终局决定并可以不说明理由。

（七）在仲裁委员会主任就仲裁员是否回避作出决定前，被请求回避的仲裁员应当继续履行职责。

第二十七条 替换仲裁员

（一）仲裁员在法律上或事实上不能履行其职责，或者没有按照本规则的要求或在规则规定的期限内履行应尽职责时，仲裁委员会主任有权自行决定将其更换；该仲裁员也可以主动申请不再担任仲裁员。

（二）仲裁员因死亡、除名、回避或者由于自动退出等其他原因不能履行职责时，应按照原选定或者指定该仲裁员的程序，在仲裁委员会规定的期限内选定或者指定替代的仲裁员。

（三）替代的仲裁员选定或者指定后，由仲裁庭决定以前进行过的全部或部分审理是否需要重新进行。

（四）是否替换仲裁员，由仲裁委员会主任作出终局决定并可以不说明理由。

第二十八条 多数仲裁员继续仲裁程序

在最后一次开庭终结后，如果三人仲裁庭中的一名仲裁员因死亡或被除名而不能参加合议及/或作出裁决，另外两名仲裁员可以请求仲裁委员会主任按照第二十七条的规定替换该仲裁员；在征求双方当事人意见并经仲裁委员会主任同意后，该两名仲裁员也可以继续进行仲裁程序，作出决定或裁决。仲裁委员会秘书局应将上述情况通知双方当事人。

第三节 审 理

第二十九条 审理方式

（一）除非当事人另有约定，仲裁庭可以按照其认为适当的方式审理案件。在任何情形下，仲裁庭均应公平和公正地行事，给予各方当事人陈述与辩论的合理机会。

（二）仲裁庭应当开庭审理案件，但经双方当事人申请或者征得双方当事人同意，仲裁庭也认为不必开庭审理的，仲裁庭可以只依据书面文件进行审理。

（三）除非当事人另有约定，仲裁庭可以根据案件的具体情况采用询问式或辩论式审理案件。

（四）仲裁庭可以在其认为适当的地点或以其认为适当的方式进行合议。

（五）除非当事人另有约定，仲裁庭认为必要时可以发布程序指令、发出问题单、举行庭前会议、召开预备庭、制作审理范围书等。

第三十条 开庭通知

（一）仲裁案件第一次开庭审理的日期，经仲裁庭决定后，由秘书局于开庭前20天通知双方当事人。当事人有正当理由的，可以请求延期开庭，但必须在开庭前10天以书面形式向仲裁庭提出；是否延期，由仲裁庭决定。

（二）第一次开庭审理后的开庭审理日期及延期后开庭审理日期的通知，不受第（一）款中20天的限制。

第三十一条 仲裁地

（一）双方当事人书面约定仲裁地的，从其约定。

（二）如果当事人对仲裁地未作约定，仲裁委员会或其分会所在地为仲裁地。

(三) 仲裁裁决应视为在仲裁地作出。

第三十二条 开庭地点

(一) 当事人约定了开庭地点的,仲裁案件的开庭审理应当在约定的地点进行,但出现本规则第六十九条第(三)款规定的情形除外。

(二) 除非当事人另有约定,由仲裁委员会受理的案件应当在北京开庭审理;如仲裁庭认为必要,经仲裁委员会秘书长同意,也可以在其他地点开庭审理。由仲裁委员会分会受理的案件应当在该分会所在地开庭审理;如仲裁庭认为必要,经该分会秘书长同意,也可以在其他地点开庭审理。

第三十三条 保密

(一) 仲裁庭审理案件不公开进行。如果双方当事人要求公开审理,由仲裁庭作出是否公开审理的决定。

(二) 不公开审理的案件,双方当事人及其仲裁代理人、证人、翻译、仲裁员、仲裁庭咨询的专家和指定的鉴定人、仲裁委员会秘书局的有关人员,均不得对外界透露案件实体和程序的有关情况。

第三十四条 当事人缺席

(一) 申请人无正当理由开庭时不到庭的,或在开庭审理时未经仲裁庭许可中途退庭的,可以视为撤回仲裁申请;如果被申请人提出了反请求,不影响仲裁庭就反请求进行审理,并作出裁决。

(二) 被申请人无正当理由开庭时不到庭的,或在开庭审理时未经仲裁庭许可中途退庭的,仲裁庭可以进行缺席审理,并作出裁决;如果被申请人提出了反请求,可以视为撤回反请求。

第三十五条 庭审笔录

(一) 开庭审理时,仲裁庭可以制作庭审笔录及/或影音记录。仲裁庭认为必要时,可以制作庭审要点,并要求当事人及/或其代理人、证人及/或其他有关人员在庭审笔录或庭审要点上签字或者盖章。

(二) 庭审笔录和影音记录供仲裁庭查用。

第三十六条 举证

(一) 当事人应当对其申请、答辩和反请求所依据的事实提供证据加以证明。

(二) 仲裁庭可以规定当事人提交证据的期限。当事人应当在规定的期限内提交。逾期提交的，仲裁庭可以不予接受。当事人在举证期限内提交证据材料确有困难的，可以在期限届满前申请延长举证期限。是否延长，由仲裁庭决定。

（三）当事人未能在规定的期限内提交证据，或者虽提交证据但不足以证明其主张的，负有举证责任的当事人承担因此产生的后果。

第三十七条 仲裁庭自行调查

（一）仲裁庭认为必要时，可以自行调查事实，收集证据。

（二）仲裁庭自行调查事实、收集证据时，认为有必要通知双方当事人到场的，应及时通知双方当事人到场。经通知而一方或双方当事人不到场的，仲裁庭自行调查事实和收集证据不受其影响。

（三）仲裁庭自行调查收集的证据，应经仲裁委员会秘书局转交双方当事人，给予双方当事人提出意见的机会。

第三十八条 专家报告及鉴定报告

（一）仲裁庭可以就案件中的专门问题向专家咨询或者指定鉴定人进行鉴定。专家和鉴定人可以是中国或外国的机构或公民。

（二）仲裁庭有权要求当事人，而且当事人也有义务向专家或鉴定人提供或出示任何有关资料、文件或财产、货物，以供专家或鉴定人审阅、检验或鉴定。

（三）专家报告和鉴定报告的副本应送给双方当事人，给予双方当事人对专家报告和鉴定报告提出意见的机会。任何一方当事人要求专家或鉴定人参加开庭的，经仲裁庭同意后，专家或鉴定人可以参加开庭，并在仲裁庭认为必要和适宜的情况下就他们的报告作出解释。

第三十九条 质证

（一）一方当事人提交的证据材料应经仲裁委员会秘书局转交对方当事人。

（二）开庭审理的案件，证据应当在开庭时出示，由当事人质证。

（三）当事人开庭后提交的证据材料，仲裁庭决定接受但不再开庭审理的，可以要求当事人在一定期限内提交书面质证意见。

第四十条 仲裁与调解相结合

（一）当事人在仲裁委员会之外通过协商或调解达成和解协议的，可以凭当事人达成的由仲裁委员会仲裁的仲裁协议和他们的和解协议，请求仲裁委员会组成仲裁庭，按照和解协议的内容作出仲裁裁决。除非当事人另有约定，仲裁委员会主任指定一名独任仲裁员组成仲裁庭，按照仲裁庭认为适当的程序进行审理并作出裁决。具体程序和期限不受本规则其他条款限制。

（二）如果双方当事人有调解愿望，或一方当事人有调解愿望并经仲裁庭征得另一方当事人同意的，仲裁庭可以在仲裁程序进行过程中对其审理的案件进行调解。

（三）仲裁庭可以按照其认为适当的方式进行调解。

（四）仲裁庭在进行调解的过程中，任何一方当事人提出终止调解或仲裁庭认为已无调解成功的可能时，应停止调解。

（五）在仲裁庭进行调解的过程中，双方当事人在仲裁庭之外达成和解的，应视为是在仲裁庭调解下达成的和解。

（六）经仲裁庭调解达成和解的，双方当事人应签订书面和解协议；除非当事人另有约定，仲裁庭应当根据当事人书面和解协议的内容作出裁决书结案。

（七）如果调解不成功，仲裁庭应当继续进行仲裁程序，并作出裁决。

（八）如果调解不成功，任何一方当事人均不得在其后的仲裁程序、司法程序和其他任何程序中援引对方当事人或仲裁庭在调解过程中曾发表的意见、提出的观点、作出的陈述、表示认同或否定的建议或主张作为其请求、答辩或反请求的依据。

第四十一条　撤回申请和撤销案件

（一）当事人可以向仲裁委员会提出撤回全部仲裁请求或全部仲裁反请求。申请人撤回全部仲裁请求的，不影响仲裁庭就被申请人的反请求进行审理和裁决。被申请人撤回全部仲裁反请求的，不影响仲裁庭就申请人的仲裁请求进行审理和裁决。

（二）在仲裁庭组成前撤销案件的，由仲裁委员会秘书长作出决定；在仲裁庭组成后撤销案件的，由仲裁庭作出决定。

（三）当事人就已经撤回的仲裁申请再提出仲裁申请时，由仲裁委员会作出受理或者不受理的决定。

第三章 裁　决

第四十二条 作出裁决的期限

（一）仲裁庭应当在组庭之日起 6 个月内作出裁决书。

（二）在仲裁庭的要求下，仲裁委员会主任认为确有正当理由和必要的，可以延长该期限。

第四十三条 裁决的作出

（一）仲裁庭应当根据事实，依照法律和合同规定，参考国际惯例，并遵循公平合理原则，独立公正地作出裁决。

（二）仲裁庭在其作出的裁决中，应当写明仲裁请求、争议事实、裁决理由、裁决结果、仲裁费用的承担、裁决的日期和地点。当事人协议不写明争议事实和裁决理由的，以及按照双方当事人和解协议的内容作出裁决的，可以不写明争议事实和裁决理由。仲裁庭有权在裁决中确定当事人履行裁决的具体期限及逾期履行所应承担的责任。

（三）裁决书应加盖仲裁委员会印章。

（四）由三名仲裁员组成的仲裁庭审理的案件，裁决依全体仲裁员或多数仲裁员的意见作出。少数仲裁员的书面意见应当附卷，并可以附在裁决书后，但该书面意见不构成裁决书的组成部分。

（五）仲裁庭不能形成多数意见时，裁决依首席仲裁员的意见作出。其他仲裁员的书面意见应当附卷，并可以附在裁决书后，但该书面意见不构成裁决书的组成部分。

（六）除非裁决依首席仲裁员意见或独任仲裁员意见作出，裁决应由多数仲裁员署名。持有不同意见的仲裁员可以在裁决书上署名，也可以不署名。

（七）作出裁决书的日期，即为裁决发生法律效力的日期。

（八）裁决是终局的，对双方当事人均有约束力。任何一方当事人均不得向法院起诉，也不得向其他任何机构提出变更仲裁裁决的请求。

第四十四条 中间裁决和部分裁决

如果仲裁庭认为必要或者当事人提出请求经仲裁庭同意时，仲裁庭可以在作出最终仲裁裁决之前的任何时候，就案件的任何问题作出中间裁决或部分裁决。任何一方当事人不履行中间裁决，不影响仲裁程序的继续进行，也不影响仲裁庭作出最终裁决。

第四十五条　裁决书草案的核阅

仲裁庭应在签署裁决书之前将裁决书草案提交仲裁委员会核阅。在不影响仲裁庭独立裁决的情况下，仲裁委员会可以就裁决书的有关问题提请仲裁庭注意。

第四十六条　费用承担

（一）仲裁庭有权在仲裁裁决书中裁定当事人最终应向仲裁委员会支付的仲裁费和其他费用。

（二）仲裁庭有权根据案件的具体情况在裁决书中裁定败诉方应当补偿胜诉方因办理案件而支出的合理的费用。仲裁庭裁定败诉方补偿胜诉方因办理案件而支出的费用是否合理时，应具体考虑案件的裁决结果、复杂程度、胜诉方当事人及/或代理人的实际工作量以及案件的争议金额等因素。

第四十七条　裁决书的更正

任何一方当事人均可以在收到裁决书之日起 30 天内就裁决书中的书写、打印、计算上的错误或其他类似性质的错误，书面申请仲裁庭作出更正；如确有错误，仲裁庭应在收到书面申请之日起 30 天内作出书面更正。仲裁庭也可以在发出裁决书后的合理时间内自行以书面形式作出更正。该书面更正构成裁决书的一部分。

第四十八条　补充裁决

如果裁决有漏裁事项，任何一方当事人可以在收到裁决书之日起 30 天内以书面形式请求仲裁庭就裁决中漏裁的仲裁事项作出补充裁决；如确有漏裁事项，仲裁庭应在收到上述书面申请之日起 30 天内作出补充裁决。仲裁庭也可以在发出裁决书后的合理时间内自行作出补充裁决。该补充裁决构成原裁决书的一部分。

第四十九条　裁决的履行

（一）当事人应当依照裁决书写明的期限履行仲裁裁决；裁决书未写明履行期限的，应当立即履行。

（二）一方当事人不履行裁决的，另一方当事人可以根据中国法律的规定，向有管辖权的中国法院申请执行；或者根据一九五八年联合国《承认及执行外国仲裁裁决公约》或者中国缔结或参加的其他国际条约，向有管辖权的法院申请执行。

第四章 简易程序

第五十条 简易程序的适用

（一）除非当事人另有约定，凡争议金额不超过人民币50万元的，或争议金额超过人民币50万元，经一方当事人书面申请并征得另一方当事人书面同意的，适用本简易程序。

（二）没有争议金额或者争议金额不明确的，由仲裁委员会根据案件的复杂程度、涉及利益的大小以及其他有关因素综合考虑决定是否适用本简易程序。

第五十一条 仲裁通知

申请人向仲裁委员会提出仲裁申请，经审查可以受理并适用简易程序的，仲裁委员会秘书局或其分会秘书处应向双方当事人发出仲裁通知。

第五十二条 仲裁庭的组成

适用简易程序的案件，依照本规则第二十三条的规定成立独任仲裁庭审理案件。

第五十三条 答辩和反请求

（一）被申请人应在收到仲裁通知之日起20天内向仲裁委员会提交答辩书及有关证明文件；如有反请求，也应在此期限内提交反请求书及有关证明文件。仲裁庭认为有正当理由的，可以适当延长此期限。

（二）申请人应在收到反请求书及其附件后20天内对被申请人的反请求提交答辩。

第五十四条 审理方式

仲裁庭可以按照其认为适当的方式审理案件；可以决定只依据当事人提交的书面材料和证据进行书面审理，也可以决定开庭审理。

第五十五条 开庭审理

（一）对于开庭审理的案件，仲裁庭确定开庭日期后，仲裁委员会秘书局或其分会秘书处在开庭前15天将开庭日期通知双方当事人。当事人有正当理由的，可以请求延期开庭，但必须在开庭前7天书面向仲裁庭提出。是否延期，由仲裁庭决定。

(二) 如果仲裁庭决定开庭审理, 仲裁庭只开庭一次, 确有必要的除外。

(三) 第一次开庭审理后的开庭审理日期及延期后开庭审理日期的通知, 不受第 (一) 款中 15 天的限制。

第五十六条　作出裁决的期限

(一) 仲裁庭应当在组庭之日起 3 个月内作出裁决书。

(二) 在仲裁庭的要求下, 仲裁委员会主任认为确有正当理由和必要的, 可以对上述期限予以延长。

第五十七条　程序变更

仲裁请求的变更或反请求的提出, 不影响简易程序的继续进行。经变更仲裁请求或反请求所涉及争议的金额超过人民币 50 万元的, 除非当事人约定继续适用简易程序, 简易程序变更为普通程序。

第五十八条　本规则其他条款的适用

本章未规定的事项, 适用本规则其他各章的有关规定。

第五章　国内仲裁的特别规定

第五十九条　本章的适用

(一) 仲裁委员会受理的国内仲裁案件, 适用本章规定。

(二) 符合本规则第五十条规定的国内仲裁案件, 适用第四章简易程序的规定。

第六十条　受理

(一) 仲裁委员会收到仲裁申请书后, 认为符合本规则第十条规定的受理条件的, 应当在 5 天内受理, 并通知当事人, 也可以立即受理并通知当事人; 认为不符合受理条件的, 应当书面通知当事人不予受理, 并说明理由。

(二) 仲裁委员会收到仲裁申请书后, 认为仲裁申请书不符合本规则第十条规定的, 可以要求当事人在规定的期限内补正。

第六十一条　仲裁庭的组成

仲裁庭应当按照本规则第二十一条、第二十二条、第二十三条和第二十四条的规定组成。

第六十二条 答辩和反请求

（一）被申请人应在收到仲裁通知之日起20天内向仲裁委员会提交答辩书及有关证明文件；如有反请求，也应在此期限内提交反请求书及有关证明文件。仲裁庭认为有正当理由的，可以适当延长此期限。

（二）申请人应在收到反请求书及其附件后20天内对被申请人的反请求提交答辩。

第六十三条 开庭通知

（一）开庭审理的案件，仲裁委员会秘书局或其分会秘书处应当在开庭前15天将开庭日期通知双方当事人。仲裁庭经商双方当事人同意，可以提前开庭。当事人有正当理由的，可以请求延期开庭，但必须在开庭前7天书面向仲裁庭提出。是否延期，由仲裁庭决定。

（二）第一次开庭审理后开庭审理的日期及延期后开庭审理日期的通知，不受第（一）款15天期限的限制。

第六十四条 开庭笔录

（一）仲裁庭应当将开庭情况简要记入笔录。当事人和其他仲裁参与人认为对自己陈述的记录有遗漏或者有差错的，可以申请补正；仲裁庭不同意其补正的，应当将该申请记录在案。

（二）记录由仲裁员、记录人员、当事人和其他仲裁参与人签名或者盖章。

第六十五条 作出裁决的期限

（一）仲裁庭应当在组庭之日起4个月内作出裁决书。

（二）在仲裁庭的要求下，仲裁委员会主任认为确有正当理由和必要的，可以延长该期限。

第六十六条 本规则其他条款的适用

本章未规定的事项，适用本规则其他各章的有关规定。

第六章 附 则

第六十七条 仲裁语言

（一）当事人约定了仲裁语言的，从其约定。当事人没有约定的，仲裁程序以中文为正式语言。

（二）仲裁庭开庭时，如果当事人或其代理人、证人需要语言翻译，可以由仲裁委员会秘书局或其分会秘书处提供译员，也可以由当事人自行提供译员。

（三）当事人提交的各种文书和证明材料，仲裁庭及/或仲裁委员会秘书局或其分会秘书处认为必要时，可以要求当事人提供相应的中文译本或其他语言译本。

第六十八条 送达

（一）有关仲裁的一切文书、通知、材料等均可以派人或以挂号信或特快专递、传真、电传、电报或仲裁委员会秘书局或其分会秘书处认为适当的其他方式发送给当事人及/或其仲裁代理人。

（二）向一方当事人及/或其仲裁代理人发送的任何书面通讯，如经当面递交收讯人或投递至收讯人的营业地、注册地、住所地、惯常居住地或通讯地址，或者经对方当事人合理查询不能找到上述任一地点，仲裁委员会秘书局或其分会秘书处以挂号信或能提供投递记录的其他任何手段投递给收讯人最后一个为人所知的营业地、注册地、住所地、惯常居住地或通讯地址，即应视为已经送达。

第六十九条 仲裁费用及实际费用

（一）仲裁委员会除按照其制定的仲裁费用表向当事人收取仲裁费外，可以向当事人收取其他额外的、合理的实际开支费用，包括仲裁员办理案件的特殊报酬、差旅费、食宿费以及仲裁庭聘请专家、鉴定人和翻译等的费用。

（二）当事人选定了需要开支差旅费、食宿费等实际费用的仲裁员，在仲裁委员会规定的期限内未预缴实际费用的，视为其没有选定仲裁员。在此情况下，仲裁委员会主任可以按照本规则第二十二条或第二十三条的规定，代为指定仲裁员。

（三）当事人约定在仲裁委员会所在地之外开庭的，应预缴因此而发生的差旅费、食宿费等实际费用。在仲裁委员会规定的期限内未预缴此实际费用的，则在仲裁委员会所在地开庭。

第七十条 规则的解释

（一）本规则条文标题不用于解释条文含义。

（二）本规则由仲裁委员会负责解释。

第七十一条 规则的施行

本规则自 2005 年 5 月 1 日起施行。在本规则施行前仲裁委员会及其分会受理的案件,仍适用受理案件时适用的仲裁规则;双方当事人同意的,也可以适用本规则。

中国国际经济贸易仲裁委员会
金融争议仲裁规则

(中国国际贸易促进委员会/中国国际商会 2005 年 3 月 17 日修订并通过，2005 年 5 月 1 日起施行)

第一章 总 则

第一条 为公正快速地解决当事人之间的金融交易争议，特制定本规则。

第二条 中国国际经济贸易仲裁委员会（又名中国国际商会仲裁院，下称仲裁委员会）以仲裁的方式独立、公正地解决当事人之间因金融交易发生的或与此有关的争议。

金融交易，是指金融机构之间以及金融机构与其他法人和自然人之间在货币市场、资本市场、外汇市场、黄金市场和保险市场上所发生的本外币资金融通、本外币各项金融工具和单据的转让、买卖等金融交易，包括但不限于下列交易：

（一）贷款；
（二）存单；
（三）担保；
（四）信用证；
（五）票据；
（六）基金交易和基金托管；
（七）债券；
（八）托收和外汇汇款；
（九）保理；
（十）银行间的偿付约定；
（十一）证券和期货。

第三条 仲裁委员会受理的金融争议案件,当事人约定适用本规则的,适用本规则;当事人未作约定的,适用《中国国际经济贸易仲裁委员会仲裁规则》。

当事人对于双方之间的争议是否属于因金融交易发生的或与此有关的争议提出异议,或者当事人对于案件是否应适用本规则提出异议的,由仲裁委员会决定。

第四条 当事人约定对本规则有关内容进行变更的,从其约定,但其约定无法实施或与仲裁地强制性法律规定相抵触者除外。

凡当事人约定按照本规则进行仲裁但未约定仲裁机构的,均视为同意将争议提交仲裁委员会仲裁。

第五条 仲裁委员会有权对仲裁协议的存在、效力以及仲裁案件的管辖权做出决定。如有必要,仲裁委员会也可以授权仲裁庭作出管辖权决定。

当事人对仲裁协议的效力有异议的,如果一方请求仲裁委员会作出决定,另一方请求人民法院作出裁定,则由人民法院裁定。

当事人对仲裁协议和仲裁案件管辖权提出异议的,不影响仲裁程序的进行。

第六条 当事人可以从仲裁委员会金融专业仲裁员名册中选定仲裁员,也可以从仲裁委员会指定的其他仲裁员名册中选定仲裁员。当事人选定的仲裁员应经仲裁委员会主任确认。确认与否,不附具理由。

当事人约定在仲裁委员会仲裁员名册之外选定仲裁员的,当事人选定的或根据当事人之间的协议指定的人士经仲裁委员会主任依法确认后可以担任仲裁员。确认与否,不附具理由。

由仲裁委员会主任指定仲裁员时,除非当事人另有约定,仲裁委员会主任可以在仲裁委员会金融专业仲裁员名册及其他仲裁员名册中指定。

证券和期货争议案件的仲裁员,应当从仲裁委员会制定的证券和期货专业仲裁员名册中选定或指定。

第七条 被选定或者被指定的仲裁员应签署声明书,向仲裁委员会书面披露可能引起对其公正性或独立性产生合理怀疑的任何事实或情况。

第二章 仲裁程序

第八条 仲裁程序自仲裁委员会或其分会收到仲裁申请书之日起开始。

第九条 申请人提出仲裁申请时应：

（一）提交由申请人及/或申请人授权的代理人签名及/或盖章的仲裁申请书。仲裁申请书应写明：

1. 申请人和被申请人的名称、住所及其通讯方式，包括邮政编码、电话、电传、传真、电报号码、电子邮件或其他电子通讯方式；
2. 申请仲裁所依据的仲裁协议；
3. 案情和争议要点；
4. 申请人的仲裁请求；
5. 仲裁请求所依据的事实和理由。

（二）在提交仲裁申请书时，附具申请人请求所依据事实的证明文件。

（三）按照仲裁委员会制定的金融争议案件仲裁费用表的规定预缴仲裁费。

第十条 仲裁委员会秘书局收到仲裁申请书之日起5日内，认为符合受理条件的，应当受理，并书面通知当事人；认为不符合受理条件的，应当书面通知当事人不予受理，并说明理由。

第十一条 仲裁委员会秘书局向申请人发出受理案件的仲裁通知，应附随本规则、仲裁委员会仲裁规则、仲裁委员会金融专业仲裁员名册以及指定的其他仲裁员名册。

仲裁委员会秘书局向被申请人发出受理案件的仲裁通知，应附随申请人提交的仲裁申请书副本、本规则、仲裁委员会仲裁规则、仲裁委员会金融专业仲裁员名册以及指定的其他仲裁员名册。

第十二条 仲裁庭可以由一名或者三名仲裁员组成。当事人未约定仲裁员人数的，由仲裁委员会主任决定仲裁庭由一名或者三名仲裁员组成。

仲裁庭由一名仲裁员组成的，除非当事人另有约定，申请人与被申请人应在最晚收到仲裁通知的一方当事人收到仲裁通知之日起10个工作日内协商共同选定或者共同委托仲裁委员会主任指定独任仲裁员。

仲裁庭由三名仲裁员组成的，除非当事人另有约定，申请人和被申请人应在各自收到仲裁通知之日起10个工作日内各自选定一名仲裁员或者委托仲裁委员会主任指定，并在最晚收到仲裁通知的一方当事人自收到仲裁通知之日起10个工作日内与对方当事人协商共同选定或者共同委托仲裁委员会主任指定第三名仲裁员。第三名仲裁员为首席仲裁员。

仲裁案件有两个或者两个以上申请人及/或被申请人的，申请人之间及/或被申请人之间应协商各自共同选定或者各自共同委托仲裁委员会主任指定一名仲裁员。

除非当事人另有约定，当事人未按期选定仲裁员或委托仲裁委员会主任指定仲裁员的，由仲裁委员会主任指定。

第十三条 除非当事人另有约定，被申请人应在收到仲裁通知之日起15个工作日内向仲裁委员会秘书局提交答辩书和有关证据。

除非当事人另有约定，被申请人提出反请求的，也应在上述期限内书面提出。

第十四条 除非当事人另有约定，申请人应在收到被申请人反请求书之日起15个工作日内向仲裁委员会秘书局提交书面答辩。

第十五条 仲裁庭可以按其认为适当的方式进行仲裁程序，但须确保公平对待各方当事人，并使各方当事人能有合理的陈述案情的机会。

除非当事人另有约定，仲裁庭可以根据案件的具体情况采用询问式或辩论式审理案件。

第十六条 在仲裁过程中，仲裁庭可以发布程序令、发出问题单、举行庭审前会议、召开预备庭等。

第十七条 当事人约定或者仲裁庭确定举证期限的，当事人应当在规定的期限内向仲裁庭提交证据材料。

当事人没有约定或者仲裁庭没有确定举证期限的，当事人应当在首次开庭3个工作日前将全部书面陈述和证据材料交至仲裁委员会秘书局。

除非当事人另有约定或者仲裁庭另有决定，仲裁庭有权拒绝接受当事人在超过举证期限后提交的书面陈述和证据材料。

第十八条 仲裁庭应当开庭审理案件，但经双方当事人申请或者征得双方当事人同意，仲裁庭也认为不必开庭审理的，仲裁庭可以只依据书面文件进行审理。开庭审理的案件，仲裁委员会秘书局应在开庭日前10个工作日将开庭通知送达双方当事人。

第十九条 经仲裁委员会秘书长同意，第十二条规定的期间可以适当延长。

经仲裁庭同意，第十三条、第十四条、第十八条规定的期间可以适当延长。

第二十条　当事人书面约定仲裁地的,从其约定。当事人未作约定的,以仲裁委员会或其分会所在地为仲裁地。仲裁裁决应视为在仲裁地作出。

除非当事人另有约定,仲裁庭可以在其认为适当的任何地点进行开庭审理等活动。

第三章　裁　决

第二十一条　除非法律另有强制性规定,涉外案件的当事人可以约定适用于案件实体问题的法律。当事人未作约定的,仲裁庭可以适用其认为适当的法律。无论在何种情形下,仲裁庭均应考虑合同条款、相关行业惯例和行业标准实务,并遵循公平合理原则。

第二十二条　除非当事人另有约定,仲裁庭应在仲裁庭组成之日起45个工作日内作出仲裁裁决。

根据仲裁庭的要求,仲裁委员会主任如认为确有必要和确有正当理由的,可以延长该期限;但每次延期最多不得超过20个工作日。

第二十三条　仲裁庭应在签署裁决书前将裁决书草案提交仲裁委员会。在不影响仲裁员独立裁决的情况下,仲裁委员会可以就裁决书的有关问题提请仲裁员注意。

第四章　附　则

第二十四条　有关仲裁的一切文书、通知、材料等,仲裁委员会秘书局均可以派人或以挂号信或特快专递、传真、电传、电报、电子邮件或仲裁委员会秘书局认为适当的其他方式送达给当事人及/或其代理人。

第二十五条　除非当事人另有约定或仲裁庭另有规定,本规则中的工作日是指仲裁委员会所在地的工作日。

第二十六条　本规则的规定与《中国国际经济贸易仲裁委员会仲裁规则》不一致的,以本规则的规定为准。

本规则未尽事宜,适用《中国国际经济贸易仲裁委员会仲裁规则》。

第二十七条　本规则统一适用于仲裁委员会及其分会。在分会进行仲裁时,本规则规定由仲裁委员会主任、仲裁委员会秘书局、仲裁委员会秘书长履行的职责,由仲裁委员会主任授权的副主任、仲裁委员会分会秘书处、仲裁委员会分会秘书长履行。

第二十八条 本规则由仲裁委员会负责解释。

中国国际经济贸易仲裁委员会
仲裁费用表
涉外案件仲裁费用表

(本费用表适用于仲裁规则第三条第(一)项和第(二)项仲裁案件,自 2005 年 5 月 1 日起施行)

争议金额(人民币)	仲裁费用(人民币)
1,000,000 元以下	争议金额的 3.5%,最低不少于 10,000 元
1,000,000 元至 5,000,000 元	35,000 元 + 争议金额 1,000,000 元以上部分的 2.5%
5,000,000 元至 10,000,000 元	135,000 元 + 争议金额 5,000,000 元以上部分的 1.5%
10,000,000 元至 50,000,000 元	210,000 元 + 争议金额 10,000,000 元以上部分的 1%
50,000,000 元以上	610,000 元 + 争议金额 50,000,000 元以上部分的 0.5%

申请仲裁时,每案另收立案费人民币 10,000 元,其中包括仲裁申请的审查、立案、输入及使用计算机程序和归档等费用。

申请仲裁时未确定争议金额或情况特殊的,由仲裁委员会秘书局或仲裁委员会分会秘书处决定仲裁费用的数额。

收取的仲裁费用为外币时,按本仲裁费用表的规定收取与人民币等值的外币。

仲裁委员会除按照本仲裁费用表收取仲裁费外,可以按照仲裁规则的有关规定收取其他额外的、合理的实际开支。

国内案件仲裁费用表

(本费用表适用于仲裁规则第三条第（三）项仲裁案件，
自 2005 年 5 月 1 日起施行)

根据国务院办公厅国办发（1995）44 号《仲裁委员会仲裁收费办法》的通知，中国国际经济贸易仲裁委员会受理仲裁规则第三条第（三）项仲裁案件收费标准如下：

一、案件受理费收费办法

争议金额(人民币)	案件受理费(人民币)
1,000 元以下	最低不少于 100 元
1,001 元至 50,000 元	100 元 + 争议金额 1,000 元以上部分的 5%
50,001 元至 100,000 元	2,550 元 + 争议金额 50,000 元以上部分的 4%
100,001 元至 200,000 元	4,550 元 + 争议金额 100,000 元以上部分的 3%
200,001 元至 500,000 元	7,550 元 + 争议金额 200,000 元以上部分的 2%
500,001 元至 1,000,000 元	13,550 元 + 争议金额 500,000 元以上部分的 1%
1,000,001 元以上	18,550 元 + 争议金额 1,000,000 元以上部分的 0.5%

二、案件处理费收费办法

争议金额(人民币)	案件处理费(人民币)
5 万元以下	最低不少于 1,250 元
5 万元至 20 万元	1,250 元 + 争议金额 5 万元以上部分的 2.5%
20 万元至 50 万元	5,000 元 + 争议金额 20 万元以上部分的 2%

50 万元至 100 万元	11,000 元 + 争议金额 50 万元以上部分的 1.5%
100 万元至 300 万元	18,500 元 + 争议金额 100 万元以上部分的 0.5%
300 万元至 600 万元	28,500 元 + 争议金额 300 万元以上部分的 0.45%
600 万元至 1,000 万元	42,000 元 + 争议金额 600 万元以上部分的 0.4%
1,000 万元至 2,000 万元	58,000 元 + 争议金额 1,000 万元以上部分的 0.3%
2,000 万元至 4,000 万元	88,000 元 + 争议金额 2,000 万元以上部分的 0.2%
4,000 万元以上	128,000 元 + 争议金额 4,000 万元以上部分的 0.15%

仲裁费用表中的争议金额,以申请人请求的数额为准;请求的数额与实际争议金额不一致的,以实际争议金额为准。

申请仲裁时争议金额未确定的或情况特殊的,由仲裁委员会秘书局或仲裁委员会分会秘书处根据争议所涉及权益的具体情况确定预先收取的仲裁费用数额。

仲裁委员会除按照本仲裁费用表收取仲裁费外,可以按照仲裁规则的有关规定收取其他额外的、合理的实际开支。

金融争议仲裁费用表

争议金额(人民币)	仲裁费用(人民币)
1,000,000 元以下	议金额的 1.5%,最低不少于 5,000 元
1,000,000 元至 5,000,000 元	10,000 元 + 争议金额 1,000,000 元以上部分的 0.8%
5,000,000 元至 50,000,000 元	42,000 元 + 争议金额 5,000,000 元以上部分的 0.6%

| 50,000,000 元以上 | 312,000 元 + 争议金额 50,000,000 元以上部分的 0.5% |

申请仲裁时，每案另收立案费人民币 10,000 元，其中包括审查、立案、输入及使用计算机程序和归档等费用。

申请仲裁时未确定争议金额或情况特殊的，由仲裁委员会秘书局或仲裁委员会分会秘书处确定仲裁费用的数额。

收取的仲裁费用为外币时，按本仲裁费用表的规定收取与人民币等值的外币。

仲裁委员会或其分会除按照仲裁费用表收取仲裁费外，可以按照《中国国际经济贸易仲裁委员会仲裁规则》的规定收取其他额外的、合理的实际开支。

中国海事仲裁委员会仲裁规则

2004年10月1日起施行

第一章 总则

第一节 管辖

第一条 根据《中华人民共和国仲裁法》和有关法律的规定,制定本仲裁规则。

第二条 中国海事仲裁委员会(原名中国国际贸易促进委员会海事仲裁委员会,以下简称仲裁委员会)以仲裁的方式,独立、公正地解决海事、海商、物流争议以及其他契约性或非契约性争议,以保护当事人的合法权益,促进国际国内经济贸易和物流的发展。

仲裁委员会受理下列争议案件:

(一)租船合同、多式联运合同或者提单、运单等运输单证所涉及的海上货物运输、水上货物运输、旅客运输争议;

(二)船舶、其他海上移动式装置的买卖、建造、修理、租赁、融资、拖带、碰撞、救助、打捞,或集装箱的买卖、建造、租赁、融资等业务所发生的争议;

(三)海上保险、共同海损及船舶保赔业务所发生的争议;

(四)船上物料及燃油供应、担保争议,船舶代理、船员劳务、港口作业所发生的争议;

(五)海洋资源开发利用、海洋环境污染所发生的争议;

(六)货运代理、无船承运、公路、铁路、航空运输,集装箱的运输、拼箱和拆箱,快递,仓储,加工,配送,仓储分拨,物流信息管理,运输工具、搬运装卸工具、仓储设施、物流中心、配送中心的建造、买卖或租赁、物流方案设计与咨询、与物流有关的保险、与物流有关的侵权争议，以及其它与物流有关的争议；

（七）渔业生产、捕捞等所发生的争议；

（八）双方当事人协议仲裁的其他争议。

第三条 仲裁委员会根据当事人在争议发生之前或者之后达成的将争议提交仲裁委员会仲裁的仲裁协议和一方当事人的书面申请，受理案件。

仲裁协议系指当事人在合同、提单、运单或援引的文件中订明的仲裁条款，或者以其他方式达成的提交仲裁的书面协议。

当事人约定在仲裁委员会仲裁或约定适用本仲裁规则的，本仲裁规则即构成当事人仲裁协议的组成部分，但当事人另有约定者除外。

第四条 仲裁委员会有权对仲裁协议的存在、效力以及仲裁案件的管辖权作出决定。

当事人对仲裁协议的效力有异议的，如果一方申请仲裁委员会作出决定，另一方申请人民法院作出裁定，由人民法院裁定。但是，对仲裁协议效力的异议，如果仲裁委员会先于人民法院接受申请并已作出决定，以仲裁委员会的决定为准。

第五条 仲裁协议独立存在，合同的变更、解除、终止、失效或无效以及存在与否，均不影响仲裁协议的效力。

仲裁庭有权确认合同的效力，仲裁庭有权决定仲裁程序未决事项。

第六条 对仲裁协议或仲裁案件管辖权的抗辩，应当在仲裁庭首次开庭前提出；对书面审理的案件的管辖权的抗辩，应当在第一次实体答辩前提出。逾期提出，视为放弃提出异议的权利。

当事人未对管辖权提出异议且已作实体答辩或提起反请求，视为对仲裁协议和仲裁委员会管辖权的承认。

对仲裁协议或仲裁案件管辖权提出抗辩不影响仲裁程序的进行。

第七条 当事人协议将争议提交仲裁委员会或其物流争议解决中心或渔业争议解决中心仲裁的，适用本仲裁规则的规定；渔业争议同时适用《中国海事仲裁委员会仲裁规则关于渔业争议案件的特别规定》。但当事人对仲裁程序另有约定并经仲裁委员会同意的，从其约定。

当事人可以根据案件需要以协议的方式约定缩短或延长本仲裁规则中规定的程序期限或调整相关程序事项；当事人也可以在仲裁程序进行过程

中协议要求仲裁委员会或仲裁庭对其予以调整，以适合具体案件的需要；是否准许，由仲裁委员会或仲裁庭决定。

船舶碰撞案件，在证据方面有特殊要求的，仲裁委员会或仲裁庭可根据案件需要作必要调整。

第二节 组 织

第八条 仲裁委员会设名誉主任一人、顾问若干人。

第九条 仲裁委员会由主任一人、副主任若干人和委员若干人组成。主任履行本规则赋予的职责，副主任受主任的委托可以履行主任的职责。

第十条 仲裁委员会设立仲裁员名册，仲裁员由仲裁委员会从对海事、海商、物流以及法律等方面具有专门知识和实际经验的中外人士中聘任。仲裁委员会根据需要，可以设立特定的专业仲裁员名册。

第十一条 仲裁委员会设在北京，在上海设有分会。仲裁委员会分会可以受理并处理案件。

根据仲裁业务发展的需要，仲裁委员会可以在中国境内其他地方设立仲裁委员会分会或办事处。

仲裁委员会及其分会设秘书处，秘书处设秘书长，分别领导仲裁委员会秘书处和分会秘书处（除特别指明外，以下统称秘书处）处理日常事务。

办事处是仲裁委员会的宣传、咨询和联络机构，在仲裁委员会的统一领导下，从事海事仲裁的宣传、调研和咨询工作，协助仲裁委员会或其分会在当地安排开庭，但不从事仲裁案件的受理、收费和审理。

仲裁委员会设有物流争议解决中心和渔业争议解决中心。

第十二条 本仲裁规则及其仲裁费用表统一适用于仲裁委员会及其分会。在分会进行仲裁时，本仲裁规则规定由仲裁委员会主任和仲裁委员会秘书处或秘书长分别履行的职责，可以由仲裁委员会主任授权的副主任和仲裁委员会分会秘书处或秘书长分别履行。

双方当事人可以约定将其争议提交仲裁委员会在北京或分会所在地进行仲裁，如无此约定，则由申请人从中选择。双方当事人都提出申请的，以首先申请的为准。如有争议，由仲裁委员会作出决定。

第二章 仲裁程序

第一节 仲裁申请、答辩、反请求

第十三条 仲裁程序自仲裁委员会或其分会发出仲裁通知之日起开始。

第十四条 申请人提出仲裁申请时应：

（一）提交仲裁申请书，仲裁申请书应写明：

1. 申请人和被申请人的名称和住所（如有邮政编码、电话、电传、传真、电报号码或其他电子通讯方式，也应写明）；
2. 申请人所依据的仲裁协议；
3. 案情和争议要点；
4. 申请人的请求及所依据的事实和证据。

仲裁申请书应由申请人及/或申请人授权的代理人签名及/或盖章。

（二）在提交仲裁申请书时，附具申请人请求所依据的相关证据。

（三）按照仲裁委员会制定的仲裁费用表的规定预缴仲裁费。

第十五条 秘书处收到申请人的仲裁申请书及其附件后，经过审查，认为申请仲裁的手续不完备的，可以要求申请人予以完备；认为申请仲裁的手续已完备的，应立即向被申请人发出仲裁通知，并将申请人的仲裁申请书及其附件，连同仲裁委员会的仲裁规则、仲裁员名册和仲裁费用表各一份，一并发送给被申请人，同时也将仲裁通知、仲裁规则、仲裁员名册和仲裁费用表发送给申请人。

秘书处向申请人和被申请人发出仲裁通知时，应指定一名秘书处的人员负责仲裁案件的程序管理工作。

第十六条 被申请人应在收到仲裁通知之日起30天内，向秘书处提交答辩书，答辩书应写明答辩的事实、理由并附上相关的证据。逾期提交，仲裁庭有权决定是否接受。

第十七条 被申请人如有反请求，最迟应在收到仲裁通知之日起30天内，以书面形式提交仲裁委员会。仲裁庭认为有正当理由的，可以依申请适当延长此期限。

被申请人提出反请求时，应在其反请求书中写明具体的反请求事项、理由以及所依据的事实，并附具相关证据材料。

被申请人提出反请求，应当按照仲裁委员会的仲裁费用表的规定，在仲裁委员会限定的期限内预缴仲裁费。

第十八条 申请人可以对其仲裁请求提出修改，被申请人也可以对其反请求提出修改。但是，仲裁庭认为其修改的提出过迟而影响仲裁程序正常进行的，可以拒绝修改请求。

第十九条 当事人提交仲裁申请书、答辩书、反请求书、证据材料以及其他文件时，应一式五份。如果当事人人数超过两人，则应增加相应份数；如果仲裁庭组成人数为一人，则可以减少两份。

第二十条 被申请人未提交书面答辩及/或申请人对被申请人的反请求未提出书面答辩的，不影响仲裁程序的进行。

第二十一条 当事人可以委托仲裁代理人办理有关仲裁事项；接受委托的仲裁代理人，应向仲裁委员会提交授权委托书。

中国公民和外国公民均可以接受委托，担任仲裁代理人。

第二十二条 仲裁标的为同一种类或者有关联的两个或两个以上争议，经当事人书面约定，可以合并仲裁。

第二十三条 当事人申请海事请求保全或其他财产保全的，仲裁委员会应当将当事人的申请提交被申请人住所地或其财产所在地的海事法院或其他法院；当事人在仲裁程序开始前申请海事请求保全或其他财产保全的，应当依照《中华人民共和国海事诉讼特别程序法》的规定或其他有关规定，直接向被保全的财产所在地海事法院或其他法院提出。

当事人申请证据保全，仲裁委员会应当将当事人的申请提交证据所在地的海事法院或其他法院；当事人在仲裁程序开始前申请证据保全的，应当依照《中华人民共和国海事诉讼特别程序法》的规定或其他有关法律规定，直接向被保全的证据所在地海事法院或其他法院提出。

当事人申请海事强制令的，仲裁委员会应当将当事人的申请提交海事纠纷发生地的海事法院；当事人在仲裁程序开始前申请海事强制令的，应当依照《中华人民共和国海事诉讼特别程序法》的规定，直接向海事纠纷发生地的海事法院提出。

第二十四条 当事人申请设立海事赔偿责任限制基金的，仲裁委员会应当将当事人的申请提交事故发生地、合同履行地或者船舶扣押地海事法院；当事人在仲裁程序开始前申请设立海事赔偿责任限制基金的，应当依照《中华人民共和国海事诉讼特别程序法》的规定，直接向事故发生地、合同履行地或者船舶扣押地海事法院提出。

第二节 仲裁庭的组成

第二十五条 仲裁委员会及其分会适用统一的仲裁员名册。

约定在中国海事仲裁委员会或其物流争议解决中心仲裁的案件，当事人和仲裁委员会主任可以从其认为适当的《中国海事仲裁委员会仲裁员名册》或《中国海事仲裁委员会物流专业仲裁员名册》（除特别规定外，以下统称仲裁员名册）中选定或指定仲裁员。

渔业争议案件，仲裁员仅可从《中国海事仲裁委员会渔业专业仲裁员名册》中选定或指定。

第二十六条 申请人和被申请人应各自在收到仲裁通知之日起 15 天内，在仲裁委员会仲裁员名册中各自选定一名仲裁员，或者委托仲裁委员会主任指定；申请人和被申请人还应共同选定或者共同委托仲裁委员会主任指定第三名仲裁员担任首席仲裁员。

申请人或者被申请人在各自收到仲裁通知之日起 15 天内未选定也未委托仲裁委员会主任指定仲裁员的，由仲裁委员会主任指定。

双方当事人在被申请人收到仲裁通知之日起 15 天内未共同选定也未共同委托仲裁委员会主任指定首席仲裁员的，首席仲裁员由仲裁委员会主任指定。首席仲裁员与被选定或者被指定的两名仲裁员组成仲裁庭，共同审理案件。

在前款规定的期限内，双方当事人可从仲裁委员会提供的首席仲裁员候选人名单之中或之外推荐一名以上首席仲裁员人选，双方均推荐的人员为双方共同选定的首席仲裁员，但均推荐的人员超过一人的，由仲裁委员会主任从中指定一人为首席仲裁员。

第二十七条 双方当事人可以约定在仲裁委员会提供的仲裁员名册中共同选定或者共同委托仲裁委员会主任指定一名仲裁员作为独任仲裁员，成立仲裁庭，审理案件。

双方当事人约定由一名独任仲裁员审理案件，但在被申请人收到仲裁通知之日起 15 天内，以第二十六条中的方式未能就独任仲裁员的人选达成一致意见的,由仲裁委员会主任指定。

第二十八条 仲裁案件有两个或者两个以上申请人及/或被申请人时,申请人之间或被申请人之间应当经过协商,在仲裁委员会提供的仲裁员名册中各自共同选定或者各自共同委托仲裁委员会主任指定一名仲裁员。

申请人之间及/或被申请人之间在收到仲裁通知之日起15天内,未能共同选定也未共同委托仲裁委员会主任指定一名仲裁员的,该仲裁员由仲裁委员会主任指定。

第二十九条 仲裁员接受当事人选定或仲裁委员会主任指定的,应当签署仲裁员声明书。声明书应当转交各方当事人。

第三十条 被选定或者指定的仲裁员有下列情形之一的,应自行向仲裁委员会披露并请求回避:

(一)是本案当事人或者当事人、代理人的近亲属;

(二)与本案有利害关系;

(三)与本案当事人、代理人有其他关系,可能影响公正仲裁的;

(四)私自会见当事人、代理人,或者接受当事人、代理人的请客送礼的。

第三十一条 当事人对仲裁员的公正性和独立性产生合理怀疑时,可以书面向仲裁委员会提出要求该仲裁员回避的请求,但应说明提出回避请求所依据的具体事实和理由,并提供必要的证据。

对仲裁员的回避请求应以书面形式在第一次开庭之前提出,但所主张之回避事由的发生或得知是在第一次开庭审理之后的,不在此限。

不开庭审理的案件,对仲裁员的回避请求应在第一次实体答辩前以书面形式提出,但所主张之回避事由的发生或得知是在第一次实体答辩之后的,不在此限。

第三十二条 仲裁员是否回避,由仲裁委员会主任作出决定。

在仲裁委员会主任就仲裁员是否回避作出决定前,被请求回避的仲裁员应当继续履行职责。

第三十三条 仲裁员因回避或者由于死亡、除名或其他原因不能履行职责时,应按照原选定或者指定该仲裁员的程序,选定或者指定替代的仲裁员。

替代的仲裁员选定或者指定后,由仲裁庭决定以前进行过的全部或部分审理是否需要重新进行。

第三节 举证责任和举证期限

第三十四条 当事人应当对其申请、答辩和反请求所依据的事实提供证据加以证明。

没有证据或者证据不足以证明当事人的事实主张的，由负有举证责任的当事人承担不利后果。

第三十五条 根据案件需要，仲裁庭可以向当事人发出举证通知书，告知当事人举证责任的分配原则与要求，举证期限，逾期提交证据、不提交证据以及举证不能的法律后果。举证期限可以由当事人协商一致，并经仲裁庭认可。

当事人应当在举证期限内提交证据材料，当事人在举证期限内不提交的，视为放弃举证权利。逾期提交的证据材料，仲裁庭可不予采纳。当事人在举证期限内提交证据材料确有困难的，可以在期限届满前申请延长。

有证据证明一方当事人持有证据无正当理由拒不提供，如果对方当事人主张该证据的内容不利于证据持有人，可以推定该主张成立。

第三十六条 当事人因客观原因不能自行收集的证据，可申请仲裁庭调查收集，是否准许，由仲裁庭决定。仲裁庭认为必要时，也可以自行调查事实，收集证据。

仲裁庭自行调查事实、收集证据时，认为有必要通知双方当事人到场的，应及时通知双方当事人到场，经通知而一方或双方当事人不到场且无正当理由的，仲裁庭自行调查事实和收集证据的行为不受其影响。

当事人提出申请，要求仲裁庭通知有关证人，包括与案件有利害关系的自然人、法人或其他组织的代表，出庭作证，以便查清案件事实和维护相关各方合法权益的，由仲裁庭决定是否准许。

当事人不能委托同一人作为代理人和证人参加仲裁程序。

第三十七条 当事人申请证人出庭作证的，应当在开庭前五天书面通知到秘书处；但仲裁庭对举证期限有明确规定时，应当在该举证期限内完成。

证人出庭作证应当提交必要的身份证明，接受当事人及其代理人的质询，回答本方和对方当事人或代理人提出的问题，具体程序由仲裁庭决定。

第四节 审 理

第三十八条 仲裁庭应当开庭审理案件。但经双方当事人申请或者经征得双方当事人同意，仲裁庭也认为不必开庭审理的，仲裁庭可以只依据书面文件进行审理并作出裁决。

仲裁庭均应当公平、公正地对待双方当事人，并给予双方当事人陈述和辩论的合理机会。

在仲裁过程中，仲裁庭认为必要时可以发布程序令、发出问题单、举行庭前会议、召开预备庭、制作审理范围书等。

第三十九条 仲裁案件第一次开庭审理的日期，经仲裁庭商秘书处决定后，由秘书处提前15天以上通知双方当事人。当事人有正当理由的，可以请求延期，但必须提前7天以上以书面形式向秘书处提出；是否延期，由仲裁庭决定。

第四十条 第一次开庭审理以后的开庭审理的日期以及延期开庭审理的日期的通知，不受第三十九条规定的15天期限的限制。

第四十一条 当事人约定仲裁地点的，仲裁案件的审理应当在约定的地点进行。

由仲裁委员会或其分会受理的案件应当在仲裁委员会或其分会所在地进行审理，经仲裁委员会秘书长或其分会秘书长同意，也可以在其他地点进行审理。

第四十二条 仲裁庭开庭审理案件不公开进行，如果双方当事人要求公开审理，由仲裁庭作出是否公开审理的决定。

第四十三条 不公开审理的案件，双方当事人及其仲裁代理人、证人、仲裁员、仲裁庭咨询的专家和指定的鉴定人、秘书处的有关人员，均不得对外界透露案件实体和程序进行的情况。

第四十四条 证据应当在开庭时出示，当事人可以质证，但双方当事人同意书面审理或书面质证的除外。

第四十五条 仲裁庭可以就案件中的专门问题向专家咨询或者指定鉴定人进行鉴定，专家和鉴定人可以是中国或外国的机构或公民。

仲裁庭有权要求当事人，而且当事人也有义务向专家/鉴定人提供或出示任何有关资料、文件或实物，以供专家/鉴定人审阅、检验及/或鉴定。

在复印或有效记载后,仲裁庭应及时退还当事人提交的原始证据。

第四十六条 专家报告、鉴定报告和仲裁庭收集的其他证据,应发送给双方当事人,给予双方当事人对专家报告和鉴定报告提出意见的机会。任何一方当事人要求专家/鉴定人参加开庭的,经仲裁庭同意后,专家/鉴定人可以参加开庭,并在仲裁庭认为必要和适宜的情况下就他们的报告作出解释。

第四十七条 当事人提出的证据由仲裁庭审定;专家报告、鉴定报告和仲裁庭收集的其他证据的副本或复制件、复制品(包括视听资料),由仲裁庭决定是否采纳。

第四十八条 仲裁庭开庭审理时,申请人经书面通知,无正当理由不到庭或者未经仲裁庭许可中途退庭的,仲裁庭可以视为撤回仲裁申请,被申请人提出反请求的,可以缺席裁决;被申请人经书面通知,无正当理由不到庭或者未经仲裁庭许可中途退庭的,可以缺席裁决,被申请人提出反请求的,视为撤回其反请求。

第四十九条 仲裁庭应当将开庭情况记入笔录。当事人和其他仲裁参与人认为对自己陈述的记录有遗漏或者有差错,可以申请补正;仲裁庭不予补正时,应当记录该申请。

笔录由仲裁员、记录人员、当事人和其他仲裁参与人签名或者盖章。

第五十条 对当事人的仲裁请求或反请求,当事人以外的利害关系人如认为案件处理结果同其有利害关系,经申请并与双方当事人达成协议,经仲裁庭同意后,可以作为当事人参加仲裁。

第五十一条 申请人可以放弃仲裁请求,申请撤销仲裁案件;被申请人可以放弃反请求,申请撤销仲裁案件的相关部分。

在仲裁庭组成前申请撤销案件的,由仲裁委员会秘书长作出决定;在仲裁庭组成后申请撤销案件的,由仲裁庭作出决定。

当事人可以凭和解或调解所达成的解协议或调解书以及其中所载仲裁协议,共同选定或请求仲裁委员会主任指定一名独任仲裁员,依法按照和解协议或调解书的内容作出裁决;具体程序和期限不受本仲裁规则其他条款限制。

已经开始的仲裁案件,如果当事人在仲裁庭之外自行达成和解,可以请求仲裁庭根据其和解协议的内容作出裁决书结案,也可以申请撤销案件。

当事人就已经撤销的案件再提起仲裁申请时,由仲裁委员会主任作出受理或者不受理的决定。

第五十二条 一方当事人知道或者理应知道本仲裁规则或仲裁协议中规定的任何条款或情事未被遵守,但仍参加仲裁程序或继续进行仲裁程序,而且不对此不遵守情况及时地明示地提出书面异议的,视为放弃其提出异议的权利。

第五十三条 如果双方当事人有调解愿望或一方当事人有调解愿望并经仲裁庭征得另一方当事人同意的,仲裁庭可以在仲裁程序进行过程中对其审理的案件进行调解。

第五十四条 仲裁庭可以按照其认为适当的方式进行调解。

第五十五条 仲裁庭在进行调解的过程中,任何一方当事人提出终止调解或仲裁庭认为已无调解成功的可能时,应停止调解。

第五十六条 在仲裁庭进行调解的过程中,双方当事人在仲裁庭之外达成和解的,应视为是在仲裁庭调解下达成的和解。

第五十七条 经仲裁庭调解达成和解的,双方当事人应签订书面和解协议;除非当事人另有约定,仲裁庭应当根据当事人书面和解协议的内容作出裁决书结案。

第五十八条 如果调解不成功,任何一方当事人均不得在其后的仲裁程序、司法程序或其他程序中援引对方当事人或仲裁庭在调解过程中发表过的、提出过的、建议过的、承认过的以及愿意接受过的或否定过的任何陈述、意见、观点或建议作为其请求、答辩及/或反请求的依据。

第五节 裁 决

第五十九条 仲裁庭应当在组庭之日起6个月内作出裁决书。在仲裁庭的要求下,仲裁委员会秘书长认为理由正当且确有必要的,可以延长该期限。

第六十条 仲裁庭应当根据事实,依照法律和合同规定,参考国际惯例,并遵循公平合理原则,独立公正地作出裁决。

第六十一条 由3名仲裁员组成仲裁庭审理的案件,裁决依一致意见或者多数仲裁员的意见作出,少数仲裁员的不同意见及其理由可以记入笔录并在裁决书中写明。

仲裁庭不能形成多数意见时，裁决依首席仲裁员的意见作出，其他仲裁员的不同意见可以记入笔录并在裁决书中写明。

第六十二条 仲裁庭在其作出的裁决中，应当写明仲裁请求、争议事实、裁决理由、裁决结果、仲裁费用和承担、裁决的日期和地点。当事人协议不写明争议事实和裁决理由的，以及按照双方当事人和解协议的内容作出裁决的，可以不写明争议事实和裁决理由。

第六十三条 仲裁员应在签署裁决书前将裁决书草案提交仲裁委员会，在不影响仲裁员独立裁决的情况下，仲裁委员会可以就裁决书的形式问题提请仲裁员注意。

裁决书应由仲裁员署名，并加盖仲裁委员会印章。作出裁决书的日期，即为裁决发生法律效力的日期。

第六十一条 中持不同意见的仲裁员不署名或不出具不同意见的理由，不影响裁决书的制作和效力。

第六十四条 仲裁庭认为必要或者当事人提出经仲裁庭同意时，可以在最终裁决作出之前的任何时候，就案件的任何问题作出中间裁决或部分裁决。任何一方当事人不履行中间裁决，不影响仲裁程序的继续进行，也不影响仲裁庭作出最终裁决。

第六十五条 仲裁庭有权在裁决书中决定双方当事人最终应向仲裁委员会支付的仲裁费和其他费用。

第六十六条 仲裁庭有权在裁决书中决定败诉方应当补偿胜诉方因为办理案件所支出的合理费用，但补偿金额最多不得超过胜诉方胜诉金额的10%。

第六十七条 裁决是终局的，对双方当事人均有约束力。任何一方当事人均不得就已裁决事项向法院起诉，也不得向任何机构提出变更裁决的请求。

第六十八条 任何一方当事人均可以在收到裁决书之日起30天内就裁决书中的书写、打印、计算上的错误或其他类似性质的错误，书面申请仲裁庭作出更正；如确有错误，仲裁庭应在收到书面申请之日起30天内作出书面更正，仲裁庭也可以在发出裁决书之日起30天内自行以书面形式作出更正。该书面更正构成裁决书的一部分。

第六十九条 裁决有漏裁事项的，任何一方当事人均可以在收到裁决书之日起30天内，以书面形式请求仲裁庭就裁决中漏裁的仲裁事项作出补充裁决；确有漏裁事项的，仲裁庭应在收到上述书面申请之日起30天内作出补充裁决，仲裁庭也可以在发出仲裁裁决书之日起30天内自行作出补充裁决。补充裁决构成原裁决书的一部分。

第七十条 当事人应当依照裁决书写明的期限自动履行裁决；裁决书未写明期限的，应当立即履行。

一方当事人不履行的，另一方当事人可以根据中国法律的规定，向中国法院申请执行；或根据一九五八年联合国《承认及执行外国仲裁裁决公约》或中国缔结或参加的其他国际条约，向外国有管辖权的法院申请执行。

第三章 简易程序

第七十一条 除非当事人另有约定，争议金额不超过人民币100万元（含100万元，但不包括利息，融资利息除外）的案件，适用本简易程序。

争议金额超过人民币100万元的案件，双方当事人同意的，或者经一方当事人书面申请并征得另一方当事人书面同意的，亦适用本简易程序。

没有争议金额、争议金额不明或者当事人对争议金额或其确定方式有不同意见的，由仲裁委员会根据案件复杂程度、涉及利益的大小和范围以及其他因素综合考虑并予以决定是否适用简易程序。

第七十二条 申请人向仲裁委员会或其分会提出仲裁申请，经审查可以受理并适用简易程序的，秘书处应立即向双方当事人发出仲裁通知。

双方当事人应在被申请人收到仲裁通知之日起10天内，在仲裁委员会提供的仲裁员名册中共同选定或者共同委托仲裁委员会主任指定一名独任仲裁员。双方当事人逾期未共同选定也未共同委托仲裁委员会主任指定的，仲裁委员会主任应立即指定一名独任仲裁员成立仲裁庭审理案件。

在前款规定的期限内，双方当事人可从仲裁委员会提供的独任仲裁员候选人名单之中或之外推荐一名以上独任仲裁员人选，双方均推荐的人员为双方共同选定的独任仲裁员，但均推荐的人员超过一人的，由仲裁委员会主任从中指定一人为独任仲裁员。通过该方式未产生独任仲裁员时，仲裁员名册中的人员，除当事人明确排除者外，均可接受指定担任独任仲裁员。

第七十三条 被申请人应在收到仲裁通知之日起20天内，向仲裁委员会提交答辩书及相关证据材料；如有反请求，也应在此期限内提出反请求书及相关证据材料。

第七十四条 仲裁庭可以按照其认为适当的方式审理案件；可以决定只依据当事人提交的书面材料和证据进行书面审理，也可以决定开庭审理；当事人要求开庭审理的，则应进行开庭审理。

第七十五条 对于开庭审理的案件，仲裁庭确定开庭的日期后，秘书处应当提前10天以上将开庭日期通知双方当事人。

第七十六条 如果仲裁庭决定开庭审理，仲裁庭只开庭一次。确有必要的，仲裁庭可以决定再次开庭。

第七十七条 在进行简易程序过程中，任何一方当事人没有按照本简易程序行事时，不影响程序的进行和仲裁庭作出裁决的权力。

第七十八条 仲裁请求变更后的争议金额及/或反请求的争议金额超过100万元，双方当事人同意的，可继续适用简易程序；否则，变更为适用普通程序，并且，除非当事人另有约定，原独任仲裁员作为首席仲裁员。

新的仲裁庭组成前已进行的仲裁程序是否重新进行，由新的仲裁庭决定。

在第七十一条第三款的情况下，仲裁委员会或仲裁庭决定变更为适用普通程序的，适用上述规定。

第七十九条 开庭审理的案件，仲裁庭应在开庭审理或再次开庭审理之日起30天内作出裁决书；书面审理的案件，仲裁庭应当在仲裁庭成立之日起90天内作出裁决书。在仲裁庭的要求下，仲裁委员会秘书长认为确有必要和确有正当理由的，可以对上述期限予以延长。

第八十条 本章未规定的事项，适用本仲裁规则的其他各章的有关规定。

第四章 附 则

第八十一条 法律对仲裁时效有规定的，适用法律的规定。法律对仲裁时效没有规定的，适用诉讼时效的规定。

第八十二条 仲裁委员会以中文为正式语文。当事人另有约定的，则从其约定。仲裁庭开庭时，如果当事人或其代理人、证人需要语文翻译，可以由当事人自行提供译员，也可以由秘书处提供译员。

对当事人提交的各种文书和证明材料，仲裁庭或秘书处认为必要时，可以要求当事人提供相应的中文译本或其他语文的译本。

第八十三条 有关仲裁的一切文书、通知、材料等均可以派人或以挂号信或航空特快专递、传真、电传、电报或秘书处认为适当的其他方式发送给当事人或其仲裁代理人。

第八十四条 向当事人或其代理人发送的任何书面通讯，如经当面递交收讯人或投递至收讯人的营业地点、惯常住所或通讯地址，或者经合理查询不能找到上述任一地点而以挂号信或能提供作过投递企图的记录的其他任何手段投递给收讯人最后一个为人所知的营业地点、惯常住所或通讯地址，即应视为已经送达。

第八十五条 仲裁委员会按照本规则所附仲裁费用表收取仲裁费，本请求仲裁费和反请求仲裁费由申请人和反请求申请人分别预付，仲裁庭裁决由败诉方承担；双方各有胜负或胜负不明时，仲裁庭在裁决中最终决定由哪一方承担。

仲裁委员会除按照其制定的仲裁费用表向当事人收取仲裁费外，可以向当事人收取其他额外的、合理的实际开支，包括仲裁员办理案件的特殊报酬、差旅费、食宿费以及仲裁庭聘请专家、鉴定人和翻译等的费用。

仲裁委员会对双方当事人自行达成和解后申请撤销的案件，可以视工作量的大小和实际开支的多少，收取仲裁费。

依照仲裁法第六十一条的规定，仲裁庭同意重新仲裁的，仲裁委员会不再收取仲裁费。

仲裁庭依照第六十八条与第六十九条对裁决书作出补正或者补充裁决的，仲裁委员会不再收费。

第八十六条 仲裁协议或合同中的仲裁条款订明由中国海事仲裁委员会、其分会、其物流争议解决中心或其渔业争议解决中心仲裁的，或由旧名称的中国国际贸易促进委员会海事仲裁委员会仲裁的，或由中国国际贸易促进委员会(中国贸促会)/中国国际商会仲裁且属于海事、海商、物流或渔业争议的，均应视为双方当事人一致同意按照《中华人民共和国仲裁法》第十六条之规定将中国海事仲裁委员会或其分会作为选定的仲裁委员会。

第八十七条 凡双方当事人同意适用本规则的，除非有相反约定，应视为同意其裁决可以由仲裁委员会发表出版,但仲裁委员会发表时应隐去当事人的名称以及其他足以辨明当事人身份的内容。

第八十八条 本仲裁规则自 2004 年 10 月 1 日起施行。

第八十九条 本仲裁规则由仲裁委员会负责解释。

中国海事仲裁委员会
仲裁费用表

(2004 年 7 月 5 日中国国际商会修订并通过,
自 2004 年 10 月 1 日起施行)

一、案件受理费收费办法

争议金额(人民币)	案件受理费(人民币)
1,000 元以下(含 1,000 元)	100 元
1,000 元至 5 万元(含 5 万元)	100 元加争议金额 1,000 元以上部分的 5%
5 万元至 10 万元(含 10 万元)	2,550 元加争议金额 50,000 元以上部分的 4%
10 万元至 20 万元(含 20 万元)	4,550 元加争议金额 100,000 元以上部分的 3%
20 万元至 50 万元(含 50 万元)	7,550 元加争议金额 200,000 元以上部分的 2%
50 万元至 100 万元(含 100 万元)	13,550 元加争议金额 500,000 元以上部分的 1%
100 万元以上	18,550 元加争议金额 1,000,000 元以上部分的 0.3%

二、案件处理费收费办法

争议金额(人民币)	案件处理费(人民币)
20 万元以下(含 20 万元)	5,000 元
20 万元至 50 万元(含 50 万元)	5,000 元加争议金额 20 万元以上部分的 2%

50万元至100万元（含100万元）	11,000元加争议金额50万元以上部分的1%
100万元至500万元（含500万元）	16,000元加争议金额100万元以上部分的0.4%
500万元至1,000万元（含1,000万）	32,000元加争议金额500万元以上部分的0.3%
1,000万元至2,000万元（含2,000万）	47,000元加争议金额1,000万元以上部分的0.25%
2,000万元至4,000万元（含4,000万）	72,000元加争议金额2,000万元以上部分的0.2%
4,000万元以上	112,000元加争议金额4,000万元以上部分的0.1%

仲裁费用表中的争议金额，以申请人或反请求申请人请求的数额为准；请求的数额与实际争议金额不一致的，以实际争议金额为准。

申请仲裁时争议金额未确定的或情况特殊的，由秘书处决定仲裁费用的数额。

收取的仲裁费用为外币时，按本仲裁费用表的规定收取与人民币等值的外币。

仲裁委员会除按照本仲裁费用表收取仲裁费外，可以按照仲裁规则的有关规定收取其他额外的、合理的实际开支。

主要参考文献

一、中文部分

1. 李双元、金彭年、张茂、欧福永著：《中国国际私法通论》（第二版），法律出版社2003年版。
2. 张仲伯主编：《国际私法学》，中国政法大学出版社1999年版。
3. 余先予主编：《国际私法教程》，中国财政经济出版社1998年版。
4. 卢峻著：《国际私法之理论与实际》，中国政法大学出版社1998年版。
5. 曹建明主编：《国际经济法学·国际私法学》（修订本），法律出版社1998年版。
6. 韩德培主编：《国际私法新论》，武汉大学出版社1997年版。
7. 梁淑英主编：《外国人在华待遇》，中国政法大学出版社1997年版。
8. 丁伟主编：《冲突法论》，法律出版社1996年版。
9. 李双元、金彭年、张茂、李志勇编著：《中国国际私法通论》，法律出版社1996年版。
10. 张潇剑主编：《涉外民法判例分析》，载于《中华人民共和国现行法律判例分析全书》，国际文化出版公司1995年版。
11. 李双元主编：《中国与国际私法统一化进程》，武汉大学出版社1993年版。

12. 姚壮主编:《国际私法理论与实务》,法律出版社 1992 年版。

13. 钱骅主编:《国际私法》,中国政法大学出版社 1992 年版。

14. 章尚锦主编:《国际私法》,中国人民大学出版社 1992 年版。

15. 王军、陈洪武著:《国际商事合同的法律适用》,中国对外经济贸易出版社 1991 年版。

16. 黄进著:《区际冲突法研究》,学林出版社 1991 年版。

17. 中华人民共和国司法部司法协助局、中国国际私法研究会合编:《国际司法协助与区际冲突法论文集》,武汉大学出版社 1989 年版。

18. 全国法院干部业余法律大学国际私法教研组编:《国际私法讲义》,人民法院出版社 1998 年版。

19. 邓正来著:《美国现代国际私法流派》,法律出版社 1987 年版。

20. 刘振江著:《国际民事诉讼法原理》,法律出版社 1985 年版。

21. 赵秀文著:《国际商事仲裁及其适用法律研究》,北京大学出版社 2002 年版。

22. 宋航著:《国际商事仲裁裁决的承认与执行》,法律出版社 2000 年版。

23. 郭寿康、赵秀文主编:《国际经济贸易仲裁法》(修订本),中国法制出版社 1999 年版。

24. 朱克鹏著:《国际商事仲裁的法律适用》,法律出版社 1999 年版。

25. 陈治东著:《国际商事仲裁法》,法律出版社 1998 年版。

26. 赵威主编:《国际仲裁法理论与实务》,中国政法大学出版社 1995 年版。

27．金彭年著：《国际民商事程序法》，杭州大学出版社 1995 年版。

28．李玉泉主编：《国际民事诉讼与国际商事仲裁》，武汉大学出版社 1994 年版。

29．〔英〕J.H.C. 莫里斯著，李东来等译：《法律冲突法》，中国对外翻译出版公司 1990 年版。

30．〔日〕北胁敏一著，姚梅镇译：《国际私法——国际关系法Ⅱ》，法律出版社 1989 年版。

31．〔德〕马丁·沃尔夫著，李浩培、汤宗舜译：《国际私法》，法律出版社 1988 年版。

32．〔苏〕隆茨、马蕾舍娃、萨季科夫著，吴云琪、刘楠来、陈绥译：《国际私法》，法律出版社 1986 年版。

33．赵秀文主编：《国际经济贸易仲裁法教学参考资料》，中国法制出版社 1999 年版。

34．徐冬根、单海玲、刘晓红等编：《国际公约与惯例（国际私法卷）》，法律出版社 1998 年版。

35．程德钧、王生长主编：《涉外仲裁与法律》（第二辑），中国统计出版社 1994 年版。

36．程德钧主编：《涉外仲裁与法律》（第一辑），中国人民大学出版社 1992 年版。

37．韩德培、李双元主编：《国际私法教学参考资料选编》（上、下），武汉大学出版社 1991 年版。

38．余先予主编：《冲突法资料选编》，法律出版社 1990 年版。

39．刘希明主编：《律师实用便览》，中国人民大学出版社 1990 年版。

40．全国法院干部业余法律大学国际私法教研组编：《国际私法教学案例选编》,人民法院出版社1988年版。

41. 刘慧珊、卢松主编:《外国国际私法法规选编》,人民法院出版社1988年版。

42. 马育民译:《法国民法典》,北京大学出版社1982年版。

43. 中国社会科学院法学研究所民法研究室编:《外国仲裁法》,中国社会科学出版社1982年版。

二、英文部分

1. Roger C. Cramton, David P. Currie, Herma Hill Kay and Larry Kramer, *Conflict of Laws: Cases-Comments-Questions*, Fifth Edition, West Publishing Co., St. Paul, Minn., 1993.

2. Gary J. Simson, *Issues and Perspectives in Conflict of Laws: Cases and Materials*, Second Edition, Carolina Academic Press, Durham, N. C., 1991.

3. J. H. C. Morris and P. M. North, *Cases and Materials on Private International Law*, Butterworth & Co (Publishers) Ltd., London, 1984.

4. Eugene F. Scoles and Peter Hay, *Conflict of Laws*, West Publishing Co., St. Paul, Minn., 1982.

5. James A. Martin, *Perspectives on Conflict of Laws: Choice of Law*, Little, Brown and Company, Boston and Toronto, 1980.

6. J. H. C. Morris, *Dicey and Morris on the Conflict of Laws*, Tenth Edition, Vol. 1 and Vol. 2, Stevens & Sons Limited, London, 1980.

7. Albert A. Ehrenzeig and Erik Jayme, *Private International Law*, Vol. 2 and Vol. 3, Special Part, A. W. Sijthoff International Publishing Company, B. V., 1973 and 1977.

8. Robert A. Leflar, *American Conflicts Law*, Third Edition, The Bobbs-Merrill Company, Inc., Indianapolis, New York, Charlottesville, Virginia, 1977.

9. Russell J. Weintraub, *Commentary on the Conflict of Laws*, The Foundation Press, Inc., New York, 1971.

10. Brainerd Currie, *Selected Essays on the Conflict of Laws*, Duke University Press, Durham, N. C., 1963.

11. George W. Stumberg, *Principles of Conflict of Laws*, Third Edition, The Foundation Press, Inc., Brooklyn, 1963.

后 记

国家之间经济、文化等活动的交往，是历史发展和社会进步的结果。在这种交往过程中，必然会产生各类涉外民事法律关系，国际私法主要是为了解决这些涉外民事法律关系中所发生的法律冲突与法律适用问题而产生和发展起来的一个独立的法律部门。当前，随着我国改革开放不断地深入，对外民事、经济、贸易、科技、文化交流以及人员的往来也日益频繁，各种涉外民商事法律关系问题时有发生。因此，学好、用好国际私法符合新形势发展的客观需要，可以说势在必行。

本书的目的在于使读者能够全面、系统地学习国际私法的基本知识、基本理论、基本原则和基本制度，通过分析、研究世界上不同类型国家有关国际私法的主要理论及立法和司法实践，了解依照国际私法处理涉外民商事法律冲突的步骤与过程，掌握运用国际私法解决法律冲突的方法，以促进、维护和巩固正常的中外民商事往来。

全书凝聚了本人多年来在国际私法领域中教学和科研的成果与心血。承蒙北京市 2002 年高等教育精品教材建设立项项目的鼎力资助及北京大学教材建设委员会、北京大学教务部教材办公室的大力支持，使该书得以顺利问世；责任编辑冯益娜女士不辞辛劳，对书稿予以认真细致的编审，并提出了若干宝贵的修改意见，为本书的完善贡献良多。作者在此谨致诚挚的谢意。

由于本人学识所限，加之时间仓促，书中谬误、遗漏在所难免，希望读者不吝赐教。

张潇剑

2008 年 6 月于北京大学